Souscription.

HISTOIRE DES COMTES DE POITOU,

DEVENUS BIENTOT DUCS D'AQUITAINE,

DEPUIS LEUR CRÉATION PAR KARLE-LE-GRAND, EN 778, JUSQU'AU SECOND MARIAGE D'ALIÉNOR AVEC HENRI PLANTAGENET, EN 1152.

Par A.-D. de la Fontenelle de Vaudoré,

Conservateur des monumens historiques en Poitou, Secrétaire-perpétuel de la Société académique de Poitiers, des Sociétés des antiquaires et linnéenne de Normandie, des Sociétés académiques d'Angers, de Nantes, de Niort, d'Orléans, de St-Quentin, etc.

Et J.-M. Dufour,

DE LA SOCIÉTÉ ROYALE DES ANTIQUAIRES DE FRANCE, ETC.

L'Histoire générale du royaume est, pour tout Français un peu instruit, une étude obligée; mais ces annales ne sont pas les seules qu'un homme désireux de connaître à fond son Histoire nationale se trouve dans l'obligation d'étudier. La chronique de la province à laquelle on tient, jusqu'au moment où ce territoire est venu se fondre dans un seul tout, n'est pas d'un moindre intérêt; car c'est aussi l'Histoire du pays, même plus spéciale. Pour cette époque, l'Histoire générale de la France est une Histoire étrangère, souvent celle d'un pays ennemi, pour une province devenue française, seulement dans des temps postérieurs. « Comment veut-on, dit un écrivain judi-
» cieux, M. Augustin Thierry, qu'un Languedocien, qu'un
» Provençal aime l'Histoire des Franks et l'accepte comme l'His-
» toire de son pays? Les Franks n'eurent d'établissemens fixes
» qu'au nord de la Loire, et lorsqu'ils passaient leurs limites
» et descendaient vers le sud, ce n'était guère que pour piller
» et rançonner les habitans..... Du sixième au dixième siècle,
» et même dans les temps postérieurs, les héros du nord de
» la France furent des fléaux pour le midi. »

D'un autre côté, les chroniques d'une province intéressent surtout, lorsque ce territoire a l'individualité que nous venons de signaler; autrement elles rentrent dans le cadre de l'Histoire générale de la contrée dont la province dépend. Sous ses comtes, créés en 778 par Karle-le-Grand, à l'établissement du royaume d'Aquitaine, l'Histoire du Poitou offre cet état d'isolement, qui permet de la traiter à part; plus tard, toute l'Aquitaine, avec ces mêmes princes, qui en deviennent ducs, forme encore le centre d'unité autour duquel les faits viennent se grouper et les événemens prennent plus d'importance. La haute position de ces grands vassaux s'agrandit à mesure que les limites de leur territoire s'éloignent; de simples magistrats et d'administrateurs, révocables d'abord, bientôt à vie, ils deviennent souverains héréditaires de presque toute la vaste région qui s'étend de la Loire aux Pyrénées, de l'Océan aux Cévennes. Toujours il s'agit d'un État distinct; d'abord peu étendu et dominé par la puissance des rois d'Aquitaine, et à l'extinction de ceux-ci, de ce qui constituerait, par l'agglomération de diverses provinces à celle du Poitou, un puissant royaume de nos jours. Si cette dynastie se fût perpétuée, le territoire des Gaules serait demeuré divisé en deux grands États distincts. Mais la ligne masculine des Guillaume vient à faillir; la duchesse Aliénor, l'héritière de la France méridionale, épouse d'abord en 1137 Louis-le-Jeune, l'héritier et bientôt le Roi de la France septentrionale. Cette union mal assortie est rompue, du consentement des deux époux et à la sollicitation de Bernard, abbé de Clairvaux, par un divorce impolitique, prononcé à Beaugency, en 1152; peu de semaines après, Aliénor passe à un second hymen avec Henri Plantagenet, duc d'Anjou, appelé bientôt au trône d'Angleterre. Alors l'Histoire du Poitou et de l'Aquitaine entre dans le récit de la rivalité séculaire de la France et de l'Angleterre. Notre tâche finit à ce point donné, et elle forme une introduction intéressante, nécessaire même, pour apprécier d'une manière exacte le drame animé qui suit cet état de choses.

Les quatre siècles qu'embrasse cet Ouvrage, quoique fort

éloignés de nous, n'en sont pas moins curieux. Là finit le chaos venu à la suite du renversement de la domination romaine et que continuèrent les faibles descendans de Chludwig. Après les invasions des Normands, la dernière irruption d'un peuple entier sur notre sol, la société tend à se constituer d'une manière définitive. Il y a combat à outrance entre la civilisation et la barbarie, surtout chez les Aquitains, qui conservaient encore quelque chose des mœurs des Romains, dont ils avaient retenu long-temps le nom. C'est l'époque de la construction de la plupart des villes et des bourgs qui couvrent aujourd'hui le pays, et il est curieux d'en rechercher l'origine. Les familles commencent à adopter des noms propres, qui permettent de les reconnaître et de les suivre, et les premières notabilités patriciennes apparaissent déjà. Alors s'établit le régime féodal, sorte d'intermédiaire entre les temps des ténèbres et les siècles éclairés, et à côté de lui se forment les élémens qui doivent le détruire plus tard, pour arriver par gradation à une meilleure forme de gouvernement.

Parmi les nombreuses Histoires de province, il en est bien peu qui soient la représentation exacte des temps et des lieux qu'on a voulu peindre. Les détails de famille des princes qui ont gouverné ces divisions de territoire, les relations des guerres dont elles ont été le théâtre, et les autres généralités de cette espèce, s'y rencontrent toujours : mais est-ce bien ainsi que l'Histoire doit être écrite? La véritable cause des événemens, la peinture des mœurs, le caractère des peuples, l'attitude du pays, doivent jouer un grand rôle dans ces sortes de narrations ; autrement elles sont sans vérité, sans couleur et sans vie. C'est un défaut qu'on cherchera à éviter, et le lecteur jugera si on a été assez heureux pour réussir.

L'Ouvrage qu'on offre au public est le résultat de longues recherches et de voyages multipliés, seule manière d'appliquer les textes aux localités. Il ne s'agit point ici d'un livre fait avec d'autres livres : on a travaillé sur les monumens, sur les chartes et sur les anciens mémoires. Assez heureux pour avoir eu à leur disposition des documens manuscrits, inconnus pour la plupart (1) à ceux qui les ont précédés dans la carrière, les auteurs de ce livre auront l'avantage inappréciable de mettre au jour une foule de détails curieux et ignorés jusqu'ici, et c'en est assez sans doute pour assurer le succès d'un ouvrage de cette nature.

Qu'il soit permis dès-lors de le dire : en souscrivant à l'Ouvrage annoncé, on se procurera un livre utile, et on fera de plus

---

(1) On veut parler des recueils formés par les bénédictins, notamment par dom Etiennot, dom Fonteneau et même par dom Mazet, pour la composition d'une histoire détaillée du Poitou et même de toute l'Aquitaine.

une bonne action, en venant au secours d'un homme de lettres malheureux (1) !

Conditions de la Souscription :

Pour parer au défaut habituel des histoires locales, presque toujours trop volumineuses, ne rien omettre d'essentiel, et donner plus de publicité à un travail qui doit intéresser tous les habitans de l'ancienne Aquitaine et surtout ceux du Poitou, on se bornera à publier un seul et fort volume in-8o, beau papier, grande justification, caractère petit-romain interligné, comme aux deux premières pages de ce prospectus; le volume contiendra ainsi les matériaux de deux in-8° ordinaires, sans tomber dans l'inconvénient des éditions compactes. Les notes de deux espèces, les petites à mettre au bas des pages, et les notes détaillées, renvoyées à la fin du livre, n'étant que pour les recherches, peuvent plus facilement supporter un caractère moins gros ou plus serré.

L'ouvrage paraîtra dans le courant de 1834, et sera enrichi d'une carte détaillée du Poitou sous ses comtes, d'une carte de l'Aquitaine et de lithographies. Le prix est fixé, pour les souscripteurs seulement, à 10 fr. pris à Paris, à Poitiers, à Bordeaux, à Toulouse et dans les autres villes principales de l'ancienne Aquitaine et du reste de la France.

La liste des souscripteurs sera jointe à l'ouvrage. On souscrit sans rien payer d'avance, en envoyant ce prospectus signé aux libraires ci-après :

A PARIS : *Firmin Didot*, rue Jacob, 23 ; *Treuttel et Wurtz*, rue de Lille, 17 ; *Lance*, rue Groix-des-Petits-Champs, 60 ; *Galignani*, rue Vivienne, 18. — A POITIERS : *Saurin frères*, *Barbier*, *Bouvès*, *Rosenfeld*. — A CHATELLERAULT : *Ducloz et Fruchard*. — A MONTMORILLON : *Chevrier*. — A LOUDUN : *Beaussant*. — A NIORT : *Morisset*, *Robin*, *Pathouot*. — A St-MAIXENT : *Laisné*. — A MELLE : *Surrault*. — A PARTHENAY : *Massé*. — A BRESSUIRE : *Chaillou*, *Baudry*. — A BOURBON-VENDÉE : *Allut*, *Leconte*, *Ivonet-Ferré*. — A FONTENAY-LE-COMTE : *Petitot*, *Gaudin père*, *Gaudin fils*. — AUX SABLES-D'OLONNE : *Lambert*. — A LA ROCHELLE : *Pavie*. — A BORDEAUX : *Pinard*. — A TOULOUSE : *Douladoure*. — A NANTES : *Mellinet-Malassis*. — A ANGERS : *Pavie*. — A ORLÉANS : *Danicourt-Huet*. — A CAEN : *Mancel*. — A TOURS : *Mame*. — A LYON : *Périsse*. Et ailleurs chez tous les imprimeurs-libraires des sociétés académiques et d'agriculture. Les souscripteurs qui désireraient avoir les deux volumes de M. Dufour, sur le Poitou, qui vont jusqu'à l'an 778, les paieront seulement 8 fr. ou 5 fr. chaque volume séparé, en déposant ce prix en souscrivant.

(1) M. Dufour a travaillé quinze années de sa vie à préparer des travaux historiques sur le Poitou. En 1826, il a publié un volume in-8o, intitulé : *De l'ancien Poitou et de sa capitale, pour servir d'introduction à l'histoire de cette province*. Poitiers, Catineau. Il a fait paraître, en 1828, le premier volume d'une *Histoire générale de Poitou jusqu'à sa réunion à la couronne, sous Philippe-Auguste* ; in-8o. Poitiers, Saurin. La publication de la suite de cet ouvrage a été arrêtée faute de fonds. Depuis, la position de M. Dufour est devenue de plus en plus malheureuse, par la perte totale de ses moyens d'existence, et le dérangement de sa santé. Une fusion du travail de cet écrivain avec celui de M. de la Fontenelle, qui s'est occupé aussi depuis long-temps de recherches sur l'Aquitaine en général, et sur le Poitou en particulier, a été arrêtée définitivement, après avoir été d'abord en projet. De ce concours résulte le livre dont on imprime aujourd'hui le prospectus ; publié par l'un des auteurs, son produit est uniquement destiné à procurer des secours à l'autre.

Poitiers, imprimerie de Saurin.

HISTOIRE

DES ROIS ET DES DUCS D'AQUITAINE

ET DES COMTES DE POITOU.

CET OUVRAGE SE TROUVE AUSSI:

A TOULOUSE, à la librairie Bon et Privat.
A BORDEAUX, à la librairie Chaumas-Gayet, fossés du Chapeau-Rouge.
A POITIERS, chez Barbier, Bources, Fradet.
A NIORT, chez Robin, Clouzot.
A FONTENAY-LE-COMTE, chez Robuchon, Gaudin fils, Nairière-Fontaine.
A BOURBON-VENDÉE, chez Lecointre, Ivonnet.
A BRESSUIRE, chez Baudry.
A MELLE, chez Moreau.
A LA ROCHELLE, chez F. Boutet.
A NANTES, chez Forest.
A ANGERS, chez Launay-Gagnot.
A ANGOULÊME, chez Perez-Lecler.
A CALAIS, chez D. Leroy.
A BOULOGNE-SUR-MER, chez Leroy-Mabille.
A ROUEN, chez Frère.
A LYON, chez Léon Boitel.
A BRUXELLES, chez Berthot, Mayer et Sommerhausen.
A LONDRES, chez William Pickering, 57, Chancery-Lane.

HISTOIRE

DES

ROIS ET DES DUCS D'AQUITAINE

ET DES

COMTES DE POITOU,

CONTENANT L'HISTOIRE DE L'AQUITAINE EN GÉNÉRAL ET DU POITOU EN PARTICULIER,
DEPUIS LA RECONSTITUTION DE L'AQUITAINE EN ROYAUME,
PAR KARLE-MAGNE, EN 778, JUSQU'A L'AVÉNEMENT D'ALIÉNOR DE POITOU
AU TRONE DUCAL D'AQUITAINE, EN 1137;

Par A.-D. de la Fontenelle de Vaudoré,

Correspondant de l'Institut (Académie des inscriptions et belles-lettres),
Membre non résidant du Comité des public. hist. au ministère de l'inst. publique, etc,

Et J.-P.-M. Dufour,

De la Société des antiquaires de France, etc.

TOME PREMIER.

PARIS,

DERACHE, rue du Bouloy, 7. | TÉCHENER, place de la Colon-
DUMOULIN, quai des Augustins, 13. | nade-du-Louvre, 12.
       | COLOMB DE BATINES, quai Ma-
       | laquais, 12.

1842.

PRÉFACE.

L'histoire générale du royaume est, pour tout Français un peu instruit, une étude obligée; mais ses annales ne sont pas les seules qu'un homme désireux de connaître à fond l'histoire de sa patrie, se trouve dans l'obligation d'étudier. La chronique de la grande division de territoire à laquelle on tient, et aussi de la province où l'on a pris naissance, jusqu'au moment où ces contrées sont venues se fondre dans ce puissant empire qu'on a appelé la France, sont encore l'histoire du pays, et ont même quelque chose de plus particulier et de plus spécial. Pour cette époque, l'histoire des rois de Paris est une histoire étrangère, souvent même celle d'un pays ennemi, pour une province devenue française seulement dans des temps postérieurs. « Comment veut-on, dit
« le chef de l'école historique de nos derniers temps (a),
« qu'un Languedocien, qu'un Provençal aime l'histoire des
« Franks et l'accepte comme l'histoire de son pays? Les
« Franks n'eurent d'établissements fixes qu'au nord de la
« Loire, et, lorsqu'ils passaient leurs limites et descen-
« daient vers le sud, ce n'était guère que pour piller et
« rançonner les habitants. Du sixième au dixième siècle,
« et même dans les temps postérieurs, les héros du nord
« de la France furent des fléaux pour le midi. »

D'un autre côté, les chroniques d'une contrée intéressent surtout, lorsque ce territoire a son existence à part. Cette individualité se rencontre, pour le royaume d'Aquitaine, depuis sa création par Karle-Magne, en 778, jusqu'à sa

(a) M. Augustin Thierry, *Études historiques*.

fusion dans le royaume gallo-frank ; cette série des faits constitue la première partie de l'ouvrage. Puis viennent les ducs d'Aquitaine, pris indifféremment parmi les comtes de cet ancien royaume, et autour d'eux se groupe l'histoire de ce temps barbare et intermédiaire. Durant cette période, qui embrasse la seconde partie du livre qu'on publie, les comtes de Poitou, d'abord simples magistrats et administrateurs révocables, puis à vie, grandissent en puissance, deviennent héréditaires, et arrivent enfin à la haute position de ducs d'Aquitaine et de souverains de presque toute la région qui s'étend de la Loire aux Pyrénées. A ce point donné, commence la troisième et dernière partie de ce travail, qui a été sans contredit la moins difficile à écrire, mais qui offre pourtant plus d'intérêt, pour la contrée, parce que sa nationalité étant alors véritablement établie et bien dessinée, les faits qu'on a à passer en revue se présentent sans autant de complication avec l'histoire générale des anciennes Gaules, ou même avec l'histoire particulière de chacune des provinces voisines. En effet, dans cette division, tout a trait à l'Aquitaine et au Poitou, et dès lors, c'est là véritablement une chronique nationale et dégagée de détails, en apparence étrangers au pays, mais pourtant nécessaires, dans les temps antérieurs, pour la connaissance des faits, de leurs causes et de leurs résultats.

Deux races de souverains, à proprement parler, apparaissent dans cet ouvrage. D'abord sur le trône d'Aquitaine, siégent des princes karolingiens, et d'autres du même sang figurent aussi quand les rois franks dominent encore, d'une manière telle qu'elle, les pays situés au sud de la Loire. Quant aux ducs d'Aquitaine, quant aux comtes de Poitou, sauf quelques exceptions pour le début, c'est la race de Guilhelme de Gelone qui est appelée au pouvoir ; c'est une de ses branches qui, en dernier lieu, à dater du *Manzer* Ebles (*a*) se continue dans la descendance des comtes de Poitou, ducs d'Aquitaine, et parvient, par l'agglomération de diverses provinces, à régner sur un état distinct et indépendant, aussi considérable qu'un puissant royaume de nos jours. Or, si cette dynastie se fût perpétuée, l'ancien territoire des Gaules serait demeuré divisé en deux grands états. Mais la ligne masculine des Guillelme de Poitou vient à faillir, en 1137, au moment où le dernier prince de ce nom meurt en pèlerinage à St-Jacques de Compostelle. Alors sa fille, la duchesse Aliénor, successivement reine de France et d'Angleterre, devient souveraine des belles provinces qui s'étendent de la Loire aux Pyrénées. Notre tâche finit à cette époque, parce que l'histoire de l'Aquitaine et du Poitou rentre dans le cadre de l'histoire générale, et surtout dans le récit de la lutte séculaire entre la France et l'Angleterre (*b*).

Les quatre siècles qu'embrasse cet ouvrage, quoique fort éloignés de nous, n'en sont pas moins curieux. Là finit le chaos venu à la suite du renversement de la domination romaine, et que continuèrent les faibles descendants du vainqueur de Voclade. Après les invasions des Northmans, la dernière irruption d'un peuple sur notre sol, la société tend à se constituer d'une manière définitive... Il y a lutte à outrance entre la civilisation et la barbarie, surtout chez les Aquitains, qui conservaient encore quelque chose des mœurs des Romains, dont ils avaient retenu longtemps le langage et le nom. C'est l'époque de la construction de la plupart des villes et des bourgs qui couvrent aujourd'hui le pays, et il est curieux d'en rechercher l'origine. Les familles

(*a*) La dénomination de *Manzer* signifie bâtard en hébreu.
(*b*) Un des auteurs de cet ouvrage a consacré à cette lutte un recueil spécial, la *Revue anglo-française*.

commencent à adopter des noms propres qui permettent de les reconnaître et de les suivre, et les premières notabilités patriciennes apparaissent déjà. Alors s'établit le régime féodal, sorte d'intermédiaire entre les temps de ténèbres et les siècles éclairés; et, à côté de lui, se forment les éléments qui doivent le détruire plus tard, pour arriver, par gradation, à une meilleure forme de gouvernement.

Nous avons fait un usage tout particulier des documents qui donnent des renseignements sur la topographie du pays dont nous écrivons l'histoire, parce que l'étude de la géographie locale nous paraît beaucoup trop négligée. C'est l'observation que fait un auteur judicieux (a), dans les termes suivants : « La raison et le sens commun disent que les hommes doivent commencer par apprendre à connaître la distribution des appartements d'une maison qu'ils sont destinés à habiter. »

On notera ici un défaut commun à plusieurs auteurs, et qui consiste à grouper les détails de mœurs à la fin de chaque période (b). Au lieu de cela, chaque constatation d'un usage et d'une manière de vivre de l'époque, a été encadrée à sa date, dans l'histoire, et oppose à l'inconvénient de couper la narration des faits généraux, l'avantage immense de diversifier le récit et de le rendre plus varié. Pour cette méthode, nous avons pris pour guide le plus grand peintre historique de notre siècle. « Les mœurs et les usages, dit M. de Chateaubriand (c), ne se mettent point à part, dans le coin d'une histoire, comme on expose des robes et des ornements dans un vestiaire, ou de vieilles armures dans

---

(a) De Pauw, *Recherches sur les Grecs*.
(b) Cette manière de faire avait été celle de l'un des auteurs de cet ouvrage, de Dufour. Dans le 1ᵉʳ volume de l'*Histoire générale de Poitou*, il divisait chaque livre en trois chapitres : 1° histoire politique; 2° histoire ecclésiastique; 3° mœurs et usages.
(c) *Mélanges historiques*.

le cabinet d'un curieux; ils doivent se montrer avec les personnages et donner la couleur du siècle au tableau. »

Quelques lecteurs trouveront peut-être que, dans ce livre, les détails relatifs aux établissements religieux occupent une trop grande place; mais comment pourrait-on peindre des siècles où le clergé avait la plus grande influence, où les princes s'occupaient surtout de fonder des abbayes et des églises, et où les circonstances d'une cérémonie du culte étaient la nouvelle de l'époque, sans faire connaître ces faits? Les passer sous silence serait omettre ce qui constitue véritablement les annales du temps. Songe-t-on bien aussi que la civilisation, les lumières, les défrichements des déserts et les dessèchements des marais partaient alors des monastères? A qui sont dues les villes de St-Maixent, de St-Jean d'Angély, de Luçon et tant d'autres, si ce n'est à des religieux? Telle partie du territoire de l'Aquitaine et particulièrement du Poitou, et peut-être la plus productive a été défrichée par des moines. Les fertiles marais de la Vendée durent leurs premiers dessèchements aux disciples de St-Benoît, et le canal des Cinq-Abbés (*a*) est là encore, parmi tant d'autres preuves, pour établir cette vérité.

Sur ce point, citons de nouveau M. de Chateaubriand (*b*).

« L'esprit moderne, dit-il, croit encore que certains
» faits religieux sont au dessous de la dignité de l'histoire;
» et pourtant l'histoire sans religion ne peut avoir aucune
» dignité. Il ne s'agit point de savoir si réellement Attila
» fut éloigné de Rome par l'intervention divine, mais si les
» chroniques du temps ont attesté le miracle..... Ce sont là

(*a*) Creusé en 1217 par les moines de St-Michel-en-l'Herm, de Maillezais, de Nieuil-sur-l'Autise, de St-Maixent et de l'Absie, pour dessécher les marais du Langon et de Vouillé.

(*b*) *Mélanges littéraires.*

» les mœurs; il les faut prendre, et, si vous ne les peignez
» pas, vous êtes infidèle. »

Parmi les nombreuses histoires de provinces, il en est bien peu qui offrent la représentation exacte des temps et des lieux qu'on a voulu faire connaître. Les particularités sur les familles des princes qui ont gouverné ces divisions de territoire, les relations des guerres dont elles ont été le théâtre, et les autres généralités de cette espèce s'y rencontrent toujours : mais est-ce bien ainsi que l'histoire doit être écrite ? La véritable cause des événements, la peinture des mœurs, le caractère des peuples, l'attitude du pays, doivent jouer un grand rôle dans ces sortes de narrations; autrement elles sont sans vérité, sans couleur et sans vie. C'est un défaut qu'on a cherché à éviter, et le lecteur jugera si on a été assez heureux pour réussir.

L'ouvrage dont on fait paraître aujourd'hui le premier volume (a), est le résultat de recherches d'un quart de siècle, et de voyages multipliés, seule manière d'appliquer les textes aux localités. Il ne s'agit point ici d'un livre fait avec d'autres livres; on a travaillé sur les monuments, sur les chartes et sur les anciens mémoires. Assez heureux pour avoir à leur disposition des documents manuscrits, méconnus, pour la plupart, à ceux qui les ont précédés dans la carrière, les auteurs de ce livre auront l'avantage inappréciable de mettre au jour une foule de faits curieux et ignorés assez généralement jusqu'ici, et c'en est assez, sans doute, pour assurer le succès d'un ouvrage de cette nature.

Qu'il soit permis aussi à l'un des auteurs, à celui qui édite l'ouvrage, de dire qu'en y souscrivant, on se procurera un livre utile, et plus que cela, on fera une bonne action. En

(a) Le second et dernier volume paraîtra dans le courant de 1843, avec une carte générale de l'Aquitaine, et une carte détaillée du Poitou.

effet, on viendra ainsi au secours du fils d'un homme de lettres malheureux, et on aidera à assurer à cet enfant les bienfaits d'une bonne éducation. (*a*).

D. L. F.

(*a*) Le jeune Dufour a été placé, comme élève à demi-bourse, au collége royal de Poitiers, par M. Villemain, ministre de l'instruction publique, qui a même fait les frais de la moitié du trousseau. Mais il y a eu, et il y a encore, l'autre moitié des dépenses à faire. Le produit net de la vente de ce livre est destiné à cet usage; et sans doute les amateurs des études historiques s'empresseront, en se procurant un ouvrage qui contient des détails curieux et inconnus jusqu'ici, pour une notable partie de la France, de récompenser l'un des auteurs de ce travail du résultat de ses veilles, en venant ainsi au secours de son fils. Cet enfant, absolument sans fortune, annonce, du reste, les meilleures dispositions.

NOTICE BIOGRAPHIQUE

SUR

L'HISTORIEN DUFOUR.

L'un des auteurs de cet ouvrage, celui à qui il a été donné d'en être l'éditeur, croit devoir écrire ici quelques mots, en souvenir de son collaborateur.

DUFOUR (J.-P. MARCOU), naquit en Touraine ; élevé dans les cloîtres, il y acquit cette érudition exacte et vraie, mais un peu sévère et sèche qui était l'attribut des doctes bénédictins. Le premier travail publié par Dufour est une *Dissertation sur une médaille des Turones* (a), lue, le 9 mai 1811, à la société des antiquaires de France, dont il était correspondant ; cette pièce est insérée dans le premier volume des Mémoires de cette société savante. L'auteur s'y livre à des considérations très-étendues sur l'histoire de la Touraine, pendant la domination romaine. Un peu plus tard, le même auteur fit paraître un *Dictionnaire historique des communes du département d'Indre-et-Loire* (b), et cet ouvrage, plein de détails curieux et inédits, faisant connaître à fond cette division de territoire, obtint le plus grand succès ; aussi ce livre est devenu rare, et on ne le trouve plus dans le commerce. Dufour avait, jusqu'en 1815, occupé une place dans les contributions directes (c), que les événements politiques de cette époque lui firent perdre. Privé de cette ressource, il se réfugia à Poitiers, où il voulut se faire libraire, position qu'on lui enleva encore, parce que le brevet dont il se servait, était délivré, non à lui personnellement, mais à un membre de sa famille. Cet érudit se vit alors forcé, pour pouvoir

---

(a) Cette médaille se trouve aujourd'hui dans la collection de M. de Boismorand, antiquaire à Poitiers.
(b) 2 vol. in-8°.
(c) Il avait été contrôleur et même inspecteur, sous l'empire.

vivre, de se faire marchand forain (a). Obtenant bien peu de gain sur la vente de la petite quantité de marchandises qu'il avait à sa disposition, il profitait de ses voyages pour connaître à fond, sous le rapport historique, le pays qu'il parcourait, et faire l'application aux localités des chartes de la collection de dom Fonteneau, déposées à la bibliothèque publique de Poitiers, et que peu de personnes jusqu'alors avaient explorées. Par suite de ces investigations, Dufour publia, en 1826, un volume intitulé: *De l'Ancien Poitou et de sa capitale, pour servir d'introduction à l'histoire de cette province* (b). Ce travail est rédigé par ordre de matières jusqu'à la bataille de Voclade, gagnée en 507, par le roi frank Chludevig, sur le roi visigoth Alarik II. Un peu plus tard, ce savant conçut l'idée d'une *Histoire générale de Poitou, jusqu'à sa réunion à la couronne, sous Philippe-Auguste*, qui devait contenir quatre volumes, dont l'*Ancien Poitou* aurait été l'introduction. Il ne parut qu'un volume (c) de cet ouvrage, par la raison que le goût des études historiques n'était pas aussi répandu qu'aujourd'hui. Toujours est-il que la révolution de 1830 arriva et que Dufour fut replacé dans le poste qu'il occupait précédemment. Or, le travail actif auquel il fut alors obligé de se livrer, après avoir mené pendant quelque temps une vie sédentaire, lui occasionna une maladie grave. Dans cette position, et si la chose est peu croyable, elle n'en est pas moins vraie, le malheureux Dufour fut impitoyablement privé de son emploi, au moment où il ne lui fallait plus que quelques mois de fonctions pour avoir droit à une pension de retraite. Cette injustice inattendue aggrava la position de ce savant, qui ne tarda pas à succomber sous le coup de tant d'infortunes.

Quelques mois avant de mourir, Dufour avait proposé à celui qui écrit cet article, et qui avait été assez heureux pour lui faire accepter quelques secours, de réunir leurs travaux relatifs à l'histoire du Poitou. Cette offre ayant été agréée, les notes de Dufour

(a) Celui qui écrit ces lignes fit la connaissance de Dufour dans une auberge à St-Jean-d'Angély, d'où il le vit partir avec une petite charrette à un cheval, contenant un bien faible chargement.

(b) In-8°, avec lith.

(c) Poitiers, in-8°, 1826. Quelques exemplaires de ce volume et de l'*Ancien Poitou* sont encore à placer et seront déposés chez les libraires chargés de la vente de l'*Histoire des rois et des ducs d'Aquitaine et des comtes de Poitou.*

furent confiées par lui au collaborateur qu'il jugeait être en position d'en faire usage. Lors de cette remise, sorte de remboursement de dons successifs faits sous la forme de prêts, il fut répondu, par celui qui l'acceptait, qu'il en profiterait pour faire une publication au bénéfice de l'enfant que laissait cet homme de lettres. C'est donc une obligation de conscience qu'on remplit aujourd'hui, après un travail de plusieurs années et la fusion complète du travail des deux auteurs, et après avoir étendu à toute l'Aquitaine le plan de l'érudit Dufour, dont les travaux s'étaient bornés au Poitou. De cette manière l'ouvrage dont on donne aujourd'hui le premier volume, intéressera, non pas une seule province, mais une vaste étendue de territoire et, en un mot, toute la France méridionale.

D. L. F.

HISTOIRE

DES

ROIS ET DES DUCS D'AQUITAINE

ET DES COMTES DE POITOU.

(DE 778 A 1137.)

PREMIÈRE PARTIE.

ROIS D'AQUITAINE DE LA RACE KAROLINGIENNE,
DE 778 A 877.

LIVRE PREMIER

Servant d'introduction.

RECONSTITUTION DE L'AQUITAINE EN ROYAUME, ET CRÉATION D'UN
COMTÉ DE POITOU, PAR KARLE-MAGNE.

I. L'époque que cet ouvrage prend pour point de départ est signalée par un changement général dans l'état de la société. Du mélange des Franks fixés dans les Gaules et fondus avec la race gauloise, il n'était résulté qu'une nation barbare, courbée qu'elle était sous le joug pesant des princes mérovingiens. Mais la race des maires du palais, après s'être saisie d'abord de l'autorité, supplanta la dynastie des rois fainéants. C'était une amélioration déjà ; mais cette amélioration devint bien plus grande, lorsque apparut le fils de Pippin, Karles, à qui on déféra, à si juste titre, l'épithète de Grand (1). En effet, cet homme, si supérieur à son siècle, le maîtrisa. Un gouvernement ferme et pondéré dans ses éléments fut institué, et un empire puissant, fruit de conquêtes brillantes et multipliées, fut formé de pays et de peuples divers. Malheureusement ce phare placé au milieu des siècles de ténèbres (a) ne tarda pas à s'éteindre. Malgré tout, les faits et gestes de cet homme supérieur eurent encore une grande influence sur les siècles qui suivirent celui dans lequel il vécut ; les traces de ce qu'il avait fait ne disparurent pas toutes à sa mort : ses institutions demeurèrent en partie après lui, et il est, dès lors, de nécessité pour nous de signaler son passage sur la terre des anciennes Gaules.

La monarchie des Franks était devenue, sous Karle-Magne, un puissant empire, à peu près semblable à celui qu'un autre souverain qu'on lui a comparé à juste titre, Napoléon, a bien plus tard, et pour moins de temps encore, fondé dans le même pays. Du reste, la création de l'empire du fils de Pippin eut des résultats plus positifs que l'existence de cet empire que fonda un soldat heureux et habile, dix siècles après et à une époque de grande civilisation. Karle-Magne chassa la barbarie pour y substituer la civilisation ; il établit l'ordre en tout, au lieu du désordre ; de là sortit un nouvel état de choses dont le résultat se fit sentir jusqu'à des temps extrêmement éloignés. Si donc Karles, fils et héritier de Pippin, fut, sans nul doute, un des conquérants les plus fameux dont l'histoire ait eu à s'occuper, c'est à d'autres titres surtout que, de son temps, on lui déféra le surnom de Grand que le jugement de la postérité a consacré.

La manière dont Karle-Magne exerça sa domination sur les différents peuples dont il forma son empire, est un chef-d'œuvre de politique. Mais, en définitive, ce n'était que la domination militaire et de violence de la race des Franks sur les races étrangères et assujéties au joug, notamment sur la race indigène de l'Aquitaine. Pour maintenir cet ordre de choses, il

(a) Granié, *Hist. de Charlemagne.*

fallait toujours être puissant et habile, et, à la mort de l'empereur, l'immense édifice que son génie avait créé ne tarda pas à s'écrouler. Ainsi ne s'accomplirent point les prophéties contenues dans les vers des poëtes adulateurs qui avaient annoncé l'éternité du système politique du fils de Pippin, et de la soumission des peuples du Midi à la domination franke. Or, loin de là, tous les états conquis cherchèrent peu à peu, d'une manière ou d'autre, à reconquérir leur indépendance. Les provinces au sud de la Loire, par la suite des temps, parvinrent à ce résultat, précisément sous la domination des princes descendants des gouverneurs que le créateur du nouvel empire d'Occident leur avait envoyés pour les administrer.

II. Notre désir de fixer surtout l'attention sur ce qui intéresse les masses, nous porte à indiquer un fait d'une grande importance et à peu près passé inaperçu. Ce n'est point dans les chroniques que nous en trouvons la mention, mais dans les lois, et là aussi est l'histoire. En réalité, une révolution immense pour le peuple, et non mentionnée dans les annales, nous le répétons, comme l'aurait été une guerre, s'opéra dans les Gaules, à cette époque. La puissance ayant été attachée à la possession du sol, ceux qui cultivèrent la terre, sans la posséder, devinrent des serfs attachés au sol, et non à l'individu. Cette révolution s'opéra, non par les personnes, mais par les choses. Celui qui ne possédait rien et qui avait besoin de travailler pour vivre, se trouva trop heureux de pouvoir s'attacher au domaine qui devait le nourrir. Ainsi s'établit l'esclavage de la glèbe, et ce système domina le moyen-âge.

III. Il reste de Karle-Magne un capitulaire (a) sans date, antérieur pourtant à l'époque où il prit le titre d'empereur, et par lequel il régla avec les détails les plus minutieux tout ce qui concernait l'administration de ses vastes domaines. Cet acte législatif s'appliquait à l'Aquitaine et particulièrement au Poitou, comme au surplus des possessions des princes de la race des maires du palais. Un juge-administrateur était assigné

(a) *Capitul. de Villis.*

pour chaque maison royale, pour chaque domaine de la couronne, et sous lui était la multitude des esclaves attachés à la culture. Jamais peut-être un législateur ne s'est occupé de soins plus minutieux. On peut dire qu'au désordre du règne des Mérovingiens, on avait voulu substituer un esprit de stricte économie, avec des règles sans nombre. Tout était fixé (a), et on entrait dans une foule de détails extrêmement minces et fastidieux. Mais on trouvait, dans le capitulaire, un règlement sur les approvisionnements à faire pour la maison du prince et pour l'armée, l'ordre de travail pour les serfs employés, soit à la culture, soit aux différents arts exercés au bénéfice du maître. On rencontre là des préceptes pour une école d'arts et métiers, comme pour une ferme expérimentale. Cet acte de l'homme qui domina son siècle peut être considéré comme un code complet de législation industrielle. La liste des arbres à fruit et des légumes à cultiver, et dont on invitait avec instance à ne pas perdre les espèces, est surtout un document curieux. Une législation de cette espèce, appliquée à des bras libres et dans la vue de régulariser l'industrie, aurait été un bienfait pour l'humanité; la civilisation y aurait gagné, et le pays soumis à un tel mode d'administration, à une époque aussi éloignée, serait devenu extrêmement florissant. Mais il ne s'agissait en réalité que d'exiger de force un travail de mains serviles, que de régulariser l'oppression, que d'arracher le plus possible à celui qui n'était même pas maître de sa personne; et sous ce point de vue, ces règles si compassées, et ces détails portés jusqu'à la minutie, font éprouver, après y avoir réfléchi, une sorte de dégoût, et inspirent un serrement de cœur.

IV. Si, avant l'époque où nous commençons cette histoire, le peuple de la contrée sur laquelle se reportent nos études était plongé dans la plus grande barbarie, résultat du joug si lourd de la domination des princes mérovingiens ou de ceux

---

(a) Jusqu'à la nourriture des volailles, à la vente des œufs, au mode de distribution de la laine et de la filasse, pour les mettre en œuvre.

qui régnaient en leur nom, et enfin de l'action sans contrôle du fort sur le faible, il faut convenir que les hommes voués au sacerdoce s'étaient tenus longtemps dans une sphère plus élevée et digne de leur auguste ministère. Mais cet état de choses ne tarda pas à changer. Nous ne trouvons plus guère, en effet, à la fin du vııı^e siècle, le clergé chrétien avec ses mœurs vierges, son généreux dévoûment et son austérité philosophique, qui l'avaient fait distinguer quelques siècles auparavant. Ses membres devaient leur position dégénérée à cette circonstance qu'un grand nombre d'entre eux étaient encore des hommes de guerre, malgré que Karle-Magne, à l'exemple de son père, eût fait tout ce qu'il avait été en lui pour écarter les chefs de l'armée des dignités ecclésiastiques. Mais l'usage était adopté, et il fut impossible de l'extirper entièrement. Ainsi des hommes vieillis à la guerre et à ses usages s'étaient nantis des dignités ecclésiastiques, parce qu'ils n'avaient vu là que des bénéfices utiles à posséder ; et ne s'étaient pas mis en peine, le moins du monde, de remplir les obligations qu'imposait le titre dont ils étaient revêtus. Aussi un grand nombre d'évêques, d'abbés et d'autres dignitaires de l'Eglise, étaient, par leur esprit et leurs habitudes, tout-à-fait étrangers à la position où ils s'étaient placés, dans la seule vue d'avoir les moyens pécuniaires de pourvoir à leurs goûts dépravés. Souvent même, pour arriver à leurs fins, ils avaient usé de moyens odieux et honteux, comme d'employer l'argent pour gagner des suffrages, de les emporter par la crainte, et plus que cela même, d'avoir pris possession des emplois, sans titre même apparent, et de vive force. Une fois pourvus de la place, en vain leur recommandait-on de changer leur manière de vivre ; on les voyait presque toujours en costume laïque, armés et éperonnés, passant les journées à la chasse et dans les forêts, traînant à leur suite un grand nombre de serviteurs, de chevaux, de chiens et d'oiseaux de proie. Non-seulement les exhortations qu'on leur faisait à ce sujet demeuraient sans effet, mais plus que cela, les personnages les plus éminents du clergé prenaient, à cause du service militaires qu'on leur demandait pour leurs terres et leurs serfs, un prétexte pour aller eux-mêmes à la guerre, au lieu d'y envoyer leurs avoués, et combattaient comme si leur caractère sacré ne leur eût pas défendu de répandre le sang, défense que répétaient les capitulaires d'une manière extrêmement positive (*a*). Ce n'était pas tout, ces évêques, ces abbés, ces dignitaires ecclésiastiques étaient souvent querelleurs, persécuteurs, tyrans et homicides. Surtout, leur caractère propre, à raison de leur goût pour de folles dépenses, était la cupidité, et aucun moyen ne répugnait à certains d'entre eux pour avoir de l'argent. Faut-il parler du surplus des mœurs de beaucoup de ces personnages? ils étaient ivrognes, joueurs et adonnés aux femmes, d'une manière vraiment scandaleuse (*b*).

Dans une telle position, on ne le sent que trop, et à quelques heureuses exceptions près, la parole secondée par l'exemple ne pouvait plus opérer ses premiers prodiges. Une ignorance crasse pesait donc sur une grande partie de la classe, auparavant si distinguée, des ministres de la religion du Christ; et si les dernières étincelles de l'instruction durent apparaître encore momentanément dans les cloîtres, bientôt ce feu sacré s'éteignit par le fait, des ténèbres de deux siècles de fer. Déjà le luxe et la corruption, qui s'étaient glissés parmi les prélats et les dignitaires de l'Eglise, avaient atteint les ordres inférieurs du clergé. L'agglomération des richesses et l'exemple d'une cour dissolue (2) devaient avoir, en effet, pour résultat l'altération des mœurs, la non-exécution des devoirs et l'éloignement de l'étude. Si des princes mérovingiens ou leurs maires du palais avaient amené ce changement en mal, c'est à Karle-Grand, on est forcé de le dire, que le mauvais exemple, pour les mœurs, doit surtout être attribué. Il augmenta trop aussi la puissance du sacerdoce, l'influence et les richesses des prêtres. Il est encore un autre grief qu'on a à reprocher à ces princes;

(*a*) *Baluz. Capitul.* 1, 146, 932, 987, 989, etc.
(*b*) Consulter, à ce sujet, Grégoire de Tours, qui donne de si nombreux exemples de l'inconduite des évêques, sous la race mérovingienne.

nous voulons parler de l'accumulation de l'or, de l'argent et des pierreries, dans les églises. Ce fut, plus tard, un appât pour les hordes dévastatrices et notamment pour les Normans. Cette concentration des métaux, formant le signe de la richesse publique, contribua aussi à les rendre beaucoup plus rares, et cette circonstance porta un coup mortel au commerce d'une époque où le crédit était à peu près nul.

V. Un point tout-à-fait à noter, pour la période du début de ce livre, est la confusion qui existait alors pour deux pouvoirs qui sont actuellement sagement divisés, dans les états bien constitués, où l'on a distingué le pouvoir civil de l'autorité religieuse ; écarté, autant que possible, le clergé de la politique, et séparé le royaume du Christ, comme n'étant pas de ce monde, du pouvoir temporel destiné à gouverner les hommes sur la terre. Or, le pouvoir civil ou politique et le pouvoir ecclésiastique étaient alors presque entièrement confondus. Il semble même, comme l'a dit un écrivain éminemment judicieux, et qui peut faire autorité en pareille matière (a), que le système d'alors, tout-à-fait opposé à celui adopté le plus généralement de nos jours, peut se formuler comme il suit : « L'Église et l'Etat ne font qu'une seule et même institution, sous le gouvernement de deux puissances diverses, qui doivent s'unir, s'entr'aider, se compléter l'une l'autre dans le gouvernement. Ainsi le pouvoir ecclésiastique doit concourir avec le pouvoir politique à l'administration de l'Etat, et, de l'autre côté, le monarque et ses officiers doivent intervenir dans les intérêts de l'Église. » Aussi les évêques et les abbés siégeaient, avec les comtes et les autres grands personnages laïques, dans les assemblées nationales, et dans ces mêmes assemblées on s'occupait, autant et même plus, de points relatifs au dogme et à la discipline de l'Église, que de choses concernant l'administration civile. On trouve, en effet, des dispositions qui enjoignent aux prêtres de prêcher sur la substance divine des trois personnes, sur l'Incarnation et la Résurrection, sur le paradis

---

(a) M. Fauriel, *Hist. de la Gaule méridion.*

et l'enfer (*a*). Ces réunions d'hommes, où des non-prêtres siégeaient avec des ecclésiastiques, étaient donc en réalité plutôt des conciles que des assemblées politiques. Néanmoins, disons-le avec un auteur moderne, qui a profondément étudié cette époque (*b*) : « Si, à quelques époques, cette confusion a produit des malheurs, une juste impartialité doit faire dire qu'au temps dont nous parlons, l'intervention du clergé fut en général bienfaisante. »

Ce n'était pas seulement pour les assemblées délibérantes que ce concours des deux pouvoirs existait. S'agissait-il d'une affaire où devaient figurer deux notables personnages, le comte et l'évêque étaient l'un et l'autre, et à la fois, les hommes du pouvoir, et on ne laissait point agir le comte seul, ou l'évêque également seul. Aussi les engageait-on bien à s'entendre, pour remplir, d'une manière convenable, leurs fonctions respectives (*c*). « Qu'il y ait paix et accord entre les évêques et les abbés, les comtes et les juges, dit un capitulaire de l'an 789 ; car, sans la paix, rien ne plaît à Dieu. » Il semble même que les évêques avaient la supériorité sur les comtes, car ceux-ci sont invités à l'accorder avec les prélats (*d*).

On le voit, dans le gouvernement, tel qu'il était constitué, il y avait de la théocratie. Mais aussi on doit reconnaître que si les prêtres concouraient à gouverner l'Etat, les laïques à leur tour prenaient part aux décisions qui concernaient l'Eglise.

Pourtant il fut une époque où Karle-Magne fit de profondes réflexions sur les inconvénients du système que nous venons d'établir. En effet, en 871 (*e*), il se demande jusqu'à quel point un évêque et un abbé doivent intervenir dans les choses séculières, et un comte et un laïque se mêler d'affaires ecclésiastiques. Il rappelle ensuite cette parole de l'apôtre : « Nul ser-

---

(*a*) Voir notamment l'art. LXXX du Capitulaire de 789, donné par Baluze, t. 1, col. 240.

(*b*) M. Tailliar, *Notice sur les Institutions gallo-frankes*.

(*c*) *Baluz. Capitul.* 1, 878, 1, 871.

(*d*) *Ib.*, 1, 503.

(*e*) *Ib.*, 1, 778.

vant Dieu ne doit se mêler des affaires temporelles. » Néanmoins cette sorte de capitulation de conscience du restaurateur de l'empire d'Occident n'apporta aucun changement, pour ce qui concernait la confusion des deux pouvoirs.

VI. Une donnée de l'époque, bonne à recueillir ici, est la division de la terre, en deux espèces de biens. Une partie du sol était la propriété particulière, appartenant tout-à-fait aux individus et aux familles; c'était l'alleu, *alos*, ou le bien propre, *bonum proprium*. L'autre partie du sol provenait de la puissance politique, et peut être dite la terre publique, c'était le bénéfice, *beneficium*, le bien fiscal, *bonum fisci*, désigné aussi et très-habituellement par le mot *honor*, parce qu'il était aussi honorable qu'utile de l'avoir obtenu, sa dation étant, en fait ou en supposition, la récompense d'un service rendu à la chose publique. Aussi, au moins dans le principe, la terre donnée en bénéfice devait toujours faire retour à l'État, et la nature même de la concession semblait écarter l'idée d'une donation définitive. Mais de concession à temps, le bénéfice devint une concession à vie, puis une concession à perpétuité, ce qui amena tout-à-fait l'indépendance des leudes et autres possesseurs de cette espèce de biens (3), et l'affaiblissement de la puissance publique. De là est arrivée la féodalité, système fort et conservateur, et qui devait servir d'intermédiaire entre les temps barbares et l'époque d'une parfaite civilisation.

Au surplus, il faut le dire, le bénéfice ne se concédait qu'à charge de services, comme d'aller à la guerre, sous celui qui l'accordait. Il entraînait aussi l'obligation de résider habituellement sur le lieu, et de cultiver convenablement la terre du domaine. Par suite de ce lien, celui à qui le bénéfice était accordé devenait le *fidèle* du personnage dont émanait la libéralité, roi, comte ou autre dignitaire dans l'échelle sociale. Il prêtait en conséquence le serment d'obédience, jadis le *serrement*, ainsi appelé parce qu'à genoux ce vassal faisait sa promesse de fidélité, en ayant les mains jointes et pressées par celles de son supérieur ou suzerain.

Pour rendre plus effectives les obligations de celui qui obtenait le bénéfice, Karle-Magne crut devoir interdire de recevoir des bénéfices de différents personnages (*a*). Il est vrai qu'autrement le service du fidèle n'aurait pas pu être bien effectif, car il est difficile de servir à la fois deux ou plusieurs maîtres. Il y a plus, d'après le moine de St-Gall, le fils de Pippin lui-même s'astreignit, en thèse générale, à ne donner qu'un seul bénéfice par individu, afin de s'attacher plus de fidèles.

Il y avait entre les possesseurs de bénéfices relevant du même chef, et étant par conséquent pairs entre eux, un lien de confraternité qui les obligeait de s'entr'aider, quand il s'agissait d'un service public, et que l'un d'eux appelait les autres à son aide. Du reste, à l'armée, ils étaient compagnons d'armes, parce qu'ils combattaient sous le même chef et pour la même cause.

VII. L'ouverture de voies de communication est l'un des meilleurs moyens de civiliser un pays et de le rendre florissant; aussi Karle-Magne ne manqua pas d'en user, pour l'Aquitaine. A l'exemple des Romains, qui avaient employé ce moyen de civilisation, il fit travailler aux chemins publics (*b*) déjà existants, et il en fit ouvrir de nouveaux (4), en employant à ces travaux ses troupes et ses sujets. Il fit notamment commencer ou réparer les levées de la Loire, qui servaient à la fois comme chemins et comme chaussées, pour maintenir les eaux du fleuve.

VIII. On prétend même que le fils de Pippin, dans l'appréhension des Normans, aurait fait fortifier quelques ports de l'Aquitaine, et alors il aurait agi dans le sens des paroles que lui attribue le moine de St-Gall (5). Mais il faut, pour établir ce point comme certain, relativement à une localité du Poitou, autre chose que l'allégation d'un écrivain peu instruit et sans critique, né dans un des ports de la province (6).

Du reste, il est certain que Karle-Magne ordonna, en 810,

(*a*) *Baluz. Capitul.* I, 767. A. IX.
(*b*) Bodin, *Recherches sur l'Anjou.*

aux comtes d'élever des forteresses et des tours sur les points où les pirates pouvaient pénétrer dans l'intérieur des terres, et notamment à l'embouchure des rivières (a). Ce n'était pas assez, il ordonna de tenir des vaisseaux prêts dans les ports principaux, pour donner la chasse aux navires qui apparaîtraient avec des vues hostiles. L'homme de génie qui donna son nom au siècle dans lequel il vécut, était en position de voir que ses états seraient bientôt exposés à des invasions de la part des populations exubérantes du Nord, si adonnées déjà à la navigation et à la piraterie. Mais tant que Karles vécut, il semble que son nom fût un prestige qui empêcha les escadres des Normans d'arriver sur les côtes de l'Océan aquitanique.

IX. Karle-Grand aimait les constructions : il savait qu'on rattache ainsi son nom à des édifices qui existent pendant des siècles ; et pourtant cet avantage pour lui n'était rien, son nom devant de beaucoup survivre aux monuments matériels qui lui devaient l'existence. Quoi qu'il en soit, ce prince fit construire ou réédifier en Poitou, en les comblant de bienfaits, nombre d'églises et plusieurs monastères, notamment Charroux, St-Savin, Ste-Croix de Poitiers, et St-Philbert d'Her, aujourd'hui Noirmoutiers.

X. Parmi les abbayes qui durent surtout beaucoup aux bienfaits de Karle-Magne, nous indiquerons, à l'extrémité du Poitou d'alors, celle de St-Florent de Montglone, sur les bords de la Loire, dont la fondation, reportée au ive siècle, est indiquée avec des circonstances miraculeuses, ou plutôt fabuleuses, que nous ne rappellerons point ici. Il fit bâtir à neuf l'église et le logement des moines de cette localité, et combla de richesses cet établissement religieux, qui obtint des priviléges extraordinaires (b). Son abbé devint une espèce de petit souverain, dégagé de la dépendance des rois et des évêques, et n'obéissant

---

(a) *Recueil des hist. de Fr.*, t. v, p. 96 ; t. vi, p. 93.
(b) D.-J. Hugues, *Hist. ms. de St-Florent de Saumur.* — Bodin, *Recherches sur l'Anjou.* — *Gallia Christ.*

sur la terre qu'au pape. Neuf paroisses entières avec des seigneuries et des terres considérables, formant une notable partie du pays de Mauge, furent données à ce monastère; son chef exerçait, sur ce territoire, tous les droits épiscopaux et seigneuriaux; et pour ajouter à l'amour-propre de l'abbé, plus tard il se fit, à son intronisation, porter par quatre seigneurs de la contrée, comme les évêques le faisaient faire, et pour singer encore les princes de l'Eglise, dans cette singulière coutume, bien éloignée, on le sent, de l'humilité commandée par l'Évangile.

Néanmoins, comme, malgré tout, l'abbé de St-Florent de Monglone, avec sa crosse et sa mitre, n'était pourtant pas évêque, il lui était impossible de conférer les ordres sacrés. Dans cette position, il envoyait ses clercs à un évêque quelconque pour les ordonner, ou il faisait venir le prélat à son monastère pour faire la cérémonie. Du reste, on doit ajouter que cet établissement religieux avait des priviléges tout-à-fait exorbitants, et on ne trouve même rien de semblable parmi les nombreux, puissants et riches monastères dont nous aurons à parler dans cet ouvrage.

XI. Nous arrivons à la série des faits qui précédèrent immédiatement la nouvelle création du royaume d'Aquitaine.

Karle-Magne avait soumis la Lombardie et réduit enfin les Saxons à l'obéissance. Nous ne rappellerons ici le triomphe de la race des maires du palais sur la race mérovingienne, que pour dire que le vainqueur avait maintenu Loup, fils de Waifer, dans la possession du duché de Vasconie, qu'il avait usurpé, il y avait quelques années; sur une autre personne aussi du nom de Loup et son cousin germain, comme fils de Hatton. Or, Karles se trouvait, en 777, à Paderborn, en Westphalie, où il tenait une diète ou assemblée du champ de mai et y recevait les serments des chefs saxons, qu'il contraignit de se faire baptiser, avec des milliers d'hommes de leurs peuplades, lorsque des scheiks arabes d'Espagne et des chefs des chrétiens (7) soumis aux Maures arrivèrent là, pour prier le roi des Franks de leur accorder sa protection contre Abd el Rahman ben Mouayia, qui venait de saisir le pouvoir dans les provinces ibériennes (*a*). Tous ces envoyés étaient parents ou amis de Jussouf ben Abd el Rahman (8), qui avait été vaincu et mis à mort par Abd el Rahman ben Mouayia. A la tête de la députation étaient Ibn el Arabi, autrement Solyman el Arabi (9), d'abord émir de Barcelonne et en dernier lieu émir ou gouverneur de Sarragosse ; Mohammed Aboulasouad, le propre fils de Joussouph et le gendre de celui-ci. Pour bien apprécier ce qu'avait d'importance cette démarche des chefs mahométans, il est nécessaire de se reporter un peu en arrière, et d'établir d'une manière précise la position politique de la péninsule, au point où nous commençons notre narration.

XII. (*b*) A cette époque régnait au-delà des Pyrénées Abd el Rahman ben Mouayia, d'une famille autre que le guerrier du même nom qui combattit, en 732, dans les champs de Poitiers. Celui qui nous occupe était petit-fils d'Hixem (*c*), dixième kalife de la race d'Ommeya, oncle de Mohammed, et né dans l'Orient. Les descendants d'Ali, gendre du faux prophète, s'étaient alors emparés du khalifat, et ils faisaient rechercher avec soin les membres de l'autre dynastie, pour les mettre à mort et assurer ainsi leur autorité. Abd el Rahman, d'abord épargné, apprenant que son arrêt de mort était rendu par le khalife Azefah (*d*), et se trouvant heureusement pour lui hors de Damas, quitta la Syrie et vécut d'abord parmi les Arabes Bédouins. Ce jeune prince, quoique accoutumé aux délices et au luxe des palais, se fit bientôt à cette vie errante et y trouva même des charmes, car là il sentit qu'il n'était pas né pour une existence vulgaire. Mais craignant que sa retraite ne fût découverte, Abd el Rahman passa en Égypte et

---

(*a*) *Eginh. Annal. — Annal. Loisel. — Marc Hisp. — Annal. franc.*

(*b*) Conde, **Hist. de la domination des Maures en Espagne**, à qui nous empruntons une partie des noms d'hommes.

(*c*) Hixem ben Addelmelic, dont le dernier fils, Méroan ben Mohammed, donna le jour à Abd el Rahman ben Mouayia.

(*d*) Abul Abbas Azefah.

de là en Mauritaine, et prit refuge dans les vallées de l'Atlas, où Aben Habid, gouverneur de la province de Barca, qui avait reçu son signalement, donna des ordres pour l'arrêter, et heureusement des Arabes l'en instruisirent. Ce jeune homme traversa alors d'immenses plaines de sable, et au bout de quelques jours il arriva à Tahant, capitale de l'Algarbe du milieu, en Mauritanie, chez un scheik de la tribu de Zeneta, d'où sa mère Raha était sortie. Là le petit-fils d'Hixem se fit connaître, et l'accueil qu'il reçut fut si hospitalier, que les Bérébères de Zeneta jurèrent de défendre envers et contre tous le rejeton d'une race sacrée pour eux. Or, on était en 755, et précisément au moment où les chefs des tribus maures, et particulièrement des Syriens et des Égyptiens, se trouvaient réunis, au nombre de près de cent, dans la ville de Cordoue, pour aviser aux moyens de faire cesser la guerre civile et les divisions intestines qui régnaient en Espagne, parmi la population arabe, par suite des démêlés de Joussouph ben Abd el Rahman et de Wahib ben Amer, qui se disputaient la couronne. Dans cette assemblée il fut arrêté qu'il fallait organiser un gouvernement juste, fort, et indépendant de l'Orient, pour assurer le bonheur et la gloire de la nation. Alors un chef (*a*) ayant fait connaître l'existence du descendant d'Ommeya, d'Abd el Rahman, et le lieu de sa retraite, tous les scheiks, émerveillés au récit de ses malheurs, l'élurent pour leur émir indépendant. Deux envoyés (*b*) furent trouver Abd el Rahman en Afrique, pour lui offrir la couronne, qu'il accepta en jurant d'en supporter le poids avec courage, et il partit pour l'Espagne avec les députés de l'assemblée de Cordoue et sept cent cinquante cavaliers zenètes, qui s'attachèrent pour toujours à sa fortune. En 740, au moment où le débarquement s'opérait, Joussouph ben Abd el Rahman venait de vaincre et avait fait prisonniers Amer et son fils, et il ordonna

(*a*) Wahib ben Zaïr.
(*b*) Le même Wahib ben Zaïr et Teman ben Alcama qui, le premier, avait fait sentir le besoin de confier le sort de l'Espagne à un prince indépendant du khalife.

de les mettre à mort, en apprenant l'arrivée d'Abd el Rahman, et que la population yaménienne et bérébère se déclarait pour lui. En effet, Cordoue lui ouvrit aussitôt ses portes, et d'autres villes suivirent cet exemple. Cependant la lutte devint acharnée ; Joussouph, secondé par Somail, autre chef arabe, reprit Sarragosse et Pampelune. Ensuite un combat s'engagea à Massara, dans lequel Joussouph et Somail furent vaincus. Le premier perdit la vie, et Somail, fait prisonnier, fut décapité. Alors Abd el Rahman régna, en qualité de khalife d'Occident, sur la monarchie maure de l'Espagne, qu'il porta bientôt au plus haut degré de prospérité (10), après avoir battu Aly ben Morgueilk, émir de Carvan, venu d'outre-mer avec une armée considérable, afin de réduire de nouveau l'Ibérie sous la domination du khalife d'Orient, avoir apaisé de nombreuses divisions intestines, et s'être rendu maître de l'Ibérie, en quelque sorte pièce à pièce (a).

XIII. Cependant la haute fortune d'Abd el Rahman avait excité une violente jalousie dans le cœur de plusieurs scheiks arabes d'Espagne, du parti opposé à celui qui prédominait alors dans la Péninsule. Ceux-ci, ainsi que les chefs des chrétiens soumis aux Maures, s'imaginaient qu'en appelant des forces étrangères dans leur pays, ils pourraient échapper à une domination qui leur semblait dure, et devenir indépendants (b). Déjà ils s'étaient, ainsi qu'on a vu, mis en relation avec l'empire franck, et leur ambassade à la diète de Paderborn, de 777, en était une indication positive et solennelle. Karle-Magne fut frappé de cette demande, et se rappelant que son aïeul Karle-Martel avait soustrait les Gaules à l'empire du Croissant (11), il crut peut-être qu'il pouvait encore lui enlever les Espagnes, et qu'un autre Abd el Rahman devait être vaincu par un autre Karles. Celui-ci accepta donc les propositions qui lui étaient faites par l'ambassade solennelle qui lui était présentée, et qui représentait Abd el

---

(a) Expression employée par M. Fauriel, *Hist. de la Gaule méridion.*
(b) Idée émise à la fois par M. Reinaud, *Invasions des Sarrasins en France*, et par M. Fauriel.

vivre, de se faire marchand forain (*a*). Obtenant bien peu de gain sur la vente de la petite quantité de marchandises qu'il avait à sa disposition, il profitait de ses voyages pour connaître à fond, sous le rapport historique, le pays qu'il parcourait, et faire l'application aux localités des chartes de la collection de dom Fonteneau, déposées à la bibliothèque publique de Poitiers, et que peu de personnes jusqu'alors avaient explorées. Par suite de ces investigations, Dufour publia, en 1826, un volume intitulé: *De l'Ancien Poitou et de sa capitale, pour servir d'introduction à l'histoire de cette province* (*b*). Ce travail est rédigé par ordre de matières jusqu'à la bataille de Voclade, gagnée en 507, par le roi frank Chludevig, sur le roi visigoth Alarik II. Un peu plus tard, ce savant conçut l'idée d'une *Histoire générale de Poitou, jusqu'à sa réunion à la couronne, sous Philippe-Auguste*, qui devait contenir quatre volumes, dont l'*Ancien Poitou* aurait été l'introduction. Il ne parut qu'un volume (*c*) de cet ouvrage, par la raison que le goût des études historiques n'était pas aussi répandu qu'aujourd'hui. Toujours est-il que la révolution de 1830 arriva et que Dufour fut replacé dans le poste qu'il occupait précédemment. Or, le travail actif auquel il fut alors obligé de se livrer, après avoir mené pendant quelque temps une vie sédentaire, lui occasionna une maladie grave. Dans cette position, et si la chose est peu croyable, elle n'en est pas moins vraie, le malheureux Dufour fut impitoyablement privé de son emploi, au moment où il ne lui fallait plus que quelques mois de fonctions pour avoir droit à une pension de retraite. Cette injustice inattendue aggrava la position de ce savant, qui ne tarda pas à succomber sous le coup de tant d'infortunes.

Quelques mois avant de mourir, Dufour avait proposé à celui qui écrit cet article, et qui avait été assez heureux pour lui faire accepter quelques secours, de réunir leurs travaux relatifs à l'histoire du Poitou. Cette offre ayant été agréée, les notes de Dufour

(*a*) Celui qui écrit ces lignes fit la connaissance de Dufour dans une auberge à St-Jean-d'Angély, d'où il le vit partir avec une petite charrette à un cheval, contenant un bien faible chargement.

(*b*) In-8°, avec lith.

(*c*) Poitiers, in-8°, 1826. Quelques exemplaires de ce volume et de l'*Ancien Poitou* sont encore à placer et seront déposés chez les libraires chargés de la vente de l'*Histoire des rois et des ducs d'Aquitaine et des comtes de Poitou*.

furent confiées par lui au collaborateur qu'il jugeait être en position d'en faire usage. Lors de cette remise, sorte de remboursement de dons successifs faits sous la forme de prêts, il fut répondu, par celui qui l'acceptait, qu'il en profiterait pour faire une publication au bénéfice de l'enfant que laissait cet homme de lettres. C'est donc une obligation de conscience qu'on remplit aujourd'hui, après un travail de plusieurs années et la fusion complète du travail des deux auteurs, et après avoir étendu à toute l'Aquitaine le plan de l'érudit Dufour, dont les travaux s'étaient bornés au Poitou. De cette manière l'ouvrage dont on donne aujourd'hui le premier volume, intéressera, non pas une seule province, mais une vaste étendue de territoire et, en un mot, toute la France méridionale.

D. L. F.

HISTOIRE
DES
ROIS ET DES DUCS D'AQUITAINE
ET DES COMTES DE POITOU.

(DE 778 A 1137.)

PREMIÈRE PARTIE.

ROIS D'AQUITAINE DE LA RACE KAROLINGIENNE, DE 778 A 877.

LIVRE PREMIER

Servant d'introduction.

RECONSTITUTION DE L'AQUITAINE EN ROYAUME, ET CRÉATION D'UN COMTÉ DE POITOU, PAR KARLE-MAGNE.

I. L'époque que cet ouvrage prend pour point de départ est signalée par un changement général dans l'état de la société. Du mélange des Franks fixés dans les Gaules et fondus avec la race gauloise, il n'était résulté qu'une nation barbare, courbée qu'elle était sous le joug pesant des princes mérovingiens. Mais la race des maires du palais, après s'être saisie d'abord de l'autorité, supplanta la dynastie des rois fainéants. C'était une amélioration déjà ; mais cette amélioration devint bien plus grande, lorsque apparut le fils de Pippin, Karles, à qui on déféra, à si juste titre, l'épithète de Grand (1). En effet, cet homme, si supérieur à son siècle, le maîtrisa. Un gouvernement ferme et pondéré dans ses éléments fut institué, et un empire puissant, fruit de conquêtes brillantes et multipliées, fut formé de pays et de peuples divers. Malheureusement ce phare placé au milieu des siècles de ténèbres (*a*) ne tarda pas à s'éteindre. Malgré tout, les faits et gestes de cet homme supérieur eurent encore une grande influence sur les siècles qui suivirent celui dans lequel il vécut; les traces de ce qu'il avait fait ne disparurent pas toutes à sa mort : ses institutions demeurèrent en partie après lui, et il est, dès lors, de nécessité pour nous de signaler son passage sur la terre des anciennes Gaules.

La monarchie des Franks était devenue, sous Karle-Magne, un puissant empire, à peu près semblable à celui qu'un autre souverain qu'on lui a comparé à juste titre, Napoléon, a bien plus tard, et pour moins de temps encore, fondé dans le même pays. Du reste, la création de l'empire du fils de Pippin eut des résultats plus positifs que l'existence de cet empire que fonda un soldat heureux et habile, dix siècles après et à une époque de grande civilisation. Karle-Magne chassa la barbarie pour y substituer la civilisation ; il établit l'ordre en tout, au lieu du désordre ; de là sortit un nouvel état de choses dont le résultat se fit sentir jusqu'à des temps extrêmement éloignés. Si donc Karles, fils et héritier de Pippin, fut, sans nul doute, un des conquérants les plus fameux dont l'histoire ait eu à s'occuper, c'est à d'autres titres surtout que, de son temps, on lui déféra le surnom de Grand que le jugement de la postérité a consacré.

La manière dont Karle-Magne exerça sa domination sur les différents peuples dont il forma son empire, est un chef-d'œuvre de politique. Mais, en définitive, ce n'était que la domination militaire et de violence de la race des Franks sur les races étrangères et assujéties au joug, notamment sur la race indigène de l'Aquitaine. Pour maintenir cet ordre de choses, il

---

(*a*) Granié, *Hist. de Charlemagne*.

fallait toujours être puissant et habile, et, à la mort de l'empereur, l'immense édifice que son génie avait créé ne tarda pas à s'écrouler. Ainsi ne s'accomplirent point les prophéties contenues dans les vers des poëtes adulateurs qui avaient annoncé l'éternité du système politique du fils de Pippin, et de la soumission des peuples du Midi à la domination franke. Or, loin de là, tous les états conquis cherchèrent peu à peu, d'une manière ou d'autre, à reconquérir leur indépendance. Les provinces au sud de la Loire, par la suite des temps, parvinrent à ce résultat, précisément sous la domination des princes descendants des gouverneurs que le créateur du nouvel empire d'Occident leur avait envoyés pour les administrer.

II. Notre désir de fixer surtout l'attention sur ce qui intéresse les masses, nous porte à indiquer un fait d'une grande importance et à peu près passé inaperçu. Ce n'est point dans les chroniques que nous en trouvons la mention, mais dans les lois, et là aussi est l'histoire. En réalité, une révolution immense pour le peuple, et non mentionnée dans les annales, nous le répétons, comme l'aurait été une guerre, s'opéra dans les Gaules, à cette époque. La puissance ayant été attachée à la possession du sol, ceux qui cultivèrent la terre, sans la posséder, devinrent des serfs attachés au sol, et non à l'individu. Cette révolution s'opéra, non par les personnes, mais par les choses. Celui qui ne possédait rien et qui avait besoin de travailler pour vivre, se trouva trop heureux de pouvoir s'attacher au domaine qui devait le nourrir. Ainsi s'établit l'esclavage de la glèbe, et ce système domina le moyen-âge.

III. Il reste de Karle-Magne un capitulaire (a) sans date, antérieur pourtant à l'époque où il prit le titre d'empereur, et par lequel il régla avec les détails les plus minutieux tout ce qui concernait l'administration de ses vastes domaines. Cet acte législatif s'appliquait à l'Aquitaine et particulièrement au Poitou, comme au surplus des possessions des princes de la race des maires du palais. Un juge-administrateur était assigné

(a) *Capitul. de Villis.*

pour chaque maison royale, pour chaque domaine de la couronne, et sous lui était la multitude des esclaves attachés à la culture. Jamais peut-être un législateur ne s'est occupé de soins plus minutieux. On peut dire qu'au désordre du règne des Mérovingiens, on avait voulu substituer un esprit de stricte économie, avec des règles sans nombre. Tout était fixé (a), et on entrait dans une foule de détails extrêmement minces et fastidieux. Mais on trouvait, dans le capitulaire, un règlement sur les approvisionnements à faire pour la maison du prince et pour l'armée, l'ordre de travail pour les serfs employés, soit à la culture, soit aux différents arts exercés au bénéfice du maître. On rencontre là des préceptes pour une école d'arts et métiers, comme pour une ferme expérimentale. Cet acte de l'homme qui domina son siècle peut être considéré comme un code complet de législation industrielle. La liste des arbres à fruit et des légumes à cultiver, et dont on invitait avec instance à ne pas perdre les espèces, est surtout un document curieux. Une législation de cette espèce, appliquée à des bras libres et dans la vue de régulariser l'industrie, aurait été un bienfait pour l'humanité; la civilisation y aurait gagné, et le pays soumis à un tel mode d'administration, à une époque aussi éloignée, serait devenu extrêmement florissant. Mais il ne s'agissait en réalité que d'exiger de force un travail de mains serviles, que de régulariser l'oppression, que d'arracher le plus possible à celui qui n'était même pas maître de sa personne; et sous ce point de vue, ces règles si compassées, et ces détails portés jusqu'à la minutie, font éprouver, après y avoir réfléchi, une sorte de dégoût, et inspirent un serrement de cœur.

IV. Si, avant l'époque où nous commençons cette histoire, le peuple de la contrée sur laquelle se reportent nos études était plongé dans la plus grande barbarie, résultat du joug si lourd de la domination des princes mérovingiens ou de ceux

---

(a) Jusqu'à la nourriture des volailles, à la vente des œufs, au mode de distribution de la laine et de la filasse, pour les mettre en œuvre.

qui régnaient en leur nom, et enfin de l'action sans contrôle du fort sur le faible, il faut convenir que les hommes voués au sacerdoce s'étaient tenus longtemps dans une sphère plus élevée et digne de leur auguste ministère. Mais cet état de choses ne tarda pas à changer. Nous ne trouvons plus guère, en effet, à la fin du vm° siècle, le clergé chrétien avec ses mœurs vierges, son généreux dévoûment et son austérité philosophique, qui l'avaient fait distinguer quelques siècles auparavant. Ses membres devaient leur position dégénérée à cette circonstance qu'un grand nombre d'entre eux étaient encore des hommes de guerre, malgré que Karle-Magne, à l'exemple de son père, eût fait tout ce qu'il avait été en lui pour écarter les chefs de l'armée des dignités ecclésiastiques. Mais l'usage était adopté, et il fut impossible de l'extirper entièrement. Ainsi des hommes vieillis à la guerre et à ses usages s'étaient nantis des dignités ecclésiastiques, parce qu'ils n'avaient vu là que des bénéfices utiles à posséder, et ne s'étaient pas mis en peine, le moins du monde, de remplir les obligations qu'imposait le titre dont ils étaient revêtus. Aussi un grand nombre d'évêques, d'abbés et d'autres dignitaires de l'Eglise, étaient, par leur esprit et leurs habitudes, tout-à-fait étrangers à la position où ils s'étaient placés, dans la seule vue d'avoir les moyens pécuniaires de pourvoir à leurs goûts dépravés. Souvent même, pour arriver à leurs fins, ils avaient usé de moyens odieux et honteux, comme d'employer l'argent pour gagner des suffrages, de les emporter par la crainte, et plus que cela même, d'avoir pris possession des emplois, sans titre même apparent, et de vive force. Une fois pourvus de la place, en vain leur recommandait-on de changer leur manière de vivre ; on les voyait presque toujours en costume laïque, armés et éperonnés, passant les journées à la chasse et dans les forêts, traînant à leur suite un grand nombre de serviteurs, de chevaux, de chiens et d'oiseaux de proie. Non-seulement les exhortations qu'on leur faisait à ce sujet demeuraient sans effet, mais plus que cela, les personnages les plus éminents du clergé prenaient, à cause du service militaires qu'on leur demandait pour leurs terres et leurs serfs, un prétexte pour aller eux-mêmes à la guerre, au lieu d'y envoyer leurs avoués, et combattaient comme si leur caractère sacré ne leur eût pas défendu de répandre le sang, défense que répétaient les capitulaires d'une manière extrêmement positive (*a*). Ce n'était pas tout, ces évêques, ces abbés, ces dignitaires ecclésiastiques étaient souvent querelleurs, persécuteurs, tyrans et homicides. Surtout, leur caractère propre, à raison de leur goût pour de folles dépenses, était la cupidité, et aucun moyen ne répugnait à certains d'entre eux pour avoir de l'argent. Faut-il parler du surplus des mœurs de beaucoup de ces personnages? ils étaient ivrognes, joueurs et adonnés aux femmes, d'une manière vraiment scandaleuse (*b*).

Dans une telle position, on ne le sent que trop, et à quelques heureuses exceptions près, la parole secondée par l'exemple ne pouvait plus opérer ses premiers prodiges. Une ignorance crasse pesait donc sur une grande partie de la classe, auparavant si distinguée, des ministres de la religion du Christ; et si les dernières étincelles de l'instruction durent apparaître encore momentanément dans les cloîtres, bientôt ce feu sacré s'éteignit par le fait des ténèbres de deux siècles de fer. Déjà le luxe et la corruption, qui s'étaient glissés parmi les prélats et les dignitaires de l'Eglise, avaient atteint les ordres inférieurs du clergé. L'agglomération des richesses et l'exemple d'une cour dissolue (2) devaient avoir, en effet, pour résultat l'altération des mœurs, la non-exécution des devoirs et l'éloignement de l'étude. Si des princes mérovingiens ou leurs maires du palais avaient amené ce changement en mal, c'est à Karle-Grand, on est forcé de le dire, que le mauvais exemple, pour les mœurs, doit surtout être attribué. Il augmenta trop aussi la puissance du sacerdoce, l'influence et les richesses des prêtres. Il est encore un autre grief qu'on a à reprocher à ces princes;

(*a*) *Baluz. Capitul.* 1, 146, 932, 987, 989, etc.
(*b*) Consulter, à ce sujet, Grégoire de Tours, qui donne de si nombreux exemples de l'inconduite des évêques, sous la race mérovingienne.

nous voulons parler de l'accumulation de l'or, de l'argent et des pierreries, dans les églises. Ce fut, plus tard, un appât pour les hordes dévastatrices et notamment pour les Normans. Cette concentration des métaux, formant le signe de la richesse publique, contribua aussi à les rendre beaucoup plus rares, et cette circonstance porta un coup mortel au commerce d'une époque où le crédit était à peu près nul.

V. Un point tout-à-fait à noter, pour la période du début de ce livre, est la confusion qui existait alors pour deux pouvoirs qui sont actuellement sagement divisés, dans les états bien constitués, où l'on a distingué le pouvoir civil de l'autorité religieuse ; écarté, autant que possible, le clergé de la politique, et séparé le royaume du Christ, comme n'étant pas de ce monde, du pouvoir temporel destiné à gouverner les hommes sur la terre. Or, le pouvoir civil ou politique et le pouvoir ecclésiastique étaient alors presque entièrement confondus. Il semble même, comme l'a dit un écrivain éminemment judicieux, et qui peut faire autorité en pareille matière (a), que le système d'alors, tout-à-fait opposé à celui adopté le plus généralement de nos jours, peut se formuler comme il suit : « L'Église et l'Etat ne font qu'une seule et même institution, sous le gouvernement de deux puissances diverses, qui doivent s'unir, s'entr'aider, se compléter l'une l'autre dans le gouvernement. Ainsi le pouvoir ecclésiastique doit concourir avec le pouvoir politique à l'administration de l'Etat, et, de l'autre côté, le monarque et ses officiers doivent intervenir dans les intérêts de l'Église. » Aussi les évêques et les abbés siégeaient, avec les comtes et les autres grands personnages laïques, dans les assemblées nationales, et dans ces mêmes assemblées on s'occupait, autant et même plus, de points relatifs au dogme et à la discipline de l'Église, que de choses concernant l'administration civile. On trouve, en effet, des dispositions qui enjoignent aux prêtres de prêcher sur la substance divine des trois personnes, sur l'Incarnation et la Résurrection, sur le paradis

---

(a) M. Fauriel, *Hist. de la Gaule méridion.*

et l'enfer (*a*). Ces réunions d'hommes, où des non-prêtres siégeaient avec des ecclésiastiques, étaient donc en réalité plutôt des conciles que des assemblées politiques. Néanmoins, disons-le avec un auteur moderne, qui a profondément étudié cette époque (*b*) : « Si, à quelques époques, cette confusion a produit des malheurs, une juste impartialité doit faire dire qu'au temps dont nous parlons, l'intervention du clergé fut en général bienfaisante. »

Ce n'était pas seulement pour les assemblées délibérantes que ce concours des deux pouvoirs existait. S'agissait-il d'une affaire où devaient figurer deux notables personnages, le comte et l'évêque étaient l'un et l'autre, et à la fois, les hommes du pouvoir, et on ne laissait point agir le comte seul, ou l'évêque également seul. Aussi les engageait-on bien à s'entendre, pour remplir, d'une manière convenable, leurs fonctions respectives (*c*). « Qu'il y ait paix et accord entre les évêques et les abbés, les comtes et les juges, dit un capitulaire de l'an 789 ; car, sans la paix, rien ne plaît à Dieu. » Il semble même que les évêques avaient la supériorité sur les comtes, car ceux-ci sont invités à l'accorder avec les prélats (*d*).

On le voit, dans le gouvernement, tel qu'il était constitué, il y avait de la théocratie. Mais aussi on doit reconnaître que si les prêtres concouraient à gouverner l'État, les laïques à leur tour prenaient part aux décisions qui concernaient l'Église.

Pourtant il fut une époque où Karle-Magne fit de profondes réflexions sur les inconvénients du système que nous venons d'établir. En effet, en 871 (*e*), il se demande jusqu'à quel point un évêque et un abbé doivent intervenir dans les choses séculières, et un comte et un laïque se mêler d'affaires ecclésiastiques. Il rappelle ensuite cette parole de l'apôtre : « Nul ser-

---

(*a*) Voir notamment l'art. LXXX du Capitulaire de 789, donné par Baluze, t. 1, col. 240.
(*b*) M. Tailliar, *Notice sur les Institutions gallo-frankes.*
(*c*) *Baluz. Capitul.* 1, 878, 1, 871.
(*d*) *Ib.*, 1, 503.
(*e*) *Ib.*, 1, 478.

vant Dieu ne doit se mêler des affaires temporelles. » Néanmoins cette sorte de capitulation de conscience du restaurateur de l'empire d'Occident n'apporta aucun changement, pour ce qui concernait la confusion des deux pouvoirs.

VI. Une donnée de l'époque, bonne à recueillir ici, est la division de la terre, en deux espèces de biens. Une partie du sol était la propriété particulière, appartenant tout-à-fait aux individus et aux familles ; c'était l'alleu, *alos*, ou le bien propre, *bonum proprium*. L'autre partie du sol provenait de la puissance politique, et peut être dite la terre publique, c'était le bénéfice, *beneficium*, le bien fiscal, *bonum fisci*, désigné aussi et très-habituellement par le mot *honor*, parce qu'il était aussi honorable qu'utile de l'avoir obtenu, sa dation étant, en fait ou en supposition, la récompense d'un service rendu à la chose publique. Aussi, au moins dans le principe, la terre donnée en bénéfice devait toujours faire retour à l'État, et la nature même de la concession semblait écarter l'idée d'une donation définitive. Mais de concession à temps, le bénéfice devint une concession à vie, puis une concession à perpétuité, ce qui amena tout-à-fait l'indépendance des leudes et autres possesseurs de cette espèce de biens (3), et l'affaiblissement de la puissance publique. De là est arrivée la féodalité, système fort et conservateur, et qui devait servir d'intermédiaire entre les temps barbares et l'époque d'une parfaite civilisation.

Au surplus, il faut le dire, le bénéfice ne se concédait qu'à charge de services, comme d'aller à la guerre, sous celui qui l'accordait. Il entraînait aussi l'obligation de résider habituellement sur le lieu, et de cultiver convenablement la terre du domaine. Par suite de ce lien, celui à qui le bénéfice était accordé devenait le *fidèle* du personnage dont émanait la libéralité, roi, comte ou autre dignitaire dans l'échelle sociale. Il prêtait en conséquence le serment d'obéissance, jadis le *serrement*, ainsi appelé parce qu'à genoux ce vassal faisait sa promesse de fidélité, en ayant les mains jointes et pressées par celles de son supérieur ou suzerain.

Pour rendre plus effectives les obligations de celui qui obtenait le bénéfice, Karle-Magne crut devoir interdire de recevoir des bénéfices de différents personnages (a). Il est vrai qu'autrement le service du fidèle n'aurait pas pu être bien effectif, car il est difficile de servir à la fois deux ou plusieurs maîtres. Il y a plus, d'après le moine de St-Gall, le fils de Pippin lui-même s'astreignit, en thèse générale, à ne donner qu'un seul bénéfice par individu, afin de s'attacher plus de fidèles.

Il y avait entre les possesseurs de bénéfices relevant du même chef, et étant par conséquent pairs entre eux, un lien de confraternité qui les obligeait de s'entr'aider, quand il s'agissait d'un service public, et que l'un d'eux appelait les autres à son aide. Du reste, à l'armée, ils étaient compagnons d'armes, parce qu'ils combattaient sous le même chef et pour la même cause.

VII. L'ouverture de voies de communication est l'un des meilleurs moyens de civiliser un pays et de le rendre florissant; aussi Karle-Magne ne manqua pas d'en user, pour l'Aquitaine. A l'exemple des Romains, qui avaient employé ce moyen de civilisation, il fit travailler aux chemins publics (b) déjà existants, et il en fit ouvrir de nouveaux (4), en employant à ces travaux ses troupes et ses sujets. Il fit notamment commencer ou réparer les levées de la Loire, qui servaient à la fois comme chemins et comme chaussées, pour maintenir les eaux du fleuve.

VIII. On prétend même que le fils de Pippin, dans l'appréhension des Normans, aurait fait fortifier quelques ports de l'Aquitaine, et alors il aurait agi dans le sens des paroles que lui attribue le moine de St-Gall (5). Mais il faut, pour établir ce point comme certain, relativement à une localité du Poitou, autre chose que l'allégation d'un écrivain peu instruit et sans critique, né dans un des ports de la province (6).

Du reste, il est certain que Karle-Magne ordonna, en 810,

(a) Baluz. Capitul. 1, 767. A. IX.
(b) Bodin, Recherches sur l'Anjou.

aux comtes d'élever des forteresses et des tours sur les points où les pirates pouvaient pénétrer dans l'intérieur des terres, et notamment à l'embouchure des rivières (*a*). Ce n'était pas assez, il ordonna de tenir des vaisseaux prêts dans les ports principaux, pour donner la chasse aux navires qui apparaîtraient avec des vues hostiles. L'homme de génie qui donna son nom au siècle dans lequel il vécut, était en position de voir que ses états seraient bientôt exposés à des invasions de la part des populations exubérantes du Nord, si adonnées déjà à la navigation et à la piraterie. Mais tant que Karles vécut, il semble que son nom fût un prestige qui empêcha les escadres des Normans d'arriver sur les côtes de l'Océan aquitanique.

IX. Karle-Grand aimait les constructions : il savait qu'on rattache ainsi son nom à des édifices qui existent pendant des siècles ; et pourtant cet avantage pour lui n'était rien, son nom devant de beaucoup survivre aux monuments matériels qui lui devaient l'existence. Quoi qu'il en soit, ce prince fit construire ou rééditier en Poitou, en les comblant de bienfaits, nombre d'églises et plusieurs monastères, notamment Charroux, St-Savin, Ste-Croix de Poitiers, et St-Philbert d'Ier, aujourd'hui Noirmoutiers.

X. Parmi les abbayes qui durent surtout beaucoup aux bienfaits de Karle-Magne, nous indiquerons, à l'extrémité du Poitou d'alors, celle de St-Florent de Montglone, sur les bords de la Loire, dont la fondation, reportée au IVe siècle, est indiquée avec des circonstances miraculeuses, ou plutôt fabuleuses, que nous ne rappellerons point ici. Il fit bâtir à neuf l'église et le logement des moines de cette localité, et combla de richesses cet établissement religieux, qui obtint des priviléges extraordinaires (*b*). Son abbé devint une espèce de petit souverain, dégagé de la dépendance des rois et des évêques, et n'obéissant

---

(*a*) *Recueil des hist. de Fr.*, t. V, p. 96; t. VI, p. 93.
(*b*) D.-J. Huguès, *Hist. ms. de St Florent de Saumur.* — Bodin, *Recherches sur l'Anjou.* — *Gallia Christ.*

sur la terre qu'au pape. Neuf paroisses entières avec des seigneuries et des terres considérables, formant une notable partie du pays de Mauge, furent données à ce monastère; son chef exerçait, sur ce territoire, tous les droits épiscopaux et seigneuriaux; et pour ajouter à l'amour-propre de l'abbé, plus tard il se fit, à son intronisation, porter par quatre seigneurs de la contrée, comme les évêques le faisaient faire, et pour singer encore les princes de l'Eglise, dans cette singulière coutume, bien éloignée, on le sent, de l'humilité commandée par l'Évangile.

Néanmoins, comme, malgré tout, l'abbé de St-Florent de Monglone, avec sa crosse et sa mitre, n'était pourtant pas évêque, il lui était impossible de conférer les ordres sacrés. Dans cette position, il envoyait ses clercs à un évêque quelconque pour les ordonner, ou il faisait venir le prélat à son monastère pour faire la cérémonie. Du reste, on doit ajouter que cet établissement religieux avait des priviléges tout-à-fait exorbitants, et on ne trouve même rien de semblable parmi les nombreux, puissants et riches monastères dont nous aurons à parler dans cet ouvrage.

XI. Nous arrivons à la série des faits qui précédèrent immédiatement la nouvelle création du royaume d'Aquitaine.

Karle-Magne avait soumis la Lombardie et réduit enfin les Saxons à l'obéissance. Nous ne rappellerons ici le triomphe de la race des maires du palais sur la race mérovingienne, que pour dire que le vainqueur avait maintenu Loup, fils de Waifer, dans la possession du duché de Vasconie, qu'il avait usurpé, il y avait quelques années, sur une autre personne aussi du nom de Loup et son cousin germain, comme fils de Hatton. Or, Karles se trouvait, en 777, à Paderborn, en Westphalie, où il tenait une diète ou assemblée du champ de mai et y recevait les serments des chefs saxons, qu'il contraignit de se faire baptiser, avec des milliers d'hommes de leurs peuplades, lorsque des scheiks arabes d'Espagne et des chefs des chrétiens (7) soumis aux Maures arrivèrent là, pour prier le roi des Franks de leur accorder sa protection contre Abd el Rahman ben Mouayia, qui venait de saisir le pouvoir dans les provinces ibériennes (*a*). Tous ces envoyés étaient parents ou amis de Jussouf ben Abd el Rahman (8), qui avait été vaincu et mis à mort par Abd el Rahman ben Mouayia. A la tête de la députation étaient : Ibn el Arabi, autrement Solyman el Arabi (9), d'abord émir de Barcelonne et en dernier lieu émir ou gouverneur de Sarragosse ; Mohammed Aboulasouad, le propre fils de Joussouph et le gendre de celui-ci. Pour bien apprécier ce qu'avait d'importance cette démarche des chefs mahométans, il est nécessaire de se reporter un peu en arrière, et d'établir d'une manière précise la position politique de la péninsule, au point où nous commençons notre narration.

XII. (*b*) A cette époque régnait au-delà des Pyrénées Abd el Rahman ben Mouayia, d'une famille autre que le guerrier du même nom qui combattit, en 732, dans les champs de Poitiers. Celui qui nous occupe était petit-fils d'Hixem (*c*), dixième kalife de la race d'Ommeya, oncle de Mohammed, et né dans l'Orient. Les descendants d'Ali, gendre du faux prophète, s'étaient alors emparés du khalifat, et ils faisaient rechercher avec soin les membres de l'autre dynastie, pour les mettre à mort et assurer ainsi leur autorité. Abd el Rahman, d'abord épargné, apprenant que son arrêt de mort était rendu par le khalife Azefah (*d*), et se trouvant heureusement pour lui hors de Damas, quitta la Syrie et vécut d'abord parmi les Arabes Bédouins. Ce jeune prince, quoique accoutumé aux délices et au luxe des palais, se fit bientôt à cette vie errante et y trouva même des charmes, car là il sentit qu'il n'était pas né pour une existence vulgaire. Mais craignant que sa retraite ne fût découverte, Abd el Rahman passa en Égypte et

(*a*) *Eginh. Annal.* — *Annal. Loisel.* — *Marc Hisp.* — *Annal. franc.*

(*b*) Conde, *Hist. de la domination des Maures en Espagne*, à qui nous empruntons une partie des noms d'hommes.

(*c*) Hixem ben Addelmelic, dont le dernier fils, Méroan ben Mohammed, donna le jour à Abd el Rahman ben Mouayia.

(*d*) Abul Abbas Azefah.

de là en Mauritanie, et prit refuge dans les vallées de l'Atlas, où Aben Habid, gouverneur de la province de Barca, qui avait reçu son signalement, donna des ordres pour l'arrêter, et heureusement des Arabes l'en instruisirent. Ce jeune homme traversa alors d'immenses plaines de sable, et au bout de quelques jours il arriva à Tahant, capitale de l'Algarbe du milieu, en Mauritanie, chez un scheik de la tribu de Zeneta, d'où sa mère Raha était sortie. Là le petit-fils d'Hixem se fit connaître, et l'accueil qu'il reçut fut si hospitalier, que les Bérébères de Zeneta jurèrent de défendre envers et contre tous le rejeton d'une race sacrée pour eux. Or, on était en 755, et précisément au moment où les chefs des tribus maures, et particulièrement des Syriens et des Égyptiens, se trouvaient réunis, au nombre de près de cent, dans la ville de Cordoue, pour aviser aux moyens de faire cesser la guerre civile et les divisions intestines qui régnaient en Espagne, parmi la population arabe, par suite des démêlés de Joussouph ben Abd el Rahman et de Wahib ben Amer, qui se disputaient la couronne. Dans cette assemblée il fut arrêté qu'il fallait organiser un gouvernement juste, fort, et indépendant de l'Orient, pour assurer le bonheur et la gloire de la nation. Alors un chef (a) ayant fait connaître l'existence du descendant d'Ommeya, d'Abd el Rahman, et le lieu de sa retraite, tous les scheiks, émerveillés au récit de ses malheurs, l'élurent pour leur émir indépendant. Deux envoyés (b) furent trouver Abd el Rahman en Afrique, pour lui offrir la couronne, qu'il accepta en jurant d'en supporter le poids avec courage, et il partit pour l'Espagne avec les députés de l'assemblée de Cordoue et sept cent cinquante cavaliers zenètes, qui s'attachèrent pour toujours à sa fortune. En 740, au moment où le débarquement s'opérait, Joussouph ben Abd el Rahman venait de vaincre et avait fait prisonniers Amer et son fils, et il ordonna

---

(a) Wahib ben Zaïr.
(b) Le même Wahib ben Zaïr et Teman ben Alcama qui, le premier, avait fait sentir le besoin de confier le sort de l'Espagne à un prince indépendant du khalife.

de les mettre à mort, en apprenant l'arrivée d'Abd el Rahman, et que la population yaménienne et bérébère se déclarait pour lui. En effet, Cordoue lui ouvrit aussitôt ses portes, et d'autres villes suivirent cet exemple. Cependant la lutte devint acharnée ; Joussouph, secondé par Somail, autre chef arabe, reprit Sarragosse et Pampelune. Ensuite un combat s'engagea à Massara, dans lequel Joussouph et Somail furent vaincus. Le premier perdit la vie, et Somail, fait prisonnier, fut décapité. Alors Abd el Rahman régna, en qualité de khalife d'Occident, sur la monarchie maure de l'Espagne, qu'il porta bientôt au plus haut degré de prospérité (10), après avoir battu Aly ben Morgueilk, émir de Carvan, venu d'outre-mer avec une armée considérable, afin de réduire de nouveau l'Ibérie sous la domination du khalife d'Orient, avoir apaisé de nombreuses divisions intestines, et s'être rendu maître de l'Ibérie, en quelque sorte pièce à pièce (a).

XIII. Cependant la haute fortune d'Abd el Rahman avait excité une violente jalousie dans le cœur de plusieurs scheiks arabes d'Espagne, du parti opposé à celui qui prédominait alors dans la Péninsule. Ceux-ci, ainsi que les chefs des chrétiens soumis aux Maures, s'imaginaient qu'en appelant des forces étrangères dans leur pays, ils pourraient échapper à une domination qui leur semblait dure, et devenir indépendants (b). Déjà ils s'étaient, ainsi qu'on a vu, mis en relation avec l'empire franck, et leur ambassade à la diète de Paderborn, de 777, en était une indication positive et solennelle. Karle-Magne fut frappé de cette demande, et se rappelant que son aïeul Karle-Martel avait soustrait les Gaules à l'empire du Croissant (11), il crut peut-être qu'il pouvait encore lui enlever les Espagnes, et qu'un autre Abd el Rahman devait être vaincu par un autre Karles. Celui-ci accepta donc les propositions qui lui étaient faites par l'ambassade solennelle qui lui était présentée, et qui représentait Abd el

(a) Expression employée par M. Fauriel, *Hist. de la Gaule méridion.*
(b) Idée émise à la fois par M. Reinaud, *Invasions des Sarrasins en France*, et par M. Fauriel.

Rahman ben Mouayia comme le plus cruel de tous les chefs musulmans qui avaient régné en Espagne (a). C'était un moyen de populariser une guerre contre ce chef arabe.

Sur cela, Karle-Magne s'empressa d'appeler sous ses étendards un grand nombre de guerriers des divers pays soumis à son autorité, et, au printemps de l'an 778, une armée très-forte et innombrable, suivant un annaliste (b), se mit en marche en deux corps vers les Pyrénées. Le premier corps, qui devait arriver en Ibérie par les défilés orientaux des Pyrénées, était formé de Lombards et autres soldats de l'Italie, de Provençaux et de Septimaniens. L'autre corps et le plus considérable, à la tête duquel se trouvait Karle-Magne en personne, était originairement composé de Bavarois et autres Germains, d'Austrasiens, de Neustriens et de Burgundes avec lesquels il passa la Loire. Entré en Aquitaine, il fut bientôt obligé de laisser à Cassaneuil (12), château royal, dans l'angle formé par la jonction du Lot avec la Garonne, où il s'arrêta pour célébrer les fêtes de Pâques (13), la reine Hildegarde à qui son état avancé de grossesse ne permettait pas d'aller plus loin.

Karle-Magne, dont l'armée avait été beaucoup augmentée par un grand nombre d'Aquitains, partit de Cassaneuil après les fêtes de Pâques, et entra en Vasconie où il trouva, comme commandant du pays, un homme d'une race bien ennemie, et pour cause, de la sienne, nous voulons dire Loup II, le propre fils de Waifer, qui depuis environ neuf ans avait obtenu cette position, en supplantant son cousin germain Loup 1er (c). Reconnu ou plutôt toléré par le cabinet franck, qui n'avait pu voir dans ce fait qu'un nouvel acte pour arriver au pouvoir du représentant de la dynastie mérovingienne, Karle-Magne dissimula, Loup II en fit autant, et l'on doit croire, avec un des meilleurs historiens de notre époque (d), que le suzerain et le vassal éprouvèrent plus de défiance que

(a) *Chron. Moiss.*
(b) *Chron. Metens.*, 778.
(c) Loup, fils de Hatton et Hatton, était frère de Waifer.
(d) M. Fauriel.

de plaisir à se rencontrer. Quoi qu'il en soit, le serment de fidélité fut de nouveau prêté par le duc des Vascons au roi franck. (*a*).

Ce fut par le port et la vallée de Roncevaux, près Pampelune, que le roi des Franks sortit de la Vasconie française, pour entrer en Espagne, et arriva ainsi dans l'ancienne patrie des Vascons, à qui on commençait à donner le nom de Navarre. Or, comme Pampelune était une ville gouvernée par l'émir Abou Thaur, du parti qui avait proposé l'expédition, et ami d'Ibn el Arabi, Karles y entra sans coup férir (14). De là il se porta sur l'Ebre, et arriva devant Sarragosse, dont l'occupation paraissait probable, puisque Ibn el Arabi en était le gouverneur. Il n'en fut pourtant rien, parce que la démarche des chefs sarrasins à la ville de Paderborn n'avait eu pour but que d'opposer un ennemi à un ennemi, et de consolider ainsi leur indépendance. Il n'y eut pas jusqu'à la population chrétienne du pays, qui ne tînt pas ses promesses et résista même à l'invasion (15), par le motif que les uns, les Basques des Pyrénées gauloises, obéissaient à Loup II, dont on connaît la position ; que les habitants de la Biscaye avaient pour chef ou comte Don Rodrigo Fruela, de race gothique, ami et tout-à-fait sous la dépendance du duc des Vascons ; et qu'enfin les Navarrais, descendants des Vascons, étaient sous la domination d'Inigo Garcias, comte ou même roi du pays, encore tout dévoué à Loup II.

Toujours est-il que Karles (*b*) se trouva, à son grand étonnement, obligé d'assiéger Sarragosse, qui était le principal but de son expédition. Suivant les auteurs chrétiens, le roi franck s'empara de cette ville, aidé qu'il aurait été par son autre corps d'armée, entré par les Pyrénées orientales, et qui aurait fait sa jonction avec lui. Au contraire, si l'on en croit les auteurs arabes, il aurait échoué dans ses efforts, et on va même jusqu'à dire que son armée aurait été battue devant

(*a*) Charte d'Alaon.
(*b*) Les Arabes l'appelaient *Karilah*, suivant M. Fauriel, ou *Carlé*, d'après M. Reinaud, sans adjonction d'aucun titre.

la place (a). Cette dernière version est peu probable, à raison de la grande quantité de troupes dont se composait l'armée franke. Il est plus raisonnable de croire que le mauvais accueil que Karle-Magne avait reçu de ceux mêmes qui l'avaient excité à cette expédition, et les nouvelles qu'il reçut d'une nouvelle révolte des Saxons, le déterminèrent à rentrer de l'autre côté des Pyrénées. Il se reporta donc sur Pampelune, dont il fit abattre les fortifications et les murailles, ne possédant plus l'espoir d'étendre son empire dans cette contrée, où il ne put conserver, et dans quelques cantons seulement, qu'une domination contestée ou menacée, et il prit ses dispositions définitives de retour (16).

XIV. Pour traverser les Pyrénées, et au moment de descendre les vallées d'Engui et d'Erro, afin d'arriver à celle de Roncevaux, Karle-Magne avait fait de son armée deux grandes divisions La principale, formant l'avant-garde où étaient le roi, sa cour, les principaux chefs et la meilleure partie des combattants, passa le port d'Ibayetta, un des points de la partie la plus élevée et la plus centrale des Pyrénées, descendit, sans coup férir, dans la vallée de la Nive, et arriva sur le revers nord des monts sans aucun accident.

L'autre division de l'armée, ou l'arrière-garde, qui venait à un assez long intervalle, à pas lents et sans ordre, était bien moins forte en hommes, et surtout en hommes propres au combat. Elle traînait à sa suite de lourds bagages, parmi lesquels se trouvait le butin fait dans la campagne.

Or, les Basques (17), qui étaient embusqués parmi les rochers et les bois, sur les hauteurs des défilés que suivit l'armée franke dans la vallée de Roncevaux, laissèrent passer l'avant-garde sans l'attaquer. Au contraire, quand ce fut le tour de l'arrière-garde, qui défilait sur une ligne étroite et longue (b), ils se précipitèrent sur elle, la culbutèrent au fond de la vallée, tuèrent jusqu'au dernier, après un combat sanglant, tous les

---

(a) Conde, 11, 201, ms. arabe, 706, cité par M. Fauriel.
(b) Eginhard donne des détails circonstanciés sur cet événement.

hommes qui s'étaient trouvés exposés à ce véritable guet-apens. Ensuite les bagages furent pillés, et les assaillants, protégés par les ombres de la nuit, qui termina cette scène de carnage, s'éparpillèrent sur des points divers avec une grande célérité.

Eginhard attribue la victoire des Basques à l'avantage de la position qu'ils avaient prise et à la légèreté de leurs armes, tandis qu'au contraire les Franks, placés dans un lieu commandé, étaient de plus trop pesamment armés pour se défendre, ce qui les rendait en tout inférieurs à leurs ennemis. Il indique entre autres hommes de marque qui périrent dans cette affaire Egghiard, maître d'hôtel du roi; Anselme, comte du palais, et Rolland, commandant de la frontière de Bretagne.

XV. C'est la seule fois que nous trouvons l'indication de ce Rolland ou Rotland, comte ou commandant des marches de Bretagne (a). Ce comte, dont ne parlent point les chroniques locales, est indiqué comme la fleur de la chevalerie, le brave des braves et la terreur des Sarrasins. Le simple engagement de Roncevaux est transformé, dans des annales essentiellement françaises (b), comme une bataille générale entre les Franks d'un côté, les Maures et les Espagnols de l'autre. Rolland demeure seul, *dolent* de la mort de force braves barons *occis* et *détranchés*; il descend de cheval, au pied de la montagne de Césane, et près d'un bloc de marbre placé sur un vert plateau dominant la vallée de Roncevaux. Puis le guerrier ayant encore Durandal, cette redoutable épée, entre ses mains, sonne de son *olifant* ou cor d'ivoire qu'entend Karle-Grand, à huit milles de là, vers la Gascogne. Alors, épuisé par ses blessures, et ayant réuni toutes ses forces pour porter sa voix jusqu'à son souverain, les veines de Rolland se rompent, et il meurt désespéré de n'avoir pu briser son épée, et dominé par cette idée cruelle qu'elle et son coursier vont tomber dans les mains des infidèles.

(a) Rollandus, britannici limitis præfectus. *Eginh.*
(b) Les chroniques de St-Denis.

Il n'est peut-être pas de fait d'armes qui ait eu plus de retentissement que le combat de Roncevaux, et dont le souvenir se soit aussi bien conservé dans le pays (a) et ailleurs; il est difficile de trouver une plus grande renommée que celle de Rolland, qu'ont célébré à l'envi les romanciers et les poëtes français et espagnols. Dans une telle position, peut-on nier tout-à-fait l'existence de ce guerrier, qu'on dit aussi avoir été neveu ou parent de Karle-Magne, et qu'il est difficile pourtant de rattacher à la généalogie de ce monarque? On pense que ce serait trop faire que de rejeter ainsi une tradition si fortement enracinée. En général, les traditions populaires contiennent un fond de vérité, et il n'y a qu'à en éloigner les additions fabuleuses. Rolland nous paraît donc un être réel, qui aura eu un commandement dans les marches de Bretagne et de Poitou, comme nous en verrons bien d'autres. S'il est vrai qu'il ait fait avant une rude guerre aux Arabes mahométans, il se serait peut-être trouvé, étant fort jeune, à la mémorable bataille de Poitiers, en 732, ou au moins il aurait pu concourir à la conquête faite sur les Musulmans de la Septimanie, par Pippin, en l'année 752 (18).

XVI. Ce fut avec une vive douleur que le roi des Franks, déjà dans l'intérieur des terres, apprit l'échec de Roncevaux, qui venait mettre le comble au déplaisir qu'il éprouvait de n'avoir pu refouler les sectateurs de Mohammed dans l'intérieur de la Péninsule, restituer à la religion du Christ les contrées de l'Ebre aux Pyrénées, et les civiliser et organiser comme le reste de son vaste empire. Connaissant l'instigateur de cette sorte de guet-apens si bien prémédité à l'avance, et exécuté d'une manière si cruelle, il songea à en tirer une vengeance éclatante; Loup II, duc des Vascons, fut donc saisi et pendu sur-le-champ (19). Néanmoins on ne fit point rejaillir la faute du duc sur ses enfants, encore en bas âge, sans doute parce que les Vascons auraient difficilement

---

(a) Dans les Pyrénées, le peuple joue, les jours de fête, une pièce dite a *Pièce de Roncevaux. Hist. litt. de la France*, t. XVIII, p. 720.

obéi à des chefs pris dans une autre famille. Karle-Magne partagea le pays en deux parties inégales, pour les deux frères. Mais, chose extraordinaire, l'aîné, nommé Adalrick (a), n'eut que la plus petite portion, tandis que la principale portion fut donnée à Loup-Sanche, le plus jeune des fils de Loup II.

XVII. Dans une telle situation d'esprit, Karle-Magne devait être désireux de rencontrer, au milieu de sa famille, quelques consolations; d'après cela, il s'empressa de se rendre à Cassaneuil, où il trouva la reine Hildegarde, heureusement accouchée de deux fils jumeaux, savoir : Ludwig, à qui on décerna, lorsqu'il fut à âge d'homme, le titre de Pieux ou de Débonnaire, et Lothaire, qui ne vécut que deux ans.

Arrivé là, le roi des Franks dut jeter un regard en arrière, sur le manque de fruit d'une expédition si gigantesque et entreprise à grands frais, et un autre regard dans l'avenir, sur les conséquences de l'esprit de résistance des populations du Midi contre la domination franke. Il reconnut que les Aquitains formaient un peuple à part, ayant encore une partie des mœurs et du langage du peuple-roi, ce qui les faisait appeler *Romains* (20); comme aussi, qu'il régnait parmi les habitants de cette contrée une aversion décidée contre les populations d'outre-Loire, bien plus grossières et moins civilisées. Les peuples aquitains, pour avoir conservé leur individualité, et en grande partie leur indépendance, en avaient senti tout le prix sous la race mérovingienne, sous Eudes et ses successseurs. Ils tenaient non-seulement à posséder une existence politique à part, mais aussi à avoir un prince né parmi eux; et comme les deux fils que venait d'avoir Karle-Magne avaient vu le jour en Aquitaine, il crut satisfaire aux exigences des provinces de la Loire aux Pyrénées, et les attacher à sa race, en érigeant cette contrée en royaume, comme il l'avait fait pour l'Italie, et en leur donnant le jeune Ludwig pour roi (21).

(a) Charte d'Alaon.

L'existence du nouveau royaume d'Aquitaine (22), et la nomination de Ludwig comme roi de cette contrée, furent aussitôt proclamées à Cassaneuil, dans une réunion des grands de l'empire frank qui avaient concouru à la malheureuse expédition d'au-delà des Pyrénées, et ces mesures furent bientôt connues dans les vastes contrées qui obéissaient à Karles.

XVIII. Le royaume d'Aquitaine, tel qu'il fut fondé par Karle-Grand à Cassaneuil, en faveur de son fils Ludwig, eut plus d'étendue que sous les rois visigoths et sous les ducs mérovingiens, descendants d'Haribert. Il contenait l'Aquitaine propre, ou les deux provinces ecclésiastiques de Bourges et de Bordeaux, le Toulousain et la Novempopulanie ou Gascogne; plus, la Septimanie ou autrement la Gothie, et les pays ou points que possédait encore l'empire frank, au moins d'une manière précaire, au-delà des Pyrénées. Cette dernière partie du territoire, appelée la Marche d'Espagne, habitée à la fois par des chrétiens et des musulmans, allait jusqu'à l'Ebre; ainsi le nouveau royaume d'Aquitaine était borné par la Loire, le Rhône, l'Ebre et les deux mers, et présentait à la fois un état étendu, fertile, populeux et riche.

Une chose à remarquer, c'est que le royaume d'Aquitaine ainsi établi, et s'étendant des deux côtés des Pyrénées, se trouvait tout naturellement en point de contact avec la nation musulmane. On peut même dire que c'était un royaume intermédiaire que Karle-Magne avait voulu établir entre lui et les partisans de l'islamisme. « L'Espagne, dit M. Fauriel (a), leur fut désignée (aux habitants du nouveau royaume d'Aquitaine) pour le but fixe de leurs marches et de leurs expéditions de guerre, comme pour champ-clos obligé; ils furent postés en face des Arabes andalousiens, comme l'armée qui allait avoir à rendre compte d'eux au reste de l'Europe chrétienne. » Mais ici il faut rappeler encore que ceux qui avaient cette croyance étaient partagés en deux grandes divisions, dont l'une obéissait au khalife de l'Orient, et l'autre était soumise au khalife

---

(a) *Hist. de la Gaule méridion.*, t. III, p. 357 et 358. — *Capitul.*

de Cordoue, considéré comme un rebelle par la race des Abbassides. C'était le khalife de cette dynastie, Mohammed Mohabi, qui avait, par son lieutenant, fait demander, ainsi qu'on l'a vu, à la diète de Paderborn de 777, une alliance avec la nation franke, ce qui entraîna l'expédition finie avec l'échec de Roncevaux. Il en résultait un état de guerre à peu près permanent, de la part des Aquitains, contre Abd el Rahman Ben Mouayia, le khalife de Cordoue, et les Sarrasins de son parti.

XIX. Toulouse, capitale de l'ancien royaume et de l'ancien duché d'Aquitaine, continua à être la principale ville, ou même encore, si on le veut, la capitale du nouveau royaume d'Aquitaine, et le point où devait se tenir, le plus habituellement, le champ de mai ou l'assemblée de la nation. Mais cette position n'assurait point chez elle la présence presque continuelle du souverain du pays. Alors les rois de race franke résidaient, de préférence, dans les principaux châteaux qu'ils avaient sur leurs immenses possessions domaniales. L'Aquitaine avait quatre de ces maisons royales, savoir : Doué en Anjou, joignant le Poitou et du même côté de la Loire, Cassaneuil en Agénois, où il fut arrêté que l'Aquitaine formerait à l'avenir un royaume, Ebreuil en Auvergne, et *Audiacum* qu'on croit être un point de la Saintonge, et qu'on a prétendu aussi être en Limousin (23).

Les palais qui furent affectés par Karle-Grand au roi d'Aquitaine, parce qu'ils étaient situés dans son royaume, avaient appartenu, pour la plupart, aux rois visigoths qui en avaient formé les domaines, dans le partage fait avec les naturels du pays, par suite de l'établissement définitif de la nation gothique dans les Gaules. De là ces palais avaient passé aux rois mérovingiens, et aux ducs d'Aquitaine de cette race (24). Des serfs fiscalins étaient attachés à ces possessions et les faisaient valoir. Plus tard, ces immenses possessions furent démembrées, et données en fief à l'Eglise ou à des vassaux. Elles permirent notamment de grandes libéralités de la part des rois et ducs d'Aquitaine et des comtes de Poitou.

XX. Après avoir ainsi formé des provinces situées au midi de la Loire un royaume particulier, Karle-Magne sentit que pour en assurer d'autant plus la possession à son fils, encore dans les langes du berceau, il était nécessaire de confier l'administration des provinces de l'Aquitaine à des officiers susceptibles de maintenir le pouvoir dans sa dynastie. D'abord le roi frank plaça près de lui des ministres habiles qui commandaient en son nom, et le premier d'entre eux est le leude Arnold, doué d'une haute capacité (25); ensuite il institua des comtes, pris surtout parmi les leudes franks, remarquables à la fois non-seulement par leur valeur et par leur fermeté, mais encore assez adroits pour n'être pas trompés par des populations qu'on tenait pour être turbulentes, rusées et difficiles à administrer (a), et il plaça un de ces mêmes comtes dans chaque province. Il ne faut pas en conclure qu'il n'y eût pas de ces comtes en Aquitaine auparavant; les documents historiques prouvent le contraire (26). Cette institution était à la fois romaine, visigothe et franke, et, chez ce dernier peuple, le comte avait le titre de *grafio*; mais il y avait eu des désordres dans l'administration, et il fallait faire en quelque sorte table rase, à la création du nouveau royaume, en instituant de nouveaux comtes dont quelques-uns avaient peut-être occupé déjà cette dignité (27). Quoi qu'il en soit, Abbon fut institué comte de Poitou, en même temps que Corson l'était pour le Toulousain, Humbert pour le Berry, Widbod pour le Périgord, Sigwin pour le Bordelais, Ithier pour les Arvernes, Aimon pour l'Albigeois, Bulh pour le Vélay, et Rotger pour le Limousin (b). On ne connaît pas les autres comtes qui furent donnés aux autres contrées de l'Aquitaine, et les noms que nous écrivons ne sont qu'une indication.

Pour assurer aux comtes, qui étaient alors révocables à volonté, les moyens de soutenir avec éclat leur nouvelle dignité, à une époque où de brillants *appointements* ou plutôt d'énormes salaires n'étaient pas encore le partage des hauts fonctionnaires de l'État, Karle-Magne concéda à ses

(a) *Astronom.* 778. — *Vita S. Genulfi.*
(b) *Astronom.*

officiers des terres hermes ou confisquées (*a*), dont les revenus étaient assez considérables pour créer une existence honorable à ceux qui devaient les percevoir.

Les fonctions des comtes, qu'on définira plus en détail, étaient à la fois judiciaires, administratives, militaires et financières, car alors on ne connaissait point la division des pouvoirs, qui se trouvaient ainsi tous réunis sur la même tête. Les comtes faisaient rendre la justice en première instance, par leurs délégués, pour les causes peu importantes, et ils la rendaient eux-mêmes, pour les affaires importantes, assistés d'adjoints, en recevant même des appels. Directement ils pourvoyaient aux détails d'une administration bien moins compliquée que de nos jours; chargés du commandement des troupes, et maintenant l'autorité au dedans, ils la faisaient respecter au dehors, sous l'autorité d'un duc établi pour plusieurs provinces. Enfin la perception des revenus du fisc se faisait sous leur direction, et ils régissaient, par leurs employés, les domaines que s'était réservés le souverain.

XXI. Au dessus des comtes, et entre eux et le roi d'Aquitaine, se trouvait une dignité intermédiaire, c'était celle du duc. Il fut établi définitivement un duc pour l'Aquitaine, et il y en eut un plus tard pour la Vasconie, qui n'était qu'une sorte d'adjonction à l'Aquitaine. Néanmoins le pouvoir des comtes était positif et étendu, et ils relevaient directement de l'autorité royale, sauf quelques restrictions, pour la partie militaire, qu'on va indiquer. Du reste, le duc était comte d'un territoire particulier, et si les autres comtes étaient indépendants de lui, sous les rapports généraux, à la guerre il les commandait (28) ordinairement. Il arrivait pourtant parfois que le roi faisait commander les troupes par un autre chef que par le duc, et alors ce général était considéré comme un duc temporaire. C'est ce qui faisait dire que le duc commandait sans avoir de territoire.

XXII. Comme Toulouse avait été la capitale de l'Aquitaine

(*a*) *Astronom.*

sous les rois visigoths et sous les rois et ducs d'Aquitaine mérovingiens, Karle-Magne conserva une sorte de suprématie à cette ville en affectant à son comte le titre de duc d'Aquitaine. Il eut, par suite, sur les autres comtes de ce royaume, la supériorité que nous avons indiquée, relativement au commandement des troupes. Ce personnage était, dès lors, le connétable, ou, si l'on veut, le maréchal de la monarchie aquitanique.

XXIII. Corson (*a*), qui fut investi dès le début du titre de comte de Toulouse, se trouva ainssi le premier duc d'Aquitaine, à l'érection de cette contrée en royaume, par Karle-Magne. Nous ne connaissons point l'origine de ce duc. Un auteur (*b*) a prétendu qu'il descendait du duc Eudes, et qu'il était fils du comte Marcion et petit-fils de Waifer. Cette opinion n'a aucune base solide, et quand rien ne permet d'éclairer un fait perdu dans la nuit des temps, il vaut mieux demeurer dans le doute que de se faire un système tout d'imagination.

XXIV. Les fonctions des comtes sont définies positivement dans les Capitulaires (*c*). Chacun d'eux avait, dans le territoire de son comté, l'intendance des finances et l'administration de la justice qu'il rendait par lui-même et par ses subordonnés. Dès lors le comte devait être à la fois et un militaire et un homme ayant étudié le droit. Il était obligé de tenir ses audiences dans un lieu désigné exprès et appelé le *Mallum publicum*. Quant aux autres audiences, elles pouvaient avoir lieu dans toute l'étendue du territoire, excepté dans les églises et dans leurs vestibules. On pouvait vaquer à l'administration de la justice tous les jours, le dimanche excepté. Il fallait être à jeun pour décider du juste ou de l'injuste. Les affaires civiles et militaires étaient également du ressort du comte, dans toute l'étendue de son comté, et il avait charge particulièrement de veiller aux intérêts des veuves, des orphelins et des pauvres, de même que pour ce qui avait trait aux églises.

(*a*) *Astronom.*
(*b*) Audigier. *Origin. des Franç.*, t. 1, p. 241.
(*c*) *Capitul.*, éd. Baluz., t. 1, p. 353, 370, 603, 634, 842.

Le comte avait le titre d'illustre (*a*), dont les princes se tenaient eux-mêmes honorés. Ils avaient pour assesseurs des magistrats appelés, les uns *seniores*, d'où est venu la dénomination de seigneur, et les autres *juniores* (*b*) ou plus jeunes. Parmi ces fonctionnaires étaient les viguiers et les centeniers, dont nous allons bientôt parler.

Malcurphe (*c*) fait connaître une instruction donnée aux comtes pour leur faire connaître ce qu'ils avaient à faire. Ils devaient administrer la justice, faire faire la police et recevoir les deniers du roi. Les Franks, les Romains et les Bourguignons ne pouvaient être jugés par ceux qui suivaient leurs lois. Ils punissaient le meurtre, le brigandage et les autres crimes, et veillaient à la sûreté publique.

XXV. Nonobstant l'administration habituelle de la justice, le comte tenait trois fois par an, particulièrement en été et en automne, des assises où étaient portées les causes qui méritaient le plus de solennité. Outre ceux qui assistaient ordinairement le comte, l'évêque, les abbés et les vassaux du roi étaient obligés de siéger à ces réunions (*d*). Ces derniers comparaissaient en personne ; l'évêque pouvait se faire représenter par ses vidames, *vice-dominici*, et les abbés par leurs avoués, *advocati*. Le comte appelait aussi là ses vassaux directs. Enfin les personnes libres y étaient citées, à tour de rôle ou suivant le besoin du service, pour donner leur avis sur certains points, ou pour servir de témoins. D'après les documents des anciens plaids qui nous restent (*e*), il paraît qu'on donnait à ces individus le titre de bons hommes, *boni homines*, expression dont on se sert encore parmi le peuple pour désigner un vieillard, et c'est de là qu'est dérivé le titre de *prud'homme*, attribué aux juges ou arbitres forcés, pour les corporations et pour les fabriques.

(*a*) *Formul. Malcurph.*
(*b*) *Capitul. apud Baluz.*, p. 10.
(*c*) L. 1, form. 8.
(*d*) *Capitul. ap. Baluz.*
(*e*) *D. Mabil.*, p. 396, 511.

XXVI. L'étude suivie des anciens monuments nous permet d'indiquer quelques-unes des règles de la procédure suivie à cette époque. Les plaids se tenaient assez ordinairement dans la localité où le délit avait été commis, s'il s'agissait d'une affaire criminelle, ou bien sur le domaine litigieux ou tout près, s'il s'agissait d'un procès pour une propriété. Chacun défendait soi-même sa cause, ou la faisait défendre par un mandataire. Aussitôt le jugement rendu, on en délivrait des copies aux parties intéressées. Souvent celui qui était condamné s'obligeait à exécuter le jugé et donnait caution de son acquiescement. Lorsque la nature de l'affaire exigeait l'intervention du comte, comme dans les causes qui intéressaient les grands établissements religieux, ce premier magistrat convoquait les grands du pays, laïques et ecclésiastiques, ainsi que les viguiers, afin de l'assister, et le plaid se tenait dans la localité qu'il indiquait. On ne trouve point, pour les premiers temps de l'institution des comtes, une salle habituelle d'audience à Poitiers. La cour siégeait tantôt dans l'enceinte d'un monastère, près d'une église, sous des arbres ou ailleurs. Il en était de même quand des délégués de l'empereur ou du roi d'Aquitaine (*a*) venaient pour rendre la justice, et eux pareillement se faisaient assister par les grands de la province et par les viguiers.

XXVII. Les évêques avaient aussi une juridiction, et leurs pouvoirs étaient très-étendus. Ils avaient pour adjoints des abbés, des chanoines et d'autres ecclésiastiques. Les règles de compétence de ce pouvoir étaient loin d'être bien déterminées, et aussi nous verrons cette juridiction chercher à tout envahir et quelquefois y parvenir, pour ainsi dire.

Nous remarquerons aussi, par suite des actes que nous aurons occasion de citer, que l'évêque, dans la province, était une autorité, même au civil. Du reste, comme on l'a dit, elle n'existait pas alors cette distinction si sage, établie depuis, entre les choses spirituelles et les choses temporelles.

XXVIII. Ainsi qu'on l'a vu, l'influence du clergé sur le

(*a*) *Missi dominici.*

peuple était grande à cette époque, et Karle-Magne le savait. Aussi fit-il de son mieux pour disposer celui de l'Aquitaine en sa faveur et pour le nouvel ordre de choses qu'il créait dans le pays. C'est ce que dit un écrivain de l'époque, qui prétend que ce monarque *fit tout ce qu'il fallait pour cela* (a), sans dire rien de plus. Il est vrai qu'il ajoute que le roi frank plaça dans l'Aquitaine des abbés de race franke, et donna à ces personnages des bénéfices en domaines, pour subvenir à leurs besoins. C'était encore un moyen, parmi tant d'autres, d'établir l'influence franke au-delà de la Loire.

Du reste, les abbés, qui étaient réguliers alors, avaient une puissance réelle, à cause du grand nombre de biens et d'hommes sous leur dépendance, et parce qu'ils étaient appelés aux assemblées particulières des provinces, et même aux assemblées générales du royaume. Ainsi, en plaçant en Aquitaine des abbés franks, et en leur concédant des bénéfices, Karle-Grand chercha à s'assurer de leur fidélité, et à les attacher au gouvernement de son fils.

XXIX. Marchant toujours dans la même voie, et pour affermir d'autant plus son autorité en Aquitaine, et particulièrement en Poitou, Karle-Grand y concéda plusieurs terres appartenant au fisc (b), par vacance, confiscation ou autrement, à des grands de la cour dont il était sûr de l'attachement, et conformément aux règles que nous avons déjà fait connaître. Ces propriétaires, nantis des bénéfices dont on les avait dotés, devinrent les grands vassaux du pays, et, en retour du don qui leur était fait, on leur assigna des devoirs à remplir, comme de garder les frontières, de concourir à l'administration du pays et à la reddition de la justice, et de gérer les terres dépendantes des maisons royales. Ces grands vassaux, qui relevaient directement du roi et étaient indépendants des comtes, dont parfois ils contrôlaient l'autorité, furent appelés *vassi dominici*.

(a) *Astronom.* 718.
(b) *Astronom.*

On pourrait encore indiquer quelques-uns des dons, en grandes possessions territoriales en Poitou, qui furent faits, vers cette époque, à des hommes puissants. On se bornera ici à citer le territoire de Charroux, ancienne possession des ducs d'Aquitaine. Rotger, comte de Limoges, s'en était emparé dans les guerres soutenues par la race karolingienne contre Waifer et Hunald, et la possession de cette localité lui fut confirmée par Karle-Magne.

XXX. Pour surveiller la manière dont les comtes et leurs inférieurs rendaient la justice, le roi choisissait, dans les assemblées générales de la nation, tenues de temps à autre, des délégués ou *missi dominici*, qui se rendaient dans chaque province (a). Leurs fonctions étaient de réformer les abus, de punir la négligence des magistrats, de vider les procès non terminés, de recevoir les plaintes des particuliers, de visiter les monastères, et de soutenir les faibles contre le pouvoir des grands. Ces envoyés étaient ordinairement pris dans les hauts rangs de la société. On leur rendait de grands honneurs, et ils étaient défrayés dans les pays où ils étaient en mission. Les comtes, les évêques et les abbés, à moins de maladies ou autres empêchements, étaient tenus de comparaître en personne à leurs plaids solennels. Revêtus de pouvoirs extraordinaires, ces envoyés pouvaient d'urgence destituer les fonctionnaires et les remplacer. Une de leurs sessions avait lieu après Pâques, et ensuite ils se rendaient à l'assemblée générale du royaume d'Aquitaine, qui se tenait habituellement en mai. Nous aurons à parler de la mission de quelques-uns de ces délégués de l'autorité royale.

XXXI. Mais un comte, aidé même des assesseurs que nous avons indiqués, ne pouvait exercer seul toutes les fonctions que nous avons fait connaître. Le comte du Poitou ne le pouvait pas surtout, pour son vaste territoire. Il fut donc nécessaire d'établir d'autres officiers chargés d'administrer et de rendre la justice dans les petites localités. Le fonctionnaire

(a) *Capitul. ap. Baluz.*

placé à la tête de chacune de ces petites divisions fut appelé viguier (a), *viguerius*, *vicarius*, c'est-à-dire vicaire ou délégué du comte (b). On enjoignit aux comtes de choisir, pour ces fonctions (c), des hommes probes et équitables, de même que pour celles de centeniers, qui étaient inférieures.

XXXII. Les affaires d'un grand intérêt étaient réservées au jugement du comte. Ainsi les causes d'une moindre importance étaient seules déférées aux viguiers, d'après ce que nous apprend un ancien auteur (d).

Donnons quelques indications.

C'était uniquement devant le comte et les envoyés royaux que se portaient les causes qui intéressaient les terres fiscales et allodiales (e).

Sous Karle-Magne, les causes capitales ou qui pouvaient occasionner la perte de la liberté ou faire perdre un esclave, ou même dépouiller d'une propriété, étaient réservées à la décision du comte (f).

Sous Ludwig-Pieux, on trouve indiquées, comme des affaires qu'il était donné exclusivement au comte de juger, les poursuites pour homicide, rapt, incendie, déprédation, amputation de membre, vol et invasion sur le bien d'autrui. Tout au moins on ne pouvait se refuser de comparaître au plaid tenu par le comte, sur l'une de ces poursuites (g).

Néanmoins, en thèse générale, lorsque le comte était absent de la localité où avait lieu le procès, le viguier pouvait présider le plaid et juger. C'est ce qui résulte de divers textes (h).

Ces plaids, présidés par le comte ou par le viguier, étaient

(a) Pour ce qui concerne les vigueries, consulter l'ouvrage spécial publié par M. de la Fontenelle, en 1839, sous ce titre : *Recherches sur les vigueries et sur les origines de la féodalité en Poitou.*

(b) *Capitul. de Lud.* A. 28.

(c) A. 21 des actes du concile de Châlons, de 803.

(d) *Wilf. Strab.*

(e) 10ᵉ Formule de Malculfe.

(f) *Capitul. an.* 801, 812.

(g) Baluze, t. 1, p. 150.

(h) *Formule* de Bignon, conforme à la 172ᵉ de Lindenbrog.

tenus par des hommes graves ou scabins, *scabini*, choisis par le peuple ou par le comte (a); ils étaient au nombre de douze, et pour siéger ils devaient être sept au moins.

On l'a déjà dit, pour ce qui était des droits appartenant aux monastères, les viguiers n'en connaissaient pas.

Néanmoins, sur la fin de leur existence, car ils disparurent avant la terminaison de la période qu'embrasse cet ouvrage, les viguiers eurent des pouvoirs plus étendus que ceux qui leur avaient été conférés à l'origine de l'institution. On les vit, en effet, connaître des cas d'homicide, de vol, de rapt et d'incendie. Mais ils ne s'élevaient si haut que pour disparaître bientôt sans retour.

XXXIII. Il y a lieu de croire qu'il était pourvu à l'existence des viguiers par la dation du revenu de certains domaines. C'est ainsi que, dans ces temps éloignés où les salaires étaient inconnus, on en agissait pour le magistrat supérieur, c'est-à-dire pour le comte, ainsi qu'on l'a dit, et il y a lieu de croire que ce système était également admis en descendant l'échelle du pouvoir. Des viguiers se seront perpétués héréditairement dans leurs emplois et dans la possession des biens y attachés, et ils auront ainsi, dans leur sphère, concouru à l'établissement de la féodalité. Du reste, les viguiers avaient aussi, on n'en peut douter, une portion des amendes ou restitutions par eux prononcées, ce qui aura augmenté encore leurs revenus. Cette portion de salaire aura représenté les épices des magistrats d'avant la révolution de 1789.

XXXIV. Une question qu'on doit se faire relativement aux vigueries, qui ont été très-nombreuses en Poitou, est celle de savoir si elles furent établies toutes à la fois? On pourrait d'abord croire à l'affirmative, quand on se reporte au génie du personnage qui réédifia le royaume d'Aquitaine, en 778. Alors Karle-Magne aurait établi, pour toute la contrée, une organisation politique complète et d'un seul jet, si on peut se servir de cette expression. Mais il est difficile de se rendre à cette idée, qui

---

(a) *Capitul. an.* 809, 829. — *Formule angevin.* — 6ᵉ et 26ᵉ *Formules de Bignon.*

se présente pourtant tout d'abord, quand on se reporte à la barbarie de l'époque, à l'anarchie qui en était la suite, et qu'on considère surtout que, dans une réunion de titres nombreux, on trouve les vigueries n'apparaissant, au moins pour la plus grande partie, que les unes après les autres. De plus, peut-on trouver une organisation régulière et faite à une seule fois, quand on voit que telle viguerie avait un territoire grand comme un arrondissement actuel de sous-préfecture et même plus, tandis que d'autres n'avaient pas l'équivalent d'un de nos cantons ?

L'augmentation dans les vigueries, qui est sensible par la lecture des chartes, peut avoir été le résultat de plusieurs causes. On placera au premier rang l'accroissement de la population, qui dut être le résultat d'une administration régulière et conservatrice et des quelques années de paix qui suivirent la création du royaume d'Aquitaine. Ensuite, les habitants du pays se seront de plus en plus civilisés ; puis l'action du gouvernement aura été plus directe et plus active dans les différentes parties du pays, et dès lors le besoin d'un plus grand nombre d'agents de l'autorité se sera fait sentir.

Ayant ainsi posé, comme une donnée certaine, que les vigueries ont été établies d'une manière successive, on sentira le besoin de les indiquer par ordre de date, après les avoir fait connaître par voie de division géographique.

XXXV. Nous arrivons à un travail long et fastidieux, et qui est établi ailleurs (a) d'une manière bien plus circonstanciée et aidée de preuves. En un mot, on ne donnera ici que l'indication des différentes vigueries qui ont existé en Poitou, dont les chefs-lieux étaient alors de petites villes ou des lieux importants, et qui, quelques-uns au moins, sont devenus des localités de très-peu d'importance aujourd'hui.

Mais avant de donner la liste des petites juridictions du Poitou sous la race karolingienne, il est nécessaire d'établir quels sont les *pagi* ou pays qui existaient alors en Poitou, et

(a) Dans les *Recherches sur les vigueries et les origines de la féodalité en Poitou*, par M. de la Fontenelle.

ensuite, sous chaque *pagus*, on placera les vigueries contenues dans ce territoire.

Or, il n'y eut originairement que quatre *pagi* ou pays, dans le comté de Poitou, savoir : 1º le pays de Poitou, *pagus Pictaviensis*; 2º le pays de *Briou*, *pagus Briocense* ou *Briocensis*; 3º le pays de Thouars, *pagus Thoarcensis*; 4º et le pays d'Herbauges, *pagus Herbadilicus*, *Herbadilicensis* ou *Erbadiliaci*. Mais une fraction de territoire fut, de très-bonne heure, détachée du territoire de Poitiers, pour en former le pays de Châtellerault, *pagus Castri-Heraldi* ou *Castri-Heraldensis* (29). Vers 975, on démembra encore le pays de Poitiers pour former le pays de Loudun, *pagus Lausidunensis*. L'année suivante, ce fut la partie méridionale du pays d'Herbauges qu'on prit pour former le pays de Mairevent, *pagus Maire-Ventis*. Peut-être le pays de Chapelle-Thireuil, *pagus Tiriacensis*, dont on rencontre l'indication, rare il est vrai, vers 965, a-t-il été créé à la même époque? Postérieurement on voit apparaître beaucoup d'autres *pagi* ou pays, savoir : le pays de Melle, *pagus Metulensis*, détaché du pays ou *pagus* de Briou; le pays de Rais, *pagus Ratiatensis* ou *Ratensis*, formé d'une partie du pays d'Herbauges, et le pays de Niort, *pagus Niortensis*, enlevé au *pagus Tiriacensis*, pays de Chapelle-Thireuil, si ce n'est pas la substitution d'un chef-lieu à un autre chef-lieu, d'un nom à un autre. Il y a aussi le pays d'Aunis, *pagus Alnacensis*, *Alonensis* ou *Alnisus*. Ce pays relevait du Poitou, parce qu'il appartenait au même comté, quoiqu'il ne fît pas partie intégrante de la province. On trouve encore le pays de Tifauges, *pagus Theofalgicus*, et le pays de Mauge, *pagus Medalgicus* ou *Metallicus*, qui entraient, à l'époque où commence ce travail, dans la circonscription du Poitou et de l'évêché de Poitiers, dont ils furent démembrés de bonne heure, ainsi qu'on le verra plus avant. On peut enfin noter le territoire de la Gâtine, *Vastina vel Vastinense territorium*, mentionné aussi, mais sans que ce district puisse entrer dans une division par *pagus* ou par viguerie. Il est de plus à remarquer qu'Aunay, qui a été le lieu de résidence d'un des vicomtes du Poitou, dès le principe, ne paraît pas avoir été le chef-lieu d'un pays ou *pagus*.

Il était encore d'autres pays en Poitou, comme le pays de Pareds et le pays de Paillé ; mais, comme ils ne sont entrés que dans la division ecclésiastique, et non dans la circonscription par *pagus* et viguerie, ce n'est pas, dès lors, le cas de s'en occuper ici (*a*).

XXXVI. Les vigueries, qui ont été assez nombreuses dans toute l'Aquitaine, semblent l'avoir été davantage en Poitou. Néanmoins, il faut réduire un peu le chiffre adopté par un auteur (*b*), parce qu'une seule viguerie est désignée souvent par des noms différents, dans lesquels on doit voir le même type et la même indication. Il faut aussi dire que le territoire de certaine viguerie est très-grand, tandis que celui d'une autre viguerie est très-restreint. L'inspection de la carte (*c*) fera connaître ce qui a existé à ce sujet, mieux qu'on ne pourrait le dire. Reste à savoir si, dans les vigueries plus petites en étendue, la population n'était pas plus grande que dans les autres, proportion gardée. Il y a, au moins, tout lieu de croire à l'affirmative de cette proposition.

Passons à l'indication des vigueries.

A (*d*). *Pagus Pictaviensis*, le pays de Poitiers. 1. *Vicaria Pictaviensis*. 1 bis. *Quinta civitatis Pictaviensis*, la quinte de Poitiers (*e*). 2. *Vicaria Salvinsis*, la viguerie de Sauves. 3. *Vicaria Silarinsis*, la viguerie de Sillars. 4. *Vicaria Edrinsis*, la viguerie d'Adriers. 5. *Vicaria Kanabensis*, la viguerie de Cherves. 6. *Vicaria Pauliniacensis*, la viguerie de Pouligny. 7. *Vicaria Sicvalensis*, la viguerie de Civaux. 8. *Vicaria Colniaco*, la viguerie de Caunay. 9. *Vicaria Leziniaco*, la viguerie

---

(*a*) Voir, à ce sujet, les *Recherches sur les petits peuples du nord du Poitou*, par M. de la Fontenelle.

(*b*) M. Filleau, *Mém. de la Société acad. de Poitiers*.

(*c*) Voir la carte spéciale pour les *pagi* et les vigueries du Poitou, qui se trouve à la fin du volume.

(*d*) Cette lettre, ainsi que celles placées de la même manière, indiquent un *pagus*, et aident aux recherches à faire sur la carte.

(*e*) La quinte représentait la banlieue actuelle d'une ville.

de Lusignan. 10. *Vicaria Sancti-Maxentii*, la viguerie de Saint-Maixent. 11. *Vicaria Raciacensis vel Abziaco*, la viguerie de Razais ou d'Azat-le-Ris. 12. *Vicaria Condacensis*, la viguerie de Condac. 13. *Vicaria Liniacensis*, la viguerie de Liniers. 14. *Vicaria Nantolinensis*, la viguerie de Nanteuil. 15. *Vicaria Calriacensis*, la viguerie de Chauvigny. 16. *Vicaria Marniaco*, la viguerie de Marnes.

Voici les vigueries, sans indication de *pagus* et à chefs-lieux connus, qu'on place, à cause de leur position géographique, dans le *pagus* de Poitiers.

AA (*a*). 1. *Vicaria Jozniaco*, la viguerie de Jaunay. 2. *Vicaria Saviniaco*, la viguerie de Savigny-l'Evescault. 3. *Vicaria Bladelacensis*, la viguerie de Blalay. 4. *Vicaria Rufiaco*, la viguerie de Ruffec. 5. *Vicaria Gentiaco*, la viguerie de Gençay. 6. *Vicaria Castanedo*, la viguerie de Chasteing-sur-Charente. 7. *Vicaria Siculum*, la viguerie de Saint-Cyr, près Dissais.

Il est aussi d'autres vigueries dont on trouve la position géographique, sans pouvoir reconnaître le chef-lieu, et qui paraissent entrer aussi dans le *pagus* de Poitiers.

AAA. 1. *Vicaria Leonia*, de Poitiers en allant sur Lusignan ou Vivône. 2. *Vicaria Liranensis*, de Poitiers en allant vers la Gâtine.

Enfin, il est des vigueries indiquées comme étant dans le *pagus* de Poitiers, dont on n'a pu aucunement reconnaître la position géographique.

AAAA. 1. *Vicaria Beljocensis vel Beljoensis*. 2. *Vicaria Presciaco*. 3. *Vicaria Villena*.

Passons aux autres pays ou *pagi*.

B. *Pagus Briocensis*, le pays de Briou. 1. *Vicaria Briocensis*, la viguerie de Briou. 2. *Vicaria Bomonensis vel Bonno*, la viguerie de Bouin. 3. *Vicaria Exidualensis*, la viguerie d'Exoudun. 4. *Vicaria Rodonensis, Ronensis vel Rodomnio*, la viguerie de Rom. 5. *Vicaria Uzoninsis*, la viguerie d'Usson. 6. *Vicaria Blaziacensis*, la viguerie de Blanzai. 7. *Vicaria Li-*

(*a*) Ces lettres servent encore de renvoi pour la carte.

nazencis vel Laulniacensis, la viguerie de Linazais. 8. *Vicaria Audenacensis seu de castro Oniaco*, la viguerie d'Aunay. 9. *Vicaria Vicvedonensis*, la viguerie de Vivône. 10. *Vicaria Sivriaco*, la viguerie de Civray. 11. *Vicaria Aunciacus vel Unctortus*, la viguerie d'Ancigné ou d'Ensigné.

On trouve des vigueries, sans indication de *pagus* particulier et à chefs-lieux connus, qu'on placera, à cause de leur position géographique, dans le *pagus* de Briou.

BB. 1. *Vicaria Brionensis*, la viguerie de Brion. 2. *Vicaria Isannensis*, la viguerie d'Isernay.

Il est encore des vigueries dont on n'a pu reconnaître la position géographique, et qui sont indiquées comme étant dans le *pagus* de Briou.

BBB. 1. *Vicaria Undactus*. 2. *Vicaria Icionensis*.

C. *Pagus Thoarcensis*, le pays de Thouars. 1. *Vicaria Thoarcensis*, la viguerie de Thouars. 2. *Vicaria Teneacensis*, la viguerie de Thenezay.

D. *Pagus Herbadilicus vel Erbadiliaci*, le pays d'Herbauge. 1. *Vicaria de Bram et de Talamun*, la viguerie de Bram et de Talmont.

E. *Pagus Castro-Heraldi vel Castri-Heraldensis*, le pays de Châtellerault. 1. *Vicaria Castro-Araldi*, la viguerie de Châtellerault. 2. *Vicaria Igradinsis*, la viguerie d'Ingrande. 3. *Vicaria Braiacensis vel Brinsis*, la viguerie de Braye. 4. *Vicaria Colomberio*, la viguerie de Colombiers.

F. *Pagus Lausidunensis*, le pays de Loudun. 1. *Vicaria Lausidunensis*, la viguerie de Loudun. 2. *Vicaria Vareciacensis*, la viguerie de Verrières.

G. *Pagus Maire-Ventis*, le pays de Mairvent. 1. *Vicaria Maire-Ventis*, la viguerie de Mairvent.

Je trouve une viguerie, sans indication de *pagus* et à cheflieu, que je place, à cause de sa jonction, dans le *pagus* de Mairvent.

GG. *Vicaria Cantoanensis*, la viguerie de Chantonnay.

H. *Pagus Tiriacensis*, le pays de Thireuil. 1. *Vicaria Arduacensis*, la viguerie d'Ardin.

J. *Pagus Metulensis*, le pays de Melle. 1. *Vicaria Metulensis vel Metulo*, la viguerie de Melle. 2. *Vicaria Medulinse*, la viguerie de Médoc.

Il est une viguerie qui est attribuée à ce *pagus*, et dont on n'a pu reconnaître la position géographique du chef-lieu.

JJ. *Vicaria Briosto*.

K. *Pagus Ratiatensis vel Ratensis*, le pays de Rais. 1. *Vicaria Ratiatensis*, la viguerie de Rais.

L. *Pagus Niortensis*, le pays de Niort. 1. *Vicaria Niortensis*, la viguerie de Niort. 2. *Vicaria Africa vel Afriacensis*, la viguerie d'Aifre. 3. *Vicaria Fontaniacensis*, la viguerie de Fontenay-le-Comte.

M. *Pagus Alneacensis vel Alnisus*, le pays d'Aunis. 1. *Vicaria Basiacensis vel Bachiacensis*, la viguerie de Boisse, près Mauzé. 2. *Vicaria Sancti-Johannis de Castello-Alloni*, la viguerie de Châtelaillon. 3. *Vicaria Angeriacensis*, la viguerie de Saint-Jean-d'Angély. 4. *Vicaria Muronensis*, la viguerie de Muron. 5. *Vicaria Nachens*, la viguerie de Nuchamps.

N. *Pagus Theofalgicus*, le pays de Tiffauges.

On ne trouve point de viguerie dans ce *pagus*, ni dans le suivant.

O. *Pagus Medalgicus vel Metallicus*, le pays de Mauge.

P. *Territorium Vastinensi*, le pays de Gâtine.

C'est ici une circonscription féodale (30).

XXXVII. Après avoir fait connaître les vigueries du Poitou, dans l'ordre de la division géographique et par *pagus*, nous allons essayer de les placer ici, par ordre de date de leur création ou de leur apparition. En effet, ce n'est pas à dire que quand nous assignerons à une viguerie une date quelconque, elle n'ait pas existé auparavant; seulement on peut dire qu'il est positif qu'elle existait déjà à la date donnée, puisqu'une charte la mentionne sous cette année. Du reste, les documents du temps étant nombreux en Poitou, du moins en général, et pour certains cantons, il n'est guère probable qu'une viguerie ait été instituée beaucoup avant l'époque sous laquelle on la place. Pourtant, il faut l'avouer, la découverte d'une nouvelle charte, ou même un défaut d'attention sur un acte déjà connu, suffirait pour déranger un peu la série qu'on va former.

Quoi qu'il en soit, entrons en matière. Nous trouvons comme les premières des vigueries dont l'existence est prouvée par des chartes, dans les dernières années du VIIIe siècle, seulement deux vigueries, en 775 Lusignan, et en 785 Niort.

L'antiquité de la viguerie de Niort s'explique facilement : le comte de Poitou, ou même Karle-Magne, s'il s'est occupé de ces détails, aura trouvé rationnel de placer un viguier dans la forteresse du centre du Poitou.

Dans la première moitié du IXe siècle, nous rencontrons encore peu de vigueries. Les voici : 817, Melle ; 832, Azat-le-Ris ; 837, *Unductus* ; 838, Ancigné ; et 849, Loudun. L'atelier de la mine et l'atelier monétaire de Melle (31) expliquent le placement, de bonne heure, d'un viguier dans cette localité. En outre, Rasais ou Azat-le-Ris était un point important, éloigné du chef-lieu de la province, et dominant la Marche, de même que Loudun avait sa forteresse bâtie pour s'opposer aux incursions des Angevins.

Le nombre des vigueries placées dans la seconde moitié du IXe siècle ne paraît guère plus considérable que dans la première moitié de ce même siècle. On trouve : 862, Exoudun ; 876, St-Jean-de-Sauves ; 880, Vivône ; 889, Savigny ; 890, Briou et Braye. Ce dernier lieu est aujourd'hui près de Richelieu, qui était alors une localité presque inconnue.

C'est dans la première partie du Xe siècle que les indications des vigueries abondent dans les actes. Aussi la liste, pour cette période de temps, va être bien fournie : 901, Blanzay et Sillars ; 904, Chauvigny et *Ictonensis* ; 906, St-Maixent ; 909, Liniers et Thénezay ; 911, Pouligny ; 914, Ingrande ; 919, Isernay ; 926, Thouars et Nanteuil ; 927, Adriers et Linazais ; 928, Chasteing-sur-Charente, et encore Bouin et Tillou ; 937, Cherves ; 940, Marnes ; 942, Poitiers ; 946, *Basiacencis* ; et 948, Aunay. Néanmoins il y a lieu de croire qu'il y a eu un viguier à Poitiers, avant l'époque qu'on vient de préciser.

Dans la seconde moitié du même siècle, l'augmentation des vigueries continue. En effet, on trouve les suivantes : 951, *Liranensis* ; 954, *Siculum* ; 959, Usson ; 963, Civaux et Brion ; 964, Colombiers ; 965, Ardin et *Villena* ; 966, Aifre, *Boljocensis* ; 968, Châteleillon ; 971, Rom et Muron ; 975, Chantonnay ; 976, Mairvent ; 987, Condac ; 989, Jaunay et Gençay ; 992, Blalay ; 996, Ruffec ; et 999, Caunay.

Sans doute que le besoin de nouveaux viguiers ne se faisait plus guère sentir dans le xie siècle, ou plutôt que l'institution commençait à dépérir. En effet, on ne trouve plus pour cette période que peu de vigueries. Ce sont : 1007, Civray ; 1010, *Leenia* ; 1015, Châtellerault ; 1020, Bram et Talmont ; 1035, Medoc ; et 1047, Fontenay-le-Comte (*a*).

On ne se trouve pas en position d'assigner des dates aux vigueries *Presciaco*, *Briosto*, Rais, St-Jean-d'Angély, Charentenay et Nuchamps.

La carte spéciale par *pagi* et vigueries donnera de la facilité pour comprendre la division du Poitou à cette époque. Elle fera voir combien les vigueries étaient nombreuses vers le chef-lieu de la province, et combien elles étaient rares vers la mer et la Loire. Si tel *pagus* est bien arrondi, tel autre ne l'est pas ; et celui de Poitiers, d'une grandeur démesurée, fait pointe sur tel autre, et semble même anticiper sur le territoire de celui-ci.

XXXVIII. On trouve à peine en Poitou, pour l'époque qui nous occupe, la mention de centeniers, d'origine romaine. Au lieu de cela, on rencontre en Poitou des sous-viguiers, dans les chartes passées postérieurement à la reconstitution du royaume d'Aquitaine par Karle-Magne. Les sous-viguiers, *subvicarii* ou *hypovicarii*, pouvaient tenir la place des centeniers, si pourtant leur commandement n'était pas plus étendu. Néanmoins il peut y avoir plusieurs hypothèses, parmi lesquelles il faut choisir, relativement à eux. On aura à rechercher si les sous-viguiers avaient un territoire particulier, fraction de la viguerie, et sur lequel ils auraient exercé leurs fonctions, ou si, con-

(*a*) Plus tard, on parlera des *vigueries imparfaites*.

trairement à cela, ils étaient placés auprès des viguiers, seulement pour les suppléer ou pour les assister dans l'exercice de leurs fonctions. Dans le premier cas, on pourrait même se demander si les sous-viguiers n'avaient point une juridiction inférieure à celle des viguiers, qui auraient été pour eux des juges d'appel? Cette dernière hypothèse est, du reste, et j'en conviens, la moins vraisemblable, et pourtant il était bon de l'indiquer ici.

XXXIX. Dans les temps encore barbares auxquels nous nous reportons, le clergé avait une grande prépondérance et dominait tout ce qui n'était pas très-élevé dans la classe séculière. Aussi voyons-nous que, malgré l'importance de leurs fonctions, on n'accorda aux viguiers et à leurs auxiliaires que le rang des moindres prêtres (a).

XL. Il ne faut pas croire que l'institution des viguiers et des sous-viguiers, en Aquitaine, fût propre à Karle-Magne. Elle avait existé précédemment dans cette contrée, où elle avait été portée, lorsque les Visigoths y établirent leur premier royaume de la Septimanie, détruit, en 507, par le fait de la bataille de Vauclade. En effet, on trouve, dans les lois visigothes (b), la hiérarchie sociale qui suit, et qui fut aussi celle du royaume d'Aquitaine : après le roi, le duc, *dux*; le comte, *comes*; et le viguier du vicaire du comte, *vicarius*. Ce dernier officier, qui était plus habituellement appelé *tiufate*, et même *pacis assertor*, ce qui représenterait notre institution moderne du juge de paix, commandait à mille hommes, et lorsque les Visigoths furent fixés en Aquitaine, le *tiufate* fut le juge et l'administrateur du territoire dans l'étendue duquel ses mille hommes avaient établi leur habitation. Il y avait sous le *tiufate* deux lieutenants qui commandaient à cinq cents hommes chacun, et il y a de l'analogie entre eux et les sous-viguiers. Puis après venaient les *centeniers* et les *dizainiers*, et ceux-ci, surtout les derniers, avaient seulement juridiction pour les choses de peu d'importance. Cette organisation fut-elle particulière aux Visigoths, pendant leur séjour en Aqui-

(a) *Wilf. Strabo.* (b) Notamment, l. 11, t. 1, l. 26.

taine, et étrangère aux naturels du pays? Se conserva-t-elle ou non dans la contrée, après le départ du premier de ces peuples? Karle-Magne ne fit-il que la consacrer de nouveau, en créant le royaume d'Aquitaine pour son fils Ludwig-Pieux? Ce sont là des questions importantes à traiter, et qui doivent attirer toute l'attention de ceux qui se livrent à la solution des points historiques les plus difficiles à résoudre. On se contentera de dire ici que tout ce qui a trait à la domination des Visigoths sur l'Aquitaine et à l'existence sociale et politique de ce peuple, est peu connu, et que l'écrivain qui, jusqu'ici, a jeté plus de lumières sur ce peuple véritablement grand, est un auteur allemand (a).

XLI. Les villes de l'Aquitaine avaient conservé, comme reste du régime romain, une véritable magistrature municipale. Bordeaux avait encore ce consulat dont Ausone a parlé (b). Il en était de même des autres villes et notamment de Poitiers (c). Aussi, lorsqu'au XVI° siècle, l'édit de Moulins vint abolir les justices municipales, la ville d'Angoulême soutint qu'elle devait conserver la sienne, parce qu'elle en jouissait avant la formation du royaume de France, et le parlement de Paris (d) admit ce système, même pour la ville de Reims et nonobstant l'édit cité. Cette conservation du régime municipal des Romains en Aquitaine, sous la domination franke, est positive (32). On ne croit pas, d'après cela, et pour ne pas sortir du cadre qu'on s'est tracé, devoir se livrer à de plus amples développements à ce sujet.

Il résulta de cet ordre de choses que, lorsque les villes du nord des Gaules militèrent, plus tard, pour le rétablissement de leurs communes, les villes du midi de la Loire se trouvèrent avoir encore conservé l'exercice de leurs anciennes franchises de la domination romaine, et cette existence indépendante de

(a) Le D. J. Arthbach, dans son *Histoire des Visigoths.*
(b) *De claribus urbibus.*
(c) « Les consuls de Reims et de Poitiers offrent peu d'importance », dit M. de Savigni, l. 11, c. 11.
(d) Par arrêt du 25 mai 1568.

cité à laquelle on tenait tant alors. Du reste, les magistrats municipaux du Midi, pour singer la pourpre romaine, portaient la robe rouge dans l'exercice de leurs fonctions.

XLII. Si on recherche quelles étaient les législations civiles qui régissaient l'Aquitaine, au moment où ce pays fut rétabli en royaume par Karle-Magne, on trouve que c'était, pour les Gallo-Romains, qu'on appelait *Romains*, c'est-à-dire pour la population primitive et presque entière du pays, le code Théodosien. Nous nous trompons, ce n'était pas ce code complet, mais son abrégé ou sa modification, le *Breviarium* rédigé par le jurisconsulte Anian, sous le directoire de Goiarik, comte palatin, et par les ordres d'Alarik II, roi des Visigoths. Ce travail avait été terminé et publié, en 506, dans la petite ville d'Aire, en Gascogne, et approuvé par une réunion d'évêques et de grands personnages *romains* (33).

Néanmoins, comme il était encore resté des Visigoths dans quelques parties de l'Aquitaine du midi et même en Poitou (34), ceux-ci étaient jugés par les lois visigothes. Elles se trouvaient réunies dans le code qu'avait fait rédiger, en 482, Evarik, roi des Visigoths de la Septimanie première. Plus que cela, au viie siècle, Chiudassinde, autre roi visigoth, avait proscrit l'usage du droit romain et de toute législation étrangère dans les provinces de son royaume, dont la Septimanie seconde fit partie, jusqu'au viiie siècle. Mais la domination visigothe ayant cessé, le droit romain fut remis en usage dans cette contrée.

En outre, les Franks fixés en petit nombre dans l'Aquitaine, soit par leurs charges, soit par des bénéfices, étaient jugés par les lois germaniques.

XLIII. Nous nous arrêtons dans cette introduction, qu'il aurait été facile d'étendre, sans même se livrer à des développements inutiles. Toujours est-il que ce qu'on vient de dire indique les points saillants de l'état des choses, au moment où l'organisation de Karle-Magne fut appelée à agir. Ces premiers jalons posés, il sera bien plus facile d'apprécier les faits dont on va aborder la série.

LIVRE II.

(DE 778 A 814.)

Ludwig-Pieux, roi d'Aquitaine (de 778 à 814).
Corson (de 778 à 790), —Guillelme de Gelone (de 790 à 806), — Raymond Raffenel (de 806 à 814), ducs d'Aquitaine amovibles. Abbon (de 778 à 814), comte de Poitou amovible.

I. Nous avons peu de chose à dire sur ce qui concerne, en général, le commencement du fonctionnement, qu'on nous passe l'expression, du nouveau royaume d'Aquitaine. Il est à croire que son créateur, Karle-Magne, en conserva d'abord l'administration pendant quelque temps. Du reste, c'est à l'arrivée du jeune Ludwig dans le royaume qu'on lui avait donné, que commence l'action du gouvernement dirigé en son nom.

Passons donc à ce qui concerne le Poitou en particulier.

II. Comme on l'a déjà dit (*a*), Abbon fut établi comte de Poitou, à la création ou reconstitution du royaume d'Aquitaine, en 778, et il y a lieu de croire que l'Aunis et la Saintonge firent partie du pays confié à son administration. Ce qui nous porte à le croire, c'est qu'outre Corson, décoré du titre de duc et en même temps comte de Toulouse, nous ne voyons que sept autres comtes nommés à cette époque (*b*), six autres provinces ne paraissant pas avoir été pourvues alors d'administrateurs. Dom Vaissette (*c*) semble croire qu'elles en avaient déjà, et alors on n'aurait fait que confirmer ces officiers. Néanmoins nous inclinons à penser qu'à cette première création, quelques-uns de ces comtes eurent deux provinces à

(*a*) Voir ci-dessus, p. 24. (*b*) *Astronom.*
(*c*) *Hist. du Lang.* l. VIII.

gouverner. Ce serait un motif pour joindre l'Aunis et la Saintonge au Poitou, s'il n'en avait pas été de même à des époques postérieures. De plus, le comté de Poitou s'étendait, au nord, jusqu'à la Loire, et ses limites, dans ses autres parties, étaient beaucoup plus éloignées que dans les derniers temps. Dès le principe, le comte de Bordeaux a pu avoir l'Angoumois sous sa domination, si ce pays ne dépendait pas alors du Poitou. On serait porté pourtant à adopter cette dernière opinion, lorsqu'on voit, de bonne heure, le comte d'Angoulême être vassal du comte de Poitou.

III. De même que nous avons exprimé cette idée que l'origine du duc Corson est inconnue, ainsi nous dirons que rien ne fait connaître la famille dont sortait Abbon. Bouchet (a) l'a cru de la maison royale, et un autre auteur (b) a eu la même idée ; mais rien ne vient à l'appui de cette assertion, qui n'est qu'une simple conjecture. Aussi Besly (c), auteur bien plus judicieux que Bouchet, dit qu'il faudrait être présomptueux, et même téméraire, pour indiquer l'origine de ce premier comte de Poitou. Au lieu de cela, un écrivain (d) qui vivait sous le règne de Karle-Chauve prétend que ces délégués du prince furent pris dans les familles des serfs et des esclaves employés à l'administration et même à la culture des terres domaniales. Cette opinion, quoique émise à une époque peu éloignée de la création des comtes, n'a pas eu beaucoup de partisans, parce qu'on l'a prise dans un sens qui donnait une origine peu élevée à des hommes que Karle-Magne plaçait dans une position supérieure et de confiance. D'un autre côté, l'un des biographes du fils (e) assure que les comtes furent pris parmi les Franks courageux et prudents. Or, il existait des Franks employés, non à la culture abandonnée aux serfs, mais à l'administration des terres du souverain, et dans leurs familles pouvaient se trouver des sujets distingués et d'un talent remarquable, n'ayant pas à rougir, comme on le faisait alors, d'une origine peu éle-

(a) *Annal. d'Aquit.* (b) Belleforest.
(c) *Hist. des comt. de Poitou.* (d) *Adrevaldus.*
(e) *Astronom.*

vée, et susceptibles d'obtenir les dignités qu'Aldrevalde leur a assignées. Ne sait-on pas que l'illustre maison qui vint s'implanter sur celle des comtes de Poitou, à l'extinction de la ligne masculine, la famille des Plantagenets, dut son origine à un forestier de Nid-de-Merle, qui eut pour fils Ingelger, premier comte d'Anjou (*a*); et c'est un personnage de cette maison qui l'a appris à la postérité (*b*); c'est ce qui donne à croire que, dans des siècles plus rapprochés des événements, on ne trouvait rien que de noble dans une telle descendance. Ce titre de forestier peut être pris, du reste, dans un sens assez étendu, comme pour un grand administrateur des forêts d'une contrée, à une époque éloignée. Ne voyons-nous pas, en effet (*c*), que le gouvernement de la Flandre fut confié à un administrateur portant le titre de forestier; que les titulaires de cet emploi portèrent le pays à un haut degré de prospérité, malgré les ravages des Normans, et que le forestier Baudouin-Bras-de-Fer arriva même jusqu'à épouser la fille de Karle-Chauve, ce qui assura à sa famille la possession du comté de Flandre.

Nous pouvons ajouter, comme indice que les comtes établis ou confirmés en Aquitaine, en 778, furent pris dans une haute position sociale, l'indication de l'origine positive d'un de ces comtes, nous voulons parler d'Icterius, chargé du gouvernement de l'Auvergne, qui était bien positivement de la race mérovingienne. En effet, il descendait du duc Odon par Hatton, son père, et Karlemagne voulut sans doute récompenser les services que ce dernier lui avait rendus, au détriment de sa propre maison.

Au surplus, comme Abbon ne paraît pas avoir laissé d'enfants, ou que sa postérité est inconnue, et que l'origine des comtes qui sont venus après lui, à dater du troisième, est bien établie, les recherches sur le premier administrateur du Poitou sont d'un faible intérêt.

IV. Il existait, en 775, un abbé de Saint-Hilaire-le-Grand

(*a*) Bodin, *Recherches sur l'Anjou*. (*b*) Foulques-Rechin.
(*c*) *Art de vérifier les dates.* — *Recherches sur les forestiers de Flandre*, imprimées dans les *Mém. de la Soc. des Ant. de la Morinie*.

de Poitiers, portant le nom d'Abbon (*a*), ainsi que nous l'apprend une charte. Mais ce personnage était-il le même que le comte de Poitou du même nom? Nous tenons pour la négative. Thibaudeau (*b*), qui a une opinion différente de la nôtre, prétend aussi que le comte Abbon fonda quatre canonicats dans l'établissement ecclésiastique dont il est question ; mais le titre sur lequel il se fonde est évidemment faux. Pour peu qu'on soit versé dans la connaissance des anciennes chartes, les termes employés par le rédacteur démontrent la supposition de la pièce. Elles ne sont, en effet, aucunement de l'époque (1).

V. Karle-Magne ayant, le 15 avril 781, après les fêtes de Pâques, fait couronner à Rome, par le pape Adrien Ier, son fils Ludwig (*c*), envoya ce jeune prince dans son royaume d'Aquitaine, pour en prendre possession et y fixer sa résidence. Une maison fut formée à cet enfant roi ; on lui donna des ministres, dont le principal fut Arnold, mentionné plus haut (*d*), et qui sut inspirer beaucoup de confiance aux Aquitains. Ensuite venaient Déodat, à qui on confia le sceau, et Hildegaire qui fut le notaire ou secrétaire officiel. On fit commencer les actes du jeune prince par la formule suivante : *Ludwig, par la grâce de Dieu, roi des Aquitains, au nom du Christ;* ou bien encore : *par la disposition de la divine Providence, roi d'Aquitaine* (2).

Le roi Ludwig n'avait encore que trois ans, et il fallait bien que la politique portât à l'envoyer en Aquitaine, pour que son père se décidât à s'en séparer. Il fut porté en berceau de Rome à Orléans. Arrivé dans cette ville, on l'habilla d'une manière convenable à son jeune âge, et on lui fit faire la route à cheval, pour que ses sujets pussent le voir à discrétion.

D'Orléans, le jeune roi d'Aquitaine fut conduit à sa maison royale la plus proche, et non éloignée des rives de la Loire, à Doué (*e*), lieu qui fut celui qu'il habita le plus souvent, ainsi

---

(*a*) Besly, *Comt. de Poit.* (*b*) *Abrégé de l'hist. du Poit.*
(*c*) *Astronom. — Eginh.* (*d*) Voir p. 24.
(*e*) *Theoduadum.*

que nous le verrons par la suite. Il n'y a pas à douter qu'alors le comte de Poitou Abbon fut présenter ses hommages au jeune souverain, ainsi que l'étiquette lui en faisait un devoir.

VI. Il devient donc convenable de parler ici du palais royal de Doué (*a*). Ce palais avait été construit dans l'origine par les rois visigoths, et habité ensuite par les premiers rois franks. Dagobert surtout y était venu souvent; il l'avait, en partie, fait reconstruire, ce qui lui fit donner le nom de la *Dagoberderie*, nom qui a été depuis réduit dans celui de la *Goberderie* que porte encore la localité. Du reste, ce n'était, comme les autres maisons royales de cette époque, situées hors des villes, qu'une grande ferme, entourée de granges, d'étables, de greniers, et enfin de tous les bâtiments propres à une immense exploitation, et à recevoir les produits en nature que, d'assez loin, le souverain y faisait rendre.

VII. Près du palais de Doué était un amphithéâtre creusé dans la pierre coquillière, et faussement attribué aux Romains, par Juste-Lipse et les auteurs qui sont venus après lui (*b*). Cette construction fut due probablement aux rois visigoths, qui l'auront entreprise un peu au hasard. Là était une carrière où on prit la pierre, pour bâtir le palais et les maisons qui successivement vinrent l'entourer, et pour faire un amphithéâtre de forme irrégulière. Toutefois il n'y eut qu'à tailler les gradins qu'on fit beaucoup trop étroits. Ensuite, en continuant l'extraction des pierres, et, sans travailler à ciel ouvert, on fit une galerie qui pouvait servir à mettre à couvert, lorsque la pluie venait à interrompre les jeux (3).

Si, sous les rois visigoths, on fit usage de ces constructions pour des jeux publics, il est douteux que, sous les rois et les ducs d'Aquitaine, on continua ces spectacles. La barbarie franke avait fait une solution de continuité, et la rudesse des mœurs des barbares se serait même révoltée à un tel emploi du temps. Il est donc probable que l'amphithéâtre de Doué ne

(*a*) Bodin, *Recherches sur Saumur*.
(*b*) Just.-Lips., *de Amphitheatris*. Bodin, *Rech. sur Saumur*.

servit plus que quand le goût des jeux scéniques reprit en France, à l'apparition des Mystères. En effet, au milieu du xvi° siècle, ce fut à Doué que les acteurs s'établirent, et à une seule époque, tous les jours, pendant un mois, ils jouèrent là successivement l'Incarnation, la Nativité, la Passion, la Résurrection et l'Ascension, et toute la population de l'Anjou et du Poitou s'y porta, de telle sorte que l'affluence des étrangers enrichit les habitants (*a*).

VIII. Une maison royale de cette époque serait, pour notre temps, presqu'un amas de chaumières. Sauf l'habitation du maître, qui se trouvait au milieu, et qui consistait dans un grand bâtiment sans architecture, le reste n'était guère fait pour fixer l'attention. Autour de ce manoir se trouvaient les habitations des officiers du roi, des administrateurs gérants et d'un grand nombre de domestiques, et les écuries et étables destinées à recevoir les chevaux et les autres bestiaux. Dans l'étendue du domaine, la plus rapprochée du centre, se trouvaient, çà et là, les maisons des hommes destinés aux arts mécaniques. Plus loin étaient les huttes en bois et en terre, adossées, le plus souvent, à des arbres, où habitaient les serfs de la glèbe ou cultivateurs du sol. Un paysage de cette espèce, même avec les habitations qu'il comportait, aurait pour nous l'aspect d'un site pris dans des pays habités par des sauvages, et semblerait exclure toute idée de civilisation (4).

La vie habituelle du souverain de l'Aquitaine se passait, dans une de ses maisons, à peu près comme celle des grands propriétaires d'aujourd'hui, qui n'ont point pris goût à la vie parquée des villes. La chasse et la pêche, la surveillance des divers travaux occupaient suffisamment le prince, qui trouvait, dans ses récoltes, en blé, en vin, en légumes, en lin, en chanvre et en laine ; en viande fournie par ses troupeaux, par sa basse-cour, et par les produits de la chasse ; en poisson fourni par la pêche et par ses étangs, et en bois produit par ses forêts, de quoi subvenir à tous ses besoins et à ceux de sa nombreuse suite. De plus, tout ce qui était article

(*a*) Dreux du Radier, *Bibl. du Poitou*.— Bodin, *Rech. sur Saumur*.

d'arts et de métiers était fabriqué par des mains au commandement du maître. Placé en position de recevoir aisément et à peu de frais un grand nombre de grands de l'État, ceux-ci ne se faisaient pas faute d'aller faire la cour au chef. Il y avait honneur et avantage, en effet, à être le convive du roi, et c'était même un moyen de protection pour la vie (a).

IX. Nous avons parlé des quatre palais principaux du roi d'Aquitaine (b), en outre du château de Toulouse, palais des anciens rois visigoths; c'était dans ce dernier lieu que se tenaient ordinairement les diètes d'Aquitaine. Il existait encore d'autres habitations royales, dans les principaux domaines de la couronne, et nous indiquerons la maison construite, non loin de Poitiers, dans la forêt de Molière (5), et destinée particulièrement à servir d'habitation, lors des grandes parties de chasse. On doit croire aussi que, lorsque le roi d'Aquitaine venait à Poitiers, il habitait dans le palais du comte de la province. Il avait pareillement un logement dans l'abbaye de St-Hilaire-le-Grand, et il existait des appartements destinés au souverain, dans presque tous les monastères importants.

X. Les documents qui peuvent jeter de la clarté sur les temps de ténèbres dont nous nous occupons offrent toujours de l'intérêt. Par exemple, la manière dont la justice était alors administrée, et les formes qu'on employait, sont des détails faits pour piquer la curiosité. Or, il existe la relation d'un plaid tenu par le comte Abbon, en 781 (c), dont nous allons donner les détails; il est malheureux qu'il n'y ait pas eu là de solution définitive.

Un vendredi, 1er décembre de l'année que nous venons d'indiquer, le comte Abbon rendait la justice à Poitiers, accompagné d'*Epron*, Æprus ou Iprus, que Mabillon croit être le même personnage qu'Aper, abbé de St-Hilaire-le-Grand (d).

(a) Le meurtre d'un simple Gallo-Romain était passible d'une composition de 100 sous d'or, et elle était triplée pour un convive du roi. *Lex Sal.* t. 43, 6 et 7.

(b) P. 23. (c) *Ms. de D. Fontoneau.* — Besly, *Comt. de Poitou.*

(d) *Annal. bened.*

Il s'agissait d'une contestation entre le monastère de Mairé-l'Evescault et le petit prieuré ou *cellula* de Noaillé. Abolomière, abbé de Mairé, donna lecture de l'accord qui avait été fait, sous son prédécesseur, avec un particulier du nom de Gratian, au sujet de la localité de *Jaciacus*, aujourd'hui St-Maurice-la-Clouère, dont jouissait son monastère. Hermembert, prêtre de Noaillé, présenta, de son côté, une notice d'où il résultait que, lorsqu'on avait fait l'accord dont Mairé faisait ressortir son droit, les chanoines de St-Hilaire avaient réclamé devant le duc Waifer, et avaient exposé, par le ministère d'Unegarius, qu'ils étaient propriétaires du lieu de Jaciacus, en vertu du testament qui avait été fait antérieurement à leur profit, par Hénobert ; que Gratian s'était emparé du domaine, sans aucun titre, et le possédait par conséquent illégalement ; que ce dernier avait reconnu lui-même la vérité de cet exposé, puisqu'il avait restitué l'objet en litige au monastère de St-Hilaire et donné caution à Unegarius. Du consentement des parties, la décision de ce procès fut ajournée, et son résultat définitif est resté inconnu (6).

XI. L'été de 783 fut tellement brûlant que, suivant le témoignage d'un auteur contemporain, les hommes mouraient, sans autre cause que l'extrême chaleur (*a*).

XII. Avant de passer à d'autres événements, il faut faire connaître ce qui se rapporte aux Arabes, depuis l'établissement du royaume d'Aquitaine. Il paraît que les ennemis d'Abd el Rahman ben Mouayia ne s'étaient pas, après la retraite de leur allié Karle-Magne, soumis tous à sa puissance. Une petite souveraineté musulmane (*b*) s'était formée dans le pourtour de Pampelune, et avait cette ville pour capitale. La Cerdagne était demeurée au pouvoir du fils d'un chef, partisan des Franks. A Sarragosse, Solyman el Arabi avait été assassiné par son ancien partisan Hussein ben Yahia, qui s'empara du gouvernement de la ville et du pays.

Tel était le premier état de choses qui suivit le fait de Roncevaux ; mais bientôt Abd el Rahman ben Mouayia sentit la

(*a*) *Eginh.*
(*b*) *Histoire de la conquête d'Espagne*, ms. cité par M. Fauriel.

nécessité de ramener à son obéissance les pays qui étaient parvenus à s'y soustraire. D'abord il ne fit agir que ses émirs des environs des Pyrénées, dont les efforts furent impuissants, surtout à cause des difficultés locales (*a*). Mais bientôt, ayant marché lui-même et avec des forces considérables sur Sarragosse, il obligea la place de se rendre, et Hussein ben Yahia à reconnaître sa souveraineté, en donnant son fils pour otage. De Sarragosse, Abd el Rahman se porta sur Pampelune, qui se soumit également. Enfin, ayant fait une marche sur la Cerdagne, le chef de ce pays fit aussi son serment de fidélité. Alors Abd el Rahman retourna à Cordoue, croyant avoir définitivement mis sous sa puissance les pays qu'il venait de parcourir.

XIII. L'Aquitaine jouissait, depuis quatre ans, d'une paix profonde. Son roi, encore enfant (il n'avait que sept ans), grandissait pourtant. Son père Karle-Magne, occupé à faire la guerre, désirait le voir, et il appela le jeune Ludwig à sa cour, pour y passer l'hiver (*b*). Si l'on en croit le biographe de Ludwig, le père de ce prince voulait s'assurer s'il n'avait point contracté des habitudes vicieuses, en même temps que par là il faisait une sorte d'acte d'autorité envers les Aquitains (7).

Les dispositions furent donc prises pour le départ du jeune roi, et on lui fit ses équipages de voyage. Les auteurs n'ont pas dédaigné de nous donner des détails sur ses habillements, ce qui nous fait connaître le costume des Aquitains, à cette époque ; car c'était aussi celui qu'il portait. Ludwig avait un surtout ou pourpoint parfaitement serré, sur une chemise à manches fort larges et pendantes ; ou bien, comme le disent les chroniques de St-Denis, il était vêtu comme une cloche ronde, et les manches de sa chemise étaient longues et pendantes ; il avait à ses pieds des bottes ferrées et garnies d'éperons, avec un javelot à la main (8). C'est ainsi que le jeune roi partit, de son palais de Doué, avec une suite nombreuse de jeunes seigneurs aquitains, ayant le même costume que lui, et plus accompagné d'une partie de l'armée d'Aquitaine habillée et armée, aussi à la manière du pays. Ludwig arriva heureuse-

(*a*) Coade. (*b*) *Astronom.* — *Chron. de St-Denis.*

ment à Paderborn, où son père l'accueillit avec une grande satisfaction. Le jeune roi resta plusieurs mois avec l'empereur, qui ne le renvoya dans ses états qu'à la fin de l'automne suivant.

XIV. L'histoire des évêques de Poitiers, dont le diocèse s'étendait alors sur tout le Poitou (9), se lie à celle des comtes de la province. Le premier de ces évêques que nous trouvons est Bertrand I*er*, dont nous ignorons l'époque précise de l'accession au siége pastoral. Il l'occupait toujours en 785, puisque, dans le testament de Rotger, il est qualifié d'ami de ce fondateur du monastère dont nous allons parler. L'époque de la mort de Bertrand est également ignorée.

XV. Une fondation d'une grande importance eut lieu à cette époque en Poitou. Nous voulons parler de celle de l'abbaye de Karrow ou Charroux, et on s'attend bien que nous ne parlerons point des fables qu'on a rattachées à ce monastère, et surtout de la fameuse relique dont il suffirait, de nos jours, de prononcer le nom dans un cercle, pour commettre une indécence grossière. Mais, dans les siècles éloignés, on avait plus de crédulité et moins de retenue dans le langage. Abordons donc le sujet que nous avons l'intention de traiter.

(*a*) Rotger ou Roger, seigneur français de distinction, créé comte de Limoges, par Karle-Magne, à l'érection du royaume d'Aquitaine, avait épousé Eufrasie, fille d'Ithier, comte des Arvernes. C'était Pippin, père de Karle-Magne, qui avait négocié cette alliance. Le testament des deux époux, adressé à leur ami, Bertrand I*er*, évêque de Poitiers, contient la stipulation de la dot qu'ils attribuaient au monastère de Karrow ou Charroux qu'ils venaient de fonder, le 19 mai 785 (10), sur les bords de la Charente, dans le Poitou, au territoire de Briou. On assignait à la desserte de l'église, placée sous l'invocation du Sauveur, de la Vierge et des Saints Innocents, douze moines, ayant au dessus d'eux un abbé, dont le premier, Dominicus, était déjà choisi, et tous devant mener une

---

a) *Vit. S. Genulf. confes.* ap. Duchesne.—D. Mabill., *Annal. bened.*

vie régulière, sous la règle de St Benoît. Le comte Rotger et Eufrasie concédèrent à cet établissement ecclésiastique un domaine rural et toutes ses dépendances, tel qu'ils l'avaient acquis d'un nommé Amélius, et consistant en bâtiments, terres, prés, pâturages, vignes, forêts et cours d'eau, compris les colons et serfs placés sur la localité. Les fondateurs ajoutèrent à cette donation Genouillé, une partie de St-Fraigne, deux pêcheries sur la Charente, les domaines et églises d'Alloue, St-Martin-de-Bouriane, Châtaing-sur-Charente, Pleuville, Surin-sur-l'Annois, et Mont; les terres de Rivière et de Ba, depuis Benêt-sur-Charente, l'église de Savigné près Civray, le château de Beaumont, et leurs possessions à Verneuil et à Asnois. Le comte et son épouse firent ensuite des stipulations qui, probablement, furent un des motifs pour lesquels ils adressaient leurs dispositions à Bertrand. Elles portaient que l'évêque du diocèse et ses successeurs ne pourraient exercer aucune juridiction sur le monastère et ses religieux, sauf le droit au prélat de se présenter à l'établissement pour y faire des prières, et le cas où il serait appelé par l'abbé pour conférer la prêtrise, cérémonie qui devait avoir lieu avec exemption de droit et dans les cloîtres. Il était dit qu'en cas de contravention à ces règles de la part de l'évêque ou de son archidiacre, les moines seraient dispensés de reconnaître le prélat. L'abbé et ses religieux étaient autorisés à se rendre auprès du souverain, quand ils le jugeaient à propos. A la mort d'un abbé, les moines étaient aussi autorisés, néanmoins avec la permission du roi, de se choisir un nouveau chef, qu'ils pouvaient prendre, soit au dehors, ou parmi eux s'ils le jugeaient convenable, afin de vivre en bonne intelligence avec lui. Rotger et la comtesse firent défense à leurs héritiers, ou à toute autre personne, de chercher à diminuer la dotation dont ils gratifiaient Charroux, à peine de dix livres d'or ou de vingt livres d'argent, ce qui donne à croire que la valeur comparative de ces deux métaux précieux était bien autre qu'à présent. Enfin, après avoir encore donné à l'église de Charroux leur châsse contenant des reliques, un calice et autres objets, les deux époux prirent le monastère sous leur protection, pendant leur vie, et le mirent, après leur mort, sous la tutelle royale, afin que les moines pussent y demeurer en tranquillité et adresser, jour et nuit, des prières à Dieu, pour la conservation des jours du monarque et de ses fidèles ou leudes. Cette charte fut souscrite par un bon nombre d'évêques, de seigneurs laïques, de prêtres et de religieux (11).

XVI. L'étymologie du nom de Charroux a donné lieu à beaucoup de conjectures (*a*). On s'est particulièrement attaché à celle qui le fait dériver des mots latins de *carnis rubra*, à raison de cette certaine relique que nous ne nommons pas. Quoi qu'il en soit, en tenant pour vrai qu'il ait jamais existé, dans ce monastère, quelque chose qu'on fit passer pour un morceau sanglant du corps du Christ, enlevé par suite d'une opération ordonnée par la religion judaïque, cette chose était-elle ce qu'on appela depuis le *saint-vœu* (12), et qui appela, pendant plusieurs siècles, tant de pèlerins sur les bords et presque aux sources de la Charente? Toujours est-il que cette relique, tout-à-fait ridicule, qu'on aurait prétendu posséder dans trois autres endroits, dans l'église de St-Jean-de-Latran à Rome, à Anvers, et à Coulomb près Nogent-le-Roi, n'aurait pas pu donner son nom au monastère, puisque la chronique qui en parle prétend qu'elle fut donnée à l'établissement, bien après sa fondation où son nom est déjà écrit. Ce serait, en effet, Karle-Chauve qui, un siècle après, en 876, aurait fait ce don au monastère. L'étymologie en question n'est donc pas soutenable; il faut, au contraire, la rechercher dans la langue habituelle des habitants, ainsi que le dit Théodulfe, évêque d'Orléans (*b*). Ainsi en prenant Karrow, véritable nom du monastère, on trouve l'équivalent d'*enceinte de chênes* (*c*). Cette opinion est conforme à une légende fabuleuse de la localité, qui porte qu'une portion de la forêt où l'on devait construire

---

(*a*) Chron. sith. *S. Bertin*, ap. D. Bouq. — Theodulf. episc. Aur. *Carmen*. ap. D. Bouq. — *Tabul. Caroff.* ap. Besly, *Comt. de Poitou*.

(*b*) Est locus, hunc vocitant Carroff cognomine Galli.

(*c*) *Kar*, *kaer*, enceinte; *row*, chêne.

Charroux fut déracinée miraculeusement, pendant une nuit, et laissa libre un emplacement suffisant pour bâtir l'église.

XVII. (*a*) Karle-Magne, qui avait encouragé Rotger et Eufrasie à fonder et à bâtir l'abbaye de Charroux, lui fit, aussitôt sa fondation, des dons de beaucoup d'importance. Il disposa, en faveur de cet établissement, d'ornements précieux pour le service de l'église et de livres alors fort rares. On indique notamment trois croix, deux calices, sept encensoirs, cinq tables, quatre chandeliers ; le tout en or, avec un manuscrit dont les lettres étaient tracées en or fin. Il y joignit des immeubles importants, situés dans la province (13). Ces derniers objets consistaient notamment, dans la terre de St-Florent près Niort, et dans des maisons situées dans le *castrum* ou petite ville de Niort, ce qui s'entend de ce qui était clos de murailles avec la forteresse, avec la viguerie (14) du lieu, les églises et le droit de sépulture. En retour, les moines de Charroux devaient présenter à l'empereur, lorsqu'il venait à Poitiers, une paire de gants, deux cierges, et deux vases pleins de nectar. On entendait, par cette dernière expression, le meilleur vin qu'il était possible de se procurer. De la clause relative à l'hommage d'une paire de gants, pour la cession d'immeubles situés à Niort, on peut conclure que la fabrique de gants était déjà établie dans cette localité.

Si l'on en croit pourtant une note placée en marge de la clause dont nous venons de rendre compte, le fils de l'empereur Karles, Ludwig, qu'on dit de bonne mémoire, fit remise de la redevance dont on vient de parler ; jugeant, y est-il dit, qu'une maison dédiée au Seigneur ne devait pas être assujétie à une semblable obligation.

XVIII. Karle-Magne fit réclamer plusieurs fois, et sans résultat, le tribut que son père Pippin avait imposé aux Armoricains (*b*). Alors il envoya Astolphe, grand maître de sa maison et sénéchal des marchés de Bretagne, poursuivre les princes de ce pays dans les forêts et au sommet des rochers. Il prit des châteaux et s'em-

---

(*a*) *Ms. D. Fonteneau.*—Besly, *Comt. de Poitou.*—*Chron. Malleac.*
(*b*) *Eginh.*—Roujoux, *Hist. des rois et des ducs de Bret.*

para d'otages qu'il conduisit à l'empereur, qui tenait une diète générale à Worms (15).

XIX. A cette époque, les phénomènes célestes effrayaient grandement les populations (*a*). En 786, six jours avant les fêtes de Noël, la foudre gronda, pendant assez longtemps, avec une grande violence, et les éclairs se multipliaient à chaque seconde. Des hommes furent écrasés par la foudre, et des oiseaux furent frappés par elle dans les airs. Au milieu de la nuit, l'arc-en-ciel parut dans les nuages, et comme il y eut ensuite une grande mortalité, l'état extraordinaire du ciel fut considéré comme le pronostic de la maladie épidémique qui fit ces ravages.

XX. Karle-Grand, comme un prince supérieur à son siècle, se trouvant au milieu des ténèbres, voulut les anéantir. En 787, il écrivit aux évêques et aux abbés, pour leur ordonner d'ouvrir des écoles dans leurs cathédrales et dans leurs monastères. C'est l'origine des *écolâtres*, dignité dans l'ordre ecclésiastique, dont le nom marque les fonctions originelles. Sans doute les hautes études furent dirigées vers la théologie principalement; mais il paraît aussi qu'on enseignait le Code théodosien. Malheureusement, ces institutions tombèrent peu après, par suite des guerres entre les princes de la famille karolingienne, et surtout à cause des invasions des Northmans.

XXI. Abd el Rahman ben Mouayia termina sa carrière, en 787, laissant trois fils, Solyman, El Hecham et Abdalla. Mais l'hérédité, par ordre de primogéniture, n'était pas une règle établie chez les Arabes, car le fils aîné et le troisième fils n'eurent que des gouvernements de provinces, et ce fut El Hecham, le second fils d'Abd el Rahman, qui fut par lui choisi pour lui succéder, et qui lui succéda effectivement, à l'âge d'environ trente ans (*b*). El Hecham était digne de cette haute position par ses belles qualités. Ses deux frères, mécontents de leur position, s'étant révoltés, il parvint à battre les forces qu'ils lui opposèrent. Abdalla se soumit et se résigna à vivre, dans la condi-

(*a*) *Frag. anonym.* (*b*) Conde. — M. Fauriel.

tion privée, aux environs de Tolède, et Solyman, battu une seconde fois, se réfugia en Afrique.

Alors El Hecham, possesseur incommutable de l'Espagne arabe, poussé par un zèle ardent pour l'islamisme, songea à soumettre à son autorité le nord de l'Espagne, contrée dans laquelle le pouvoir était partagé, et même le midi des Gaules, en allant vers le Rhône. Afin d'arriver à ce résultat, il fit de grands préparatifs pour une campagne qu'il voulait ouvrir plus tard, en préludant par une déclaration d'*el gihed* ou de guerre sainte.

XXII. Nous arrivons à un fait d'une grande importance, qui est la révolte des Vascons, qui suivit le départ de Ludwig, roi d'Aquitaine, pour la cour impériale où il fut suivi d'une partie de l'armée d'Aquitaine, en costume de son pays. Mais avant, il faut se reporter en arrière, pour faire connaître les faits qui amenèrent cet acte de résistance à la puissance franke.

On sait l'éloignement que les Vascons, encore plus que les Aquitains, avaient pour les Franks. On a vu ce qui se passa à Roncevaux, en 778; la vengeance que Karle-Magne en tira, en faisant mettre à mort le duc des Vascons Loup II. On a énoncé aussi que les fils de ce personnage, Adalrik et Loup-Sanche, avaient obtenu le gouvernement du pays confié d'abord au commandement de leur père, et que le puîné avait été mieux traité qu'Adalrik l'aîné.

C'est peut-être ce qui décida de la conduite des deux frères. Sanche s'attacha de cœur à la puissance franke et à la dynastie karolingienne. Adalrik, au contraire, voua la haine la plus prononcée à Karle-Magne et aux siens. En conséquence, ce chef, à peine en âge d'agir, se déclara le chef des Vascons et se révolta contre la puissance franke (*a*). Ce fait est positif, seulement la manière dont il eut lieu et les circonstances qui s'y rattachent ne sont pas rapportées en détail par les auteurs, qui s'expriment, en cette circonstance, avec la plus grande brièveté.

(*a*) *Astronom.* — *Chron. de St-Denis.*

XXIII. C'était pour la première fois, à dater de la création du royaume d'Aquitaine par Karle-Magne, que le duc de cette contrée se trouvait en position d'exercer les fonctions militaires attribuées à son titre. Corson réunit donc les troupes dont il put disposer, et il marcha contre Adalrik et ses Vascons. Ceux-ci se portèrent à la rencontre de l'armée d'Aquitaine et la défirent complétement. Dans ce combat, le duc Corson fut même fait prisonnier par les Vascons. Adalrik consentit à rendre la liberté à Corson, mais sous la promesse formelle qu'il ne porterait plus les armes contre les Vascons. Ce duc, devenu libre, se rendit à Toulouse où il reprit ses fonctions, et ce succès exalta au dernier point l'orgueil des Vascons qui se crurent presque invincibles (a).

XXIV. L'attentat d'Adalarik le fit citer à une diète d'Aquitaine, tenue dans un lieu inconnu aujourd'hui et appelé *la Mort des Goths* (b). Le duc des Vascons s'excusa de comparaître, si on ne lui accordait pas des otages pour sa sûreté. On consentit à cette proposition, et Adalarik parut au milieu des mandataires de la nation aquitanique, et chercha à se justifier. La crainte que l'on avait que les Vascons ne missent à mort les otages qu'on leur avait donnés, et peut-être la peur qu'on avait d'exaspérer ce peuple, fit que l'on acquitta Adalarik. Celui-ci, au lieu d'une punition, s'en fut dans son pays, emportant avec lui de riches présents offerts par le roi d'Aquitaine. Renvoyant ensuite les otages qu'il avait obtenus, on lui rendit les siens, et il demeura paisible possesseur de son duché (c).

XXV. L'été de 788, Ludwig se rendit auprès de son père à Worms et y passa la mauvaise saison. Karle-Magne qui, tout en concédant le royaume d'Aquitaine à son fils, avait conservé, pour lui, une sorte de suzeraineté sur tous les états qu'il s'était formés, réunit une diète générale, dans la ville où il se trouvait, pour le printemps de l'année 789. Adalarik, duc des Vascons, déjà acquitté dans la diète d'Aquitaine, fut

(a) *Astronom.* (b) Mors Gothorum.
(c) *Astron.* — *Chron. de St-Denis.*

mandé devant cette assemblée, pour être jugé de nouveau. On accorda au prince vascon toute liberté pour sa défense, et il est fâcheux qu'on n'ait aucune donnée sur ses paroles, à cette occasion. Quoi qu'il en soit, Adalarik n'ayant pu se disculper, sur les différents chefs d'accusation portés contre lui, il fut condamné à un exil perpétuel (*a*), et son frère Sanche fut mis à sa place, comme duc des Vascons.

A dater de cette époque, les chroniques ne parlent plus d'Adalarik ; mais il ne mourut point dans la retraite, comme on l'a cru d'abord, et, revenu libre dans ses montagnes, il devait périr les armes à la main, en combattant contre la dynastie des maires du palais (*b*).

Corson, duc d'Aquitaine, fut aussi jugé par la diète de Worms, devant laquelle on l'avait également cité. Sans nul doute, il avait été malheureux dans sa campagne contre Adalarik; mais, si les armes sont journalières, il ne faut jamais capituler avec l'honneur. Or, le traité que ce duc avait fait avec son vainqueur, fut considéré comme une lâcheté et une félonie, et il fut, en conséquence, destitué de son gouvernement (16).

XXVI. L'emploi élevé de duc d'Aquitaine était, aux yeux de Karle-Grand, et avec le jeune âge du roi Ludwig, d'une grande importance, surtout dans la position critique où se trouvaient les frontières du pays. L'empereur songea à en pourvoir quelqu'un d'une fidélité éprouvée et d'une capacité réelle. Il fit donc choix de Guillelme, qui depuis fut surnommé de Gelone, fils du comte Théodorik et d'Aldane. Guillelme était parent de la maison impériale; mais on ne sait de quel côté ni à quel degré (17). De plus, Théodorik, son père, avait servi Karle-Magne, dans ses guerres contre les Saxons. Victorieux d'abord, il eut le malheur d'être défait, à une époque, par Vitikind, parce que trois des principaux officiers du roi, qui lui avaient été envoyés avec des secours, jaloux de la faveur de celui qui devait les commander, refusèrent de concourir à un plan qui semblait devoir conduire à un succès marqué ; car il ne s'agissait rien moins que d'envelopper l'armée saxonne. Toujours honoré

(*a*) *Astronom.* (*b*) M. Fauriel.

de la confiance de l'empereur, Théodorik eut un commandement ou duché au-delà du Rhin, celui des Franks ripuaires; mais rien ne prouve, comme l'ont dit quelques modernes, qu'il ait été duc de Septimanie ou vicomte de Narbonne.

Théodorik et Aldane (*a*) donnèrent à leur fils (18) une éducation distinguée et en même temps chrétienne. Karle-Grand le prit à sa cour, lorsqu'il était encore bien jeune, et lui confia successivement la charge de comte du palais et de chef de la première cohorte de sa garde.

Guillelme avait tout pour plaire à un souverain : au physique, figure agréable, taille avantageuse, corps robuste; au moral, bravoure, capacité et bonne conduite. Avec de tels avantages, Guillelme devait être apprécié par Karle-Grand; et il le fut en effet, puisqu'il lui confia les fonctions de duc d'Aquitaine.

Nous nous sommes arrêtés surtout sur Guillelme et son origine, parce que nous verrons sa famille occuper toutes les hautes dignités de l'Aquitaine et finir par en obtenir la souveraineté.

XXVII. Le jugement sévère porté contre Adalarik, à la diète de Worms, avait exaspéré les Vascons, et ils s'étaient aussitôt révoltés. Guillelme, le nouveau duc d'Aquitaine, fut obligé de les combattre, à son entrée en fonctions, et il paraît qu'il obtint sur eux des avantages dont les détails ne nous ont pas été transmis. Mais l'irritation étant toujours la même, il y a lieu de croire qu'on finit par une sorte de transaction, et aussi le biographe du roi Ludwig dit que le nouveau duc les soumit, tant par la force que par la ruse (*b*).

Du reste, nous devons rejeter comme des fables les prétendus exploits antérieurs de Guillelme, qui, au dire des romanciers, aurait été le vainqueur des Sarrasins, qu'on fait fort mal à propos, pour l'époque, maîtres de la Septimanie et même de la Provence. Le siége d'Orange, Thibault, roi des Sarrasins,

---

(*a*) *Vit. S. Guill.*
(*b*) Quos (Vascones) tàm astu quàm viribus brevi subegit. *Astron.*

et autres particularités de ce genre, sont des fables qui ne peuvent, un seul instant, soutenir l'épreuve de la critique.

Le tuteur principal que Karle-Grand imposa à son fils Ludwig, roi d'Aquitaine, lorsqu'il fut en âge de gouverner, fut ce même Guillelme, établi duc de Toulouse, à la suite de Corson. Les romanciers, qui l'ont appelé Guillaume *au court nez*, de ce défaut dans sa figure, en ont fait un chevalier errant, et les hagiographes l'ont considéré comme un saint.

XXVIII. Au retour du roi Ludwig de Worms, il se tint, en 790, à Toulouse, la première grande diète du royaume d'Aquitaine, nouvellement fondé (*a*). Tous les comtes de cette domination y assistèrent, entre autres celui du Poitou; des envoyés des gouverneurs sarrasins de la frontière d'Espagne, notamment d'Abou Tahir, vinrent y demander la paix, les mains pleines de riches présents considérés comme des tributs, et renouveler au roi Ludwig le serment de fidélité qu'ils avaient prêté à Karles, son père. Parmi eux était Abou Thaur, gouverneur d'Oska, et probablement aussi Zaidoun, gouverneur de Barcelonne. Ces personnages avaient guerroyé contre des chefs soumis aussi aux Francs; ils leur avaient même enlevé Girone et quelques autres places, et ils tenaient à faire approuver leur conduite par le roi dont ils reconnaissaient la suzeraineté.

Comme l'a fait remarquer l'écrivain dont nous invoquons souvent la sagacité (*b*), ces chefs qui se firent représenter à la première grande diète d'Aquitaine ne pouvaient pas être du parti d'El Hecham, qui se préparait alors à faire une rude guerre au roi d'Aquitaine. Les personnages arabes dont il est ici question étaient évidemment des *dissidents* pour le khalife de Cordoue, et soumis d'une manière *telle quelle* à la domination franke; ils avaient probablement servi d'auxiliaires aux Vascons, et combattu d'abord contre Corson, et même après contre le duc Guillelme.

XXIX. C'était Karle-Grand qui avait établi les diètes

(*a*) *Astronom.*
(*b*) M. Fauriel.

ou parlements du champ-de-mai, réunions de toutes les notabilités de l'époque. Son génie, bien supérieur à son siècle, comprit tout le parti qu'il pouvait tirer de ces assemblées que les Franks avaient apportées de la Germanie. Tant que dura sa puissance, il les tint régulièrement, persuadé qu'un souverain n'est véritablement grand et fort que de l'assentiment des peuples qu'il a à gouverner. Là, il présentait à leurs délégués les lois qu'il avait méditées et les mesures qu'il lui semblait nécessaire de prendre. On l'a dit avec raison, le plus sûr moyen pour un prince d'attacher intimement une nation à son gouvernement, c'est de se montrer plus jaloux des libertés publiques que de sa propre autorité. Le consentement donné par les Aquitains aux projets préparés par leur roi doublait les forces de celui-ci. Ainsi la sagesse de Karle-Magne, qui influait sur les actes de son fils Ludwig, se faisait sentir dans le royaume de sa création, comme dans le reste de son vaste empire.

XXX. En 791, Ludwig se rendit en Germanie, avec quelques troupes d'Aquitaine, qu'il conduisait à l'empereur (*a*); il arriva à Ingelheim, puis à Ratisbonne. Le jeune roi, alors adolescent (il avait 12 à 13 ans), ceignit l'épée, et accompagna son père avec les Aquitains qui le servirent, dans le début de la guerre contre les Huns ou Avares; il passa l'hiver dans cette contrée, attendant le retour de son père, qui poursuivait à outrance son entreprise contre ces barbares.

XXXI. Pour les époques éloignées de notre histoire, le plus sûr moyen de faire bien connaître les usages et les mœurs, est de donner des exemples. C'est ce que nous allons encore faire.

Ludwig-Pieux envoya en Poitou, en 791, époque où Abbon gouvernait encore la province, Aldebald et Hermingard pour y rendre la justice, de concert avec le comte. Réunis tous les trois à Poitiers, avec d'autres assesseurs (*b*), dans l'église St-Hilaire-le-Grand, on les voit rendre une décision, sur un

(*a*) *Astronom.*
(*b*) D. Etiennot, *Antiq. bénéd.* — *Ms. de D. Fonteneau.*

procès entre des particuliers, pour des pièces de terre situées au territoire du Pin. La notice de ce jugement a été rédigée dans un latin très-barbare, qui était le langage des hommes lettrés du temps (19).

XXXII. Le roi Ludwig retourna en Aquitaine, dans le courant de l'automne 792 (a). De là il fut visiter son frère Pippin, roi d'Italie, à qui il mena des troupes, pour l'aider dans son expédition contre les habitants de Bénévent, qui s'étaient révoltés. Il passa le Rhône, traversa le mont Cénis, et joignit Pippin à Ravennes, où les deux frères célébrèrent la fête de Noël 792. Ensuite ils marchèrent contre les rebelles qu'ils domptèrent, et se rendirent en hâte auprès de leur père, alors en Bavière, sur la nouvelle de la conspiration de Pippin le Bossu, leur frère naturel, qui fut aussitôt punie que découverte, pour ainsi dire. Ludwig passa le reste de l'été, l'automne et l'hiver, auprès de son père.

XXXIII. Depuis plusieurs années, Aper était abbé de St-Hilaire-le-Grand (b). C'était un ecclésiastique lettré et avide de la gloire de son pays. Vers 777, Paul, diacre, composa, à sa sollicitation, l'épitaphe du poëte Fortunat; il mourut vers 793. On doit croire qu'il était très-lié avec Jean II, évêque de Poitiers, car ils furent inhumés, tous les deux, dans un *bisome*, espèce de tombeau où chaque mort a sa place particulière. Nous croyons que c'est l'inscription primitive du tombeau de cet abbé qui se lit sur trois pierres enclavées autrefois dans le rempart de St-Cyprien.

XXXIV. Atton, qui succéda à Aper, vers 793, comme abbé de St-Hilaire, était d'une naissance illustre, et avait un grand respect pour les morts (c). Ce qui le prouve, c'est que, scandalisé de ce que le tombeau commun à son prédécesseur et à l'évêque Jean II, était continuellement foulé aux pieds, il le fit entourer d'une muraille, et éleva auprès une croix et un autel. C'est pour consacrer le souvenir de cette action, qu'Alcuin composa sa cent cinquantième épigramme (20), qui n'est réellement qu'une double épitaphe. Ce morceau, publié d'abord

(a) *Astronom.* (b) *Ms de D. Fonteneau.* (c) *Idem.*

d'une manière incorrecte, a été rétabli par le savant Mabillon. Alcuin parle encore d'Atton, dans sa 142ᵉ épigramme ; dans la 133ᵉ, il le loue d'avoir construit une église, dédiée à St Lambert et à Ste Cécile ; et dans la 145ᵉ, c'est un nouvel éloge, pour en avoir relevé une autre, sous le vocable de la Vierge. Il est probablement question là du monastère de Noaillé, dont nous parlerons. Atton devint, plus tard, évêque de Saintes, siége qu'il occupait en mars 799.

XXXV. Nous avons déjà indiqué les projets d'El Hecham, pour étendre sa domination en Ibérie et au-delà des Pyrénées. Dès 791, il avait organisé son armée et fait agir, dans la Péninsule, une partie de ses forces, sous le commandement d'Abd el Wahib ben Mongeith, un des généraux à qui il avait accordé sa confiance. Ce chef, avec quarante mille hommes, s'était dirigé vers les Asturies où régnait le roi chrétien Bermude Iᵉʳ, et avait obtenu contre lui divers succès, notamment une victoire, dans un combat, et un butin considérable (a). Vers le même temps, l'autre lieutenant d'El Hecham, Abdalla ben Abd el Melik, avait, avec des troupes nombreuses, marché contre la Septimanie, et y avait fait aussi un riche butin, sans trouver à combattre des ennemis, qui avaient évité sa rencontre. Quant à l'année 792, Abd el Wahib se porta vers le pays habité par les Basques Espagnols, et entra en Vasconie ne rencontrant pas encore d'opposants, la population locale ayant fui ses habitations, pour se cacher dans les cavernes des bêtes féroces, au dire d'un auteur (b). Enfin, cette même année, l'autre armée du khalife de Cordoue avait encore agi avec avantage contre les Asturiens.

XXXVI. On a vu comment Karle-Magne, songeant plutôt à son vaste empire, en général, qu'à l'Aquitaine en particulier, avait fait arriver le roi de cette contrée, avec l'élite de ses forces, d'abord en Germanie, et ensuite en Italie, et que les généraux d'El Hecham en avaient profité, pour obtenir des avantages marquants contre les chrétiens. On était alors en 793, et si, lors

---

(a) Lorente, *Provincias vascondagas*. (b) Conde.

d'une troisième expédition contre les Asturiens, ceux-ci parvinrent à battre les Musulmans, dans une embuscade meurtrière, et à reprendre le butin pillé dans leur pays (a), le sort en disposa autrement, sur d'autres points. En effet, Abd el Melik, avec une armée nombreuse et animée du prestige religieux attaché à une guerre sainte, se porta sur Girone, ville chrétienne et dépendant de la Marche d'Espagne. Après un long siége et un assaut sanglant, il s'en empara, passa la population au fil de l'épée, et enleva tout ce qui était susceptible de l'être. Franchissant ensuite les défilés des montagnes, le général arabe se porta sur Narbonne, qu'il prit également, mettant à mort, dit un écrivain de la religion de Mohammed, tant de défenseurs de cette cité, *que Dieu seul, qui les avait créés, pouvait en dire le nombre*. Si là le carnage fut grand, le butin, ainsi qu'on le verra, fut immense. Toujours est-il que l'armée arabe, en continuant sa marche, s'étant portée vers Carcassonne, Guillelme, duc d'Aquitaine, chargé seul, à cause de l'absence du roi, de la défense du pays, réunit les comtes et les forces du royaume, et, n'ayant pu faire assez de célérité pour secourir Narbonne, arriva à la rencontre du lieutenant d'El Hecham. L'engagement eut lieu, après le passage, par Abd el Wahib, de la rivière d'Orbieu, un peu avant sa réunion avec l'Aude (21). Malheureusement pour les Aquitains, leurs meilleures troupes étaient en Italie avec leur roi, et leurs soldats, quoique nombreux, étaient peu aguerris. Aussi l'armée aquitanique fut-elle défaite, malgré le talent et la bravoure du duc Guillelme, qui, si on en croit un document historique, tua un chef maure de sa propre main (b). Tout ce qu'il put faire, non secondé, à ce qu'il paraît, par plusieurs comtes, fut de se retirer à Narbonne, avec les débris de son armée, et sans être poursuivi.

Il y aurait même lieu de croire qu'Abd el Wahib fut alors, peut-être à cause de ce succès incertain, obligé de rentrer en Espagne. Un autre motif pouvait le déterminer à ce parti,

(a) *Astronom.*
(b) *Chron. brev.* dans le *Recueil des hist. de Fr.* t. v.

c'était l'immensité des richesses qu'il était parvenu à réunir, pendant sa marche. On prétend, en effet, que le cinquième qui revenait, dans ces trésors, au roi El Hecham, s'éleva à quarante-cinq mille mitcals d'or (*a*), et qu'aussitôt le retour de l'expédition, il l'employa à la construction de la grande mosquée de Cordoue (*b*).

XXXVII. Ludwig-Pieux était encore à la suite de son père, lorsque se tint le concile de Francfort, où fut jugé, avec le concours d'Alcuin, un prélat de l'Aquitaine, Félix, évêque d'Urgel, qui avait renouvelé l'hérésie de Nestorius, en prétendant que Jésus-Christ, en sa qualité d'homme, n'était que le fils adoptif de Dieu.

XXXVIII. Avant de partir, l'empereur ayant fait observer à son fils Ludwig que sa suite et ses équipages ne répondaient pas à son titre de roi et aux revenus que lui fournissait l'Aquitaine, ce prince apprit à son père que ses biens avaient été usurpés en partie, et que ses intendants lui rendaient un compte peu exact du reste. Ce défaut d'ordre était le résultat de la mort du ministre Arnold, qu'il avait eu le malheur de perdre, depuis quelque temps. Sur cette connaissance, Karle-Grand députa, dans le royaume de son fils, le comte Richard et Willebert, depuis archevêque de Rouen. Ces délégués agirent avec mesure, et parvinrent, sans trop mécontenter les grands d'Aquitaine, à faire rendre au trésor royal ce qui lui appartenait, et à établir de l'ordre dans la perception de ses revenus (*c*). Ils ne consistaient, pour ainsi dire, que dans les produits de ses domaines et dans quelques droits féodaux, plutôt que dans des impôts. Mais, quand le souverain voyageait, il avait le droit de gîte, et devait être défrayé, ainsi que sa suite, dans tous les lieux où il passait.

XXXIX. Il paraît que, vers ce même temps, Ludwig-Pieux fit restaurer les bâtiments de divers monastères de son royaume d'Aquitaine (*d*). Nous indiquerons notamment

---

(*a*) Environ 400,000 fr. (*b*) Conde.
(*c*) *Ms. de D. Fonteneau.* (*d*) Id.

Saint-Hilaire-le-Grand de Poitiers, dont il confirma les priviléges (22).

XL. Il y a lieu de croire que les instances faites par l'empereur, pour engager son fils à mettre de l'ordre dans ses finances, et l'envoi de *missi dominici* en Aquitaine, avaient eu un heureux résultat. En effet, dès 795, il fut arrêté que le jeune prince passerait successivement un hiver dans chacune de ses quatre maisons royales, en commençant par Doué (*a*). Des dispositions furent prises à ce sujet. On devait réunir, pendant trois ans, dans chacun de ces palais, de quoi fournir à la consommation et aux dépenses du roi, durant la quatrième année. Les approvisionnements militaires, tous appelés alors fourrages, *foderum*, ou tribut militaire, *annona militaris*, qui avaient excité des collisions entre les soldats et les habitants de plusieurs lieux, notamment à Ahun dans la Marche, ne restèrent plus à la charge du peuple. Les Albigeois furent aussi délivrés d'un tribut qu'ils payaient en vin et en farine. Meghinham, envoyé par l'empereur auprès de son fils, aidait celui-ci dans l'administration. Du reste, Karle-Magne approuva les dispositions prises, et il les trouva si bonnes qu'il suivit l'exemple de Ludwig, pour ce qui concernait les fourrages.

XLI. L'année suivante, le roi d'Aquitaine fut un instant sur les frontières de son royaume, du côté de l'Espagne (*b*), et dirigea quelques attaques sans importance sur le territoire des Sarrasins. Il paraît que le prince Karles, son frère, l'accompagna dans ce voyage. Vers ce temps, leur père était en Germanie, et fit une campagne glorieuse contre les Saxons des bords de l'Elbe. En même temps, Tudun, roi des Huns, qu'il avait combattu, se convertissait au christianisme et se faisait baptiser; puis des faits graves pour l'empire frank, et notamment pour l'Aquitaine, allaient avoir lieu.

XLII. (*c*) El Hecham, khalife de Cordoue, venait de mourir, et il avait été remplacé par son fils, El Hakem, âgé de vingt-

---

(*a*) *Astronom.* — *Ms. de Robert du Dorat.*
(*b*) *Chron. Moiss.* — *Theodulf, Carm.* — *Marc. Hist.*
(*c*) *Conde.* — *Astronom.*

deux ans, et plus connu sous le surnom d'Aboulaz, que lui donnent les chroniques chrétiennes. Cette mort réveilla l'ambition des deux oncles du jeune prince, Soliman, encore en Afrique, et Abdalla, toujours demeuré paisible, dans les environs de Tolède. Les deux frères s'accordèrent, pour essayer de ravir le trône à leur neveu ; mais ils sentirent qu'ils ne pouvaient rien faire d'important, sans avoir pour auxiliaires les rois franks.

Pour parvenir à ce résultat, Abdalla se rendit, à la fin de 796, en Aquitaine, où il s'entendit avec Ludwig-Pieux (*a*), et tous les deux, ils se dirigèrent sur Aix-la-Chapelle, ou, au moins, ils se trouvèrent là l'un et l'autre. Il y a lieu de croire qu'alors il fut, entre des hommes de religions et de nations si différentes, traité de graves intérêts et fait une alliance positive entre Karle-Magne et Ludwig-Pieux, d'une part, et les chefs Arabes en opposition avec le khalife régnant de Cordoue (23), d'un autre côté.

Les pourparlers exigèrent, sans doute, beaucoup de temps, et les précautions à prendre étaient grandes. Toujours est-il que ce ne fut qu'au commencement de 797 que le roi d'Aquitaine revint dans ses états, en compagnie d'Abdalla, que, sur les instructions de son père, il accompagna jusqu'aux défilés des Pyrénées (*b*).

XLIII. Ensuite, Abdalla traversa la Péninsule avec rapidité, pour arriver aux bords du Tage, et sur sa marche, il donna l'ordre à ses partisans de se lever en armes. Aussitôt son frère Soliman, avec les auxiliaires qu'il avait recrutés en Afrique, se porta sur la ville de Tolède qui lui fut livrée ; trois autres places importantes furent occupées par les forces de ce parti, qui devint menaçant dès qu'il apparut, pour ainsi dire (*c*).

En même temps, le roi d'Aquitaine, avec qui ces dispositions avaient été convenues, réunit son armée (*d*) qui, commandée par le valeureux duc Guillelme, reprit Narbonne. Puis

(*a*) *Astronom.* — *Eginh.* (*b*) Id. (*c*) Id.
(*d*) *Chron. Moiss.*

après s'opéra le passage des Pyrénées, et les Aquitains occupèrent successivement plusieurs villes de la Marche d'Espagne, dans lesquelles les Arabes avaient mis garnison, notamment Girone. Deux chefs maures de la frontière, Bahloul et Aboutahir, ayant marché à la rencontre du duc Guillelme, celui-ci les défit complétement. Continuant ensuite sa marche, le long de la côte, vers l'embouchure de l'Ebre (*a*), les chefs mahométans de cette contrée, étonnés de l'arrivée d'une grande armée chrétienne et des nouvelles qu'ils recevaient du soulèvement qui avait eu lieu ailleurs en faveur d'Abdalla et de Soliman, se soumirent aux chefs francs, en suivant une tactique qui leur était devenue familière. Ainsi les émirs de Lérida, d'Oska et de Pampelune se déclarèrent sujets du roi Ludwig (*b*), sans laisser prendre possession de leurs villes, et l'armée d'Aquitaine passa outre pour Barcelonne; la chose eut même quelque chose de particulier, car un chef arabe, nommé Zaidoun, qui s'était emparé du gouvernement de la ville, se rendit même jusqu'à la cour de Karle-Magne, pour assurer que le roi d'Aquitaine devait le tenir pour un de ses comtes (*c*).

XLIV. El Hakem, à la nouvelle de la levée d'armes de ses oncles, avait réuni ses troupes, pour marcher sur Tolède qu'il investit, lorsque lui arrivèrent les nouvelles du succès des Aquitains, dans la Marche d'Espagne. Continuant le siége par lui commencé, il envoya un de ses généraux en qui il avait une entière confiance, Foteis ben Solyman, avec des forces considérables, pour défendre ses villes frontières. Ce chef ne put arriver qu'après la soumission des villes de Lérida, d'Oska et de Pampelune aux chrétiens, et ce fut de Sarragosse, où il concentra ses forces (*d*), qu'il fit savoir la véritable position des choses au monarque arabe. A cette nouvelle, celui-ci, outré de colère, quitta aussitôt le siège de Tolède, dont il laissa le soin aux émirs de Cordoue et de Mérida, et se porta, avec la meilleure partie de sa cavalerie, du côté des Pyrénées.

Suffisamment satisfaits du résultat de leur campagne, ou ne

(*a*) Conde. (*b*) *Eginh*. — Conde.
(*c*) *Eginh*. (*d*) Conde.

désirant pas en venir aux mains avec le khalife lui-même, les Aquitains se retirèrent dans leur pays ; de sorte qu'El Hakem obligea tous les gouverneurs des villes de la Marche d'Espagne, qui avaient fait leur soumission au roi Ludwig, de le reconnaître pour leur souverain. Girone, qui voulait résister, fut prise, et l'armée arabe, ayant passé les ports, s'avança jusqu'aux environs de Narbonne, d'où elle retourna dans la Péninsule.

Dans cette marche, tous les chrétiens en état de combattre, que rencontra le roi de Cordoue, furent passés au fil de l'épée. Le reste de la population, qui ne put se soustraire à la marche de l'invasion (24), fut emmenée prisonnière au-delà des monts, où le vainqueur conduisait aussi le plus riche butin.

Par suite de cette expédition, si prompte et si glorieuse, mais pas très-profitable, pour son démêlé avec ses oncles, El Hakem reçut le nom de *Modzafer*, ou de Victorieux.

XLV. Après l'expédition d'Espagne et au commencement de 798, Ludwig vint tenir la deuxième diète d'Aquitaine à Toulouse. C'était là que se traitaient presque toujours les affaires d'au-delà les Pyrénées, le royaume ayant là ses points de contact avec les étrangers. Des ambassadeurs d'Alfonse, roi de Galice et des Asturies, toujours en guerre avec les Sarrasins, vinrent, porteurs de riches présents, demander la continuation de l'alliance avec l'Aquitaine (*a*); de même, Bahloul, un des chefs sarrasins, qui avait essayé de résister, aux frontières du royaume, députait aussi, pour avoir la paix et faire sa soumission, en offrant pareillement de brillantes offrandes. Cette soumission, bien contraire à celle de beaucoup d'autres Arabes de marque, n'était point feinte, et ce chef s'attacha sérieusement et définitivement à la fortune du roi d'Aquitaine. On ne sait trop quel était le commandement de Bahloul, mais il y a lieu de croire que c'était la Cerdagne actuelle, sur laquelle s'étendait son autorité (*b*).

Il paraît que ce fut dans cette réunion qu'on arrêta un *mode d'occupation définitive* de la Marche d'Aquitaine, de la part des Aquitains.

(*a*) *Astronom*. (*b*) M. Fauriel.

XLVI. Aussi vers cette époque Ludwig, roi d'Aquitaine, alors âgé de vingt ans, forma le projet de se marier. Il fit part de son dessein à Karle-Magne, son père, qui l'agréa. Par suite, le jeune Ludwig épousa, à Toulouse, peu après y avoir tenu la diète, Hermengarde, fille du comte frank Ingeramme (*a*), et petite nièce de Crodgage, évêque de Metz, prélat d'une grande considération. La nouvelle reine était d'une des familles les plus considérables et des plus nobles de l'empire, et sa beauté était remarquable (25).

XLVII. Après son mariage, Ludwig songea à mettre à exécution les mesures qui avaient été arrêtées à la diète, en assemblée du champ-de-mai, pour assurer définitivement la possession de la Marche d'Espagne au royaume d'Aquitaine. Jusqu'ici on avait souvent occupé Girone; mais ce n'était, en quelque sorte, qu'un point d'arrêt, au midi des Pyrénées, et un poste isolé, facile à prendre et à perdre. Mais, pour former un établissement plus stable, de l'autre côté des monts, il fallait avoir des places fortes, susceptibles d'être des points de défense et des lieux de refuge. Or, dans les guerres presque continuelles des temps antérieurs, quantité de villes et de lieux importants avaient été détruits ou démantelés. On fit donc une grande expédition dans la Marche d'Espagne, et, après en avoir occupé les villes encore existantes ou à peu près détruites, on s'occupa d'en relever les murailles et les anciennes fortifications, et d'y laisser des garnisons, sous le commandement de chefs aquitains, et dans la dépendance d'un comte frank, nommé Borel, qui fut ainsi le premier chef de cette agglomération de pays, appelée depuis la Catalogne. Ce fut alors que les villes d'Ansone, à présent Vic, Cardone et Castro-Serres, aujourd'hui Caserres, furent relevées de leurs ruines (*b*), ainsi que Girone. Il paraît que, pour s'assurer d'autant plus contre les irruptions des partisans de l'islamisme, on plaça aussi des comtes et des garnisons à Rasés et à Fenouillade, de manière que les frontières se trouvèrent dans un état de défense respectable.

(*a*) *Astronom.* — *Thegan.* (*b*) *Eginh.*, an 798.

Mais, pour s'assurer davantage plus des populations, on sentit qu'il était bon de faire jouir ces villes des libertés municipales, qui avaient aidé à rendre florissantes les cités d'Aquitaine. Les populations chrétiennes qu'on appela dans ces lieux furent organisées en corporations municipales, avec de grands priviléges, à la charge pourtant de se défendre contre les sectateurs de Mohammed, qui pourraient venir les attaquer.

XLVIII. Quoique Karle-Magne eût favorisé d'une manière si particulière l'établissement de Charroux, qu'il en a passé pour le fondateur, d'après certains documents, et notamment la chronique de Maillezais (a); si l'on s'en rapporte à une inscription en caractères mérovingiens, il ne donna sa confirmation officielle que par un diplôme de 799 (b). Il y défend à tous juges quelconques d'exercer aucune fonction dans les domaines du monastère, et d'en exiger des redevances. Il remit au comte de Limoges (26) des parcelles de la vraie croix, qu'un moine, envoyé par le patriarche de Jérusalem, venait de lui apporter à Aix-la-Chapelle, et il chargea ce seigneur de déposer ces fragments à Charroux.

XLIX. (c) A la fin du VIIIe siècle, le peu de fixité résultant des secousses politiques faisait qu'on ne songeait point, comme auparavant, à construire des édifices de longue durée. On ne vivait que du jour au jour, et au lieu de ces murailles, destinées à braver les siècles, que nous ont léguées les Romains, on était revenu aux constructions éphémères des Gaulois. Aussi l'abbaye de Charroux n'avait été élevée d'abord, pour la plus grande partie, qu'avec des murailles en terre et du bois. Lorsqu'un peu plus tard cet établissement religieux parut destiné à atteindre des proportions grandioses, l'abbé David, qui avait succédé à Dominicus, renversa la partie peu solide des constructions, et la rebâtit en pierre, en établissant de la régularité dans les bâtiments.

(a) *Chron. Malleac.* — *Tabul. Caroff.*, ap. Besly.
(b) La chronique de Maillezais fait commencer la construction de Charroux en 769.
(c) *Tabul. Caroff.*, ap. Besly.

L. (*a*) L'abbaye de Noaillé, à trois lieues de Poitiers, est un de ces établissements religieux qui n'ont point une époque précise de fondation. Ce monastère, au lieu d'avoir été créé tout-à-coup, par un grand de la terre, a d'abord été une modeste église, que des événements successifs ont portée, plus tard, à un haut degré de prospérité. D'après dom Mabillon, ce fut un personnage nommé Frotselmus qui fit don de la localité de Noaillé au monastère de St-Hilaire-le-Grand. Quoi qu'il en soit, le petit établissement ecclésiastique de Noaillé, sous le vocable de Notre-Dame et de St-Hilaire, existait dès le septième siècle, comme prieuré de la riche et puissante collégiale de St-Hilaire de Poitiers. Il était tombé à n'avoir que deux ou trois religieux, dont l'un prenait toujours le titre d'abbé ou de recteur, quoiqu'il n'eût droit qu'à celui de prieur, lorsque Atton, abbé de St-Hilaire et en même temps évêque de Saintes et chanoine de la cathédrale de Poitiers, entreprit de restaurer cette maison, en construisant le monastère et l'église, et en assignant les fonds nécessaires pour la subsistance des religieux, notamment la terre de Jouarenne. Karle-Magne approuva verbalement le projet, et ordonna d'y mettre des moines de l'ordre de Saint-Benoît, que sa haute sagesse appelait dans les Gaules, par la considération que le local convenait pour une grande tranquillité, et était très-propre, d'après cela même, à l'habitation des serviteurs de Dieu et au soin des pauvres. Ce sont les expressions d'un diplôme de Ludwig-Pieux, du 3 août 793, dans lequel le monarque traite Atton de parent; sans doute qu'il l'était du côté des femmes. Le prêtre Hermembert, qui desservait la petite chapelle de Notre-Dame, déjà construite à Noaillé, prêta les mains à toutes les améliorations projetées, et, devenu moine, il fut le premier abbé du monastère de cette localité (*b*), lorsqu'elle fut érigée en abbaye, en 799. A raison de la propriété originaire de Saint-Hilaire de

---

(*a*) Mabill. *Annal. bened.* — Dip. Lud.-Pii ap. Mabill. — *Nov. Gall. christ.* — Thibaud. *Abr. Hist. du Poit.*

(*b*) Pourtant, à en croire les auteurs de la Gaule chrétienne, Hermembert n'aurait été abbé de Noaillé qu'en 810.

Poitiers, sur Noaillé, et des avantages accordés, le premier établissement conserva une supériorité sur l'autre. Lorsqu'un abbé de Noaillé avait été élu par les moines, il était obligé de se présenter au chapitre de Saint-Hilaire-le-Grand, pour demander sa confirmation, et le monastère de Noaillé payait à Saint-Hilaire une rente de vingt sous, à chaque fête de translation de saint Hilaire (27).

LI. Nous recourrons autant que nous le pourrons à l'origine de ce qui s'est perpétué presque dans les derniers temps. Un diplôme de Karle-Grand, de l'an 799, établit qu'à cette époque, il existait un gardien en titre du corps de saint Hilaire (*custos sepulchri S. Hilarii*) dans le monastère de Saint-Hilaire-le-Grand. Le titulaire de cet office avait la clef et la garde du tombeau élevé dans une chapelle, sous une voûte ; elle devint ensuite commune à la mère et à la fille du saint évêque, dont on plaça la tombe entre les deux autres. Plus tard, au xiie siècle, le nombre des gardiens fut augmenté, et ils furent appelés *coutres*. Telle a été l'origine de certains bénéfices ecclésiastiques de Saint-Hilaire, qui ont existé jusqu'en 1790. Ils étaient concédés à des laïques, devenaient héréditaires, et donnaient des revenus assez considérables, à la fin sans fonctions ou à peu près.

LII. Une guerre fut entreprise, en 799, contre les Saxons. Ludwig fut y prendre part avec une armée, et il revint à la Saint-Martin dans ses états (*a*).

LIII. (*b*) Depuis longtemps, Karle-Magne n'avait pas paru en Aquitaine, et il y vint, en 800, ainsi qu'on va le voir. En effet, après avoir visité les côtes de la Picardie, il passa les fêtes de Pâques de cette année à l'abbaye de Saint-Riquier, où Ludwig envoya, de son palais de Cassaneuil, un des grands de sa cour, afin de l'engager à pousser plus avant, en s'acheminant jusqu'au delà de la Loire. Le chef du grand empire ayant répondu qu'il ne le pouvait pas pour le moment, donna, à un temps plus éloigné, un rendez-vous à son fils, à Tours, où il se proposait de visiter le tombeau de saint Martin, qu'on regardait comme

---

(*a*) *Astronom.* (*b*) Id.

le patron de la monarchie franko-gauloise. Karles fut obligé de s'arrêter bien plus longtemps dans cette ville qu'il ne se l'était proposé, à cause de la maladie de la reine Luitgarde, sa quatrième femme, qu'il eut le malheur de perdre là, le 4 juin.

Après que les derniers devoirs eurent été rendus à Luitgarde, qui fut inhumée dans la basilique de Saint-Martin (28), les deux rois se mirent en marche pour visiter le surplus des côtes de l'ancienne Gaule. Lorsque Karle-Magne rétrograda vers le nord, Ludwig l'accompagna jusqu'à Vernon en Neustrie; puis ensuite il retourna dans son royaume.

LIV. Dans la même année, le roi Ludwig avait même formé le projet d'aller en Italie, pour accompagner son père; mais il demeura en Aquitaine. Karle-Magne, qui s'était rendu, au mois d'août, à Aix-la-Chapelle, y tint une assemblée générale de ses états, et marcha avec une armée pour soumettre le duché de Bénévent. Ce fut ensuite, qu'arrivé à Rome, le pape Léon III le proclama empereur d'Occident, avec une grande pompe et un cérémonial imposant, le jour de la fête de Noël, aux acclamations des habitants de la ville éternelle.

LV. Vers le temps que son père prenait à Rome la couronne impériale, le roi Ludwig ne demeurait pas dans l'inaction. Il se portait, en effet, au-delà des Pyrénées, pour y organiser définitivement le comté de Catalogne. Or, la ville de Barcelonne, qui semblait appelée à en devenir la capitale, était en la possession de Zaidoun, ce chef dont nous avons déjà eu occasion de parler, et qui avait promis de la remettre, lorsqu'on lui en ferait la demande. Mais, cette demande faite, il n'y obtempéra pas, et, lorsque l'armée aquitanique vint pour mettre Zaidoun à la raison, celui-ci sortit de la cité, vint trouver le roi à qui il fit sa soumission, et s'excusa de ce qu'il ne lui ouvrait pas les portes de la ville (a). Il fallut se contenter de cette stérile démonstration d'obéissance, les moyens manquant de s'emparer de la ville de vive force; et, après avoir ravagé les villages mahométans et non soumis des environs d'Oska et de Lérida, Ludwig retourna dans l'intérieur de ses états (b).

(a) *Astronom.* (b) Id.

LVI. (*a*) Il paraît que ce fut à cette époque qu'eut lieu, à Limoges, dans la basilique de Saint-Martial, le couronnement de Ludwig-Pieux, comme roi d'Aquitaine. C'était dans cette église que les vêtements royaux étaient déposés, et, pour cette solennité, il fallait le concours de l'évêque de Limoges et de l'abbé de Saint-Martial de la même ville ; car, si la cérémonie devait être faite par le prélat, celui-ci ne pouvait entrer, en habits pontificaux, dans la basilique de Saint-Martial, sans le consentement de l'abbé de cet établissement ecclésiastique.

Le rituel de cette cérémonie, intitulé : *Ordre de la bénédiction des ducs d'Aquitaine* (*b*), a été conservé (29).

D'abord Ludwig, en grand costume et la couronne d'or en tête, venu à Limoges, accompagné des grands de sa cour, tout exprès pour cette cérémonie, fut reçu, à son arrivée en ville, par l'évêque et par tout le clergé, en procession, qui le conduisit à la porte de l'église Saint-Martial. Là, le prélat lui ôta sa couronne et le revêtit d'un manteau de soie noire, *mis à travers d'une épaule à l'autre, sous le bras de l'une*. Puis l'évêque replaça la couronne sur la tête du roi, lui donna l'enseigne en main, et plaça à son doigt l'anneau de Ste Valérie (*c*), gardé dans la sacristie de l'église. « De ce moment, il commença, dit le document, à être vêtu de la dignité royale. »

Alors le roi entra dans l'église avec l'évêque et la procession, et ayant à la main l'enseigne et la lance, que le prélat lui donna aussi, les porta jusqu'à l'autel, où il reçut en place, encore des mains de l'évêque, une *épée engaînée*, dans le même temps qu'il faisait serment de défendre les droits de l'église de Limoges.

A ce serment succéda celui de dignement remplir ses hautes fonctions royales, et, au même moment, le doyen lui chaussa les

---

(*a*) *Revue Anglo-française*, 1ʳᵉ série, t. IV. — Besly, *Comt. de Poit.*

(*b*) Ce cérémonial fut ensuite approprié au duc d'Aquitaine, quand cette contrée cessa d'avoir un roi particulier.

(*c*) C'est une sainte de la localité, annoncée comme étant la fille de Leocadius, indiqué comme premier duc d'Aquitaine.

éperons, comme indication qu'il devait être toujours prêt à voler à la défense de ses sujets.

Ces détails exécutés, le chantre conduisit Ludwig à la place du doyen, pour entendre la messe que l'évêque se disposait à dire, et le premier ministre du roi se plaça devant lui. Pendant la messe, le monarque tint, de la main droite, son épée élevée en haut, l'étendard étant placé à sa gauche. Le prince fut à l'offrande, et, la messe achevée, il salua le clergé et se retira, laissant à ceux à qui elles étaient dévolues par l'usage, les choses qui avaient servi à la cérémonie.

La journée et les suivantes furent passées en fêtes à Limoges, et ce fut à cette époque que le roi Ludwig fonda, dans cette ville, l'église de Saint-Sauveur ou de Saint-Martial.

LVII. Peu après, la troisième diète d'Aquitaine tint à Toulouse, au printemps de l'année 801. On s'occupa surtout des affaires de la Vasconie, et Loup-Sanche, le plus jeune des fils de Loup II, et duc des Vascons de la plaine, y vint, et, au dire d'un auteur (a), il y parut supérieur à ses ancêtres, par son bon sens et par sa fidélité. C'est ainsi qu'on qualifiait la soumission d'un descendant de la race mérovingienne, envers un prince karolingien. Il paraît qu'il n'en était pas ainsi du frère aîné de Loup II, d'Adalrik, qui, exilé comme on l'a vu précédemment, serait retourné dans les montagnes de la Vasconie, et aurait repris le commandement réel, sinon apparent, des habitants de cette contrée, toujours peu soumis, ou même indépendants de l'autorité franke. C'est sans doute ce retour qui occasionna les faits que nous allons mentionner.

Le roi Ludwig (b) avait établi, dans le principe, pour comte du pays de Fezensac, Burgundion, qui, quoique ayant un nom germanique, était probablement de race vascone. A la mort de ce comte, le roi d'Aquitaine le remplaça par un leude frank, du nom de Liutard. Celui-ci ayant été prendre possession de son emploi, les Vascons de ce canton, irrités de ce qu'on leur avait donné un chef de race étrangère, s'ameutèrent, se saisi-

(a) Ernold. Nigell., Carmen 1. (b) Astronom.

rent de Liutard et des gens de sa suite, et les firent périr, les uns par le fer, les autres par le feu. Cités à un plaid, les chefs de cet attentat ne comparurent pas, et le fait était assez grave pour occuper la diète de 801. Aussi fut-il arrêté que des forces seraient envoyées contre les rebelles, pour les mettre à la raison. Mais l'on voulut charger le duc Loup-Sanche de ce soin, et, placé dans cette position difficile, ou de déplaire au roi Ludwig, ou de s'aliéner l'esprit de ses compatriotes, il prit promptement son parti, en disant qu'il ne marcherait point contre les révoltés (a). Un autre chef et d'autres troupes furent chargés de ce soin, et plusieurs des coupables ayant été saisis, on les fit périr par le supplice du feu.

Parmi les dispositions prises à cette assemblée du Champ-de-Mai, on doit citer celles qui avaient pour but la prise de Barcelonne, qui était un point dont, pour l'intérêt de la monarchie d'Aquitaine, il était intéressant de s'assurer, et contre lequel plusieurs tentatives de force ou de surprise avaient échoué. Jusque-là, en effet, les Aquitains allaient régulièrement, presque chaque année, enlever ou détruire, en juin et en septembre, les récoltes en blé et en vin, dans les environs de la ville, et les habitants de Barcelonne et de sa banlieue prenaient parfois leur revanche contre les chrétiens. Il fallait donc en terminer, réduire Zaidoun, dont les promesses étaient toujours trompeuses, et en conséquence un plan d'attaque fut exposé par le roi, et il fut aussitôt adopté.

LVIII. (b) Par suite des dispositions arrêtées, Ludwig-Pieux réunit une armée considérable, fournie par les différentes portions de ses états et par les pays voisins; elle était composée de Poitevins et de soldats des autres parties de l'Aquitaine, de Bretons, de Bourguignons, de Provençaux et de Goths. A leur sortie d'Aquitaine, les troupes réunies furent divisées en trois corps. Le premier, commandé par Rostaing, nommé comte de Girone, fut chargé du siége de Barcelonne. Le second corps, aux ordres de Guilhelme, duc d'Aquitaine, comte

(a) Ernold. Nigell., *Carmen* I.
(b) *Astronom.* — Conde.

de Toulouse, ayant sous lui le comte Hadémar et d'autres seigneurs de marque, devait aller se placer au-delà de Barcelonne, pour empêcher les secours ennemis d'arriver. Enfin Ludwig était, avec le troisième corps ou la réserve, campé dans le Roussillon, afin de se porter en avant, aussitôt que sa présence serait jugée nécessaire.

Barcelonne était à peine investie, que les assiégés députèrent pour demander des secours à Cordoue. El Haken envoya aussitôt une armée pour secourir la place; mais le général qui la commandait, apprenant que Guillelme, duc d'Aquitaine, était placé pour lui couper le chemin, revint sur ses pas et se porta sur les Asturies afin de les dévaster; mais le roi Alphonse, averti de leur marche, se dirigea sur eux, les battit et les dispersa.

Instruit de ces événements, le duc Guillelme s'approcha de Barcelonne, avec les troupes sous ses ordres, prit le commandement général de l'armée et poussa le siége avec vigueur. Puis, le roi Ludwig ne tarda pas à arriver lui-même avec le corps de réserve. La ville tenait toujours, les assiégés firent des prodiges de valeur; mais, enfin, Zaidoun, qui était sorti de la place pour aller chercher des secours, a yantété fait prisonnier, ils furent forcés de capituler (30). Les conditions étaient signées, les portes livrées depuis plusieurs jours, et les Aquitains n'occupaient pas encore la place. Ludwig avait voulu un peu différer sa prise de possession de Barcelonne, pour y faire une entrée solennelle. Considérant son triomphe comme celui d'une religion sur l'autre, comme celui de la Croix sur le Croissant, le roi d'Aquitaine fit précéder son armée par un clergé nombreux et en procession, lorsqu'il prit possession de la capitale de la Catalogne, et fut directement à l'église Ste-Croix, pour remercier Dieu de son succès. Il laissa pour gouverner la place et le pays le comte Bera, avec une garnison de Goths de nation, fournie par la Septimanie et la Marche d'Espagne. Ainsi fut enlevée aux Sarrasins la ville de Barcelonne, qu'ils avaient possédée depuis quatre-vingts ans, et dont le siége, commencé, abandonné et repris, avait duré près de deux ans. Depuis ce temps, la ville et toute la contrée d'alentour demeurèrent à la France, jusqu'au règne de Louis IX. Ainsi cette conquête fut à la fois très-importante et durable.

Ludwig était déjà en marche pour retourner dans ses états, lorsqu'il apprit que son père lui envoyait un secours de troupes, sous les ordres de son frère Karles, qui était déjà à Lyon. Mais, sur la nouvelle de la prise de Barcelonne, le jeune prince rebroussa chemin et retourna vers l'empereur. Quant à Ludwig, il passa l'hiver en Aquitaine, laissant les Sarrasins si abattus de ses succès, qu'il fut deux années entières sans avoir d'expéditions à entreprendre contre eux.

LIX. Si El Hakem ne sembla pas beaucoup faire pour la conservation de Barcelonne, il ne faut pas croire qu'il ne chercha pas, d'un autre côté, à tirer bon parti de sa position. En effet, voyant, à son départ tardif de Cordoue, qu'il ne pouvait plus dégager l'autre cité, il se dirigea sur Sarragosse et, en suivant les rives de l'Ebre, vers Tarragone, dont Bahloul avait fait sa principale forteresse. Celui-ci s'étant porté, avec une armée, au devant du roi de Cordoue, fut battu complétement, et, demeuré même prisonnier de sa personne, El Hakem le fit décapiter. Ce prince occupa ensuite Tarragone, et retourna de là à Cordoue, en passant par Pampelune, sans sembler s'inquiéter beaucoup des avantages que venaient de remporter les chrétiens.

LX. Pendant cette expédition, le roi de Cordoue séjourna quelque temps à Pampelune, et cela dans un grand intérêt pour lui. En effet, il paraît que ce fut à cette époque (a) que les Basques de cette contrée firent alliance avec les Arabes d'Espagne, contre le roi d'Aquitaine. Les motifs et les circonstances de ce traité ne sont pas connus; mais, plus tard, on en verra ressortir les conséquences.

LXI. (b) L'abbaye de Saint-Savin, sur le penchant d'un coteau baigné par la Gartempe, à neuf lieues de Poitiers, avait été fondée par Karle-Magne, dans un lieu appelé auparavant

(a) M. Fauriel.
(b) Astron. *Vit. Lud. Pii.*—Ardon. *Vit. S. Bened.*—Mabil. *Ann. bened.*

Cerasus. Il donna l'ordre de commencer la construction de ce établissement, et même de la petite ville qui devait l'entourer mais on ne sait pas précisément à quelle époque. En 801 Ludwig-Pieux fit parachever ces constructions, et établit, pour abbé de Saint-Savin, Vitiza, fils d'un comte de Maguelone de race visigothe, qui, ayant changé son nom pour celui de Benoît, et après avoir fondé le monastère d'Aniane, dans les Cévennes, fut connu sous le nom de St Benoît d'Aniane. Ce réformateur d'ordre monastique, en Occident, avait une haute réputation de sainteté et de capacité dans tout le monde chrétien, et il introduisit sa réforme à Saint-Savin, en y envoyant vingt moines.

L'église terminée, elle apparut grande et fort belle (31); ses voûtes étaient en forme de berceau, et ses piliers étaient petits et ronds; sa flèche, toute de pierre et fort élevée, passait pour un chef-d'œuvre; ses autels, plutôt carrés que longs, n'avaient pas quatre pieds de dimension : telle était cette église alors, telle est-elle, à peu de chose près, à présent.

Toujours est-il que, parachevée, elle fut dédiée un septième jour de janvier d'une année non désignée, comme cela avait lieu souvent. On fit, avec cette cérémonie, celle de la translation des reliques du patron de l'établissement.

LXII. Nous avons déjà parlé des *Missi dominici*, et il paraît qu'une des époques remarquables par l'envoi, par Karle-Magne de ces officiers, dans les différentes parties de son vaste empire fut l'année 802. A cette époque, Théodulfe, l'un d'eux, parcourut la partie du royaume d'Aquitaine, comprise entre les Bouches-du-Rhône et l'extrémité la plus orientale des Pyrénées. Cet envoyé, un des hommes les plus instruits de son temps, écrivit en vers un compte rendu de la mission qui lui avait été confiée, et il la qualifia d'*exhortation aux juges*. Ce morceau de poésie, d'une grande étendue, donne des détails curieux sur l'état des villes de l'Aquitaine, à cette époque. Théodulfe place au premier rang Narbonne, dont il fait même la principale ville de la Gaule; Toulouse reçoit l'épithète de belle, et Nîmes est indiquée comme vaste et riche en monu ments. Mais si ces données ont de l'importance, celles qui ont trait au commerce que faisait le royaume de Ludwig-Pieux, n'en ont pas moins. On voit, dans l'écrit du délégué de l'empereur, l'indication de plusieurs marchandises dont on faisait commerce en Aquitaine, soit qu'elles y eussent été fabriquées, soit parce qu'on les recevait des Arabes d'Espagne, ou même de l'Orient. Parmi ces dernières, il est question des peaux apprêtées à Cordoue, les unes blanches, les autres rouges, et de manteaux de soie confectionnés en Arabie, et ornés de broderies en couleur, représentant des animaux et des oiseaux. Ce commerce, très-actif à ce qu'il paraît, donnait lieu à une grande circulation de monnaies étrangères, surtout de monnaies arabes et italiennes (*a*). Ce document établit ainsi l'état de prospérité des provinces de la Loire aux Pyrénées, à cette époque.

LXIII. (*b*) Nous trouvons, dès les premières années du IXe siècle, la mention d'une famille d'Aquitaine qui s'est perpétuée jusqu'à nos jours, et dont l'éclat n'a pas été inférieur à une aussi haute antiquité. Déjà et à la fin du siècle précédent, cette maison avait apparu, à la fondation du monastère de Roseille, près Aubusson, dans la Marche, établissement dû à la princesse Carissime. La charte datée *indiction I, lune V, au mois de septembre, le méchant Childéric étant chassé du trône, Pippin mis à sa place, le duc Waifer gouvernant toute l'Aquitaine, et Rorice l'évêché de Limoges*, est souscrite par Ebbon, prince d'Aubusson (*c*). Or, en 803, aux kalendes de mai, Ludwig-Pieux, allant en Espagne, passa par le monastère de Roseille, et confirma les dons faits antérieurement à cet établissement ecclésiastique. Parmi les témoins de ce document, on trouve Turpion, prince d'Aubusson et fils d'Ebbon; et, comme son père qui avait signé immédiatement après Carissime, Turpion met sa signature avant le palatin et les autres officiers de la couronne, ce qui indique sa haute position sociale (32).

(*a*) M. Fauriel, *Hist. de la Gaule mérid.*
(*b*) Robert du Dorat.—*Gall. christ.*—Jouilleton, *Hist. de la Marche.*
(*c*) † *S. Ebonis Albusonensis principis.*

LXIV. (a) Guillelme, comte de Toulouse et duc ou commandant de toutes les forces militaires de l'Aquitaine, était un homme d'une grande capacité et d'une haute valeur. Le royaume dont il commandait l'armée n'avait d'ennemis à craindre que du côté de l'Espagne. Là étaient les Sarrasins, qui avaient voulu autrefois s'établir dans les Gaules, et qui conservaient toujours l'espoir d'occuper cette riche contrée. Connaissant son principal devoir, Guillelme veillait constamment à ce que le royaume d'Aquitaine conservât les limites étendues que les derniers succès sur les infidèles lui avaient assignées. Non content de cela, le duc rendait exactement la justice dans le pays dont il était comte, et ses vertus le faisaient chérir. Extrêmement religieux, il soutenait particulièrement les établissements ecclésiastiques; et comme tout homme puissant devait, à cette époque, attacher son nom à un monastère, soit comme fondateur, ou au moins comme bienfaiteur, il édifia, comme on le verra, au milieu des montagnes du pays de Lodève, dans la vallée sauvage de Gelone, traversée par un ruisseau, une abbaye qui devint bientôt célèbre, et dont le nom fut, par la postérité, ajouté au sien.

LXV. (b) En 804, l'empereur, qui voulait de nouveau faire la guerre aux Saxons, invita le roi d'Aquitaine à venir le joindre, avec ses meilleures troupes. Ludwig avait à peine passé le Rhin, qu'il apprit la soumission de ceux qu'il allait combattre. Alors le roi d'Aquitaine retourna dans ses états, où il passa l'hiver suivant.

Ce fut à cette époque que plus de dix mille familles des bords de la rive droite de l'Elbe furent disséminées dans plusieurs provinces dépendantes de l'empire français. On envoya ainsi des Saxons, vieillards, hommes, femmes et enfants, dans quelques parties du royaume d'Aquitaine, et notamment en Languedoc. On a prétendu que ces étrangers portèrent l'esprit de révolte dans tous les pays où ils furent transportés. Aussi, sous Philippe de Valois, dans les troubles de Flandre, on rappelait un ancien

---

(a) *Vit. S. Guill.* (b) *Astronom.*

proverbe qui disait que Karle-Magne, en mêlant les Saxons avec les Flamands, d'un diable en avait fait deux.

LXVI (a). A cette époque (b) mourut à Tours, à l'âge d'environ 70 ans, un homme de sciences, qui jeta un grand éclat, et contribua puissamment à l'encouragement des fortes études dans tout l'empire frank, et particulièrement en Aquitaine. Nous voulons parler d'Alcuin, né en Angleterre, élève du vénérable Bède, et abbé de Cantorbéry, qui, malgré cette haute position, avait consenti à s'attacher à Karle-Magne, dont il avait fait la rencontre en Italie.

Alcuin devint abbé de divers monastères à la fois (c), et fut fait aumônier du monarque, qui prit de lui des leçons de rhétorique et de dialectique. Ce fut alors (en 780) que fut formée l'Académie palatine, dirigée par Alcuin, et dont l'illustre roi frank voulut faire partie, en y prenant le nom de David, tandis qu'Alcuin était, dans la même assemblée, Flaccus Albinus, chacun des membres ayant emprunté un nom de l'antiquité. Plus tard, le savant Anglais fit un voyage de trois ans dans son île, d'où il revint en 792, et ce fut pour se fixer définitivement en France.

Alors Alcuin, à la prière de Karle-Magne, établit des écoles, pour les hautes études, dans différentes villes de l'empire frank, et notamment en Aquitaine. Ses rapports avec cette contrée devinrent surtout plus directs et plus multipliés, quand il fut placé à la tête du grand établissement monastique de St-Martin de Tours.

C'est de là que partaient les rayons de lumière qui éclairaient les deux rives de la Loire. Livré à cette œuvre si importante, d'abord il parut parfois à la cour, dans les grandes assemblées, notamment au concile de Francfort, en 794; mais il demanda bientôt à n'être plus ainsi distrait. Aussi il refusa de suivre Karle-Magne à Rome, quand il fut décoré de la couronne impériale, et son dernier voyage à la cour fut exprès pour féliciter le nouvel empereur. Bientôt après, Al-

(a) Chalmel, *Hist. de Tour.* (b) Le 19 mai 804.
(c) Ferrières en Gâtinois, St Loup à Troyes, et St Josse.

cuin se livra entièrement à son goût pour l'étude, et St-Martin de Tours devint l'école la plus fameuse des Gaules. Non content d'un tel succès, Alcuin étudia en même temps qu'il enseignait, et il faisait reproduire, par des copies, les livres les plus précieux, alors d'une extrême rareté; joignant l'exécution à l'ordre, lui-même fit, de sa main, une copie entière de l'*Ancien* et du *Nouveau Testament*. Ayant continué ses relations avec l'empereur et avec le roi d'Aquitaine, plus vénéré et considéré qu'à aucune autre époque, le disciple de Bède sentit le besoin, à mesure qu'il travaillait plus, de se défaire de ses embarras mondains. Comblé, d'une manière inouïe, des biens de la fortune (*a*), qui ne l'avaient point corrompu, il se détacha peu à peu de ses richesses, et préféra recevoir, par les soins de Karle-Magne et sans doute aussi de son fils Ludwig, ce qui était nécessaire pour son existence et pour maintenir ses établissements d'instruction. La mort d'Alcuin, qui, par humilité, n'avait voulu être que diacre, fut une perte immense, sous le rapport scientifique, pour l'empire frank en général, et pour l'Aquitaine en particulier (33).

LXVII (*b*). Ludwig était tout occupé d'administrer son royaume, lorsqu'il reçut de son père, à la fin de l'année 805, l'invitation de se rendre près de lui, à la diète de Thionville. Il fit aussitôt ce voyage avec un bon nombre de grands de sa cour, et rencontra près de l'empereur son frère Pippin, roi d'Italie. Voulant prévenir toute contestation entre ses enfants, après sa mort, Karle-Magne leur fit le partage des provinces de son vaste empire, et acte en fut dressé sur-le-champ, qui fut signé par les princes et les grands de la cour. L'aîné des enfants de l'empereur, Karles, devait avoir les royaumes de Neustrie et d'Austrasie, avec une partie de la Bourgogne et de la Germanie. Ici on voit l'idée de Karle-Magne, excité en cela par le pape et par le haut clergé, de revenir, autant que possible, à un non-fractionnement de l'Etat, afin d'arriver à

(*a*) Un auteur prétend qu'Alcuin avait eu jusqu'à 20,000 esclaves, ce qui est peu probable.

(*b*) *Eginh.*

la constitution d'un empire, correspondant au titre qui lui avait été donné, et qu'il devait transmettre à sa race. L'autre partie de la Germanie, avec l'Italie, furent assignées à Pippin. Le surplus de l'empire demeurait à Ludwig. Ainsi il devait avoir, outre l'Aquitaine, qu'il possédait déjà, l'autre partie du royaume de Bourgogne, depuis Nevers et Châlons-sur-Saône jusqu'en Provence et à la mer Méditerranée. De cette manière, le royaume fait à Ludwig se trouvait borné par la Loire, depuis son embouchure dans la mer jusqu'à Nevers, de Nevers, par une ligne terrestre, jusqu'au mont Jura ; ensuite par les Alpes, la Méditerranée, la rivière d'Ebre en Espagne, et l'Océan. Ces dispositions furent confirmées par le pape Léon III, car alors on recourait souvent au saint-siége, pour les délimitations de territoire. C'était sans doute pour faire concourir la circonscription ecclésiastique avec la circonscription politique.

Il fut aussi dit, par l'acte de partage, que si l'un des trois enfants de l'empereur mourait sans enfant, les deux autres partageraient son héritage. Si Ludwig décédait de cette manière, Pippin devait avoir l'Aquitaine proprement dite et la Vasconie, et Karles le reste du royaume d'Aquitaine, notamment la Septimanie et la Marche d'Espagne. On convint qu'en cas de mort de l'un des trois, laissant un fils que les peuples voulussent reconnaître pour leur roi, ses oncles le laisseraient régner. L'empereur se réserva, pendant sa vie, l'autorité suprême sur les royaumes qu'il venait d'assigner à ses fils, et le droit d'apporter des changements aux apportionnements. Il fut aussi établi, dans cet acte, des mesures pour maintenir, au besoin, la paix entre les frères. Ensuite Karle-Magne congédia la diète et ses fils Ludwig et Pippin, et alla passer le carême et Pâques à Nimègue.

LXVIII. On va indiquer ici quelques-uns des résultats de ce partage.

(a) Depuis que les Visigoths eurent, vers 480, étendu leurs conquêtes jusqu'à la Loire, la portion de la Touraine, à la

(a) *Ms. de D. Housseau.* — Chalmel, *Hist. de Touraine.*

droite de ce fleuve, avait toujours fait partie de l'Aquitaine, et lorsque Karle-Magne érigea, en 778, cette contrée en royaume, cette fraction de territoire lui fut de nouveau conservée. Mais, par le partage que nous venons de faire connaître, on voit que l'empereur retrancha de l'Aquitaine la portion de la Touraine qu'il lui avait d'abord laissée. Ainsi, quoique cet acte semblât ne devoir être mis à exécution que plus tard, il paraît que la Touraine du midi, qui, depuis plus de trois cents ans, faisait partie de l'Aquitaine, en fut démembrée définitivement, dès 806, et réunie à la France proprement dite.

D'un autre côté, l'Aquitaine, par cet arrangement, devait gagner, d'une manière définitive, toute la Septimanie et la Marche d'Espagne, aujourd'hui la Catalogne. Il y a donc lieu de croire que toutes les frontières de l'empire frank, en point de contact avec les Arabes, furent aussi, dès l'époque qu'on indique, considérées comme faisant partie du royaume d'Aquitaine.

LXIX. Une pensée qui paraît avoir occupé l'empereur Karles, sur la fin de sa carrière, fut la crainte qu'après lui les hommes du Nord ne vinssent désoler les Gaules. Il paraît donc que, pendant que le roi d'Aquitaine était à sa cour, il lui recommanda de construire des vaisseaux, pour garder l'embouchure du Rhône, de la Gironde et de la *Silide* (a). On croit que, par cette dernière expression, on a entendu indiquer la Charente (34). Le vœu de Karle-Magne fut exécuté d'abord ; mais ces sages dispositions ne furent que momentanées, et on les verra se reproduire plus tard, et pour trop peu de temps encore.

LXX. (b) De retour dans ses états, Ludwig reçut des députations des populations de Pampelune et du reste de la Navarre, qui venaient se soumettre à sa puissance, ou du moins faire alliance avec lui, rompant ainsi l'autre alliance qu'elles avaient contractée, en 802, avec El Hakem. Probablement Adalrik,

---

(a) *Astronom.* — Arcère, *Hist. de la Rochelle.* — Cordemoy, *Hist. de France.*

(b) *Egink.*

qui avait déjà ressaisi le pouvoir, sur la partie de sa nation cantonnée en deçà les monts, sera entré dans ce traité fait avec les Vascons d'outre-Pyrénées ; il aura ainsi fait sanctionner son autorité encore méconnue, par le pouvoir frank. Quoi qu'il en soit, on ignore si cette soumission fut volontaire, ou si elle eut lieu par la force des armes. La première version paraît la plus vraisemblable, car on ne découvre aucune expédition des Aquitains en Espagne, que celle qui eut lieu, trois ans plus tard, lorsqu'ils entreprirent le siége de Tortose.

LXXI. (a) Vers ce temps, Guillelme, duc d'Aquitaine, après avoir assisté à la diète de Thionville, découvrit à Karle-Magne, qui lui avait fait l'accueil le plus gracieux, le désir qu'il avait de se retirer du monde. L'empereur y consentit, non sans peine ; le roi Ludwig fut aussi très-fâché de cette résolution, et le duc alla bientôt prendre l'habit religieux dans l'abbaye de Gelone, qu'il avait fondée quelques mois auparavant, dans les déserts des montagnes des Cévennes, non loin des sources de l'Hérault (35), avec le projet d'en faire, plus tard, son lieu de retraite.

Il est convenable d'entrer ici dans quelques détails sur la retraite de Guillelme, car il s'agit d'un duc d'Aquitaine, personnage qui a joué un rôle principal dans cet ouvrage. Plus que cela, on verra que c'est la race de Guillelme de Gelone qui, plus tard, devint souveraine de la contrée, et c'est dès lors encore un motif de s'occuper du chef de cette maison.

Le héros de tant de romans, et, en réalité, l'illustre guerrier des premiers temps du royaume karolingien d'Aquitaine, avant d'arriver au monastère où il allait finir ses jours, et dans lequel il avait déjà établi des religieux tirés du monastère d'Aniane, situé non loin de là, crut devoir secouer la poussière du monde. Il passa par Brioude, lieu où s'opéraient alors tant de pèlerinages, y visita le monastère vénéré de St-Julien, et, voulant laisser là tout ce qu'il avait encore conservé de sa vie de guerre, il déposa dans cette basilique son épée, son casque et son bouclier. Ces précieuses dépouilles existaient encore, au

(a) *Vit. S. Guil.*

trésor de l'abbaye de St-Julien de Brioude, deux siècles après, et leurs dimensions et le poids de ces objets attestaient que le premier duc d'Aquitaine avait eu la taille et la force d'un géant.

Dépouillé ainsi de ses insignes mondains, Guillelme arriva à Gelone, y prit l'habit monastique, et se perdit dans la foule des religieux ; on l'y vit se livrant, comme eux tous, aux travaux manuels, ou bien portant des aliments à ceux qui s'en occupaient, aux moissonneurs, par exemple : contraste frappant, résultat d'une abnégation toute religieuse, avec la première partie de la vie d'un guerrier qui s'était fait si redouter des partisans de Mohammed. Guillelme, mort déjà au monde, cessa de vivre en 812.

Guillelme de Gelone, qui était fils, comme on l'a vu, du comte Théodorik et d'Aldane, eut plusieurs enfants. L'aîné fut Bernhard, qui naquit à Toulouse peu d'années après que son père y fut placé, et eut pour parrain le roi Ludwig (*a*) ; c'est le fameux Bernhard de Septimanie, dont il sera tant question par la suite. Les autres garçons de Guillelme furent Héribert et Golzelm, et on connaît deux filles, Helinberghe et Gerberghe, dont une, sans qu'on sache précisément laquelle, fut mariée à Wala, petit-fils de Karle-Martel, et dès lors cousin germain de Karle-Magne ; ce fut aussi un grand personnage de l'époque, et nous en parlerons plus d'une fois.

Nous aurons aussi à nous occuper de deux neveux de Guillelme de Gellone, fils de son frère Adalelme ; savoir, de Bernhard et d'Emenon, que nous verrons devenir successivement comtes de Poitou.

LXXII. (*b*) Raymond dit Raffenel fut fait duc d'Aquitaine et comte de Toulouse, après la retraite de Guillaume de Gelone. C'est à peu près tout ce qu'on sait de ce duc, dont on ne connaît pas la durée de l'administration. A cette époque, le titre et les fonctions de duc étaient, en effet, encore attachés au dignitaire chargé du comté de Toulouse. Néanmoins ce même comté, un peu plus tard, en 817, fut beaucoup réduit par

(*a*) Thégan. (*b*) D. Mabil. — D. Vaissete, *Hist. de Lang.*

des démembrements, pour former le duché de Septimanie.

LXXIII. Une paix assez longue, ou du moins une cessation d'hostilités, avait existé assez longtemps entre les Aquitains et les Sarrasins d'Espagne. Ce calme apparent décida le roi Ludwig à se rendre près de l'empereur, à Aix-la-Chapelle, vers la fin de l'année 808; il partit de la cour impériale, en février 809, et retourna passer le carême dans ses états, méditant et préparant une expédition arrêtée avec Karle-Magne, et dont les deux monarques se promettaient un heureux résultat.

Depuis l'occupation de Barcelonne, le point au-delà des monts, qui semblait le plus important pour la nation aquitanique, était Tortose. Cette ville, située à environ vingt milles de l'embouchure de l'Ebre, et placée à présent sur la rive gauche de ce fleuve, était alors à cheval sur ce même fleuve, et avait même sa population, pour la plus grande partie, sur la rive droite (*a*). Si ce point était précieux pour les Aquitains, afin de défendre la ligne de l'Ebre, et d'avoir même une tête de pont, en quelque sorte, pour se porter en avant; les mêmes motifs donnaient à la place une importance immense pour les Arabes, surtout depuis la perte qu'ils avaient faite de Barcelonne, en dernier lieu. Aussi les sectateurs de Mohammed avaient fortifié Tortose avec le plus grand soin, et laissé là une garnison nombreuse et composée de guerriers renommés par leur courage et par leur habileté.

Connaissant les difficultés de l'entreprise (*b*), le roi Ludwig entra en Espagne avec une forte armée, formée surtout de chefs expérimentés et de soldats d'une grande bravoure. Ce fut à Barcelonne qu'eut lieu la réunion de toutes les troupes en un seul corps, qui passa la rivière de Lobregat, entra dans les pays soumis aux Sarrasins, défit tous les ennemis en bandes qui vinrent l'assaillir, s'empara de plusieurs petites forteresses, et dévasta la contrée, jusqu'aux environs de Tarragone (*c*). Puis, après être arrivé à Ste-Colombe, petite ville

(*a*) M. Fauriel. (*b*) *Astronom.*
(*c*) Suivant quelques auteurs, les Aquitains se seraient même, à cette époque, emparés de Tarragone.

peu éloignée de la place qu'il voulait assiéger, Ludwig divisa son armée en deux corps, dont le plus considérable, sous les ordres directs du roi, fut investir Tortose.

LXXIV. Le second corps d'Aquitains, quoique le moins nombreux, était composé de guerriers d'élite et pourvu de chefs de marque. On y trouvait, en effet, quatre comtes, savoir : les comtes Isembard et Hadémar, qui étaient des leudes franks attachés au roi Ludwig ; Borel, comte de Barcelonne, et Bera, comte d'Ausone (a) : parti de Ste-Colombe en même temps que le premier corps, ce second corps d'armée se dirigea à l'ouest avec mystère, ne voyageant que la nuit, et passant les jours dans les bois et les déserts, assez communs, du reste, dans le pays qu'ils parcouraient, et n'allumant jamais de feu, afin de cacher mieux sa marche. Après avoir cheminé ainsi, pendant six nuits, et fait environ cinquante milles, ces troupes arrivèrent, au commencement du septième jour, au confluent de la Circa avec l'Ebre, et au dessous de Mequinenza. Ici elles passèrent le fleuve à la nage, et se trouvèrent dans le pays riche et fertile qui fait, en ce moment, la partie méridionale du royaume d'Aragon. Non attendu dans ces parages, ce corps défit quelques Arabes réunis à la Ville-Rouge, et fit là et aux environs, dans quelques jours seulement, un butin considérable, ce qui semble avoir été le but réel de cette expédition, autant que le désir de faire des vivres, pour les troupes qui investissaient Tortose. Les guerres d'alors, en réalité, différaient, sur beaucoup de points, des guerres de notre époque, où le guerrier a, en général, plus à compter sur l'honneur attaché à une belle conduite que sur des avantages pécuniaires.

Après avoir réuni une masse considérable d'or, d'argent, d'effets précieux de peu de volume et de bestiaux, ce que les Aquitains auraient eu de mieux à faire était de se retirer, avec diligence, vers leur principal corps d'armée, sur les murs de Tortose, point de réunion qui leur avait été assigné. Mais il en est de l'amour du butin comme de l'amour du jeu ; n'éprouvant point de résistance, les quatre comtes et les leurs

(a) *Astronom.*

descendirent dans la vallée de Guadalope, au fond de laquelle coule la rivière d'Alamra, et là ils doublèrent leurs trésors. Néanmoins, averties de la marche des Aquitains, les populations locales s'armèrent et se mirent en embuscade sur les hauteurs des sentiers, par où ils croyaient que leurs ennemis passeraient, pour sortir de la vallée. Dans ce cas, il en serait arrivé comme à Roncevaux ; car en roulant seulement des pierres sur les Aquitains, on les aurait écrasés, et peu seraient parvenus à se soustraire à ce danger. Heureusement qu'à raison de la masse énorme du butin, les quatre comtes, à qui l'embuscade, du reste, était inconnue, prirent une route plus facile. La levée en masse des Arabes, apprenant cela, vint attaquer l'arrière-garde des chrétiens. Ceux-ci mirent leurs bagages au milieu d'eux, firent volte-face, repoussèrent avec perte les agresseurs, et parvinrent à rejoindre leur roi, dans son camp devant Tortose, vingt jours après leur séparation du reste de l'armée. Les vivres apportés par ce second corps furent d'un grand secours pour le premier.

LXXV. (*a*) Pendant ce temps, le siége de Tortose n'avait pas beaucoup avancé, et il paraissait traîner en longueur, à cause de la force de la place et de la résistance des assiégés, qui s'attendaient à être promptement et efficacement secourus. En effet, El Hakem, qui était aux prises, en Galice, avec les chrétiens des Asturies, donna ordre à son fils Abd el Rahman, alors à Sarragosse, de réunir ses troupes avec celles de l'émir de Valence, et de marcher sans délai au secours de Tortose. Arrivé en diligence devant la place, Abd el Rahman attaqua Ludwig, et obtint sur lui quelques succès. Les Aquitains se retirèrent alors dans leur pays, mais à marche ordinaire, et en emmenant tous leurs bagages, ce qui doit faire croire que l'avantage obtenu par les Arabes fut peu considérable, et que la retraite des chrétiens eut surtout pour cause l'impossibilité où ils se voyaient d'emporter la place dont ils avaient entrepris le siége.

LXXVI. Il faut se porter ici à un autre point de l'histoire

(*a*) Conde.

de ce pays, si disputé entre le roi d'Aquitaine et le souverain qui régnait à Cordoue. Or, il paraît qu'en 809 (*a*) mourut un comte de la Marche de Vasconie, du nom gallo-romain d'Auréole, et qu'on a dit être fils de Félix, comte autrement inconnu du Périgord. Auréole aurait succédé à Adalghier, cousin de Vaifer, et qui, mettant de côté l'esprit de sa race, s'était attaché à Pippin et à Karle-Magne. Quoi qu'il en soit, Auréole (*b*) aurait habité entre Oska et Sarragosse, ce qui a fait croire à un savant historien (*c*) que le chef-lieu de son comté était Jaca. Outre ce point, Auréole avait sous sa domination bon nombre de châteaux des environs, résultat d'un esprit persévérant et de conquêtes faites pied à pied. Cette domination d'un chef chrétien, dans cette contrée, est le premier germe du futur royaume d'Aragon, et cette circonstance mériterait, à elle seule, d'attirer l'attention sur Auréole. Mais, placé comme il l'était, ce comte se trouvait directement en point de contact avec les chefs arabes des villes voisines; et, comme la diplomatie, les alliances et les changements de parti jouaient alors un grand rôle, dans la position de l'Aquitaine, relativement à la puissance arabe dans la Péninsule, le poste d'Auréole en avait d'autant plus d'importance.

On voit, en effet, qu'environ un an avant la mort de ce chef chrétien, Amrou, nanti à la fois du commandement à Sarragosse et à Oska, dirigé par sa manière de voir, et aussi poussé par le caractère changeant des habitants de ces deux villes, chercha à se soustraire à la domination d'El Hakem. En conséquence, en ce temps, c'est-à-dire en 808, Amrou se rendit à la frontière, où il eut une entrevue, non avec Karle-Magne, comme le dit une chronique (*d*), mais avec un chef frank, avec Auréole probablement; et, dans cette conférence, il aurait promis de livrer toutes les villes où il commandait, au gouvernement aquitain, lorsque l'occasion serait favorable.

Il résulta de cet état de choses qu'à la mort d'Auréole, en

(*a*) *Annal. franc.*
(*b*) *Monach. Engol. Vita Caroli Magni.* (*c*) M. Fauriel.
(*d*) *Annal. franc.*

809, Amrou s'empara de toutes les places de son comté (*a*), en avertissant le gouvernement frank qu'il agissait pour son compte, et qu'il allait lui livrer Sarragosse et Oska.

Or, l'on était au commencement de 810 (*b*) : Abd el Rahman, fils du roi de Cordoue, qui se trouvait à Sarragosse, apprit toutes ces intrigues, et se disposa à faire arrêter Amrou. Celui-ci quitta précipitamment Sarragosse, et se réfugia à Oska, d'où il fut sans doute également chassé peu après, car cette ville demeura sous la puissance d'El Hakem.

LXXVII. (*c*) Le roi des Aquitains préparait une autre expédition contre les Sarrasins, et voulait aller reprendre, en personne, le siége de Tortose, lorsque l'empereur lui envoya le comte Ingobert. Celui-ci apporta à Ludwig une invitation, de la part de son père, de se mettre en mesure pour apporter de la résistance aux pirates, qui paraissaient en disposition de dévaster les côtes de l'Aquitaine. Déjà Karle-Magne avait pris de pareilles dispositions contre les Saxons, qui s'étaient établis, dans des temps antérieurs, au Croisic, point presque à l'embouchure de la Loire. Eut-il connaissance des premières courses des Northmans? C'est là un point de critique sur lequel on n'est point d'accord. Si l'on en croit un des chroniqueurs de l'époque, le moine de Saint-Gall (*d*), Karles étant dans une ville de la Gaule Narbonnaise, des grands vinrent lui dire qu'on apercevait des vaisseaux, et entre eux ils dissertaient sur la nation à qui ils pouvaient appartenir. Les uns les prétendaient africains, les autres d'une des deux grandes îles au nord des Gaules. On ajoute que l'empereur s'étant levé de table, car il était alors à dîner, reconnut, à la structure et à l'agilité des navires, qu'ils étaient destinés à la guerre et non au commerce. Karle-Magne aurait même poussé des soupirs, et presque versé des pleurs, en songeant aux suites malheureuses que devait avoir, pour ses états, l'apparition de ces légers esquifs, destinés à y apporter la désolation, et à replonger les Gaules dans la barbarie.

(*a*) *Annal. franc.* (*b*) Ibid.
(*c*) *Astronom.* (*d*) *Monach. S.-Gall.*

L'époque de cette découverte n'est point indiquée, et nous ne voyons point une époque rapprochée de la mort de Karle-Magne, où il aurait pu, du midi des Gaules, apercevoir la première expédition des Northmans, pour ainsi dire. Ensuite, les pirates du Nord parurent d'abord vers la Flandre ; puis ils se hasardèrent dans la Seine et dans la Loire. Comment auraient-ils pu, tout d'abord, parvenir dans la Méditerranée? Franchir le détroit de Gibraltar n'était pas une mince difficulté avec des esquifs si légers, et qui n'étaient, pour ainsi dire, que des barques.

Du reste, en mettant même de côté la narration du moine de Saint-Gall, on ne peut guère douter que le nouveau César n'ait eu des motifs pour penser que les pirates du Nord allaient dévaster les côtes de son empire. La mission du comte Ingobert, pour engager le roi Ludwig à ne pas suivre lui-même sa nouvelle expédition sur Tortose, et à demeurer dans ses états, pour veiller sur l'arrivée de navires ennemis, ne permet pas d'équivoquer à ce sujet. Mais d'où venait cette crainte, si déjà les embarcations des Northmans ne s'étaient pas montrées? Il semble, quoique la réflexion ne paraisse pas encore en avoir été faite, que le puissant empereur d'Occident pouvait avoir puisé autrement la science de ce qui arriva plus tard. Dès longtemps avant, sous les Romains même, les Saxons avaient désolé les côtes des Gaules, et Fortunat, de Poitiers, avait, dans ses vers, exprimé des plaintes sur leurs ravages. Karle-Magne, presque toujours en guerre avec les Saxons, devait avoir les yeux tournés vers le nord de l'Europe. Il aura connu les projets d'émigration et de voyages aventureux des hordes des fils d'Odin, et sa haute pénétration aura, dès lors, vu la cruelle destinée qui, dans l'avenir, attendait ses sujets. Ce danger était tel, que la précaution qu'il indiquait à son fils Ludwig était la seule qu'on pût prendre, et malheureusement elle était loin d'être topique.

LXXVIII. Demeuré ainsi dans ses états, d'après les recommandations de son père, le roi Ludwig remit au comte Ingobert, ainsi que l'empereur, du reste, le lui avait recommandé, le commandement de l'armée qui devait agir dans la Péninsule.

Le point de réunion des forces frankes fut Barcelonne. Là, Ingobert tint un conseil de guerre, pour arrêter le plan de l'expédition, et aviser aux moyens d'attaquer Tortose avec fruit. On s'en tint, pour beaucoup, à ce qu'on avait fait la première fois, ou, au moins, la division en deux corps fut résolue. Le corps principal, aux ordres du comte Ingobert lui-même, se rendit directement devant Tortose. Quant au second, moins nombreux, mais composé d'hommes agiles et déterminés, aux ordres des quatre comtes qui, précédemment, avaient présidé à une semblable expédition, on lui donna un bon nombre de mules et de chevaux, chargés des bateaux divisés en quatre compartiments, dont une partie pouvait être portée par deux mules ou par deux chevaux. Les précautions prises autrefois eurent encore lieu, et on ne marchait que la nuit, en se couchant le jour dans les bois, et en évitant d'allumer des feux (a). Après avoir voyagé ainsi trois nuits entières, à la quatrième on atteignit l'Ebre. Pour le passer, on joignit les fractions de bateaux avec des clous, en ajoutant aux jointures de la poix, de la cire et des étoupes, objets dont on avait eu soin de se munir en partant. Ce matériel ainsi préparé, les hommes passèrent le fleuve en bateau, tenant par la bride leurs chevaux, qui suivaient à la nage.

Le passage s'était effectué sans coup férir, et le corps d'armée se disposait à faire des vivres et du butin, lorsqu'un Arabe, d'un détachement employé à surveiller le passage de l'Ebre, remarqua, en se baignant, que l'eau apportait les excréments d'un cheval nourri avec de l'orge, tandis que ceux du pays ne mangeaient que de l'herbe. Ayant aussitôt averti son chef, on fut à la découverte, et les Aquitains furent reconnus. Alors les différents postes musulmans se réunirent, et attaquèrent les chrétiens ; mais ceux-ci obtinrent l'avantage, et purent aller joindre le corps principal qui avait investi Tortose.

Néanmoins ce corps expéditionnaire, non-seulement n'apportait point de butin, mais même point de vivres. Ce motif,

(a) Astronom.

7

joint à ce que rien ne faisait espérer le succès attendu, détermina peu après l'armée d'Aquitaine à lever ce siége (*a*), et à se retirer dans son propre pays (36).

LXXIX. (*b*) Depuis la nomination d'Abbon, comme comte de Poitou, à la création du royaume d'Aquitaine, nous rencontrons peu de documents relatifs à ce personnage, jusqu'en 811. Cette année, nous trouvons un comte Abbon qui fut témoin, avec onze autres Français et douze hommes du Nord, d'un traité fait entre l'empereur Karle-Magne et Heming, chef d'une peuplade du Nord, et nous croyons, contre l'avis de Besly (*c*), qu'il s'agit du comte du Poitou de ce nom. En effet, cette dignité n'était pas alors très-commune, et puisqu'il paraît qu'il n'a existé aucun autre comte à cette époque portant ce nom, il est tout naturel de penser qu'on n'a pu parler que du comte de Poitou (37).

LXXX. La position de famille de Ludwig-Pieux changea entièrement de 810 à 811. Avant, il était le troisième fils de l'empereur, et, dans les deux années indiquées, moururent ses deux frères aînés, Karles, roi de Neustrie, et Pippin, roi d'Italie (38). Ce dernier laissa un fils qui portait le nom de Bernhard.

LXXXI. Les Bretons, avec lesquels, plus tard, les Aquitains du Nord se trouveront souvent en point de contact, n'ont encore guère figuré dans cette histoire (*d*). Furent-ils soumis à Karle-Magne, en 786 ou bien en 799, par Gui, comte des Marches de cette province? Il est permis d'en douter, et les Armoricains de nos jours ne tiennent pas cette conquête pour vraie. Toujours est-il que, dans ce cas, les Bretons se seraient révoltés, en 811, contre le pouvoir franck, et qu'on aurait été obligé d'envoyer une armée pour les réduire.

LXXXII. Tout ce qui se rattache à la filiation des peuples et à leurs migrations devient intéressant pour l'observateur. Il paraît que beaucoup de ces Goths, qui d'abord avaient occupé l'Aquitaine, lors de l'établissement du premier royaume de la

---

(*a*) *Astronom.*
(*b*) *Vit. Carl. Mag. incert. author.* (*c*) *Hist. des Comt. de Poit.*
(*d*) *Annal. franc. — Eginh.*

Septimanie, et s'étaient, après la victoire de Vauclade, réfugiés au-delà des Pyrénées, étaient revenus sur l'ancien sol des Gaules, lors de la conquête d'Espagne par les Arabes. Karle-Magne, dont les vues étaient si élevées, chercha à fixer, d'une manière définitive, dans ses états, les débris de la nation gothique, et il leur distribua des terres incultes à défricher dans la Septimanie et dans la Marche d'Espagne, et les exempta de tributs (a). Les comtes qui commandaient dans les localités où se trouvaient ces réfugiés, ne tinrent pas compte des priviléges qui leur avaient été accordés, et ils les obligèrent aux mêmes charges que les autres habitants. Ces officiers ne voyaient pas que l'empereur avait, en accordant ces immunités, trouvé le moyen d'attirer à lui une grande population voisine, soumise à des maîtres d'une religion différente. D'abord les Goths réfugiés souffrirent sans se plaindre, mais ensuite ils portèrent leurs doléances aux pieds de l'empereur. Celui-ci renvoya les plaintes au roi d'Aquitaine, qui, suivant les instructions transmises par son père, réunit près de lui les comtes et autres chefs des pays habités par les réclamants, pour leur réitérer les ordres de laisser ceux-ci jouir des franchises qui leur avaient été accordées. Plus que cela, on fit restituer aux réfugiés tout ce qui avait été illégalement exigé d'eux.

LXXXIII. (b) Ce fut vers l'an 812 que Karle-Magne se livra particulièrement à la reconstruction de divers monastères, tant dans la France proprement dite qu'en Aquitaine. En Poitou, il bâtit Saint-Florent de Montglone et Saint-Philbert de l'île d'Her.

Marchant sur les traces de son père, Ludwig fit faire des réparations à plusieurs abbayes, notamment à celle de Saint-Maixent. Les évêques et les grands suivirent son exemple, et accordèrent des libéralités aux établissements religieux.

LXXXIV. Ludwig, dont le gouvernement sur l'Aquitaine devint plus réel à mesure que son père vieillissait, entreprit encore quelque chose de plus utile dans ses états. Le clergé y vivait

---

(a) *Concil. arelat.* (b) *Astronom.*

d'une manière peu régulière ; il était adonné aux plaisirs, et notamment à la chasse (*a*) : il le réforma et l'obligea à changer sa conduite. Des écoles, en plusieurs lieux, et analogues à celle d'Alcuin, furent établies, où les clercs et les laïques venaient puiser l'instruction, et on y expliquait également les auteurs sacrés et les auteurs profanes (*b*).

LXXXV. Ludwig passa l'hiver de 811 à 812 en Aquitaine, et réunit l'assemblée générale de ses états, pour aviser aux moyens de soumettre les Vascons, au nord des Pyrénées, qui, après avoir opéré plusieurs mouvements, paraissaient disposés à un soulèvement général (*c*). Ce peuple, porté naturellement à l'indépendance, y était encore excité par Adalrik, qui se rappelait toujours son origine mérovingienne. On l'a vu dépouillé de son duché et exilé, à la diète de Worms, en 790; et depuis, quoique rentré dans ses fonctions, contre la volonté du gouvernement frank, et on ne sait quand, sa soumission envers l'empereur et le roi d'Aquitaine n'en avait pas été plus franche. La diète adopta les mesures de rigueur que Ludwig lui proposa. En conséquence, une armée fut réunie, le roi se mit à sa tête, et il arriva bientôt devant Dax, ville bâtie sur la rive gauche de l'Adour, dans un pays où la langue basque s'était conservée, et où se trouvait le foyer de la révolte. Dax occupé, le roi Ludwig, avant de commencer les hostilités, entra en négociation, car son caractère était une extrême bonté, d'où lui vint son surnom de Débonnaire. Il fit engager les principaux chefs à se rendre près de lui, leur promettant qu'ils ne seraient aucunement inquiétés dans leur voyage et leur retour; mais ils se refusèrent à cette démarche. Alors l'armée aquitanique entra dans le pays, ravagea les biens des principaux instigateurs à la révolte, et commença même à détruire leurs habitations. Traités ainsi, ils demandèrent merci, et un pardon leur fut accordé, notamment à Adalrik. On va voir, tout à l'heure, combien la soumission des Vascons était peu sincère.

(*a*) *Astronom.* (*b*) *Ms. de D. Fonteneau.*
(*c*) *Astronom.*

LXXXVI. (a) Ludwig, croyant avoir ainsi rempli le but de son expédition, passa les Pyrénées, et se rendit à Pampelune, où sa présence était nécessaire, pour les affaires de ses possessions dans ces parages, et obliger les Vascons de cette partie de territoire à s'avouer ses sujets, comme venaient de le faire les Vascons septentrionaux. Après quelques semaines de séjour dans ce pays, voulant retourner en Aquitaine, et redoutant ce qui était arrivé près de Roncevaux, le roi prit les mesures qui semblaient les plus convenables, pour assurer sa marche et celle de son armée, et ne pas voir reproduire les événements désastreux de 778. Néanmoins, lors de son passage par les montagnes, et malgré toutes ces précautions, Adalrik, assisté de Skimin et de Centule, ses fils, avec les Vascons du nord, attaqua subitement les Aquitains, lorsqu'ils étaient dans les défilés. Ceux-ci, qui étaient éventuellement disposés à résister, tinrent bon et déployèrent tant de valeur, que les Vascons furent battus et en partie détruits. Adalrik et Centule, son second fils, périrent dans cet engagement, où, au dire de l'Astronome, le premier aurait été pris et pendu sur le champ de bataille.

Quoi qu'il en soit, il paraît que cet événement, ou bien cet acte de sévérité, s'il eut lieu, jeta la crainte parmi les révoltés. Les principaux chefs des Vascons allèrent trouver Ludwig et se soumirent à lui. Le roi mit des conditions à son pardon. Il prit en otage les enfants des hommes les plus marquants de la nation, et les garda jusqu'à ce que son armée eût entièrement évacué le pays. Ensuite il renvoya ces otages, et rentra dans l'intérieur de l'Aquitaine.

LXXXVII. (b) Il aurait semblé que les révoltes continuelles de Loup et d'Adalrik devaient engager le roi Ludwig à dépouiller entièrement leurs descendants du commandement sur les Vascons. Mais le roi d'Aquitaine savait quel était l'ascendant de cette maison sur cette peuplade. Ce n'était qu'en attirant à lui les restes des Mérovingiens que le fils des maires du palais pouvait assurer sa domination dans le voisi-

(a) *Astronom.* — *Charte d'Alaon.* (b) Id.

nage des Pyrénées. Aussi Ludwig reçut en grâce Skimin, fils aîné d'Adalrik, et Loup Centule, petit-fils de celui-ci, par Centule, tué à Roncevaux. Il divisa entre eux tout le pays de l'Adour aux montagnes, en y joignant quelques territoires qui y étaient adjacents. Probablement Sanche, fils de Loup Ier, n'existait plus, puisqu'il n'entra point dans ce partage, et quant aux deux nouveaux comtes, ils ne tinrent pas plus à leurs paroles que leurs auteurs.

LXXXVIII. (*a*) Pendant que le roi d'Aquitaine agissait en personne contre les Vascons, un corps de ses troupes, sous les ordres du comte Héribert, envoyé de l'empereur, était entré en Espagne, et s'était porté dans les environs d'Oska, ville qui tantôt se déclarait soumise à l'empereur franck, et tantôt à la domination du roi de Cordoue. Héribert assiégea cette place; mais il paraît qu'Abd el Rahman, fils du roi El Hakem, vint à son secours, et que le général franck fit preuve d'une grande négligence dans cette opération. Sans savoir user du commandement, il laissait les jeunes officiers de son armée aller, presque seuls, provoquer par des railleries les assiégés, tout près de leurs remparts. Un jour ceux-ci, ennuyés de ces bravades, firent, quoique en petit nombre, une sortie vigoureuse. S'il y eut beaucoup d'action et de courage dans l'attaque, il y en eut aussi dans la défense; le succès fut incertain, la perte à peu près égale, et chacun se retira de son côté. Ensuite le siége continua mollement, sans vigueur, et pas de manière à amener un résultat prochain. Mécontent de cet état de choses, Héribert saccagea les environs d'Oska, et leva le siége de cette ville, à la fin de l'automne. Ayant reconduit ses troupes en Aquitaine, il fut rejoindre le roi Ludwig, qui était à une partie de chasse. Le monarque fut assez mécontent, et avec raison, de la conduite du général que son père lui avait envoyé.

LXXXIX. (*b*) Non content d'avoir aidé puissamment à faire lever le siége d'Oska, Abd el Rahman se porta sur le comté de Barcelonne, qu'il occupa momentanément, et il y a lieu même de croire qu'il s'empara de Girone. Ensuite il traversa

---

(*a*) *Astronom. — Annal. Loisel.* (*b*) *Conde.*

les Pyrénées à l'orient, et poussa jusque près de Narbonne.

Dans cette campagne, le fils d'El Hakem fit un grand nombre de prisonniers et beaucoup de butin. Rentré dans la Péninsule, il eut des succès prononcés contre le roi Alphonse.

XC. (a) Malgré tout, les Sarrasins paraissaient avoir un aussi grand besoin de repos que les Aquitains, d'autant plus qu'ils n'avaient pas été heureux dans des entreprises par eux faites sur la Corse et la Sardaigne. Aussi le chef de la nation arabe en Espagne proposa-t-il au roi Ludwig une trêve de trois ans, qui fut acceptée ; mais, pour lui donner plus d'éclat, des ambassadeurs d'El Hakem se rendirent, vers la fin de l'an 812, à Aix-la-Chapelle, près de l'empereur, qui consentit à ce qui avait été arrêté, par avance, avec le roi d'Aquitaine. Il est à remarquer que ce traité fut le premier contracté entre les princes francks et le monarque arabe de Cordoue.

Il est bon de jeter un coup d'œil, ici, sur la position où se trouvait, après environ un quart de siècle, le royaume d'Aquitaine, dans la tâche qui lui avait été donnée, en quelque sorte, d'arrêter la marche des partisans de l'islamisme vers le nord. Sans doute, il y avait eu, dans ces guerres presque continuelles, et des succès et des revers ; mais, en somme, tout l'avantage avait été pour les Aquitains. En effet, ceux-ci non-seulement avaient empêché les musulmans de s'établir au nord des Pyrénées, mais ils s'étaient emparés de places et même de pays importants, sur l'autre versant des monts. Alors les Arabes ne faisaient plus (b) qu'une guerre défensive, et ils étaient à dire, pour justifier cette position, qu'il n'y avait aucun riche butin à faire au nord des Pyrénées.

XCI. (c) Il paraît que, vers le commencement du IXe siècle, le latin cessa d'être en usage parmi le peuple, sur les rives de la Loire, et probablement en Aquitaine. On sait ce qu'on entendait par la langue latine, dans cette contrée, et dans le VIIIe siècle : c'était un idiome mélangé de latin et de mots de la langue originelle, ayant une terminaison latine ; on appelait

(a) *Chron. Moissac.* — *Vit. Carl. Mag.* (b) *Conde.*
(c) *Concil. tur.*

ce jargon *latin rustique, langue rustique* (a). Mais bientôt il ne fut plus ni parlé, ni entendu, parce qu'il se forma une autre langue, la langue romane, dans le Midi, et par conséquent dans l'Aquitaine méridionale, et qu'on parla le tudesque ou la langue franke altérée, au-delà de la Loire. Pour le Poitou, ce fut sans doute un mélange de ces deux nouveaux idiomes (b).

Le document qui nous apprend que le latin rustique n'était plus entendu du peuple, est le dix-septième canon du troisième concile de Tours, tenu en 813, par ordre de Karle-Magne, assemblée à laquelle assistèrent les évêques d'Aquitaine ; il porte : « Il a été unanimement jugé opportun que
» chaque évêque ait, à l'usage de son diocèse, des homélies
» convenables, pour l'instruction de son clergé, c'est-à-dire,
» des expositions que les prêtres puissent étudier et se rendre
» familières, sur la foi catholique, la récompense des bons et
» la damnation éternelle des méchants, la résurrection future,
» les moyens de gagner la vie éternelle, et de s'en rendre
» digne. Pour que chaque ecclésiastique puisse facilement
» rendre ces homélies à son auditoire et le convaincre des vé-
» rités qu'elles renferment, elles seront traduites en langue
» rustique romane et en tudesque (39). »

On l'a déjà dit, il n'y avait pas alors de division bien prononcée entre les matières civiles et les matières ecclésiastiques. Les conciles s'occupaient souvent de points qui semblaient étrangers à la discipline ecclésiastique, et, en sens contraire, les diètes politiques réglaient parfois des difficultés qui sembleraient aujourd'hui tout-à-fait de la compétence du clergé. Quant aux dispositions du concile de Tours et particulièrement à celle que nous venons de signaler, elles furent approuvées dans l'assemblée générale des délégués de l'empire frank, tenue à Aix-la-Chapelle, dans le mois de septembre suivant.

XCII. (c) C'est ici le cas de s'arrêter, un moment, sur le roi Ludwig et sur la manière dont il administrait l'Aquitaine.

(a) *Lingua rustica*.
(b) Voir les *Essais sur la langue poitevine*, par M. de la Fontenelle.
(c) Thegan. — *Astronom*.

Thégan, auteur contemporain, nous fait connaître le physique et le moral de ce prince. Sa taille était médiocre, mais bien prise; il avait les yeux grands et pleins de vivacité, le visage plein et gracieux, le nez long et droit, et les lèvres dans de justes proportions. Son esprit était vif et orné, son caractère doux, et son amour pour la justice extrême. Il faisait le bonheur des peuples soumis à sa domination, et, trois fois par semaine, il recevait en personne toutes les réclamations qui lui étaient adressées par toutes sortes de personnes. La douceur de son gouvernement était telle, ceux qui approchaient ce roi proclamaient ses louanges à un tel point, qu'Archambaud l'ayant dit à l'empereur, celui-ci en rendit grâces à Dieu, et versa des larmes de joie.

XCIII. (a) Le roi d'Aquitaine avait envoyé, auprès de Karle-Magne, Geric, son grand fauconnier; les leudes de la cour impériale soit de la Germanie ou des Gaules, empressés qu'ils étaient de se mettre bien dans la faveur du fils, représentèrent à Geric que la santé de l'empereur chancelait, que sa fin était prochaine, et ils le pressèrent d'engager Ludwig à arriver, pour soulager dans ses travaux et consoler l'auteur de ses jours. Le grand fauconnier, de retour, transmit ces détails; mais, par respect et par révérence pour son père, le roi d'Aquitaine demeura dans ses états. Néanmoins telle était la position de Ludwig, qu'il semblait avoir un droit incontestable à l'empire. Il était le seul fils vivant des enfants de Karle-Magne; Karles, roi de Neustrie, l'aîné de tous, étant mort deux ans avant, sans laisser d'enfant, et Pippin, roi d'Italie, mort dès 810, ne laissant qu'un fils naturel en bas âge, Bernhard, que son aïeul avait pourvu du royaume de son père. Mais, peu après l'arrivée de Geric en Aquitaine, le pressentiment des courtisans se réalisa, et, à la fin de l'hiver de 813, l'empereur, qui se sentait défaillir, écrivit au roi Ludwig de venir le trouver, sans aucun délai, à Aix-la-Chapelle, et ce prince se mit aussitôt en marche pour les bords du Rhin.

XCIV. (b) Le roi d'Aquitaine étant arrivé près de l'empereur

(a) *Eginh.* (b) *Thégan.* — *Eginh.* — *Chron. Moissac.*

à Aix-la-Chapelle, celui-ci convoqua, pour le mois de septembre suivant, une diète générale de ses états. Ludwig demeura tout l'été avec son père. La diète s'étant ouverte, au temps fixé, en la ville impériale, dans la magnifique église bâtie en l'honneur de la Vierge, Karle-Magne demanda à l'assemblée, composée d'évêques, d'abbés, de ducs, de comtes et de lieutenants de ceux-ci, depuis le premier jusqu'au dernier (a), s'ils voulaient reconnaître son fils Ludwig comme son associé à l'empire. Tous répondirent qu'ils le voulaient, et que c'était l'ordre de Dieu. Des applaudissements multipliés se firent alors entendre, au dedans du temple et au dehors.

Le dimanche suivant, qui était encore dans le mois de septembre, avait été fixé, par l'empereur, pour la prise de possession solennelle de Ludwig du titre d'associé à l'empire. Ce jour-là, Karles, revêtu de ses ornements impériaux et la couronne d'or en tête, se rendit à l'église, ayant son fils à ses côtés et suivi de tous les membres de la diète. Une autre couronne d'or fut placée sur l'autel, et la cérémonie religieuse commença. Karles prit alors Ludwig par la main, et s'approcha de l'autel. Tous deux se prosternèrent, et, relevés, le père adressa à son fils l'allocution suivante, que Thégan, un auteur du temps, nous a transmise :

« La position élevée où Dieu vous appelle, mon fils, vous
» fait un devoir de le respecter, de l'aimer, de le craindre et
» d'exécuter fidèlement ses commandements. Devenu empe-
» reur, vous êtes le protecteur des établissements religieux,
» et vous devez veiller à leur gouvernement. Vous devez dé-
» fendre l'Église contre les impies et leurs machinations. Aimez
» votre famille, prouvez à vos parents, par vos largesses,
» que vous êtes leur maître, en même temps que vous êtes
» de chacun de ses membres le frère, l'oncle ou le neveu.
» Honorez les évêques comme vos pères, aimez vos sujets
» comme vos enfants. Forcez les méchants et les rebelles à
» l'obéissance et à l'observation des lois. Que les monastères

(a) Le titre de vicomte n'existait pas encore; aussi Thégan appelle *loco positi*, les lieutenants des comtes.

» ainsi que les pauvres, rencontrent en vous un consolateur.
» Choisissez des ducs et des comtes sages, capables et justes.
» Ne déplacez pas aisément ceux que vous aurez élevés, et
» faites en sorte de n'avoir à rougir, devant Dieu et devant
» les hommes, pour aucune de vos actions. »

Après ce discours, Karles ayant demandé à Ludwig s'il comptait gouverner d'après ces principes, afin de faire le bonheur de l'État et du peuple, ce dernier en fit le serment solennel. Alors l'empereur dit à son fils d'aller prendre sur l'autel la couronne d'or qui y était placée, et de la poser lui-même sur sa tête. Ludwig obtempéra à l'invitation de son père. Karles remercia Dieu de lui avoir donné un fils, pour s'asseoir à ses côtés; il recommanda à celui-ci Dracon, Hugo et Théodorik, ses fils naturels; la messe continua, et, lorsqu'elle fut terminée, les deux empereurs retournèrent au palais, dans le plus grand appareil. Le père, affaibli par l'âge, dans toute la cérémonie ne voulut jamais que son fils pour appuyer sa marche incertaine.

Le lendemain de ce jour solennel, la diète d'Aix-la-Chapelle fut congédiée; l'objet pour lequel elle avait été convoquée était rempli.

XCV. (a) Ludwig demeura encore quelque temps près de son père, et ne revint en Aquitaine qu'au mois de novembre, pour y passer l'hiver; il ne partit même que sur la prière formelle de Karle-Magne, dont il s'apercevait que la fin approchait. Celui-ci le sentait lui-même, et il avait mis ordre aux affaires de son intérieur, par une espèce de testament; il disposait notamment d'une grande partie de ses meubles, de son argent et de ses bijoux, en faveur de plusieurs établissements religieux.

XCVI. (b) Au départ de son fils, son associé à l'empire, Karle-Magne fut chasser peu loin d'Aix-la-Chapelle et employa à cet exercice le restant de l'automne, et, vers novembre, il retourna dans son palais. Il y était, lorsqu'en janvier, il fut assailli par un fièvre violente. Suivant sa coutume, et croyant affaiblir son mal, il s'affaiblit lui-même en usant de la diète la

(a) *Eginh.* (b) Id.

plus austère. Une forte douleur de côté s'étant jointe à la fièvre, il mourut, après avoir reçu les secours de la religion, le septième jour de sa maladie, 28 janvier 814, suivant notre manière de compter.

Ainsi finit un homme qui domina son siècle et y attacha justement son nom. Nous l'avons jugé ailleurs, et il suffira ici de dire que l'Aquitaine, qui lui dut beaucoup, fit, à sa mort, une perte irréparable.

XCVII. (a) Quand Karle-Grand vint à quitter la vie, les affaires de son fils Ludwig, en Aquitaine, avaient éprouvé une grande amélioration. D'abord des libéralités excessives avaient appauvri son trésor et diminué les revenus de sa couronne, ainsi que nous l'avons vu ; puis, l'ordre ayant été rétabli dans ses finances, Ludwig, en passant, tous les quatre ans, l'hiver dans une de ses quatre maisons royales, Doué, Audeac, Casseneuil et Ebreuil, y trouvait les récoltes de quatre années, pour sustenter et entretenir lui et sa cour. Dans cette cour se faisait remarquer, par son affabilité, par sa bonté, la reine Hermengarde, qui avait donné à son époux trois garçons, savoir : Lothaire, âgé d'environ quinze ans; Pippin, plus jeune d'un à deux ans, et enfin Ludwig, encore dans la première enfance. A raison de son économie, il avait pu soulager les peuples et faire de grandes libéralités ; aussi ce monarque était-il chéri des Aquitains, et, quand ils apprirent qu'il était appelé à de plus hautes destinées, ils éprouvèrent un vif regret de cesser de l'avoir pour leur roi spécial.

Mais, il faut le dire ici, si l'Aquitaine perdit, à la mort de Karle-Magne, en n'ayant plus Ludwig-Pieux pour son roi, celui-ci perdit bien autrement. Il fut sans doute plus élevé en dignité et en puissance, il devint le chef de l'empire frank, sa tête fut décorée de la couronne des Césars; mais cette couronne n'était pas à sa taille, le poids en était trop lourd pour lui. Ce prince, réellement pieux, brave et doué d'autres bonnes qualités, et surtout susceptible d'exciter la sympathie des populations placées sous sa domination, avait sans doute une

---

(a) *Astronom.* — *Eginh.*

capacité suffisante pour gouverner, sous une impulsion donnée, avec la direction suprême d'un génie comme Karle-Magne. Mais Ludwig se trouvait, à la mort de cet homme si supérieur, livré tout-à-fait à lui-même, et la chose publique et lui y perdirent grandement, ainsi que nous allons le voir. En un mot, avec Karle-Magne, on voit finir le règne glorieux pour Ludwig-Pieux, en qualité de roi d'Aquitaine, et apparaît le commencement de la domination de ce prince, comme empereur, à l'âge de 36 ans; domination traversée de fautes, de revers et d'humiliations, comme peu de monarques en ont éprouvé. Aussi, proclamons-le en finissant avec Ludwig comme roi d'Aquitaine : si, avec ce titre, il fut honoré, aimé et heureux; comme empereur, au contraire, on le verra méprisé, haï et malheureux au dernier point. Cette appréciation, en deux parties différentes et tout-à-fait opposées en résultats, de l'existence de Ludwig-Pieux, ne nous paraît pas avoir encore été établie par les écrivains qui se sont occupés de cette partie de nos annales.

XCVIII. Tout en traitant des rois et ducs d'Aquitaine en général, nous avons promis de nous occuper particulièrement des comtes de Poitou. Nous avons parlé d'Abbon, premier comte institué, pour cette province, par Karle-Magne, en 778, à la fondation du royaume d'Aquitaine, et il n'est question de lui, comme nous l'avons dit, qu'en 811; encore ce point est douteux. Nous allons le trouver remplacé en 814, puisqu'un autre individu paraît sous le titre de comte de Poitou. Avec ce défaut de renseignements, nous pouvons dire d'Abbon, comme le docte Besly (*a*) : « Son nom tout simple et destitué de particularitez » et actions de sa vie, est seul parvenu jusqu'à nous, quasi » comme un corps sans âme. »

L'époque de la mort d'Abbon est aussi bien ignorée que le lieu de sa sépulture. Aussi on doit considérer comme un monument fabuleux le prétendu bloc de marche blanc, portant l'épitaphe d'Abbon, comte de Poitou, qui aurait existé, suivant Beauménil (*b*), à l'abbaye de Talmont en bas Poitou (40).

(*a*) *Comt. de Poit.* (*b*) *Ms. de la bibl. de Poitiers.*

LIVRE III.

(DE 814 A 838.)

Pippin Ier, roi d'Aquitaine (de 814 à 838).
Raymond Raffenel (de 814 à 817), — Bérenger (de 817 à 835), — Bernhard de Septimanie (de 835 à 838), ducs d'Aquitaine amovibles.
Ricwin (de 814 à 815), — Bernhard Ier (de 815 à 832), — Eménon (de 832 à 838), comtes de Poitou amovibles.

I. (a) Depuis son retour d'Aix-la-Chapelle, et sans doute pour être plus à portée de se rendre près de son père, en cas de besoin, Ludwig habitait presque continuellement son palais de Doué (1), peu éloigné des rives de la Loire. Il y tenait la diète d'Aquitaine, lorsqu'il apprit, au commencement de février, par le comte Rampon, venu avec une extrême vitesse, la mort de son père (2). Ce prince fit ses préparatifs de départ avec promptitude, d'autant mieux qu'on redoutait les intrigues de Wala, maître du palais (3). En effet, cinq jours après, Ludwig, accompagné de beaucoup de grands de sa cour, et notamment de son filleul, le jeune Bernhard, fils du duc Guillelme de Gelone, partit pour Aix-la-Chapelle, où il arriva au bout d'un mois. Il passa par Orléans, où l'évêque Théodulfe vint au devant de lui; et, à son arrivée, il fut agréablement surpris de voir que Wala était très-bien disposé en faveur de son nouveau maître. Aussi une diète générale qui avait été convoquée dans la ville impériale, dès le moment de la mort de Karle-Magne, et qui se réunit bientôt, reconnut sans difficulté Ludwig-Pieux comme empereur ; son

---

(a) *Eginh.* — *Astronom.*

neveu Bernhard, roi d'Italie, qui croyait qu'on lui laisserait ses états sans restriction, prêta là son serment de fidélité.

Nous avons suivi exactement, jusqu'à ce moment, les faits qui se sont rapportés à Ludwig-Pieux, parce que nous voyions en lui le roi d'Aquitaine. Devenu empereur, et ayant presque aussitôt cédé l'Aquitaine à Pippin, son second fils, il ne sera plus, pour nous, qu'un monarque suzerain, dont nous ne nous occuperons qu'autant que ses faits et gestes intéresseront, d'une manière quelconque, le royaume d'Aquitaine.

II. Le premier acte que fit Ludwig-Pieux, comme empereur, fut d'envoyer des commissaires dans tout l'empire, pour faire reconnaître son titre et faire rendre leur liberté ou leurs biens à ceux qui en avaient été dépouillés (*a*).

III. La mission donnée par Ludwig-Pieux était surtout favorable pour le Poitou; car, vers ce temps, il y eut des troubles dans cette province, à l'occasion des concussions et des extorsions que les grands se permettaient envers le peuple (*b*). Ces troubles furent surtout apaisés par le nouveau roi d'Aquitaine, dont nous allons parler bientôt.

IV. (*c*) Quoique la cour impériale d'Aix-la-Chapelle sorte, en quelque façon, du cadre dans lequel nous voulons renfermer cet ouvrage, nous ne pouvons nous empêcher de parler encore de la corruption de mœurs qui existait autour de Karle-Grand, en opposition à la régularité de conduite de son fils Ludwig et de sa cour. Habitué à se livrer aux débordements de son tempérament, tout en prêchant des principes contraires et en établissant de justes préceptes dans ses lois, pendant sa vieillesse comme dans sa jeunesse, Karles était entouré de maîtresses et d'enfants naturels, mêlés indécemment avec ses parentes légitimes. L'empereur, en ne permettant pas à ces dernières de se marier, avait toléré leur libertinage, tellement public, qu'une seule d'elles, Gondrade, passait pour avoir conservé son innocence. Or, le nouvel empereur, arrivé à Aix-la-Chapelle, chassa du palais, sans miséricorde, toutes les

---

(*a*) *Astronom.*
(*b*) *Ms. de D. Fonteneau.* (*c*) *Astronom.*

femmes dont la réputation était mauvaise, soit qu'elles fussent les concubines de son père ou ses propres parentes. Il fit plus, et ce fait est curieux, il considéra comme coupables de lèse-majesté les amants de ses sœurs et de ses nièces, et les fit arrêter pour la plupart. Quant aux princesses, presque toutes d'une rare beauté et d'une éducation excessivement libérale, elles furent reléguées dans des monastères, où on leur remit exactement leur part dans le douzième des trésors de Karle-Grand, portion affectée à elles toutes et à leurs frères par le testament de ce prince. Tout le surplus de ses richesses mobilières, ou les onze douzièmes, avaient été employés en legs pieux.

V. (a) Vers la fin de cette même année, Ludwig, devenu ainsi empereur, désigna comme roi d'Aquitaine, aux mêmes conditions qu'il l'avait été lui-même, Pippin son second fils, âgé de quatorze ans seulement, et l'envoya prendre possession de ce pays. Néanmoins, il ne fut proclamé solennellement, avec ce titre, que trois ans plus tard, ainsi qu'on le verra par la suite; mais il data toujours les années de son règne, du jour où son père l'avait doté de la couronne.

Ludwig-Pieux avait, en même temps, envoyé en Bavière Lothaire son fils aîné, afin de gouverner la partie de l'empire frank au-delà du Rhin. De cette manière, il ne resta auprès de l'empereur que son plus jeune fils, du nom aussi de Ludwig.

VI. (b) Ricwin, en latin *Ricowinus*, succéda immédiatement à Abbon, ou du moins on ne connaît point d'administrateur du Poitou qui ait été intermédiaire entre eux. On suppose qu'il fut choisi par Ludwig, comme comte du Poitou, au moment où Pippin fut appelé à la couronne d'Aquitaine. Alors le fils aura voulu faire absolument de même qu'avait agi le père, à la création de ce royaume, où, tout en lui donnant un roi, il partageait l'autorité locale entre des comtes.

Du reste, on doit croire que, quand Ricwin fut chargé du gouvernement du Poitou, il était attaché à la cour impériale,

(a) *Astronom.* — *Eginh. Annal.* — *Chron. Moissac.*
(b) Besly, *Comt. de Poit.* — *Ms. de D. Fonteneau.*

(814) même du vivant de Karle-Magne. On trouve, en effet, son nom (a) parmi ceux des comtes qui signèrent l'espèce de testament par lequel cet empereur fit, en 811, la distribution de ses richesses mobilières.

VII. Il est difficile de suivre la filiation des hommes, avant l'établissement des noms propres, toutes les fois que des documents historiques ne viennent pas l'établir. Néanmoins, comme, à cette époque, le fils prenait souvent le nom du père, et que, pour les noms d'un usage peu commun, c'est le seul moyen de suivre le sang ; que, d'un autre côté, les comtes, avant de devenir héréditaires, étaient presque toujours pris dans les mêmes familles, nous pensons que Ricwin, élevé à la dignité de comte du Poitou, en 814, était fils d'un autre Ricwin ou Richwin, comte de *Coriallum* (b), en Neustrie, même localité que la ville actuelle de Cherbourg, ou à peu près. La chronique de Fontenelle (c) parle de ce personnage, sous l'an 747 (4).

VIII. Peu après son arrivée dans ses états, le roi Pippin fut passer quelque temps dans le palais d'Engerie, *Engeriacus*, sur les bords de la Boutonne. C'est une maison royale à ajouter à celles dont nous avons déjà donné l'indication (5).

IX. (d) Ici nous voulons esquisser la position de deux hommes politiques de l'empire frank. Adalhard et Wala, frères, étaient cousins germains de Karle-Magne, petits-fils, comme lui, de Karle-Martel, parce qu'ils étaient fils de Bernhard, frère de Pippin-Bref. Or, Bernhard fut entièrement frustré de la succession de son père, par Pippin et Karloman, qui en agirent à peu près de même envers Griffon, leur autre frère, à qui pourtant ils finirent par accorder quelque chose. Mais non-seulement cette branche de la maison impériale fut dé-

(a) Il est écrit *Richvinus*.

(b) Le pays confié au comte Richwin est appelé *Coriovallensis pagus*.

(c) Chron. Font. Voir aussi les *Recherches sur les voies romaines du Cotentin*, par M. de Gerville, dans les *Mém. de la Soc. des Ant. de Norm.*

(d) *Astronom. — Vit. S. Adalh. ub. Corb.*

pouillée, et encore on lui supposa, non sans motif sans doute, du mécontentement pour la manière dont on avait agi envers elle, ce qui fit qu'en outre elle fut persécutée dans plus d'une circonstance et à diverses époques.

Adalhard, l'aîné des deux frères, apparaît, pour la première fois, sur la scène politique, à l'âge de vingt ans au plus, après la mort de son cousin Karloman, à la diète que fit tenir le frère de celui-ci, au château de Carbonac, dans les Ardennes, en 771. Ne voyant que l'intérêt général, et mettant de côté les idées mérovingiennes, il opina pour que la moitié de la monarchie des Franks, attribuée à Karloman, ne passât pas aux deux enfants de celui-ci et de Gibelge, et fût, au contraire, délivrée à Karles, afin qu'il réunît toutes les provinces de l'empire. Cet avis fut suivi, malgré l'opposition de beaucoup de leudes et de prélats, qui voyaient dans Pippin, fils aîné de Karloman, le légitime héritier de l'apportionnement fait à ce dernier. Plus tard, Adalhard entra dans le cloître et devint abbé de Corbie, l'un des monastères les plus importants des états franks ; mais sa grande aptitude aux affaires et le goût qu'il y avait pris, firent que, malgré la position sociale dans laquelle il s'était placé en dernier lieu, il figura encore activement, en politique, sur la scène du monde.

Nous avons déjà parlé de Wala, frère puîné d'Adalhard. Ce personnage, homme de cœur, et grand-maître du palais impérial, à l'époque de l'élévation de Ludwig-Pieux à l'empire, avait d'abord été marié à l'une des filles de Guillelme de Gelone. Dans les dernières années du règne de Karle-Magne, Wala et son frère prirent un grand ascendant sur cet illustre personnage, et dirigèrent particulièrement les affaires de son cabinet. Au surplus, on a généralement attribué à Wala un grand caractère et des vues élevées, mais aussi de l'orgueil et de la dureté. Il se montra avec ce caractère dans les différentes positions qu'il traversa, durant une vie remplie et agitée.

X. (a) A la mort de Karle-Magne, Adalhard se trouvait en Italie, où il avait été établi, par l'empereur, comme le confi-

(a) *Vit. S. Adalh. ab. Corb.* — *Act. S. Bened.*

dent et le ministre de Bernhard. Or, comme l'oncle voulait dépouiller son neveu, on fit revenir bientôt celui qui pouvait le mieux diriger la conduite du jeune prince. Mais, à peine Adalhard fut-il arrivé à la cour de Ludwig-Pieux, que celui-ci, au lieu de l'envoyer dans son monastère de Corbie, l'exila à l'extrémité du Poitou, près de l'embouchure de la Loire, dans l'île d'Her, aujourd'hui Noirmoutiers (*a*). Conduit là, il fut confiné au monastère de St-Philbert, dont Arnoul était alors abbé (6). Nous verrons Adalhard gémir sept années entières dans cette retraite, placée, on peut le dire, à l'extrémité du monde alors connu.

Quant à Wala, dont on voulait alors anéantir aussi l'influence, on le contraignit à se faire moine, dans l'abbaye même de Corbie, dont son frère aîné était le chef, et lui-même devint aussi, plus tard, abbé de ce célèbre monastère.

XI. Cette persécution de Ludwig, à son avénement à l'empire, ne se borna pas à Adalhard et à Wala. Un autre de leurs frères, peu marquant du reste, Bernaire, fut envoyé aux îles de Lerins. Il n'y eut pas jusqu'à la sœur, Gondrade, qui seule, au dire du biographe du frère aîné, avait conservé son innocence à la cour de Karle-Magne, qu'on confina au monastère de Ste-Croix de Poitiers (7). Les torts de cette branche de la famille impériale consistaient, on l'a dit déjà, en ce qu'elle avait des motifs réels de se plaindre. Tous furent donc châtiés par Ludwig, lorsqu'il arriva au trône impérial, sauf une autre sœur dont nous n'avons pas encore parlé, Théodrade, abbesse de Ste-Marie de Soissons, qu'on laissa en repos, parce que seule, prétendit-on, elle n'avait pas conspiré.

XII. Il y a lieu de croire que l'exil d'Adalhard à l'île d'Her fut extrêmement défavorable à l'empereur; car cet abbé du sang royal, se trouvant ainsi relégué en Aquitaine, usa de toute son influence pour porter Pippin à la défiance et même à la révolte contre son père.

XIII. (*b*) Il y eut, au mois de septembre suivant, un fort

(*a*) *Vit. S. Adalh. ab. Corb.*
(*b*) *Eginh.*

tremblement de terre en Aquitaine, qui se fit surtout sentir à Saintes.

XIV. (a) Il paraît qu'au commencement de l'an 815, Ricwin, comte du Poitou, était dans les bonnes grâces de la cour impériale, car l'empereur grec Michel, ayant envoyé des ambassadeurs à l'empereur frank, à Aix-la-Chapelle, pour renouveler l'alliance entre les deux nations, Ludwig-Pieux dépêcha, en 814, à Constantinople, ce comte de Poitou, et Norbert, évêque de Reggio. Dans l'obligation de séjourner à la cour de l'empereur grec, Ricwin cessa forcément d'exercer les fonctions de comte de Poitou, dont nous le verrons pourtant encore, par la suite, prendre le titre, qui, dès lors, ne fut plus pour lui qu'honorifique.

XV. (b) On croit que ce fut pendant son ambassade à Constantinople, mission d'une grande importance, que Ricwin fut remplacé dans son poste de comte du Poitou. On voit, en effet, un personnage dont le nom était Godilus, rendre la justice à Poitiers, pour un procès de l'abbaye de Noaillé (c), le 20 juin 815, la seconde année du règne de Ludwig empereur, comme délégué du comte Bernhard, sans indication du territoire sur lequel ce comte exerçait ses fonctions. C'était alors l'usage ; mais, puisque l'acte du délégué était exercé en Poitou, il en résulte bien que Bernhard était comte du Poitou (8), et nous verrons que cette dignité se conserva dans sa famille ; du reste, sa faveur provenait d'une parenté avec la race royale. En effet, Bernhard était fils d'Adalelme, frère de Guillaume de Gelone, et on sait que ces deux frères avaient pour père le comte Théodorik, proche parent de Pepin-Bref (d), ainsi que l'a fort bien établi dom Vaissette (e).

XVI. L'indication que nous allons donner est de nature à prêter à bien des raisonnements. Si nous en croyons dom Mabillon (f), un homme libre se rendit serf du monastère de Mairé, réuni

(a) *Astronom.* — *Eginh.*
(b) *Ms. de D. Fonteneau.* (c) Besly, *Comt. de Poit.*
(d) *Hist. de Lang.* t. 1, p. 446. (e) Id.
(f) *Annal. bened.* t. II, l. xxx, p. 532, n° 47.

à Noaillé, sous le gouvernement abbatial de Godolenus, dans ce même plaid que l'on vient de citer, et tenu par Godilus, délégué, *missus*, de Bernhard, comte de Poitou. Il est presque audacieux de vouloir se mesurer avec un érudit de la force de celui que nous venons de nommer; néanmoins il est probable qu'il y a erreur dans l'analyse fournie par le savant bénédictin, s'il entend parler, comme la chose est présumable, du titre recueilli par Besly (*a*). Dans la relation de ce procès, il est, au contraire, question d'un serf qui se prétendait libre, et, à l'appui de ses prétentions, il représentait une charte d'affranchissement; mais, interrogé sur la véracité de cet acte, il fut forcé de reconnaître qu'il était supposé.

Il résulte toujours de ce document que Bernhard était comte du Poitou en 815; qu'au lieu d'administrer toujours la justice lui-même, il la faisait rendre parfois par un lieutenant, et qu'enfin le crime de faux n'était pas alors inconnu à des hommes réduits à la dure condition de l'esclavage.

XVII. (*b*) Karle-Magne avait senti toute l'importance politique des monastères, dans les pays soumis à sa domination. En mettant de côté le point de vue religieux, il voyait dans cette réunion d'individus, ne formant qu'un seul corps, ne travaillant que dans un même esprit, ne voulant atteindre qu'un seul but, un des plus forts leviers pour extirper la barbarie et établir la civilisation dans des pays déserts. En effet, les constructions, les défrichements et les desséchements entrepris par un abbé étaient continués par un autre, et ce qui avait été commencé par l'un était suivi et terminé par l'autre, à moins que les malheurs du temps ou des événements imprévus ne vinssent y porter obstacle. Qu'on se représente l'action de cent moines, travaillant pendant toute la longueur du jour, sauf les instants pris pour des repas sans apprêt, et quelques prières, et sans aucun embarras ou soucis de ménage, la subsistance, le repos et toutes les nécessités de la vie étant assurés; qu'on mette en comparaison cent cultivateurs isolés, occupés de tous les soins généraux que nécessitent autant de feux isolés que

(*a*) *Comt. de Poit.* p. 176. (*b*) Mabil. *Annal. bened.*

d'individus, et alors on verra la force de l'agglomération du travail et de la réunion des intérêts, comparativement à l'isolement de l'action (9).

Mais la discipline des monastères s'était relâchée, tant sous le rapport des mœurs que sous celui du travail. Karle-Grand voulut faire du monastère de St-Maixent en Poitou (10), où le mal était plus grand qu'ailleurs, une maison-modèle ; il appela Tetbert, moine du Mont-Cassin, pour rétablir dans cette abbaye la vie régulière. Ce religieux n'arriva en Aquitaine que vers l'époque de la mort de l'empereur. Ludwig l'accueillit favorablement, le fit nommer abbé du monastère qu'il était chargé de réformer, et lui accorda un diplôme d'immunité (a). La communauté de St-Maixent faisait partie de celles qui n'étaient point tenues d'offrir de présents à l'empereur, ni à fournir des soldats, mais seulement à adresser des prières au ciel, pour la conservation des jours du souverain et le bonheur du pays.

XVIII. (b) L'empereur Ludwig s'était d'autant plus pressé de pourvoir l'Aquitaine d'un roi, que cette contrée était toujours, pour ainsi dire, à l'avant-garde de la chrétienté contre l'islamisme. A cette époque même, la guerre contre les Sarrasins avait déjà recommencé, et, pour résister à leurs tentatives d'envahissement, il fallait plus qu'un simple duc ou général. Du reste, une trêve pour trois ans avait existé ; elle expirait, et on aurait pu la renouveler, mais l'empereur ne jugea pas qu'il fût convenable de paraître désirer la paix avec les infidèles. L'occasion lui semblait sans doute belle pour agir contre ceux-ci.

(c) On ne connaît point les détails de l'expédition, peu importante sans doute, que les Aquitains entreprirent alors au-delà des Pyrénées (11).

Mais ce n'était pour ainsi dire qu'une démonstration. En effet, El Hakem, le khalife de Cordoue, ayant envoyé, en 815, des ambassadeurs à Ludwig, pour renouveler la première

(a) *Const. Ludov. Pii*, ap. *Bouq.* (b) *Astronom.* — *Eginh.*
(c) *Spicileg.*

trève, et pour le même temps, cette demande fut favorablement accueillie (*a*).

XIX. (*b*) Le traité fait avec les Sarrasins donna la faculté à Pippin de sévir contre les Vascons, qui s'étaient de nouveau révoltés. On a vu qu'après la mort d'Adalrik, à la suite de sa rébellion, Ludwig avait consenti à partager le territoire de ce peuple en deux comtés, l'un pour Skimin, fils aîné du duc, et l'autre pour Loup-Centule, son petit-fils. Aussi remuant que ses ancêtres, insolent et de mœurs barbares, au dire des chroniques frankes, Skimin, duc ou comte de la haute Vasconie, et dans la vérité ennemi des Franks, chercha à secouer le joug du roi d'Aquitaine, et, profitant de la mort de Karle-Magne et de l'éloignement de Ludwig-Pieux, il se conduisit comme un souverain indépendant. Aussi l'empereur le dépouilla-t-il de son titre, et le fit-il enlever par surprise. Comme on ne parle plus de lui après cet événement, il y a lieu de croire qu'il fut mis à mort par ceux qui s'emparèrent de sa personne. Mais alors les Vascons, qui étaient infiniment attachés à ce chef, s'établirent en état de rébellion complète, et ils élirent aussitôt Garsimire, fils de Skimin, pour leur comte, et l'animosité contre le pouvoir frank fut portée à l'extrême.

XX. Il paraît que cette révolte des Vascons fut générale, et qu'elle s'étendit même à la partie de la Vasconie dont Loup-Centule, cousin germain de Garsimire, était le duc ou comte, sans que pourtant celui-ci fît éclater, aussi positivement, son opposition à l'autorité karolingienne (*c*). Toujours est-il que, pendant plusieurs années, les forces de l'Aquitaine luttèrent contre les Vascons, sans pouvoir avoir raison de ce peuple. Il y a lieu de croire, du reste, que ce fut plutôt une guerre faite en détail, si on peut se servir de cette expression, qu'une guerre entreprise par de grandes masses, luttant les unes contre les autres. En effet, le pays qui en fut le théâtre est tout-à-fait propre à une guerre de partisans.

XXI. (*d*) Ludwig, sur le trône impérial, ne négligeait point

(*a*) *Eginh.* (*b*) *Eginh.* — *Astronom.* — *Chron. Moissac.*
(*c*) *Eginh.* — *Chron. Moiss.* (*d*) *Capitul.*

les intérêts de l'Aquitaine. Après la conquête de la Marche d'Espagne sur les Maures, les chrétiens de l'intérieur du pays y arrivèrent par milliers. Le pays était désert, et l'empereur, suivant les indications de son père, concéda à ces nouveaux venus les terres en friche de la province, pour les mettre en culture, et y vivre, sous l'autorité du comte ou gouverneur de cette contrée. Les chartes accordées à ces réfugiés, au nom de l'autorité impériale, furent faites en sept copies, et déposées dans les archives des villes principales de la province. On voulait ainsi assurer les droits des propriétaires, et, en les attachant plus fortement au sol, s'en faire un rempart contre les invasions des sujets du Croissant. Mais l'oppression des grands put malheureusement trop contre ces précautions ; maîtres du pouvoir, dans les moments de troubles, ils dépossédèrent les concessionnaires, ou les obligèrent de devenir leurs vassaux, en les assujétissant à de fortes redevances. Les réfugiés espagnols étaient, par la charte dont nous venons de parler, astreints, à la réquisition du comte, au service militaire dont étaient tenus les hommes libres. Exempts de tributs, ils ne devaient que fournir les voitures nécessaires aux ambassadeurs, soit du roi ou de l'empereur, soit à ceux qu'on enverrait près de l'un d'eux. Dans leurs procès importants, criminels ou civils, ils étaient soumis à la juridiction du comte ; mais leurs affaires de peu d'importance pouvaient être jugées, sauf l'appel, par des juges de leur choix, de même que les causes de leurs serfs, sauf la juridiction criminelle, relativement à ceux-ci. Les présents qu'ils pouvaient faire à leurs comtes ne devaient pas tirer à conséquence, et constituer une obligation pour l'avenir. Enfin, ces étrangers devaient posséder héréditairement les terres qui leur avaient été concédées, et pouvaient prendre des comtes des terres à bénéfice.

Cette ordonnance fut donnée en 815, et, dès le commencement de l'année suivante (a), l'empereur fut obligé de l'interpréter et de la confirmer. Certains comtes à qui on avait remis des chartes de concession, pour les viser, les gardèrent, et on prit

(a) Le 10 février 816. N. S.

les moyens de les leur faire rendre. Les priviléges accordés aux Espagnols déjà réfugiés furent étendus à ceux qui viendraient plus tard se fixer sur la terre d'Aquitaine. Rien n'était plus politique qu'une telle disposition, et elle eut l'effet d'attirer beaucoup d'étrangers.

XXII. (a) Il est curieux aujourd'hui de connaître comment les armées se formaient dans ces temps si éloignés de nous, et l'occasion se présente naturellement, au sujet des services militaires imposés aux réfugiés espagnols, dans le royaume de Pippin. Une lettre de Karle-Magne à l'abbé Fulrade nous fait connaître d'une manière positive quelles étaient alors les obligations de ceux qui, à raison de leurs possessions, étaient tenus de marcher à l'armée.

« Nous vous enjoignons, dit le roi à l'abbé, de vous rendre
» avec vos hommes armés et en bon ordre au lieu et au jour
» que nous vous avons indiqués, afin de vous porter en avant,
» avec les armes, les outils et les instruments propres à la
» guerre, les vivres et les vêtements nécessaires à cette po-
» sition. Chaque guerrier aura un cheval, un espadon, un arc
» et un carquois rempli de flèches.

» Vous aurez, dans vos chariots, certains objets, comme
» coins, pierres à aiguiser, haches, pelles, piques de fer et
» autres ustensiles nécessaires, quand on marche à l'ennemi.
» Vos chariots seront fournis de vivres pour trois mois, et
» de vêtements pour six mois.

» Vous vous rendrez sans tumulte au lieu de votre desti-
» nation, par le plus court chemin. En route, vous n'exigerez
» rien des habitants que du fourrage, de l'eau et du bois. Les
» conducteurs des chariots ne les abandonneront pas, et
» seront responsables des vexations que leur éloignement
» pourrait occasionner. »

XXIII. (b) Vers ce temps, le comte Ricwin, qui continua à porter honorifiquement le titre de comte de Poitou, quoique remplacé par Bernhard, revint, avec l'évêque Norbert, de Con-

---

(a) *Ms. de D. Fonteneau.*
(b) *Ms. de D. Fonteneau.* — Besly, *Comt. de Poit.*

stantinople; ils apportèrent un traité avantageux qu'ils avaient conclu, au nom de l'empire frank, avec l'empire grec.

XXIV. (a) Il paraît qu'il y avait eu comme une rupture de la trêve qui devait encore exister avec les Arabes; car, au commencement de l'année 817, Ludwig-Pieux, étant à Compiègne, reçut des ambassadeurs d'El Hakem, le roi de Cordoue, qui lui demandait la continuation de la paix. L'empereur accueillit favorablement cette démarche, et la trêve fut continuée jusqu'en 821.

XXV. (b) Au mois de juillet 817, il se tint, à Aix-la-Chapelle, une diète générale de tous les états soumis à la domination franke. Il y fut arrêté un acte, en deux articles, de la plus grande importance, auquel on donna le nom de constitution impériale. C'était une sorte de charte politique de l'empire, et une division, en trois royaumes, de ses différentes provinces.

Le premier de ces royaumes devait appartenir au fils aîné de l'empereur Ludwig-Pieux, à Lothaire, qui fut associé à l'empire, chargé d'aider Ludwig-Pieux dans ses fonctions impériales, et ne devait jouir divisément de sa portion qu'à la mort de son père. Ce premier état, infiniment plus grand que les autres, était composé de l'Italie, de la Neustrie, de la Burgundie (sauf trois comtés), de la Septimanie (à l'exception du comté de Carcassonne), et des parties de la Germanie non attribuées au royaume de Bavière.

A ce même royaume de Bavière, affecté au prince Ludwig, le troisième fils de l'empereur, on attribua, outre la Bavière proprement dite, la Carinthie, la Bohême, et les portions des pays des Avares et des Slaves, joignant la Bavière, à l'orient.

Le royaume d'Aquitaine, dont jouissait déjà Pippin, éprouva des modifications, en adjonction et en réduction de territoire. Il comprit l'Aquitaine proprement dite, la Vasconie, le comté de Carcassonne, et trois comtés entre la Loire et la Saône, savoir : ceux de Nevers, d'Autun et d'Avalon.

XXVI. Ainsi, ce fut à cette époque que la Septimanie et la

(a) *Egink.* (b) *Astronom.* — *Chron. Moiss.*

Marche d'Espagne, au-delà des Pyrénées, furent séparées de l'Aquitaine, dont elles dépendaient depuis 784. L'empereur les donna à Lothaire, qui devait posséder la France et l'empire. Barcelonne fut la capitale de cette division de territoire, qu'on appela d'abord duché de Septimanie, marquisat de Gothie, et qui reçut parfois le titre de royaume. La réalité de ce partage est prouvée par dom Vaissette (12) contre un critique habile, qui a, en cette circonstance, payé un tribut à l'erreur.

Toulouse continua à demeurer la capitale de l'Aquitaine, parce que cette région conservait la Marche toulousaine, qui allait fort loin vers les Pyrénées. Mais ce royaume n'eut plus rien au-delà de cette chaîne de montagnes; il ne fut plus, comme auparavant, autant ibérien ou espagnol, que gaulois ou français, si on peut s'exprimer de la sorte. Le point de contact avec la population musulmane ou les Sarrasins cessa, pour ainsi dire, d'exister relativement aux Aquitains; pourtant cela ne veut pas dire que ces derniers ne furent pas, et plus d'une fois, appelés à combattre les Arabes de la Péninsule.

XXVII. Mais, il était des conditions dans ce partage, sanctionné par la ville d'Aix-la-Chapelle, qu'il est nécessaire de faire connaître ici. Il résultait de l'ensemble de ces conditions, que l'empire frank, quoique divisé en trois royaumes, ne formait qu'un seul empire. Lothaire, comme empereur, devait en être le chef; il obtenait l'assurance d'en posséder la plus grande partie; mais, associé à son père, dont il avait à partager les fonctions et le pouvoir, il n'était appelé à jouir de sa part qu'à la mort de celui-ci. Ses frères, au contraire, prenaient à l'instant possession de leurs royaumes, tels qu'on les leur constituait. Une fois au moins, chaque année, les trois frères devaient se réunir chez l'empereur, pour aviser, de concert, au bien commun de l'empire, et même aux points les plus importants, relatifs à chaque royaume en particulier. Du reste, chaque roi disposait à son gré des dignités, charges et honneurs de son royaume, et employait à sa volonté les revenus qui étaient à sa disposition. Néanmoins, si l'un des deux rois pouvait et devait même faire la guerre pour repousser une agression, il ne pouvait, sans le consentement de l'empereur, faire une guerre offensive, céder une forteresse, conclure une paix, ou même entrer en négociation. Ainsi, dans les affaires capitales, le frère aîné ou l'empereur devait être conseillé par le roi d'Aquitaine comme par le roi de Bavière : il devait l'être notamment, si l'un de ces deux rois voulait contracter mariage.

Enfin, d'autres clauses de ce partage venaient en contradiction avec les règles suivies précédemment, relativement aux héritages en territoire des rois franks, qui étaient toujours divisés entre les divers enfants. Il fut dit, en effet, qu'au cas où l'un des deux rois laisserait plusieurs fils à sa mort, un seul lui succéderait, et que le choix de ce successeur serait fait par les états du royaume. Si, au contraire, un des deux rois mourait sans enfant, son royaume appartenait à l'empereur. Dans le cas où ce dernier n'aurait pas eu d'enfant, il devait désigner, entre ses frères, celui qui lui succéderait.

XXVIII. Ce qu'on vient d'énoncer constitue un système politique tout entier. Or, qui pouvait l'avoir établi? A ce sujet, un auteur d'une grande perspicacité (a) se reporte au préambule de l'acte. C'est la volonté du Très-Haut qu'on invoque, pour ne pas rompre, par une division humaine, l'unité de l'empire, maintenu par Dieu même, de peur qu'une telle mesure ne devînt pour l'Eglise une occasion de scandale. Puis on prescrit, et cela ne paraît pas encore avoir été fait pour ces assemblées, des prières, des mortifications et des aumônes; ensuite, après avoir jeûné et prié pendant trois jours, on arrête la résolution préparée à l'avance. Là, évidemment, on voit l'influence du clergé, influence que nous avons indiquée comme utile dans les temps antérieurs, et que nous allons voir bientôt extrêmement funeste.

Non content d'avoir démontré que la constitution impériale de 817 fut un acte préparé et monumenté par le clergé, l'écrivain que nous venons de citer va jusqu'à indiquer l'un des auteurs de ce document. C'est Agobard, évêque de Lyon (b),

(a) M. Fauriel. (b) Agobard. Opera.

et cela résulte d'une lettre particulière de ce prélat, adressée à l'empereur Ludwig, où, en prenant la défense de ce document, il lui rappelle comment, avant d'être communiqué à tous, il avait été arrêté en secret par quelques-uns. Des termes de la missive, on doit, en effet, raisonnablement conclure que cet évêque, qui joua un grand rôle dans ce temps, concourut à l'acte impérial dont il fait l'apologie.

Du reste, dans cet acte, il y avait des mesures coercitives contre celui des princes qui aurait voulu s'y soustraire, et là apparaît l'autorité du clergé. Si un des rois de l'empire, est-il dit, devenait l'oppresseur ou le spoliateur des églises et des pauvres, il devrait être invité en secret, par des délégués ecclésiastiques, une fois, deux fois, même trois fois, à se corriger. S'il ne s'amendait pas, on le traduisait devant un de ses frères, pour le réprimander fraternellement. Enfin, si l'admonestation restait sans effet, tous décidaient en public, afin que l'autorité impériale réprimât ce que les avis salutaires n'avaient pu arrêter. Là était un moyen de conservation des biens du clergé, jusqu'alors inusité, et que le clergé seul put faire consacrer.

XXIX. Nous avons souvent occasion de parler des monastères, et il est certain que, dans ce siècle de ténèbres, ces établissements contribuèrent aux progrès de la civilisation. Il est beaucoup de villes ou de lieux considérables qui, en Aquitaine, et particulièrement en Poitou, leur doivent l'existence. Il est donc convenable d'examiner, quand l'occasion s'en présente, le mode d'existence, les mœurs et les usages de ces cénobites, si utiles aux époques dont nous nous occupons.

On a vu que, dans les assemblées publiques, soit de l'empire frank représenté dans ses différentes fractions, soit de chaque royaume en particulier, on s'occupait souvent de points de dogme ou de discipline ecclésiastique, qui depuis n'auraient été traités que dans des conciles généraux ou particuliers, et dans des synodes diocésains. La diète d'Aix-la-Chapelle, où le clergé avait eu, ainsi qu'on l'a fait remarquer, une plus grande influence, devait nécessairement se mêler d'affaires ecclésiastiques. Aussi, pendant la tenue de cette assemblée, l'empereur chargea un abbé de l'Aquitaine, Benoît d'Aniane, de présider un comité d'abbés, afin de restaurer la discipline monacale, et de monumenter les règles sous lesquelles il faisait vivre ses trois cents disciples, sur les bords de l'Hérault. Or, dans cette réunion, on arrêta des dispositions qu'approuva la diète. En première ligne, l'obligation du travail des mains fut de nouveau recommandée, même aux abbés, pour que leur exemple mît cette occupation plus en honneur.

On défendit de nouveau aux abbés, comme aux prélats et aux autres membres du clergé, d'aller à la guerre. Suivant un écrivain (a) qui a travaillé sur l'histoire générale de France, « on obligea enfin les évêques à quitter le baudrier, la ceinture dorée, la dague enrichie de pierreries et les éperons ; ce qui attira à l'empereur la haine de beaucoup de ces prélats, entre lesquels le nombre des méchants était alors le plus grand, ou du moins le plus puissant. »

XXX. (b) Dans cette assemblée, on fixa aussi la quantité de vin et de bière qu'on pouvait donner, par jour, à chaque moine et à une chanoinesse. Au rapport de Fortunat, sainte Radégonde ne voulut jamais goûter d'une espèce de vin aromatisé, appelé *madon* ou *madou*, et qu'a remplacé, en haut Poitou, la liqueur appelée *pineau*. Ce même concile d'Aix-la-Chapelle ne permettait aux moines d'en boire que dans les jours de fête solennelle.

Ces dispositions relatives aux boissons donnent occasion d'entrer dans quelques détails relatifs au surplus de la nourriture des moines, dans ces temps éloignés. Les monastères fabriquaient eux-mêmes leur pain, qu'ils fussent placés en ville ou à la campagne, et la règle de St Benoît en faisait une obligation positive. Le panis et le millet, nourriture des anciens Aquitains, étaient encore principalement employés pour la fabrication du pain. Le mets de prédilection et le plus estimé était l'oie, et les religieux en mangeaient les jours solennels. Les pâtés étaient un mets des jours de fêtes, et aussi saint

(a) Mézeray, *Hist. de Franc.* (b) Legrand d'Aussi.

Angéside, abbé de Fontenelle, assujétit-il toutes les fermes de son monastère à lui en fournir un certain nombre, à des époques données. La consommation de la viande et de la graisse, dans les maisons religieuses, était très-grande, et les bestiaux s'abattaient dans les abbayes, où tout se consommait.

Ces détails paraîtront peut-être fastidieux; mais nous tenons à faire connaître les mœurs, la manière de vivre et les habitudes de l'époque, dans les différentes classes de la société.

XXXI. (a) A cette diète d'Aix-la-Chapelle, Ludwig-Pfeux fit encore une constitution pour confirmer les priviléges d'un grand nombre de monastères de l'Aquitaine, qui étaient de nouveau exemptés de fournir des soldats et de faire des présents annuellement à l'empereur. Ils n'étaient assujétis qu'à des prières pour la conservation des jours du souverain et de ses enfants, et pour la stabilité de l'empire. Ces maisons religieuses étaient en Poitou, outre St-Maixent : Ste-Croix de Poitiers, Charroux, Hermoutiers et St-Savin.

XXXII. (b) On le voit encore, les objets qui intéressaient les monastères, étaient souvent traités dans les assemblées politiques ou diètes de l'empire frank. Dans celle de 817, on arrêta un point sur lequel nous croyons devoir fixer l'attention. Il y fut décidé que les serfs fugitifs de l'abbaye d'Aniane ne pourraient, en s'étayant de la loi romaine, excepter de la prescription de trente ans, pour faire déclarer qu'ils étaient libres. Ainsi trente ans, espace de temps restreint dans l'immensité, suffisaient à l'homme pour acquérir une portion du sol, et une liberté de trente ans, notable portion de la vie humaine, ne suffisait pas pour assurer à un individu son indépendance pour le surplus de son existence !

XXXIII. Si le statut impérial, relatif à la division de l'empire, obtint, on n'en peut douter, l'assentiment de Lothaire, qui recevait, avec le titre d'empereur, la plus grande partie de l'empire, il déplut beaucoup à Pippin, roi d'Aquitaine, et à Ludwig, roi de Bavière, qui n'obtenaient chacun qu'environ

---

(a) *Const. Lud.-Pii, de Monast. franc.* ap. D. Bouq.
(b) Baluz. *Capitul.*

le quart de ce qu'on accordait à leur frère aîné ; mais pourtant ces deux princes dissimulèrent, et ils acceptèrent les royaumes qu'on leur avait faits, attendant un meilleur avenir. Plus que cela, les trois frères furent couronnés solennellement (*a*) avant la fin de la diète, où leurs apportionnements avaient été fixés.

XXXIV. Revenu dans ses états, Pippin se fit sacrer, comme roi d'Aquitaine, à Limoges, avec le même cérémonial dont on avait usé à l'égard de son père (*b*).

XXXV. On se rend difficilement compte, s'il s'agit d'une division territoriale bien entendue, du motif qui fit distraire du royaume d'Aquitaine la Septimanie et la Marche d'Espagne. Ces provinces étaient, en effet, les frontières du royaume que Karle-Magne avait recréé, pour être l'intermédiaire de l'empire frank avec la puissance arabe. Mais ici nous parlons des choses, et pour combien la considération des personnes se rencontre-t-elle dans les affaires humaines! Disons-le donc, si Ludwig-Pieux se réserva la jouissance personnelle de la Septimanie et de la Marche d'Espagne, en les assurant à Lothaire, son fils aîné et son associé à l'empire, ce fut probablement pour faire une haute position à son espèce de fils d'adoption, à son filleul, à son favori enfin : nous voulons parler de Bernhard, fils aîné de Guillelme de Gelone. En effet, ce fut ce personnage qui, aussitôt le partage de 817, devint duc de Septimanie, pendant que la Marche d'Espagne, organisée en comté, continuait à demeurer à Bera, qui en avait été pourvu, ainsi que nous l'avons vu, en 801.

Prit-on pour raison ou pour prétexte, en mettant la Septimanie et la Marche d'Espagne sous l'action directe du chef de l'empire, comme un auteur le croit (*c*), la tendance de la population de cette contrée à se soustraire au joug de l'autorité franke? Mais alors, comme le reconnaît le même auteur, le remède aurait empiré le mal, et rendu plus imminent et moins

---

(*a*) *Astronom.* — *Chron. Moiss.*

(*b*) *Revue Anglo-Française*, 1ʳᵉ série, t. IV. — Besly, *Comt. de Poit.*

(*c*) M. Fauriel.

susceptible d'être réprimé un soulèvement général auquel on devait s'attendre.

XXXVI. Il est bon de faire connaître ici en quoi consistait la Septimanie ou Gothie, car on l'appelait également de ces deux noms, telle que cette contrée fut constituée en duché, en faveur de Bernhard, fils de Guillelme de Gelone (*a*). Or, outre le comté de Carcassonne, qui fut laissé à l'Aquitaine, cette contrée comprenait les huit diocèses de Narbonne, Elne ou Roussillon, Béziers, Agde, Lodève, Maguelone, Nismes et Usez. Chacun de ces huit diocèses faisait au moins un comté de son nom, et quelques-uns en composaient plusieurs : par exemple, le diocèse de Narbonne se divisait en trois comtés, Narbonne, Fenouillède et Rasez; et le diocèse d'Elne en avait deux, Elne et Confluent.

XXXVII. (*b*) Il y a lieu de croire aussi que ce fut vers ce temps que le duché de Toulouse ou d'Aquitaine fut donné à Bérenger, qui remplaça Raymond Raffenel, personnage dont on ne connaît, pour ainsi dire, que le nom (13). Le nouveau duc était fils de Hugues, comte de Tours (14), envoyé par Karle-Grand en ambassade, en 811, et de la famille de cet empereur, car des auteurs de l'époque le disent parent de son fils Ludwig; illustre par sa naissance, il était renommé par sa sagesse, sa bonne conduite, et sa fidélité. Ce furent ces qualités qui lui firent concéder le duché d'Aquitaine, réduit par la séparation de la Septimanie et de la Marche d'Espagne.

XXXVIII. (*c*) A cette époque, Juste était abbé de Charroux. C'était un membre distingué du clergé, et un littérateur de marque. Ce qui le prouve, c'est que Claude, l'homme le plus savant de son temps, chef ou modérateur de l'école du palais du roi instituée par Karle-Magne et depuis évêque de Turin, lui dédia son Commentaire sur l'évangile de saint Mathieu, qu'il avait entrepris à la prière de Juste lui-même.

(*a*) D. Vaissette, *Hist. de Lang.*
(*b*) *Astronom.* — *Thégan.* — *Eginh.*
(*c*) *Nov. Gall. christ.* — Dreux du Radier, *Bibl. de Poit.*

XXXIX. (*a*) En 817, le roi d'Aquitaine sentit la nécessité de réduire les Vascons, et marcha contre eux, afin de les contraindre à reconnaître son autorité. Leur duc ou comte Garsimire, fils de Skimin, se tenait en armes, et paraissait vouloir résister. Pippin lui fit la guerre, cette année et l'année suivante; et, dans une dernière affaire, ce chef des Vascons perdit la vie. Mais, pendant ce conflit, Loup-Centule, comte de l'autre partie de la population, oncle de Garsimire, et descendant d'Adalrik, comme lui, s'étant aussi définitivement mis en état d'hostilité contre le pouvoir frank, un second corps d'Aquitains fut dirigé contre lui, sous le commandement du duc Bérenger et de Warin, comte des Arvernes. Ces troupes et les Vascons en vinrent aux mains, dans un combat long et sanglant, et le lieutenant de Loup-Centule, Garvard, son frère, homme d'un grand courage, et que les chroniques frankes taxent de très-extravagant, fut tué, sur le champ de bataille, avec d'autres chefs de marque. Loup-Centule, qui d'abord avait échappé à ce désastre par la fuite, fut fait prisonnier, et conduit à Pippin, qui le fit condamner à un exil perpétuel, dans une assemblée de la nation aquitanique.

XL. (*b*) Bernhard, roi d'Italie, avait été le plus froissé par ce qui avait été arrêté à la diète d'Aix-la-Chapelle. On le réduisait, en effet, à la possession de cette contrée jusqu'à la mort de l'empereur Ludwig, époque où il devait la remettre à Lothaire. Restreint ainsi à une simple jouissance à temps, cette position ne lui parut pas tolérable. Aussi, étant retourné au-delà des monts, il réunit des troupes, se fit reconnaître solennellement roi définitif du pays, et fut se porter, avec son armée, aux défilés des Alpes, afin de les garder.

Apprenant cet événement, et désireux de maintenir le partage arrêté à la diète d'Aix-la-Chapelle, l'empereur Ludwig leva une armée formée de troupes prises dans tout l'empire,

---

(*a*) *Astronom.* — *Eginh.* — *Chron. Moiss.* — *Annal. Fuld.* — Charte d'Alaon.

(*b*) *Eginh.*

et notamment en Aquitaine, et se disposa à marcher contre son neveu. Mais Bernhard sentit alors son courage défaillir; et, sans attendre que l'empereur se fût porté jusqu'en Italie, il vint le trouver à Châlons-sur-Saône, où l'armée était déjà rendue, et se mit tout-à-fait à la merci de l'autorité impériale (*a*).

XLI. Peut-être aurait-il été d'une bonne politique de pardonner une tentative qui n'était que le résultat de la connaissance que Bernhard avait de son droit. Il y aurait toujours eu de la générosité à agir ainsi. Mais le pouvoir qui avait fait mettre de côté, en 817, le mode de partage ancien des rois franks, ne pouvait s'accommoder d'une telle conduite. On désirait de l'éclat, et il fallait même un exemple. Aussi, à la diète tenue l'année suivante, en 818, à Aix-la-Chapelle, en se reportant à l'acte de division du territoire, et sans tenir compte des antécédents, les leudes de l'empire condamnèrent Bernhard d'Italie, nonobstant son repentir, à la peine capitale. Ses complices, arrêtés depuis assez longtemps, furent aussi jugés et condamnés à diverses peines; et parmi eux étaient deux évêques italiens, ceux de Milan et de Crémone, et même un évêque de la Gaule, Théodulfe, évêque d'Orléans, dont le motif de coopération à cette conspiration est ignoré (*b*).

On a dit que Ludwig commua la peine capitale prononcée contre son neveu, en celle de la perte de la vue. Mais quelle commutation! Toujours est-il que, peu après, et le troisième jour qu'on eut crevé les yeux à Bernhard, il en mourut (*c*).

XLII. (*d*) A cette même diète d'Aix-la-Chapelle de 818, assistait Lanthbert, comte des Marches de Bretagne. Ce personnage était chargé de surveiller les Armoricains, qui, paraissant vouloir demeurer indépendants, avaient, depuis la mort de Karle-Magne, d'abord élu un chef du nom de Jarnilhin, et celui-ci étant mort bientôt, ils l'avaient remplacé par un personnage plein d'énergie, appelé Morvan. Lanthbert in-

(*a*) *Eginh.* (*b*) Ibid. (*c*) Ibid.
(*d*) *Eginh.* — *Astronom.*

sista sur cette particularité, que ce chef de barbares allait jusqu'à prendre le titre de roi, et l'assemblée décida une nouvelle expédition en Bretagne. Or, Witkar se trouvait là ; c'était un abbé habile et conciliant, qui, à raison des prieurés que son monastère possédait en Bretagne, avait eu des relations avec Morvan, et il offrit d'aller trouver celui-ci, en assurant qu'il le déterminerait à faire acte de soumission à l'empire. Cette proposition fut agréée, et le bon abbé alla près de ce chef, et lui fit part de sa mission. A cette ouverture, le roi des Bretons répondit qu'il n'exploitait point des terres appartenant aux Franks ; que le gouvernement de ses compatriotes lui avait été confié, sans indication de tribut ou de supériorité envers une autre puissance, et qu'enfin il se défendrait si on l'attaquait. Sur de telles explications, l'empereur déclara la guerre à Morvan, et les troupes frankes, parmi lesquelles se trouvait un contingent aquitain, arrivèrent jusque dans l'intérieur de la Bretagne, près de la forêt de Berniac, où campait le roi armoricain. Celui-ci fut tué, en Cornouaille, une nuit qu'il examinait la position de ses ennemis pour les surprendre, et sa tête fut portée à l'empereur (a). Cet événement amena la dissolution de l'armée des Bretons et le triomphe de Ludwig, qui crut devoir se dire, à cette occasion, le vainqueur et le souverain de la contrée, où il laissa encore le comte Gui pour commander la frontière, en continuant le gouvernement de Nantes et de la partie de la basse Loire au comte Lanthbert.

XLIII. L'impératrice Hermengarde, qui avait suivi son époux lors de son départ pour l'expédition de Bretagne, fut obligée de s'arrêter à Angers, à raison d'une forte fièvre dont elle se trouva atteinte. Les médecins désespérant de la guérir, elle porta tout son espoir dans St Martin de Ligugé, ce patron du royaume frank ; et comme cet apôtre des Gaules avait un oratoire hors des murs d'Angers, l'impératrice y allait à pied en pèlerinage, lorsque sa santé le lui permettait. « Cette petite chapelle, dit un auteur moderne (b), tombait en ruine, et l'im-

(a) *Ermold. Nigell.*
(b) Bodin, *Recherches sur l'Anjou.*

pératrice fit vœu de faire construire en sa place une belle église, si elle recouvrait la santé. Mais, remplie de confiance dans l'intercession de St Martin, elle ne crut pas devoir attendre le moment de sa guérison pour accomplir sa promesse ; elle ordonna aussitôt la reconstruction de cette église, en posa la première pierre, assigna des fonds pour son entière exécution, et en donna d'autres pour l'entretien des chanoines qui devaient la desservir. Hermengarde n'eut pas la satisfaction de voir cette fondation terminée, car elle mourut, le 3 octobre (819), peu de jours après le retour de l'empereur de son expédition, et fut enterrée dans l'église cathédrale d'Angers (15). »

Nous nous sommes étendus sur les circonstances de la mort de l'impératrice Hermengarde, parce qu'elle fut d'abord reine d'Aquitaine. Comme son époux, elle regretta cette heureuse contrée, dont elle échangea avec peine le séjour pour celui beaucoup trop froid de l'Austrasie. Du reste, Ludwig-Pieux, avec elle, avait toujours été heureux ; après elle, sa position changea tout-à-fait, et, dans la période postérieure à cet événement, il fut cruellement ballotté par la fortune.

XLIV. (a) Cette mort affligea profondément Ludwig, et il balança encore, comme il l'avait fait précédemment, s'il ne quitterait point le monde pour entrer dans le cloître. Mais ce furent les moines eux-mêmes qui l'engagèrent à ne point prendre ce parti. Ils préférèrent à l'orgueil de l'avoir pour confrère, le profit de l'avoir pour souverain.

Si encore Ludwig eût, plus tard, choisi une épouse aussi bonne que celle qu'il venait de perdre, la somme de ses maux aurait été peut-être moindre. Mais son second choix fut autre que le premier, et, plus d'une fois, l'empereur dut vivement regretter la perte de celle sur laquelle il avait fixé ses premières affections.

XLV. (b) Se trouvant dans ce pays, et excité par les prières

(a) *Eginh.*
(b) Chalmel, *Hist. de Tour.* — *Capitul. de Ayger. juxtà Ligerim faciundis.*

des habitants, Ludwig s'occupa, en 818, de mettre à exécution un projet formé par son père, à qui rien d'utile et de grand n'avait pu échapper. Le beau fleuve de la Loire avait, sur sa rive droite, des terrains très-bas, de sorte qu'aux grandes eaux les débordements étaient fréquents, et ravageaient au loin les campagnes, jusqu'aux points divers où l'élévation du terrain formait un obstacle naturel. De petites chaussées, construites par les propriétaires riverains, pour garantir leurs récoltes, étaient souvent emportées. Il résultait de cet ordre de choses, des vallées sablonneuses, appelées varennes, qui, couvertes d'eau pendant l'hiver, se recouvraient d'un sol végétal, qui, depuis, a fait leur grande fertilité. L'empereur fit jeter les premiers fondements de ces levées ou digues, qui opposent maintenant une barrière, pour ainsi dire insurmontable, aux plus grandes crues du fleuve; et plus tard, Henri II, mari d'Aliénor, et enfin Louis XIV, améliorèrent cet immense travail. Ludwig chargea son fils Pippin, roi d'Aquitaine, de presser la mise à exécution de son projet, quoique les travaux dussent avoir lieu même de l'autre côté de la Loire, limite de ses états, situés, en effet, à gauche du fleuve (*a*).

XLVI. Puisque nous venons de parler des levées de la Loire, c'est le cas de mentionner des faits notables qui se rapportent au territoire situé au midi de ce fleuve.

(*b*) En revenant d'une de ses expéditions contre Waifer, Pippin-Bref avait examiné une jolie position sur la gauche de la Loire, appelée *Mur*, où commençaient à s'élever quelques habitations. Il avait ordonné d'y construire une église, en l'honneur de St Jean-Baptiste, car c'était le moyen de grouper là la population. L'importance et l'agrément de cette localité avaient échappé, sans doute, à Karle-Magne, car il ne fit rien pour elle. Pippin, roi d'Aquitaine, étant à Doué, ordonna l'achèvement de l'église commencée. Plus tard, elle fut donnée, avec la *villa*, à l'abbaye de St-Florent (16), qui fut fondée tout près d'elle; ensuite elle passa à l'ordre de Malthe. Cette jolie église, assez bien conservée, commencement d'une

(*a*) Bodin, *Recherches sur l'Anjou*. (*b*) Ibid.

ville destinée à être riche, commerçante et populeuse, sert à présent d'écurie à une auberge appelée, à cause d'elle, l'hôtel St-Jean. Singulière destinée d'un pareil monument, après avoir résisté à tant de siècles!

XLVII. (*a*) A peu près à la même époque, il fut bâti, non loin de l'église de St-Jean-Baptiste, un château, qui fut appelé le Tronc (*b*), parce qu'il n'était qu'une très-grosse tour ronde, qui, de très-loin qu'on la découvrait, avait l'apparence d'un tronc d'arbre. Les auteurs qui donnent le nom de ceux qui commencèrent et achevèrent l'église, ne disent rien de l'édificateur du château, parce que ce fait touchait moins le moine annaliste de l'époque, que la construction d'un temple. Mais pour peu qu'on considère qu'il s'agissait d'un point important et militaire, à l'extrémité de l'Aquitaine, et auquel Pippin prenait intérêt; que c'était en quelque sorte un avant-poste de son palais de Doué, il est aisé de reconnaître que le prince qui fit terminer l'église de St-Jean de Mur, dut aussi faire construire le château destiné à la protéger.

Non content d'élever le château, au devant de lui, vers le nord, l'ouest et le sud, on construisit une muraille qui renferma toute la petite ville de Mur. Lorsque dans cette localité, qui ne dépendait plus alors de l'Aquitaine, ce qui fera que nous n'y reviendrons plus, s'est élevée plus tard et en avant vers la Loire, la ville de Saumur (17), qu'on revêtit à son tour d'une enceinte, l'ancienne petite ville de Mur prit le nom de Boële, et forma longtemps une paroisse particulière. Le nom de Boële était aussi donné au quartier occupé par les châteaux de Doué et de Montreuil-Bellay, et on a prétendu que ce mot signifiait boyau (*c*).

XLVIII. Il semblait que la lutte des princes de la race des maires du palais contre la dynastie chevelue, finissait dans Loup-Centule, ce chef des Vascons défait, et sous les fers de ses vainqueurs. Loup-Centule apparaissait, en effet, alors comme le dernier rejeton, au moins en évidence, de la des-

---

(*a*) Bodin, *Recherches sur l'Anjou*. (*b*) *Truncus*.
(*c*) Bodin, *Rech. sur l'Anjou*.

cendance d'Odon. Cela enhardit le roi Pippin à donner aux Vascons, pour duc, un leude frank, et il fit choix de Totilo, comte de Bordeaux (a). On ne sait trop ce que fit ce duc, dont ne parlent pas les chroniques, ce qui pourrait faire croire qu'au moins, au sud de son gouvernement, son autorité fut peu reconnue dès le principe. Toujours est-il que les Vascons-Basques se soulevèrent de nouveau contre le pouvoir frank.

XLIX. Néanmoins, parmi les chefs de cette contrée au-delà des Pyrénées, si souvent en litige entre les Aquitains et les Arabes, on trouve à cette époque Asinaire, comte de Jaca, de race vasconne, et, à ce qu'il paraît aussi, descendant d'Odon (18). Se tenant dans une réserve tout-à-fait politique, il ne figura point dans les premières révoltes des Vascons.

L. (b) Ludwig-Débonnaire, en arrivant au trône de France, avait établi, pour toutes ses possessions directes et indirectes, même pour l'Aquitaine, des commissaires généraux, appelés *Missi dominici*, officiers dont nous avons déjà eu occasion de parler, mais dont l'organisation jusqu'ici n'avait pas été régulière. A ces fins, ses immenses états étaient divisés en deux grands arrondissements. Les *Missi dominici* étaient toujours au nombre de trois ou quatre, et même plus, savoir : un ou plusieurs envoyés civils, un évêque et un abbé, ou l'un des deux. Ils avaient charge de s'informer si l'on exécutait bien les édits, de connaître des malversations des comtes et des autres officiers, de faire dresser la liste des domaines royaux, d'assurer le paiement des impôts, et de former les états de population pour les services personnels et financiers ; ils s'occupaient aussi de savoir si la discipline ecclésiastique était exactement observée, et si les églises étaient bien entretenues. Enfin l'inspection de ces envoyés s'étendait sur toutes les branches de l'administration civile, ecclésiastique et militaire, et ils devaient travailler à extirper tous les abus, tâche qui sera toujours immense et extrêmement difficile, sous tous les gouvernements possibles.

(a) Charte d'Alaon. (b) Chalmel, *Hist. de Tour.*

LI. (*a*) Nous avons parlé de Bertrand I*er*, évêque de Poitiers, présumé occupant le siége, à la création d'un comte pour la province, par Karle-Grand, et nous avons dit que l'époque de sa mort est inconnue. Nous ignorons de même quand Sigebran, que nous supposons son successeur, prit possession du siége épiscopal. Tout ce que nous savons, c'est qu'il était évêque de Poitiers en 818, époque où il fit transcrire, pour l'usage de son église, le texte des Évangiles. Ce manuscrit précieux existait encore à la bibliothèque de l'évêché de Poitiers, au commencement du xviii* siècle, et une inscription indiquait et sa date et le service pour lequel il était destiné (19).

LII. (*b*) La position de leur monastère, dans une île parfois inabordable pendant l'hiver, avait fait sentir aux moines de St-Philbert de l'Île d'Her le besoin d'avoir une maison de refuge sur le continent. L'abbé Arnoul, ayant obtenu une permission à ce sujet, se mit à construire un nouveau monastère, dans le pays d'Herbauges, au lieu nommé *Deas*, près le lac de Grandlieu. Ce lieu a été appelé depuis St-Philbert-de-Grandlieu, à raison de cette construction et du vocable de son église.

LIII. (*c*) Les moines de St-Philbert de l'Île d'Her terminaient leur monastère de Deas, lorsqu'ils reconnurent que cet établissement ne se trouvait point avoir toute l'eau dont il avait besoin. Dans une telle position, l'abbé Arnoul s'adressa à Ludwig-Débonnaire, qui, par un diplôme du 16 mars 819, lui permit de couper la voie royale, qu'on appelait chemin pavé ou chaussée (*d*), pour pratiquer un nouveau lit à la rivière de Boulogne (*e*), dont il se proposait de détourner le cours, afin de conduire les eaux à Deas. L'empereur imposait à l'abbé la charge de construire un pont sur cette solution de continuité de la voie, pour ne point intercepter le passage.

Les termes employés dans la concession démontrent qu'il y

(*a*) *Nov. Gall. christ.* — Dreux du Radier, *Bibl. de Poit.*
(*b*) D. Mabil, *Act. S. Bened.*
(*c*) *Dipl. Ludw.-Pii*, apud D. Bouq. — Dufour, *de l'Ancien Poitou.*
(*d*) Quam stratam sive calceatam dicunt. (*e*) Bedonia.

avait là une voie romaine, et ce document est dès lors très-important, pour établir, d'une manière complète, l'itinéraire romain dans l'ancien Poitou (20).

LIV. (a) La tendance de l'empereur vers la retraite était si forte, que ceux qui l'entouraient, craignant de l'y voir succomber, prirent le parti de l'exciter à contracter un nouvel hymen. A cet effet, on fit réunir à la cour les filles de tous les grands de l'empire, pour choisir parmi elles la nouvelle impératrice. Judith, la fille de Welp, comte bavarois, était d'une beauté tellement remarquable, qu'elle fixa tout d'abord l'attention du prince. Mais d'autres attraits se réunissaient encore dans cette jeune personne : un auteur contemporain, habitant du cloître (b), a vanté le talent dont elle faisait preuve en jouant de la harpe, les charmes de sa conversation et la culture de son esprit ; aussi l'empereur, subjugué par elle, s'empressa-t-il de l'épouser, au commencement de 819. Ce mariage inquiéta les enfants d'Hermengarde ; ils craignirent, avec raison, que la venue de nouveaux enfants n'altérât les apportionnements qui leur avaient été faits. On verra combien ces prévisions se réalisèrent, et quels en furent les funestes effets.

LV. (c) Un capitulaire de l'année 819 fait connaître que dans les diètes ou assemblées générales des divers peuples de la nation franke, les gens d'une condition subalterne étaient admis avec les hommes d'un rang plus élevé. Par cet acte législatif, il fut, en effet, établi que chaque comte, qui se rendrait à une de ces assemblées, se ferait accompagner par douze scabins ou assesseurs choisis par le peuple dans leur juridiction, et qu'en cas d'insuffisance, on compléterait ce nombre en prenant parmi les notables du pays ; les évêques et les abbés étaient également autorisés à amener leur avoués (21).

LVI. (d) Guy de la Fougereuse fonda, en 820, le prieuré

(a) *Astronom.* — *Nith.* — *Thégan.* — *Chron. sax.* (b) *Val. Strabon*
(c) Baluz. *Capitul.* — Granié, *Hist. de Charlem.*
(d) *Ms. de D. Fonteneau.*

de ce nom, au milieu des forêts, dans le Poitou et en tirant vers Doué. Il plaça là des religieuses de l'ordre de St Benoît, et Avoie, fille unique du fondateur, fut par lui établie la première prieure. Il se servit de ces expressions dans la charte de création : *Voveo meam filiam Aviam sancto Benedicto, sicut Abraham vovit Deo filium suum Isaac.*

LVII. (*a*) Quoique la Septimanie et la Marche d'Espagne fussent détachées alors de l'Aquitaine, leur histoire se lie core souvent avec celle de cette dernière contrée. C'est, du reste, le cas d'énoncer ici que Bera, comte de toute la Marche d'Espagne et de Barcelonne en particulier, fut accusé de félonie, à la diète d'Aix-la-Chapelle, en janvier 820, par Sénila, un chef goth de son voisinage. Celui-ci, n'ayant ni écrit ni témoin à fournir, offrit le duel, conformément à la loi des Goths, qui devait les régir tous deux. Le combat eut lieu à cheval; Bera fut vaincu, et, d'après cela, reconnu coupable de lèse-majesté (*b*). L'empereur néanmoins lui fit grâce de la vie, et se contenta de l'exiler à Rouen. Mais son comté fut donné, en accroissement de territoire, à Bernhard, fils de Guillelme de Gelone, déjà duc de Septimanie. On verra bientôt que la conspiration de Bera était sérieuse, et, plus tard, nous en ferons ressortir les résultats, lorsque nous parlerons des manœuvres d'Aïzon, qui était, en 820, le complice du comte Bera.

LVIII. (*c*) La Marche d'Espagne se composait des diocèses de Barcelonne, Girone, Urgel et Ausone, et, dans chaque évêché, il y avait plusieurs comtés. Les principaux étaient Barcelonne, Girone, Bezalu, Ampourias, Lambourdan, Urgel, Cerdagne, Palhas et Ausone. Quant aux comtés de Ribagosça et de Jaca, ils faisaient partie de la Vasconie.

LIX. (*d*) Mais de grands malheurs allaient fondre sur le Poitou. Des peuples barbares, venus de ces mêmes bords qui avaient produit les Goths et les Saxons, les Northmans

(*a*) *Astronom.* — *Eginh.* — *Annal. Fuld.*
(*b*) D. Vaissette, *Hist. du Lang.*
(*c*) *Astronom.* — *Eginh.* (*d*) *Chron. norman.*

appelés aussi Danois, originaires de la Scandinavie, au nord de l'Europe, avaient déjà ravagé d'autres contrées, et le tour de cette province allait arriver. En 820 (a), treize barques de ces étrangers, chassées des côtes de Flandre et de l'embouchure de la Seine, se dirigèrent vers les côtes aquitaniques, et débarquèrent à l'île Bouin. Là tout fut mis à feu et à sang, et les Northmans, après avoir exterminé tous les habitants de l'île, en partirent emportant avec eux un riche butin.

En parlant, pour la première fois, d'un fléau que nous verrons désoler l'Aquitaine en général et le Poitou en particulier, pendant longues années, il est bon de dire un mot du caractère barbare des peuplades qui se ruèrent d'une manière si néfaste sur les anciennes Gaules. Sauvage s'il en fut jamais, la religion des Northmans leur faisait un précepte de la guerre et de la désolation; et aussi Odin, leur dieu, était qualifié d'incendiaire et de père du carnage. Le culte d'une telle divinité inspirait à ses sectateurs un fanatisme outré, une valeur sans bornes, la soif du sang et des richesses (22).

LX. Il y a lieu de croire que ce fut peu après la première descente des Northmans dans cette partie de l'ouest des Gaules, qui fut suivie de beaucoup d'autres, que la crainte de ce danger, toujours renaissant, porta l'empereur à créer le comté d'Herbauges dont, peu après, l'existence est prouvée, sans qu'on sache positivement quand elle a commencé (23). Sans doute alors on aura vu que le Poitou était trop considérable pour être administré par un seul officier, dont la résidence, à Poitiers surtout, presque à l'extrémité du territoire, l'empêcherait de veiller sur le littoral et sur ses affluents, points où devaient nécessairement aborder les ennemis du Nord. On divisa donc en deux comtés le territoire du comté primitif du Poitou, qui allait alors jusqu'à la Loire. Le comté maritime ou du nord eut pour dénominateur Herbauges, ville à peu de distance du fleuve, et qui avait cessé d'exister par

(a) La Chronique des Northmans indique mal à propos l'année 833.

un de ces événements les plus extraordinaires dans l'ordre de la nature (24).

Il y a lieu de croire que Renaud fut le premier pourvu du comté d'Herbauges, et il était de la famille des comtes de Poitou (25). Du reste, ce n'est qu'un peu plus tard que nous voyons figurer ce personnage sur la scène politique.

LXI. Il est assez difficile d'établir, d'une manière précise, quelles furent les bornes assignées au comté d'Herbauges. Néanmoins, d'après les chartes qui indiquent, comme étant dans le pays d'Herbauges, des localités données, on pourrait établir ainsi la circonscription du nouveau comté : au nord, par la Loire ; à l'est par la Sèvre-Nantaise ; au midi, par l'Autise ou au moins par le Lay ; à l'ouest, par l'Océan (26). On voit qu'alors il aurait à peu près fait la moitié de la Vendée militaire actuelle, ou ancien pays insurgé, puisque la Sèvre-Nantaise divise cette contrée politique en deux portions presque égales. Mais le comté d'Herbauges était plus étendu que les limites ci-dessus indiquées le comporteraient ; il comprenait, outre le pays d'Herbauges, les pays de Tiffauges et de Mauge, puisqu'on voit qu'en 843 Lanthbert, s'étant emparé du comté, donne ces trois pays à ses trois neveux (27).

LXII. (*a*) A une diète tenue à Nimègue, le 1er mai 821, l'empereur Ludwig confirma de nouveau le partage qu'il avait fait de l'empire entre ses enfants ; il n'augmenta pas la portion faite à Pippin, roi d'Aquitaine, comme on l'a prétendu ; mais il est possible que ce ne fût qu'à cette époque que ce premier prit possession des trois comtés de la Burgundie, qui avaient été compris dans son partage.

LXIII. Peu de temps après la diète de Nimègue, à celle de Thionville, l'empereur Ludwig maria son fils aîné Lothaire, qu'il avait proclamé empereur, avec Hermengarde, fille du comte Hugo (*b*), leude puissant, et revêtu d'un des premiers offices du palais impérial. Nous verrons bientôt que cette alliance aida à animer ces ferments de discorde qui eurent un

(*a*) *Astronom.* — *Eginh.*
(*b*) *Eginh.*

résultat si désastreux sur la fin du règne de Ludwig-Pieux, comme empereur.

Ce fut à cette occasion que Ludwig fit grâce à ceux qui avaient pris parti dans la conspiration de Bernhard d'Italie. Adhelard fut notamment rappelé de l'île d'Her, et replacé à la tête de son monastère de Corbie. Wala rentra aussi en grâce, et fut fait, plus tard (*a*), principal ministre de Lothaire, lorsque celui-ci fut envoyé pour gouverner l'Italie. Enfin l'autre frère, Bernaire, fut aussi rappelé de son exil. Mais bientôt l'on verra que cette famille se vengea durement des persécutions que l'empereur avait dirigées contre elle; car elle fut pour beaucoup dans les démêlés de Ludwig et de ses enfants.

LXIV. (*b*) El Hakem, khalife de Cordoue, mourut en 821, laissant la réputation d'un prince cruel, qui lui fit donner par ses sujets le surnom d'*Aboulassy*, ou de méchant (*c*), d'où les vieilles chroniques frankes ont tiré le mot d'*Abulaz*, sous lequel elles le désignent. Ce monarque fut remplacé par son fils Abd el Rahman II, un de ces princes parfaits, si rares sur le trône. En effet, le nouveau roi des Sarrasins d'Espagne, qui déjà régnait de fait dans les dernières années de la vie de son père, et comme lieutenant de celui-ci, était beau, brave, habile, instruit, plein d'imagination et généreux.

Quoique l'élévation au trône d'Abd el Rahman semblât, dans la position des choses, devoir élever peu de difficulté, il lui apparut pourtant un compétiteur. C'était un prince très-âgé, en un mot, Abdala, son grand-oncle; ce fils d'Abd el Rahman Ier s'était, dans les temps, allié à Karle-Magne, puis à Ludwig-Pieux, du vivant d'El Hakem. Quoi qu'il en soit, il croyait l'occasion favorable pour agir d'une manière ouverte et patente, et d'Afrique, où il avait levé des troupes, il passa en Espagne, pour faire la guerre à son petit-neveu.

LXV. (*d*) Cette prise d'armes d'Abdala était encore concertée avec les princes franks. Aussi, au moment où elle avait lieu,

---

(*a*) En 822. (*b*) Conde.
(*c*) M. Reinaud, *Invas. des Sarr. en France*.
(*d*) Eginh. — *Astronom.* — Conde.

les chefs militaires de l'Aquitaine, de la Septimanie, et de la Marche d'Espagne, recevaient l'avis de l'expiration de la trève, et l'ordre d'agir avec vigueur contre les Sarrasins. Aussitôt des corps franks passèrent les Pyrénées, et dévastèrent les parties du territoire peu éloignées des monts, qui étaient soumises à la puissance arabe. « Ainsi recommença, dit un auteur qui a éclairé du flambeau de sa science les ténèbres de cette époque (*a*), la lutte, depuis neuf ans suspendue, entre les Arabes et les Franks Aquitains. Cette nouvelle guerre est traitée de guerre atroce par un écrivain contemporain, qui se borne à y faire une allusion rapide, et le peu que l'on en sait suffit peut-être pour justifier une épithète si sombre (*b*). »

LXVI. (*c*) Nous avons déjà vu les Basques, mal disposés pour les Franks, se jeter du côté des Arabes. Mais, lors de la cessation de la trève, en 821, par suite de la tentative d'Abdala, les Basques s'allièrent définitivement et d'une manière patente avec les sectateurs de Mohammed. Il y a lieu de croire que de cette union résulta, un peu plus tard, la perte pour la domination franke, d'une partie de ce qu'elle avait acquis sur le revers méridional des Pyrénées, et ajouté à la Marche de Vasconie (*d*).

LXVII. (*e*) Ludwig assemblait régulièrement les grands de ses états deux fois par an. Au mois d'août 822, dans une pareille réunion à Attigny-sur-Aisne, on fut tout étonné de voir l'empereur y faire une sorte de confession publique ; il déclara avoir péché contre ceux qui avaient eu à souffrir sous lui, et comme hommes politiques, des rigueurs de sa justice, notamment envers Bernhard d'Italie et ses complices qui avaient perdu la vie, même contre ceux qui avaient été détenus ou exilés, comme Adelhard, Wala et autres, et il sollicita le pardon de ces prétendues fautes, et des prières ; de plus, d'abondantes aumônes furent répandues par lui. A cette occasion, une démarche extraordinaire, qui annonçait un monarque faible et connaissant

---

(*a*) M. Fauriel. (*b*) *Chron. episcop. Albigens.*
(*c*) Conde. (*d*) M. Fauriel.
(*e*) *Egink. — Astronom. — Annal. Fuld.*

peu ses devoirs de roi, excita le mépris de ceux qui avaient à lui obéir. Aussi jamais peut-être il n'y eut un aussi grand amoindrissement de la puissance royale qu'à cette époque.

On apprit, du reste, à cette diète que les *gardiens* des Marches d'Espagne, c'est ainsi qu'on appelait les comtes franks chargés du commandement sur la frontière, avaient franchi la Sègre, et pénétré dans l'intérieur du pays où ils avaient fait un grand butin et mis tout à feu et à sang (*a*).

Il fut aussi fait mention, à cette assemblée, d'une nouvelle révolte des Bretons. Nous ne tarderons pas à donner des détails à ce sujet, en parlant de l'expédition qui en fut la suite.

LXVIII. (*b*) Nous avons déjà parlé des Northmans, dont un peu plus tard et trop longtemps les incursions seront le fond principal de cette histoire. Si on en croit le moine de St-Gall, leurs chefs envoyèrent des ambassadeurs à Attigny, pour offrir à l'empereur de l'or, de l'argent, et même des armes, en signe de soumission. Mais, comme le dit un auteur judicieux de notre époque (*c*), ces rois n'étaient probablement que de faibles chefs de la frontière saxonne. Une démarche de cette espèce, en effet, ne s'accorde aucunement avec l'audace, l'esprit d'indépendance et la manière de faire des barbares du Nord, qui commençaient déjà à ravager l'ancien territoire des Gaules.

LXIX. (*d*) A cette même diète d'Attigny, l'empereur publia un capitulaire dont l'article II accordait la liberté des élections pour les évêchés. Le droit de suffrage était accordé à la fois au clergé, aux grands et au peuple, et les évêques de la même province avaient aussi le droit d'intervenir pour le choix du métropolitain, d'où leur vint le titre d'évêques suffragants. Dans ce siècle, on parle de liberté, de suffrage universel, et on voit que nos aïeux, sous ce point de vue et dans certains cas, étaient loin d'avoir quelque chose à envier aux temps modernes.

LXX. (*e*) A cette époque aussi le pouvoir des évêques était

(*a*) *Eginh.* — *Annal Fuld.* — *Chron. de St-Denis.*
(*b*) *Mon. S. Gall.* (*c*) M. Depping, *Invasions des Norm.*
(*d*) Chalmel, *Hist. de Touraine.* (*e*) *Greg. Tur.*

immense. Devenu très-grand par les décrets des empereurs qui siégèrent peu avant la chute de l'empire romain, il avait encore gagné dans les temps de barbarie et de troubles de la dynastie mérovingienne. « Il n'y a plus dans les Gaules, disait Chilpérik, » de véritables souverains que les évêques. La dignité royale » s'avilit, et ce sont les évêques qui règnent réellement, chacun » dans son diocèse. » Sous la race karolingienne, le pouvoir épiscopal demeura aussi étendu, à peu de chose près ; car, s'il fut moindre sous Karle-Magne, il gagna beaucoup sous Ludwig-Pieux et ses successeurs.

LXXI (*a*). Des capitulaires de Ludwig-Débonnaire, de 822, relatifs à l'abbaye de Ste-Croix de Poitiers, contiennent, dans les articles 6 et 7, des dispositions qu'il est bon de faire connaître. L'un concerne les filles que des gens puissants plaçaient de force dans ce monastère, qui était obligé de les admettre gratuitement, et fixe le nombre des religieuses à cent. L'autre article porte que les clercs chargés de desservir l'église (ce sont les chanoines de St-Pierre-le-Puellier) ne pourront pas être au dessus de trente, et qu'ils seront soumis à l'autorité de l'abbesse. Il est ajouté que, s'ils sont plus que le nombre fixé, ceux de condition libre seront renvoyés, et que ceux appartenant à la condition des serfs et des colons devront retourner à leurs premières occupations. Ainsi, voilà des prêtres obligés de redevenir cultivateurs et esclaves même. D'après cette décision, on se demandera si le caractère sacerdotal était bien alors considéré comme indélébile.

LXXII (*b*). Pippin I*er*, roi d'Aquitaine, assista, en 822, à la diète d'Attigny. Avant de partir pour ses états, il épousa Ingeltrude, fille de Théodbert, comte de Madrie, en Neustrie. On a prétendu que cette princesse était proche parente d'Eudes, comte d'Orléans, et du comte Robert, père de Robert le Fort, tige des rois de France de la race capétienne (*c*). Mais il n'est pas bien certain de quelle famille

---

(*a*) Mabil., *Annal. bened.* — *Ms. de D. Fonteneau.*
(*b*) *Eginh.* — *Astronom.*
(*c*) *Transl. S. Genulph.* — *D. Mabill.*

était Théodbert, ou au moins, pour établir son origine, il est nécessaire de se livrer à des recherches (28).

Après son mariage, le roi Pippin se rendit en Aquitaine avec la nouvelle reine.

LXXIII. On a vu quelle était la position de l'empire frank vis-à-vis les Arabes, lorsqu'au commencement de 822, le duc Bernhard, à la tête des forces de la Septimanie et d'un renfort aquitain, se porta vers l'Ouest, passa la Sègre, et arriva aux environs d'Oska, où il pilla et dévasta tout (*a*), en se conformant à l'usage suivi pour ces sortes d'agressions. Les chroniques chrétiennes disent que l'expédition se borna là, et il semblerait que le corps de troupes chrétiennes, après avoir dévasté et incendié nombre de villages et même des petites villes, serait aussitôt rentré dans le pays d'où il était parti, avec un butin considérable. Mais, si l'on consulte les chroniques arabes, il n'en fut pas ainsi.

LXXIV. Abd el Rahman II, aussitôt qu'il apprit la levée d'armes d'Abdalla, mit tout en œuvre pour anéantir cette tentative. Il réunit une armée à la fois nombreuse, composée de guerriers éprouvés, et surtout d'hommes en la fidélité desquels il pouvait compter, et il la conduisit à la rencontre de son grand-oncle. Celui-ci se réfugia à Valence, où Abd el Rahman se saisit bientôt de sa personne (*b*). Ainsi finit la troisième et dernière tentative d'un prince de la race des princes de Cordoue, pour saisir le pouvoir sur les Sarrasins de la Péninsule.

LXXV. Après avoir terminé heureusement cette sorte de querelle de famille, le khalife de Cordoue dirigea ses armes contre les chrétiens, qui, à l'expiration de la trève, venaient de recommencer les hostilités. Or, il arriva positivement sur le corps de troupes aux ordres de Bernhard de Septimanie, et qui se trouvait vers la Sègre, le battit, et le duc, ainsi que ceux des siens qui échappèrent, se réfugièrent dans Barcelonne.

Si l'on croyait les chroniques arabes, Abd el Rahman aurait alors assiégé Barcelonne, et s'en serait même emparé.

(*a*) *Egink.* — *Astronom.* (*b*) Conde. (*c*) Ibid.

insi que d'Urgel et d'autres places, et cette opinion a été admise par des historiens d'un grand poids (a). Néanmoins, nous ne balançons pas à tenir, d'après d'autres auteurs faisant autant et plus autorité (b), que l'occupation de Barcelonne, par les Arabes, n'eut pas lieu en 822. Ce qui le prouve d'une manière non contestable, c'est que, plus tard, nous rencontrons cette place entre les mains des Franks, et qu'on ne trouve pas qu'entre l'année indiquée et cette dernière époque, ces derniers l'aient prise (29).

Tout ce qu'on peut conclure de l'expédition du roi de Cordoue vers les Pyrénées, en 822, et de l'alliance des Basques avec lui, c'est que les Arabes et les Basques dépouillèrent les Franks de beaucoup de positions qu'ils occupaient, avant cette époque, au sud des Pyrénées. Il y a même lieu de penser que ce fut alors qu'Asinaire, comte de Jaca, fut chassé de cette ville; car nous allons le voir bientôt revenir en Aquitaine, et cherchant à obtenir, au-delà des monts, une position qu'il avait perdue.

LXXVI (c). Pendant les premières années de son second mariage, Ludwig n'eut point d'enfant de la belle Judith. Cette princesse ambitieuse, et que ses détracteurs prétendaient galante, avait pris pour conseiller, on a dit même pour amant, Bernard, fils de Guillelme de Gelone, duc d'Aquitaine; on a vu que, dès 820, il avait été fait, par ce droit quasi héréditaire dans les familles, duc de Septimanie, et sa faveur avait toujours été croissante. Or, l'impératrice étant accouchée, le 15 juin 823, d'un fils qu'on nomma Karles, et qui depuis fut surnommé le Chauve, les enfants du premier lit de l'empereur et leurs partisans s'empressèrent de décerner cette paternité à Bernard de Septimanie. Les comtes Hugo et Malfrid surtout accréditèrent ce bruit autant qu'ils le purent, et engagèrent les princes premiers-nés à ne pas céder la plus faible

(a) Conde. — Daniel, *Hist. de France.*
(b) Dom Vaissette, *Hist. du Lang.* — M. Fauriel, *Hist. de la Gaule méridion.*
(c) *Nith.*

portion de leur apportionnement à un enfant qu'ils prétendaient être le fruit d'un adultère évident.

LXXVII. Il paraît qu'en 824 (*a*) le monastère de St-Florent de Montglone était comme abandonné, sans doute à cause des ravages des Northmans. Ce qui donne à le croire, c'est que l'empereur Ludwig fit venir d'Italie, où il les avait envoyés précédemment, Frotbert et ses moines, et leur donna l'abbaye de St-Florent, à la charge de suivre la règle de St Benoît, et avec le privilége de choisir leur abbé, à dater de la mort de Frotbert (30).

LXXVIII. On a vu que les Basques Navarrais s'étaient faits les alliés des Sarrasins, et les princes franks sentirent le besoin de les ramener à leur parti. Il semblait, en effet, peu naturel que des chrétiens fussent sous la protection d'un roi de la religion de Mohammed, quoiqu'on eût vu des Sarrasins se soumettre à l'empereur frank ou au roi d'Aquitaine. Quoi qu'il en soit, une grande expédition fut préparée, à cette époque, pour agir de l'autre côté des Pyrénées (*b*); parmi les chefs qui furent appelés à commander les troupes qui en faisaient partie, on indique un comte aquitain du nom d'Ebles (*c*), et le comte Asinaire, précédemment comte de Jaca, et chassé de ce poste qu'il désirait vivement occuper de nouveau.

Ce corps de troupes arriva sans événement jusqu'aux environs de Pampelune, qui s'était mise sous la protection du roi de Cordoue. Les chroniqueurs franks (*d*) disent que l'armée remplit là le but qu'elle s'était proposé. De cela, on doit conclure que les habitants de cette ville semblèrent, comme tant de fois cela s'était pratiqué dans la contrée, revenir à la domination franke. Toujours est-il que ce qui suivit fut extrêmement désastreux pour les Franco-Aquitains.

En effet, après s'être probablement contentée d'une soumission feinte des habitants de Pampelune, l'armée aux ordres

---

(*a*) Mabil. *Annal. bened.* — D. Bouquet, *Dipl. Lud. Pii.*
(*b*) *Astronom.* — *Eginh.* — Conde.
(*c*) M. Fauriel croit qu'Ebles était comte de Limoges ou des Arvernes.
(*d*) *Astronom.*

des comtes Ebles et Asinaire songea à rentrer en Aquitaine ; mais elle s'engagea encore par le fatal port ou Passage de Roncevaux. Or, là les Arabes et les Basques, alors alliés, s'étaient de nouveau embusqués, et les Aquitains, attaqués dans la position de terrain la plus défavorable, éprouvèrent un échec pareil à celui de l'arrière-garde de Karle-Magne, en 778. Tous, jusqu'au dernier chef et soldat, furent tués ou faits prisonniers, et tous les bagages de l'armée, ainsi que le butin qu'elle avait fait, demeurèrent aux assaillants (*a*). Les comtes Ebles et Asinaire demeurèrent prisonniers, et le premier fut envoyé à Cordoue au roi Abd el Rahman II (31).

LXXIX. Quant au comte Asinaire, il paraît que sa qualité de descendant de la race mérovingienne fut un titre de protection, sinon auprès des Arabes, au moins auprès des Basques. Toujours est-il qu'il fut promptement libre. Dans une telle position, il adopta aisément les principes d'opposition à la race karolingienne, particuliers à sa maison, à ses compatriotes, et aux peuplades des environs des Pyrénées, qui visaient à l'indépendance. Les habitants de la Vasconie citérieure le choisirent donc pour leur comte ; et comme, d'après une chronique (*b*), il occupait ce poste en 834, et malgré Pippin, roi d'Aquitaine, on doit croire que ce fut presque aussitôt sa délivrance qu'il fut appelé, comme descendant d'Odon, et le seul reconnu alors comme tel, à commander aux Basques par le choix de ceux-ci.

LXXX (*c*). A la mort de Morvan, souverain de l'Armorique, un personnage qui était Wihomark, probablement son parent, de la branche des comtes de Cornouailles, lui ayant succédé par le fait de la volonté de ses compatriotes, le commandant des marches, pour le roi d'Aquitaine, entra sur le territoire du nouveau souverain et y fit de grands ravages (*d*). Bientôt Ludwig-Pieux, après en avoir conféré avec les grands de l'empire frank, à la diète de Compiègne, où figura avec distinction Adalhard, abbé de Corbie, résolut de faire une expédition contre la petite Bretagne et d'en prendre le commandement

(*a*) *Eginh.* (*b*) *Annal. bertin.* an 836.
(*c*) *Eginh.* — Daru, *Hist. de Bret.* (*d*) En 822.

en personne. Cette levée de boucliers eut lieu dans l'automne, après la récolte des blés ; car, lorsqu'on en forma le projet, la famine désolait les Gaules. Ludwig divisa ses forces en trois corps; il confia le premier au roi de Bavière ; le second, où étaient les Aquitains, était commandé par le roi Pippin; et le troisième était directement sous les ordres de l'empereur.

L'armée française entra ainsi en Bretagne, et y commit des excès sans nombre, pendant quarante jours. Ludwig s'empara de Rennes, et brûla cette ville. Alors les Bretons, ainsi que leur chef Wihomark, attendant un meilleur avenir, prirent le parti de se soumettre, au moins en apparence. L'empereur emmena avec lui un riche butin et des otages. Il laissa aussi, pour gouverner en son nom, dans l'intérieur du pays, un personnage du nom de Nominoé, pourvu antérieurement, par le pouvoir frank, du commandement à Vannes, et dont nous aurons beaucoup à nous occuper plus 'tard.

LXXXI. Un auteur (*a*) qui nous a devancé dans la carrière a cru que Bernhard, duc de Septimanie, fut employé dans l'expédition de Bretagne. Toujours est-il qu'il était à la suite de Ludwig, à Aix-la-Chapelle, le 1er juillet de cette année ; car il y épousa Dodane, femme d'un grand savoir (*b*) et d'une famille illustre, et qu'on a dit, mais mal à propos, être la sœur de l'empereur ; elle n'était que sa parente (32).

LXXXII. (*c*) Arnoul, abbé de St-Philbert d'Her, que nous avons vu bâtir le monastère de Déas, était un homme d'une grande capacité et d'une haute réputation de vertu. C'est ce qui le fit adjoindre d'abord et succéder ensuite à St Benoît d'Aniane, dans la mission de réformer les différents monastères de France. Cette tâche importante engagea Arnoul à se démettre de son titre d'abbé, et il fut remplacé par Hilbodus, qui fut en même temps abbé de St-Florent de Montglone. Arnoul vivait encore en 839, suivant la chronique d'Angoulême (33).

(*a*) D. Vaissette, *Hist. de Lang.*
(*b*) Manual. Dodan. *Act. SS. Bened.*
(*c*) Mabil. *Annal. bened.* — *Nov. Gall. christ.* — *Chron. Eginh-*

LXXXIII. Comme on l'a déjà dit, les rois d'Aquitaine avaient un palais dans la forêt de Molière (34). Nous en trouvons encore la preuve dans un diplôme de Pippin Ier (*a*) fait au lieu que nous indiquons, le 1er avril 825, en faveur de Ste-Croix de Poitiers et de Gerberte, son abbesse. Par cette pièce, le roi d'Aquitaine confirme au monastère en question le droit de faire tenir des marchés dans deux de ses domaines, l'un nommé *Caioca*, et dépendant du Poitou, et l'autre appelé *Fulchrodum* et situé en Angoumois.

LXXXIV. Abd el Rahman II était un souverain à hautes conceptions ; il voulait porter la monarchie, à la tête de laquelle il se trouvait, au plus haut degré de gloire et de prospérité, et assurer surtout sa force par la création de troupes régulières. Mais pour arriver à cet état de choses, il avait besoin de grands revenus. C'est ce qui le porta à augmenter les impôts déjà existants dans ses états, et à en établir de nouveaux, parmi lesquels se faisait remarquer un octroi sur les denrées introduites dans les villes. Ce dernier impôt, surtout, occasionna des séditions à Tolède et à Mérida (*b*) ; il y eut aussi de la fermentation à Sarragosse, et l'empereur frank voulut en profiter pour appeler à lui la population de cette ville, ainsi que nous l'apprend un document qui a été conservé (*c*).

Ludwig-Pieux écrivait aux habitants de Sarragosse qu'il connaissait les vexations qu'ils avaient à souffrir d'Abd el Rahman, qu'il qualifiait de cruel et d'avide de leurs biens ; il les félicitait d'avoir résisté avec force à la cruauté et à l'avarice de leur roi, et les engageait à persévérer dans cette voie, en leur proposant de combattre de concert contre celui qu'il appelait un ennemi commun. Puis, l'empereur frank annonçait que, l'été prochain, il enverrait une armée dans la Marche pour les soutenir, armée qui attendrait leurs ordres. « Enfin, disait Ludwig, si vous voulez renoncer à Abd el Rahman et vous mettre dans notre parti, vous recouvrerez votre ancienne liberté, sans aucune restriction ; vous demeurerez en-

---

(*a*) *Dipl. Pipp. I*, ap. Besly, *rois de Guyen.* — Ap. D. Bouq.
(*b*) Conde. (*c*) Dans le vie vol. du *Recueil des Hist. de France*.

tièrement exempts d'impôts, et vous serez régis par les lois qu'il vous conviendra de choisir. »

De telles offres étaient bien engageantes, pour des populations mécontentes de leur souverain ; mais Abd el Rahman n'en fit que plus d'efforts pour maintenir Sarragosse sous sa domination, et il y parvint. Du reste, à raison de cette tentative et de bien d'autres, il ne fut que plus porté à attaquer la puissance franke, tant par des moyens analogues, que par la force des armes.

LXXXV. (*a*) Nous avons eu occasion de parler plus d'une fois des deux frères Adalhard et Wala. Le premier, à son retour de l'île d'Her, où il avait été exilé longues années, avait repris, comme on l'a vu, l'administration du monastère de Corbie, et, non content de cela, il avait édifié l'abbaye de Corwey ou la Nouvelle-Corbie, en Saxe, dont son frère avait commencé les premières constructions. Adalhard mourut le 2 janvier 826, et fut remplacé, comme abbé de Corbie, par son frère Wala.

Adalhard avait fait des travaux théologiques dont il ne reste que des fragments, et les statuts de son monastère, qui ont été conservés (*b*). Mais ce qui est à regretter, c'est un ouvrage de ce personnage qui, à raison de la position de son auteur, devait faire connaître à fond l'organisation de l'empire frank, à cette époque (*c*).

LXXXVI. Par suite de son apparente soumission, Wihomark, qu'un chroniqueur (*d*) indique comme un homme supérieur par ses moyens, assista à la diète d'Aix-la-Chapelle, tenue en 826, avec quelques grands personnages de sa nation. Il s'excusa de son insoumission antérieure, et, en même temps, de ce que ses compatriotes avaient depuis chassé Nominoé, le chef qui avait été placé à Vannes, et jura d'être fidèle à l'em-

(*a*) *Vit. Adalh. ab. Corb.*
(*b*) D'Achery les a imprimés dans son *Spicilége*.
(*c*) L'auteur de l'article d'Adalhard, dans la *Biographie universelle*, rend le titre du livre en ces mots : *Traité touchant l'ordre ou l'état du palais et de toute la monarchie française*.
(*d*) *Astronom.*

pereur. On crut à ces promesses, et le chef armoricain et les siens, bien accueillis et comblés de présents, obtinrent aussitôt la liberté de retourner dans leur pays. Néanmoins, à peine y étaient-ils rendus, qu'ils reprirent les armes. Mais peu après, Wihomark fut surpris, dans un château, par Lanthbert, comte des Marches, qui le tua de sa propre main (*a*). Ainsi mourut, suivant les expressions d'un auteur original (*b*), *de la mort des méchants*, le champion de la liberté de l'Armorique, à cette époque.

LXXXVII. (*c*) Il est des événements qui, au premier aperçu, paraissent extraordinaires, et qui, lorsqu'on y réfléchit un peu, sont plus rationnels qu'on ne les avait crus d'abord. On a trouvé Nominoé établi d'abord par l'empereur, comme commandant à Vannes ; puis, après la défaite de Wihomark, chargé par le pouvoir frank du gouvernement de l'Armorique centrale : nous avons vu ensuite ce même Nominoé chassé de cette position par ses compatriotes, et Ludwig-Pieux recevoir le serment de Wihomark, comme chef des Armoricains. Cependant, à la mort de celui-ci, les habitants de la péninsule bretonne choisirent pour leur duc précisément celui que, peu avant, ils n'avaient pas voulu pour commandant à Vannes ; en un mot, ils déférèrent le pouvoir, sur toute leur nation, à Nominoé. Mais on doit penser que probablement le désir de ne pas contrarier le pouvoir frank détermina le choix des Armoricains. Ce furent, sans nul doute, les partisans de la paix, parmi ceux-ci, qui l'emportèrent contre les Bretons les plus portés pour l'indépendance de leur patrie. Aussi Ludwig-Débonnaire s'empressa-t-il d'approuver ce choix.

LXXXVIII. (*d*) Toujours est-il que ce qui venait d'être fait assura de la paix les peuples de l'Armorique. Constant dans l'attachement sincère à la cause qu'il avait embrassée, Nominoé se reconnut toujours le vassal de l'empire frank, se déclarant le commissaire, *missus*, de l'empereur, et datant ainsi ses actes : « Telle année du règne de Ludwig-Auguste, Nominoé

(*a*) *Eginh.* (*b*) *Astronom.* (*c*) Ibid.
(*d*) D. Morice, *Hist. de Bret.*

» gouvernant la Bretagne (*a*). » De plus, ce chef se tint toujours attaché à Ludwig-Pieux dans toutes les tribulations qu'il eut à souffrir, et rien n'ébranla sa fidélité. D'un autre côté, les Bretons eux-mêmes, satisfaits de la concession qui leur avait été faite, en reconnaissant comme leur chef un natif de leur contrée, restèrent plus soumis à l'empire frank qu'ils ne l'avaient fait jusque-là.

LXXXIX. Néanmoins nous n'irons point jusqu'à dire que Nominoé était de la race des princes armoricains, et que partout, dans un pays dévoré du besoin d'indépendance et de nationalité, son exaltation au pouvoir fut bien accueillie. Ce que nous avons déjà exprimé, sur une division parmi les Bretons, doit faire pressentir le contraire, pour cette dernière proposition. « Son nom, dit un auteur moderne (*b*), obscur jusqu'alors, était Nomenoé. Il paraît qu'il était parvenu, de fort loin, aux premiers emplois militaires. Les historiens bretons se sont efforcés de prouver qu'il tenait à la famille de leurs anciens rois; mais leurs raisonnements se réduisent à des inductions, qu'on ne peut admettre comme des preuves. D'un autre côté, il est constant que ses contemporains lui reprochaient même la bassesse de sa naissance, et que, dans une abbaye, qu'à dire vrai, il avait brûlée, on chantait annuellement une prose (*c*) où il était traité de tyran, qui avait quitté la charrue pour opprimer son pays. »

Le monastère qui fut incendié par Nominoé, est celui de St-Florent de Montglone (*d*), qui se trouvait dans l'étendue du Poitou, bordé alors par la Loire.

XC. (*e*) Il paraît que les comtes de Poitou se faisaient donner des bénéfices par le roi d'Aquitaine, leur souverain. Il y a même lieu de croire que c'était à l'aide de ces dons qu'ils

---

(*a*) D. Lobineau, *Hist. de Bret.*
(*b*) Daru, *Hist. de Bret.*
(*c*) Elle a été recueillie par D. Lobineau, dans son *Hist. de Bret.*
(*d*) *Hist. de la destruction du monastère de St-Florent*, dans le *Rec. des Hist. de Fr.* t. VII.
(*e*) *Dipl. Pippin. reg.* ap. D. Bouquet.

soutenaient leur dignité et qu'ils assuraient leur existence, car rien n'établit que les gouverneurs d'un pays eussent un traitement pris sur les revenus publics, comme cela a lieu, de notre temps, pour les fonctionnaires de l'État. Mais si les stipendiés du trésor sont parfois assez désireux de faire augmenter leurs salaires, alors les comtes ne manquaient pas aussi de se faire attribuer le plus de bénéfices qu'ils pouvaient, sans trop s'informer si le souverain avait bien le droit de disposer des domaines qu'ils convoitaient. Bernhard, comte de Poitou, se mit dans cette position, en se faisant donner la *villa* de Thésec et ses dépendances. Mais Renard ou Renaud, abbé de St-Maixent, et ses religieux, ayant réclamé ce domaine qui leur appartenait, en obtinrent la restitution, le 22 décembre 825, et par suite le comte fut obligé de rendre ce qui lui avait été injustement concédé.

XCI. (*a*) Le diplôme dont nous venons de parler est du 22 décembre 826, et il est une nouvelle preuve que Bernhard, fils d'Adalelme, et neveu de Guillelme de Gelone, a été réellement comte de Poitou, et même qu'il l'était encore à la date que nous venons de donner (35).

XCII (*b*). Il est arrivé trop souvent que des auteurs, en écrivant l'histoire d'une contrée ou d'une époque, se sont bornés à narrer des guerres, des révoltes, des séditions et autres grands conflits humains, sans indiquer les causes de ces événements. Ces mêmes causes sont pourtant bien intéressantes à rechercher, quand il s'agit d'efforts faits par des populations qui, ayant formé un corps de nation, ont perdu cette position et agissent pour s'y replacer. Tels nous trouvons ces Visigoths ou Goths de l'Ouest, qui fondèrent, au commencement du ve siècle, ce beau royaume de la Septimanie première, que Chlodewig et ses Franks vinrent détruire, en 507, dans les champs de Vauclade, près Poitiers, et qui plus tard établirent encore cet autre royaume de la Septimanie seconde, formé d'une portion de la Gaule méridionale et d'une partie notable de la Péninsule. Or, si ce second État avait été détruit par les

(*a*) *Ms. de D. Fonteneau.* (*b*) M. Fauriel.

Arabes, il est à remarquer qu'alliés alors avec ces seconds ennemis, ils se réunissaient à eux contre les Franks, leurs premiers ennemis. Ainsi la politique humaine est essentiellement variable, comme les événements. Ce qui le prouve d'autant plus, dans l'occurrence, c'est que c'était avec leurs coreligionnaires, qui étaient leurs ennemis primitifs, les Franks, qu'ils avaient naguère combattu les sectateurs de Mohammed, les Sarrasins, et que dans cette lutte ils s'étaient créé une semi-nationalité. Aussi leur pays était devenu le duché de Septimanie ou de Gothie, on se servait des deux noms indifféremment ; et là, ils avaient conservé leurs anciennes lois, et même, au moins dans certaines localités, leur ancien langage. C'était déjà beaucoup, mais ce n'était pas assez encore pour des populations qui avaient, par-devers elles, un brillant souvenir de l'ancienne gloire de leurs ancêtres. Pour les attacher d'autant plus à l'empire frank, on les avait distraits du royaume d'Aquitaine, et fait former un état à part, relevant directement de l'empereur ; on leur avait, de plus, donné des comtes de leur nation, afin de les diriger avec plus de facilité, croyait-on : ces moyens étaient employés afin de les attacher à la domination karolingienne, et ils eurent un résultat tout-à-fait opposé. En effet, Bera, homme de nation gothique, avait été établi l'un des comtes de cette nation, et s'il conspira contre l'empire frank, il ne fit alors que suivre la direction générale de l'esprit de ses compatriotes. On se contenta de l'exiler, et on donna son comté, ainsi qu'on l'a vu, à Bernhard, fils de Guillelme de Gelone, et cette mesure mécontenta au dernier point la nation gothique. Alors s'ourdirent plus positivement des trames, d'abord sourdes, et dont enfin, quelques mois après, les résultats furent plus patents. Nous allons les faire connaître.

XCIII. Relativement à la conspiration du comte Bera, découverte en 820, nous avons déjà eu l'occasion de dire un mot d'Aïzon. C'était un personnage goth, d'une grande importance, et dont l'influence était immense sur les siens. Pour l'empêcher de nuire à son gouvernement, l'empereur Ludwig l'aurait appelé à sa cour, où il aurait rempli, suivant un auteur moderne (a), on ne sait quel grand office. En interprétant quelques documents historiques, on pourrait néanmoins croire qu'on ne prit pas cette voie pour éloigner Aïzon des siens, et qu'arrêté dans son pays, celui-ci fut conduit à la cour impériale, où il était tout simplement gardé à vue (b). Toujours est-il qu'il se trouvait à Aix-la-Chapelle, d'où il s'échappa (c) peu avant la diète générale qui s'y tint en 826, et dont nous parlerons bientôt.

XCIV. Aïzon se rendit directement du palais impérial en Septimanie, passa les Pyrénées, et arriva dans la ville d'Ausone (d), où il fut accueilli, par ses complices, comme un libérateur, et comme l'homme propre à relever la nation gothique à son plus haut degré de gloire. Aussi il eut bientôt organisé une petite armée, avec laquelle il marcha vers Rode, l'ancienne colonie massaliote. Cette place résista sans doute, car Aïzon la détruisit. Il s'empara ensuite de plusieurs autres forteresses de la contrée, dans lesquelles il mit garnison, après les avoir fait réparer à la hâte, afin de les rendre d'une bonne défense.

XCV. Devenu ainsi et tout-à-coup une puissance, Aïzon envoya son frère vers Abd el Rahman II, à Cordoue, pour faire alliance positive avec lui, et en obtenir des secours. Nous parlons d'une alliance positive, car il est à croire que déjà les chefs goths s'étaient mis en relation avec les Arabes. Toujours est-il que le roi de Cordoue accueillit favorablement la demande qui lui était faite (e), d'autant mieux qu'il préparait déjà, depuis quelque temps, et sans doute dans la prévision du mouvement qu'Aïzon avait régularisé, une expédition contre les possessions des Franks.

XCVI. On était en octobre 826, et l'empereur était à une assemblée des Franks d'outre-Rhin à Selz, lorsqu'il apprit la révolte d'Aïzon. Aussitôt il convoqua une diète générale à Aix-la-Chapelle, pour aviser aux moyens à prendre afin de réprimer ces mouvements.

(a) M. Fauriel. (b) Reinaud. (c) *Eginh.*
(d) *Eginh.* — *Astronom.* (e) *Thégan.*

Pippin, roi d'Aquitaine, se rendit à cette assemblée, avec la plupart des grands de sa cour, et notamment les comtes ou chefs de la frontière d'Espagne, et on arrêta un plan de campagne pour cette guerre dont on sentait tout le danger. Néanmoins on crut convenable, comme moyen d'arrêter le mouvement commencé, d'employer des voies de douceur.

XCVII. (*a*) Il paraît que, non contents de se faire donner en bénéfice une partie des biens de l'abbaye de St-Maixent, comme la *villa* de Thésec, dont nous avons vu la restitution ordonnée, les comtes du Poitou s'étaient emparés du monastère même. Probablement que la réforme introduite par le moine du Mont-Cassin, celle de l'abbé Tetbert, mort sans doute depuis plusieurs années, n'avait pas porté ses fruits. Toujours est-il que le 3 décembre 827, Pippin, roi d'Aquitaine, accorda un diplôme pour ordonner que le comte de Poitou restituerait le monastère de St-Maixent; il assigna aux moines une partie des biens qu'ils possédaient anciennement, et plaça à leur tête un abbé régulier, Renaud, déjà indiqué, pour remettre en vigueur parmi eux la règle de St Benoît, et il les exempta de toute juridiction autre que celle du roi, et confirma leurs anciens priviléges. La constitution ajoute que, quant au surplus des biens de cet établissement ecclésiastique, on ne peut encore les faire restituer, parce qu'ils sont donnés en bénéfice; mais on astreint les possesseurs de ces mêmes bénéfices à payer au monastère le neuvième et la dîme des produits, jusqu'à la restitution de ces domaines, dont la propriété effective est reconnue à l'abbaye.

XCVIII. (*b*) Les moines de St-Philbert d'Her, à qui, dès la fondation de leur monastère, leur patron avait créé une marine, avaient continué à avoir des navires et à faire le commerce. Ainsi Pippin Ier, roi d'Aquitaine, renouvela et confirma à Hilbodus, leur abbé, par un diplôme du 18 mai 827, rendu à Pierrefite, le privilège d'employer six grands bateaux,

---

(*a*) Mabil. *Annal. bened.* — *Ms. de D. Fonteneau.*
(*b*) *Dipl. Pipp.* ap. D. Bouq.

exempts de tout droit de navigation, sur la Loire, le Cher, la Vienne et autres rivières (36).

XCIX. Aussitôt la fin de la diète d'Aix-la-Chapelle, Pippin retourna en Aquitaine, et disposa ses troupes de manière à agir au premier moment. Mais avant d'en venir là, et conformément aux instructions qui lui avaient été données par l'empereur, il essaya de traiter avec Aïzon, à qui on fit les propositions les plus avantageuses. Ce chef goth les rejeta toutes, et ces négociations n'eurent pour résultat que de le mettre mieux en position de résister.

C. En effet, sur cela, le roi de Cordoue avait mis en mouvement des troupes, aux ordres d'Obeyd-Allah, son parent, afin de seconder les projets d'Aïzon et agir de concert avec lui. Cette armée arriva sur Sarragosse dont elle assura la soumission, pour ensuite se porter plus en avant.

Ce concert fut très-favorable à Aïzon, qui continua à occuper de plus en plus les places et châteaux du pays où il avait commencé ses opérations, et à en expulser les chefs établis par les princes franks. Quelques-uns de ceux-ci firent même défection et passèrent du côté d'Aïzon, notamment Willemund, fils du comte Béra (a), ainsi qu'Etilius, autre fils du même comte (b). Un écrivain de l'époque attribue ce changement à un esprit de légèreté naturel aux peuples de cette contrée (c).

Dans une telle position, Bernhard, duc de Septimanie et comte de la Marche d'Espagne, réduit à des forces peu considérables, fit bien tout ce qu'il put pour arrêter le mouvement commencé; mais, en butte à des attaques répétées et à des embûches, il sentit, avec raison, que tout ce qu'il pouvait entreprendre de plus avantageux, était de concentrer ses efforts pour la conservation des deux principales places d'armes de la contrée, Girone et Barcelonne (d), en attendant les secours sur lesquels il devait tout naturellement compter.

CI. On doit s'étonner de la lenteur que l'empereur apporta

(a) *Astronom.* (b) *Baluz. Capitul.* t. II.
(c) *Eginh.* (d) Ibid.

à réprimer les mouvements dont Aïzon s'était fait le chef. En effet, malgré les succès de ce révolté, Ludwig ne jugea pas à propos de faire agir encore l'armée dont il avait préparé les éléments, par des ordres envoyés dans les parties de l'empire les plus à portée de fournir assez promptement des troupes. De plus, il dépêcha au-devant de son armée, comme commissaires extraordinaires et pacificateurs, chargés d'essayer de faire revenir les révoltés à la raison, l'abbé Hélisachar, son chancelier, et les comtes Hildebrand et Donat. Ces délégués, et surtout Hélisachar, dont les sages mesures sont prônées par un écrivain du temps (a), eurent quelques succès, car ils parvinrent à gagner certains Goths incertains, ce qui permit au duc Bernhard de résister plus aisément à Aïzon et aux Sarrasins, jusqu'à l'arrivée de l'armée franke.

CII. (b) Le moment d'en venir aux mains approchait, et Aïzon, à ce qu'on croit, fut même de sa personne à Cordoue, pour presser la marche de l'armée arabe, dont le commandement fut donné à Aboumerouan, émir de Sarragosse, attaché à Abd el Rahman par les liens de la parenté. Ce chef, justement renommé par sa valeur et son habileté, divisa ses forces, peu nombreuses, mais composées de troupes excellentes, en deux colonnes, dont l'une se dirigea vers Girone, et l'autre sur Barcelonne. Chaque colonne marchait avec assurance et célérité, prenant sur la route tout ce qui leur convenait, brûlant et détruisant tout le reste. Après avoir ainsi pillé (37) tout le pays, les deux corps arabes, tout étonnés de ne pas rencontrer d'opposants, retournèrent à Barcelonne, à petites journées et à pas comptés, à raison du riche butin qu'ils emmenaient avec eux.

Dans le même temps, Aïzon n'était pas demeuré non plus dans l'inaction; il avait cherché à détruire l'effet des négociations des commissaires impériaux, à augmenter le nombre de ses partisans, à rassurer ceux qui s'étaient déjà déclarés pour lui, et à préparer les moyens de résistance contre une attaque sur laquelle il devait compter. D'un autre côté, pendant ce temps,

(a) *Eginh.* (b) Conde.

Willemund ravageait la Cerdagne et les cantons voisins, qui tenaient encore pour la domination franke.

CIII. Enfin arriva au-delà des Pyrénées l'armée franke, dans laquelle se trouvait le jeune Pippin, roi d'Aquitaine, mais qui avait véritablement pour commandants deux leudes de la cour impériale; savoir: Malfried, comte d'Orléans, et le comte Hugo, dont la fille avait épousé, en 821, Lothaire, le fils aîné de l'empereur (*a*). Mais cette armée, bien plus considérable que toutes les forces qu'on pouvait lui opposer, ne paraissait pas avoir une allure bien assurée. Elle marchait à petites journées, s'arrêtait souvent et comme si elle eût craint de rencontrer des ennemis à combattre. Si l'on en croit certains témoignages, peu contestables au surplus, les deux comtes étant ennemis déclarés de Bernhard de Septimanie, auraient à dessein retardé la marche de l'armée, pour le laisser dans l'embarras. Toujours est-il qu'elle n'arriva qu'après que les Sarrasins, qui l'avaient devancée, eurent pillé le pays à volonté, et opéré paisiblement et sans obstacle leur retraite au-delà de l'Ebre et de la Sègre.

Cette expédition des Sarrasins fut accompagnée des mêmes excès qui avaient signalé les précédentes. Néanmoins, on en fit beaucoup de bruit; on signala le passage des sectateurs de Mohammed sur les terres chrétiennes, comme un torrent dévastateur. Ce désastre est, de plus, indiqué, par les chroniques (*b*), comme ayant été annoncé à l'avance par des signes célestes. Ces signes étaient des armées composées d'hommes ensanglantés, qu'on avait vues, la nuit, dans les airs, à la pâle clarté des flammes qui éclairaient le firmament.

CIV. Un mécontentement presque général se déclara contre les deux comtes, qui avaient fait si peu d'usage des forces mises à leur disposition, dans le but d'agir contre les Sarrasins et les Goths révoltés. Bernhard de Septimanie, que cette armée était destinée à secourir, fut surtout, et il devait l'être, l'instrument le plus décidé des plaintes portées contre les leudes Malfried et Hugo. Aussi ceux-ci furent traduits à la diète tenue, en février

(*a*) *Eginh.* (*b*) *Astronom.*

828, à Aix-la-Chapelle, pour voir statuer sur leur conduite. Ils se défendirent de leur mieux, et ils furent aussi bien appuyés par des amis que leur assurait leur position, surtout Hugo, beau-père du prince associé à l'empire. Mais, d'un autre côté, les accusateurs, partisans de Bernhard, étaient nombreux, et les faits, il faut le dire, justifiaient l'accusation : Malfried et Hugo furent donc déclarés coupables de lâcheté, et privés de leurs emplois et de leurs honneurs (*a*). Un auteur du temps (*b*), se reportant aux malheurs de l'expédition, qu'il qualifie de funeste et de honteuse, et à ce que les généraux qui la commandaient en étaient les véritables et seuls auteurs, s'étonne même du peu de gravité de la punition qui leur fut infligée.

Si cette condamnation n'était pas, en réalité, assez forte pour le fait qu'il s'agissait d'atteindre, elle fut néanmoins immense par ses résultats. En effet, ce jugement causa la haine implacable, si cette haine n'existait pas déjà, que les deux comtes dégradés vouèrent, pour la vie, à Bernhard de Septimanie. C'est à cette passion qu'on doit surtout attribuer les troubles qu'on verra éclater bientôt dans l'empire, et il n'est peut-être pas de sentiment haineux qui ait produit des fruits plus amers.

CV. (*c*) Dans le courant de l'été 828, une nouvelle diète fut tenue à Ingelheim, où l'empereur se rendit, de Thionville où il se trouvait. Là, on fit connaître que les Sarrasins projetaient d'envahir les frontières chrétiennes, et on arrêta qu'une armée, formée de troupes prises dans les différentes parties de l'empire frank, marcherait contre eux. Il fut décidé notamment que Lothaire irait au secours de son frère Pippin.

D'après ces dispositions, Lothaire partit d'Austrasie avec un corps d'armée, et arriva à Lyon, où Pippin vint le trouver, pour conférer sur les mesures à adopter. Le frère aîné, qui avait pris tout-à-fait à cœur la condamnation portée contre le comte Hugo, son beau-père, et voué en conséquence une haine mortelle à Bernhard, fils de Guillelme de Gelone, pa-

(*a*) *Eginh.* (*b*) *Astronom.* (*c*) Ibid.

raissait peu disposé à secourir son frère puîné, d'autant mieux que son assistance aurait été favorable au duc de Septimanie, et aussi il annonça à Pippin qu'il n'irait vers les Pyrénées que si sa présence était absolument nécessaire. Voulant s'en assurer, il avait dépêché un de ses officiers de ce côté, pour lui apporter des nouvelles sûres et promptes. Cet envoyé revint bientôt, en faisant connaître que si l'Aquitaine avait eu à craindre, un moment, une invasion d'Abd el Rahman, ce prince, qui était déjà en marche, venait de faire un mouvement rétrograde, et ne paraissait pas tenir à son premier projet. Aussitôt Lothaire quitta Lyon et se rendit avec ses troupes, d'abord à Aix, et ensuite en Italie, et enfin près de l'empereur. Quant à Pippin, il retourna en Aquitaine (a).

CVI. Il était vrai que le roi de Cordoue avait été arrêté, dans son mouvement vers la frontière, par la nouvelle de mouvements séditieux qui avaient éclaté à Tolède et à Mérida (b); et que leur importance fit abandonner à Abd el Rahman le projet qu'il avait conçu.

Ici on peut noter qu'à dater de cette époque, et pendant dix ans environ, c'est-à-dire de 828 à 838, il y eut une sorte de trêve de fait entre les Franks et les Arabes. Ce ne fut pourtant pas une cessation complète d'hostilités, mais la guerre se réduisit entre les deux nations à des faits d'agression de peu d'importance, et qui ne se renouvelaient même qu'à des époques souvent assez éloignées les unes des autres.

CVII. Dans cette lutte contre l'empire frank, dont nous terminons le récit, et ouverte par le Goth Aïzon, qui appela les Arabes à son secours, tout l'avantage fut pour ces derniers, et rien pour celui qui avait commencé le grand mouvement, à l'aide duquel il espérait rendre aux siens leur nationalité. Les Goths, en effet, demeurèrent ce qu'ils étaient auparavant, et ils perdirent même l'espoir de changer de position. Plus que cela, Aïzon s'était emparé de nombre de places, de quantité de châteaux, et le roi de Cordoue finit par les lui prendre et par les joindre aux postes qu'ils avaient conquis de

(a) *Astronom*. (b) *Eginh.* — Conde.

son côté. De cette manière, les chrétiens furent dépouillés, en peu de mois, de presque tout le pays de Riupoil et d'Ausone à la Sègre, résultat de conquêtes faites durant longues années, et il ne leur demeura que la portion du territoire de Girone à Barcelonne, avec la possession de ces deux places, ce qui formait la basse Marche d'Espagne. Or, il leur fallut ensuite un demi-siècle pour revenir à moins que ce qui était, environ un an avant, leur point de départ.

Les peuples de la haute Marche d'Espagne ne restèrent pas, faute de succès de la part des Franks, sur leur territoire, longtemps soumis aux Arabes. Abandonnés à eux-mêmes, ils choisirent un chef ou roi pour les gouverner ; ce fut Inigo, comte de Bigorre. Ce prince commença cette guerre à outrance contre les sectateurs de Mohammed, qui amena l'affranchissement du pays et la formation des royaumes de Navarre et d'Aragon, sur lesquels régnèrent les descendants d'Inigo (*a*).

CVIII. (*b*) Pippin, roi d'Aquitaine, après avoir fixé sa résidence à Poitiers, songea à y fonder un monastère, car c'était alors un moyen d'immortaliser son nom. Les moines, en effet, se chargeaient, le plus souvent, de transmettre à la postérité les faits et gestes de celui à qui leur établissement devait l'existence. Ce fut sur un emplacement en dehors de la ville, qu'il bâtit un monastère qui fut d'abord connu sous le vocable de Notre-Dame, et qui prit ensuite le nom de St-Cyprien, quand le corps de ce saint, frère de St Savin, eut été inhumé dans l'église de cette maison. La fondation de ce monastère, dont les commencements, comme pour certains autres, sont fort obscurs, est placée assez généralement sous l'année 828 (*c*), quoique cette date ait éprouvé des contradictions, quelques auteurs la faisant remonter jusqu'en 824.

(*a*) Verneuil-Puyraseau, *Hist. d'Aquit.*
(*b*) Mabill. *Annal. Bened.* — *Ms. de D. Fontenau.* — Dufour, *de l'Ancien Poitou.*
(*c*) *Chron. Malleac.* — *Chron. Adem. Caban.*

CIX. (*a*) Un diplôme de Ludwig-Pieux, en faveur du monastère de Mici, antérieur à 828, et susceptible d'être suspecté, parle du *Portus Vitrariæ*, sur la rivière de Tenu, dans le pays d'Herbauges, où ce monastère aurait possédé des salines, des vignes et des terres. Il paraîtrait que les bateaux de Mici venaient faire des chargements dans ce port, et c'est une indication pour le commerce de l'époque. Cette localité, d'après le diplôme, aurait d'abord appartenu au fisc, puis elle aurait été concédée, sans doute en bénéfice, à Garotholenus; Pippin-Bref en ayant gratifié Mici, Karle-Magne aurait confirmé cette propriété au monastère dont Ludwig serait venu renouveler le titre (38).

CX. (*b*) Pippin, de retour en Aquitaine, se rendit à l'abbaye de St-Martial de Limoges où il séjourna quelque temps. On sait qu'il y avait, dans tous les grands monastères, un logement pour les souverains du pays. Ce fut à St-Martial que le roi d'Aquitaine accorda une charte portant renouvellement de priviléges à l'abbé de Montolieu, au diocèse de Carcassonne, qui était venu là tout exprès pour solliciter cette faveur.

CXI. (*c*) Lorsque, sur la fin du règne de Ludwig-Pieux, les invasions des Northmans, et un peu plus tard les dissensions civiles entre les princes karolingiens, vinrent désoler l'empire frank, il y avait plus d'un siècle qu'il n'avait été troublé par de pareilles dissensions. En effet, le dernier frisson de cette lièvre politique avait été la bataille de Vincy, livrée en 717, et qui avait consolidé le pouvoir de Karle-Martel, en soumettant les Neustriens au maire du palais d'Austrasie. Depuis les éléments primitifs des guerres civiles s'étaient anéantis, les hommes libres de la nation franke avaient cessé d'exister; il n'y avait presque plus que de grands propriétaires, prêtres, moines ou nobles, qui faisaient cultiver leurs terres

---

a) *Dipl. Lud.-Pii*, apud D. Bouq.

b) *Apend. Capitul.*

c) Mabill. *Annal. Bened.*

par des serfs, instruments misérables qu'on se gardait bien d'appliquer au maniement des armes. Pourtant, en Aquitaine, il se trouvait encore des points où une race libre vivait au milieu des champs dont elle était propriétaire. Mais ces peuplades, dont chaque famille devait un homme à l'État, lorsqu'on entrait en campagne, ne tendaient point à la guerre civile, car leur but était de conserver. Cette même guerre ne pouvait donc éclater, et elle n'éclata, en effet, que par suite de la division dans la maison impériale et de l'ambition des grands. Ces troubles n'offrent qu'un triste spectacle, sans présenter rien de grand, en talents ou en passions. Il semble que ce soient les dernières convulsions d'une race dont le chef, peu avant, dominait le monde. Singulière destinée des descendants de Karle-Grand (39)!

CXII. Après ces réflexions préliminaires, nous arrivons aux troubles qui désolèrent l'empire, par suite de la haine violente des comtes Hugo et Malfried envers Bernhard, duc de Septimanie.

(a) Comme on l'a vu précédemment, l'empereur Ludwig avait eu de l'impératrice Judith un fils nommé Karles, à qui la perte prématurée de ses cheveux fit donner, plus tard, le surnom de Chauve. L'impératrice avait vu avec peine que l'acte de 817 eût attribué tout le territoire de l'empire aux enfants d'Ermengarde, de manière qu'il ne se trouvait plus rien de disponible pour son fils, dans l'héritage de Ludwig-Pieux. Usant de caresses, de sollicitations et de tous les moyens dont se sert une jeune femme, envers un époux beaucoup plus âgé qu'elle, Judith obtint de l'empereur que Karles aurait aussi son lot. Mais le partage avait été solennel et arrêté dans l'assemblée générale de l'empire, et, quoique ayant gagné Lothaire à son parti, l'impératrice ne put rien contre Pippin et Ludwig. Alors arriva la condamnation des comtes Hugo et Malfried, et le premier fit aisément agir Lothaire, son gendre, qui retira le consentement qu'il avait donné à un nouveau partage des états de son père, dans le but de contrarier celui-ci. L'em-

(a) *Nith.*

pereur ne savait comment se tirer de ce mauvais pas, lorsque son fils aîné se mit à se plaindre hautement des abus qui, suivant lui, existaient dans l'État. C'était un moyen de se venger de Bernhard, duc de Septimanie, qu'il accusa d'envahir les biens du clergé et des particuliers, et de gouverner despotiquement. Wala, abbé de Corbie, alors très-influent à la cour, se joignit à cette ligue avec de hauts seigneurs et des prélats. Il en résulta qu'à la diète tenue à Aix-la-Chapelle, à la fin de 828 (*a*), où ces plaintes furent officiellement exprimées, des capitulaires furent par suite dressés, et des commissaires envoyés dans les provinces, afin de faire les réformes jugées nécessaires. Pour ce qui avait trait à la discipline ecclésiastique, on convint que l'année suivante il y aurait quatre conciles dans les différentes villes de l'empire, et que les évêques seraient tenus d'assister à celui de leur pays.

CXIII. Le concile de l'Aquitaine se tint à Toulouse (*b*). Ses actes ne sont pas parvenus jusqu'à nous, et on ne connaît qu'une faible partie des résolutions arrêtées dans cette assemblée.

CXIV. (*c*) Néanmoins on sait que, dans le concile provincial de Toulouse, l'on débattit une question grave. L'esclavage existait alors en Occident, et les Juifs, cette population qui, depuis sa sortie de la Palestine, s'est souvent livrée à la partie la moins honorable du commerce, s'étaient emparés de la spéculation sur la vente des créatures humaines. Les esclaves étaient alors, avec l'argent, la marchandise la plus facile à transporter, et sur laquelle il était le plus aisé de faire de gros bénéfices. Dans la vue de faciliter ce trafic, les Juifs obtinrent de l'empereur l'autorisation de ne baptiser leurs esclaves que de leur consentement, et ils profitaient de cette permission pour enlever les enfants des chrétiens, qu'ils conduisaient par troupeaux aux mahométans. Le clergé s'éleva avec raison contre cette concession, et plus encore contre l'odieux trafic qui en

(*a*) *Eginh. Capitul.*
(*b*) Les autres furent tenus à Mayence, à Paris et à Lyon.
(*c*) *Pagi Critica.*

était la cause, et des mesures furent prises pour obvier au mal. On est heureux de voir les prêtres élever la voix dans l'intérêt de l'humanité, car là apparaît toute la sainteté de leur ministère.

CXV. (*a*) Les dispositions qui avaient été la suite de la dernière diète n'avaient pas satisfait ceux qui réclamaient la destruction des abus. Ludwig était qualifié de débonnaire, et on soutenait que le partage arrêté à la diète de 817 ne pouvait plus être révoqué. L'empereur fut instruit de toutes ces menées, et connaissant la part que Lothaire y prenait, il lui enjoignit de se retirer dans ses états d'Italie. Ludwig sentit de plus qu'étant lui-même si faible, il lui fallait un ministre de résolution, et sûr lequel il pourrait compter, surtout à l'encontre de son propre fils, de son associé à l'empire. Il jeta alors les yeux sur Bernhard, duc de Septimanie, qui, ennemi né du comte Hugo, ne pouvait en rien favoriser Lothaire, gendre de celui-ci. Bernhard fut donc appelé à la cour, fait à la fois premier ministre et camérier, ce qu'on a nommé depuis grand-chambellan. Judith décida surtout ce choix, d'autant plus que le camérier était sous la dépendance directe de l'impératrice, et elle voulait ainsi procurer un protecteur à son jeune Karles. Bernhard était, du reste, aimé de l'empereur, dont il était le filleul ; sa naissance était élevée, et ses services avaient de l'éclat. Il fit donner le comté d'Orléans, qu'avait eu Malfried, son ennemi et son prédécesseur, à Odon (40), un de ses cousins, et il agit de même pour bon nombre d'emplois analogues. En un mot, il appela au pouvoir tous ses amis, et il en expulsa tous ceux qui étaient mal disposés en sa faveur (*b*). Ces changements portèrent tant sur l'ordre ecclésiastique que sur l'ordre civil, et il fit remplacer notamment l'archi-chapelain Hildouin par un simple prêtre.

On doit penser que ces déplacements firent de nombreux ennemis à Bernhard de Septimanie, et bientôt l'on verra porter des fruits à ces ressentiments fortement prononcés contre lui.

(*a*) *Astronom.* (*b*) *Nith.* — *Astronom.*

CXVI (*a*). Les choses ainsi disposées, l'impératrice pressa l'exécution de son projet favori. Une diète fut réunie à Worms, au mois d'août 829, et là l'empereur, de l'avis de Bernhard, son camérier, revenant sur le partage de 817, fit à Karles, son fils dernier né, un royaume appelé d'Allemagne, et formé de quelques provinces de Germanie et de Bourgundie, attribuées précédemment à Lothaire.

CXVII. (*b*) L'orage se formait, il était près d'éclater. Les conjurés usaient de tous les moyens qui étaient en leur pouvoir, pour décrier Bernhard de Septimanie. A les entendre, non-seulement il était l'amant de l'impératrice, mais on le traitait aussi de félon, de concussionnaire, de sacrilége, et même de magicien. L'emploi de moyens surnaturels, prétendait-on en effet, lui aurait fait obtenir le grand crédit qu'il avait sur l'esprit de l'empereur. Les ennemis de Bernhard gagnèrent nombre de gens marquants, notamment l'abbé de Corbie, dont nous avons déjà parlé, Wala, qui, avant d'être entré dans l'état ecclésiastique, avait épousé la propre sœur du duc de Septimanie. Wala fut si persuadé de la culpabilité de son beau-frère, qu'il quitta sa retraite exprès pour avertir l'empereur de tout ce qui se débitait dans le public. S'adressant ensuite à Bernhard d'une manière particulière, lui rappelant le souvenir de reconnaissance qu'il portait au duc Guillelme, son beau-père, qui l'avait élevé, il reprocha à celui qui avait été son beau-frère des désordres graves qu'il lui énuméra, en le conjurant, par leur alliance et leur ancienne amitié, d'y mettre un terme, pour son propre honneur et dans l'intérêt de l'État. Le premier ministre eut peine à entendre de tels reproches, qu'il croyait bien ne pas mériter. Persuadé du contraire, et voyant ses instances sans effet, l'abbé de Corbie retourna dans son monastère, pénétré de douleur, dit l'auteur de sa vie, d'avoir vu ses conseils sans résultat.

Ce fut auprès de Wala, dont la conviction de la culpabilité de son beau-frère était intime, que se réunirent les conjurés.

(*a*) *Astronom.*
(*b*) *Astronom.* — *Theg.* — *Hincm. de Ord. Palat.* — *Vit. Wal.*

Parmi eux figuraient notamment les comtes Hugo et Malfried, dont nous avons eu déjà occasion de parler ; Lanthbert, le comte des Marches de Bretagne ; Bernaire, le frère de Wala, et d'autres leudes placés au premier rang dans l'opinion publique ; pour l'ordre ecclésiastique, Hildouin, abbé de St-Denis, dépouillé de ses fonctions d'archi-chapelain du palais impérial ; Hélisachar, abbé de Centule et archi-chancelier, et plusieurs évêques. Réunis dans un intérêt commun, ils convinrent d'envoyer des députés aux trois fils du premier mariage de l'empereur, pour les engager à s'opposer au nouveau partage, qu'on prétendait être le résultat des conseils du premier ministre. Celui-ci fut même accusé de vouloir d'abord faire périr ces princes, ainsi que les seigneurs de leur parti, par des enchantements, puis de songer à se défaire ensuite de l'empereur, afin d'usurper le trône et d'épouser l'impératrice Judith. On assurait qu'en cas de non-succès, il avait pris ses précautions pour se retirer en Septimanie, et faire déclarer ce pays en sa faveur. Bernhard n'était plus qualifié que de tyran, et jamais plus d'accusations ne furent portées contre un favori, quoique les amis des princes soient si souvent l'objet des attaques de la multitude. Il ne manquait plus aux conjurés qu'une occasion d'agir, et elle ne tarda pas à se présenter.

CXVIII. (a) On réunit, au printemps de l'année 830, une diète à Aix-la-Chapelle. L'empereur y fit décider qu'on porterait la guerre contre les Bretons de l'Armorique, et le rendez-vous de l'armée fut fixé sur Rennes. Les trois fils de ce prince devaient amener là toutes les forces dont ils pouvaient disposer. Ludwig de Bavière vint trouver son père à Aix-la-Chapelle, Lothaire arma en Italie, et Pippin réunit en Aquitaine un bon nombre de soldats. Malgré le voisinage, les forces de ce dernier n'étaient pas bien disposées, à raison de ce qu'elles croyaient n'avoir pas beaucoup de butin à faire. D'ailleurs, le roi Pippin était mécontent au dernier point des manières hautaines de Bernhard, duc de Septimanie, et il décida ses propres

(a) *Astronom.* — *Annal. Bertin.* — *Annal. Metens.* — *Chron. d' St-Denis.*

soldats à virer de bord et à marcher contre l'empereur lui-même. Ce corps d'armée passa la Loire à Orléans, d'où le roi d'Aquitaine chassa le comte Odon, cousin de Bernhard de Septimanie, que Ludwig y avait établi, et restitua cet emploi à Malfried. De là, Pippin s'avance vers Paris jusqu'à Vermerie, maison royale sur la rive droite de l'Oise. Ludwig, roi de Bavière, son frère, qui avait quitté le camp de l'empereur à St-Omer, se réunit à Pippin, devant cette dernière ville. Les troupes impériales qui marchaient avec Ludwig-Pieux pour se rendre de St-Omer à Rennes, témoignèrent alors tout leur mécontentement, et l'empereur fut obligé de les mener camper à Compiègne, à trois lieues seulement de Vermerie où étaient les troupes des princes.

CXIX. (a) Ludwig-Pieux, apprenant la marche des factieux à sa rencontre, avait essayé de dissiper l'orage en renvoyant le duc Bernhard en Septimanie, et en faisant prendre à l'impératrice le chemin du monastère de Ste-Marie de Laon. L'empereur, croyant ensuite avoir moins à redouter de ses fils, vint de sa personne à Compiègne, lorsque les rois d'Aquitaine et de Bavière se trouvaient toujours à Vermerie.

Les princes, avertis du départ de l'impératrice, envoyèrent sur ses traces les comtes Warin et Lanthbert, qui la firent prisonnière. Conduite au camp des conjurés, les deux rois la contraignirent, par supplications et menaces, d'aller trouver l'empereur afin de l'engager à abdiquer et à se retirer dans un monastère pour faire pénitence. Judith fut envoyée sous escorte au camp impérial, et eut aussitôt une conférence secrète avec son époux. Après lui avoir rappelé sa résolution de se séquestrer du monde, elle l'engagea à en faire autant, en renonçant d'abord au trône. Ludwig demanda du temps afin de réfléchir sur une action d'une importance si grande, et déclara qu'il ne prendrait un parti définitif que dans une assemblée de la nation. À la suite de cette entrevue, Judith fut ramenée auprès des deux rois, qui l'envoyèrent en exil dans le monastère de Ste-

---

(a) *Astronom. — Nith. — Annal. Bertin.*

Radégonde de Poitiers, où elle reçut forcément le voile par ordre des grands du royaume. Deux frères naturels de l'empereur faits prisonniers par les révoltés eurent les cheveux coupés, et on les confina dans des monastères d'Aquitaine (a).

CXX. (b) L'impératrice Judith se montra, dans le monastère de Ste-Croix de Poitiers, supérieure à l'adversité. Elle se soumit, sans le moindre murmure, à la pratique de tous les devoirs minutieux de la vie monastique; elle les remplit même avec une telle exactitude, que les religieuses devenues ses compagnes la proposaient pour modèle.

CXXI. (c) Peu après, l'aîné des trois princes, Lothaire, arriva à Compiègne, après Pâques 830, venant d'Italie. Approuvant la rébellion et les mesures prises envers l'empereur, il fut reconnu par ses frères pour le chef du parti. Enchérissant sur les rigueurs déjà exercées, et prenant conseil de Wala, abbé de Corbie, de l'archi-chapelain Hildouin, et de Jessé, évêque d'Amiens, il fit arracher les yeux à Héribert, frère de Bernhard de Septimanie, et envoya Odon, le cousin de celui-ci, en exil. Les deux frères de l'impératrice, Conrad et Rodolphe, furent renfermés. Les prélats voulaient faire déposer l'empereur, dans une assemblée réunie à Compiègne; mais les princes s'y opposèrent, prétendant que l'éloignement du favori leur laisserait le libre exercice du pouvoir. Ils abandonnèrent la direction de l'Etat à Lothaire, qui demeura près de Ludwig-Pieux pour régner en son nom. Le jeune Ludwig retourna en Bavière, et Pippin se rendit en Aquitaine.

CXXII. (d) Bernhard de Septimanie, la cause ou le prétexte des troubles de l'empire, avait eu le soin de se mettre en sûreté, en se retirant à Barcelonne, et les conjurés éprouvaient le plus vif chagrin de ne pouvoir l'atteindre. Enfin, après la diète de Compiègne, comme on l'a vu, les fils de l'empereur s'étaient séparés. Lothaire, déclaré chef de l'empire, détint l'empereur, le reste de l'été, dans la ville de Laon,

---

(a) *Nith.* (b) *Ms. de D. Fonteneau.*
(c) *Astronom.* — *Annal. Bertin.* — *Chron. St-Denis.*
(d) *Astronom.* — *Annal. Bertin.*

où il ne pouvait communiquer qu'avec des religieux, qui avaient mission de l'engager à embrasser la vie monastique, pour laquelle il paraissait avoir eu autrefois tant de vocation. Mais les moines, outrés intérieurement de la conduite de tels enfants envers leur père, furent les premiers à le dissuader secrètement de prendre ce parti, et proposèrent même de lui faciliter sa mise en liberté. En conséquence, un émissaire du monastère de St-Médard de Soissons, appelé Guntbald, fut envoyé aux deux autres princes avec des lettres de leur père, qui leur promit que, s'ils consentaient à sa délivrance, il augmenterait leurs portions respectives dans le partage de l'empire. Les deux princes, peut-être autant désireux d'obtenir cet avantage que repentants de leur conduite envers leur père, lui firent dire qu'ils mettraient tout en œuvre pour lui rendre la liberté et le pouvoir.

L'usage de l'empire était de tenir habituellement deux diètes générales par an pour régler les affaires de l'État, et il était question de réunir prochainement une de ces assemblées. C'était quelque chose de très-important dans la circonstance, car, quoiqu'on ne connût pas les rapports secrets de l'empereur avec ses fils Pippin et Ludwig, on désirait généralement le rétablissement de la paix.

L'indication de la localité pour la réunion avait surtout de la portée ; et on va voir le parti qui fut pris à ce sujet, avec la mention des intérêts entre lesquels il s'agissait de prononcer.

CXXIII. On doit le faire remarquer aussi, dans la querelle entre Ludwig et ses enfants, en général les Aquitains prirent parti contre le père, parce que celui-ci représentait l'empire ou la domination franke. Aussi, lorsque les amis de la paix proposèrent, en 830, une réconciliation, les partisans des enfants indiquèrent une ville romaine, tandis que l'empereur, qui se défiait de la population de cette contrée et avait plus de confiance dans les Germains, parvint, tout détenu qu'il était, à faire décider que la diète aurait lieu à Nimègue (*a*). Il en ré-

(*a*) *Astronom.*

sulta que tous les grands d'outre-Rhin se rendirent là, pour porter secours à Ludwig.

Le roi de Bavière arriva l'un des premiers à l'assemblée, et se déclara aussitôt pour son père. Se trouvant appuyé par un grand nombre de seigneurs, il débuta par un coup d'état. Il exila l'abbé Hilduin qui était venu là avec une suite nombreuse, malgré la défense qui lui en avait été faite, et enjoignit à l'abbé Wala de se retirer dans son monastère. Les partisans de Lothaire se réunirent aussitôt à la tente de ce prince, afin d'arrêter les moyens de résister; mais ils passèrent une nuit sans rien arrêter. Les uns proposaient d'agir aussitôt contre les troupes germaniques qui s'étaient déclarées pour l'empereur, et les autres voulaient que Lothaire se retirât sans rien faire. L'empereur lui-même, qu'on avait bien été forcé de conduire à cette assemblée, et qui censé libre ne l'était pourtant pas, eut la facilité de dire à Lothaire de se défier de ceux qui le trompaient, et que, s'il voulait se déclarer pour lui, il oublierait ses torts passés. Le fils se rendit aussitôt près du père, qui, après quelques reproches, s'empressa de pardonner.

CXXIV. (a) Les choses se trouvaient à ce point, que les deux partis étaient au moment d'en venir aux mains. Mais tout-à-coup apparurent l'empereur et Lothaire, qui annoncèrent leur réconciliation, et les divisions cessèrent. Ludwig-Pieux, reprenant aussitôt le pouvoir, ordonna l'arrestation des principaux instigateurs de la révolte contre lui. Ils furent à l'instant emprisonnés, et on décida qu'ils seraient jugés à une autre diète, qui ouvrirait très-prochainement à Aix-la-Chapelle.

(b) L'assemblée déclara ensuite que tout ce qui avait été fait contre l'impératrice était illégal, et qu'elle serait jugée solennellement à la future assemblée. L'empereur et Lothaire se rendirent aussitôt dans la ville impériale, pour y passer l'hiver. Le roi Ludwig et son parent naturel Drogon, évêque de Metz, furent en même temps envoyés à Poitiers afin d'y prendre l'impératrice et de la ramener. Néanmoins, l'empereur ne crut pas

(a) *Nith.*
(b) *Annal. Metens. — Annal. Bertin. — Astronom.*

devoir se réunir à Judith avant que son innocence eût été reconnue dans l'assemblée des grands de la nation.

CXXV. (a) L'influence du tombeau d'un saint sur une localité était alors immense. Les pèlerins y arrivaient en foule, souvent toute l'année, mais particulièrement à des époques données, surtout à la fête du bienheureux dont la mémoire était ainsi vénérée, et souvent cette fête était d'une octave, huit jours, ou même plus. Or, saint Junien reposait dans le petit monastère de Mairé-Levescaut, dépendant de l'abbaye de Noaillé. Il fallait donner de l'importance à ce dernier établissement, et aussi, sur la prière de l'abbé Godolin, Pippin, roi d'Aquitaine, fit-il procéder à l'exhumation du corps de saint Junien et à son transport de Mairé-Levescault à Noaillé. Le souverain assista lui-même à cette cérémonie avec toute sa cour ; le comte de Poitou y suivit le prince, et la cérémonie fut faite par Sigebran, évêque de Poitiers. Les restes du saint furent placés dans l'église alors dédiée à St Hilaire, et depuis mise sous son vocable, et ils s'y trouvent encore. On profita d'une circonstance, réputée alors si importante, pour faire la dédicace de l'église du monastère de Noaillé.

Cette cérémonie eut lieu le dimanche 6 novembre 830, et les détails de la translation du corps de saint Junien de Mairé à Noaillé ont été écrits par Wlfin Boèce. Ce document est curieux et mérite d'être consulté par ceux qui désirent connaître à fond les mœurs et les usages des temps anciens (41).

CXXVI. (b) Puisque nous nous occupons d'un monastère qui dut tant au souvenir de St Junien, il n'est pas hors de propos de parler ici de ce même saint, qui, du reste, passa toute sa vie dans le pays. Junien naquit en Poitou, à Brion sur la Clouère, près de Gençay, au commencement du vi° siècle, d'une famille distinguée et riche. Après avoir fait ses études, son goût pour la retraite et les exercices pieux le fit retirer à Chaunay, à quelques lieues seulement de Brion. Junien entretenait une correspondance grave avec Ste

(a) *Chron. Malleac.* — Besly, *Év. de Poit.*
(b) Thibaud. *Hist. de Poitou.* — Ms. de D. Fonteneau.

Radégonde, qui avait souvent recours à ses conseils. En effet, il ne s'agissait point, comme avec Fortunat, d'envoi de pièces de vers, de fleurs et de fruits (a). Les vertus de cet ermite furent bientôt connues au loin, et d'autres solitaires arrivèrent près de lui, afin de se mettre sous sa direction. Son oratoire ne lui parut pas propre pour y établir un monastère ; il s'en fit un autre, peu loin encore de là, dans un désert, près de Château-Larcher. Mais bientôt on représenta à Chlothaire, qui régnait alors sur cette portion des Gaules, que l'établissement religieux de Junien n'était qu'un moyen qu'il avait pris pour usurper un domaine royal. Ce souverain étant venu dans le pays, le pieux solitaire de Château-Larcher fut le trouver à Javarzay (42); touché de la sainteté de Junien, Chlothaire lui donna la terre de Mairiac ou de Mairé, où il édifia un monastère et une église. Ce saint, néanmoins, allait assez souvent à son premier établissement de Chaunay, et il y mourut le 13 août 587, à la même heure que Ste Radégonde, mais il fut inhumé dans son monastère de Mairé. L'église et les bâtiments de l'établissement furent détruits dans les guerres des ducs d'Aquitaine de la race mérovingienne contre les maires du palais, et le tombeau de Junien fut couvert par des ruines. Au retour de la paix, sous Karle-Magne, Goscelin, abbé de Mairé, releva ce monastère, et, appelé à commander au même titre à Noaillé, bientôt eut lieu l'union des deux établissements.

CXXVII. L'île d'Her, depuis appelée Hermoutiers, après Noirmoutiers, parut aux Northmans, par sa situation sur les côtes du Poitou, et presque à l'embouchure de la Loire, un point très-propre pour le centre de leurs expéditions dans l'ouest de la France. Ils vinrent, dès le principe, et peu après l'expédition sur l'île Bouin, en 820, la première des peuples du Nord dans ces contrées, s'établir à Her pour y demeurer jusqu'à l'époque où les mauvais temps les portaient à retourner dans leurs parages. C'est là que se déposaient les résultats du pillage sur le continent. Vers le moment du retour des

(a) Voir ce que dit M. Guizot des rapports qui ont existé entre sainte Radégonde et Fortunat.

Northmans, au commencement du printemps, les moines du monastère de St-Philbert et quelques autres habitants de l'île l'abandonnaient, en emportant leurs effets précieux. Les étrangers partis à la fin de l'automne, on y revenait et on séjournait, jusqu'au moment où le départ pour la grande terre devenait encore nécessaire.

Il y a lieu de croire que, dans le principe, les Northmans se bornèrent à piller les habitations, sans avoir encore la volonté bien prononcée de les détruire. Plus tard, ces brigands se portèrent à d'autres extrémités. En juin 830, ils brûlèrent le monastère de St-Philbert de l'île d'Her (a), construit par Karle-Magne, sans doute pour enlever aux moines tout esprit de retour.

CXXVIII. (b) Les fréquentes apparitions des Northmans, dans l'île d'Her, avaient obligé les moines, ainsi qu'on l'a vu, à bâtir une nouvelle maison, sur les bords du lac de Grandlieu, où ils se retiraient, quand les barbares occupaient leur île, c'est-à-dire, depuis le commencement du printemps jusqu'à la fin de l'automne. L'incendie de leur abbaye de Her les attacha d'autant plus à leur manoir de Deas, et ils songèrent, dès lors, à s'y fixer définitivement. Aussi, à leur prière, l'empereur Ludwig, qui leur avait permis de bâtir une petite ville auprès de ce nouveau St-Philbert, accorda des priviléges à ceux qui l'habitaient, afin de faciliter à cette petite cité les moyens de pouvoir opposer de la résistance aux ennemis, s'ils tentaient de s'y introduire. Ainsi tous les hommes de condition libre, tenant un bénéfice quelconque de l'abbé, leurs colons et serfs, furent spécialement chargés de la défense de la localité, et, pour cette raison, ils étaient exemptés de tout autre service public. Les domaines des religieux avaient cessé d'être exploités à cause des troubles; ceux-ci se trouvaient dans la détresse, et l'empereur, pour subvenir à leurs besoins jusqu'à ce que la culture fût rétablie, leur accorda un secours annuel de six livres

---

(a) *Adem. Chron.* — *Vit. S. Filb.*
(b) *Dipl. Lud.-Pii* ap. Bouq. — *Ms. de D. Fonteneau.*

pesant d'argent, à prendre sur son trésor, et avec une remise générale de tous dons et redevances quelconques.

CXXIX. (*a*) Les religieux des monastères se livraient alors à toute espèce d'études ; et cette variété de connaissances qui existait dans les cloîtres était quelque chose de bien heureux, puisque, dans le monde, les sciences étaient à peu près délaissées. L'abbaye de Charroux, dès le principe, eut des moines savants. On en trouve notamment un, vers 830 (*b*), qui s'est occupé de la musique, et le manuscrit de son ouvrage existe à la bibliothèque du Roi, où il a été rencontré par le savant abbé Lebœuf, si habile dans les difficultés scientifiques relatives au Poitou (*c*). C'est un poëme sur la musique qu'a écrit le moine de Charroux, et il y donne une sorte de description du cri des animaux et plus particulièrement du chant des oiseaux.

Le poëme dont nous venons de parler ne jette pas un grand jour sur l'état de la musique en Poitou, à une époque aussi éloignée et aussi obscure. Néanmoins, en ce qui concerne la musique sacrée, il n'est pas hors de propos de dire qu'il y avait environ un demi-siècle alors (*d*), que Karle-Magne avait amené de Rome des chantres d'église, qui substituèrent le chant appelé grégorien à celui en usage dans les églises de France. La liturgie actuelle a conservé quelques morceaux de ce premier chant, qui ne paraît pas manquer d'un certain mérite musical. Les diverses inflexions de la voix ne se font guère remarquer que dans les spondées ou syllabes de la prononciation latine. Sous ce point de vue, on peut faire un rapprochement assez frappant avec l'ancienne déclamation théâtrale des Grecs.

CXXX. (*e*) La conduite régulière de l'impératrice Judith à Poitiers lui fut extrêmement utile pour sa justification. Ayant

---

(*a*) Dreux-du-Radier, *Bibl. du Poitou.*
(*b*) On croit que Bertrandus Prudentius vivait sous Gumbauld 1er, qui devint abbé de Charroux, en 831.
(*c*) Notamment pour la bataille de Vauclade.
(*d*) En 787.
(*e*) *Annal. Motens.* — *Annal. Bertin.* — *Thégan.* — *Astronom.*

été ainsi retirée de son monastère par le roi Ludwig et par l'évêque Drogon, elle se rendit à la diète d'Aix-la-Chapelle du jour de la Purification 831, et elle offrit de prouver son innocence suivant les lois françaises. Personne n'osant renouveler l'accusation contre elle, pour un prétendu commerce adultérin avec Bernhard de Septimanie, elle se trouva purgée de l'imputation qui lui avait été faite. D'après la décision du pape Grégoire II et de l'avis des évêques, Ludwig reprit l'impératrice et lui rendit les honneurs du trône.

CXXXI. On procéda ensuite au jugement des principaux chefs de la conspiration ourdie contre l'empereur. Ils avaient été les partisans de Lothaire, et ce prince vota pour les condamner, de même que Pippin, roi d'Aquitaine, et Karles, roi de Bavière. Leçon notable donnée à ceux qui se jettent dans des conspirations, pour des princes qui souvent finissent par les abandonner à leur malheureuse destinée, si même, comme Lothaire, ils ne sont pas les premiers à les punir d'avoir pris leur parti !

La diète déclara les conspirateurs coupables de lèse-majesté, et les condamna tous à mort; mais l'empereur, usant de sa clémence ordinaire, modifia de beaucoup cette peine. Les évêques et les abbés furent déposés de leurs siéges, et les comtes et autres grands dépouillés de leurs dignités; tous furent envoyés en exil dans des monastères, et leurs biens furent confisqués. L'empereur fit ensuite la clôture de la diète, et les trois princes ses fils retournèrent dans leurs états respectifs. Peu après, Ludwig-Débonnaire fit successivement remise entière de leurs peines à presque tous ceux qui avaient été condamnés, pour avoir conspiré contre lui (*a*). La plupart d'entre eux même furent réintégrés dans la possession de leurs biens.

CXXXII. (*b*) Parmi les condamnés à la diète d'Aix-la-Chapelle, on doit citer Wala, frère d'Adhélard; et comme lui, il fut exilé dans l'île d'Her. Elle semblait, ainsi que son monastère, être destinée à être un lieu d'exil, pour les membres de la

(*a*) *Astronom.* (*b*) *Vit. Wal. ab. Corb.*

famille impériale. Hilbodus était alors abbé du monastère, et il paraît que Wala, l'un des chefs du complot contre l'empereur, et accusé ensuite par le roi Pippin de lui avoir donné de la défiance contre son père, n'obtint pas comme les autres le rappel de son exil. Au lieu de cela, quand on le tira de l'île d'Her ou de Deas, car il suivait sans doute les moines de St-Philbert d'Her sur le continent, on le conduisit en Allemagne, où il fut confiné dans un autre monastère.

CXXXIII. (a) La diète de l'automne 831 fut tenue à Thionville. Lothaire, roi d'Italie, et Karles, roi de Bavière, y assistèrent; mais le roi Pippin s'excusa de s'y trouver, malgré les ordres précis de l'empereur. Bernhard de Septimanie n'avait pas paru à la précédente, se tenant toujours éloigné et en garde dans son gouvernement ou dans la Marche d'Espagne; mais il se décida enfin à se rendre à celle-ci pour se justifier, ainsi que l'avait fait l'impératrice elle-même, des accusations que les conspirateurs avaient portées contre lui. Arrivé dans l'assemblée, il demanda à se disculper des imputations qui lui étaient faites, et à établir son innocence *selon la coutume et la lois des Franks*, c'est-à-dire par les armes et en combattant corps à corps son accusateur. Personne ne s'étant présenté pour répondre au défi, Bernhard se purgea par serment, et dès lors son innocence fut déclarée par l'assemblée.

CXXXIV. (b) Le motif qui avait engagé le roi Pippin à ne pas assister à la diète de Thionville, était le mécontentement qu'il avait contre son père, sentiment que partageait aussi Ludwig, roi de Bavière. Tous les deux étaient outrés de n'avoir point reçu, pour prix de l'appui qu'ils avaient prêté à l'empereur, une augmentation de territoire à gouverner, ainsi qu'on le leur avait promis. Ils s'en plaignaient d'autant plus, que le moine Guntbald, que nous avons vu l'intermédiaire de la correspondance, était en si grande faveur auprès de Ludwig-Débonnaire, qu'il figurait même à sa cour comme principal ministre, et que les promesses par lui faites au nom de l'em-

---

(a) *Astronom.* — *Thegan.* — *Annal. S. Bertin.*
(b) *Annal. Bertin.*

pereur n'étaient point exécutées. Néanmoins Pippin, roi d'Aquitaine, pressé par de nouveaux ordres, arriva enfin près de son père à Aix-la-Chapelle, peu avant les fêtes de Pâques. Sa désobéissance première lui attira un assez mauvais accueil de l'empereur, qui lui enjoignit même de ne pas s'absenter de la cour, sans sa permission expresse. Ces sortes d'arrêts poussèrent le roi d'Aquitaine à un parti extrême. En effet, aussitôt les fêtes passées et la nuit du 28 décembre, il partit secrètement, accompagné de quelques grands qui lui étaient attachés, pour se rendre en Aquitaine.

(a) On croit que Pippin fut principalement porté à agir ainsi envers son père par les conseils de Wala, qui, comme on l'a vu, était exilé dans la partie de l'Aquitaine joignant la Bretagne, c'est-à-dire dans l'île de Her, au monastère de St-Philbert, ou au moins à Deas, sur le continent.

CXXXV. (b) La retraite de Pippin exaspéra son père, d'autant plus que quelques-uns de ses conseillers le poussaient aux voies extrêmes. L'empereur se détermina donc à convoquer une diète à Orléans, pour aviser aux moyens de réduire le roi d'Aquitaine à l'obéissance. Il invita les rois Lothaire et Ludwig à assister à cette assemblée. Quant au dernier, il était d'accord avec Pippin pour agir contre leur père; il avait formé le projet de s'emparer de l'Allemagne, dont on voulait faire le lot de Karles, leur jeune frère du dernier lit, et ensuite de venir en France joindre Pippin. Ludwig comptait attirer à lui, par son influence, les peuples d'Austrasie et de Saxe. Il se trompa dans ses prévisions. L'empereur, instruit du complot du roi de Bavière, marcha contre lui, et les troupes de son père, qu'il chercha à travailler, tinrent bon. Alors Ludwig se retira en Bavière, et ses propres soldats se réunirent à l'armée de l'empereur. Celui-ci continua sa marche, et arriva à Augsbourg, où il était au mois de mai. Arrivé là, il manda au roi Ludwig, qui était allé cacher sa honte dans ses états, de se rendre près de lui. Le roi de Bavière vint tout troublé, et obtint de son père

(a) *Vit. Wal. ab. Corb.* (b) *Annal. Bertin.* — *Thegan.*

le pardon de sa révolte (a), après avoir promis plus de fidélité à l'avenir. L'empereur passa ensuite à Mayence, où il trouva Lothaire, qui tint à cœur de se disculper d'une accusation de complicité dans les projets de ses frères.

CXXXVI. (b) C'est surtout lors des troubles civils que se forment parfois des alliances qui paraissent bien extraordinaires. Bernhard, duc de Septimanie, n'ayant pu reprendre sa première faveur à la cour, crut qu'il y parviendrait plus aisément en se rapprochant de ses anciens ennemis, mécontents, comme lui, de leur position politique. Il se réconcilia et établit des rapports d'amitié avec Pippin, roi d'Aquitaine, et Wala, abbé de Corbie. Tous trois offrirent leur appui commun aux mécontents, qui se plaignaient des abus multipliés existants, et ceux-ci acceptèrent cette offre avec empressement; aussi, au lieu de se rendre à la diète d'Orléans, pour laquelle il était convoqué, et tandis que l'empereur marchait contre le roi de Bavière, Pippin se déclara ouvertement contre son père. Les Aquitains, dans cette occurrence, se prêtèrent grandement aux vues de leur roi, car ils virent dans le conflit du fils contre le père une querelle de nationalité. Aussi, dans tout le pays au-delà des Pyrénées, la conduite de Pippin eut l'assentiment des populations.

CXXXVII. (c) L'empereur arriva à Orléans, disposé à agir envers le roi d'Aquitaine, de la même manière qu'il l'avait fait envers Ludwig de Bavière; il ouvrit la diète à laquelle, comme on l'a vu, Pippin était loin d'être disposé à se rendre, puisqu'il s'était mis en état de révolte ouverte. Aussitôt la clôture de cette assemblée, qui dura très-peu, Ludwig-Débonnaire partit d'Orléans, avec une armée, le 1ᵉʳ septembre 832, passa la Loire, vint en Aquitaine, et arriva au palais de Joac (d) en Limousin, où il séjourna; ensuite il se rendit dans la Marche.

Il ne paraît pas que Pippin se mit en mesure d'empêcher

(a) *Annal. Fuld.* — *Thegan.*
(b) *Astronom.* — *Thegan.* — *Annal. Bertin.*
(c) *Astronom.* (d) *Jocondiacum.*

son père d'entrer dans ses états. Peut-être ses mesures n'étaient-elles pas encore suffisamment prises pour résister? Toujours est-il que le roi d'Aquitaine se porta alors dans la partie méridionale de son royaume, sans s'inquiéter des forces qui l'envahissaient du côté du nord.

CXXXVIII. (*a*) Les rois d'Aquitaine avaient, dans la Marche (43), un château bâti par les rois visigoths. Il est probable qu'il était à Crozant, et il devint ensuite le lieu de résidence des comtes de la Marche. Ludwig y convoqua une diète, et intima l'ordre le plus formel à Pippin de venir l'y trouver. Ce dernier, sans doute hors d'état de résister, y arriva, et là Ludwig lui commanda de se rendre à Trèves, pour y demeurer, jusqu'à nouvelle destination, avec sa femme et ses enfants, et d'y donner des preuves de sa soumission et de son repentir.

CXXXIX. (*b*) L'empereur parut d'abord user d'indulgence envers son fils Pippin, à Crozant; mais il n'en fut pas de même à l'égard de Bernhard de Septimanie, qu'on considéra comme l'instigateur de la révolte du fils contre le père. Bernhard, comme convaincu de félonie, fut privé du duché de Septimanie, ou, comme on disait alors, dépouillé de ses honneurs, malgré que son délateur n'eût pas le courage d'accepter le combat singulier que lui offrait l'accusé. Gotzelme, son frère, comte ou marquis de Roussillon, fut compris dans sa disgrâce, et perdit son emploi. Le duché de Septimanie fut donné à Bérenger, déjà duc de Toulouse et d'Aquitaine. Cette concession donna lieu, par la suite, à de graves démêlés entre les deux ducs Bernhard et Bérenger.

CXL. (*c*) On a vu que l'empereur, pour réduire Pippin, lui avait enjoint de se rendre à Trèves avec sa famille, afin d'y donner des preuves de sa soumission à l'autorité paternelle. Il paraît même que Ludwig-Débonnaire avait confié son fils à

(*a*) Robert du Dorat. — Jouilleton, *Hist. de la Marche.* — F. F. Diago, *la Historia de los antiguos condes de Barcelone.*
(*b*) *Astronom.* — *Annal. Bertin.* — *Vit. Wal.*
(*c*) *Astronom.* — *Thegan.* — *Annal. Bertin.*

un de ses officiers, bien accompagné, pour le conduire en Germanie. Mais ce prince, peu disposé à quitter l'Aquitaine, usa d'un subterfuge ; il se fit arrêter par une troupe de ses affidés qui eurent l'air de l'enlever de force, et se fit conduire au palais de Doué, en Anjou, où il séjourna, et de là il se mit à errer dans ses états.

CXLI. (*a*) De plus en plus mécontent de Pippin, l'empereur avisa aux moyens de le réduire, en prolongeant son séjour au sud de la Loire ; il y réunit une assemblée dans laquelle il fit déclarer Pippin déchu de son titre de roi d'Aquitaine. En même temps, et pour satisfaire aux obsessions continuelles de l'impératrice, il donna ce même royaume à son jeune fils Karles, issu de son dernier mariage. Le petit nombre des grands d'Aquitaine présents, et qui s'étaient détachés de la cause de Pippin, firent même serment au nouveau roi, bien jeune encore.

CXLII. (*b*) Fâché peut-être d'avoir porté les choses aussi loin, et voulant laisser une porte au repentir, l'empereur convoqua une diète d'Aquitaine à Limoges, pour la St-Martin 832, et invita Pippin à s'y trouver. Celui-ci, indigné de ce que son père avait voulu lui enlever son royaume, non-seulement refusa de paraître à l'assemblée, mais commença une guerre contre son père. Les troupes de ce dernier furent harcelées, avec beaucoup d'avantage, par l'armée de Pippin, durant les pluies continuelles d'automne et pendant l'hiver froid et excessivement rigoureux de cette année. Les choses furent poussées à un point tel, que l'empereur fut obligé de congédier son armée. De sa personne, il passa ensuite la Loire, séjourna au palais de Rest, près Montsoreau, de là au Mans où il passa les fêtes de Noël, et se rendit enfin à Aix-la-Chapelle, pour le commencement de 833.

CXLIII. Nous avons fait pressentir que Bernhard, comte de Poitou, s'était prononcé contre Ludwig-Pieux, et nous avons été induit à penser que les intrigues de Wala, toujours relégué dans l'île d'Her, avaient pu influer sur sa conduite et sur celle de Pippin, roi d'Aquitaine. Ce qui donne plus de

---

(*a*) *Astronom.* — *Nith.* (*b*) *Astronom. Annal. Bertin.*

poids à cette idée, c'est que le résultat fut tel qu'il aurait été si la cause que nous présentons a été réelle. En effet, peu après la diète d'Orléans, tenue en septembre 832, et probablement pendant son séjour au palais de Joac, en Limousin, ou dans celui de Crozant, dans la Marche, l'empereur, dégagé des entraves qui lui avaient été imposées, et rendu à cette position plus heureuse de pouvoir faire sa volonté, dépouilla Bernhard du titre de comte de Poitou, et donna cette place à Emenon, frère du dépossédé. Plusieurs autres seigneurs furent de même privés de leurs dignités. On voit, d'après cela, que le roi d'Aquitaine ne nommait point aux places de comtes dans ses états, et que le choix de ces officiers appartenait à l'empereur. Dès lors, il est facile de voir que l'autorité royale, en Aquitaine, était puissamment dominée par le pouvoir impérial. La royauté d'Aquitaine n'était, à bien dire, qu'un grand fief tenu de l'empire.

CXLIV. (a) Il paraît que pendant que le comte Bernhard administrait la province, Ricwin conservait encore le titre de comte de Poitou, et demeurait presque toujours à la cour. On le voit, en effet, en 832, au palais de Joac, près Limoges, à la suite de l'empereur, et il exalta tellement l'esprit de ce prince contre l'abbé Conwoion, que Ludwig fit chasser de sa présence ce fondateur du monastère de St-Sauveur de Redon.

CXLV. Pour ne plus revenir sur le compte de Bernhard, qui avait pour frère, outre Emenon qui lui succéda, Turpion, qui obtint le comté d'Angoulême, nous dirons qu'assez longtemps après sa révocation du titre de comte de Poitou, il fut tué par les Northmans, en 844. Il avait épousé Bilichide, fille de Roricon, premier comte du Mans, dont il eut, 1° Bernhard II, marquis de Septimanie, que nous verrons régner, à son tour, sur le Poitou; 2° et Emenon, qui fut entraîné dans la proscription dont son frère fut la victime. De ce Bernhard Ier descendent, ainsi que l'établit dom Vaissette, les comtes de Poitou, qui devinrent ensuite ducs d'Aquitaine.

(a) Gest. S. Roton. Conwoi. — Mabil. Act. SS. Ord. Bened.

CXLVI. (*a*) On le voit, le système de perpétuer les mêmes dignités dans les familles commençait à être érigé en loi, car on n'ôta le gouvernement du Poitou à Bernhard que pour le donner à son frère Emenon.

CXLVII. (44) Un document qui nous a été conservé par dom Mabillon nous fait connaître les particularités d'une visite de Pippin, roi d'Aquitaine, à l'abbaye de Saint-Maixent, la veille de Pâques, en 833 (*b*). Ce prince y fut reçu suivant la coutume usitée pour les rois, sans que cependant on sonnât les cloches; on chanta des prières, et on le conduisit ensuite aux tombeaux de saint Maixent et de saint Léger. Ces cérémonies observées, Pippin prit un bain, conformément à l'usage du temps, puis il fut se revêtir de ses ornements royaux, à cause de la solennité de la fête, et assista aux offices du jour. A son retour de l'église, les moines se jetèrent à ses pieds, et Gundacrus, leur prieur, portant la parole, lui exposa le triste état du monastère, qui jouissait anciennement des revenus de plus de quinze mille manoirs (*c*), et se trouvait alors réduit au revenu du dixième de la dîme d'un millier (*d*). Le prieur représenta encore que leur abbaye était passée entre les mains des laïques, qu'elle était privée d'un abbé régulier pour y faire observer la règle de St Benoît, Abbon, revêtu de cette dignité, n'étant qu'un séculier; que les bâtiments du monastère étaient tombés en ruines, et qu'on ne pouvait, faute de bois, réparer les charpentes. Touché de ces doléances, le roi d'Aquitaine ordonna qu'on rendrait aux religieux les domaines qui leur appartenaient, et que, si la restitution était impossible pour le moment, les détenteurs de ceux tenus en bénéfice paieraient le neuvième et la dîme de leur produit; qu'Abbon, s'il voulait continuer à demeurer abbé, embrasserait la vie monastique, et qu'on fournirait au monastère, en le prenant dans les forêts royales, tout le bois nécessaire pour le

---

(*a*) *Ms. de D. Fonteneau.*
(*b*) Mabil. *Annal. Bened.* — *Ms. de D. Fonteneau.*
(*c*) *Millium amplius quindecim mansuum redditibus constans.*
(*d*) *Ad decem milliari decimam.*

réparer. Il paraît qu'Abbon, pour ne pas perdre sa dignité, entra en religion, et il poussa sa carrière assez avant (*a*).

CXLVIII. (*b*) L'état d'insurrection de Pippin contre l'empereur, et surtout le parti pris par celui-ci d'enlever au premier la couronne d'Aquitaine, produisit un effet marqué sur ses deux autres fils, Lothaire et Ludwig. Ils virent dans cet acte, qui mettait en péril leur propre apportionnement, une violation du serment solennel fait, en 817, par Ludwig-Pieux, et des conventions postérieures par lesquelles il avait maintenu le partage des provinces de l'empire. Une pareille conduite, de la part d'un père envers ses enfants, fut attribuée à leur belle-mère et à ceux qui s'étaient emparés de l'esprit de l'empereur. Les trois frères, réunis bientôt dans un commun intérêt, arrêtèrent qu'ils résisteraient par les armes; ils cherchèrent à attacher les populations à leur parti, et ils rappelèrent de l'exil les grands qui y avaient été envoyés. Le comte Martfried, notamment, fut tiré du lieu où il était confiné, et mis à la tête de l'armée des princes confédérés.

CXLIX. (*c*) L'empereur, averti de ces dispositions, se rendit à Worms, au commencement du carême de 833, et réunit aussi une armée. Les forces combinées de ses fils, dont les troupes d'Aquitaine faisaient une bonne part, ne tardèrent pas à se réunir en Alsace, près de Colmar et du mont Negwald, entre Brisach et la rivière d'Ell, dans un lieu appelé alors le Champ-Rouge, et qui depuis prit le nom de *Champ-du-Mensonge*.

Ludwig-Débonnaire, arrivé avec son armée devant celle de ses enfants, entreprit d'abord la voie des négociations. Il envoya des députés, non-seulement aux trois rois, mais même au pape Grégoire IV, que Lothaire avait eu l'art d'amener avec lui, en lui persuadant qu'il devait le suivre, pour s'établir médiateur entre les membres de la famille impériale. L'empereur fit néanmoins faire des reproches au pape, en ce qu'il se trouvait, disait-il, au milieu et comme du bord d'enfants rebelles contre leur père et leur souverain. Quant aux princes,

(*a*) Jusqu'en 846. (*b*) *Astronom.* — *Nith. Annal. Bert.* — *Lultgard.*
(*c*) *Nith.* — *Astronom.* — *Theg.*

il les sommait de reconnaître leur faute et de se soumettre à son autorité paternelle et impériale. Lothaire était le plus maltraité, parce qu'on le considérait comme l'artisan de la résistance commune des trois frères. La réponse de ceux-ci, quoique respectueuse en apparence, fut pleine d'énergie. Ils reprochaient à leur père son manque de foi, en attribuant sa conduite à la domination qu'exerçait sur lui l'impératrice Judith, qui voulait faire passer une partie de l'empire à son fils Karles; l'empereur était sommé de remplir ses engagements, condition à laquelle les trois rois promettaient de rentrer dans le devoir. Placés chacun dans ces différentes positions, sans vouloir s'en départir, il ne pouvait pas y avoir, et il n'y eut pas, en effet, de rapprochement. Le pape eut beau aller au camp impérial, où il demeura assez longtemps, et proposer des termes moyens pour une conciliation, il ne fut point écouté. Il revint vers les princes pour leur dire qu'il n'y avait rien à faire, et il se retira (45).

Pendant ce temps, les deux partis opposés cherchaient à agir sur les masses. Les insinuations des princes furent les plus fortes, et dans la nuit qui suivit l'entrevue du pape avec l'empereur, presque tous les grands de sa cour passèrent du côté des princes avec leurs soldats. Ludwig-Débonnaire, à son lever, se trouva abandonné de presque tous les siens, et seulement entouré de quelques fidèles à qui il donna le conseil ou de se retirer chez eux ou d'aller joindre Lothaire (*a*).

CL. (*b*) Les choses en l'état où nous les avons laissées, les troupes des princes confédérés se disposaient à enlever l'empereur de sa personne, lorsque celui-ci, en crainte du danger qu'il pouvait courir, fit demander à ses fils de le garder des insultes de la soldatesque indomptée. Les trois rois firent dire à leur père que, s'il voulait se réfugier dans leur camp, ils iraient au-devant de lui, pour lui rendre les honneurs auxquels il avait droit. Alors Ludwig-Pieux se vit forcé d'aller lui-même, le 30 juin 833, se livrer à ses fils, qui vinrent à cheval au-devant

(*a*) *Vit. Wal. ab. Corb.* — *Astronom.* — *Thegan.*
(*b*) *Astronom.* — *Thegan.* — *Annal. Bertin.*

de lui. Ayant mis pied à terre, lorsqu'ils furent rendus à leur père, celui-ci les embrassa et intercéda pour l'impératrice et pour son fils. Les trois princes promirent plus qu'ils ne voulaient tenir, et le jeune Karles fut conduit à la tente de Lothaire, tandis que Judith était menée à celle du roi de Bavière. Ensuite, cette princesse fut envoyée en exil à Tortone, en Lombardie.

Peu après, en juillet 833, les princes réunirent les grands de l'empire qui se trouvaient là, dans une sorte de diète irrégulière; ils y firent prononcer la déchéance de l'empereur, et l'assemblée offrit la couronne impériale à Lothaire, qui déclara l'accepter. Ensuite il fut fait, entre les trois frères, un nouveau partage de l'empire, et ils reçurent le serment de ceux qui, d'après cette nouvelle division, devenaient leurs sujets. Alors les princes se séparèrent; Pippin se dirigea sur l'Aquitaine, Ludwig se rendit en Bavière, et le pape, mécontent du résultat de son voyage, s'achemina vers l'Italie. Quant à Lothaire, sa marche fut vers la France, et il emmenait avec lui, sous une bonne garde, son père Ludwig et son jeune frère Karles. Arrivé à Soissons, le nouvel empereur y confina l'ancien dans le monastère de St-Médard, devenu déjà par le passé une prison royale, et le fils de Judith fut dirigé vers le monastère de Prum, au diocèse de Trèves.

CLI. Il est curieux de voir le jugement que le pape Grégoire IV portait sur le dénoûment de ce drame de famille auquel il venait d'assister. Nous trouvons l'expression de la pensée du souverain pontife dans une de ses lettres (a), où il répond aux menaces d'excommunication qui lui avaient été adressées par les évêques de la Gaule, presque tous du parti de Ludwig-Pieux, pour être venu se mêler des affaires de l'empire frank. On y voit que le motif déterminant de la démarche de Grégoire IV était la conservation de cette constitution de 817, sur le gouvernement et la division de l'empire. C'est à la violation de cet acte solennel qu'il attribuait les troubles dans l'État et dans l'Église, et il annonçait n'être venu

(a) *Recueil des Hist. de Fr.* t. VI.

que pour réconcilier le père avec ses enfants, les grands entre eux, pour travailler à la paix, tant dans l'Église que dans l'État.

CLII. (a) Plein du désir de conserver la dignité impériale, Lothaire essaya une fois de plus de déterminer son père à embrasser la vie monastique, et cette nouvelle tentative n'eut pas encore de résultat. Alors le roi d'Italie forma la résolution d'assujétir Ludwig à une pénitence publique, parce que, d'après les canons, ceux qui s'étaient soumis à cette humiliation devenaient inhabiles à porter les armes et à remplir les fonctions royales. Mené, pour cet effet, à la diète de Compiègne, on entendit trois prélats, Agobard, de Lyon, Bernhard, de Vienne, et Barthélemi, de Narbonne, accuser leur souverain de différents crimes, et demander qu'il fût condamné à les expier par une pénitence publique. Cet avis prévalut dans l'assemblée, malgré une opposition assez forte. Alors, et le 1er octobre 833, Ludwig-Débonnaire fut amené au milieu de ceux qui naguère se disaient ses sujets et venaient de se constituer ses juges, et il fut obligé de lire la prétendue confession de ses crimes, qui avait été dressée par les évêques. Ensuite il fut dépouillé de ses habits impériaux et de ses armes, revêtu d'un vêtement gris, et assujéti à la pénitence que lui infligea l'archevêque de Reims. Après, le malheureux empereur fut conduit de nouveau à St-Médard de Soissons où on le renferma; mais Lothaire le tira bientôt de là, pour le conduire lui-même à Aix-la-Chapelle, où il arriva à la fin de novembre, disposé qu'il était à y passer l'hiver.

Il est à remarquer que les rois Pippin et Ludwig n'assistèrent point à la diète où on agit d'une manière si outrageuse envers leur père. Il semble même que Lothaire, fut seul des trois frères, l'artisan de cet acte d'iniquité, que les auteurs de l'*Art de vérifier les dates* qualifient de *digne de l'horreur de tous les siècles*.

CLIII. (b) Une chronique place sous l'an 833 une expédition

(a) Flodoard.
(b) *Chron. de Gest. Normann.* an 833.—Capefigue, *Invas. des Norm.*

des pirates normans qui, repoussés des côtes de Neustrie, se seraient rejetés sur celles d'Aquitaine et auraient brûlé un lieu désigné sous le nom de Burnad (46), dont la situation est difficile à établir.

CLIV. (a) La manière injuste et barbare avec laquelle on en avait agi envers Ludwig-Pieux indisposa généralement dans tout l'empire, et des mouvements ne tardèrent pas à avoir lieu en sa faveur sur divers points. En France, Egbert, comte de Paris, et Guillelme, comte de l'Étable, réunirent des troupes afin d'agir dans son intérêt, de même que Warne dans la Bourgundie, de concert avec Bernard de Septimanie, qui s'était réfugié dans cette contrée, après la perte de ses emplois. Le roi Ludwig et l'évêque Drogon envoyèrent l'abbé Hugues de Germanie en Aquitaine, auprès du roi Pippin, pour l'engager à prendre parti pour son père. Le roi d'Aquitaine était aussi bien disposé, en ce sens, que le roi de Bavière, par la raison que Lothaire semblait vouloir s'emparer de tout l'empire, et ne laisser rien aux autres. De plus, ils étaient révoltés de ce qu'on eût poussé les choses à l'extrême, en avilissant la dignité impériale par une pénitence publique. Alors tout s'organisa en Aquitaine et dans le reste de l'empire frank, vers le but de délivrer Ludwig de la position humiliante dans laquelle Lothaire l'avait placé.

CLV. (b) Cette ligue ainsi formée, on se mit en devoir d'agir. D'abord le roi de Bavière, s'étant placé à la tête de son armée, se porta jusqu'à Francfort, d'où il envoya inviter Lothaire de traiter leur père avec plus de ménagement. Cette prière ayant été prise en mauvaise part, le roi Ludwig s'approcha avec ses forces d'Aix-la-Chapelle, alors que Pippin se dirigeait d'Aquitaine sur le même point, à marches forcées, avec des troupes d'élite. Lothaire, croyant qu'on lui était plus dévoué de l'autre côté du Rhin, fit venir le jeune Karles du monastère de Prum, et l'emmenant avec lui, ainsi que l'empereur, il se dirigea vers Compiègne, et de là il arriva à Paris

(a) *Astronom.* — *Annal. Bertin.* — *Nith.* — *Theg.*
(b) *Astronom.* — *Nith.* — *Theg.* — *Annal. Poit.*

et à l'abbaye de St-Denis. Il était là lorsque le comte Egbert et Guilleme tentèrent d'arrêter à la fois Lothaire et ses prisonniers; mais, dans la crainte qu'il ne mésarrivât à Ludwig-Pieux, et sur l'invitation même de celui-ci, avec qui ils avaient établi des intelligences, ils renoncèrent à leur projet.

Pendant ce temps, Pippin, avec l'armée d'Aquitaine, était déjà rendu tout près de là. De l'autre côté de la Seine, Lothaire, pour empêcher les Aquitains de franchir le fleuve, fit couler bas toutes les barques, et il fut mieux servi encore par une inondation extraordinaire, qui emporta tous les ponts, et ne permit pas de se diriger sur Paris. D'un autre côté, Bernhard de Septimanie et le comte Warin arrivèrent, vers la fin de février, sur la Marne, avec les forces qu'ils avaient réunies en Burgundie. Un froid extrême les obligea de s'arrêter à Bonnœuil (a), et sans doute ils avaient aussi à s'entendre avec les autres chefs des confédérés, et notamment avec le roi Pippin. Quelques jours après, les deux frères, le comte Gotzelme et l'abbé Abrebald furent députés à Lothaire, pour le sommer de mettre l'empereur en liberté, se faisant fort d'obtenir de lui remise et oubli du passé, avec déclaration qu'en cas de refus de délivrer Ludwig, on emploierait la force pour arriver à ce résultat. Lothaire répondit aux envoyés, que ceux qu'ils représentaient ne devaient pas le trouver si coupable, puisque la plupart d'entre eux lui avaient livré l'empereur, et s'étaient ensuite prononcés pour sa déposition canoniquement portée par les évêques. Ensuite il demanda à conférer avec de nouveaux députés, et engagea à lui envoyer deux comtes et deux abbés. Ce n'était qu'un subterfuge pour gagner du temps, dont on ne lui tint pas compte. Or, comme Ludwig, roi de Bavière, arrivait avec une armée de Germains, et qu'il craignait avec juste raison de se trouver enveloppé, il partit de St-Denis, le dernier jour de février, accompagné seulement de l'archevêque de Narbonne, de l'évêque d'Elne et de quelques seigneurs attachés à sa fortune, se dirigea sur la Burgundie, et arriva à Vienne, sur le Rhône, où il chercha à réunir une armée.

(a) *Bongilo.*

Lothaire en se retirant avait laissé à St-Denis et son père et son jeune frère Karles. Ces princes se trouvant ainsi en liberté, les seigneurs qui se rencontraient là engagèrent Ludwig à prendre les marques de la dignité impériale. Il différa cette cérémonie jusqu'au lendemain dimanche 1er mars, où les évêques présents le revêtirent de ses ornements d'empereur, et lui rendirent ses armes. En même temps, ils demandèrent pardon au monarque, pour l'injure que le corps épiscopal lui avait faite peu auparavant.

CLVI. (a) Si l'empereur eût suivi le conseil de ceux qui voulaient qu'on portât les choses à l'extrême, il aurait pris le commandement des troupes réunies en sa faveur, pour marcher contre Lothaire, et le punir d'une manière exemplaire. Mais une telle conduite répugnait à son caractère, et il sentait, du reste, qu'il n'était pas sans reproche dans la lutte qu'il avait eu à soutenir. Il préféra donner des preuves de sa reconnaissance à ceux qui avaient pris parti pour lui. Ludwig, de St-Denis, se rendit donc d'abord à Nanteuil, puis à Kiersi-sur-Oise, où il attendit ses fils Pippin et Ludwig, qu'il reçut avec une grande démonstration d'affection. Les seigneurs de leur suite et ceux de l'armée de Burgundie obtinrent aussi un accueil extrêmement flatteur. Peu après, à la mi-carême, il se tint à Kiersi une diète dans laquelle il réintégra solennellement Pippin dans le titre de roi d'Aquitaine, qu'il lui avait ôté dix-huit mois auparavant. Bernhard fut aussi de nouveau établi duc de Septimanie, et les autres grands qui avaient contribué à la délivrance de l'empereur furent rétablis dans les honneurs, charges et titres dont ils avaient été précédemment dépouillés.

(b) La diète terminée, l'empereur renvoya Pippin en Aquitaine, pour pourvoir à l'administration de ce royaume. Accompagné du roi de Bavière et du prince Karles, il se rendit ensuite à Aix-la-Chapelle. L'impératrice Judith ne tarda pas à arriver de Tortone, où elle avait été délivrée dès qu'on avait appris le rétablissement de l'empereur. Celui-ci ne voulut pourtant re-

---

(a) *Astronom.* — *Theg.* — *Nith.* — *Annal. Bertin.*
(b) *Astronom.* — *Nith.* — *Theg.*

prendre Judith que quand elle se fut purgée de nouveau des inculpations portées contre elle ; il fit aussi publier une amnistie générale pour ceux qui s'étaient déclarés contre lui en dernier lieu.

CLVII. (a) Le parti de Lothaire était loin d'être abattu, et il se fortifiait surtout de la faiblesse de caractère qu'on connaissait à l'empereur. Malfried, auparavant comte d'Orléans, et Lanthbert, comte des Marches de Bretagne, étaient surtout les hommes de marque attachés à Lothaire. Ils réunirent les partisans de ce prince, et se mirent en campagne pour désoler et piller la Neustrie et tout le pays jusqu'à la Loire. L'armée impériale, aux ordres d'Odon, comte d'Orléans, marcha contre les forces ennemies, et un engagement sérieux eut lieu. Le comte d'Orléans, son frère Guillelme, comte de Blois, Gui, comte du Maine, et autres seigneurs de marque, trouvèrent la mort sur le champ de bataille. Les comtes Malfried et Lanthbert ne profitèrent point de leur victoire : hors d'état de se maintenir dans le pays, et craignant d'être enveloppés, ils pressèrent Lothaire de venir à leur secours.

Celui-ci se disposait, en effet, à marcher en avant ; de Vienne, il se porta sur Châlons-sur-Saône, ville qui lui ferma ses portes. Warin, comte de Mâcon, Gotzelme, frère de Bernhard de Septimanie, et le comte goth Sanila, s'étaient jetés dans cette place pour la défendre. Malgré leur vigoureuse résistance, Lothaire l'emporta en trois jours, disent les uns, en cinq, disent les autres ; il fit mettre à mort Gotzelme, Sanila, et un autre chef nommé Madalelme. Warin et quelques autres grands obtinrent la vie, en embrassant le parti du vainqueur et en lui prêtant serment de fidélité. Poussant aussi loin que possible la vengeance contre la famille de Bernhard de Septimanie, et non content d'avoir fait mettre son frère à mort, il fit aussi périr leur sœur Gerberde, sainte femme, qui vivait dans la retraite. Pour prouver d'autant mieux sa haine contre Bernhard et les siens, il fit renfermer Gerberde dans un tonneau, comme une

(a) *Astronom.* — *Nith.* — *Theg.* — *Annal. S. Bert.* — Adrevald *Mirac. S. Ben.*

sorcière ou une empoisonneuse; et il la fit précipiter dans la Saône. Si l'on en voulait croire quelques écrivains modernes (a), Gerberde était l'épouse de Wala, et elle aurait embrassé la vie religieuse, au moment où celui-ci se serait confiné à Corbie. Mais doit-on croire que Lothaire eût traité avec tant d'outrage celle qui aurait été la femme de son partisan le plus décidé?

A la prise de Châlons-sur-Saône, l'empereur était à Langres, à tenir une diète ouverte à la mi-août. Il est évident que Lothaire voulait parvenir au cœur de la France, pour y établir sa domination; mais Ludwig, roi de Bavière, arriva avec son armée au secours de son père, près duquel se groupèrent les notabilités de cette portion de l'empire. Pendant ce temps, Lothaire s'était dirigé sur Orléans pour joindre ses partisans de ces parages, qui avaient naguère obtenu un succès si brillant. Alors l'armée impériale, envoyée à sa poursuite, l'atteignit dans le Maine, où déjà Malfried et Lanthbert l'avaient joint. Les deux armées furent bientôt en présence, et l'empereur Ludwig, toujours porté à la clémence, fit proposer à son fils révolté un arrangement à l'amiable. Continuant à être dur envers l'auteur de ses jours, Lothaire refusa le parti honorable pour lui qu'on offrait à son acceptation. Ce ne fut même qu'au bout de trois jours qu'il notifia son refus, et il alla jusqu'à menacer, dans leurs personnes, les envoyés de son père.

Lothaire espérait que, comme au Champ-du-Mensonge, il pourrait débaucher les officiers et les soldats de l'empereur. Il n'en fut pas ainsi. Alors il décampa la quatrième nuit, et tira vers Blois. L'empereur et le roi de Bavière se mirent à sa poursuite avec leur armée, et le joignirent sous les murs du château de Blois. L'armée impériale fut bientôt grandement augmentée par le concours de Pippin qui arriva avec les troupes d'Aquitaine, ayant sous lui Bérenger, duc de cette région. Payant encore de témérité, Lothaire feignit de vouloir attaquer des forces aussi supérieures; mais cette démonstration ne fut point suivie d'effet.

(a) Notamment le père Daniel, dans son *Histoire de France*.

CLVIII. (*a*) Bérenger, duc d'Aquitaine ou de Toulouse, était renommé par sa sagesse. Appréciant tous les malheurs qui résultaient pour l'empire de la division entre l'empereur et Lothaire, il avisa à opérer un rapprochement entre le père et le fils. Ludwig aussi désirait sincèrement pouvoir ramener son fils dans le devoir, et il écouta avec satisfaction les conseils du duc. L'empereur l'envoya même avec le duc Gebbehard et Badarade, évêque de Paderborn, vers son fils. Arrivés près de Lothaire, le prélat prit le premier la parole, et, parlant comme s'il eût été inspiré de Dieu, il lui conseilla de ne pas écouter les mauvais avis qu'on lui prodiguait ; Bérenger et l'autre duc parlèrent ensuite, et engagèrent le fils indocile à se rapprocher de son père. Lothaire parut tout-à-coup touché de ces exhortations, et demanda du temps pour réfléchir à ce qu'on venait de lui dire. Voyant sans doute qu'une voie honnête lui restait, pour sortir de la mauvaise position dans laquelle il était engagé, il ne délibéra qu'un instant, et rappela les ambassadeurs pour leur demander le parti qu'il avait à prendre. Ils lui répondirent qu'il n'en existait pas d'autre que d'aller se jeter aux pieds d'un père tout disposé à pardonner. Il ne se le fit pas répéter, et se rendit aussitôt à la tente de son père, placée au milieu du camp impérial, à travers une foule étonnée et attentive à un tel événement. Alors l'empereur était assis entre les rois Pippin et Ludwig, qui se tenaient debout avec les autres chefs de l'armée. L'apparition de Lothaire, qui entra suivi de son beau-père, le comte Hugo, et du comte Malfried, produisit un effet magique, les assistants furent pétrifiés d'étonnement. Le roi d'Italie se jeta aux genoux de son père, et les deux comtes en firent autant. Ludwig-Débonnaire les fit relever, leur fit avouer leurs fautes, et leur accorda leur pardon, en les sommant, pour l'avenir, d'user de plus de fidélité, et en prenant de nouveau leurs serments. Lothaire, à qui l'empereur consentit à laisser le royaume d'Italie, reçut ordre de s'y rendre incessamment, pour y demeurer sans en partir, à moins d'une permission formelle. Un pardon général fut accordé aux partisans de Lothaire.

(*a*) *Astronom.* — *Theg.*

Enfin, un si grand œuvre accompli, l'empereur renvoya chacun chez soi; notamment Ludwig se dirigea vers la Bavière, et Pippin rentra en Aquitaine avec son armée.

Dans cet important événement, dans cette réconciliation, comme le dit un judicieux historien (*a*), Bérenger, duc d'Aquitaine, eut une grande part par ses conseils, de même que Bernhard, duc de Septimanie, avait contribué, par son courage et son dévoûment, à la mise en liberté de l'empereur. Aussi, si ce dernier ne figura pas à l'acte où le duc Bérenger eut la principale part, c'est qu'il était alors à défendre les frontières d'Espagne contre une entreprise formée par les Sarrasins, qui voulaient profiter des troubles de l'empire, pour en désoler l'extrémité méridionale.

CLIX. (*b*) Autrefois le pape Boniface IV avait institué, en 613, une fête, pour célébrer en masse la gloire de tous les Saints, quoique chacun d'eux eût sa férie particulière. Cette solennité n'avait point lieu dans la Germanie et dans les Gaules; mais en 834, l'empereur Ludwig, sur la prière du pape Grégoire IV, ordonna que la fête de tous les Saints serait célébrée, tous les ans, le 1er jour de novembre, dans les provinces de sa domination et notamment en Aquitaine.

CLX. (*c*) Nous trouvons encore la mention d'un plaid relatif à Noaillé, et nous allons en faire connaître les particularités. Le lundi 9 avril 834, Gratian, en qualité d'avoué du monastère, Agnarius, délégué (*d*) de Pippin, roi d'Aquitaine, et plusieurs autres personnages, se rendirent près d'une *villa* appelée *Faïha* (47), dans la forêt du même nom, pour y interroger Agnaldus, accusé d'être venu à la tête d'une bande composée d'hommes à lui et d'individus libres de condition; d'avoir frappé les colons de la localité, sans aucune provocation de leur part, et de leur avoir enlevé leurs effets qu'il aurait cachés dans la forêt. L'avoué Gratian revendiquait ces mêmes effets, comme propriété de Noaillé. Agnaldus ne put nier la vérité de l'accu-

---

(*a*) D. Vaissette, *Hist. du Lang.*
(*b*) Ms. de D. Fonteneau.
(*c*) Besly, *Rois de Guyen*. (*d*) Missus.

sation, pour l'incursion et les voies de fait; mais il soutint n'avoir rien soustrait. Avant de décider la contestation, Agnarius fit obliger l'inculpé de donner caution d'exécuter son jugement, s'il lui était défavorable, et il lui enjoignit de se représenter le jeudi après le 1er mai suivant, avec ceux qu'on indiquait comme ses complices. Quant à l'indemnité à fixer, car il paraît qu'on ne faisait de doute que sur sa quotité, Wleranus, colon de St-Hilaire, fut désigné pour la toucher, et il lui fut donné acte du jugement, ainsi qu'à Gratian.

CLXI. (*a*) L'empire pacifié, il fut tenu une diète générale au palais d'Attigni, à la Saint-Martin d'hiver. Là on arrêta l'envoi de commissaires dans les provinces, pour y faire cesser les courses de brigands qui les ravageaient. Il fut aussi porté des plaintes contre le roi Pippin, à l'occasion de ce qu'il avait envahi lui-même ou laissé prendre par ses vassaux des biens ecclésiastiques, dans l'étendue de son royaume d'Aquitaine. En conséquence, Ermenald fut dépêché vers ce monarque, pour l'inviter à opérer ou faire opérer les restitutions de ces mêmes biens.

CLXII. (*b*) Dans la diète de l'empire tenue à Thionville, au commencement de 835, et qui se prolongea jusqu'au carême, les évêques présents examinèrent et jugèrent la conduite de leurs collègues partisans de Lothaire. Abbon, archevêque de Reims, qui vint pour se justifier, fut déclaré exclu de son siége. On procéda par défaut contre les prélats Agobard de Lyon et Bernhard de Vienne. De plus, dans cette assemblée, tous les actes précédemment faits contre Ludwig-Pieux furent déclarés nuls.

Il paraît qu'ensuite l'empereur procéda à un nouveau partage de l'empire. Il ne laissa à Lothaire que le royaume d'Italie, et lui enleva toutes les autres provinces qui lui avaient été accordées, en 817. Il voulait ainsi récompenser Pippin et Ludwig de l'immense service qu'ils lui avaient rendu; il gratifia l'un de la portion de la Neustrie située entre la Loire et la

(*a*) *Astronom.* — D. Mabil. *Annal. Bened.*
(*b*) *Astronom.* — *Theg.* — *Flodoard.*

Somme, et d'une partie de la Burgundie, et concéda à l'autre le surplus de la Neustrie et des parties de l'Austrasie et de la Germanie. Le reste de l'empire devait demeurer au jeune Karles; il se composait du royaume d'Allemagne, dont il avait déjà disposé en sa faveur, de l'autre partie de la Neustrie et de la Burgundie, de la Provence et de la Septimanie ou Gothie, avec les Marches d'Espagne (48).

On voit, dans cet acte, la pensée dominante de Ludwig-Pieux, poussé à agir ainsi par l'impératrice Judith, cause principale de tous les troubles de l'époque. C'était de faire au jeune Karles un royaume formant la meilleure part, dans le partage de l'empire. Mais pouvait-on s'imaginer que Lothaire se laisserait ainsi dépouiller, et que ses partisans ne mettraient pas tout en œuvre pour maintenir la constitution de 817? Peut-être peut-on croire aussi, comme l'a pensé un historien habile (a), que les dispositions arrêtées à Thionville n'étaient qu'un provisoire qui avait pour but, en effrayant le fils aîné de l'empereur, de l'obliger à se rapprocher, et de consentir à ce qu'il fût définitivement composé un royaume pour le fils de Judith.

CLXIII. (b) Nous avons remarqué et placé au premier rang, parmi les soutiens de l'empereur Ludwig, deux ducs, Bérenger et Bernhard. Le premier avait Toulouse et l'Aquitaine, et était même pourvu de la Septimanie, à dater de l'époque où l'empereur avait voulu enlever à Pippin le titre de roi d'Aquitaine, et qu'il avait également frappé Bernhard de Septimanie. Mais ce dernier, étant rentré dans les bonnes grâces de Ludwig, avait obtenu de nouveau l'investiture de son duché. Or, Bérenger, dont les services étaient aussi certains, eut de la peine à se dessaisir de la Septimanie, et prétendit la garder comme duc, en même temps qu'il possédait l'Aquitaine. Ce conflit devait cesser par la décision de la diète qui fut convoquée à Crémieu, et qu'on annonçait comme devant être très-solennelle.

CLXIV. (c) Les partisans des deux ducs, et ils étaient nom-

(a) M. Fauriel.
(b) Theg. — Astronom. — Annal. S. Bertin. (c) Ibid.

breux de part et d'autre, se mirent en marche pour assister à la diète de Crémieu. L'empereur Ludwig, Pippin, roi d'Aquitaine, et Ludwig, roi de Bavière, s'y rendirent ; mais, quant à Lothaire, comme il se trouvait malade, il ne put y venir. Bérenger, qui était aussi bien dans l'affection de l'empereur et des princes que Bernhard, et dont l'avantage particulier était d'avoir autant d'amis et moins d'ennemis que ce dernier, l'aurait probablement emporté sur lui, s'il n'était mort inopinément en se rendant à la diète. Les princes et presque tous les grands témoignèrent un sincère regret de cette perte. La mort de son concurrent laissa à Bernhard, et sans difficulté, le duché de la Septimanie et même celui d'Aquitaine. Néanmoins, comme des plaintes étaient portées contre lui, à raison de son administration, des commissaires furent envoyés sur les lieux pour en informer ; ensuite l'empereur congédia la diète ; Pippin retourna en Aquitaine, et le roi Ludwig s'achemina vers ses états.

CLXV. (a) L'évêché de Poitiers était occupé, en 835, par Fridebert, archi-chapelain de Pippin Ier, roi d'Aquitaine, et abbé de Saint-Hilaire-le-Grand ; qui l'occupa encore environ trois ou quatre ans après. Nous trouvons ce prélat mentionné dans un diplôme du roi Pippin Ier, en faveur du monastère de Saint-Hilaire-le-Grand. Ce prince y déclare prendre sous sa protection tous les biens dont cet établissement ecclésiastique jouissait ou pourrait jouir à l'avenir, et fait défense à tout juge ou autre personne quelconque d'y exercer aucun acte, d'en exiger la moindre redevance, de quelque espèce qu'elle pût être, en sus du *cens* accoutumé et anciennement fixé ; enfin, Pippin confirme toutes les exemptions accordées à Saint-Hilaire par son père, pour tourner au profit des pauvres et à la subsistance des frères (49).

CLXVI. (b) Nous trouvons encore, dans ce diplôme de Pippin Ier, roi d'Aquitaine, qui est du 24 novembre 835, certaines améliorations, mais purement locales, dans le sort des

---

(a) Besly, *Rois de Guyen.* — *Ms. de D. Fonteneau.*
(b) *Dipl. Pipp. reg.* ap. Besly. — *Ms. de D. Fonteneau.*

serfs engagés dans les liens du mariage, ou plutôt de leurs descendants. Auparavant, si le mari appartenait à l'un et la femme à l'autre, les enfants se partageaient entre les deux propriétaires. Pippin décida que si l'un des deux serfs, le mari ou la femme, se trouvait appartenir à l'abbaye de Saint-Hilaire-le-Grand, tous les enfants resteraient sous le toit paternel, afin, est-il dit dans le diplôme, d'y prier Dieu pour la conservation des jours du souverain et la prospérité de son règne. Ce n'était, comme on le voit, qu'un privilége pour une petite classe d'individus, et tous les autres demeuraient dans le droit commun.

CLXVII. (*a*) Depuis 820 que les Northmans étaient débarqués pour la première fois dans l'île d'Her, il ne s'était pas passé d'année sans qu'ils y revinssent ; mais les tempêtes des hivers les ramenaient ordinairement dans leur patrie. Il y a lieu de croire que le comte d'Herbauges, dont nous avons établi la création, était chargé de s'opposer à leurs progrès, autant que possible. Néanmoins aucun comte d'Herbauges ne paraît encore dans l'histoire, jusqu'au fait que nous allons signaler.

Dans l'été de 835, les Northmans vinrent sur l'île d'Her qu'occupait Renaud ou Rainald, comte d'Herbauges, avec des forces considérables. Les barbares avaient neuf gros vaisseaux, sur lesquels était embarquée de la cavalerie, et ils débarquèrent dans l'île, au port de la Conche (*b*). Le comte Renaud se porta à leur rencontre (50), et l'on en vint aux mains, le 20 août, fête de saint Philbert. On peut croire que ce fut aux occupations religieuses de ce jour que les Northmans durent la facilité de leur débarquement. Toujours est-il, si on en croit Ermentaire, un moine de Saint-Philbert, qui dit avoir recueilli ces détails d'un témoin oculaire (*c*), qu'on se battit depuis la neuvième heure du jour jusqu'à la nuit. La défaite des Northmans fut complète ; ils perdirent 484 hommes et beaucoup de chevaux ; en outre, plusieurs de leurs cavaliers

---

(*a*) *Chron. Engolism.* — *Chron. Norman.* — Besl. *Comt. de Poit.*
(*b*) *Concha.*
(*c*) La chose peut être vraie, car il écrivait en 863.

furent blessés. Ermentaire va jusqu'à dire que les troupes du comte d'Herbauges n'eurent à regretter qu'un seul homme tué, ce qui n'est pas probable (51).

Le témoignage d'un historien de la localité paraît, au total, et sauf restriction, mériter la confiance ; cependant, si l'on en croit Adhémar de Chabanais, auteur assez véridique, mais placé loin du lieu de l'action, les Northmans auraient battu, au contraire, le comte d'Herbauges. Ces deux versions peuvent donner à penser que le succès fut disputé, et que, dès lors, la perte des Herbaugiens fut considérable, nonobstant la version du moine de Saint-Philbert. De plus, ce succès n'aurait eu qu'un résultat borné, car les pirates du Nord revinrent promptement s'établir dans une île qui était, pour la contrée, une espèce de quartier général, et le dépôt du fruit de leurs pillages.

Il serait possible aussi qu'il y eût eu, dans la même année, ainsi que le pense un auteur (a), deux combats dans l'île d'Her. Alors, dans le premier, les Northmans auraient été battus, et dans l'autre ils auraient eu l'avantage, ce qui coïnciderait avec la série de faits qui va suivre.

CLXVIII. (b) Il semble que la victoire remportée par Renaud, comte d'Herbauges, sur les Northmans, ait rendu ceux-ci plus féroces encore en les irritant ; ils arrivèrent une autre fois au port de l'île d'Her, appelé la Conche, sans éprouver de résistance, et ils y commirent des massacres sur ceux qui n'avaient pas eu le temps de fuir. Souvent les moines avaient été pris ainsi à l'improviste, parce que le retour des hommes du Nord n'avait pas lieu à une époque bien fixe, et dès lors le séjour de l'île devenait extrêmement dangereux. Dans une telle position, Hilbodus, abbé de Saint-Philbert, crut qu'il était urgent d'abandonner entièrement l'île d'Her, pour n'y plus revenir que dans des temps plus heureux. Mais là reposait le corps de leur saint fondateur, et pouvait-on le laisser

---

(a) L'auteur de l'*Histoire de Tournus*.
(b) D. Mabil. *Annal. Bened.* — Ms. de D. Fonteneau. — *Nov. Gall. christ.*

ainsi solitaire, à la merci des non-croyants? Les sauvages de l'Amérique du Nord, lorsqu'on voulut leur faire abandonner le pays qu'ils habitaient, répondirent : « Dirons-nous aux os » de nos pères de se lever et de nous suivre? » Les moines de St-Philbert auraient bien voulu, en quittant l'île d'Her, ne pas laisser les reliques de leur patron, pour être livrées à la profanation et jetées dans la mer, comme les Northmans l'avaient déjà fait en Bretagne; mais le danger était trop imminent, pour ne pas rendre nécessaire une évacuation de l'île. En vain un château fort avait-il été bâti par l'abbé Hilbodus, afin de s'y retirer pendant l'été, et de garder la dépouille vénérée du patron; il était évident que tôt ou tard les Northmans assiégeraient cette forteresse et s'en empareraient. De plus, pour autre cause déterminante, il fut reconnu qu'il était impossible de secourir l'île d'Her quand la mer était houleuse, et on arrêta l'abandon définitif de l'île d'Her par ses moines (a).

Il paraît que les autres habitants de l'île d'Her, pour échapper aux massacres qui se reproduisaient si fréquemment de la part des Northmans, prirent aussi le parti de se retirer sur le continent, en même temps que les religieux de Saint-Philbert.

CLXIX. (b) La cendre des défunts, dans ces temps éloignés, était considérée comme quelque chose de sacré. Malheur, anathème à celui qui aurait osé troubler la paix d'une sépulture! On doit croire que ce respect pour les morts s'étendait surtout à ceux dont la vie avait été marquée par la pratique des vertus, pour les saints en un mot. Aussi, quand l'abbé et les moines de St-Philbert se déterminèrent, à cause des Northmans, à abandonner l'île d'Her, ils auraient tous voulu, ainsi qu'on l'a fait pressentir, pouvoir emporter avec eux la dépouille mortelle de leur saint fondateur. En effet, ces reliques étaient considérées comme si précieuses, elles avaient, suivant le bruit public, fait tant de miracles, qu'il fallait avoir l'autorisation du souverain pour ôter de son tombeau les ossements de celui qui avait ainsi marqué dans le siècle où il avait vécu. A ce

(a) Erment. *Hist. transl. S. Filib.* (b) Ibid.

sujet, qu'il soit permis ici de jeter un coup d'œil non-seulement sur le saint, mais bien plus encore sur l'homme marquant bienfaiteur de l'île d'Her.

CLXX. (a) Philbert était un de ces hommes supérieurs qui surgissent surtout dans les temps de calamités. Né, vers 616, dans la ville d'Eause, en Aquitaine, de l'évêque Filibaud (b), celui-ci lui avait fait donner une excellente éducation, et l'avait ensuite envoyé à la cour de Dagobert Ier, roi des Français. Là, Philbert se lia étroitement avec Ouen, l'un des grands de la suite du souverain, et qui, sous un baudrier d'or, dit un auteur du temps, cachait un véritable serviteur de Dieu. Ouen ayant été appelé au siége épiscopal de Rouen, Philbert, en 636, à l'âge de 20 ans, embrassa l'état monastique. En 650, il fut élu abbé de Rebais ; puis, pour faire plus de progrès dans la sainteté, il profita des bons exemples des autres, il parcourut plusieurs monastères, en France, en Burgundie et en Italie. A son retour, Clovis II et la reine Bathilde lui donnèrent en Neustrie un lieu sauvage et marécageux, où il bâtit le monastère de Jumièges, qui devint si fameux par la suite des temps, et qu'on croit avoir été mis par Philbert sous la règle de saint Colomban, dont il était l'ami intime. Bientôt Philbert encourut la haine d'Hébrouin, maire du palais de Neustrie, qui gouvernait alors le royaume sous le nom de Thierry III ou de son fils. Le fondateur de Jumièges ne voulait pas communiquer avec Hébrouin, parce que celui-ci, confiné à cause de ses violences et de son orgueil dans le monastère de Luxeuil, en 669, par les ordres de Clothaire III, y avait pris la tonsure cléricale et l'habit, et promis de faire pénitence, et que Philbert ne voyait dès lors en lui qu'un apostat. D'un autre côté, la mésintelligence se mit entre ce dernier et Ouen, archevêque de Rouen, à qui on débita mille calomnies contre le pieux abbé. Ce dernier fut même emprisonné à Rouen, en 674, par ordre du prélat, qui ne tarda pas pourtant à lui rendre la liberté.

Dans une telle position, Philbert crut devoir quitter la

(a) *Vit. S. Filib.* (b) *Filibaudus.*

Neustrie. Il vint en Poitou trouver Ansoald, qui occupait alors le siége épiscopal. Celui-ci était un évêque très-puissant et qui donnait dans le faste du siècle. Le pieux abbé le rappela à une conduite plus régulière par des avertissements secrets, et parvint à obtenir ses bonnes grâces. Retenu près d'Ansoald, Philbert soupirait pour la formation d'un grand établissement. Enfin, l'évêque de Poitiers, se rendant aux prières de l'abbé, et convaincu de toute l'importance de l'établissement qu'il voulait former, lui abandonna, en 674 ou en 675, une île inhabitée, appelée Her, située dans l'Océan, à l'extrémité du Poitou, vers la Bretagne, et presqu'à l'embouchure de la Loire. Ansoald avait acquis cette île par échange, et il donna à Philbert des fonds, afin de construire et former dans cette localité un grand établissement religieux.

Philbert tira tout le parti possible des moyens qui étaient mis à sa disposition. Il construisit un monastère, y réunit 600 moines, venus en partie de Jumièges, où l'on n'avait pas voulu reconnaître l'abbé mis en place de Philbert, défricha le sol et le fit cultiver. Non content de cela, il fit construire des vaisseaux, et il eut bientôt sous lui une colonie de cultivateurs et de marins.

Ce n'était pas assez d'avoir fondé le monastère d'Her, Philbert engagea Ansoald à édifier celui de Saint-Benoît de Quinçay, près Poitiers. Enfin l'abbé d'Her, voyant la position inhabitée de St-Michel-en-l'Herm et de Luçon, obtint aussi du souverain et de l'évêque de la province d'y construire des monastères.

Philbert, après la mort d'Hébrouin, revint dans les bonnes grâces d'Ouen, et retourna, en 682, en Neustrie, quatre ans après son départ. Il y fut reçu avec les marques de la plus grande joie; les moines de Jumièges, une partie du clergé du pays, et un nombre infini de fidèles, allèrent au-devant de lui avec les reliques. Néanmoins le saint abbé ne se fixa point en Neustrie. Il laissa, pour gouverner Jumièges, l'abbé Aicadre, qu'il avait avant placé à St-Benoît de Quinçay. Il retourna dans son monastère de l'île d'Her, qu'il ne quitta plus, et où il mourut, le 20 août 684 : il fut inhumé dans l'église de cet établissement.

Le culte de St Philbert était établi en France, dès le viie siècle, ainsi que le prouve la 135e épigramme d'Alcuin.

CLXXI. (a) Dans la position indiquée plus haut, Hilbodus, abbé d'Her, se rendit, en 835, vers Pippin Ier, roi d'Aquitaine, qui tenait alors une assemblée générale de ses états. Il exposa que les Aquitains ne pouvaient pas porter des secours à son monastère, pour peu que la mer fût grosse ou seulement houleuse ; qu'au contraire les Northmans y arrivaient à tout moment, et y demeuraient souvent toute l'année ; que dès lors une pareille position n'étant pas tenable, on avait été obligé de l'abandonner, sans espoir d'y retourner de longtemps. Par suite, Hilbodus demanda au roi et à l'assemblée l'autorisation d'exhumer le corps de St Philbert de son tombeau et de l'emporter à Deas, pour le soustraire aux profanations des Northmans. Cette autorisation fut accordée.

CLXXII. (b) La décision de la diète d'Aquitaine ne tarda pas à recevoir son exécution. Le 7 juin, en effet (52), on procéda à l'exhumation des reliques de St Philbert, et comme c'était le temps où habituellement les Northmans étaient dans l'île, on doit croire que quelque événement inconnu ou quelque expédition ignorée les tenait éloignés.

Le cercueil du saint, tiré du lieu où il était déposé, pendant que l'on chantait des psaumes, fut placé dans un navire qui, à l'aide d'un vent favorable, arriva au port appelé *Furcæ Portus*, localité située sur le continent, vis-à-vis l'île d'Her. Rendu là, des prêtres, des diacres et des religieux portèrent sur leurs épaules le cercueil, contenant les reliques, jusqu'au lieu de sa destination.

La route, du débarquement de l'île d'Her à Deas, se fit en trois jours, et cette marche processionnelle nous fait connaître l'existence ancienne de plusieurs lieux. La première couchée eut

---

(a) Erment. *Hist. transl. S. Filib.* — Mabil. *Annal. Bened.*
(b) Erment. *Hist. transl. S. Filib.* — Mabil. *Annal. Bened.* — Ms. de D. Fonteneau.

lieu dans le bourg nommé *vicus Ampennum*, aujourd'hui Beauvoir-sur-Mer, prieuré dépendant du monastère d'Her ; on dit la messe dans l'église, les reliques y furent déposées, et on passa même trois jours dans cette localité.

La seconde station fut à *Varinnæ*, qu'on croit être le Bois-de-Cené, et la troisième à *Palum*, qui est Paux (*a*).

Enfin le troisième jour, 13 juin, on arriva à Deas ; à dix lieues à peu près du point de départ, assez de bonne heure pour y dire la messe.

Il est à remarquer que, pendant tout ce trajet, il se fit, suivant le moine auteur de la narration, un grand nombre de miracles dont les détails sont donnés avec soin (53).

CLXXIII. (*b*) Quand les moines de St-Philbert se furent fixés définitivement à Deas, avec le corps de leur patron, leur église devint bientôt trop petite, à cause des nombreux pèlerinages qu'on y faisait journellement. L'abbé Hilbodus la fit agrandir ; et comme les femmes n'avaient pas la permission d'y entrer, on dérogea à cette règle, pour une année seulement, à dater du 20 août, jour où l'on célébrait la fête de St Philbert, jusqu'à la même époque de l'année suivante, terme de rigueur, à l'expiration duquel les personnes du sexe devaient être exclues de l'entrée dans le temple du fondateur des maisons religieuses d'Her et de Jumièges. Des marchés considérables se tenaient aussi devant l'église, et on planta une croix en dehors de la porte extérieure du monastère, pour indiquer l'endroit qu'on ne pourrait pas dépasser.

CLXXIV. (*c*) Quand on sut au loin la permission que les femmes avaient d'entrer dans l'église de Deas, et dès lors de pouvoir prier sur le tombeau de St Philbert, ce fut le tour des femmes d'aller en pèlerinage sur les rives du lac de Grand-Lieu. Comme la tolérance n'était que pour une année, on se pressait d'entreprendre le voyage, craignant plus tard de ne pouvoir pas exécuter ce projet. Avant, les pèlerins au tombeau de saint Philbert n'étaient que des hommes, sans mélange

---

(*a*) D. Mabil. *Annal. Bened.* (*b*) Ibid.
(*c*) D. Mabil. *Annal. Bened.*

de femmes ; alors le nombre des femmes surpassa celui des hommes, dans les espèces de caravanes qui se dirigeaient sur Deas.

CLXXV. (a) Dans le nombre des femmes qui se rendirent à Deas en pèlerinage, l'abbé Ermentaire nous indique une dame du Maine, appelée Rainilde, et nous fait connaître son itinéraire, qui est précieux pour rechercher la position de *Ratiatum*, ancienne ville principale du bas Poitou. Cette dame s'embarqua sur la Sarthe, entra dans la Mayenne, de là dans la Loire, et arriva au port de *Ratiatum*, situé à huit milles de Deas. Ce document établit donc d'une manière positive que *Ratiatum* était sur la Loire et à huit milles de Deas ; et, en partant de ces bases, il est dès lors possible de trouver une position qui est depuis si longtemps incertaine (54).

CLXXVI. (b) Pippin, roi d'Aquitaine, de retour dans ses états, où il passa l'hiver, fit un assez long séjour au palais de Doué. Villafred, abbé de Montolieu, du diocèse de Carcassonne, vint l'y trouver, et le pria, du consentement d'Oliba, comte de Carcassonne, de confirmer à son abbaye la possession de la terre de Magnianac, sur la petite rivière de Fiscau, dans le pays toulousain. Le roi lui accorda cette demande, et lui fit expédier une charte, par laquelle il prenait ce monastère sous sa protection (c).

CLXXVII. (d) La santé de l'empereur Ludwig s'affaiblissait ; l'impératrice Judith s'en aperçut, et comme elle cherchait des appuis pour son fils Karles, elle se rapprocha de Lothaire. Celui-ci fut sensible aux avances de sa belle-mère, qui furent suivies d'une offre de l'empereur de lui rendre toutes les provinces dont on avait, depuis peu de temps, tenté de le priver, pour en gratifier ses frères. Les négociations avaient commencé dès l'époque de la diète de Crémieu, et elles continuèrent pendant tout le surplus de l'année 835. Après

(a) *Transl. S. Filb. ab.* ap. Mabil.
(b) *Recueil des Hist. de Fr.*
(c) Cette charte est de novembre, et finit par cette mention : *Actum Teoduadum palatium nostrum.*
(d) *Astronom. — Theg. — Annal. Bertin.*

Noël, l'empereur envoya des ambassadeurs à son fils Lothaire, afin de l'engager à confier ses intérêts à ses conseillers les plus intimes, pour venir aviser avec lui aux moyens d'assurer la paix de l'empire.

CLXXVIII. (*a*) Au commencement de février 836, et, comme on disait alors, à la Purification, il fut tenu une diète à Aix-la-Chapelle, où on traita particulièrement des affaires ecclésiastiques. Les évêques présents y dressèrent un mémoire, pour porter Pippin, roi d'Aquitaine, à restituer les biens que lui et les grands de son royaume avaient enlevés aux établissements religieux de cette contrée. On établissait la nécessité de cette restitution, par le texte des Écritures et les écrits des Saints Pères. L'empereur fit droit à cette requête, et la remise demandée fut ordonnée. La même mesure fut arrêtée aussi pour la Septimanie, où le clergé avait pareillement été dépouillé.

CLXXIX. (*b*) Une autre diète avait été convoquée à Thionville, peu après celle d'Aix-la-Chapelle. Elle tint aussitôt Pâques 836, et les ambassadeurs de Lothaire y arrivèrent et excusèrent leur maître de n'y avoir pu venir en personne, à cause de l'état de sa santé. Le chef de cette ambassade était Wala, abbé de Corbie, qui avait été à la tête de la conspiration ourdie contre l'empereur, et ensuite exilé dans l'île d'Her. On lui accorda son pardon, et il conclut la paix pour Lothaire, qui obtint la restitution entière des provinces qui lui avaient été affectées, et dont on avait voulu le dépouiller. Désireux de cimenter de vive voix cet accord, l'empereur renvoya Wala vers Lothaire, avec mission formelle de prier celui-ci de venir le trouver. Judith ne voyait de sûreté, pour son fils, qu'en lui établissant Lothaire comme protecteur.

CLXXX. (*c*) Pour recevoir dignement son fils aîné et cimenter avec lui une paix solide, l'empereur avait convoqué une diète à Worms, pour la mi-septembre 836, et il s'y était rendu à

(*a*) *Astronom.* — *D. Mabil.* — *Act. S. Bened.*
(*b*) *Astronom.* — *Annal. Bertin.* — *Theg.*
(*c*) *Annal. Bertin* — *Astronom.* — *Adon. Chron.*

l'avance. Il se trouva que le roi d'Italie était encore malade, de manière à garder le lit, et il se fit excuser de nouveau. L'empereur l'envoya visiter par des grands de sa cour, qui furent chargés de lui porter des paroles affectueuses ; mais il y répondit d'une manière à faire douter de son désir pour la paix.

Les rois d'Aquitaine et de Bavière, accompagnés de corps de troupes de leurs royaumes, avaient suivi l'empereur à Worms. Pippin fut obligé bientôt de se rendre dans ses états, à cause des troubles qui se manifestèrent à l'extrémité du pays. Asinaire, comte de la Vasconie citérieure, appelée depuis Navarre, avait été tué par les Northmans. A sa mort, son frère Sanche-Sanchez, comme lui fils de Loup-Sanche et neveu d'Adalarik, s'empara du pouvoir, et rompit tout lien de vasselage avec Pippin, malgré tout ce que put faire celui-ci. Par suite, la Vasconie aquitanique fut réduite à la basse Vasconie ou Vasconie du nord, dont Bordeaux était la capitale.

CLXXXI. (a) Wala, qui était entré parfaitement dans le projet de pacification de l'empire que lui avait présenté l'impératrice, s'était mis en route pour aller chercher Lothaire et le conduire près de son père. Mais Wala mourut dans ce voyage. Il est inutile de jeter ici un coup d'œil sur ce personnage, dont l'influence fut très-grande sur les événements de cette période orageuse, parce que nous avons esquissé son caractère au moment où nous l'avons rencontré sur la scène politique, et nous allons encore en dire un mot.

Ce fut d'une maladie épidémique que Wala mourut, et elle enleva aussi Malfried, comte d'Orléans. Par la perte de ces hommes, dit un écrivain du temps (b), l'empire franc parut dépouillé de noblesse et de bravoure, demeuré sans énergie et privé de sagesse (55).

CLXXXII. (c) Quoique l'empereur eût mis tout en œuvre pour ramener Lothaire à lui, en allant même jusqu'à pardon-

---

(a) *Astronom. — Annal. Bertin. — Theg.*
(b) L'Astronome.
(c) *Adon. Chron. — Astronom. — Annal. Bertin.*

ner aux prélats qui l'ayaient dégradé, le fils ne se rapprocha point sincèrement du père. Wala, du reste, n'était plus là pour lui faire concevoir l'avantage de cette position. Ludwig-Débonnaire, poussé par ceux qui le conseillaient, et surtout par Judith, se détermina alors à prendre des moyens afin de faire rentrer dans le devoir ce fils insoumis. A cet effet, il convoqua une diète générale de l'empire à Thionville, pour le mois de mai 837, et son projet était ensuite de se rendre en Italie. Déjà les rois Pippin et Ludwig étaient avertis de venir accompagner leur père dans ce voyage. Mais les excursions des Northmans, sur les côtes de l'Océan germanique, obligèrent l'empereur à contremander ce voyage, et il se rendit à Nimègue, afin d'essayer de réprimer les entreprises des barbares.

(a) Lothaire paraissait disposé à pousser les choses à l'extrême. En vain lui avait-on recommandé, comme au roi d'Aquitaine, par exemple, de faire remise des biens ecclésiastiques usurpés, il n'en tenait aucun compte, et l'église de Rome notamment était dépouillée. Il poussa l'audace jusqu'à faire arrêter les ambassadeurs que son père envoyait au pape, et il fit fortifier les défilés des Alpes pour défendre l'entrée de l'Italie contre l'empereur.

CLXXXIII. Jusqu'ici les monastères et les membres du clergé avaient constamment dépouillé la noblesse. En effet, toujours ils se faisaient donner, et jamais ils ne disposaient de la moindre parcelle de leurs possessions, qui finissaient par devenir immenses. Mais bientôt les hauts seigneurs eurent leur tour. Dans les troubles civils, les couvents et les prêtres se trouvaient exposés aux vexations des partis, sans pouvoir se défendre, et c'est ce qui les obligea à recourir à la protection des avoués, *advocati*. C'étaient des hommes puissants, qui se chargeaient de la défense de ces êtres faibles. D'abord ils agirent dans un but religieux, puis ils se firent accorder des biens ou des revenus, pour leurs peines et soins. On en vit même usur-

(a) *Theg. — Annal. Bertin.*

per toutes les possessions des monastères qu'ils s'étaient chargés de défendre, et prendre le titre d'abbé laïque.

CLXXXIV. (a) Comme on l'a dit, Pippin, roi d'Aquitaine, avait, à raison des besoins de l'État, enlevé aux églises et aux monastères une partie de leurs possessions, et, en vertu des actes de la diète d'Aix-la-Chapelle, l'empereur Ludwig lui enjoignit de restituer celles dont il avait gratifié les personnes attachées à son service, et les biens dont il avait conservé personnellement la jouissance. Ce fut d'après cet ordre que Pippin rendit, le 23 avril 837, à l'abbaye de Jumiéges, la propriété de Taizé, dans le pays de Thouars.

CLXXXV. (b) Outré de la conduite de Lothaire, et voyant qu'il n'y avait plus de ménagements à garder avec lui, l'empereur résolut de le punir de son défaut de soumission filiale, en même temps qu'il ferait plus pour son jeune fils Karles, surnommé depuis le Chauve. Ayant donc convoqué une diète d'hiver à Aix-la-Chapelle, il invita les rois d'Aquitaine et de Bavière à s'y trouver. Le dernier y assista en effet; mais l'autre, retenu par la défense de ses états contre les Northmans, y envoya seulement des ambassadeurs. Bientôt l'empereur déclara, dans l'assemblée, qu'il donnait à Karles, outre les provinces à lui affectées par le partage de Thionville, de 835, plusieurs des provinces déjà concédées à ses frères. Le roi de Bavière et les envoyés de Pippin n'ayant fait aucune réclamation à l'encontre de ces dispositions, la diète les approuva. Aussitôt le jeune Karles reçut le serment des grands de ces provinces, qui devenaient ainsi ses vassaux.

Ce nouveau partage aurait été un fait grave s'il eût été sérieux; mais il paraît que ces dispositions ne devaient avoir aucune suite, et qu'on n'avait agi ainsi que pour suivre le système d'intimidation, dans lequel on était déjà entré, relativement au fils aîné de l'empereur. Aussi un écrivain du temps (c) déclare vouloir, à dessein, passer cet acte sous silence.

(a) *Dipl. Pipp. reg.* ap. D. Bouq. — *Ms. de D. Fonteneau.*
(b) *Nith.* — *Astronom.* — *Annal. Bertin.*
(c) *Astronom.*

CLXXXVI. (a) Le roi de Bavière se rendit dans ses états, très-mécontent des nouvelles dispositions de son père. Pour arriver à en anéantir l'effet, il entra en relation avec Lothaire et lui fit demander une entrevue. Elle eut lieu, à la mi-carême 838, dans la vallée du Trentin, au milieu des Alpes. Les deux frères convinrent de dissimuler, et d'ajourner l'exécution de leurs projets à une époque plus opportune.

Les rois d'Italie et de Bavière eurent beau vouloir tenir leur entrevue secrète, ou du moins la délibération qu'ils y avaient prise, l'empereur fut informé de tout. Aussitôt il réunit autour de lui une armée nombreuse, et composée de troupes de la fidélité desquelles il se croyait sûr. En même temps, il fit dire au roi de Bavière de venir le trouver, après les fêtes de Pâques, à Nimègue, où il comptait tenir une diète. Ludwig obéit, et, arrivé près de son père, il chercha à se défendre, relativement à la conférence qu'il avait eue avec Lothaire, en se plaignant de la diminution de son partage. Cette plainte fut prise en si mauvaise part par Ludwig-Pieux, poussé par Judith à cette occasion, qu'il déclara dans la diète qu'il enlevait au roi de Bavière la France orientale dont il l'avait gratifié à Thionville. En même temps, il attribua cette contrée à son fils Karles.

CLXXXVII. (b) La conduite de Pippin fut en tout opposée à celle de son frère Ludwig, dans les occurrences de ce temps. Au lieu de s'allier avec Lothaire, il se rattacha de plus en plus à l'empereur. Ce fut le résultat des démarches de l'impératrice qui, voyant qu'elle ne pouvait donner pour protecteur à son fils le roi d'Italie, voulut au moins qu'il eût un soutien dans le roi d'Aquitaine.

Aussi Pippin était dans la Touraine d'outre-Loire, qui, d'après cela, semblerait encore avoir dépendu, à cette époque, de l'Aquitaine, lorsqu'il reçut l'ordre de son père de se rendre à la diète convoquée à Kiersi, pour la mi-septembre. Avant son départ, il accorda à Agila, abbé de Grasse, situé dans le comté de Carcassonne, qui était venu tout exprès dans ces parages,

---

(a) *Annal. Bertin.* — *Annal. Fuld.*
(b) D. Mabil. *Annal. Bened.* — D. Vaissette, *Hist. du Lang.*

la confirmation des priviléges que son père avait précédemment concédés à son monastère. L'acte fut fait à St-Martin en Champagne (a), canton à la gauche de la Loire, à la date du 3 septembre 838. Pippin date de la 24ᵉ année de son règne, ce qui prouve qu'il comptait ces mêmes années à partir du moment où son père, devenu empereur, l'avait pourvu du royaume d'Aquitaine.

CLXXXVIII. (b) La diète indiquée pour Kiersi-sur-Oise ouvrit à l'époque fixée, qui était le milieu du mois de septembre 838. Pippin, qui y arriva de la Touraine, reçut de Ludwig l'accueil le plus affectueux ; c'était un père qui voulait gagner un de ses fils en faveur du dernier, de son Benjamin. L'impératrice agit aussi, de son côté, auprès de son beau-fils, et les caresses, de sa part, ne furent pas oubliées. Pippin promit d'être bon frère pour Karles : il espérait peut-être qu'on en agirait de même envers son propre fils, et par malheur il en fut tout autrement, ainsi qu'on le verra par la suite.

Quoi qu'il en soit, le roi d'Aquitaine poussa si loin la déférence pour l'empereur et pour l'impératrice, qu'il fut jusqu'à sacrifier ses propres intérêts. Il consentit, en effet, à ce qu'on donnât à Karles, son jeune frère, des provinces qui lui avaient été primitivement concédées ; savoir : la Neustrie d'entre Loire et Seine ou le Maine. Pour ajouter encore à la solennité du jour, l'empereur ceignit son fils Karles et lui mit la couronne sur la tête, comme roi de Neustrie. Les grands de cette région prêtèrent aussitôt serment au jeune prince. Plusieurs prélats déposés, pour avoir pris parti en faveur de Lothaire contre l'empereur, assistèrent à cette assemblée, ce qui prouve que ce dernier leur avait pardonné.

CLXXXIX. (c) A cette diète, de nouvelles plaintes furent portées contre Bernhard, duc de Septimanie, à raison de son administration dans cette contrée. Il paraît qu'il n'avait pas fait cesser les réclamations déjà adressées à la diète de Crémieu par une partie de la population de son duché. On lui imputait

(a) *In Campaniâ.* (b) *Nith.* — *Astronom.* — *Annal. Bertin.*
(c) *Astronom.*

particulièrement d'avoir envahi et laissé envahir les biens du clergé, et de vexer le peuple. On demandait la nomination de commissaires, aux fins de réformer les abus et de rétablir la paix. On insistait sur ce point, qu'on voulait être maintenu dans l'usage des anciennes lois (a). Il s'agissait de l'application de l'abrégé du Code théodosien pour l'ancienne population, et des lois visigothes pour le reste de la population gothique. Des commissaires furent, en effet, nommés pour vérifier les plaintes portées contre Bernhard de Septimanie ; c'étaient des hommes graves et d'un grand poids, savoir ; Adrévalde, abbé de Flavigni en Burgundie, et les comtes Boniface et Donat, l'un employé dans des missions importantes en Italie, et l'autre connu, plus de dix ans avant, en Septimanie, pour avoir aidé à y rétablir le calme.

CXC. (b) Aussitôt la clôture de la diète de Kiersi, l'empereur retourna à Aix-la-Chapelle. Karles se rendit dans le Maine, alors Neustrie d'entre Loire et Seine, pour s'y faire reconnaître comme roi. Quant à Pippin, il s'achemina vers l'Aquitaine et arriva à Poitiers, ville qu'il considérait comme la capitale de ses états. Il ne tarda pas y être atteint d'une maladie grave.

CXCI. (c) Pippin Ier, connaissant les devoirs et les droits d'un roi, rendait parfois la justice par lui-même, ou il la faisait administrer par ses délégués. C'était une sorte d'évocation du pouvoir supérieur des causes attribuées à un pouvoir inférieur. Quelquefois aussi il ne s'agissait que de *moyener* un accord. C'est ainsi qu'en mars 838, le roi d'Aquitaine fit faire une transaction entre Godolenus, abbé de Noaillé, et Ingelger et Wictelnilde sa femme, au sujet de certains biens situés dans le *pagus* de Briou, viguerie d'Ancigné.

CXCII. Pippin Ier, roi d'Aquitaine, mourut à Poitiers le 13 décembre 838 (d), si on en croit quelques auteurs, et, sui-

(a) *Avitam eis legem conservarent.*
(b) *Astronom.* — *Nith.* — *Annal. Bertin.*
(c) Besly, *Rois de Guyen.* — *Ms. de D. Fonteneau.*
(d) *Annal. Bertin.* — *Chron. Saxon.*

vant d'autres, dans le mois de novembre précédent (a), ce qui est moins probable. Dans ces temps de superstition, on prétendit qu'une comète, qui parut peu avant sa mort, avait présagé cet événement (b). Il fut enterré dans l'église de Sainte-Radégonde, où il a reposé jusqu'à ce que l'on eût extrait ses restes de l'église, pour les placer sous la gouttière. On a crié, avec juste raison, contre la profanation des sépultures opérée pendant la révolution. Pour être impartial, il faut dire qu'à la restauration des églises, qui a suivi cette époque, on a aussi, dans bien des localités, oublié le respect dû aux morts (56).

— Revenons à Pippin Ier. Il avait épousé, en 822, ainsi qu'on l'a vu, Ingeltrude, fille de Théodbert, comte de Madrie, en Neustrie. Cette princesse fut aussi enterrée à Sainte-Radégonde de Poitiers, à côté de son mari (c). De leur union provinrent; 1° Pippin II, qui succéda à son père ; 2° Karles, qu'on força de se faire moine à Corbie, le séjour des princes de la race karovingienne qu'on obligeait de renoncer au monde; il devint, en 856, archevêque de Mayence, et mourut en 863; 3° Mathilde, qui épousa, du vivant de ses père et mère, Gerhard, comte d'Auvergne, tué à la bataille de Fontenai, en 841 ; 4° enfin, une autre fille plus jeune, qui épousa Rathier, comte de Limoges (d).

CXCIII. Quoique ayant été deux fois en état de rébellion contre son père, résultat, on doit le dire, de la force des circonstances, Pippin Ier fut pourtant le fils le plus respectueux et même le plus soumis d'entre les fils du premier mariage de Ludwig-Pieux. On le vit, en effet, à diverses reprises, sacrifier ses intérêts aux volontés de l'empereur, maîtrisé par l'impératrice Judith. Deux fois, il rendit la liberté à son père, et en dernier lieu, par suite de sa piété filiale, il avait accordé toute sa protection à son jeune frère consanguin Karles, en faveur de qui il avait été pourtant dépouillé.

(a) *Annal. Fuld.*—*Herman Chron.*
(b) *Chron. Bern. Guid.* (c) *Astronom.* — (d) *Chron. Adem.*

Si l'on en croit un auteur de l'époque (*a*), Pippin I*er* était d'un physique extrêmement agréable, mais d'une grande intempérance. On le représente tellement débauché que, passant la nuit dans des orgies de tous les genres, il aurait été, vers les derniers temps de sa vie, privé en partie de ses facultés intellectuelles. Mais il n'y a pas beaucoup à compter sur les chroniqueurs de l'époque, surtout lorsqu'ils ont écrit un peu loin des événements qu'ils ont voulu décrire, et des personnages dont ils ont esquissé les portraits. D'ailleurs, il est positif qu'on a souvent confondu Pippin I*er* avec son fils Pippin II, dont la vie fut tout-à-fait aventureuse. Aussi un écrivain, à qui on doit beaucoup pour cette époque de notre histoire (*b*), établit-il qu'il n'est d'autres reproches à lui faire que pour sa part dans les rébellions contre son père. Il ajoute que, quant à l'usurpation des biens ecclésiastiques, il répara ce mal aussitôt qu'il le put, en dotant et fondant des monastères (*c*).

CXCIV. En effet, par l'ordre de l'empereur, Pippin I*er* avait construit les monastères de Saint-Cyprien de Poitiers (57) et de Brantôme. Il fonda aussi, près de son palais d'Engerie, sur les bords de la Boutonne, un monastère sous l'invocation de saint Jean-Baptiste. Aucune circonstance particulière ne décida l'adoption de ce vocable plutôt qu'un autre, car le récit relatif à la translation en ce lieu, et à cette époque, du *chef* du précurseur, n'est qu'une fable inventée plus tard, et dont nous aurons, par la suite, occasion de parler (58).

CXCV. (*d*) Pippin I*er* eut pour camériers et ministres Aldrik, Cadide, Ebrouin, Dodon, Hermold, Fredebert et Isaul (59). On lui a aussi donné Rotbert pour maire de son palais.

Depuis le commencement de son règne jusqu'en 832, ce prince employait la formule suivante : *Pippin, par la grâce*

(*a*) *Chron. Saxon.*
(*b*) Dom Vaissette, *Hist. du Lang.*
(*c*) *Adem. Caban. Chron.*
(*d*) *Ms. de D. Fonteneau.*

de Dieu, roi des Aquitains (a). Ensuite il se servit de celle-ci : *Pippin, par la disposition et la grâce de la divine majesté, roi des Aquitains* (b).

CXCVI. Pour établir l'étendue des états de Pippin Ier, nous emprunterons les paroles d'un auteur déjà cité (c). « Ses états, dit-il, étaient bornés par la Loire depuis la Somme jusqu'à son embouchure dans la mer, par l'Océan, les Pyrénées et la Septimanie ; ainsi la partie de l'Anjou et de la Touraine qui est à la gauche de la Loire lui était soumise (d). On peut juger par là de l'étendue de son royaume ; il comprenait les trois anciennes provinces d'Aquitaine, et par conséquent l'Albigeois, le Vélai et le Gévaudan, qui font aujourd'hui partie du Languedoc. Pippin possédait encore, dans cette province, une portion considérable de la Narbonnaise première ; savoir, le Toulousain qui compose aujourd'hui une province ecclésiastique tout entière, et les comtés de Carcassonne et de Rasez qui furent détachés de la Septimanie, et demeurèrent unis au royaume d'Aquitaine.... »

(a) Pippinus, gratiâ Dei, rex Aquitanorum.
(b) Pippinus, ordinante divinæ majestatis gratiâ, Aquitanorum rex.
(c) D. Vaissette, *Hist. de Lang.*
(d) Mabill. *Annal. Bened.*

LIVRE IV.

(DE 838 A 865.)

Pippin II, roi d'Aquitaine (de 838 à 865). —
Karles-Chauve (de 838 à 855); — Ludwig de Germanie (de 853 à 855).
— Karles, fils du Chauve (de 855 à 865), rois d'Aquitaine compétiteurs.
Bernhard de Septimanie (de 838 à 844). —
Warin (de 840 à 843). — Begon (de 844 à 845) —
Guillelme II (de 845 à 850). —
Raynulfe Ier (de 845 à 865), ducs d'Aquitaine amovibles.
Emenon (de 838 à 839). —
Raynulfe (de 839 à 865), comtes de Poitou amovibles.

I. (a) A la mort de Pippin Ier, roi d'Aquitaine, il semble que son fils Pippin II devait tout naturellement lui succéder. C'était le droit; et Emenon, comte du Poitou, qui était fortement attaché à cette famille, se détermina à faire tout pour elle : aussi, quoique Ludwig-Débonnaire voulût priver Pippin II et Karles, son frère, de l'héritage paternel, il se mit à la tête de ceux qui avaient les mêmes affections que lui, et ils proclamèrent Pippin II roi d'Aquitaine, et bientôt ce jeune prince fut reconnu par une grande partie des sujets de son père. Il avait, en outre, été déclaré roi à la diète de Worms, sans attendre les ordres de l'empereur, et même contre son gré.

Pour assurer le parti qu'il avait pris, Emenon réunit dans un corps d'armée les partisans de Pippin II, et courut avec eux le pays pour établir l'autorité de ce fils de Pippin Ier. Or, ceux qui suivaient les bannières du comte étaient les Aquitains de nation, et les Franks, passés à ce parti par leurs intérêts et leur résidence dans le pays : ils se rappelaient que le prince auquel il s'agissait de succéder avait gouverné, non comme

(a) *Adem. Caban. Chron.* — *Mabil. Annal. Bénéd.*

l'homme d'une dynastie étrangère, mais bien dans des principes de nationalité et de justice.

II. Mais, dès avant cette époque, il avait apparu à Poitiers un homme dont l'influence fut très-grande sur l'histoire des temps postérieurs. Nous voulons parler d'Hebrouin, qui succéda, vers 838, à Fredebert, homme à peu près inconnu, quoique possesseur de deux places éminentes, celle d'évêque de Poitiers, et celle d'abbé de St-Hilaire-le-Grand, de la même ville. D'une naissance illustre, le père d'Hebrouin était fils, on ne sait de quel lit, de Roricon Ier, comte du Maine, et neveu du célèbre Gauslin, abbé de St-Germain, de St-Maur-sur-Loire, et ensuite évêque de Paris, ville qu'il défendit si vaillamment contre les Northmans. Il était également neveu de Bernhard Ier, comte du Poitou, à cause de sa femme Bilichide (a), et le nom de sa propre mère était Milechilde, dont la famille est inconnue. Aussi bien apparenté, né avec toutes les qualités de l'esprit, et ayant reçu une brillante éducation, Hebrouin ne pouvait manquer de parvenir, quand l'ambition la plus vive maîtrisait son être. En réalité, dès 831, il était chancelier de Pippin II, roi d'Aquitaine (b).

En 833, Hebrouin se trouvait pourvu de l'abbaye de St-Maur-sur-Loire, lorsque son oncle Roricon II obtint encore pour lui, par le roi Pippin Ier, le monastère de St-Maur-des-Fossés. Alors dans la fleur de l'âge, ce personnage jouissait de la plus grande considération parmi le clergé (c). Nous plaçons à 838 l'élévation d'Hebrouin au siége épiscopal de Poitiers et au siége abbatial de St-Hilaire, à raison d'un jugement qu'il rendit, comme évêque, relativement aux difficultés qui s'étaient élevées entre Alderik, évêque du Mans, et Sigismond, abbé de St-Calais, concernant la juridiction de ce monastère (d).

(a) Besly, *Ev. de Poit.*
(b) Voyez un diplôme pour l'abbaye de Cormery en Touraine, dans le *Recueil* de D. Bouquet.
(c) *Tunc adhuc flore juventutis egregiæ in clericatu pollens ordine, potestate verò pontificali cathedra in pictaviensi sublematus ecclesia.* (*Transl. S. Maur in monast. Fossat. apud Mabil. Act. SS. ord. S. Bened.*).
(d) *Gest. Adric. episc. apud* D. Bouquet.

III. Mais qu'était pour Hebrouin la possession d'un évêché et de plusieurs abbayes ? Il ne trouvait là qu'une position pour s'élever plus haut, que des richesses susceptibles de l'aider à faire mouvoir les ressorts de la monarchie. Chancelier du roi d'Aquitaine, il aspira à gouverner toute la monarchie française, et il se fit le chef d'un parti, ainsi qu'on va le voir; et ce parti était tout naturellement le parti frank.

IV. (*a*) De cet état de choses il ne pouvait que résulter de la division entre les deux principaux fonctionnaires du Poitou, le comte et l'évêque. Ce fut assez que le comte Emenon, Aquitain de cœur et de principe, se fût déclaré en faveur de Pippin II, pour qu'Hebrouin, évêque de Poitiers (*b*), prétendît que la royauté d'Aquitaine n'était pas héréditaire, et que l'investiture de ce grand fief appartenait à l'empereur; et l'évêque se trouva dès lors avoir un fort parti. Ce parti était le parti composé des hommes de la conquête, qui professaient encore les idées qu'avaient apportées leurs ancêtres des forêts de la Germanie. Habitués à vivre en dominateurs dans le pays où on leur avait concédé des bénéfices, ils ne voyaient rien de mieux, ils ne pouvaient rien voir de mieux, pour leur intérêt, que la domination impériale, sous le nom du fils même de l'empereur.

V. (*c*) La division s'étant ainsi déclarée en Aquitaine, et particulièrement en Poitou, entre ceux qui voulaient et ceux qui ne voulaient pas de Pippin II pour roi, Hebrouin, évêque de Poitiers, fut envoyé auprès de l'empereur Ludwig pour faire valoir les prétentions de ces derniers. Le prélat trouva l'empereur dans la forêt des Ardennes, où il prenait le plaisir de la chasse; il lui exposa notamment les désordres commis par les partisans de Pippin (1), et demanda qu'on envoyât un autre roi afin de gouverner le pays et être opposé au jeune fils de celui qui venait de mourir. Hebrouin fit aussi connaître à Ludwig que les deux gendres de Pippin I*er*, Gérhard, comte d'Auvergne,

---
(*a*) *Nith.* — *Astronom.*
(*b*) D'après Mabillon, Hébrouin n'aurait point été encore évêque de Poitiers, mais il aurait toujours été alors abbé de St-Hilaire-le-Grand.
(*c*) *Astron.*—Bouchet, *Ann. d'Aquit.*

et Rathier, comte du Limousin, abandonnaient la cause de leur beau-frère, pour demander eux-mêmes un autre roi d'Aquitaine, à cause du bas âge de Pippin II. Ludwig fut très-content de l'évêque de Poitiers, qui agissait précisément dans le sens qu'il désirait, et, pour le lui prouver, il le fit abbé de St-Germain-des-Prés, dont l'emploi venait de vaquer. Ensuite il le renvoya en Aquitaine, avec charge de dire à ceux de son parti qu'ils eussent à se trouver, au mois de septembre suivant, en la ville de Châlons-sur-Saône, où il comptait tenir une diète et arranger tout ce qui serait relatif aux Aquitains.

VI. Presque au même moment l'empereur Ludwig éleva Karles, surnommé depuis le Chauve, fils de son second mariage avec l'impératrice Judith, à la haute position de roi d'Aquitaine. Si on s'en rapportait au témoignage (a) d'un auteur contemporain, l'empereur n'aurait pas voulu dépouiller définitivement son petit-fils, mais seulement punir ses peuples, beaucoup trop légers dans leurs goûts, et écarter de lui des conseillers très-frivoles, qui l'auraient gâté comme ils avaient fait de son père. C'était ainsi qu'on taxait la proclamation des idées d'indépendance pour les provinces de la Loire aux Pyrénées, et la volonté de protéger les populations locales. Toujours est-il que Ludwig semblait promettre que, plus tard, et lorsque Pippin II aurait son éducation parfaite et dans une bonne direction, il l'appellerait à gouverner des peuples.

VII. (b) Pour se conformer à la promesse faite à Hebrouin, et en septembre 839, l'empereur convoqua en effet une diète à Châlons-sur-Saône, où furent appelés les grands de l'Aquitaine. Tout ce qui concernait le royaume y fut traité, et Karles, fils du second mariage de l'empereur, en fut proclamé le souverain.

Peu après, l'empereur se dirigea vers l'Auvergne. A Clermont, il reçut de nouveaux députés du parti d'Hebrouin. Parmi eux était Raynald, comte d'Herbauge, rival né d'Emenon, comte de l'autre partie du Poitou. Ce fut là que se prêta le

---

(a) *Astron.*

(b) *Nith.—Astron.—Annal. Bertin.—Adon. Chron.—Adem. Chron.*

serment de fidélité au jeune Karles. L'empereur apprenant que le château de Cartilat, sur les frontières de l'Auvergne et du Rouergue (a), était occupé par les partisans de Pippin, alla l'assiéger, et obligea la garnison à capituler. Ludwig marcha ensuite sur un autre château, celui de Turenne, qui fut évacué à son approche. Pendant ce temps, le jeune Karles était parti pour Poitiers, accompagné de Judith, sa mère, et attendit là l'empereur.

Ce fut au mois de novembre que Ludwig-Débonnaire arriva à Poitiers ; il y prit ses quartiers d'hiver, et y licencia l'armée qu'il avait formée, afin d'agir contre l'Aquitaine, au cas où elle aurait fait une résistance sérieuse.

VIII. (b) Pour consolider l'établissement des moines de St-Philbert, dans le pays d'Herbauge, Ludwig leur donna, le 27 novembre 839, le domaine de Scobrit, avec toutes ses dépendances, l'église de St-Viau ou St-Vital (c), avec les habitations et autres bâtiments, et les terres cultivées et en friche qui en relevaient. Il est dit, dans la charte faite à Poitiers, le 5 des kalendes de décembre, que les reliques de St Philbert reposent dans le monastère de Deas, construit en l'honneur de St Pierre et de St Paul, apôtres, et dont Hilbodus est abbé.

IX. (d) Par suite du parti pris, en faveur de Pippin II, par Emenon, l'empereur enleva à ce dernier le comté de Poitou, et l'obligea de quitter la province, où il sentit qu'il ne pouvait pas se maintenir. Celui-ci se retira alors auprès de son frère, Turpion, comte d'Angoulême, auquel il finit par succéder.

X. (e) Il y a lieu de croire qu'Emenon, qu'on voit, en 838, faire un don au monastère de Noaillé dans la personne de Godolemus, son abbé, est le même que l'ancien comte de Poitou. Il s'agissait de moulins, de maisons et de domaines, situés à

(a) Aujourd'hui Carlat.
(b) Dipl. *Ludw. Pii*, ap. D. Bouq.
(c) *Scobrit, in pago Pictavo, in vicariâ Racinse*, aujourd'hui St-Viau-en Retz.
(d) *Nith.* — *Astron.* (e) Mss. de D. Fonteneau.

Mesgonne, près la Clouère, dans le territoire de Vivône (a).

XI. (b) Pour en finir relativement à Emenon, nous dirons que ce personnage mourut le 22 juin 866. De sa femme, dont le nom est inconnu, mais qui était fille de Robert-Fort, il eut : 1° Adhemar, qui revint plus tard prendre l'administration du Poitou ; 2° et Adalelme, qui défendit Paris avec éclat contre les Northmans, en 885.

XII. (c) Après avoir, ainsi qu'on l'a vu, destitué Emenon, Ludwig-Débonnaire donna le comté de Poitou à Raynulfe (2), fils du premier lit de Gérhard, comte d'Auvergne, dont il ne soupçonna point la fidélité, quoiqu'il fût neveu de Pippin II, sa mère Mathilde étant sœur de ce dernier. C'était encore placer le comté de Poitou dans la même race, mais dans une branche cadette. En effet, Gérhard, comte d'Auvergne, était fils de Théodorick II, frère d'Adalelme. Du reste, cette dévolution hors de la branche aînée ne fut point définitive, ainsi que la suite de cet ouvrage le fera connaître.

XIII. (d) L'empereur établit aussi ou confirma Turpion comme comte d'Angoulême, et fit Rathier comte de Limoges ; il plaça aussi Seguin comme comte à Bordeaux, et Landrie en qualité de comte de Saintes, et fit mettre son nom sur les monnaies d'Angoulême et de Saintes.

XIV. Néanmoins, il y a lieu de croire que jusqu'en 839, l'Angoumois dépendait du comté de Poitou, ou de celui de Bordeaux. En effet, l'historien des évêques et des comtes d'Angoulême, qui écrivait en 1189, dit que Turpion fut établi comme premier comte d'Angoulême, dans le courant de cette année, par le roi Karles-Chauve (e).

XV. (f) L'empereur avec son jeune fils passa à Poitiers les

(a) Aujourd'hui Mougon. Ce point est d'une grande importance pour fixer la bataille de Vauclade de 507.

(b) *Vicus Vendonensis.* Cette dénomination donne à croire que le nom primitif de cette petite ville était Vic-sur-Vône.

(c) Mss. de D. Fonteneau.

(d) *Annal. Bert.*—*Chron. Adem.* (d) *Chron. Adem. Caban.*

(e) *Art de vérifier les dates.*

(f) *Astron. Nith.*—*Ann. Bertin.*—*Adem. Chron.*

fêtes de Noël, de l'Épiphanie et de la Purification, toujours occupé de soumettre le pays à la domination de ce dernier. Les troupes impériales parcouraient la contrée, et arrêtaient les partisans de Pippin II. Plusieurs d'entre eux furent mis à mort, d'autres appliqués à la torture. Un simple exil était la peine la plus douce.

Bernhard, frère d'Emenon, le comte de Poitou révoqué, fut un de ceux à qui on imposa l'obligation de quitter le pays, parce qu'il s'était fortement prononcé en faveur de l'hérédité pour la couronne d'Aquitaine. Il se retira près de Raynald, comte d'Herbauge, son parent, qui, quoique dévoué au jeune Karles, n'avait pas juré une haine implacable aux hommes du parti opposé au sien, et conservait toujours de l'attachement pour les membres de sa famille.

XVI. (*a*). L'empereur ne quitta Poitiers qu'à l'approche du carême (3). Il avait arrêté, dans cette ville, des règlements utiles, et on l'avait instruit, au moment de son départ, que des rassemblements de Saxons et de Thuringiens, formés par son fils Ludwig, roi de Bavière, se disposaient à envahir l'Allemagne, ce qui l'obligeait à se porter au-delà du Rhin. Il laissa, dans la capitale du Poitou, l'impératrice Judith et son fils Karles. Un peu plus tard, tous les deux retournèrent auprès de l'empereur ; mais ils revinrent à Poitiers, dans le courant du mois de juillet. Alors le pays était loin d'être tranquille, et les partisans de Pippin II tenaient pour lui, dans plusieurs localités, et harcelaient les forces impériales, par une guerre de partisans, si facile dans les pays montueux et coupés.

XVII. (*b*) Pendant son séjour à Poitiers, l'empereur Ludwig se détermina à rebâtir la basilique placée sous l'invocation de Notre-Dame, et dans laquelle était placé le tombeau de Ste Radégonde. Cette église se trouvait alors desservie par un abbé et des moines, qui furent sécularisés vers ce temps, et devinrent des chanoines. Il y a lieu de croire que l'impératrice Judith, qui avait été sequestrée, dix ans avant, dans le monastère de

---

(*a*) *Nith.* — *Astron.* — *Annal. Bertin.* (*b*) *Nov. Gall. Christ.*

Ste-Croix, détermina son époux à faire cette importante construction. Du reste, il ne put la voir terminer, ayant été, peu après, atteint par la mort, ainsi qu'on va le voir.

XVIII. (a). Ludwig était parti pour l'Allemagne, afin d'aller châtier la révolte de son fils, le roi de Bavière. Il célébra les fêtes de Pâques 840 à Aix-la-Chapelle, et se mit en marche, pour joindre le roi Ludwig. Bientôt il fut atteint d'une maladie mortelle, et rendit le dernier soupir, le 20 juin 840, dans une île du Rhin, au dessous de Mayence.

XIX. (b) Le bruit ne tarda pas à courir en Aquitaine et ailleurs, qu'à la mort de l'empereur Ludwig, l'esprit malin s'était présenté, pour s'emparer de son âme; et l'on connait la fable de Dagobert, qu'on avait vu porter en enfer. Voici comment un auteur contemporain rapporte le fait, et, dans une pareille occasion, il vaut mieux laisser parler l'écrivain lui-même que de donner le sens de ses paroles : « L'empe- » reur, sentant sa fin proche, demanda la bénédiction et » les cérémonies d'usage, pour le moment de la séparation » de l'âme et du corps. Les évêques s'acquittaient de ce de- » voir, lorsque Ludwig, ayant tourné la tête du côté » gauche, comme par colère (plusieurs me l'ont dit), s'écria » par deux fois, avec toute la force qui lui restait : Huz! huz! » ce qui veut dire dehors! dehors! Il est clair, d'après cela » que l'empereur avait aperçu l'esprit de ténèbres. »

XX. Jetons un coup d'œil sur l'empereur Ludwig (c). Toujours élevé dans ses idées, Karles-Grand avait voulu attirer sur son fils les regards et l'affection des peuples dont lui avait confié les destinées. Il l'avait fait paraître comme dirigeant les affaires, lorsqu'un conseil régla d'abord les destinées de l'Aquitaine. Le jeune Ludwig figura à la tête des armées, que d'habiles généraux dirigèrent dans le commencement. Lorsqu'il put agir de son chef; le roi des Aquitains montra un grand amour de la patrie, une douceur de caractère poussée trop loin peut-être, et un goût prononcé pour

(a) *Annal. Bertin.* (b) *Astronom.*
(c) *Astron.—Ermold. Nigell. Carmen.*

la bienfaisance. Ludwig fit preuve aussi de bravoure et d'habileté à la guerre, notamment dans la lutte contre les Vascons, comparable à la résistance des Saxons envers l'empereur Karles. Ses expéditions contre les Sarrasins n'avaient pas été sans gloire, et, dans la guerre d'Italie, comme lieutenant de l'empereur, il avait été loin d'être indigne des autres chefs. Le principal fait de sa vie avait été la prise de Barcelonne, en 801, après deux ans de siége. S'il n'était arrivé que six semaines avant la reddition de la place, il n'avait pas moins décidé le succès, par les sages mesures qu'il avait ordonnées.

XXI. Néanmoins, les deux titres que décernèrent les peuples à Ludwig furent les deux écueils de son caractère. En Aquitaine, en France, il fut appelé le Débonnaire, et, dans la réalité, il pécha par cet excès de bonté, qui, pour les souverains, est peut-être un des plus grands défauts. En Italie, Ludwig fut nommé le Pieux, et il s'en glorifia. Mais ce ne fut pas une de ces piétés éclairées qui accompagnent les grands rois sur le trône. « Une piété enthousiaste (a), une foi supersti-
» tieuse, une humilité qui l'empêchait en toute occasion d'op-
» poser son sentiment propre à celui d'un prêtre, lui faisait
» oublier la terre pour le ciel. Il croyait ne pouvoir faire un
» meilleur usage de son temps que de l'employer aux prati-
» ques de dévotion ; de ses richesses, que d'orner des églises ;
» de ses terres, que de fonder ou d'enrichir des couvents.
» Les historiens nous ont conservé une longue liste des lieux
» saints qu'il combla de bienfaits, en Aquitaine. Il aurait désiré
» ne point se contenter d'enrichir les moines, mais revêtir
» lui-même leur habit. La dévotion de son grand-oncle Kar-
» loman, qui avait quitté une couronne pour le froc du
» Mont-Cassin, lui paraissait un digne exemple à suivre, et
» l'on avait eu quelque peine à l'empêcher de quitter le
» siècle pour la vie monastique. » Néanmoins, on doit dire que Ludwig travailla autant qu'il put à la réforme des mœurs, qu'il agit en ce sens sur le clergé, à qui il défendit les

(a) M. Sismonde de Sismondi, *Hist. des Français*.

parures mondaines, à l'égal du faste des courtisans. Il écarta aussi des armées les prélats, en les rappelant à la résidence dans leurs diocèses.

XXII. (*a*) Aussitôt que Lothaire eut appris la mort de Ludwig-Débonnaire, il se déclara empereur, et dépêcha partout des émissaires, pour confirmer les fonctionnaires établis par son père, en les engageant à se soumettre à lui. En même temps, il déclara la guerre à Ludwig, roi de Bavière, et envoya des ambassadeurs à Karles-Chauve, qui était en Aquitaine, afin de lui dire qu'il était plein de bienveillance pour lui, comme pour un frère, en ajoutant qu'il s'en tenait au partage de Worms, mais qu'il le priait d'interrompre la guerre qu'il faisait à leur neveu Pippin, jusqu'à ce qu'on ait eu une entrevue avec lui.

XXIII. (*b*) Nominoé, que nous avons vu établir en qualité de duc des Bretons, par Ludwig-Débonnaire, resta soumis à celui-ci jusqu'à sa mort. Mais, lorsque ce faible successeur du magnanime empereur Karles eut cessé d'exister, le lien qui retenait dans la soumission ce puissant délégué fut entièrement rompu pour lui. Sa position, du reste, venait de s'élever. Les Northmans étant venus en grand nombre dans la Bretagne, les habitants de cette contrée accoururent sous les enseignes du descendant de Conan, dédaigné d'abord par eux. Nominoé battit les hommes du Nord, vers la ville actuelle de Treguier, dans une bataille où périt une multitude de part et d'autre. Les pirates attendaient des secours et demeuraient encore sur le sol breton, lorsqu'ils proposèrent de se retirer pour toujours, à condition qu'on leur livrerait des vivres, ce qui fut aussitôt fait. Les soldats de Nominoé s'empressèrent alors de lui décerner le titre de roi, et ce chef aussitôt se déclara indépendant de la monarchie franke. Il rebâtit la ville de Rennes que Ludwig-Débonnaire avait détruite, et chassa les Français au-delà des rivières du Cœsne, de la Mayenne, et même de la Loire, sauf un seul point à peu près.

XXIV. En effet, Nominoé ne put établir la Loire, dans sa partie inférieure, comme la limite de ses états. Nantes avait

(*a*) *Nith.* (*b*) *Chron. Armor.*

pour comte Ricwin, précédemment administrateur du Poitou, et, malgré son âge avancé (4), il résista avec courage aux efforts du nouveau roi de Bretagne, pour s'emparer de ce point important. Ainsi la capitale de la Bretagne méridionale, et probablement une bonne partie de son territoire, demeurèrent encore sous la dépendance de la monarchie soumise aux princes karolingiens.

XXV. Ricwin avait été établi comte de Poitou dès 814, en sorte que, s'il fut pourvu de cette dignité à trente ans au moins, ce qui est probable, vu qu'alors on ne donnait point l'administration et le commandement d'une province à un jeune homme, ce comte devait être fort âgé, lorsque Nominoé vint attaquer Nantes.

XXVI. (*a*) Nous avons parlé de l'intervention de Lothaire en faveur de Pippin II, et elle eut l'effet d'ouvrir des négociations entre celui-ci et Karles-Chauve. Ce dernier avait, en conséquence, réuni une diète à Bourges, où les partisans de son compétiteur avaient assuré sous serment qu'il se rendrait. Karles attendait toujours, et Pippin ne venait pas; et ce dernier, en réalité, ne cherchait qu'à gagner du temps, pour permettre à Lothaire d'arriver avec son armée en Aquitaine; car celui-ci en avait fait la promesse.

XXVII. (*b*) Un homme puissant avait entamé ces négociations entre Karles et Pippin. C'était Bernhard, duc de Septimanie et d'Aquitaine, personnage extrêmement lié avec ce dernier prince. Par suite de ces relations, tous deux s'étaient promis solennellement de ne faire aucun traité l'un sans l'autre. Les grands d'Aquitaine, partisans de Pippin, avaient souscrit le même engagement. Le sentiment de reconnaissance faisait surtout agir Bernhard de Septimanie envers Pippin II; il se rappelait, en effet, tout ce que Pippin Ier avait été pour lui : ce dernier lui avait conféré le titre de duc d'Aquitaine, attaché alors au comté de Toulouse, à la mort du duc Béranger. Néanmoins, comme Bernhard tenait aussi de Karles-Chauve le duché de Septimanie, il garda d'abord quelques ménage-

(*a*) *Nith.* (*b*) *Nith.*

ments envers ce dernier, et proposa aux deux frères de négocier ; mais son attachement réel pour Pippin ne put échapper à Karles. Aussi celui-ci ôta à Bernhard le duché d'Aquitaine, et le donna à Warin, grand personnage de la Burgundie, qui lui était entièrement dévoué. Mais Bernhard de Septimanie ne laissa pas de conserver son titre de duc d'Aquitaine, et de l'exercer dans l'intérêt de Pippin II. Celui-ci étant maître de Toulouse et du territoire joignant la Septimanie, Bernhard commanda dans cette partie. Le reste de l'Aquitaine était sous le joug de Karles, et Warin y exerça les fonctions de duc. Il y eut dès lors, pour la première fois, comme on le voit, deux ducs d'Aquitaine à la fois.

XXVIII. Ainsi, c'est de la rivalité entre Pippin II et Karles-Chauve pour la couronne d'Aquitaine, que résulta la division provisoire de cette contrée en deux duchés. Nous verrons plus tard cette division se continuer et devenir même définitive. C'est donc là le principe du duché du midi, ayant Toulouse pour capitale, et du duché du nord, dont Poitiers était le chef-lieu.

XXIX. (*a*) Lothaire s'étant, en effet, mis en marche pour l'Aquitaine, ainsi qu'il l'avait promis, Pippin ne voulut plus entendre à aucun arrangement, et la guerre ne tarda pas à recommencer entre Karles-Chauve et Pippin. Sur cela, Karles partit de Bourges, et se rendit à Kiersy-sur-Oise, où plusieurs grands vinrent le joindre, tandis que d'autres se déclarèrent pour Lothaire.

Mais en même temps Pippin agissait de son côté, et faisait une tentative sur Bourges, afin d'enlever l'impératrice Judith, qui s'y trouvait renfermée. Le fils de celle-ci, Karles, revenu sur ses pas, battit Pippin et mit ses troupes en déroute. Cet événement eut lieu au mois d'août 840, ainsi que nous l'apprend une lettre de Loup, abbé de Ferrières (*b*).

XXX. Il paraît que, dans cette guerre, où il fut fait emploi des forces du nord de l'Aquitaine, disposées pour Karles, à l'encontre des populations du midi, amies de Pippin II, les habi-

(*a*) *Nith.* (*b*) *Lup. ab. Ferr.*

lants du comté d'Herbauge se rappelèrent encore le sang teiphalien qui coulait dans leurs veines, et donnèrent des preuves de bravoure. On voit aussi, d'après une lettre de Loup, abbé de Ferrières, à l'évêque Thomas (a), que, vers 840 ou 841, trois corps d'armée défendaient l'Aquitaine, et que Raynald, qui était bien le comte d'Herbauge de ce nom, avait son quartier général à Angoulême. Un autre corps, commandé par Modoin, évêque d'Autun, et Authert, comte d'Avallon, était stationné à Clermont en Arvernie. Le dernier était à Limoges, aux ordres du comte des Arvènes, Gerhard, beau-frère de Pippin II. Ces trois corps de troupes tenaient pour le parti de Karles-Chauve, et il les avait ainsi placés, lorsque, après avoir délivré sa mère du danger que lui avait fait courir Pippin, lui, Karles, prenait ses mesures pour retourner en France, où il emmena Judith, afin qu'elle fût là plus en sûreté pour sa personne.

XXXI. (b) En même temps que Karles marchait contre Pippin, il envoyait Adlalard, Gerhard et Legiton, comme ambassadeurs, auprès de Lothaire, pour le prier de ménager un royaume que leur père commun, lui faisait-il dire, lui avait donné, à lui Karles, du consentement même de Lothaire.

XXXII. (c) Cet état de choses remit Pippin en meilleure position. Avant, Karles, son compétiteur, avait successivement résidé à Poitiers et à Bourges, maître qu'il paraissait être de tout le pays. Le fils de Judith ainsi menacé, Pippin II reprit l'offensive, et assiégea même Poitiers; mais le Chauve fit lever le siége, avant de marcher contre l'armée qui venait du côté du nord.

Karles une fois éloigné, Pippin reparut de nouveau dans l'Aquitaine du nord, et y agit activement pour y rétablir son autorité.

XXXIII. (d) Après avoir cru l'Aquitaine disposée à résister, Karles, accompagné de sa mère, marcha à la rencontre de Lothaire, dont on lui annonçait la venue, avec une armée. L'am-

(a) *Lup. ab. Ferr. Ep.* l. apud Bouq — Ep. XVIII, apud Besly.
(b) *Nith.* (c) *Nith.* (d) *Nith.*

bition du roi d'Aquitaine était de se rendre à Kiersy, pour la fin d'août ; mais il apprit bientôt que d'abord son ennemi avait passé la Meuse, limite des états des deux princes, qu'ensuite, après avoir franchi la Seine, il soumettait à sa domination la contrée entre ce fleuve et la Loire, et se disposait à aller joindre Pippin. Dans une telle position, Karles crut devoir délibérer, avec les grands de son parti, sur ce qu'il avait à faire. Son conseil étant d'avis unanime de tenter la fortune et de combattre, il continua sa marche.

XXXIV. (a) Les deux armées, allant ainsi à la rencontre l'une de l'autre, se trouvèrent bientôt à 30 kilom. de distance, dans les environs d'Orléans. Lothaire n'avait nulle envie de livrer bataille ; il s'imaginait qu'en gagnant du temps, il amènerait à lui tous les partisans de Karles : aussi fit-il faire à ce dernier des propositions de paix. D'abord elles furent excessivement dures ; mais voyant que ceux qui tenaient pour son jeune frère ne se disposaient point à l'abandonner, il fit des offres plus modérées : elles consistaient à laisser provisoirement à Karles l'Aquitaine, la Septimanie, la Provence, et dix comtés entre Loire et Seine, jusqu'au 8 mai de l'année suivante, époque où une diète générale, tenue à Attigny-sur-Aisne, réglerait d'une manière définitive le différend entre les deux frères. Le jeune prince devait aussi s'obliger à ne pas sortir de la contrée qui lui avait été assignée, jusqu'au moment fixé pour la réunion d'Attigny. Ces conditions semblaient sévères à Karles, et pourtant il les accepta, de l'aveu de son conseil, parce qu'ayant une armée beaucoup plus faible que celle de Lothaire, il avait tout à craindre de ce dernier. Celui-ci consentait à un tel traité, parce qu'il voulait tourner ses forces contre le roi de Bavière, et qu'il pensait qu'il pourrait enfin déterminer les partisans de Karles à se déclarer pour lui. Aussi, sans bonne foi dans ce traité, il ne se mit point en peine de l'exécuter, en évacuant les provinces qu'il attribuait à son frère. Plus que cela, il avança vers la Provence pour donner

(a) *Nith.*

la main à des seigneurs qui s'étaient soumis à sa domination.

XXXV. (a) Après avoir conclu le traité dont nous venons de parler, Karles se rendit à Orléans, où il fut joint par des troupes de la Burgundie que lui amenèrent le duc Warin et le comte Théobald. Bernhard de Septimanie avait aussi reçu du Chauve l'ordre d'arriver là, avec des forces dont il pouvait disposer : ce duc l'avait promis ; il s'était même mis en route avec un certain nombre de soldats. Mais quand Karles eut été au devant de lui à Nevers, il reçut un envoyé qui lui annonçait que Bernhard s'excusait d'arriver, à cause des engagements qu'il avait pris avec Pippin, et parce qu'il n'avait pas le consentement de celui-ci. En réalité, quoique, dans l'opinion publique, le duc passât pour être le père de Karles, à cause de ses relations connues avec l'impératrice Judith, il semblait vouloir demeurer neutre. Du reste, le soupçon de paternité mis de côté, la position du grand vassal était difficile; car s'il reconnaissait sans difficulté Karles pour suzerain, à raison du duché de Septimanie, il avait auparavant donné sa foi à Pippin, comme duc d'Aquitaine. Les derniers arrangements diplomatiques ne le touchaient que faiblement, et il aurait désiré qu'un accord eût concilié, d'une manière définitive, les descendants de Karles-Magne. En conséquence, Bernhard fit dire au fils de Judith qu'il allait trouver Pippin et ses partisans, pour les inviter à faire la paix, annonçant qu'en cas de refus de leur part, il romprait ses engagements antérieurs envers ce parti, et retournerait à Karles, pour être tout-à-fait à lui, dans le délai de quinze jours.

XXXVI. (b) Karles crut à la sincérité des promesses de Bernhard de Septimanie, et il se rendit, en conséquence, à Bourges, pour l'attendre au temps indiqué, qui était au commencement de l'année 841. Le duc arriva bien, mais sans amener avec lui, ni Pippin, ni aucun partisan de ce roi, ainsi qu'il s'y était obligé. Karles fut outré de ce manque de parole, qui était le fait d'autrui, résultat assez ordinaire, quand on stipule pour un étranger, sans son aveu. Il voulait même s'assurer

(a) *Nith.* (b) *Nith.*

de la personne de Bernhard, et vint pour cela en diligence jusqu'à Bourges, où le duc se trouvait; mais celui-ci, instruit des mauvaises dispositions du prince, échappa, bien accompagné, à un parti d'hommes envoyés pour l'arrêter, en en tuant ou blessant quelques-uns, et en pillant les équipages de Karles.

XXXVII. Ainsi échappé au danger, Bernhard, désireux de conserver le gouvernement de la Septimanie, fit négocier auprès de Karles, et ne tarda pas à rentrer dans ses bonnes grâces, sans néanmoins cesser d'être attaché de cœur à Pippin. Le fils de Judith, qui connaissait cette position de son vassal, espérait en tirer parti pour arriver à un traité avec son neveu. Sur la demande de Karles, le duc se rendit même près de lui à Bourges. Le vassal assura son suzerain qu'il n'avait jamais manqué à la fidélité qu'il lui devait, malgré sa position mixte et embarrassante, et offrit de combattre en champ clos contre celui qui oserait soutenir le contraire; il promit, de plus, de ne pas défaillir à cette conduite, et sur cela le Chauve l'assura de son amitié et de sa confiance, et le combla de présents. Sans doute, Karles n'avait pas une foi entière dans les promesses de Bernhard; mais il voulait employer celui-ci, et tirer même parti de sa position, pour porter Pippin à s'allier avec lui et rejeter tout traité avec Lothaire. Le duc se rendit même, à la prière qui lui fut faite de partir à l'instant même, pour aller négocier avec Pippin.

XXXVIII. (a) Une diète générale avait été indiquée par Lothaire pour être tenue à Attigny, et Karles assembla les chefs de ses partisans, afin d'aviser à la marche qu'il devait tenir à l'avenir. Dans cette réunion, il fut arrêté qu'on se rendrait à la diète, et que le fils de Judith devait avoir recours à la voie des armes, si Lothaire lui refusait, par la voie des négociations, de lui rendre la justice qu'on lui prétendait due. Les seigneurs attachés à la cause de Karles jurèrent de la défendre jusqu'à la dernière extrémité. Dans une telle position, il y avait nécessité de se préparer éventuellement à combattre. En consé-

(a) *Nith.—Ann. Fuld.*

quence, Karles se rendit au Mans, pour s'entendre avec Lanthbert, comte des marches de Poitou et Bretagne, Héric et les autres grands qui tenaient pour lui, vers la Bretagne. De là, il dépêcha des messagers à Nominoé, pour lui dire de se soumettre, ou qu'il serait attaqué; mais celui-ci envoya quelques présents, avec des paroles qu'on pouvait prendre comme une reconnaissance de souveraineté, mais qui, pour le chef breton, exprimaient seulement le désir de vivre en paix, comme avec le chef d'un état voisin, et, de plus, il lui promettait de prendre parti en sa faveur, dans la lutte contre ses frères. C'était tout ce que le fils de Judith pouvait espérer de plus heureux, dans l'occurrence où il se trouvait.

XXXIX. Ensuite le roi Karles, accompagné de sa mère, donna ordre aux forces qu'il avait en Aquitaine, de venir le joindre. Ainsi successivement se rendirent à Fontenay (5), en Poitou, le corps de Teiphaliens aux ordres du comte Raynald, et placé en garnison à Angoulême, les Teiphaliens demeurés encore dans leurs pays, les partisans de Karles dans le Haut-Poitou, et les Bretons du parti attaché à la cause de la France, aux ordres de Lanthbert, comte des marches de Poitou et de Bretagne. Ces forces concentrées se dirigèrent sur Nevers, point indiqué pour joindre le fils de Judith. Les corps stationnés à Limoges et à Clermont arrivèrent aussi à ce rendez-vous. Quant à Bernhard de Septimanie, il se conduisit avec son indécision et sa lenteur ordinaires. Il réunit bien ses troupes, et marcha avec elles; mais arrivé en Aquitaine, il y demeura assez longtemps avec le corps qu'il commandait, attendant l'issue de la bataille décisive qui allait se livrer, afin de se déclarer en faveur du vainqueur.

XL. (a) Ainsi, comme on le voit, dans ces temps de troubles, pour arriver à une assemblée délibérante, chaque prince d'une fraction de l'empire frank marchait, non-seulement avec les grands, ducs, comtes, évêques et abbés de son parti qui devaient opiner dans son sens, mais aussi avec une armée pour appuyer les prétentions qu'il avait à faire valoir. Karles,

(a) *Nith.* — *Ann. Fuld.*

son cortége et ses troupes, arrivés sur les bords de la Seine, trouvèrent les ponts rompus et les bateaux retirés ou coulés bas, par les partisans de Lothaire, qui défendaient le passage du fleuve. Comme ses eaux étaient grossies par une inondation, il fut impossible à Karles et aux siens de le franchir à gué dans aucun lieu, et ils se dirigèrent vers Rouen. Là, s'étant emparés de quelques embarcations, ils passèrent sur l'autre rive avec assez de facilité, nonobstant le corps de troupes ennemies qui se trouvaient encore dans ces parages. Karles se rendit ensuite à St-Denis; mais ayant appris qu'un corps de troupes du parti de Lothaire allait à la rencontre d'un renfort que lui amenaient le duc Warin et le comte Théobald, il repassa précipitamment la Seine, afin de joindre les troupes qui lui arrivaient, et de les défendre contre l'attaque dirigée contre elles. Après avoir marché toute la nuit, et avec précipitation, le roi arriva au confluent de la Seine et du Loing, entre Melun et Montereau-faut-Yonne, où il joignit Warin, Théobald, les autres grands qui s'étaient joints à eux, et les soldats sous leurs ordres. Tous réunis, ils se dirigèrent sur Sens, dans l'espoir de surprendre l'armée de Lothaire, campée dans une forêt, près de là. Mais avertie à temps, elle fit une retraite précipitée. Les troupes de Karles étaient tellement fatiguées de ces marches forcées, qu'il ne fut pas possible de poursuivre les fuyards, et le roi arriva le vendredi saint dans la ville de Troyes.

Le lendemain, jour du samedi saint, les Aquitains du parti de Karles lui remirent solennellement, comme une marque de leur soumission à sa puissance, une couronne et les autres ornements royaux. Le roi s'en revêtit solennellement pour célébrer, le lendemain et jours suivants, les solennités de Pâques.

XLI. (a) Voulant exécuter jusqu'au bout le projet qu'il avait arrêté, le roi Karles se rendit à Attigny, le 6 mai 841, veille du jour assigné pour la tenue de la diète. Pendant quatre jours, il y attendit inutilement l'arrivée de Lothaire. Le prince fai-

(a) Nith. — Annal. Fuld.

sait alors la guerre à Ludwig, roi de Bavière, au-delà du Rhin, ce que Karles considéra comme une infraction aux préliminaires arrêtés. De même, Lothaire prétendit que Karles avait manqué à ses engagements, en passant, en armes et sans son consentement, les limites qui lui avaient été assignées. En conséquence, il marcha avec une armée, pour se diriger sur son frère; et, afin de gagner du temps, il lui fit faire de nouvelles propositions. Karles les refusa, sur l'avis qu'il eut que le roi de Bavière venait à son secours.

En attendant l'arrivée du roi Ludwig, le Chauve partit pour Châlons-sur-Saône, allant au devant de l'impératrice, sa mère, qui avançait vers lui, avec de nouvelles troupes venues d'Aquitaine. D'un autre côté, et peu avant, le roi de Bavière avait rencontré Adalbert, duc d'Austrasie, qui lui défendait le passage, et, dans un combat livré le 13 mai, il avait mis à mort ce général et défait son armée. Ayant ensuite passé le Rhin, il continua sa marche en toute hâte.

Enfin les deux rois, Karles et Ludwig, se réunirent, et après s'être concertés, ils envoyèrent des députés à Lothaire, afin de l'engager à maintenir la paix de l'empire, en ne les troublant pas dans la possession des états que l'empereur leur père leur avait accordés. En gage d'amitié, et cette proposition agréée, ils offraient même à leur frère tout ce qu'ils avaient dans leur armée, à l'exception des armes et des chevaux. Mais Lothaire refusa ces propositions, et fit répondre qu'il était résolu à faire décider par les armes les différends qui existaient entre eux.

XLII. (a) L'empereur Lothaire se trouvait alors près d'Auxerre, avec une forte armée. Voyant tout rapprochement impossible, Karles et Ludwig s'avancèrent vers lui avec toutes leurs forces. Les deux armées se trouvèrent bientôt campées tout près l'une de l'autre, et on allait probablement en venir aux mains, lorsque l'empereur, qui ne voulait pas combattre avant l'arrivée de Pippin et des Aquitains sous ses ordres, leva son camp et se retira à environ 15 kilomètres de là. Ses

(a) *Nith. — Annal. Fuld.*

deux frères le suivirent, mais seulement avec une partie de leurs forces, et lui firent dire qu'ils ne concevaient rien à sa conduite, puisqu'il se refusait à faire la paix et à combattre. Lothaire leur répondit qu'ils connaîtraient bientôt ses intentions, et attendant toujours la venue de Pippin, il marcha en avant pour s'emparer de Fontenay, à peu de distance d'Auxerre, point important à cause de sa situation, qui commandait tous les alentours. Voyant le but de leur ennemi, les deux frères le prévinrent, en faisant marcher toutes leurs troupes contre lui, et en s'emparant du village de Tauriac, tout près de Fontenay, le 22 juin. Le lendemain, tout était prêt pour commencer le combat, lorsque Karles et Ludwig, dont le désir d'arriver à un rapprochement était extrême, firent dire à leur aîné que s'il voulait accéder aux propositions qu'ils lui avaient déjà faites, ils lui céderaient de plus quelques pays dans les environs du Rhin, et la forêt des Ardennes. Ils ajoutaient que s'il aimait mieux en venir à un nouveau partage, ils y consentiraient volontiers.

Le désir qu'avait Lothaire de gagner quelques jours, pour donner à Pippin et aux Aquitains de son parti le temps d'arriver, le porta à ne pas refuser nettement ces dernières ouvertures. I demanda du temps pour délibérer ; mais comme on n'y paraissait pas disposé, il se borna à solliciter une trêve de deux jours, qui lui fut accordée.

C'était trop pour Lothaire ; car Pippin étant arrivé dès le lendemain 24 juin, jour de St-Jean-Baptiste, il fit dire qu'une volonté supérieure à la leur lui avait donné le titre d'empereur et de chef de la monarchie française, qu'il ne consentait à aucun accommodement quelconque, et qu'il voulait combattre, aussitôt l'expiration de la si courte trêve qu'il avait d'abord sollicitée.

XLIII. (a) Le samedi 25 juillet 841, les rois Karles et Ludwig rangèrent leur armée en bataille, dès la pointe du jour, et disposèrent tout pour combattre à neuf heures du

(a) *Nith.—Adem. Caban.—Chron. Mallear.—Trans. S. Genulph. — Ann. Metens.—Chr. Sigel. Gemb.— Chron. Virdf.*

matin, moment où la trêve expirait. Ils s'étaient emparés d'une colline qui dominait le camp de Lothaire, et leur donnait un grand avantage sur lui. Celui-ci mit ses forces en mouvement à l'heure indiquée, et commença le combat en attaquant les troupes de la Germanie aux ordres du roi Ludwig, et placées dans un lieu appelé *Brittas*. Ce corps ne put pas résister à l'attaque ; il fut enfoncé, et l'empereur en faisait un grand carnage, se croyant sûr de la victoire, lorsque le duc Warin arriva, avec les Aquitains et les Provençaux sous ses ordres, au secours du roi Ludwig. Il se porta sur Lothaire avec une telle impétuosité, qu'il le força à faire retraite, et ce fait d'armes décida le succès. Dans le même moment, le roi Karles attaquait de sa personne, avec une autre partie de ses forces, un corps de troupes de Lothaire, dans un lieu appelé *Fagit*. Le Chauve avait quelque avantage, lorsque l'avis du succès obtenu par Warin décida encore la victoire, sur ce point, pour les deux frères, contre l'oncle et le neveu. D'un autre côté, les comtes Adhalard et Nithard, qui étaient aux prises avec le surplus des forces de Lothaire et le corps de Pippin, dans la localité de *Solemnat*, prirent aussi le dessus, malgré la vigoureuse résistance qui leur fut opposée. De cette manière, l'armée de Lothaire et de Pippin fut entièrement mise en déroute, et ces deux monarques se virent contraints de prendre eux-mêmes la fuite.

La bataille dont on vient de rendre compte fut livrée près d'un ruisseau qui se jette dans l'Yonne, non loin de la ville d'Auxerre, et dans une localité que les auteurs de l'époque appellent *Fontaniacum*; *Fontanetum* ou *Fontaneum*, et qu'on indique à présent sous le nom de Fontenay ou de Fontanet, et enfin de Fontenailles (6).

Dans cette mémorable et néfaste journée, où tout le sang versé appartenait à des guerriers du même empire, le carnage fut horrible. Quelques auteurs ont porté le nombre des morts à 100,000 hommes de chaque parti ; d'autres ont prétendu, et c'est la version la plus vraisemblable, que 40,000 hommes périrent seulement du côté de Lothaire et de Pippin, avec un nombre moins considérable dans l'autre armée. Le nombre des morts aurait encore été bien plus considérable, si Karles et Ludwig, réunis sur le champ de bataille dès la fin de l'action, et touchés de le voir jonché de tant de morts, n'avaient pas défendu de poursuivre les fuyards. Le lendemain dimanche, ils revinrent sur le lieu du carnage pour faire enterrer les morts des deux partis, et ils ordonnèrent trois jours de prière, tant pour remercier le ciel du succès de leurs armes, qu'en expiation des péchés de tous ceux qui avaient péri dans l'action.

XLIV. Il est à remarquer qu'à Fontenay les forces de l'Aquitaine étaient divisées dans les deux armées, et combattirent ainsi les unes contre les autres. Les populations du Poitou, du Limousin, de l'Auvergne, et de tout le Nord, figurèrent dans les troupes de Karles, et Pippin avait pour lui celles du Périgord, du Caborsin, du Rouergue, de l'Albigeois et du surplus de l'Aquitaine méridionale.

XLV. Dans cette effroyable scène de carnage, si peu décisive pour la querelle qui l'avait occasionnée, la fleur de la noblesse de l'empire franc, car seule elle combattait alors, fut moissonnée par le fer. Il en résulta un tel affaiblissement pour l'état, que les divers princes qui s'étaient partagé les provinces furent hors d'état de résister aux attaques et aux brigandages des Northmans. Aussi nous verrons bientôt ces barbares porter à leur comble les malheurs du pays. Les conséquences de cette bataille immémoriale n'avaient pas échappé à des auteurs de l'époque, ou déjà anciens. « Depuis l'extermination des forces militaires de la nation franke à Fontenay, dit l'un d'eux (a), la terreur régnait partout, personne ne pouvait résister aux Northmans; nul ne tentait de les repousser. » Mais c'est surtout Robert Wace (b), qui, dans son style vieux, mais énergique, peint bien la piteuse position de nos ancêtres.

(a) *Fragm. hist.* Recueil de Duchesne.—*Script. rer. Franc.*
(b) *Roman de Rou.*

XLVI. (*a*) S'il périt à Fontenay une multitude de guerriers de rang inférieur, de nombreux chefs aussi perdirent la vie dans cette épouvantable boucherie. Parmi ceux-ci on doit citer les deux beaux-frères de Pippin II, ayant épousé ses deux sœurs, savoir, Gérhard, comte d'Auvergne, et Rathier, comte de Limousin; tous les deux avaient combattu dans les rangs des vainqueurs. Karles donna le comté d'Auvergne à Guillelme, frère de Gérhard, et le comté du Limousin au comte Raymond. Il est bon de faire remarquer ici que Gérhard et Guillelme, de même que Raynald, comte d'Herbauge, étaient fils et petit-fils de Théodorick 1er, et ainsi ils se trouvaient neveux de Guillelme de Gellone, et par conséquent de la famille qui fut appelée, dans ce siècle et surtout dans les suivants, à régner sur l'Aquitaine et notamment sur le Poitou.

Parmi les morts et du même côté, il faut aussi citer Ricwin, que nous avons vu comte de Poitou, et qui était devenu comte de Nantes. La perte de cet homme de cœur, qui défendit la ville chef-lieu de son duché, dans un âge avancé, entraîna une série d'événements d'une grande importance, comme on va bientôt l'établir.

XLVII. (*b*) Bernhard de Septimanie, ainsi qu'on l'a vu, avait obéi à moitié aux ordres du roi Karles. Il avait réuni des troupes, comme pour aller le joindre, mais il s'était arrêté assez longtemps en Aquitaine. Bernhard avait à donner pour prétexte de cette longue halte, qu'il attendait des nouvelles de Dodane, son épouse, prête d'accoucher lorsqu'il était parti. En effet, il apprit, dans sa station, qu'elle venait de lui donner un second fils à qui on donna le même nom qu'au père, et dont nous aurons occasion de parler. Celui-ci le fit conduire vers lui, presque aussitôt sa naissance et avant d'être baptisé par Elifaut, évêque d'Uzès, qui accompagna le duc dans son expédition, avec bon nombre de seigneurs venus avec lui grossir le corps d'armée du duc de Septimanie.

Marchant ensuite vers la Burgundie, ce dernier s'imaginait

(*a*) *Adem. Caban.*—*Annal. Met.*
(*b*) *Nith.*—*Dodan. Manuel.*—*Annal. Bertin.*

n'arriver qu'au moment où la lutte serait terminée. Les négociations avaient retardé le moment décisif, et alors l'adroit courtisan s'arrêta tout court, avec les siens, à 12 kilom. de Fontenay. Dès qu'il eut appris les résultats de cette journée, ce qui eut lieu le jour même, il envoya au roi Karles, Guillelme, son fils aîné, pour lui renouveler ses protestations de fidélité, et lui faire offre de négocier de nouveau avec Pippin, qu'il promettait de décider à une concession avec ses partisans.

Toujours prompt à tirer parti des positions qui lui étaient favorables, Bernhard fit de plus demander à Karles, par son fils, et pour le propre compte de celui-ci, plusieurs fiefs en Burgundie, que, sans doute, la mort des grands morts sur le champ de bataille de Fontenay rendait vacants. Le roi fit aisément droit à cette prière : il concéda au jeune Guillelme les fiefs qu'il avait sollicités, et renvoya le jeune homme et son père en Aquitaine commencer, avec Pippin, les négociations dont ils avaient proposé de se charger.

XLVIII. (a) A la mort de Ludwig-Débonnaire, les démêlés entre ses enfants, Lothaire, Karles et Ludwig, avaient permis aux divers grands vassaux de s'attacher à celui d'entre eux qui leur convenait le mieux. Lanthbert, comte des marches de Bretagne et de Poitou, avait pris parti, ainsi qu'on l'a vu, pour Karles. Après la bataille de Fontenay, où Lothaire fut vaincu, pendant que Karles et Ludwig triomphaient, Lanthbert arriva près du Chauve, et, lui rappelant tous les services qu'il avait rendus à sa cause, en lui conservant l'obéissance de la Bretagne et en combattant de toute la force de ses bras contre ses compatriotes, il lui demanda le comté de Nantes, devenu vacant par la mort du comte Ricwin. Soit que Karles ne crût pas que les services de Lanthbert fussent dignes d'une telle récompense, ou bien qu'il n'eût pas une entière confiance dans sa fidélité, il ne fit pas droit à sa demande, et conféra l'emploi important dont il s'agissait à Raynald, comte d'Herbauge (7), qui, avec les siens, avait grandement coopéré au gain de la bataille de Fontenay. Étonné et humilié même de n'avoir pas obtenu ce qu'

(a) *Nith. — Chron. Norm.*

lui semblait être un acte de justice, il dit froidement qu'il croyait que le comté lui revenait de droit, parce qu'il avait assez fait pour l'obtenir (a). Aussitôt il abandonna la cour de Karle-Chauve, pour se retirer auprès de Nominoé. Il fit connaître à ce prince le côté faible du souverain qu'il venait d'abandonner, en indiquant la mésintelligence existante entre ceux qui l'entouraient. Nominoé, qui voulait s'assurer le titre dont il avait pris possession, entra aisément dans l'alliance qui lui était offerte. Lanthbert, en s'attachant à son parti, se chargea de réduire les Nantais avec ses propres forces.

XLIX. Peu après avoir vaincu à Fontenay, Ludwig, à qui on a donné le nom de Germanique, à cause de ses possessions d'outre-Rhin, se rendit au-delà de ce fleuve. Quant à Karles, il se dirigea vers l'Aquitaine avec l'impératrice sa mère, et son armée. Il espérait ou amener Pippin à traiter avec lui, en le reconnaissant pour son suzerain, ou anéantir entièrement son parti.

Karles arriva, et se maintint aisément dans l'Aquitaine septentrionale, qui s'était déclarée pour lui. L'impératrice Judith, pendant son séjour à Poitiers, avait fait de nombreux partisans à sa cause et à celle de son fils. Mais, quant à l'Aquitaine méridionale, et notamment à Toulouse et aux contrées environnant cette grande ville, les masses étaient pour Pippin II. Aussi celui-ci refusa d'entendre des négociations que Bernhard de Septimanie voulait entamer avec lui; et ce dernier, ait-il été ou n'ait-il pas été de bonne foi, parvint alors à faire croire au Chauve que le refus de son neveu n'était pas de son fait. Quoi qu'il en soit, le roi Karles essaya de faire la guerre à Pippin; mais il ne put pas le réduire, et il fut bientôt obligé de renoncer à cette tentative, pour aller dans le pays d'outre-Loire, où des affaires importantes l'appelaient. Le seul fruit qu'il retira de son expédition fut d'attacher à son parti quelques grands d'Aquitaine, qui avant s'étaient déclarés pour son adversaire.

(a) D'Argentré.—D. Morice, *Hist. de Bret.*

L. (a) Comme on l'a laissé entrevoir, la meurtrière bataille de Fontenay était loin d'avoir terminé la guerre entre les princes français, et vainqueurs et vaincus étaient décidés à tenter de nouveau le sort des armes. Ludwig-Germanique et Karle-Chauve devaient se réunir à Langres, le 1er septembre 841, pour aviser aux moyens d'agir efficacement contre Lothaire et Pippin. Mais bientôt l'empereur, ayant réuni une armée, entreprit une guerre acharnée contre le Germanique; et celui-ci fit dire à son frère Karles qu'il ne pouvait arriver à l'entrevue; et l'engagea même à venir à son secours. Le Chauve se mit, en effet, en marche vers le Rhin avec une armée. Instruit de cette disposition, Lothaire cessa les hostilités contre le roi de Bavière, et se disposa à agir contre Karles, aidé qu'il aurait été de Pippin, à qui il avait mandé de venir à sa rencontre, avec toutes les forces dont il pouvait disposer. Dans cette occurrence, Karles s'approcha de Paris avec son armée, attendant la venue du roi de Bavière, qu'il avait fait inviter à se joindre à lui. D'un autre côté, Lothaire et les siens vinrent camper près St-Denis. La Seine seulement séparait les deux armées, et elles en seraient venues aux mains, sans une grande inondation qui empêcha la bataille d'avoir lieu.

Karles avait fait faire des propositions d'arrangement à Lothaire, et celui-ci lui répondit de quitter le parti de Ludwig, et qu'alors il lui céderait toute la partie occidentale de l'empire français, à l'exception de la Provence et de la Septimanie. Le Chauve objecta que, par honneur, il ne pouvait abandonner la cause de son frère le Germanique, ni céder ses états entre Meuse et Seine, qu'il tenait de la volonté de leur père: il proposait, vu la saison avancée, de laisser les choses en l'état, et de faire décider leur différend par une diète; mais l'aîné des frères ne voulut point encore entendre à cette dernière proposition.

Ensuite Lothaire quitta les environs de St-Denis, et se porta sur Sens, où il fut joint par Pippin et ses Aquitains. Les deux princes se portèrent ensemble vers le Maine, qu'ils dé-

(a) *Nith.* — *Annal. Bertin.*

vastèrent. Mais, informé que le Germanique venait en diligence au secours du Chauve, Lothaire se retira vers le Rhin, et passa le reste de l'hiver à Aix-la-Chapelle, tandis que Pippin et les siens franchissaient la Loire et retournaient en Aquitaine.

LI. (*a*) Lothaire étant ainsi en fuite, Ludwig et Karles se réunirent à Strasbourg, en février 842, pour resserrer leur alliance. Le premier commandait à des Germains ; l'armée de l'autre était composée de soldats de la Gaule, au nord de la Loire, placés sous des chefs francks, et de combattants méridionaux, aux ordres de chefs indigènes. Les deux princes jurèrent de s'aider réciproquement contre Lothaire, et de ne rien faire que de concert. Ludwig prit le premier la parole, et prononça une harangue, dans ce sens, en langue tudesque. Karles, à son tour, se tournant vers les troupes gauloises, répéta le même discours, en langue romane. Le serment fut après prêté par Ludwig en roman, et par Karles en tudesque (8), et ces promesses furent écrites et signées. Ensuite il y eut de grandes réjouissances, et des populations si opposées de mœurs et de langage se trouvèrent réunies d'intérêt.

L'usage de la langue romane, dans l'assemblée de Strasbourg, apprend qu'elle commençait à prendre le dessus sur l'idiome parlé de l'autre côté de la Loire, qui était pourtant officiel. Cette langue du Midi serait devenue, en effet, celle de la France, si le séjour de la cour du roi de toutes les Gaules, à Paris, n'eût pas fini par faire du langage septentrional la langue de la monarchie.

LII. (*b*) Après l'entrevue de Strasbourg, les deux rois, Karles et Ludwig, se rendirent à Worms, d'où ils envoyèrent des ambassadeurs à Lothaire, pour l'engager à consentir enfin à la paix. Là, ils attendaient, et les résultats de ces négociations, et l'arrivée du jeune Karloman, fils du roi de Bavière, qui devait venir à eux avec de nouvelles troupes, pour réduire l'empereur, au besoin. Pour passer plus agréablement le temps, les deux princes et les seigneurs de leurs cours s'exercèrent à

(*a*) *Nith.* (*b*) *Nith.* — *Ann. Fuld.* — *Ann. Bert.*

des joutes et à des combats avec spectacle. C'est le premier exemple que nous offre l'histoire de ces tournois, qui devinrent ensuite si communs en France.

Karloman ne tarda pas à arriver. Les diplomates envoyés vers Lothaire revinrent aussi, et apportèrent un refus. Les deux frères virent alors qu'il fallait s'apprêter à combattre. La persistance de Lothaire était extraordinaire, car il n'avait alors aucun moyen de résister à ses frères. En effet, ceux-ci arrivèrent jusqu'aux rives de la Meuse, sans obstacle aucun; et, abandonné par une grande partie des siens, l'empereur se vit forcé de se retirer du côté du Rhône, avec très-peu de troupes et quelques amis fidèles.

LIII. (*a*) La retraite de Lothaire ayant ainsi laissé ses frères possesseurs uniques de la monarchie franke, ils se rendirent à Aix-la-Chapelle, où ils firent choix de douze seigneurs de distinction et de capacité, pour procéder au partage de toutes les provinces de l'empire. Ils assignèrent les provinces occidentales, depuis la Meuse, à Karles, et le reste à Ludwig.

Alors l'aîné des frères errait vers Lyon et le Rhône, espérant toujours ramener le zèle de ses partisans, et ne pouvait y parvenir. Ayant fini par désespérer d'être en position de réduire ses frères par la force des armes, lui qui avait toujours repoussé leurs propositions de paix, il vint à leur en faire lui-même. En effet, s'étant rendu vers Châlons, de là il leur avait envoyé des ambassadeurs pour s'excuser de ses anciens refus, déclarant qu'il renonçait, en qualité d'empereur, à une suzeraineté sur toutes les provinces de l'empire, comme l'avaient eue Karle-Magne et son fils, et se bornant à demander le tiers, ou un peu plus, comme aîné, dans ces mêmes provinces, à l'exception de la Lombardie, de l'Aquitaine et de la Bavière, où chacun conserverait ce qu'il en avait déjà. Ludwig et Karles, qui étaient alors dans les environs de Châlons-sur-Saône, acceptèrent les propositions de leur frère aîné, et assignèrent à celui-ci, pour sa portion d'héritage, outre l'Italie, qu'il possédait déjà, toute la contrée située entre le Rhin et les

(*a*) *Nith.* — *Ann. Fuld.*

Alpes, d'un côté, et de l'autre, entre la Meuse, la Saône et le Rhône, jusqu'à l'embouchure du fleuve dans la mer. En cas de refus, les deux frères proposaient d'en passer par une nouvelle bataille. Lothaire accepta le partage offert, en se faisant donner de plus quelques cantons à la gauche de la Meuse et vers les Ardennes. Cette division de territoire fut ainsi acceptée par les trois frères, comme partage provisionnel, et pour en attendre un nouveau, dans lequel ne devaient pas entrer encore l'Italie, l'Aquitaine et la Bavière ; et les lots formés, le choix devait en être donné à Lothaire, comme aîné.

Ce traité fut arrêté définitivement par les trois princes, qui se réunirent, pour cela, le 15 juin 842, dans une île de la Saône, peu éloignée de Mâcon. Chacun des princes vint là, accompagné d'un nombre égal de ses partisans, et jura amitié et paix envers les autres. Il fut dit que le partage provisionnel tiendrait jusqu'à ce qu'un autre l'eût remplacé. Les lots devaient être faits par quarante députés, nommés de chaque côté, et astreints à se réunir à Metz, le 1er octobre, pour faire trois lots égaux, parmi lesquels le frère aîné devait toujours choisir. Karles demeurait ainsi, provisoirement, maître de tous les pays au couchant de la Meuse, de la Saône et du Rhône, et Ludwig de toutes les provinces frankes d'au-delà le Rhin.

LIV. Pippin se trouvait, par ce traité, entièrement dépouillé, car Karle-Chauve, vainqueur, avait dicté la loi. Mais pouvait-on croire que les Aquitains consentiraient à ne plus avoir une existence séparée du reste de l'empire frank ? Sans doute ils étaient partagés sur le choix du prince qui devait régner ; les uns étaient pour Pippin II, et les autres étaient pour Karles ; mais ce n'était pas à dire qu'ils fussent rendus encore au point de voir leur territoire fractionné, à la volonté des princes karolingiens.

LV. (a) Pendant ce temps, la guerre civile continuait toujours en Aquitaine, entre les partisans de Karles et de Pippin II. L'alliance du premier avec Ludwig de Bavière contre

(a) *Adem. Chron.*

Lothaire, avait été pour lui de la plus grande utilité, en lui permettant de faire agir toutes ses forces en Aquitaine. Ainsi, Pippin perdit son meilleur appui dans l'aîné de ses oncles, l'empereur Lothaire, qui venait de traiter avec Ludwig et Karles, et de reconnaître les droits de ce dernier sur l'Aquitaine. On a même prétendu que celui-ci s'empara de la personne même de Pippin II, sous le prétexte de veiller à son éducation ; mais, si le fait est vrai, ce jeune prince parvint à s'échapper des mains de son ennemi.

Quoique Karles voulût asservir son neveu à son autorité, et Bernhard, ancien duc de Septimanie et de Toulouse, destitué dès 840, de sa place, pour avoir pris le parti de Pippin II, il essaya de traiter avec lui pour rentrer en grâce avec son concurrent. Le jeune prince refusa (a) toutes les propositions qui lui furent faites, et quelques grands de son parti se déclarèrent à lui, sur son refus obstiné ; de plus, il fut encore battu de nouveau dans une rencontre où Egfrid, comte de Toulouse, et lieutenant de Warin, duc d'Aquitaine, à qui on avait voulu tendre une embuscade, parvint à remporter la victoire. Pippin fut donc réduit à se cacher, quoiqu'il eût de nombreux partisans, en attendant un meilleur temps pour lui.

LVI. Les armes de Karle-Chauve avaient été si heureuses contre Pippin II, qu'il les tourna contre Nominoé, qui s'était fait déclarer roi de Bretagne (b). Raynald, comte d'Herbauge, eut le commandement de cette armée, et il s'avança sur les bords de la Vilaine à Messac, où il rencontra l'armée bretonne aux ordres d'Erispoé, fils de Nominoé, et il la battit au moment où elle passait la rivière. Mais le vainqueur ne sut point profiter de la victoire, ainsi qu'on va le voir.

LVII. (c) Raynald, comte d'Herbauge, se reposait nonchalamment, dans le village de Blain, sur les lauriers qu'il avait cueillis à Messac, lorsque Lanthbert, partisan de Nominoé, qui n'avait pu prendre part au combat de Messac, arriva

---

(a) *Nith.*—*Adem. Chron.* (b) *Chron. Namn.*
(c) *Chron. Namn.* — *Chron. Fontanel.*—*Annal. Bertin.*—*Chron. Andeg.*—*Chron. Eng.*—*Chron. Mall.*—*Fragm. hist. Armor.*

inopinément à la tête d'un nouveau corps de Bretons. Un combat très-sanglant s'engagea, et les troupes du comte d'Herbauge, déjà très-fatiguées, furent entièrement battues. Raynald fut tué dans cette action, qui est assez généralement placée au 23 juin 843 (a). Hervé, fils aîné de Raynald, succéda à son père comme comte d'Herbauge; mais il en fut bientôt dépouillé, comme on va le voir. On a fait remarquer précédemment, à l'occasion de la mort de Gérhard, comte d'Auvergne, tué à Fontenay, que tous deux et Guillelme, qui succéda à Gérard, étaient petits-fils de Théodorik et neveux de Guillelme de Gellone. C'était ainsi, à peu près, tous les individus d'une même famille qui gouvernaient l'Aquitaine, qui finit par passer entièrement dans leur lignée.

LVIII. Ainsi victorieux de l'armée de Raynald, Lanthbert s'empara du comté d'Herbauge, qu'il gouverna au nom de Nominoé (b). Il paraît qu'il divisa cette contrée entre ses trois neveux; Guaifre eut le pays d'Herbauge, Ramier ou Ramire celui de Mauge, et Guarin celui de Tiffauge. Ces concessions, plus tard, seraient devenues héréditaires, de révocables qu'elles auraient été d'abord (9).

LIX. Les Northmans n'avaient pas encore remonté la Loire; ils arrivèrent dans ce fleuve sur 77 navires, en juin 843 (c). Ils étaient sollicités par Lanthbert, qui, le cœur plein de vengeance, les sollicitait de s'emparer de Nantes, qu'il leur avait représenté, dans une entrevue qu'il avait eue avec leurs chefs au Croisic, comme une ville remplie de richesses. L'armée scandinave était composée des guerriers les plus entreprenants. A peine trente jours s'étaient écoulés depuis la journée de Messac, que ces fiers guerriers parurent devant Nantes, guidés par des émissaires de Lanthbert. C'était le jour de la Saint-Jean-

(a) *Chron. Engol. — Chron. Fontanel. — Hist. Britan. — Annal. Bertin. — Chron. Namn. — Chron. Agent. — Chron. Adem. — Tabul. S. Serg. Andeg.* — La Chronique de Maillezais fixe mal à propos le combat de Blain en 858. Il faut préférer les dates des chroniques d'Angoulême, de Vendôme et de Limoges.

(b) *Chron. Namnet. — Fragm. hist. Bret. Armor.*

(c) *Ermentar Hist. trans. S. Filib.*

Baptiste (*a*), et une grande partie de la population était à l'office divin. Les Northmans escaladèrent les murailles sans opposition, et massacrèrent, en ville, toute la partie de la population qui se trouva sur leur passage. La cathédrale, fortifiée par la masse d'hommes qu'elle contenait, ne songea pas à la défendre. Les portes brisées, les barbares égorgèrent tout ce qui se présenta devant eux, et, arrivés au sanctuaire, ils égorgèrent l'évêque Gohard, qui célébrait les saints mystères, et les prêtres qui l'assistaient. Les actes de barbarie d'une seule journée furent si nombreux, le pillage si complet, que le tableau en serait difficile à tracer. Dès la nuit suivante, les assaillants mirent à la voile pour remonter la Loire, emmenant avec eux un riche butin et des hommes marquants, comme captifs, afin d'obtenir des rançons considérables.

LX. (*b*) Après la prise de Nantes, les Northmans se répandirent sur les pays de Mauge, de Tiffauge et d'Herbauge, où ils tuèrent, pillèrent et brûlèrent dans tous les lieux qui se trouvèrent sur leurs pas. Les églises de St-Herbeland et de St-Philbert-de-Grandlieu, notamment, furent détruites par eux. Venus vers l'abbaye de St-Florent-de-Montglone, qu'ils détruisirent (*c*), les Northmans établirent provisoirement leur quartier général dans une île, vis-à-vis de ce monastère, où ils apportaient tout le butin qu'ils faisaient sur les rives de la Loire. Cet établissement, du reste, n'était alors que momentané, mais ils y revinrent plus tard et le consolidèrent.

LXI. (*d*) Ayant ainsi recueilli de grandes richesses, et réuni beaucoup de prisonniers, les Northmans mirent à la voile pour retourner dans l'île d'Her, où ils parurent vouloir se fixer définitivement (*e*) et y passer l'hiver. Suivant la chronique de St-Bertin, ils apportèrent du continent des maisons

---

(*a*) *Chron. Namn.*—*Annal. Bertin.*
(*b*) *Ex Mirac. S. Maxim.*—*Ab. Miciac.*
(*c*) *Chron. Namn.*
(*d*) *Ann. Bertin.*—*Chron. Namn.*—*Fragm. hist. Britan. Armor.*—*Chron. de Gest. Nortman.*
(*e*) *Convectis è continente dominiis.*

entières, ce qui indiquait qu'alors encore on bâtissait presque toutes les habitations en bois.

LXII. (a) C'est ici le lieu de rendre la position dans laquelle se trouvèrent alors, à cause de l'établissement presque permanent des Northmans à Her, les moines du monastère de St-Philbert de cette île, durant le temps que des barbares en étaient en possession. Les disciples du fondateur de Jumiéges vivaient dans les forêts les plus sombres de l'île, et disputaient leur nourriture aux animaux sauvages. Des liens retenaient également ces religieux : les uns étaient attachés au sol par leur vœu; d'autres avaient promis de veiller jour et nuit sur le lieu où étaient enfouies les reliques soustraites à la rapacité sacrilège des barbares du Nord. Une existence de cette espèce était un vrai martyre, et ceux qui la menaient désiraient la mort, aussi vivement que les autres hommes demandent la vie. Le malheur de tomber en esclavage était donc tout ce qu'on redoutait; être esclave des ennemis de la religion, semblait, en effet, être la plus humiliante des conditions pour un chrétien. Pendant le long temps que dura l'occupation, il y eut pourtant des intervalles de repos. Les Northmans quittaient l'île, à certaines époques, pour aller à des expéditions lointaines, et alors les moines se réunissaient pour remercier Dieu de cet instant de bonheur, et se dire toutes les peines qu'on avait éprouvées, et les dangers auxquels on était demeuré prêt à succomber. Les précieuses reliques étaient sorties des lieux où elles avaient été enfouies; on les plaçait sur des autels de gazon, et la vue de ces saints objets pénétrait les cœurs d'une douce joie, et donnait des forces pour soutenir les nouveaux dangers de l'avenir. Malheureusement ces intervalles étaient de peu de durée; bientôt les barques des Northmans apparaissaient dans le lointain; il fallait retourner dans les lieux de retraite, et les jours de douleurs recommençaient.

Ces détails ont été ajoutés à l'histoire des disciples de St-Philbert-de-Grandlieu, par un moine qui a voulu peindre ses propres souffrances. Néanmoins, nous le dirons, par la connaissance

(a) *Act. Sanct. Ord. S. Ben.*

que nous avons des localités, il nous semble difficile que, dans la petite île d'Her, aujourd'hui Noirmoutiers, les nombreux religieux du monastère de St-Philbert aient pu vivre des mois entiers, pendant que les Northmans occupaient le pays en maîtres. Ces sombres forêts n'ont jamais pu être que quelques bois de chênes-verts, sans beaucoup d'étendue; il n'y a point ces accidents de terrain qui permettent de creuser des cavernes inaccessibles..... En un mot, on le dira avec franchise, le récit qu'on vient de reproduire a tout l'air, pour quelqu'un qui connaît le pays, d'une véritable amplification.

LXIII. (*a*) Au moment où l'approche de l'hiver fit songer aux Northmans à quitter l'île d'Her pour retourner dans leur pays, ils se disposèrent à partager entre eux le riche butin qu'ils avaient fait, et qui consistait particulièrement en un gros amas d'or et d'argent, et dans un grand nombre de captifs. La répartition à faire occasionna bientôt des démêlés : les uns prétendaient avoir un droit exclusif à une partie des richesses que seuls ils avaient recueillies ; et les autres soutenaient que tout devait former une masse à partager également entre les hommes de l'expédition, sans en excepter aucun. Des injures, des provocations, on en vint aux mains, et il y eut l'âpreté, dit un écrivain du temps, *de chiens qui se disputent de la chair*. Les prisonniers profitèrent de ce débat pour se retirer dans les bois de l'île. Cependant, les premiers accès de cette rage passés, les hommes du Nord, en voyant la terre couverte de morts et de blessés, tous de leur nation, furent saisis comme d'une sorte de terreur panique. Ils laissèrent là leurs prisonniers moyennant la promesse d'une rançon, et mirent ensuite à la voile pour retourner dans leur pays. Jetés par les vents sur les côtes de la Galice, ils débarquèrent à la Corogne, d'où ils furent repoussés par les habitants, et de 80 vaisseaux, 30 seulement purent continuer à tenir la mer.

LXIV. (*b*) En revenant de la côte d'Espagne, les Northmans se portèrent sur Bordeaux, qu'ils pillèrent, et se dirigèrent

(*a*) Chron. Namn.—Hist. Brit. Armoric.
(*b*) Charte de Lescar, citée par P. de Marca.

vers le Midi. Ils ravagèrent Bazas, Lectoure, Dax, Bigorre, Bayonne, Oloron, Condom, et une foule d'autres points. Totile, comte de Vasconie, tenta, il est vrai, de les arrêter dans leur course, avec des forces bien supérieures; mais telle était alors la démoralisation, l'état de stupeur des populations locales, que les assaillants se laissèrent égorger par une poignée d'hommes du Nord! Ceux-ci continuèrent alors leurs courses, sans que rien pût les arrêter. Ils s'emparèrent de Tarbes, quoique cette ville fût entourée de murs et de fossés, et que son château, résidence habituelle des comtes de Bigorre, fût très-fortifié. Dans leur manie de destruction, les Northmans brûlèrent Tarbes et tous les monastères du Bigorre; des ruines demeurèrent, et des lieux, siéges d'anciens évêchés, furent même abandonnés pour toujours.

LXV. (a) Mais les Northmans avaient poussé trop loin le cours de leurs ravages. Chargés de butin, ils ne s'occupaient que du soin de retourner plus au nord, lorsque des paysans du Bigorre, enhardis par l'avantage qu'offraient les défilés de leurs montagnes, attaquèrent les barbares et les taillèrent en pièces. On assure que pas un d'eux n'échappa au carnage. Jusqu'au temps où une grande révolution a tant détruit de souvenirs en France, on célébrait à Tarbes, le 21 mai de chaque année, une fête en mémoire de cet événement. On y payait un tribut de reconnaissance à St Missolin, qui, ayant autrefois délivré le Bigorre des dévastations des Sarrasins, avait seul réussi à résister aux hommes du Nord, tant était attaché de prestige aux succès constants et extraordinaires de ceux-ci !

LXVI. (b) Les prisonniers laissés dans l'île d'Her par les Northmans s'empressèrent, aussitôt le départ de ceux-ci, de se rendre à Nantes. Ils arrivèrent dans cette ville le 30 septembre 843, et ils furent aussitôt remercier Dieu, en faisant consacrer de nouveau l'église cathédrale de cette ville.

Il paraît que plusieurs prisonniers faits par les Northmans

(a) Davezac-Macaya, *Essais historiques sur le Bigorre.*
(b) *Chron. Namn.—Fragm. hist. Britan. Armoric.*

n'attendirent pas le départ de ceux-ci pour recouvrer leur liberté. Ils se jetèrent à la nage, et, à l'aide du reflux, ils traversèrent la ligne servant aujourd'hui de gué, à la mer basse, et appelé le *Goua* (10), et arrivèrent heureusement au continent. L'un d'eux, qui avait aperçu une Bible dans le butin, profita du moment pour s'en saisir et l'extraire de la cassette qui la renfermait ; l'ayant suspendue à son cou, il se jeta dans les flots, et parvint à atteindre heureusement la côte opposée.

C'est ici le cas de rappeler qu'un savant Breton, dont on a à regretter la perte depuis quelques années, a prétendu que l'île où se passèrent les faits dont on a rendu compte, n'est pas l'île de Noirmoutiers actuelle, mais une île située dans le lieu où est actuellement le vaste marais à tourbe de Montoire, formant alors une vaste crique de la Loire. Le principal motif donné par M. Athénas, est que le canal qui séparait alors Noirmoutiers du continent devait avoir deux lieues, et qu'il était difficile de faire un pareil trajet en nageant (*a*). Néanmoins, comme il est prouvé que l'île que nous indiquons était le quartier général des Northmans au moyen-âge, et que le canal qui la sépare de la grande terre a varié de grandeur, à diverses fois, en plus et en moins, on ne peut guère s'arrêter à l'opinion de l'érudit Breton.

LXVII. Les invasions des Northmans obligèrent beaucoup de religieux à quitter leur monastère, pour se retirer dans des lieux moins exposés aux attaques de ces barbares. Des côtes de l'Océan, on se réfugiait au centre des Gaules, en emportant avec soi ce qu'on avait de plus précieux, surtout les reliques, en suivant le premier exemple donné par les disciples de Philbert, établis dans l'île d'Her.

(*b*) Dès la prise de Nantes, les moines de Saint-Martin-de-Vertou, qui n'étaient éloignés de cette ville que de deux ou trois lieues, furent saisis d'épouvante, et ayant extrait de son tombeau les restes de leur patron, ils les placèrent dans un riche

. (*a*) Dissertation de M. Athénas, dans le *Compte rendu des travaux de la Société académique de Nantes pour 1820*, et le *Lycée Armoricain*.

(*b*) Mabil., *Act. Ben. Sæc.*—*Gall. Christ. nov.*—Ms. de D. Fontenea

cercueil, et songèrent à abandonner leur monastère, pour n'y laisser que peu des leurs, avec le mobilier qu'ils ne pouvaient emporter. Dirigés par Raynald, leur abbé, et assistés de Badilon, leur avoué, la caisse contenant les ossements de St Martin de Vertou (11) fut placée sur un brancard, et le convoi se mit en marche. La première station qu'ils firent, fut dans un lieu qu'on appelle, dans le récit, *Noviheria*, et dans lequel, est-il dit, reposait le corps du bienheureux Vétérin (12). Les moines de St-Martin-de-Vertou passèrent quelques jours dans cette localité, et ils continuèrent ensuite leur route vers Ansion, monastère sur lequel ils prétendaient avoir des droits, parce que St Martin de Vertou aurait été à la fois abbé des deux monastères.

Les chanoines d'Ansion, car ce lieu était alors occupé par des chanoines, et leur abbé Fuldrade, reçurent très-mal les fugitifs et les reliques qu'ils apportaient avec eux. Loin de vouloir les admettre dans leur compagnie, comme des membres d'un même corps, ils refusèrent de leur accorder une hospitalité même momentanée. Alors les moines de Vertou continuèrent leur pérégrination, et arrivèrent jusqu'à Pippin II, qu'ils rencontrèrent en Auvergne. Ce prince leur fit restituer le domaine de Branzi (a), usurpé par un grand nommé Landic, et ils se fixèrent là pendant quelque temps ; plus que cela, le roi d'Aquitaine fit expédier un diplôme adressé au comte du Poitou, pour faire délivrer l'établissement d'Ansion aux moines de Vertou, et obliger les chanoines de prendre l'habit religieux, en recevant dans leurs rangs les derniers venus, ou bien de se retirer où ils le jugeraient convenable. Sur cela, Raynald et les siens retournèrent à Ansion avec leurs reliques, et prirent possession du lieu.

Les moines de Vertou firent refleurir la discipline régulière dans Ansion. Il y avait là deux églises près l'une de l'autre : la première située au midi et dédiée à St Jean l'Évangéliste, et la seconde au nord, sous le vocable de St Jean-Baptiste. Les reliques de St Martin de Vertou furent placées dans celle du

(a) *Branziacum.*

midi, où était inhumé St Jouin. Puis on fit, plus tard, d'amples constructions, qui élevèrent Ansion, appelé autrement St-Jouin-de-Marnes, à un haut degré de prospérité (13).

LXVIII. (*a*) Les moines du monastère de St-Florent-de-Montglone, en apprenant le sac de Nantes par les Northmans, se pressèrent aussi de fuir, avant l'arrivée des barbares. Ils prirent avec eux leurs effets les plus précieux, et notamment le corps de St Florent, leur patron, et se dirigèrent en presque totalité (14), d'abord sur Saint-Philbert-en-Mauge, à seize kilomètres de Montglone. Là était un autre monastère dépendant de celui d'Her, sous le même vocable. Les moines des deux couvents, qui avaient le même intérêt, celui de se soustraire aux Northmans, se réunirent en chapitre, pour aviser au parti à prendre dans une circonstance si difficile. Les moines de St-Philbert avaient un monastère de leur ordre à Tournus en Burgundie, et ils offrirent aux religieux de St-Florent de leur donner là un asile, s'ils voulaient les défrayer pendant la route. La proposition fut acceptée, et les habitants des deux monastères s'acheminèrent ensemble vers la Burgundie, ayant en tête le brancard sur lequel était la châsse contenant les reliques de St Florent.

LXIX. (*b*) Nous revenons aux faits qui se rattachent à un démêlé et autres traités entre les princes du sang royal, que nous avons interrompus pour suivre les événements relatifs aux Northmans et aux faits particuliers aux rives de la Loire. Dans des conférences tenues à Coblentz, en octobre 842, et auxquelles Karle-Chauve se rendit d'Aquitaine, le partage qui excluait entièrement Pippin II de toute souveraineté fut maintenu provisoirement. Des bords du Rhin, Karles se dirigea sur Kiersy-sur-Oise, où il épousa, le 14 décembre, Ermentrude, fille de Woden et d'Ingiltrude, et petite-fille d'Adhalard. Cette alliance donna à ce dernier une grande prépondérance dans les affaires publiques. Au dire de Nithard, écrivain contemporain, Karle-Chauve faisait tout ce qu'Adhalard voulait. Or, celui-ci était peu soigneux des intérêts publics, et voulait plaire à tout

(*a*) *Hist. de S. Flor.* — Bodin, *Rech. sur l'Anj.* (*b*) *Nith.*

monde. Pour y parvenir, il donnait, sans égard aux services, la jouissance des domaines publics.

Les noces de Karle-Chauve et d'Ermentrude terminées, et dès les premiers jours de 843, ils prirent tous les deux la route de l'Aquitaine. La présence de Karles était d'autant plus nécessaire à ses intérêts dans ces parages, que, dans son absence, Pippin II avait grandement rétabli ses affaires. En effet, le midi du pays s'était déclaré pour lui, et il occupait la ville de Toulouse qu'il paraissait disposé à défendre. Karles se porta sur cette place avec des troupes, et en commença le siège ; mais la population tout entière ayant pris les armes pour Pippin, il fut bientôt obligé de le lever et de quitter la contrée, tout-à-fait mal disposée en sa faveur.

LXX. Le rôle qu'a joué dans cette histoire l'impératrice Judith, femme de Ludwig-Débonnaire, fait qu'on mentionne ici sa mort, arrivée à Tours, au mois d'avril 843. Elle fut inhumée dans l'église de St-Martin (*a*).

LXXI. (*b*) Au commencement de 843, Karles retourna en Aquitaine, où sa domination était toujours assez équivoque, quoique patente en apparence. Il se trouvait, le 5 juin de cette année, dans la ville de Toulouse ; il y tint une sorte de diète ecclésiastique, et il partit de là pour se rendre à Verdun.

LXXII. (*c*) A son retour de Toulouse, Karle-Chauve alla à Attigny, puis de là à Verdun, où il trouva ses deux frères. Là, on partagea de nouveau la monarchie française, en excluant toujours Pippin II, que Lothaire avait abandonné, comme on l'a vu ; Karle-Chauve obtenait l'Aquitaine, la Septimanie entière, la Marche d'Espagne, et une partie de la Burgundie.

LXXIII. En l'année 843, l'empereur Karle-Chauve passa quelque temps au Mans, et ce fut pendant ce séjour qu'il fit tenir un concile à un quart de lieue de là, à Coulaine, où était la *villa* ou maison de campagne de l'évêque Aldric. Cette assemblée était mixte : il y avait des ecclésiastiques et des

---

(*a*) Chalmel, *Hist. de Tour.* (*b*) *Annal. Fuld.*
(*c*) *Annal. Bertin.* — *Annal. Fuld.*

laïques ; l'empereur présidait, et son secrétaire certifia, par son seing, la vérité des décrets. Les décisions prises à cette assemblée sont contenues en six chapitres. Il est bon de mentionner ici le second capitulaire, qui enjoint aux évêques et aux fidèles d'instruire le gouvernement des complots qu'on pourrait ourdir contre lui, et de soutenir de tout leur pouvoir l'autorité du souverain (*a*). On a comparé cette disposition à celle contenue dans le concordat conclu entre le premier consul Buonaparte et le pape Pie VII, et l'analogie est frappante (15).

LXXIV. (*b*) Dans cette même assemblée, tenue par Karle-Chauve dans le Maine, à la fin de l'année 843, on trouve l'indication de Warin, comme duc d'Aquitaine. C'était le même que celui qui avait marqué à la bataille de Fontenay. Comme il n'est plus fait mention de ce duc, on doit croire qu'il mourut peu de temps après.

LXXV. Des Visigoths, qui regrettaient le pays plus rapproché de la Loire, que leurs aïeux avaient habité, sollicitèrent, plus d'une fois, des rois d'Aquitaine, la permission de revenir dans l'ancienne Septimanie. Une émigration de cette espèce eut lieu en 844, et ils obtinrent de n'être jugés que par leurs magistrats nationaux, avec exemption de la juridiction du comte territorial, sauf pour trois cas : le meurtre, le rapt et l'incendie. Tous leurs autres procès personnels, et ceux relatifs à leurs serfs, devaient être décidés par leurs propres magistrats, et conformément à leur droit national (*c*).

LXXVI. (*d*) Précédemment, l'empereur Ludwig avait donné au monastère de St-Martin de Tours, le domaine de Cursay, près Loudun, et le hameau de Vrère, près St-Leger-de-Montbrun, destiné à recevoir en magasin les denrées provenant de la première localité. Karle-Chauve confirma ces dispositions par deux diplômes (*e*). Les domaines avaient une affectation particulière portée dans une clause des concessions.

(*a*) Raynouard, *Essais hist. sur le Maine.*
(*b*) *Append. Capitul.* (*c*) *Baluz. Capitul.*
(*d*) *Dipl. Carol. Calv.*, ap. *D. Bouq.*
(*e*) L'un du 5 janvier 844, et l'autre de 862.

Les revenus étaient destinés à la fourniture d'une partie du vêtement des chanoines, appelée la cape (a).

LXXVII. La plus grande partie des détails de la guerre, plutôt sourde que remplie d'événements patents, d'entre Karle-Chauve et Pippin II, ne se trouve point dans les chroniqueurs, ni dans les chartes. Par exemple, puisqu'on a vu le premier possesseur de Toulouse, et que bientôt nous allons le voir en faire le siége, il est évident que cette place avait passé sous la domination de Pippin II ; mais comment et quand précisément ? c'est ce qu'il serait impossible de préciser (16).

LXXVIII. (b) Toulouse étant ainsi en la possession des partisans de Pippin II, Karle-Chauve vint investir cette place, et il l'assiégea du 11 mai à la fin de juin 844 (c). Mais nous trouvons bientôt le roi Karles possesseur momentané de la place, par le récit d'un fait de grande importance. L'emporta-t-il cette même place ? nous ne le pensons pas. Voici donc, dans le silence des historiens, et d'après les particularités que nous connaissons, ce qu'il nous paraît possible d'établir.

Nous avons eu bien des occasions de parler de Bernhard de Septimanie, personnage d'une grande portée d'esprit et de vues, puisqu'on a été jusqu'à dire qu'il aspirait au pouvoir suprême (d). Or, on sait que le Chauve avait contre Bernhard, quels que fussent les liens qui pouvaient les unir, une haine invétérée, et qu'il ne croyait pouvoir établir sa domination sur le midi des Gaules, qu'en se défaisant d'un homme qui lui portait si fort ombrage. Néanmoins, s'étant déclaré son ennemi, il devait tout mettre en œuvre pour le rassurer sur des dispositions apparentes, et qui étaient loin d'être sincères, comme on va le voir. D'un autre côté, Bernhard, qui désirait se rapprocher de Karles (l'événement ne le prouva

(a) *Cappa.*
(b) *Annal. Bertin.—Annal. Fuld.—Annal. Metens.*—D. Vaissette, *Hist. de Lang.*
(c) D. Vaissette, *Hist. de Lang.*
(d) Bernardus Comes... jamdudum grandia molliens, summis inhians, majestatis reus... *Annal. Bertin.*

que trop pour lui), dut faire de grands sacrifices pour se mettre dans les bonnes grâces de quelqu'un pour qui il avait des dispositions filiales. Toujours est-il qu'il se rendit de Barcelonne, où il était alors, vers Toulouse, pour s'aboucher avec le Chauve et passer à son parti, en abandonnant celui de Pippin II, qu'il avait servi activement en dernier lieu, et où il jouait le premier rôle. Si donc on voit bientôt Karle-Chauve en possession de Toulouse, il y a lieu de croire que cette place lui fut livrée par Bernhard de Septimanie, qui dut en prendre le commandement, à son arrivée de la Septimanie, comme duc d'Aquitaine, pour le parti de Pippin II (*a*); et que cette occupation fut le prix de l'accord apparent opéré entre ces deux personnages, et qui fut d'autant plus solennel, qu'il fut signé en même temps que les contractants, pour attester leur sincérité, usaient ensemble du sacrement le plus auguste de la religion. A présent, on va voir comment finit, de la manière la plus malheureuse et la plus déloyale, ce pacte évidemment consenti de bonne foi par une seule des parties, tandis que l'autre joignait à la fourberie la plus insigne l'abus le plus monstrueux des choses saintes.

LXXIX. Si l'on en croyait un auteur (*b*), Bernhard de Septimanie, qui aurait voulu se rendre indépendant dans son gouvernement, aurait été jugé par une diète tenue en Aquitaine, et condamné au dernier supplice, comme criminel de lèse-majesté. Mais rien ne mentionne la tenue de cette diète (*c*); et était-il possible de faire juger un personnage comme conspirateur, quand on l'avait reçu en grâce, et qu'on avait fait avec lui un acte solennel de réconciliation?

Prenons plutôt pour vrai le récit d'un autre chroniqueur (*d*), et laissons-le parler lui-même (*e*).

« La paix ayant été faite entre le roi (Karle-Chauve) et le

(*a*) Arcère, *Hist. de Lang.* (*b*) *Annal. Bertin.*
(*c*) Ce qu'en dit dom Vaissette ne repose que sur une supposition.
(*d*) *Odon. Ariberti. Chron.*
(*e*) J'emprunte la traduction de M. Fauriel, qui n'a pris que la substance du récit.

duc Bernhard, comte de Barcelonne, ce dernier vint à Toulouse et s'agenouilla devant Karles, pour lui jurer soumission et fidélité, dans l'église de St-Sernin. Le roi, l'ayant saisi de la main gauche, comme pour le relever, le frappa de la droite d'un coup de poignard au côté, et le tua cruellement, encourant ainsi le reproche de la foi et de la religion violées, et le soupçon de parricide; car on le croyait généralement fils de Bernhard, auquel il ressemblait merveilleusement de figure, la nature ayant révélé l'infidélité de sa mère.

» Après cet horrible meurtre, le roi, se levant de son siège tout taché de sang, frappa du pied le cadavre, en disant : « Malheur à toi, qui as souillé le lit de mon père et de ton » seigneur ! »

» ..... Le cadavre resta deux jours sans sépulture à la porte du monastère; mais le troisième jour, l'évêque de Toulouse, Samuel, l'ensevelit... (17). »

(a) En effet, Samuel, évêque de Toulouse, profitant de l'absence du Chauve, qui était à chasser dans une forêt voisine, fit inhumer le duc de Septimanie et d'Aquitaine, avec une grande pompe, et un concours prodigieux de personnes. Plus que cela, le prélat fit mettre une épitaphe sur le tombeau. Mais Karles, revenu en ville, s'indigna contre l'évêque, le fit citer, pour ce qu'il avait fait en son absence, devant sa justice, et de là résulta un débat qu'il est inutile de reproduire ici.

LXXX. Le crime atroce dont Karle-Chauve venait de se rendre coupable, le rendit odieux, au dernier point, aux populations méridionales de l'Aquitaine, qui déjà étaient mal disposées pour lui; aussi, presque au même moment où Bernhard de Septimanie eut perdu la vie, Toulouse et toute la Marche se déclara pour Pippin II. Les détails de cette défection importante, comme le dit un écrivain judicieux de notre époque (b), ne sont pas connus; mais le fait lui-même n'en

---

a) *Odon. Ariberti. Chron.* —Vaissette, *Hist. de Lang.*
b M. Fauriel.

est pas moins certain, d'après les autres particularités que nous allons voir suivre.

LXXXI. Autre résultat de la mort de Bernhard de Septimanie. Guillelme, fils de ce personnage, âgé seulement de 18 ans, s'empara, aussitôt sa mort, de toute sa puissance sur la Septimanie, la Gothie et le comté de Barcelonne, et, irrité de l'assassinat commis sur l'auteur de ses jours, il se déclara aussi pour Pippin II. Il fit alliance avec Ab el Rahman III, roi de Cordoue, et ouvrit aux Musulmans l'entrée de la partie de l'Espagne qu'il possédait.

Bernhard de Septimanie était veuf de Dodane, femme d'un mérite supérieur, et auteur d'un Manuel, ouvrage très-remarquable, où elle donnait d'excellentes leçons à ses enfants. De cette union existaient, à la mort du mari, deux enfants : Guillelme, dont on vient de parler, et Bernhard, dont il sera question plus avant.

LXXXII. (*a*) Il paraît qu'en cette année 844, le pays à la gauche de la Loire était occupé, en partie, par le comte Lanthbert, pour Nominoé, roi des Bretons ; et en partie par Hervé, comte d'Herbauge, pour le roi d'Aquitaine. Ce dernier comte, désireux surtout de venger la mort de son père, fut aidé par son parent, Bernhard, ancien comte de Poitou, qui n'avait pas quitté le pays depuis qu'il s'y était retiré pour se soustraire à la vengeance de Ludwig-Débonnaire. Les troupes du comte d'Herbauge attaquèrent celles de Lanthbert ; mais elles furent battues, et Hervé et Bernhard restèrent parmi les morts (*b*), après avoir fait preuve du plus grand courage.

Cette guerre, ainsi qu'on va le voir, continua pendant toute l'année, dans le pays d'Herbauge, et des combats multipliés dépeuplèrent la contrée, qui se trouva ainsi tout-à-fait à la merci des Northmans (*c*).

(*a*) *Chr. Engol.* — *Adem. Caban.* — *Chr. Aquit.*
(*b*) *Chron. Malleac.* — *Chron. Thuan.*
(*c*) *Chron. Malleac.* — *Adrevald de Mirac. S. Boned.*, apud Besly.

LXXXIII. (*a*) La mort d'Hervé laissait le comté d'Herbauge sans titulaire, et il était dès lors instant d'opposer un homme de tête, dans cette localité si importante, tant aux Northmans qu'au comte Lanthbert et aux autres Bretons. Begon, comte de Paris, fut donc établi comte d'Herbauge, et, pour donner plus de poids à sa mission, il paraît même qu'il fut décoré du titre de duc d'Aquitaine, en place de Bernhard de Septimanie. La nomination de Begon, qui ne paraît pas avoir été de la famille de Guillelme de Gelone, aurait été une exception au principe qui ne permettait guère de choisir ailleurs. Quoi qu'il en soit, le titre de duc d'Aquitaine le rendit plus puissant, en ce qu'il lui permettait d'appeler à son secours toutes les troupes de ce royaume. De plus, par sa position sociale, Begon devait inspirer aussi de la confiance, car il avait épousé Alpaïde, fille du premier mariage de Ludwig-Débonnaire.

Le nouveau duc ou comte, rendu dans le pays d'Herbauge, chercha à en assurer la libre possession à son souverain. Le plus sûr moyen lui parut de bâtir une forteresse et même une ville peu éloignée de Nantes, qui pût tenir en bride les Bretons. Cet établissement prit le nom de Begon (18), qui l'avait fait construire.

La présence des trois neveux de Lanthbert, Guaifre, Reinier et Gérhard, placés par lui au-delà de la Loire, pour en conserver la domination, tourmentait surtout Begon, et son projet était de les chasser du pays l'un après l'autre (*b*). Le comte d'Herbauge marcha d'abord contre Guaifre, qui abandonna aussitôt le pays d'Herbauge proprement dit, que Begon parcourut en tout sens. Fier de sa victoire, il suivait une ancienne voie gauloise et romaine allant vers Nantes, et passait le gué de Bleson (19), lorsqu'il fut attaqué à la fois par les trois neveux de Lanthbert, qui avaient réuni leurs forces. Les troupes de Begon furent battues, et le comte fut tué au moment où il prenait la fuite. Le corps de Begon fut apporté et

(*a*) *Chron. Namn.* — *Fragm. hist. Brit. Armor.*
(*b*) *Chron. Namn.* — *Fragm. hist. Brit. Arm.*

enseveli à *Durinum*, aujourd'hui St-Georges-de-Montaigu, monastère fondé par St Martin de Vertou.

Il paraît qu'à la mort de Begon, le comté d'Herbauge repassa à la famille de Raynald, son prédécesseur, et que Raynon en fut pourvu.

LXXXIV. Après la mort de Begon, Guaifre se porta sur la ville et le château que celui-ci avait fait bâtir, et s'en empara. Ce fut là qu'il s'établit; il s'y croyait bien en sûreté, et de là il étendait son autorité assez au loin.

De cette époque, les pays de Mauge, Tiffauge et Herbauge, furent à peu près perdus pour le Poitou, et momentanément joints au comté nantais.

Guaifre habitait depuis quelque temps le château de Begon. Lorsque les Northmans firent une nouvelle expédition par la Loire, ils détruisirent toutes les habitations sur les rives de ce fleuve, et vinrent assiéger le château qu'occupait Guaifre. Ce chef se défendit bien, et le siége fut assez long. Enfin la place fut prise par les Northmans, qui la livrèrent aux flammes (*a*).

LXXXV. Revenons à ce qui se passait dans le midi de l'Aquitaine. Nous avons vu Toulouse et sa Marche se prononcer pour Pippin II, à la suite de l'assassinat qu'il perpétra sur Bernhard de Septimanie, crime que les populations, sur le soupçon de l'adultère de l'impératrice Judith, considérèrent comme un véritable parricide. Or, le prince assassin, qui s'était porté dans ses possessions du nord, pour s'étourdir sur son crime, n'eut pas plutôt appris que les Toulousains s'étaient déclarés contre lui, qu'il revint de nouveau assiéger leur ville, et dans toutes les formes, avec des forces plus nombreuses que celles qu'il avait eues jusque là. Il demeura devant cette place pendant les mois de juin et de juillet 844, et fit, durant ce temps, plusieurs actes, datés de son camp devant Toulouse (*b*).

(*a*) *Chron. Namn.*—*Fragm. hist. Brit. Arm.*
(*b*) Diplômes en faveur des monastères de St-Laurent-sur-Mesle, de Caunes et de Castres.

LXXXVI. Comme ce siége traînait en longueur, et que l'armée du Chauve était continuellement harcelée par les garnisons de divers châteaux, comme Castres, Alby, etc., ce prince détacha de son camp un corps d'armée de cinq mille hommes d'infanterie, avec un nombre de cavaliers proportionné, pour dévaster le plat pays qui s'était déclaré en faveur de son compétiteur. Ces troupes portèrent là la désolation, brûlant et détruisant tout, et égorgeant ou emmenant en captivité ceux qui se trouvaient sur leur marche.

Après avoir ainsi dévasté une étendue considérable de pays, le corps d'armée expéditionnaire revenait vers son point de départ, lorsqu'il rencontra, au gué de Guslanten, sur l'Agout, Galdouin, évêque d'Alby, qui l'attendait avec les milices de son diocèse et un bon nombre de seigneurs aquitains. Les partisans de Karles, chargés d'un riche butin, et surpris de la rencontre, ne firent qu'une faible résistance. Cherchant dans la fuite un secours contre l'attaque, ils furent en grande partie noyés, tués ou faits prisonniers, et peu d'entre eux purent aller rendre compte de leur campagne à ceux des leurs qui assiégeaient Toulouse (a).

LXXXVII. (b) Peu après, et apprenant cet échec, Hébrouin, archichapelain du palais de Karles-Chauve et évêque de Poitiers, se mit en route, pour aller renforcer le camp de Toulouse, avec des forces considérables. Pour anéantir ce secours, Pippin II l'attaqua, le 7 juin 844, au moment de son passage près d'Angoulême. L'assaillant eut un plein succès, et ne perdit aucun soldat, disent les annalistes. Du côté de Karles, périrent Hugues, fils naturel de Karle-Magne et abbé de St-Bertin et de St-Quentin ; Richbot ou Ribollon, abbé de St-Riquier, et petit-fils du même empereur par une de ses filles ; le comte Ravan, porte-enseigne de la couronne ; le comte Eckard et plusieurs autres personnes de distinction. L'évêque Hébrouin ; Raguenaire, évêque d'Amiens ; les comtes Lokard, Gunthard et Engelwin ; Loup, abbé de

(a) *Odon. Ariberti. Chron.*
(b) *Annal. Bertin — Annal. Fuld. — Annal. Metens.*

Ferrières, et plusieurs autres, furent faits prisonniers.

LXXXVIII. (*a*) L'abbé Hugues, qui périt dans ce combat, fut enterré à Charroux, ainsi qu'il l'avait demandé. On pourrait inférer de la lamentation sur la mort de ce descendant du créateur du second empire d'Occident, qu'il aurait été abbé de ce monastère (*b*). Il ne faut pas ici prendre les choses à la lettre. La réputation du monastère de Charroux était alors si grande, qu'il n'y avait rien d'extraordinaire qu'un homme de l'époque eût demandé que ses restes pussent y demeurer en paix.

La pièce que nous avons citée prouve, de plus, que Hugues avait été moine à Charroux ; ce qui fait que, perdant la vie près d'Angoulême, il aurait demandé à être enseveli, peu loin de là, dans le monastère où il aurait passé ses premières années (*c*).

LXXXIX. (*d*) Hébrouin ne demeura pas longtemps prisonnier ; car, en décembre de la même année, il assista au second concile de Vernon, et il en obtint même la présidence, en opposition à Wamilon, archevêque de Sens, qui la réclamait. Ce fut le titre d'archichapelain de Karle-Chauve, qu'il s'était fait donner, qui lui fit obtenir cette préférence.

XC. (*e*) D'après ces échecs, Karle-Chauve se détermina à lever le siége de Toulouse, pour agir plus au nord, contre Nominoé dont il apprit la marche, sauf à entamer des négociations avec Pippin II.

XCI. (*f*) En effet, la guerre entre Karle-Chauve et le possesseur de la Bretagne avait recommencé ; car aussitôt que Nominoé eut appris la retraite de Lanthbert, il avisa aux moyens de s'assurer la possession de Nantes. Ensuite il passa la Loire et dévasta les frontières de l'Anjou et du Poitou, et alla jusqu'à Angers. Arrivé au monastère de St-Florent-de-

---

(*a*) *In mort. Hugon. Abb. Fil. Carol. Magn.* ap. *D. Bouq.*
(*b*) Il aurait alors succédé à Guinbault Ier, et précédé Guillelme Ier.
(*c*) *Nov. Gall. Christ.* — Dreux-du-Radier, *Bibl. du Poit.*
(*d*) *Concil. in Vern. Palat.* apud. *Bouquet.*
(*e*) *Odon. Ariberti. Chron.*
(*f*) *Cartul. nig. et rub. S. Flor.*—*Chron. St-Fl. Montglon.*

Montglone, il remarqua sur une tour élevée une statue de Karle-Chauve, qui, tournée du côté de la Bretagne, semblait vouloir donner des ordres à cette province. Nominoé se contenta de faire remplacer cette statue par la sienne, tournée vers la France (a). Mais, apprenant qu'aussitôt son départ, les moines de St-Florent avaient ôté sa statue pour y substituer celle de Chauve; lorsqu'il revint dans le pays de Mauge, il pilla le monastère de Montglone (b), et finit par le livrer aux flammes. Si l'on en croit le cartulaire et la chronique de cet établissement religieux, St Florent punit le souverain de la Bretagne en le rendant boiteux, et lorsque le prince eut réparé le tort qu'il avait fait au monastère, par le don de grosses sommes d'argent, l'infirmité cessa, mais la marque du coup porté par le saint fut indélébile.

XCII. (c) On l'a dit déjà, il paraît que Karle-Chauve, voyant son peu de succès dans le sud de l'Aquitaine, essaya s'il ne serait pas plus heureux au nord. Il se porta donc en Bretagne, avec une armée forte de 40,000 hommes, dont l'avant-garde était composée de Saxons montés sur de lourds chevaux, et armés de piques de deux mètres de long et de larges épées à deux tranchants. Ils rencontrèrent à Balon, entre les rivières de la Vilaine et de l'Oust, l'armée bretonne, dont la cavalerie était montée sur des chevaux petits, mais agiles. L'arme des Bretons était alors l'arc, et leurs flèches acérées produisaient beaucoup d'effet. Lorsque les Saxons se mettaient en devoir d'attaquer les archers bretons, ceux-ci faisaient retraite en se dispersant, et revenaient sur les flancs de leurs ennemis, en leur faisant éprouver beaucoup de perte. Las de cette manière de combattre, les Saxons se retirèrent, et la nuit fit cesser le combat. Le lendemain, on en vint de nouveau aux mains, et les archers français, après avoir employé la tactique

---

(a) Ce fait est placé, par quelques auteurs, sous l'année 848.
(b) Ainsi Montglone n'avait pas été entièrement abandonné par ses religieux.
(c) *Ann. Fuld.* — *Ann. Metens.* — *Chron. Engol.* — *Chron. Fontanel.* — *Lup. Epist.* 32.

de la veille contre les Saxons, firent tomber une pluie de flèches sur les bataillons franks, qu'ils finirent par obliger de faire retraite. Karle-Chauve, voyant le mauvais succès de ses armes, partit seul pour Paris sur un cheval agile, accompagné de quelques familiers, sans donner aucun ordre à ses généraux pour le parti à prendre. Lorsque, le jour suivant, on fut pour prendre les ordres du roi, on ne le trouva plus, et son armée se dispersa.

Nominoé, demeuré ainsi maître du champ de bataille, voulait profiter de sa victoire; mais Karles acheta de lui la paix, à l'aide d'une forte somme d'argent.

XCIII. (*a*) Le défaut de succès de Karle-Chauve dans cette expédition et dans son attaque sur Toulouse, et l'attachement que l'Aquitaine méridionale paraissait porter à Pippin II, et de plus les craintes que les Bretons, unis d'intérêt et d'alliance avec celui-ci, inspiraient pour le Poitou, au fils de Judith, le déterminèrent à penser à la paix. En conséquence, il se rendit en France en septembre 844, et vint en octobre à Thionville, où il tint avec ses deux frères une diète générale. Ces trois princes cherchèrent à pacifier l'empire frank, et de concert ils envoyèrent des ambassadeurs à Pippin en Aquitaine, et à Nominoé en Bretagne, pour les engager à se soumettre au Chauve, les menaçant l'un et l'autre de les écraser avec toutes leurs forces. De plus, ces princes enjoignaient à Pippin de venir les trouver, promettant de le traiter en bons oncles. En attendant le résultat de ces négociations, la diète finie, Karles se rendit à Compiègne.

XCIV. (*b*) Cet accord des princes franks, et des succès divers, faisaient désirer aux deux partis un accommodement. Enfin il s'opéra, après des pourparlers préalables, à l'abbaye de Fleury ou St-Benoît-sur-Loire, où Pippin II vint trouver Karle-Chauve, au commencement de juin 845. L'oncle et le neveu y signèrent un traité qui assura l'Aquitaine méridionale au dernier, et le Poitou, la Saintonge et l'Angoumois à

(*a*) *Ann. Bertin.* — *Chron. Centul.*
(*b*) *Ann. Bertin.* — *Ann. Metens.* — *Ann. Fuld.*

l'autre (20). Ces provinces formèrent un duché particulier ; de sorte qu'à l'avenir, même à la réunion de toute la contrée dans la même main, il y eut définitivement deux ducs d'Aquitaine, dont l'un était comte de Toulouse et duc de l'Aquitaine méridionale, ou première, et l'autre comte de Poitiers et duc de l'Aquitaine septentrionale, ou seconde. Néanmoins, Pippin se reconnut le vassal de son oncle, lui prêta serment de fidélité, et s'obligea à le servir en toute occasion. Alors on vit retourner vers lui ceux qui avaient pris d'abord le parti du Chauve (a). Il y a lieu de croire que Pippin, enhardi encore par cette reconnaissance de ses droits, ne tint pas beaucoup aux limites qui lui étaient assignées par le traité de Fleury, car on le voit, peu après (b), donner un diplôme pour Montglone ou St-Florent-le-Vieux, abbaye qui alors dépendait bien du Poitou.

XCV. Ainsi s'établit la division de l'Aquitaine en deux duchés, qui se perpétua jusqu'à ce que le duché dont Poitiers était la capitale, eût absorbé le duché du midi. Cette division fut si bien reconnue à la fin du xe siècle, que le pape Nicolas Ier, écrivant une épître pour les affaires ecclésiastiques du pays, s'adressait aux ducs d'Aquitaine, *ad duces Aquitaniæ* (c).

XCVI. (d) Le Chauve ayant fait un duché particulier de la portion de l'Aquitaine qu'il s'était réservée, établit Raynulfe Ier pour duc de l'Aquitaine du nord. Ce titre fut sans doute conféré au comte de Poitou à raison de l'attachement qu'il avait témoigné au fils de Judith. De plus, ce personnage était de la maison ducale et parent de Guillelme de Gelone, ainsi que nous l'avons établi précédemment, et l'on sait que l'usage était alors de conserver les dignités dans les familles qui en avaient d'abord été pourvues.

Quant à Pippin II, il exerça son choix dans la même

(a) *Ann. Bertin.*

(b) En 847. Voir aussi sur 848, un diplôme relatif au monastère de St-Maixent. Ces documents viendront plus tard.

(c) Besly, *Comt. de Poit.* — D. Bouquet, *Recueil des hist. de Fr.*

(d) *Annal. Metens.* — *Chron. Sigeb.*

famille, et même dans la descendance directe de son chef. Il établit, en effet, pour duc de l'Aquitaine du midi, Guilhelme II, fils de Bernhard de Septimanie, qui lui avait donné de nombreuses preuves d'attachement, notamment aussitôt après l'assassinat de son père par le Chauve.

XCVII. Après la conclusion du traité de Saint-Benoît-sur-Loire, qui ne fut sincère ni de part ni d'autre, Pippin II vit cependant, dans l'exécution momentanée de ces dispositions, un moyen de respirer un peu. En conséquence, il se rendit au palais de Castillon, situé en Périgord, sur la rive droite de la Dordogne, et il y donna, en faveur du monastère de Moissac (a), le premier diplôme qu'on connaisse comme émané de ce prince (b).

XCVIII. (c) Hilboldus, abbé d'Hermoutiers, vit bientôt que l'état du pays d'Herbauge, continuellement exposé aux ravages des Northmans, ne permettrait de longtemps à lui et à ses moines de demeurer à Deas. Il fit, en conséquence, agir auprès de Karle-Chauve, par le comte Vivien. Celui-ci obtint de l'empereur, pour les moines de St-Philbert, le petit monastère de Cunault, en Anjou (d), sur la Loire, où reposait le corps de St Maxentiolus, dit le diplôme impérial. Ce lieu paraissait assez sûr, par la raison que les barbares n'avaient point encore occupé la ville d'Angers, disent les auteurs des Annales des Bénédictins. Hilboldus y conduisit ses moines, attendant un moment plus opportun pour porter là le patron de sa communauté.

XCIX. (e) Les Northmans avaient déjà ruiné le monastère de Ste-Marie de l'île de Ré. Odon, duc d'Aquitaine, de la race mérovingienne, l'avait fondé sous le vocable de Ste Marie, et il y fut inhumé avec sa femme Valtrude, en 725, Hunald s'y

---

(a) D. Vaissette, *Hist. de Lang.*
(b) A la fin de la même année, Pippin II donna un autre diplôme en faveur de St-Chaffre en Velay.
(c) *Erment. Hist. Trans. S. Filib. Ab.*, ap. Mabil.—Ap. D. Bouq.
(d) Conaldus super Ligerim.
(e) Ms. de D. Fonteneau.

était retiré en 745, et il en était sorti après la mort de son fils Waifer. Ce monastère fut détruit par les Northmans, dans le ix° siècle, et une charte de Karle-Chauve, de 845, annonce qu'il ne subsistait plus alors que par ses ruines.

C. (a) Outre les guerres civiles presque continuelles de cette époque, et les invasions des Northmans, d'autres fléaux vinrent encore ravager l'Aquitaine. Une dure famine, résultat du manque de récolte de l'année, se fit sentir, et une grande mortalité en fut la suite. Ce n'est pas tout : des loups affamés parcouraient les campagnes, et dévoraient tous ceux qu'ils rencontraient, s'ils n'étaient pas en force ou en position de leur résister. On a été jusqu'à écrire, ce qui est peu croyable, que trois cents de ces animaux, comme rangés en bataille, traversèrent le pays, sans qu'on pût arrêter leur marche. On sait qu'en pareille circonstance il y a toujours de l'exagération.

CI. (b) Les Nantais et les habitants de la basse Loire étaient sincèrement attachés à la France, et ils portaient avec peine le joug que Lanthbert leur avait de nouveau imposé, en exerçant sur eux une véritable tyrannie. L'irruption des Northmans, qui était son ouvrage, finit par lui aliéner tous les esprits. Actard, qui avait remplacé, comme évêque de Nantes, Gohard, assassiné par les Northmans, lança contre lui les foudres de l'excommunication; mais, peu religieux, il ne tint compte de ces censures. Pour braver la haine du peuple, il se logea dans sa forteresse, et, fort de son alliance avec Nominoé, il persécuta violemment ceux qui se plaignaient de son administration. Actard, touché de la misère du peuple, alla trouver le roi Karle-Chauve, et lui représenta l'état dans lequel les Nantais se trouvaient réduits. Il lui exposa que le moyen de mettre fin à ces désordres était de s'accorder avec Nominoé, s'il consentait à abandonner Lanthbert. Karles adopta ce projet, et chargea l'évêque de négocier avec le chef des Bretons. Rendu près de ce dernier, il lui fit part de sa

(a) *Annal. Berlin.*
(b) *Chron. Namn.* — D. Morice, *Hist. de Bret.*

mission, et lui donna à penser que Lanthbert cherchait à traiter avec le Chauve à ses dépens. Nominoé eut peine à rompre avec son allié, et finit cependant par lui faire dire que s'il continuait à vexer les habitants de Nantes, il dirigerait sur ce point toute son armée. Lanthbert, voyant cet état de choses, préféra abandonner la partie, plutôt que de cesser son système de vexations. Il se retira à Craon, dans le bas Anjou, lieu dépendant du monastère de St-Clément de Nantes, dont Doda, sa sœur, était abesse. Malgré l'opposition formelle de Gui, comte du Maine, il bâtit près de là un château fort sur les bords du Loudon, et soumit à son autorité tout le pays qui s'étend de Craon à la Loire. Lanthbert mourut quelques années après, et fut enterré à Savennière, en Anjou (a).

CII. (b) Les Northmans reparurent encore sur les côtes du Poitou, et, en juin ou juillet 846, ils débarquèrent de nouveau sur l'île d'Her. Là, ils livrèrent aux flammes les habitations qu'ils avaient épargnées jusqu'à cette époque, ou celles rétablies en dernier lieu. Ces brigands mirent aussi pied à terre à l'Ile-Dieu, et ils brûlèrent également le monastère de cette localité (c). Ils s'étaient d'abord répandus sur le continent, et avaient incendié successivement, en mai, le monastère de Luçon et plusieurs autres.

CIII. (d) Vers cette époque, les Northmans débarquèrent entre Bordeaux et Saintes, décidés qu'ils étaient à piller le pays entre ces deux cités. Ségune, surnommé *Mostillanicus*, comte de Gascogne, fut à leur rencontre; mais ses troupes furent battues, et lui-même demeura le prisonnier des barbares, qui ne tardèrent pas à le mettre à mort. A la suite de

(a) Dom Morice fait vivre le comte Lanthbert bien plus longtemps, et le fait, mal à propos, le confident et l'ami de Nominoé, jusqu'à la mort de celui-ci.

(b) *Chron. Mall.* — *Chron. Engol.* — *Adem. Chron.* — *Chron. Aqui.* — Il y a une légère différence, pour le mois, entre la chronique d'Ademar qui indique juin, et celle de Maillezais, qui parle de juillet.

(c) *Chron. Ricard.*

(d) *Adem. Caban.* — *Lup. Ferrar. Epist.*

cette affaire, Saintes fut occupé par les Northmans, qui pillèrent et mirent le feu à cette ville, en la quittant.

CIV. (a) Il paraît que Karle-Chauve ne tenait point compte des clauses du traité de Fleury-sur-Loire, par lesquelles il avait reconnu à son neveu la possession de presque toute l'Aquitaine. En effet, il envoya des émissaires dans cette contrée, pour détacher les peuples de l'obéissance envers Pippin, et, sur les points où il eut ce résultat, il fit des actes de souveraineté. Ce dernier agit de même dans les pays qui lui étaient soumis. Les choses en cet état, Karle-Chauve se rendit à Mersen, sur la Meuse, où il trouva ses frères Lothaire, empereur, et Ludwig, roi de Germanie. Ces princes tinrent là une diète, en février 847, où ils resserrèrent leur alliance, et arrêtèrent des propositions pour Nominoé et les Northmans, qu'ils firent porter par des ambassadeurs, qui engagèrent ceux-ci à se déclarer et à agir contre Pippin II. Quant à ce dernier, à qui les trois frères donnèrent le titre de neveu, sans le qualifier de roi, ils lui firent proposer de se contenter de quelques comtés, et ils lui assignèrent un rendez-vous à Paris, pour la fête de St-Jean-Baptiste (b).

CV. L'Aquitaine était dans la position la plus malheureuse, à raison des expéditions presque continuelles des Northmans. La population aurait pu, sans doute, leur résister, si elle avait eu un peu d'énergie, et si les différentes classes de la société avaient su s'entendre contre l'ennemi commun ; mais il n'en était pas ainsi. Pourtant l'assemblée de Mersen espérait un ordre de choses meilleur, et elle pensa qu'en oubliant les désastres passés, on pourrait sévir contre les crimes nouveaux, pour en empêcher la continuation. Aussi on lit dans les règlements faits par cette diète (c), qu'à l'avenir, si un individu, quel que soit son rang, vient à commettre un vol dans les royaumes de Ludwig et de Karle-Chauve, il sera puni, pour ce méfait, conformément aux lois antérieures.

(a) *Lup. Ferr, Epist.* — *Mabil. ad ann.* 846.
(b) *Baluz. Capitul.*
(c) Art. V et VIII.

CVI. (a) La diète de Mersen s'occupa aussi de l'état des personnes; mais, pour organiser la féodalité, en établissant, comme une nécessité, la dépendance légale de l'homme faible envers l'homme fort, on avait l'air de faire une faveur à l'homme libre, en lui accordant la permission de se choisir un maître. « Nous voulons, dit l'article II, que chaque homme » libre de notre royaume ait la liberté de choisir le seigneur » qui lui conviendra parmi nous et nos leudes. » L'article suivant ajoutait qu'un homme libre ne pouvait laisser son seigneur sans un juste sujet, et un autre seigneur le recevoir, sinon d'après les coutumes antérieures du royaume. Les capitulaires de Kiersy modifièrent ces dispositions.

CVII. (b) On trouve aussi, dans les dispositions arrêtées à la suite de celles de Mersen, un article (c) qui rentrerait parfaitement dans nos mœurs actuelles. Il autorisait tout homme libre à refuser de marcher sous la bannière de son seigneur, s'il ne s'agissait que des intérêts de celui-ci; mais il en faisait une obligation expresse pour le cas d'une invasion (d) dans le pays, et, dans cette position de choses, il est dit que tout le peuple doit marcher, sans aucune exception, pour défendre la patrie et repousser l'ennemi.

CVIII. (e) Il paraît que Pippin II ne s'arrêta pas aux dernières propositions de ses oncles, destructives du traité de Fleury-sur-Loire; car, au mois de mai suivant, il tint une diète d'Aquitaine à Florigni-sur-Cher. Ce fait prouve, de nouveau, que ce prince avait sous sa domination une partie de l'Aquitaine, et que la Touraine, à la gauche de la Loire, faisait encore partie de ce royaume.

CIX. (f) Par un diplôme du 27 mai 847, rendu à cette diète, Pippin II, roi d'Aquitaine, confirma tous les priviléges

(a) Convent. ap. Mars. — Ap. D. Bouq.
(b) Conv. ap. Mars. (c) Art. v.
(d) Une invasion de l'ennemi sur la frontière est appelée lantweri. On voit là l'origine du mot allemand, pour indiquer une certaine portion de l'armée.
(e) Mabil. ad ann. 847.
(f) Dipl. Pipp. ap. D. Bouquet.

accordés par Karle-Magne, Ludwig et Pippin Ier, aux moines de St-Florent-de-Montglone ; mais, en les obligeant de nouveau à vivre sous la règle de St Benoît, il leur défendit de mettre jamais à leur tête un abbé séculier. Sous ces conditions, il exempta le monastère de Saint - Florent de la juridiction du comte de Poitou, qui ne devait plus exercer aucune autorité sur son territoire. Ainsi fut établie, en faveur de ces religieux, et pour une portion de pays assez considérable, une sorte de souveraineté. On sait que l'indépendance de St-Florent fut aussi étendue au spirituel.

CX. (*a*) Nominoé avait assez de force pour résister à Karle-Chauve, mais son bras n'était pas assez puissant pour empêcher les invasions des Northmans en Bretagne. Ces barbares descendaient souvent sur les côtes de cette province, et on les vit encore prendre terre en 847. Nominoé marcha contre eux, à trois fois différentes ; mais il fut vaincu dans trois combats, et n'obtint la retraite des barbares qu'à l'aide d'immenses sacrifices. Il en résulta que les hommes du Nord, payés pour ne plus dévaster un des côtés de la Loire, se jetèrent sur l'autre, et firent d'autant plus de ravages en Aquitaine.

CXI. Revenus ainsi sur les côtes, les Northmans ne tardèrent pas à se répandre dans l'intérieur du pays d'Herbauge. Le 29 mars 847 (*b*), ils s'emparèrent du monastère de Deas, depuis appelé St-Philbert-de-Grandlieu, et ils le livrèrent aux flammes.

CXII. (*c*) Cette année, ces barbares ne se bornèrent pas à cette course peu éloignée des bords de la Loire. Ils ravagèrent tout le Poitou, envahirent le Limousin, prirent et brûlèrent Limoges, et entrèrent dans la Marche où ils détruisirent tout.

CXIII. (*d*) Apprenant les ravages des Northmans en Aquitaine, Karle-Chauve s'y porta avec une armée, croyant ainsi

---

(*a*) *Annal. Bertin.*
(*b*) *Chron. Adem.— Chron. Aquit. — Chron. Engol.*
(*c*) *Chr. Engol.— Chron. Aquit. — Ad. Caban. — Ann. Bert. — Chron. de Gest. Normann.*
(*d*) *Adem. Caban.*

se faire des partisans, à l'encontre de Pippin, qui ne paraissait pas beaucoup s'occuper de ces incursions. Ayant rencontré les barbares sur les bords de la Dordogne, il les défit et leur prit neuf bateaux. Ensuite Karles fut tenir une diète d'Aquitaine à Limoges, où se réunirent tous les partisans qu'il avait parmi les grands de cette contrée. Ainsi ce prince témoignait hautement qu'il ne tenait point compte des conventions qu'il avait arrêtées avec son neveu.

CXIV. (*a*) Il ne paraît pas que le léger avantage obtenu par Karles contre les Northmans eût eu de résultat, car ceux-ci, aux ordres d'Asker, qui avait peu avant pris Rouen, ne tardèrent pas à se porter sur Bordeaux, qu'ils assiégèrent. Guillelme, comte de cette ville et successeur de Séguin (*b*), défendit de son mieux la place qui lui était confiée, mais elle fut livrée aux barbares, pendant la nuit, et par les juifs. Guillelme demeura prisonnier. Les Northmans pillèrent Bordeaux, y firent quelque séjour (*c*), dévastèrent l'abbaye de la Réole et tout le Médoc.

CXV. Comme dans une histoire, telle qu'on se propose de l'écrire au temps où nous vivons, il est surtout bon de faire connaître les mœurs de l'époque dont on trace les annales, nous allons faire connaître le jugement porté sur les juifs, précisément à l'occasion de l'occupation de Bordeaux, par un historien instruit et consciencieux (*d*), dont un travail sur *l'État des juifs au moyen-âge* a reçu une couronne académique (*e*).

« Durant une grande partie du moyen-âge, dit-il, les juifs
» furent accusés de presque tous les crimes religieux ou po-

(*a*) *Ann. Bertin.* — *Chron. Normann.*
(*b*) Comme dit D. Vaissette, il ne faut pas confondre ce Guillelme avec le fils de Bernhard de Septimanie.
(*c*) Si l'on en croit M. Capefigue, ils y demeurèrent un an.
(*d*) M. Capefigue, *Invasions maritimes des Northmans.*
(*e*) L'Académie des inscriptions (Institut de France) a, dans sa séance du 4 juillet 1823, couronné le Mémoire rédigé par M. Capefigue, sur la question relative à l'état des juifs en France, en Espagne et en Italie, pendant le moyen-âge.

» litiques qui troublèrent la société. Dans des siècles de
» ténèbres, et au milieu des peuples superstitieux, ils étaient
» considérés comme une race maudite, que la vengeance
» divine poursuivait. Loin de chercher, par leur bonne con-
» duite et les principes de leur morale, à diminuer l'horreur
» qu'ils inspiraient, les enfants d'Israël rendaient, pour ainsi
» dire, haine pour haine au genre humain. Au sein de leurs
» familles, au milieu de leurs fêtes religieuses, ils ne ces-
» saient de déplorer leur captivité, de demander au Dieu
» d'Abraham la chute du superbe royaume d'Edom ; et, dans
» leurs écoles, les rabbins mettaient en question si un juif
» devait sauver un gentil menacé d'être englouti sous les flots,
» ou d'être dévoré par les flammes. De tels principes professés
» sans déguisement par une secte religieuse déjà en horreur
» à la société qu'elle opprimait par ses usures, et qu'elle
» insultait chaque jour par la manifestation d'une joie inso-
» lente, au milieu des grandes calamités publiques, durent
» faire rejeter sur cette secte la cause même de ces cala-
» mités. Selon nos vieilles chroniques, la peste, la famine et
» tous les fléaux qui vinrent affliger l'humanité pendant la
» longue durée du moyen-âge, eurent leur principe dans les
» vœux ou les profanations sacriléges des juifs. Mais si
» l'histoire impartiale se refuse à admettre comme vraies
» toutes les accusations vagues, que dicta le plus souvent la
» haine ou l'ignorance, elle ne pourrait, sans professer un
» scepticisme répréhensible, rejeter celles qui, fondées sur
» la nature des choses, sont en outre certifiées, en quelque
» sorte, par le témoignage unanime des historiens. Dans les
» siècles qui furent témoins des invasions des Sarrasins, des
» Normands et des Hongrois, souvent on accusa les juifs de
» les avoir facilitées : les monuments sont positifs à cet égard ;
» tous, avec uniformité, rapportent cette accusation. Sans
» doute, quelque imposants que soient ces témoignages
» réunis, aux yeux mêmes de la plus sévère critique, l'his-
» toire devrait les rejeter, si l'accusation avait en elle-même
» quelque chose d'invraisemblable : mais loin que celle que

» les contemporains ont fait peser sur les juifs ait ce caractère,
» n'est-elle pas, au contraire, justifiée par les principes et la
» position sociale des enfants d'Israël? Ce peuple, qui appelait
» de ses vœux la ruine de la nouvelle Babylone, dut-il toujours
» se borner à de stériles souhaits? Gémissant sous le poids
» de l'oppression et du mépris, ne dut-il pas chercher, dans
» de grands changements politiques, à améliorer sa condition?
» Peut-être encore, poussés par l'avidité qui formait le trait
» saillant de leur caractère, les juifs vendirent-ils au poids
» de l'or leur trahison envers les chrétiens. »

CXVI. (a) Des principaux fleuves, les Northmans remontaient dans les rivières avec leurs frêles embarcations, et ils arrivaient ainsi dans les villes de l'intérieur pour les piller. C'est ainsi qu'entrés dans la Gironde, ils voguèrent sur la Dordogne jusqu'à Périgueux, qu'ils prirent et brûlèrent. Ensuite ils se rembarquèrent, emportant un riche butin. La population était non-seulement incapable de se défendre contre ces bandes étrangères, mais même contre les animaux féroces. On rapporte, en effet, que plusieurs centaines de loups parcouraient les campagnes, et dévoraient les enfants et les bestiaux, sans qu'on se mît en devoir de les détruire. Dans quel état de faiblesse étaient alors réduits les descendants de ces féroces mais si valeureux Franks!

CXVII. (b) Pendant longtemps les Northmans, forts sur les rivages de la mer ou sur les bords des rivières, ne se hasardaient pas dans l'intérieur du pays. Peut-être cela tenait-il aussi à leur défaut d'habitude d'aller à cheval. En 848, ils se dirigèrent dans l'intérieur du Poitou, et ils prirent la ville de Melle (21). Ils furent sans doute portés à faire cette expédition à cause de la mine de plomb argentifère qui existait là et qu'on exploitait avec avantage, et parce qu'on frappait déjà des monnaies d'argent dans ce lieu. Plus tard, l'édit de Pîtres maintint cet hôtel monétaire (c).

(a) Annal. Bertin.
(b) Ex Mirac. S. Maxim. Ab. Miciac. — Annal. Bertin. — Chron. de Gest. Norman. (c) D. Bouq. Recueil des hist. de Fr.

CXVIII. (a) Nous trouvons Pippin II considéré comme souverain, au commencement de 848, dans les environs de Poitiers. Pour preuve, ce prince se rendit, au mois de mars, au monastère de St-Maixent, où on lui fit une réception royale. Il fallait bien payer son séjour dans cet établissement ecclésiastique, et aussi, le 24 dudit mois, il en confirma les priviléges.

Les formalités qui furent remplies à ce sujet doivent être mentionnées. Le jour indiqué, qui était précisément celui de Pâques, le chancelier apporta le diplôme à la messe principale, pour lui donner plus de solennité. L'acte fut ensuite déposé sur les tombeaux des saints, afin de le rendre inviolable (22).

A cette époque, la conduite de ce prince était loin d'être régulière, et nous allons voir quel fut le résultat de ses écarts.

CXIX. (b) La prise de Bordeaux par les Northmans, qui, en la quittant, livrèrent cette ville aux flammes, finit d'aliéner les esprits contre Pippin II. Déjà son ivrognerie et ses autres vices avaient exaspéré les populations contre lui. Aussi, tandis qu'il se tenait nonchalamment dans le Berry, sans s'occuper de l'administration de son royaume, et sans essayer de remédier aux calamités publiques, les grands, les évêques et les abbés de l'Aquitaine se réunirent à Orléans, auprès de Karles, qu'ils déclarèrent élire pour leur roi, après avoir prononcé qu'ils déposaient Pippin II, son compétiteur, comme indigne de la couronne, à cause de son extrême négligence pour les intérêts de ses états.

Il est bon de rendre ici les propres expressions du chroniqueur (c) : « Presque tous les Aquitains de marque, obligés à cette extrémité par la lâcheté et la mollesse de Pippin II, (réunis) dans la ville d'Orléans avec les prélats et les abbés, élurent Karles pour roi ; et celui-ci, oint de l'huile sainte, fut ainsi consacré, d'une manière solennelle, par la bénédiction épiscopale. »

(a) *Mss. de D. Fonteneau.*
(b) *Annal. Bertin.* — (c) *Annal. Bertin.*

CXX. (*a*) Le 8 juin 848, année de l'incendie et de la restauration de St-Forent-de-Montglone, Karle-Chauve, à la prière et du consentement de Didon II, évêque de Poitiers, et d'Actard, évêque de Nantes, donna une confirmation des priviléges de ce monastère. On y remarque, comme dispositions nouvelles, l'exemption de toute prestation synodale, et la défense aux comtes du pays d'en exiger aucune redevance, pour eux ou pour la couronne. Ces prétentions, à ce qu'il paraît, donnaient lieu à de nombreux démêlés (*b*). Il est probable que Didon, abbé de Saint-Florent, est le même que l'évêque de Poitiers, ce cumul étant alors assez habituel.

CXXI. (*c*) Pippin voyant sa mauvaise position, et que tous les princes français étaient ligués contre lui, chercha à se procurer un appui chez une nation étrangère et infidèle. Il envoya, en conséquence, Guillelme, duc de l'Aquitaine méridionale ou de Toulouse, en Espagne, pour y conclure une alliance avec Abd el Rahman III, roi de l'Espagne arabe. Il engageait surtout celui-ci à rompre le traité qu'il avait fait auparavant avec Karle-Chauve, et à attaquer la Septimanie, qui appartenait à ce dernier ; d'un autre côté, Pippin engageait Sanche-Sancion, comte de Gascogne, à venir le trouver au plus tôt, avec le plus de troupes qu'il pourrait réunir.

CXXII. (*d*) Le duc Guillelme ayant franchi les Pyrénées, obtint aisément d'Abd el Rahman le traité qu'il avait été chargé de négocier par Pippin. On lui accorda même aussitôt des troupes sarrasines, avec lesquelles il entra dans la Marche d'Espagne, et s'empara des villes de Barcelonne et d'Ampurias, au commencement de 848. Il ravagea ensuite le plat pays, malgré tous les efforts d'Alédran, marquis ou gouverneur de Gothie pour Karle-Chauve, et d'Isebard, fils de Warin, précédent duc de Toulouse pour ce dernier prince.

(*a*) *Dipl. Carol. Calv. ap.* D. Bouq.
(*b*) Variæ enim seditiones propter ea fiebant.
(*c*) *Epist. Eulog.* — *Ann. Bertin.*
(*d*) *Annal. Bertin.* — *Chron. Fontan.* — *Epist. Eulog.*

CXXIII. (*a*) La multiplicité des affaires d'Hébrouin, le haut rôle qu'il jouait dans la politique, et l'administration de ses nombreuses abbayes, le décidèrent à résigner l'évêché de Poitiers. Il y a lieu de croire pourtant qu'il en conserva le titre honorifique, puisque sa mort est indiquée comme celle du prélat de la province. Mais, dès 849, Didon II était pourvu du siège épiscopal, comme un autre document le fait connaître.

CXXIV. (*b*) Karles, fils de Pippin Ier, s'était réfugié à la cour de l'empereur Lothaire, à Aix-la-Chapelle, où, au lieu de recevoir l'hospitalité, il était gardé à vue. Voulant, au commencement de 849, aller rejoindre son frère, le roi Pippin II, afin de servir sa cause, il prit un chemin détourné, mais qui lui paraissait pourtant le plus sûr. Etant dans le Maine, il tomba dans une embuscade que lui tendit le comte Vivien, et devint ainsi le prisonnier du Chauve. Celui-ci ordonna de conduire le jeune prince à Chartres, où se tenait une diète; et là, pour éviter une mort certaine, le fils de Pippin Ier fut contraint de renoncer à la couronne d'Aquitaine, en cas d'expulsion définitive de son frère aîné. Plus que cela, il fut obligé, au mois de juin suivant, de se faire prêtre, et, à un jour indiqué, on exigea encore qu'il montât en chaire, pour annoncer que c'était de sa propre volonté qu'il était entré dans les ordres sacrés. Cela n'empêcha pas qu'on le privât de sa liberté, en le confinant dans le monastère de Corbie, qui semblait toujours destiné à recevoir les membres de la dynastie karolingienne qu'on excluait de la vie publique.

Plus tard, Karles s'évada de Corbie, et fut élevé, ainsi que nous l'avons déjà dit, au siége archiépiscopal de Mayence.

CXXV. Profitant de la position heureuse dans laquelle se trouvaient ses affaires, Karle-Chauve se rendit en Aquitaine, où il passa une grande partie de l'année 849. Il séjourna en Poitou, ayant avec lui plusieurs prélats, notamment Landran II, archevêque de Tours, et Didon II, évêque de Poitiers;

(*a*) *Mss. de D. Fonteneau.*
(*b*) *Annal. Bertin.*—*Chron. Fontanel.*

et, étant au mois de juin au Vieux-Poitiers (a), dont le château existait sans doute encore, il donna une charte en faveur de l'abbaye de St-Florent-de-Montglone, dépendant toujours du Poitou. Le prince, à cause de la révolte de Nominoé, et du mal qu'il avait fait à cet établissement ecclésiastique, nonseulement lui donna l'abbaye de St-Jean en Anjou, mais encore lui soumit tout le pays de Mauge et de Tiffauge (*Medalgicus et Theofalgicus*).

CXXVI. (b) Du Poitou, Karle-Chauve se rendit tenir la diète générale de ses états à Chartres. C'est là qu'il obligea, ainsi qu'on l'a vu déjà, son neveu et filleul Karles, frère de Pippin II, à monter au jubé, pour dire qu'il voulait renoncer au monde.

CXXVII. (c) La faiblesse de Karle-Chauve et ses tentatives réitérées, avec un mélange de succès et de revers, pour enlever l'Aquitaine à son neveu Pippin, avaient rendu d'autant plus fort Nominoé, le souverain de la Bretagne. Celui-ci ne tarda donc pas à faire un acte qui annonçait qu'il se reconnaissait tout-à-fait indépendant de l'empire frank. En effet, il réunit à Dol, en 849, tous les évêques de sa province, et se fit sacrer, en leur présence, par l'archevêque Festinian.

CXXVIII. (d) Comme on le voit, nous suivons à peu près Nominoé dans sa marche, parce qu'ennemi déclaré du Chauve, et allié naturel du neveu de celui-ci, *ses faits et gestes* ne peuvent être étrangers à l'histoire de l'Aquitaine, disputée par les deux contendants dont nous venons d'indiquer les noms. Il est donc essentiel de mentionner ici que le roi de Bretagne fit, en 849 ou 850, une irruption en Anjou, et s'empara d'Angers qu'il abandonna presque aussitôt, après l'avoir livré au pillage (23).

CXXIX. (e) Après la diète de Chartres, le Chauve passa la Loire et se mit à la tête de son armée. S'étant porté dans le

---

(a) *Mabill. ad an.* 849. (b) *Annal. Bertin.* — *Chron. Fontanel.*
(c) M. de Roujoux, *Hist. des rois et ducs de Bret.* — Morice, *Hist. de Bret.*
(d) *Ann. Bertin.* — *Chron. Fontanel.*
(e) *Annal. Bertin.* — *Chron. Fontanel.*

Limousin, il soumit cette province, et s'avança vers Toulouse, pour faire le siége de ce boulevard de la puissance de son adversaire.

Celui qui dirigeait les affaires de Pippin dans cette portion de territoire, Guillelme, duc de l'Aquitaine méridionale, se trouvait absent. Il était à la tête de troupes sarrasines à combattre le parti du Chauve, dans la Marche d'Espagne. Ce fut donc son lieutenant Frédelon (a), comte de Rouergue, qui fut chargé de défendre Toulouse contre l'armée ennemie.

Karle-Chauve, arrivé au camp, distribua les postes d'attaque entre ses différents corps de troupes; il confia notamment celui de la porte Narbonnaise, où était le palais des anciens rois visigoths, à Héribert, abbé de St-Wandrille ou de Fontenelle, qui marchait à la tête des vassaux de son monastère, et à un seigneur nommé Odon. La prise de la ville fut due à l'abbé qui, ayant fait placer une grande quantité de matières combustibles à cette porte, y mit le feu, ce qui en consuma la plus grande partie, malgré tous les efforts des assiégés pour en empêcher. L'assaut était alors aisé à donner, et Frédelon, qui en craignait le résultat, demanda le lendemain à capituler et finit par se rendre à discrétion.

CXXX. (b) Ce ne fut pas une simple reddition de place qu'opéra Frédélon, en livrant Toulouse à Karles. Ce gouverneur passa aussitôt dans le parti du vainqueur, et conserva la garde de la place, avec le titre de comte ou même de duc. Pippin fut d'autant plus vivement piqué du peu de résistance de ce général, et de l'abandon qu'il faisait de sa cause (c), que depuis longtemps il avait sa confiance. Il lui avait en effet remis, sur la prière de l'archevêque Hincmar, l'administration des biens de l'église de Reims, situés en Poitou, en Limousin et en Auvergne. Mais il faut dire que cette mission était donnée aussi de l'aveu de Karle-Chauve, ce qui établissait des relations de la part du comte avec l'oncle, comme avec le

(a) Aussi la *Chronique de Fontenelle* ne donne à Frédélon que le titre de gouverneur de Toulouse, *custos urbis*.
(b) *Chron. Fontanel.* — *Annal. Bertin.* (c) *Frod. Hist. Rem.*

neveu. Ce fait prouve assez, parmi des milliers d'autres, qu'il n'est pas toujours politique, dans des temps de guerre civile, de se livrer entièrement à des hommes qui, par leur position, peuvent passer aisément d'un parti dans un autre.

Quoi qu'il en soit, il est convenable de faire remarquer ici que le comté de Toulouse demeura depuis dans la famille de Frédélon, que l'on croit fils du comte Fulgnald, chargé par Ludwig-Débonnaire des fonctions d'*envoyé* en Rouergue et dans le diocèse de Nismes, pays où il avait de grands biens. Frédélon n'ayant point laissé d'enfant, son frère Raymond lui succéda, et fut comte de Toulouse, du Rouergue et du Quercy. Or, la descendance de Raymond posséda ces trois comtés et plusieurs autres terres dans l'Aquitaine, la Septimanie et la Provence, jusqu'à la fin du xiiie siècle (a). « Car, comme le dit
» Dom Vaissette, c'est de lui que descendent les comtes héré-
» ditaires de Toulouse, qui ont possédé la plus grande partie
» du Languedoc jusqu'à sa réunion à la couronne. »

CXXXI. (b) Maître de Toulouse et de presque toute l'Aquitaine du sud, Karle-Chauve se rendit en Septimanie, espérant y avoir autant de succès. Mais le duc Guilhelme occupait toujours Barcelonne, et tenait le pays sous la dépendance de Pippin. Karles se borna donc à faire un court séjour à Narbonne, où il prit quelques dispositions, se rendit à Alby, arriva en décembre à Bourges, et entra ensuite en France.

CXXXII. (c) Les mutations de souverains étaient à cette époque si fréquentes en Aquitaine, qu'il y a de quoi étonner la postérité. Néanmoins il ne faut pas croire qu'on passât aussi facilement que le disent les auteurs, d'un prétendant à un autre. Il paraît plus vraisemblable que les deux partis étant assez pondérés, ils eurent successivement l'avantage. La présence de Karle-Chauve dans la contrée, par exemple, donnait une grande force au sien ; mais était-il parti, celui de Pippin prenait le dessus. Aussi, au commencement de 850, dès que l'oncle fut retourné en France, presque tout le pays se déclara

(a) *Hist. du Lang.*
(b) *Ann. Bertin.* (c) *Chron. Fontanel.*

pour le neveu. C'était, du reste, la cause nationale des Aquitains, et la plus grande partie d'entre eux étaient pour lui; seulement, les forces du fils de Judith les comprimèrent quelquefois, et les vices de Pippin II firent aussi un tort notable à sa cause.

CXXXIII. (*a*) Ce fut vers cette époque que les Northmans firent une irruption sur Toulouse, qu'ils occupèrent un moment, et qu'ils abandonnèrent presque aussitôt, après l'avoir livrée au pillage. Peut-être doit-on croire que cette expédition fut faite de concert avec Pippin, qui commençait à avoir des relations avec eux, surtout si, en quittant la place qu'occupaient avant eux les partisans du Chauve, ils la laissèrent à la disposition des hommes du parti contraire. Et c'est en effet ainsi que les choses se passèrent.

CXXXIV. (*b*) Karle-Chauve donna, par un diplôme du 15 août 850, la localité de Bournan, près Saumur, alors dépendante encore de l'Aquitaine, au monastère de Glanfeuil ou St-Maur-sur-Loire, à la prière d'Hébrouin, son abbé, archichapelain du palais et évêque de Poitiers, personnage dont il a été si souvent question dans cet ouvrage. Tous les domaines et redevances dépendants de Bournan, les colons des deux sexes et la moitié de l'église de St-Martin, faisaient partie de la concession. On ajoutait, et c'est là la clause curieuse, que le don comprenait tout ce que les comtes d'Anjou possédaient anciennement dans cette localité, comme provenant des propriétés appartenant à St Véterin. Il y a, de ce passage, des conséquences à tirer.

CXXXV. (*c*) Nous avons laissé Guillelme, duc de l'Aquitaine méridionale pour Pippin, renfermé dans Barcelonne, lorsque Karle-Chauve s'était approché de cette ville. Ce prince rendu en France, le fils de Bernhard de Septimanie travailla grandement dans les intérêts de celui dont il avait embrassé la cause. Par un manque de foi, et à l'aide d'un rendez-vous

(*a*) *Chron. Fontanel.* — D. Vaiss. *Hist. du Lang.*
(*b*) *Dipl. Carl. Calv. ap.* D. Bouq.
(*c*) *Chron. Fontanel.* — *Ann. Bertin.*

donné à Barcelonne même pour traiter de la paix, il s'empara d'Alédran et d'Isenbard, qui commandaient dans le pays pour le parti contraire au sien. S'étant ensuite mis en campagne, Guillelme rencontra un corps de troupes ennemies, qui le défit malgré son intrépidité. Rentré en ville, il trouva les esprits mal disposés contre lui. On blâmait généralement Guillelme d'avoir appelé les Sarrasins à son secours, et on lui reprochait son manque de foi envers Alédran et Isenbard. Le premier, laissé libre de communiquer avec le dehors, avait gagné à lui presque toute la garnison composée en partie de Goths ou d'autres habitants du pays. Il résulta de cet état de choses une conspiration contre le duc, de telle sorte que revenu à Barcelonne, il fut arrêté et mis aux fers par Alédran, qui naguère était son prisonnier. Ce dernier s'empara alors de l'autorité, et fit faire le procès à Guillelme, qui fut bientôt condamné et mis à mort pour crime de lèse-majesté et de rébellion. Cet événement eut lieu entre février et juin 850.

Ainsi périt à la fleur de l'âge, à 24 ans, ce jeune guerrier, petit-fils de Guillelme de Gellone, de la race que nous verrons plus tard et si longtemps régner sur l'Aquitaine. Il était brave, habile, et dévoué au parti qu'il avait embrassé, et pour lequel il périt. Ses liaisons avec une nation musulmane, et un manque de foi, occasionnèrent sa mort, qui fut un grand échec pour le parti de Pippin.

Guillelme n'avait point été marié, ou au moins il ne laissait point d'enfant. Sa sœur épousa depuis Wulgrin, comte d'Angoulême, et nous verrons son frère Bernhard, alors âgé de neuf ans, devenir plus tard comte d'Auvergne et marquis de Gothie.

Il ne paraît pas, du reste, que Pippin II ait remplacé Guillelme, dans le poste de duc, pour son parti, de l'Aquitaine méridionale.

CXXXVI. (a) L'alliance avec les Sarrasins, ménagée par le duc Guillelme, eut bientôt des résultats. Ce peuple, pour faire diversion en faveur de Pippin, entreprit une expédition en Pro-

(a) Sebast. Salam.

…ence, entra dans le Rhône, et ravagea les environs d'Arles. Mais en revenant avec du butin, leurs embarcations échouèrent, et ceux qui les montaient furent en partie massacrés par les habitants du pays.

D'un autre côté, un chef musulman, Muza, qui s'était révolté contre l'émir Abd el Rahman III, voulut mettre sous sa domination la Marche d'Espagne. Il avait déjà ravagé les environs d'Urgel, et fait prisonniers les comtes Sancion et Epression, qui commandaient dans ces contrées pour Karle-Chauve, lorsque celui-ci acheta, au moyen d'une grosse somme d'argent, et la paix et la liberté de ses deux généraux.

CXXXVII. (a) Nous arrivons aux derniers moments de Nominoé, prince qui eut un règne si brillant en Bretagne, et dont l'influence fut vraiment grande dans les démêlés entre Pippin II et Karle-Chauve. Le roi de Bretagne, instruit que ce dernier prince avait établi des intelligences dans ses états et se disposait à en user, crut que le meilleur moyen de parer le coup et de conserver ses anciennes conquêtes était d'en faire de nouvelles. Il voulait surtout attaquer Robert-Fort, que Karles avait établi pour gouverneur des pays d'entre Seine et Loire, et qu'il savait disposé à agir contre lui au premier jour. Nominoé partit donc avec une forte armée, traversa l'Anjou, et arriva à Vendôme, pour y attendre des renforts qui l'y rejoignirent en effet. Entré dans la Beauce, il avait investi Chartres et se disposait à donner l'assaut à cette ville, lorsqu'il fut atteint d'une maladie violente, dont il mourut au bout de quelques jours. Son armée fit aussitôt sa retraite à petites journées et en bon ordre, sans être inquiétée.

CXXXVIII. (b) Les préjugés et les fausses croyances d'une époque font aussi partie de son histoire. Il est donc bon de noter ici que Nominoé avait su soustraire les évêchés de Bretagne à la supériorité de la métropole de Tours, en faisant ériger Dol en archevêché. Par cette conduite, il s'était attiré la

---

a) *Chron. Mall.* — *Annal. Bertin.*

b) Vincent de Beauvais, *Miroir historical.* — D'Argentré, *Hist. de Bret.*

haine la plus prononcée de la part du clergé français. Aussi, en Aquitaine, on répandit le bruit que St Maurille, l'un des patrons de la ville d'Angers, avait apparu la nuit à Nominoé, l'avait frappé de son bâton pastoral, et l'avait contraint de rendre son âme à Satan. Mais à cela le clergé breton répondit que la ville d'Angers avait bien été prise et pillée par d'autres que par Nominoé, et que les autres saints patrons de la ville, comme St Aubin, St Mainbœuf, St Lézin, St Mars et autres, auraient bien pu se venger, et ne l'avaient point fait; que d'ailleurs les saints intercédaient pour les vivants, et ne s'occupaient point de vengeance particulière, laissant à Dieu à juger les mourants suivant leurs œuvres.

Du reste, les religieux de St-Florent-de-Montglone, qui avaient eu d'abord à se plaindre de ce prince, s'étaient bien adoucis à son égard, et ils chantaient même ses louanges dans leurs divers monastères du Poitou (a). « Ce prince, disaient-
» ils, était, sur la fin de sa vie, devenu bien plus religieux
» qu'on ne l'avait connu d'abord. Il avait annoncé un grand
» repentir de l'acte de colère qui avait été la destruction de
» l'abbaye de St-Florent. Aussi avait-il fait de grandes libé-
» ralités aux religieux de ce monastère, à qui il avait
» permis de le rééditier. Une telle conduite, ajoutaient les
» moines, devait le faire arriver au bonheur éternel. »

CXXXIX. (b) La guerre entre Karle-Chauve et les Bretons continuait en 851. En cette année 851, Érispoé, fils aîné de Nominoé et son successeur, réunit des troupes considérables, et fut ravager le pays d'Herbauge, en continuant ces désordres jusqu'à Poitiers. Cette armée revint tranquillement dans son pays, emmenant avec elle un butin considérable.

CXL. (c) Érispoé était un prince brave, et de plus, très-instruit pour l'époque. Karle-Chauve apprenant la mort du père, crut avoir bonne raison du fils, et il fut l'attaquer à la tête d'une armée considérable. Mais cette expédition ne fut pas plus heureuse que les précédentes. Érispoé était en mesure,

---

(a) *Actes de Bret.* — *Cartul. St Fl. Montgl.*
(b) *Chron. Metens.* (c) *Chron. Mall.* — *Chron. Fontan.*

il battit à outrance l'armée franke, dont deux chefs, le duc Vivien et le comte du palais Hilmerald, perdirent la vie dans la bataille. Le roi lui-même fut jugé heureux d'avoir conservé sa vie et sa liberté.

CXLI. (a) Les succès des Bretons obligèrent Karle-Chauve à traiter avec Érispoé. Ce dernier fut trouver Karles à Angers, et là il fut fait un traité, par lequel il y eut reconnaissance, pour Érispoé, de la souveraineté de tout le pays qu'avait possédé son père (24). On y ajouta aussi le comté de Nantes, Rennes et son territoire, et les conquêtes de Nominoé dans l'Anjou et dans le Maine. Il faut remarquer ici, d'après un savant antiquaire (b), que, si depuis Chlodwig jusqu'à Ludwig-Débonnaire, et même jusqu'à cette époque, le comté de Nantes avait dépendu, au moins en droit, du royaume des Franks, il en était séparée par une lisière de pays, appelée *Marca Britannica* ou *Marca contra Britones*. Karle-Chauve céda aussi à Érispoé, qu'il revêtit des habits royaux, s'il faut en croire la chronique de Saint-Bertin, le pays de Retz. Le comté d'Herbauge se trouva ainsi très-réduit, et le canton cédé forma les deux doyennés ruraux de Retz et de Clisson, réunis depuis dans un seul ; il est probable que ce changement politique influa aussi, à cette époque, sur la division ecclésiastique, et que la contrée en question cessa de dépendre de l'évêché de Poitiers, en même temps qu'elle était enlevée au Poitou.

On doit remarquer que les marches communes de Bretagne et Poitou, comprises dans la cession en question, conservèrent les priviléges qu'elles tenaient de l'établissement formé anciennement par les Teiphaliens dans le pays. Ces prérogatives se sont maintenues jusqu'à la révolution de 1789.

Il paraîtrait que Karle-Chauve se réserva, sur le roi des Bretons, une sorte de suzeraineté. Néanmoins, on doit dire que les chroniqueurs de ces temps éloignés sont peu d'accord

---

(a) *Ann. Bertin.* — *Chron. Sigeb. Gembl.* — *Ann. Metens.*
(b) L'abbé Belley, *Mém. de l'Acad. des Insc.*

sur les clauses du traité d'Angers ; car, si l'on en croit deux d'entre eux, Karles aurait gardé pour lui le comté de Nantes (a), où il aurait rétabli Actard pour évêque. Il est certain, du reste, que ce prélat, dépossédé par suite de la querelle entre le souverain de la Bretagne et l'archevêque de Tours, reprit son siége, et que Gislard, que Nominoé avait établi pour le remplacer, se retira à Guérande, où il exerça les fonctions épiscopales, en concurrence avec l'ancien titulaire, établissant ainsi autel contre autel.

CXLII. (b) Il arriva alors un événement qui eut une grande influence sur l'histoire postérieure de l'Aquitaine. Nous avons déjà eu occasion, plus d'une fois, de faire connaître qu'il y avait, dans le caractère de Pippin II, quelque chose d'extraordinaire. En effet, il paraîtrait, d'après une chronique du temps (c), que ce prince avait été élevé pour l'état ecclésiastique, et qu'une circonstance inattendue l'empêcha d'y entrer. On pourrait croire, d'après cela, que ce fut autre chose qu'un défaut de vocation. Toujours est-il qu'il se livra bientôt à toutes sortes de plaisirs avec un tel excès, que ses facultés intellectuelles s'affaiblirent, et qu'il se trouva un moment dans un état assez rapproché de l'imbécillité. Mais, appelé à régner sur le beau pays d'Aquitaine, et obligé d'agir avec énergie contre son oncle qui voulait le détrôner, son esprit sembla prendre un nouvel essor, et il ne parut pas parfois au dessous de la haute position où le ciel l'avait placé. En effet, il se montra d'une activité extraordinaire, et fit preuve surtout de talents militaires. Du reste, il était grandement servi par la majorité de la population de la Loire aux Pyrénées, qui croyait voir dans sa figure, d'une beauté remarquable, l'annonce des bonnes qualités qui manquaient à ce prince. Mais, lorsque des intervalles de calme existaient pour lui, il revenait à ses premiers errements. Depuis sa dernière reconnaissance par les Aquitains, qui avait succédé à la prise de

(a) *Chron. Namn.* — *Hist. Brit. Arm.* — Inscription de la châsse de St-Serge, rapportée par D. Morice, *Hist. de Bret.*
(b) *Annal. Bertin.* — *Annal. Metens.* (c) *Annal. Metens.*

Toulouse par Karle-Chauve, il paraît qu'aigri par des variations successives à son égard, il avait usé de sévérité envers ses ennemis, et peu fait pour se concilier les esprits. Pippin reprit aussi sa vie accoutumée, se livrant à la bonne chère et au vin, et on croit que ce fut dans une partie de débauche qu'il offensa gravement Sancion, comte de Vasconie, qui précédemment avait beaucoup fait pour lui, et il alla même jusqu'à le priver de certains bénéfices qu'il lui avait accordés dans l'intérieur de ses états. Le comte dissimula, mais il jura en secret de se venger. Aussi, sous le prétexte de communiquer à son suzerain des détails importants, relativement à la conspiration tramée contre lui, il l'attira sur les frontières de son comté. A peine Pippin fut-il arrivé là, que Sancion s'empara de sa personne, et le garda plusieurs mois. Ayant traité avec Karle-Chauve, il remit à celui-ci, qui vint exprès pour cela sur les frontières d'Aquitaine, en septembre 852, son malheureux neveu.

CXLIII. (*a*) Karle-Chauve s'empressa de conduire Pippin II dans le monastère de Saint-Médard de Soissons. Il fut là incertain sur le parti qu'il prendrait à son égard, et il eut un instant le projet de priver son neveu de la vie. Mais, ayant réuni une assemblée de grands, de prélats et d'abbés en concile, il fut dit que le roi légitime d'Aquitaine serait revêtu de l'habit monastique, ce qu'on exécuta à l'instant. Alors, comme sous la race mérovingienne, la profession de moine était censée être une abdication de tous les droits au trône, et on ne distinguait pas entre une profession volontaire et une prise d'habit forcée. Du reste, comme Pippin, religieux malgré lui, était d'une grande importance politique, on établit, dans l'abbaye de Soissons, des gardes nombreux et affidés, pour empêcher son évasion.

CXLIV. (*b*) Sans la perfidie du comte de Vasconie envers Pippin, celui-ci aurait eu en sa faveur les Sarrasins d'Espagne, auxiliaires d'une grande importance pour lui. Aussi, Abd el Rahman III, roi de Cordoue, envoya une armée assiéger

---

(*a*) *Act. Concil. Suession.* (*b*) *Ann. Bertin.*

Barcelonne, qui lui fut livrée encore par la perfidie des juifs. Cette occupation ne fut, du reste, que momentanée; les Musulmans évacuèrent bientôt cette ville, après l'avoir livrée au pillage et mis à mort une partie de ses habitants. Cette retraite fut sans doute le résultat de la mort d'Abd el Rahman III. arrivée vers ce temps-là. Alors les Franks prirent de nouveau possession de Barcelonne et de son territoire.

CXLV. (*a*) Érispoé avait à sa cour un cousin germain, Salomon, fils de Riwallo, frère aîné de Nominoé, qu'il traitait avec une amitié fraternelle, de la même manière, au surplus, que son père en avait usé avec lui. Il pensait que ce parent était content de sa position; mais quoique la domination sur l'Armorique n'eût pas été transmise par héritage à sa famille, et que l'habileté et les services de Nominoé l'eussent élevé au pouvoir, intérieurement son cousin se disait que, fils de l'aîné des deux frères et d'après l'ordre de primogéniture, la couronne des Bretons lui appartenait; aussi se mit-il en mesure pour l'enlever à Érispoé. Pour cela, il se fit des partisans, se plaça à leur tête, et s'adressa à Karle-Chauve, pour en obtenir ce qu'il considérait comme un acte de justice, la possession par lui de la Bretagne. Ce prince, fier de son succès en Aquitaine par suite de la détention de Pippin, et sans avoir égard au traité d'Angers, concéda à Salomon le tiers de la Bretagne dont il était loin d'avoir la disposition. Érispoé fut indigné de ce manque de foi, et la guerre recommença entre les Bretons et les sujets du Chauve. Elle fut longue et sans résultat. A la fin, Érispoé céda à son cousin le comté de Rennes, en se réservant la suzeraineté. Cet arrangement fut loin de satisfaire Salomon, ainsi que la suite le démontrera.

CXLVI. (*b*) Confiné dans le monastère de Saint-Médard de Soissons, Pippin songeait toujours aux moyens de recouvrer la liberté, et de s'asseoir de nouveau sur le trône d'Aquitaine. Il avait sans doute établi des relations au dehors, et il parvint à gagner deux religieux qui allaient favoriser son évasion et l'accom-

(*a*) Chron. Mall. — Ann. Bret. — Ann. Bertin.
(*b*) Ann. Bertin. — Act. Concil. Suession.

pagner au-delà de la Loire, lorsque le complot fut découvert, au commencement de l'année 853. Instruit de ces intrigues, Karle-Chauve se rendit à Soissons, et fit renfermer plus étroitement son neveu. Non content de cela, il convoqua, pour le mois d'avril, un concile composé des évêques des provinces ecclésiastiques de Reims, de Sens, de Rouen et de Tours, sous la présidence d'Hincmar, archevêque de Reims, afin de juger les deux moines, qui avaient conspiré en faveur de Pippin. Ils furent dégradés de la prêtrise, et envoyés en exil ; leurs confrères, du reste, désavouèrent leur projet, et assurèrent n'y avoir pris aucune part, quoique le complot eût eu des ramifications. Quant au prince, on exigea de lui, sans doute avec des menaces de mort, un serment de fidélité à son oncle, et la promesse solennelle de vivre, pour toujours, dans la stricte exécution de la règle monastique.

CXLVII. (a) Dans ce concile de Soissons, on convint d'une disposition qu'il est bon de noter ici. Il fut arrêté que les délégués de l'autorité royale feraient un état de ce que les établissements avaient été obligés de donner aux Northmans, soit sur la recommandation du roi, soit du propre mouvement de ceux qui les dirigeaient, et des lieux sacrés que les barbares avaient entièrement ruinés. On voit, d'après cela, qu'il fallait souvent se racheter du pillage, et il est probable que parfois les églises et les monastères, dépositaires des richesses de l'époque, payaient pour le surplus des habitants. Nous empruntons ces réflexions, que nous jugeons très-sensées, à un savant antiquaire et historien de notre époque (b).

CXLVIII. (c) En 853 (d), peu après avoir assisté au concile de Soissons (e), mourut Dodon, abbé de St-Savin, à l'âge de près de 90 ans, et après avoir gouverné ce monastère pendant plus de 32 ans. Peut-être avait-il administré pendant

(a) Act. Concil. Suession.
(b) M. Depping, Expéditions maritimes des Norm.
(c) Nov. Gall. Christ. — Mabill. Ann. Bened. — Ex Comm. Abb. S. Martial. ap. Besly.
(d) Le 10 juin. (e) Tenu le 26 avril.

la vie de St Benoît d'Aniane, dont la multiplicité des titres et des occupations ne lui permettait pas d'être toujours à ce monastère du Poitou? Toujours est-il qu'à la mort de Benoît, arrivée le 11 février 821, il fut élu pour le remplacer, comme abbé de St-Savin. Vers 830, Dodon fut nommé abbé de Strade ou de St-Genou-sur-Indre, par Wilfred, comte de Bourges, qui en était le fondateur; et en 845, Raymond, comte de Limoges, l'obligea à prendre la direction du monastère de Ruffec, en Berry, qu'il venait de construire. La glorieuse résistance de l'abbaye et de la ville de St-Savin aux attaques des Northmans doit lui être attribuée. Lorsque Amand, abbé de St-Martial de Limoges, et ses chanoines, eurent pris la résolution de se faire moines, et de choisir un nouveau chef, ils jetèrent les yeux sur Dodon, alors dans un âge avancé, et celui-ci mit Arnoul pour son coadjuteur à St-Savin. Enfin cet homme distingué paya son tribut à la nature, après avoir été une seconde providence pour St-Savin, dont il avait agrandi les bâtiments et augmenté les revenus, fondé cinq monastères, introduit la réforme dans plusieurs autres, et résisté surtout aux barbares du Nord, lui armé du simple bâton pastoral, tandis que tant de guerriers de l'époque étaient loin de pouvoir se glorifier du même avantage. La tombe de cet homme marquant a été découverte dans l'église de St-Savin, où on l'avait transférée, près du baptistère de l'église paroissiale, et l'épitaphe qu'elle portait a été conservée (25).

CXLIX. (*a*) Le chef des moines du monastère de Saint-Philbert de l'île d'Her, l'abbé Hilbodus pressentait que la position de Cunault sur la Loire, où lui et les siens s'étaient retirés, serait tôt ou tard exposée à l'attaque des Northmans. C'est ce qui le porta à faire solliciter de l'empereur un nouvel établissement. Karle-Chauve étant à Orléans, fit droit à cette demande, et, par un diplôme du 19 janvier 854, il concéda aux moines d'Her plusieurs domaines avec les *mas* ou exploitations à quatre bœufs qui en dépendaient; savoir: Messay (*b*) en

(*a*) *Dipl. Carol. ap.* Besly. *Comt. de Poit.*, ap. D. Bouq., ap. Mabil. —Dumoutier, *Essais sur Loudun*. (*b*) Mesciacum.

Poitou, les églises de St-Pierre-du-Marché et St-Pierre-du-Martroy de Loudun, de St-Pierre-de-Bernesay ou des Trois-Moutiers, Notre-Dame-de-Taizé, St-Pierre-d'Arsais et St-Pierre-de-Vézières, qui formèrent le prieuré de St-Philbert de Loudun; de plus, Asnières près Brioux, Marnai et d'autres domaines, ainsi qu'en avait joui précédemment un nommé Otbert.

Le don de Karle-Chauve aux moines de St-Philbert contient une indication curieuse. Il porte que les domaines concédés sont situés dans les comtés de Poitiers, de Thouars et d'Herbauge (a). C'est le second titre où le Thouarçais est qualifié du titre de comté.

CL. (b) En effet, en 853, les Northmans, profitant de l'état de troubles et de guerres intérieures dans l'ouest des Gaules, et du défaut d'embarcations pour leur résister, quittèrent la Seine, entrèrent dans la Loire et s'emparèrent de Nantes, d'Angers et de Tours, qu'ils pillèrent et livrèrent aux flammes. Au mois de juin, ils détruisirent de fond en comble le monastère de St-Florent-de-Montglone, qui dès lors fut tout-à-fait inhabité. Ils s'étaient répandus déjà dans les campagnes, et, dès le mois de mai, ils avaient incendié l'abbaye de Luçon. Les autres établissements religieux du pays ne furent pas épargnés.

CLI. Les Northmans finirent par se lasser de leur vie ambulatoire. Déjà ils avaient fait leur quartier de refuge de l'île d'Her; ils songèrent bientôt à avoir une retraite sur la Loire. En juillet 853, ils formèrent un établissement dans l'île de Bièce, vis-à-vis l'abbaye de St-Florent-de-Montglone. Ces étrangers construisirent des baraques en bois, formant une sorte de bourg. Là étaient déposés les esclaves chargés de chaînes, les nombreux bestiaux enlevés, les tas de grain, les

---

(a) Quæ omnia sita sunt in comitatu Pictavorum sive Toarcensium sive Herbadili...

(b) *Ann. Bertin. — Ann. Sigeb. — Hist. rer. Franc. — Chr. Engol. — Adem. Caban. — Hist. Ever. M. S. Fl. Veter. — Chron. Rheginon. — Adrev.*, de *Miraculis S. Benedict.*

meubles et autres objets (*a*). De là ils partaient en bateau ou à cheval pour aller chercher de nouveau butin, de sorte que bientôt toute la contrée à gauche de la Loire fut entièrement ruinée.

CLII. Jusqu'à ce moment, l'administration de Raynulfe Ier, comte de Poitou, est tout-à-fait ignorée. Il n'est question de lui, en aucune manière, depuis le moment où les historiens nous ont appris qu'il avait été nommé pour remplacer Émenon. Enfin nous allons le voir agir comme général, mais ne pas débuter d'une manière heureuse dans la carrière des armes.

(*b*) Désireux de se mesurer contre les Northmans, dont nous venons de mentionner les ravages, et de les éloigner du pays, Raynulfe joignit ses troupes, en 853, à celles de son parent Raynon, comte d'Herbauge. Tous les deux marchèrent à la rencontre des barbares, près des rives de la rivière de la Vendée, au village de Brillac (*c*) près de Fontenay-le-Comte (26). Là, on en vint aux mains, le 4 novembre 853; les deux comtes furent vaincus et obligés de prendre la fuite.

CLIII. (*d*) Les Aquitains étaient malheureux, et des ravages des Northmans, et de la lutte entre les deux princes qui se disputaient la couronne de leur pays. Ils se divisaient entre eux sur le choix des deux compétiteurs, ou, lorsqu'il leur arrivait de s'entendre pour en avoir un, des forces extérieures venaient afin de leur imposer l'autre. Dans une telle position, et à raison de la presque impossibilité de ravoir Pippin II au milieu d'eux, du désir de conserver leur nationalité, et de la pesanteur du joug frank qui pesait sur eux, dans la personne de Karle-Chauve, ils crurent être plus heureux en choisissant un autre souverain. Ce fut sur Ludwig, fils aîné de Ludwig, roi des Germains, qu'ils jetèrent les yeux. Ils jugeaient que leur

---

(*a*) *Ann. Bertin.* — *Chron. de Gest. Northman.* — *Willelm. Hist. Norm.* — *Ex Miral. St Bened. Ab. Casin.*

(*b*) *Chron. Mall.* — *Chron. Engol.* — *Chron. Adem.* — *Chron. Aquit.* — *Chron. Lemov.* — *Chron. Ricard.*

(*c*) Brilliacum. (*d*) *Annal. Bertin.* — *Ann. Fuld.*

demande serait d'autant mieux agréée, que le roi de Germanie était alors brouillé avec son frère Karle-Chauve.

Les grands d'Aquitaine, qui étaient entrés dans ce projet, et qui étaient dirigés par Gausbert, l'un d'eux, envoyèrent, en conséquence, des ambassadeurs à la cour de Germanie. Ils firent connaître le besoin que la contrée avait de recouvrer son indépendance politique, et d'avoir son souverain particulier. Les députés appuyèrent surtout sur la dureté du gouvernement du Chauve, qu'ils représentèrent être tel, que s'ils ne trouvaient pas un chef dans un des membres de la famille royale, ils seraient obligés d'avoir recours aux souverains étrangers à l'empire frank; ajoutant même que la domination des Sarrasins ou des Northmans serait préférable pour eux à l'oppression sous laquelle ils vivaient. Pour gage de la sincérité de leur démarche et de leurs vœux, ils offrirent d'envoyer en otages quelques-uns des personnages marquants parmi les Aquitains.

CLIV. (*a*) Le roi de Germanie n'eut pas de peine à se rendre à l'offre qui lui était faite pour son fils aîné. Celui-ci partit même avec les ambassadeurs pour l'Aquitaine, afin de s'y faire couronner. Mais il eut à peine passé la Loire, qu'il s'aperçut que les promesses qu'on lui avait faites, d'une reconnaissance générale par toute la population, n'étaient pas fondées. En effet, quoique ceux qu'ils rencontrèrent sur la route ne fussent point bien portés en faveur du Chauve, ils paraissaient hésiter à prendre parti pour le nouveau venu, soit par crainte de Karles, soit par attachement pour Pippin. Les parents et intimes de Gausbert furent les seuls qui se déclarèrent, et reconnurent formellement Ludwig de Germanie pour leur souverain.

CLV. (*b*) Apprenant toutes ces intrigues, Karle-Chauve passa en Aquitaine pendant le carême, et y demeura jusqu'à Pâques, pour s'opposer aux projets de ses ennemis. Mais, irrité contre les Aquitains, il agit de manière à les exaspérer de plus en plus contre lui. En effet, ses troupes ravagèrent tout

(*a*) *Annal. Bertin.* (*b*) *Annal. Bertin.* — *Annal. Fuld.*

le pays, et même, si l'on en croit les Annales de St-Bertin, *elles n'épargnèrent ni les églises, ni les autels.*

Sur cela, l'empereur Lothaire, prévoyant que la désunion de ses deux frères serait préjudiciable à l'empire frank en général, chercha à opérer un rapprochement entre eux. Pour cela, il exigeait qu'il y eût une cessation d'hostilités. Sur ces ouvertures, le Chauve repassa la Loire, et se rendit au palais d'Attigny, où l'empereur vint le joindre; de concert, ils députèrent vers le roi de Germanie, pour l'engager à rappeler son fils d'Aquitaine, et à abandonner ses prétentions sur cette contrée.

CLVI. (a) Vers ce temps, une flotte de Northmans, forte de 105 voiles, entra dans la Loire et vint jusqu'à l'île de Biece. Désireux de s'approprier les richesses que leurs compatriotes y avaient amoncelées en pillant tout le pays d'alentour, ils entreprirent d'en faire le siége, et entourèrent l'île. Sidric, leur général, demanda pour cela des secours à Érispoé, qui se hâta d'en promettre. Arrivé bientôt sur les bords du fleuve avec son armée, il l'embarqua sur les vaisseaux de Sidric, et l'île fut attaquée de toutes parts. Le combat dura depuis la pointe du jour jusqu'au soir, sans succès marqué. Dans la nuit, les possesseurs de l'île, qui se trouvaient très-affaiblis, et qui craignaient la journée du lendemain, firent proposer à Sidric et à Érispoé de partager leur trésor. Le général northman, qui avait été blessé, et le roi breton, agréèrent l'offre, et le dernier fit un traité de confédération avec les insulaires. Le partage fait Sidric et les siens sortirent de la Loire pour aller chercher du butin du côté de la Seine, et Érispoé retourna en Bretagne. Les anciens Northmans se dirigèrent alors sur l'intérieur de la Bretagne, et pénétrèrent, par la Vilaine, jusqu'au monastère de Redon.

CLVII. (b) Pendant les négociations entre les princes pour le retour du jeune Ludwig de Germanie près de son père Pippin II, moine malgré lui dans le monastère de Soissons

(a) *Chron. Malleac.* — *Actes de Br.* — *Gest. S. Roton.*
(b) *Annal. Bertin.*

parvint à s'en échapper, en 854, et se rendit en Aquitaine. D'abord son titre de moine, tout forcé qu'il avait été de le prendre pour échapper à la mort, lui fit quelque tort; mais peu à peu ses anciens partisans se rapprochèrent de lui, et la partie de la nation qui lui était dévouée se trouvant encore la plus forte, il courut tout le pays pour y assurer sa domination.

CLVIII. (a) Cet état de division, de plus en plus compliqué, en Aquitaine surtout, donnait aux Northmans la facilité de ravager le pays sans opposition. Aussi, dans l'année 854, ils remontèrent la Loire un peu plus avant que par le passé. Ils s'avancèrent jusqu'à Blois, dont ils brûlèrent le château, et se portèrent même sur Orléans. Mais l'évêque de cette ville et celui de Chartres, qui avaient réuni leurs vassaux sous les bannières de leurs églises, empêchèrent les barbares d'aller plus avant.

D'un autre côté, un autre corps de Northmans s'était porté sur Bordeaux, et s'étant emparés de cette ville, ils la brûlèrent. La terreur qu'inspiraient ces étrangers augmentait toujours, et aussi beaucoup d'habitants de cette grande ville l'abandonnèrent.

CLIX. (b) Le rapprochement de Karle-Chauve et de Ludwig de Germanie donna bien plus de prépondérance au premier en Aquitaine. Mais le parti qui avait voulu, dans le principe, Karle-Chauve pour roi de la contrée, députa vers lui, afin d'avoir pour chef son fils Karle-Jeune. C'était le moyen de satisfaire les exigences du pays, qui désirait avoir un souverain particulier. Le jeune prince fut confié, par son père, à ceux qui étaient députés afin de l'obtenir pour roi. Il fut, en effet, proclamé dans une diète d'Aquitaine, et il fut sacré à Limoges par plusieurs prélats, et l'évêque de cette ville lui mit la couronne sur la tête (27).

CLX. (c) Ainsi, l'Aquitaine était alors divisée entre trois partis distincts, les uns tenant pour Pippin II, les autres pour le jeune Ludwig de Germanie, et enfin les derniers pour l'oncle

a) *Annal. Bertin.*
b) *Annal. Bertin.* — *Chron. Adem. Caban.* — *Chr. Lemov.*
c) *Annal. Bertin.* — *Annal. Fuld.*

de ces deux princes, Karle-Chauve. Celui-ci, apprenant l'évasion de Pippin, se rendit dans le pays pour s'opposer à ses deux compétiteurs, qui avaient chacun leurs partisans. Il dirigea d'abord ses armes contre Ludwig, qui était le plus faible et le moins en position de se défendre. Ce dernier s'empressa de repasser la Loire, et de retourner auprès de son père. Du reste, celui-ci se réconcilia peu après avec son frère le Chauve, à la prière de l'empereur Lothaire, qui se sentait mourant, et qui, en effet, rendit le dernier soupir, dans l'abbaye de Prom, le 28 septembre 855.

Il est bon de faire remarquer ici que si le jeune Ludwig de Germanie ne put se maintenir comme roi d'Aquitaine, il dut peut-être cette mauvaise fortune aux troupes de son pays, qui vinrent pour appuyer sa domination. Or, ces guerriers pris dans diverses parties de la Germanie, se livrèrent partout aux plus grands excès, sans aucun frein (*a*). « De tels soldats, comme l'a remarqué un auteur moderne (*b*), recommandaient assurément très-mal leur chef à ses nouveaux sujets. »

CLXI. (*c*) Le jeune Karles signala le commencement de son règne par une victoire éclatante. Les Northmans de la Loire parcoururent le pays, et vinrent pour attaquer Poitiers qu'ils espéraient surprendre. Le nouveau roi se porta à leur rencontre, avec des forces nombreuses qu'un même intérêt réunissait, malgré la différence de volonté pour le choix du souverain. Il s'agissait positivement de savoir si toute la province devait subir le joug des barbares, et cette question fut appréciée. En résultat, les barbares furent tellement battus, que 300 d'entre eux seulement échappèrent au fer des vainqueurs (28).

CLXII. (*d*) La valeur déployée par le jeune Karles contre les Northmans semblait devoir assurer la stabilité de sa domination

---

(*a*) *Annal. Bertin.*
(*b*) M. Fauriel, *Hist. de la Gaule mérid.*
(*c*) *Chron. Malleac.* — *Annal. Bertin.* — *Chron. Gest. Norman.*
(*d*) *Annal. Bertin.*

sur l'Aquitaine. Il n'en fut pas ainsi, et le service éminent qu'il avait rendu au pays demeura oublié, ou ceux qui y avaient concouru avec lui s'en attribuèrent tout l'honneur. On trouva aussi que le prince avait la main encore trop faible pour diriger les affaires publiques ; beaucoup de grands se liguèrent même avec les Franks de nation, mécontents de Karle–Chauve. En résultat, la masse sembla se tourner alors du côté de Pippin II. *Les Aquitains méprisèrent le jeune Karles* qu'ils avaient établi pour roi, dit l'auteur des Annales de St Bertin, et se hasardèrent à reprendre encore Pippin pour roi.

CLXIII. (*a*) Karle–Chauve, craignant les résultats de cette tendance contre lui, et redoutant une explosion, chercha à ramener les peuples d'Aquitaine à lui, en faisant cesser les griefs qu'on lui imputait. Il convoqua donc une diète à Kiersy, pour le 7 juillet 856. Son oncle Rodolphe, frère de l'impératrice Judith, vint y apporter les doléances des mécontents. Pour y faire droit, Karles fit rédiger des articles, dont on composa un édit qu'on publia à la fois en Aquitaine et au nord de la Loire. Ce prince finissait par proclamer qu'il était près de réprimer les autres abus qu'on lui signalerait, et que son désir le plus ardent était de régner conformément au désir de ses peuples.

Cette déclaration était, pour ainsi dire, une amende honorable que le Chauve faisait aux Aquitains. En effet, ses manières envers eux avaient été parfois tout-à-fait de nature à indisposer les populations. Par exemple, il avait fait mettre à mort Gozbert, un grand du pays, sans jugement préalable, et bien d'autres sans doute (*b*). De tels actes étaient faits pour exaspérer les populations. Du reste, en faisant la guerre en Aquitaine, les partisans du Chauve agissaient comme dans un pays ennemi. « L'armée de Karles, dit un chroniqueur (*c*), ne s'occupait pas d'autre chose que de faire du butin et de se saisir des personnes pour les conduire en captivité. Les incendies suivaient sa marche, et l'avidité audacieuse de ces

---

(*a*) *Capitul.* (*b*) Aquitani Caroli injurias quæsi... *Chron. Fontanel.*
(*c*) *Annal. Bertin.*

hommes allait jusqu'à s'attaquer aux églises et aux autels de Dieu. »

CLXIV. (*a*) A la diète de Kiersy, on reconnut comme trop peu favorables pour la liberté, les règles qui avaient été arrêtées précédemment (*b*) à Mersen. Il fut dit que l'homme libre qui ne serait pas content de son seigneur, aurait la liberté de se donner à un autre seigneur qui lui conviendrait mieux, et pourrait jouir de ce dont celui-ci voudrait le gratifier. C'était sans doute un avantage pour le vassal ; mais le principe de la nécessité de l'obéissance féodale de l'homme libre envers un supérieur ou seigneur quelconque, était encore établi. Dès lors, cette égalité de droits et de devoirs qui fait le bonheur de l'homme, continuait à être mise de côté.

CLXV. (*c*) Malgré la sagesse des mesures prises à la diète de Kiersy, les Aquitains semblaient hésiter à se détacher de Pippin. Karle-Chauve, qui connut ces dispositions, convoqua une autre diète, pour le 26 du même mois de juillet, à Verberie. On proposa aux coalisés, non-seulement d'oublier ce qu'ils avaient fait antérieurement, mais même de ne plus les dépouiller de leurs bénéfices, ou même de leurs aleux, comme cela avait été fait quelquefois ; de les laisser jouir de l'avantage de leur loi particulière, et d'avoir recours à leur conseil dans les affaires du pays ; et c'était, en un mot, la promesse d'un gouvernement plus paternel pour l'avenir. Les opposants, néanmoins, refusèrent pour la plupart de se rendre à la réunion indiquée, croyant que c'était un piége qu'on leur tendait pour s'assurer de leurs personnes. Des instances pressantes leur ayant été adressées, pour une autre assemblée qui devait se tenir à Baisieu, ils s'excusèrent en disant qu'ils attendaient Ludwig de Germanie, et qu'ils ne pouvaient rien faire sans son aveu. A une autre diète, fixée au 1er septembre à Neaufle, ils refusèrent également de comparaître, en donnant un autre motif.

Dans la réalité, toutes ces défaites étaient causées sur ce

(*a*) *Capitul.* (*b*) En 847.
(*c*) *Capitul. — Annal. Bertin.*

que les opposants à Karle-Chauve s'attendaient à être secourus par le roi de Germanie. Enfin, apprenant que celui-ci était aux prises avec les Esclavons, et qu'il ne pouvait passer le Rhin pour venir les secourir, ils se rendirent à la diète de Chartres, tenue le 14 octobre. Il paraît qu'alors le Chauve était bien décidé de s'attacher les Aquitains par tous les moyens possibles. Aussi, renchérissant sur les promesses déjà faites aux leudes de la contrée, il avait proposé à ceux qui lui étaient opposés de rentrer à l'instant en possession de leurs honneurs, de leurs bénéfices et de leurs aïeux, si on n'en avait pas encore disposé. Il fut dit, de plus, que ceux qui n'auraient ni honneurs, ni bénéfices, pourraient se mettre au service du roi ou de leurs amis, et en recevoir des bénéfices. On n'avait imposé pour condition que de se tenir en paix jusqu'à cette diète, pour recevoir du prince la confirmation de ces propositions. Elles parurent satisfaisantes, car les Aquitains du parti de Pippin furent les premiers à demander le jeune Karles pour roi; et ainsi, deux fois dans une année, dit un auteur contemporain (a), dans son langage énergique, ils méprisèrent successivement Pippin, Karles et encore Pippin.

Il faut noter que la conduite que nous venons de signaler, était surtout du fait des comtes de tous les pays soumis au Chauve, dont la pensée dominante était d'arriver à une parfaite indépendance.

CLXVI. (b) Karle-Chauve avait formé le projet d'unir Ludwig, son fils, à la fille d'Érispoé, héritière présomptive de la Bretagne. Cette union était sur le point d'avoir lieu, lorsque Salomon, cousin d'Érispoé, conçut le plus noir des attentats contre ce dernier. Secondé par des seigneurs bretons, qui annonçaient la crainte de tomber sous la domination d'un prince étranger, et notamment par l'un d'eux, nommé Almar, il rencontra Érispoé qui priait dans une église, et le tua au pied de l'autel. Ensuite il s'empara aisément du pouvoir qu'avait exercé son parent. Celui-ci n'avait régné que six ans, et

(a) *Annal. Bertin.*
(b) *Annal. Bertin.*

il laissa un fils nommé Conan, et une fille qui, au lieu d'épouser le fils du roi de France, fut mariée à Gurvan, comte de Rennes et cousin de Salomon.

Aussitôt que Karle-Chauve eut appris l'assassinat d'Érispoé, il rassembla ses troupes et marcha sur la Bretagne. Salomon, qui s'était fait proclamer roi, se mit en devoir de lui résister, et le roi frank crut ne pouvoir mieux faire que de renouveler avec lui le traité conclu à Angers avec Érispoé. Néanmoins, l'année suivante, Salomon entra dans une confédération formée contre Karles, mais qui n'eut pas de résultat.

CLXVII. (*a*) Les Northmans de la Loire se reportèrent, à cette époque, sur le haut du fleuve, et désolèrent les environs de Tours et jusqu'à Blois.

Nous avons parlé plus d'une fois des ravages de ces barbares; mais il semble que, peu après le milieu du neuvième siècle, ils mirent le comble à leur cruauté. Tous les individus de l'espèce humaine qu'ils rencontraient, vieillards, adultes et enfants, hommes et femmes, tous étaient impitoyablement mis à mort de la manière la plus cruelle. Toutes les habitations, tous les édifices étaient par eux brûlés et détruits dans leurs fondements. Dans les déserts que les barbares, enfants du Nord, avaient ainsi créés, régnait la plus affreuse solitude, et un lugubre silence, que rompaient seulement les soupirs déchirants de quelques malheureux qui se débattaient encore contre les dernières convulsions de la mort, ou les cris épouvantables de quelques oiseaux de proie qui se disputaient avec acharnement les lambeaux de cadavres humains palpitants encore! Le Poitou, le bas Poitou surtout, était privé de presque tous ses habitants, et leurs demeures étaient devenues des monceaux de ruines. Les autres pays des Gaules n'étaient pas beaucoup mieux traités. Aussi Hincmar, archevêque de Reims (*b*), se plaignit-il avec véhémence à Karle-Chauve de son peu de courage, et de la lâcheté de ses soldats.

(*a*) *Annal. Bertin.*
(*b*) *Hincm. arch. Rem. Epist. ap.* D. Bouq.

CLXVIII. (*a*) Les Northmans n'étaient pas seulement avides de carnage, par amour du sang, et désireux de piller, à raison d'une soif de richesses ; la haine religieuse ajoutait encore à leur férocité. Beaucoup d'entre eux avaient été persécutés en Saxe, pour les forcer à embrasser le christianisme, et, attachés au culte des idoles, ils s'étaient réfugiés en Danemark. Il résultait de cet état de choses que les prêtres trouvaient rarement grâce devant eux, et que, pour éviter la mort, le plus sûr moyen était de changer de religion. Aussi un abbé de Vabre (*b*) dit-il que, sur les côtes, et notamment en Aquitaine, un grand nombre de paysans, pour obtenir une sauvegarde contre les Northmans, avaient renoncé à leur baptême, et s'étaient adonnés à l'idolâtrie. Ainsi commençait à s'anéantir l'influence du christianisme, et, pour peu que cet exemple eût été suivi, la barbarie aurait anéanti la civilisation due à l'apparition de la croix.

CLXIX. (*c*) C'est Ermentaire, moine de l'île d'Her, qui nous fait surtout connaître les dévastations des Northmans, en 856 et 857. « Les cités de Beauvais et de Meaux sont prises, dit-il ; le château de Melun est dévasté ; Chartres se rend ; Évreux, Bayeux et les autres villes de la contrée sont occupées. Aucun village, nul monastère, ne reste intact, et les habitants prennent la fuite. Pas un homme énergique ne leur crie : « Arrêtez, résistez, combattez pour votre pays, pour votre » famille et pour vous-mêmes. » La lâcheté et les divisions minent les chrétiens des Gaules, réduits à racheter, par d'odieux tributs, ce qu'ils auraient dû défendre, avec honneur, par les armes. »

CLXX. (*d*) Nous arrivons à un événement d'une haute importance dans l'histoire de cette époque, et qui dut paraître bien extraordinaire aux populations chrétiennes et frankes. On vient de tracer les *faits et gestes*, et les excès de tous les genres

---

(*a*) *Annal. Bertin.*
(*b*) *Epist. Agii Vabr. abb.*
(*c*) *Ermentar. ab. Heriens.*
(*d*) *Chron. Mall.* — *Ann. Bert.* — *Chron. Gest. Norman.*

des pirates du Nord, à l'encontre des populations des Gaules. Ces faits avaient lieu avec plus de violence que jamais. Or, ce fut en ce temps que Pippin II s'allia ouvertement avec les Northmans. Il y a lieu de croire, d'après les événements précédents et quelques passages de chroniqueurs, que déjà le roi d'Aquitaine avait établi des relations avec les barbares; mais jusque-là rien n'avait été patent. Le soupçon même d'une telle conduite aurait été dangereux, sous les rapports religieux et politique (a). Mais alors le prince aquitain avait en sa faveur des chances, qui lui faisaient une obligation de ne pas irriter des susceptibilités. Placé dans une position bien autrement mauvaise, il eut recours à un moyen extrême, et il prit pour auxiliaires précisément les pirates que les devoirs de sa position l'obligeaient de combattre.

Ce dut être un singulier spectacle, que de voir un descendant de Karle-Magne à la tête des barbares du Nord, venus pour ravager les diverses portions de l'empire frank! Assisté de quelques grands de son parti, Pippin parcourut toute l'Aquitaine, pour en détacher les différentes parties de la soumission à son cousin, le fils du Chauve. Mais, continuant leur ancienne manière d'opérer, ces auxiliaires étrangers portaient, partout où ils mettaient le pied, le carnage et la dévastation. Le Poitou, où quelques seigneurs se joignirent à l'armée aquito-normande, fut en partie livré au pillage, et sa capitale surtout éprouva ce traitement. Pippin, entraîné par leur exemple, ne respecta ni le sacré ni le profane, et se fit ainsi des ennemis prononcés de ceux qu'il voulait ramener à son parti.

Pendant ce temps, Karle-Chauve indiquait une diète à Kiersy, pour le 21 mars de l'année suivante. Il y assujétit ceux de son parti à un nouveau serment envers lui.

CLXXI. (b) Aidé des Northmans qui imprimaient toujours la terreur aux populations indigènes, Pippin avait obtenu des succès. Irrité d'avoir été successivement reconnu pour roi, et

(a) Lettre à Karle-Chauve, *Hincmar. arch. Rem. Epist.* ap. D. Bouq.
(b) *Annal. Bertin.* — *Annal. Fuld.*

ensuite répudié tant de fois par les Aquitains, ce prince crut que le seul parti qui lui restait était d'user de la force. Ce moyen lui réussit d'abord assez bien, et lui permit de prouver qu'avec des bras dévoués il pouvait faire de grandes choses.

Pendant ce temps, Karle-Chauve était occupé à agir contre les Northmans (29), qui avaient fait de l'île d'Oisel, formée par la Seine, dans les environs de Pont-de-l'Arche, une de leurs places, fortes à l'instar de l'île d'Her dans l'Océan, ou de l'île de Bièce dans la Loire. Dans cette position, il n'y avait plus de sûreté pour les environs de Paris; l'abbaye de St-Denis fut obligée de se racheter, et le monastère de St-Germain-des-Prés avait même été surpris, le beau jour de Pâques, pendant les matines. Un point de première nécessité était donc de chasser les barbares de ces positions. Or, il arriva que les grands de la Neustrie et de l'Aquitaine, qui songeaient à devenir de plus en plus indépendants dans leurs duchés et dans leurs comtés, s'étaient ménagé des intelligences avec les Bretons et avec Ludwig-Germanique.

CLXXII. (a) En effet, au milieu de 858, l'abbé Adalhard et le comte Othon se rendirent, au nom de cette coalition, auprès de ce dernier prince, pour le prier de secourir ce peuple contre la tyrannie de Karle-Chauve son frère, qui, au lieu de tenir à ses promesses antérieures, paraissait mésuser de plus en plus de son autorité, en frappant publiquement les grands par le glaive, ou en les trompant par la ruse (b). Ils alléguaient que personne ne les défendait contre les ravages des Northmans, et que pourtant, en cas de non-succès, ils seraient obligés de s'adresser à ces infidèles eux-mêmes, pour en obtenir quelques adoucissements à leur malheureuse position. Pendant ce temps, Karle-Chauve était campé sur les bords de la Seine, près de l'île d'Oisel, quartier général, dans ces parages, des Northmans, qui continuaient leurs ravages sans s'inquiéter de ce camp, et enlevèrent même l'abbé de St-Denis, fils d'une fille de Karle-Grand et d'un comte du Maine.

(a) *Ann. Fuld.* (b) *Ann. Metens.*

CLXXIII. (*a*) Mais tout-à-coup il s'opéra un grand changement. Karle-Chauve était ainsi avec des troupes à observer les Northmans de l'île d'Oisel, lorsqu'il vit arriver son fils Karles et son neveu Pippin. Tous les deux, longtemps compétiteurs à la couronne d'Aquitaine, s'étaient réconciliés depuis que les peuples de cette contrée avaient reconnu Ludwig-Germanique pour leur roi. Par le traité fait avec Pippin, on lui délaissait une partie des comtés de l'Aquitaine et un grand nombre d'abbayes (*b*). On ne sait pas, du reste, si, d'après ces conventions, qui n'eurent point d'exécution, ce jeune prince devait conserver le titre de roi.

CLXXIV. (*c*) Pour répondre aux instances qu'avaient faites près de lui les chefs turbulents de la Neustrie et de l'Aquitaine, Ludwig-Germanique réunit des troupes, passa le Rhin à Worms, entra en France et arriva jusqu'à la maison royale de Ponthion en Pertois, où il fut joint par beaucoup de ceux qui l'avaient appelé. Après un court séjour là, il se rendit à Orléans où d'autres personnages marquants vinrent le joindre.

Pendant ce temps, Salomon chassait du Maine le jeune Ludwig, fils aîné de Karle-Chauve. Les Bretons, ainsi victorieux, furent, en bonne partie, se réunir au prince germanique. Il vint aussi des mécontents, parmi ceux qui étaient dans l'armée dirigée contre les Northmans.

CLXXV. (*d*) Dans une telle position, Karle-Chauve se vit obligé d'abandonner la suite de son expédition contre les Northmans. De son camp près de l'île d'Oisel, il marcha avec les troupes qui lui demeurèrent fidèles, à la rencontre de son frère le Germanique. Sur cette nouvelle, celui-ci fit un mouvement rétrograde. Les deux armées se trouvèrent un moment presque en présence, le 9 novembre 858, à Brienne, près de la Marne, au moment où Karle-Chauve recevait un renfort assez considérable de Burgundes. Elles demeurèrent ainsi très

---

(*a*) *Hist. Brit. Arm.*
(*b*) *Annal. Bertin.*
(*c*) *Ann. Bertin.*
(*d*) *Annal. Bertin.* — *Annal. Fuld.*

jours, et nonobstant les pourparlers, on fut, le 12 de ce mois, sur le point d'en venir aux mains, lorsqu'il y eut une défection considérable dans le camp du Chauve. Celui-ci, voyant ainsi sa position s'empirer, se retira en Burgundie, et laissa son frère se saisir du surplus des provinces soumises à sa domination.

CLXXVI. (a) Ludwig-Germanique demeura ainsi le maître dans les états de son frère. Auprès de lui se plaça, tout d'abord, l'archevêque de Sens, Guenelon, celui-là même qui avait été attaché comme simple prêtre au Chauve, qui, l'ayant fait archevêque, avait voulu recevoir de ses mains la couronne d'Aquitaine. Alors, oubliant tout ce qu'il devait au fils de Judith, il s'était fermement déclaré contre lui, et décida le Germanique à convoquer, à Attigny, une diète des grands de la Neustrie et de l'Aquitaine, pour s'en faire déclarer souverain, en place de son frère, dont on proclamait l'incapacité et les excès. Mais ceux-là même qui avaient appelé Ludwig sentirent bientôt qu'ils n'obtiendraient pas de ce souverain étranger les avantages qu'ils en attendaient. Sans doute qu'il mettait déjà à contribution les établissements ecclésiastiques, ou même qu'il commençait à s'emparer d'une partie de leurs biens ; car on trouve une lettre que lui écrivit Hincmar, archevêque de Reims, pour peindre sous des couleurs sombres la conduite des princes qui touchaient aux biens de l'Eglise, ou qui ne maintenaient pas leurs troupes dans un juste respect pour le clergé. Il est certain, du reste, que Ludwig s'obligea positivement de partager les bénéfices des provinces qu'il venait d'occuper à ses courtisans d'outre-Rhin, ce qui déplut très-fort aux grands du pays.

Quelques mois encore, et la désaffection envers les princes germaniques, dans les provinces d'au-delà du Rhin, fut à son comble. Alors, au commencement de 859, Ludwig se retira, avec ses troupes, dans ses états, avec autant de promptitude qu'il en était venu, et on prétend même que si son frère eût voulu le faire prisonnier, il en aurait eu la facilité. Quant à ce dernier, il usa modérément de sa position. Reprenant le gou-

(a) *Annal. Bertin.* — *Annal. Fuld.* — *Hincmar. Epist.*

vernement de ses états, il pardonna à presque tous ceux qui l'avaient abandonné pour se donner à un autre.

CLXXVII. (a) Ce retour de Karle-Chauve à la prospérité, assuré encore par un traité fait à Coblentz, fut fatal à Pippin. L'oncle ne tint aucun compte des arrangements qu'il avait faits, l'année précédente, avec son neveu, et au contraire il usa de tous les moyens possibles afin de détacher de son parti ceux qui l'avaient embrassé. Il tira surtout un grand résultat de son apparition à la tête des Northmans, à la fois mécréants et ennemis politiques. Alors Pippin se voyant abandonné de presque tous ceux qui s'étaient attachés à sa fortune, prit le parti de se retirer parmi les Bretons. Il était dans sa destinée, tout-à-fait unique sous ce point de vue, d'avoir, lui prince du sang karolingien, à s'allier successivement avec les Arabes, avec les Northmans et avec les habitants de l'Armorique.

CLXXVIII. (b) Les brouilles et les alliances entre les princes franks étaient fréquentes alors. Le roi Lothaire, fils de l'empereur de ce nom, et Ludwig de Germanie, se liguèrent à cette époque contre Karle-Chauve. Les Bretons virent que l'instant était favorable pour agir contre celui-ci, leur ennemi naturel. Aussi Pippin s'étant mis à leur tête, fit plusieurs incursions dans les pays voisins de la Bretagne, et y obtint des avantages. Entré en Aquitaine, il y battit les troupes de Karle-Chauve. On a prétendu (c) que Robert-Fort, dont nous parlerons bientôt plus au long, était alors dans le parti opposé à Karles, et qu'il combattit contre ses troupes, avec un rare courage, dans cette expédition.

CLXXIX. (d) Suivons un peu cette première translation de reliques qui, de l'île d'Her dans l'Océan, arrivèrent à l'est des Gaules. Hilbodus, abbé des moines de St-Philbert, était mort. Axenius, ayant été élu pour lui succéder, choisit un mo-

(a) *Annal. Bertin.*—*Annal. Fuld.*
(b) *Annal. Metens.*—*Annal. Bertin.*
(c) D. Vaissette, *Hist. de Lang.*
(d) *Erm. Hist. trans. S. Filib. ab.*—*Falco. in Chronic. Trenorch.*—Chifflet. *Hist. Trenorch.*

ment favorable, pour enlever en secret, et comme furtivement, le corps de St Philbert, qui était demeuré à Deas, et il l'apporta à Cunault, près de Saumur, sur les bords de la Loire. C'était la seconde translation des restes du fondateur d'Her et de Jumiége.

CLXXX. (a) Au premier aspect, St-Savin n'était point dans une position plus facile à défendre que beaucoup d'autres points du Poitou. Mais il y a lieu de croire que le courage des moines et des habitants ajouta, au ixe siècle, à la force de la position. En effet, on voit qu'en 846 ou en 860 (b), lorsque toutes les localités du pays avaient été emportées, pillées ou même détruites par les Northmans, le monastère et la ville de St-Savin devinrent une place de refuge contre les barbares. On y transféra les corps de St Maixent, de St Florent et de St Romard. Les moines de Glanfeuil s'y retirèrent également, et apportèrent avec eux le corps de St Maur. Enfin, des religieux de couvents éloignés, notamment ceux de St Martin d'Autun, vinrent également chercher protection dans cette place. On verra, plus tard, que St-Savin continua à résister aux attaques des hommes du Nord.

CLXXXI. (c) Les craintes trop fondées que Karle-Chauve avait des Northmans, le portèrent à établir un comte spécial, pour résister à leurs attaques, et gouverner le pays d'entre Loire et Seine, qui formait alors une sorte de marche contre les barbares du Nord (30). Ce fut dans une diète tenue à Compiègne, en mai 861, qu'il prit cette détermination, et il établit pour la fonction qu'il créa ainsi, Robert-Fort déjà connu par sa bravoure et son habileté. Il était fils de Robert, comte de Tours, en 818 (31). Du reste, ce chef, qu'on a appelé le *Machabée des Français*, mérite de fixer l'attention à plus d'un titre, car c'est de lui qu'est descendue la race royale des Capétiens.

(a) Mabil. *Annal. Bened.*
(b) La première date que nous rejetons est celle de D. Mabillon, l'autre est donnée par la Gaule chrétienne.
(c) D. Vaissette, *Hist. du Lang.*

CLXXXII. (*a*) Robert-Fort sentit toute l'importance de la mission qui lui était donnée, sans prévoir les hautes destinées qu'elle ménageait à sa descendance. Les Northmans étaient établis sur la Loire, dans les environs d'Angers et sur les confins du Poitou. Presque aussitôt son placement pour résister aux barbares du Nord, il les attaqua et les chassa, en partie, de leur position. Manquant de forces pour compléter son œuvre, il ajourna à un temps meilleur l'expulsion des *mécréants*, c'est ainsi qu'on les appelait, qui autrement, on peut le croire, aurait été entière, en ce qui concerne le bassin de la Loire.

CLXXXIII. (*b*) La mauvaise situation de Cunault, surtout à raison des ravages des Northmans, fit que les moines de St-Philbert en retirèrent encore le corps de leur patron, et le portèrent à Messay en Poitou, lieu qui devint leur résidence, sans qu'on sache combien de temps ils y passèrent. C'était la troisième translation des reliques du fondateur. Elle fut opérée par l'abbé Ermentaire, dont il va être bientôt question plus particulièrement.

On voit aussi quels furent, vers cette époque, les domaines situés en Poitou, qui furent accordés par Karle-Chauve aux moines de St-Philbert d'Her.

(*c*) Dans le même temps aussi, les religieux du monastère de St-Maur-sur-Loire portaient, par la crainte des Northmans, les ossements de leur patron en divers lieux (32).

CLXXXIV. (*d*) C'était l'époque des divisions dans les familles. Aussi Karle-Chauve en ressentit les effets, sinon autant que son père, au moins d'une manière quelconque. En effet, en 862, ses deux fils se révoltèrent contre lui. Ludwig l'aîné, depuis surnommé le Bègue, se joignit aux Bretons et à Pippin II; mais il fut battu, dans une rencontre, par Robert-Fort, et obligé de s'humilier devant son père. Quant à Karles, l'un des compétiteurs à la couronne d'Aquitaine, il se main-

---

(*a*) Bodin, *Rech. sur Ang.*
(*b*) Erment. *Hist. trans. S. Filib.*
(*c*) *Chron. Andegav.*
(*d*) *Annal. Bertin.*

tint longtemps dans son opposition, encouragé qu'il était par Étienne, comte d'Arvernie, Ecfrid, comte de Bourges, et d'autres grands personnages qui le portaient à agir tout-à-fait dans l'intérêt des Aquitains, afin de se rendre digne de régner sur eux. Ce fut alors que, malgré la volonté de son père, il épousa, à quinze ans, la veuve du comte Humbert, beaucoup plus âgée que lui. A raison de la jeunesse de son fils, le Chauve mit tout en œuvre pour le ramener à ses devoirs. Il eut même avec lui une entrevue à Meung-sur-Loire. Là, le jeune Karles promit tout ce que voulut son père; mais revenu en Aquitaine, il ne tint aucun compte de ses engagements. Il sentait, en effet, que la manière d'affermir sa domination sur un pays, était de répondre aux besoins et aux exigences des populations, et elles étaient en opposition à ce qu'exigeait l'autorité paternelle.

CLXXXV. (*a*) Depuis longtemps nous ne nous occupons plus de la Gothie, qualifiée dans ces dernières années seulement de marquisat, parce que ce pays se trouvait séparé entièrement de l'Aquitaine. Néanmoins, nous allons être obligé de parler de son possesseur. Toulouse avait alors pour comte Raymond Ier, frère de Frédélon, dont nous avons eu occasion de parler, et il était franchement dévoué au jeune Karles, fils du Chauve. Mais Ecfrid, marquis de Gothie, qui, précédemment possédait Toulouse (*b*) en qualité de comte, et comme étant de la famille de Guilhelme de Gellone, crut l'occasion favorable pour s'en emparer. Du reste, quoique soumis en apparence au Chauve, il était de cœur attaché à Pippin. Aussi, après s'être ménagé des intelligences dans cette capitale de l'Aquitaine méridionale, il parvint à s'en emparer et à en chasser le comte Raymond.

Outré de cette manière d'agir, Karle-Chauve déclara Ecfrid déchu de ses dignités, et le considéra comme coupable du crime de lèse-majesté. En même temps, il fit définitivement la

---

(*a*) *Annal. Bertin.*
(*b*) Voir à ce sujet D. Vaissette, *Hist. du Lang.*

paix avec les Sarrasins, à la diète de Verberie, en octobre 863. Il enlevait ainsi des alliés naturels à Ecfrid, mais celui-ci ne s'en maintint pas moins dans son gouvernement et dans sa conquête.

CLXXXVI. (*a*) Nous avons parlé d'un premier rapprochement opéré entre les populations indigènes des Gaules et les Northmans, par l'alliance de Pippin II avec ces barbares. Une première innovation en pareille occurrence devait étonner, et pouvait perdre sans ressource celui qui la faisait; mais ce qui a été tenté une fois, peut être fait une seconde fois avec plus de facilité. Aussi, Salomon, roi de Bretagne, réuni au jeune Ludwig-Bègue, ayant été battu par Robert-Fort, ainsi qu'on l'a vu, ne craignit pas de s'allier lui aussi aux Northmans; il acheta même d'eux des navires et des hommes, pour remonter la Loire. Ce précédent établi, dans toutes ses guerres contre les princes franks, Salomon en agit ainsi, notamment en 865, année où il ravagea la province du Maine. De son côté, Robert-Fort, mettant pareillement de côté ses susceptibilités, se décida à traiter avec Weland, chef d'une autre horde du Nord, afin de l'engager à dévaster les côtes de la Bretagne. Il résulta de cette position de choses, que ces barbares, que ces *païens*, dont la présence avait quelque chose de satanique, et avec qui, sous aucun prétexte, on ne voulait d'abord communiquer, devinrent bientôt des auxiliaires obligés, dans les démêlés que les princes du pays eurent entre eux. Au lieu de hordes pillardes et dévastatrices, ou plutôt sans sortir de cette position, les bandes des hommes du Nord devinrent mercenaires, en vendant leurs services à ceux qui pouvaient les payer. Ce n'est pas à dire que les ravages des Scandinaves, sur le sol des Gaules, fussent moindres que par le passé; seulement, et c'était une étrange complication de circonstances, ces hommes, en portant le fer et le feu en Aquitaine ou en Armorique, le faisaient pour le compte et avec l'assistance de chrétiens divisés qui, au lieu de cela, auraient dû réunir leurs forces et leurs efforts contre la barbarie des fils d'Odin.

(*a*) *Ann. Bertin.*

CLXXXVII. (*a*) Cette adjonction aux barbares du Nord des forces de l'Armorique, ne laissait pas que de compliquer la position du Chauve, et de la rendre encore plus embarrassante qu'elle ne l'était par le passé. Il s'empressa donc de traiter avec Salomon. Si l'on en croit quelques annalistes, le roi frank reconnut au chef des Bretons le titre de roi, et reçut un tribut de lui. Qu'il y eût alors une sorte de suzeraineté reconnue envers la race karolingienne, le peu d'importance de ce lien, à cette époque, est telle, qu'il serait par trop minutieux de s'y attacher. En effet, il ne s'agit pas ici d'un point susceptible d'influer sur le système dont on donne le développement.

CLXXXVIII. (*b*) On a vu que Pippin avait trouvé un refuge chez les Bretons; mais ceux-ci, ainsi qu'on l'a dit, s'étant déterminés à traiter avec Karle-Chauve, force fut à ce dernier de se retire railleurs. Il avait vu Salomon, roi de Bretagne, suivre l'exemple qu'il avait donné d'abord, en prenant les Northmans pour auxiliaires, et il crut qu'il ne lui restait que ce moyen pour rentrer en possession de l'Aquitaine. Il fit donc avec leurs chefs un traité solennel, prit leurs habitudes sauvages, et renia *peut-être* sa croyance religieuse, pour sacrifier aux divinités féroces des contrées glaciales (33). Quoi qu'il en soit, et ce point au moins est très-positif, alors l'arrière-petit-fils de Karle-Magne parut encore à la tête des barbares du Nord devenus ses soldats. Pippin se porta sur Poitiers, dont les portes lui furent fermées; mais ses troupes entrèrent dans le bourg de St-Hilaire-le-Grand (34) qu'elles pillèrent, et ensuite elles mirent le feu à la magnifique basilique dédiée au plus marquant des évêques de la province. Quant à la ville de Poitiers, il paraît qu'elle se racheta pour une somme d'argent.

CLXXXIX. (*c*) Pippin, associé ainsi avec les Northmans, ces ennemis du nom chrétien et de la civilisation, devait

---

(*a*) *Annal. Bertin.—Ann. Metens.*—D. Morice, *Hist. de Bret.*
(*b*) *Chron. Malleac.—Annal. Bertin.*
(*c*) *Ms. de D. Fonteneau.*

donner l'essor à toutes ses passions haineuses. Mis hors la loi divine et humaine du pays, il dut se livrer aux crimes en harmonie avec sa position, quand il n'aurait agi ainsi que pour se rendre agréable à ceux dont il venait de prendre le commandement. Aussi, quand une inscription apprend qu'Hébrouin fut assassiné par les habitants de sa propre ville épiscopale; qu'il fut atteint du fer assassin, le dix-huitième jour d'avril, sans indication d'année; que la mort du prélat est attribuée d'un autre côté aux Northmans; que ceux-ci attaquèrent Poitiers en 863 ; qu'au commencement de cette année le prélat vivait encore, et qu'ensuite on ne trouva plus aucune trace de son existence : il est tout naturel de penser que cet évêque, qui joua un si grand rôle politique dans les temps antérieurs, perdit la vie le 18 avril 863. Adoptons donc cette hypothèse, que lorsque Pippin vint, à cette époque, attaquer Poitiers, incendier l'église de St-Hilaire-le-Grand et prendre la rançon de la ville, il saisit l'instant des négociations pour envoyer des affidés mettre Hébrouin à mort. Mieux encore, peut-être Pippin exigea-t-il, dans les conditions qu'il fit aux habitants de Poitiers, qu'on lui livrerait son ennemi, et l'aura-t-il fait poignarder immédiatement? Ce dernier système est plus conforme au document existant, qui reproche aux Poitevins l'opprobre de leur conduite. Ensuite c'était une vengeance à exercer, et combien elle devait être douce à un northman de vocation ! En effet, l'évêque de Poitiers avait toujours été un ennemi acharné de Pippin, et, dans son propre intérêt, il devait chercher à s'en défaire (35).

CXC. Hébrouin fut enterré dans l'abbaye de St-Cyprien, où son tombeau fut découvert du temps de l'historien Bouchet (a). Nous avons eu occasion de parler plus d'une fois de son ambition effrénée, du rôle important et premier même qu'il joua dans les intrigues politiques de son temps, et nous n'ajouterons presque rien à son sujet. Il nous suffira de dire que de son évêché et de ses nombreuses abbayes, le séjour qu'il préférait était Glanfeuil ou St-Maur-sur-Loire, entre Angers

(a) Annal. d'Aquit.

et Saumur; aussi il s'appliqua à faire rendre à cet établissement tous les domaines dont des seigneurs laïcs l'avaient dépouillé, et il lui fit de grands dons. Après lui, l'abbaye de St-Hilaire-le-Grand devint en quelque sorte le patrimoine des comtes du Poitou, ou de quelques membres de leur famille, ainsi qu'on va le voir.

Autant avait été célèbre l'évêque de Poitiers dont nous venons de parler, autant ses premiers successeurs demeurèrent obscurs. Comme il avait abdiqué, en conservant son titre et les honneurs de l'épiscopat, Didon II fut évêque de Poitiers, dès 849, comme nous l'avons déjà vu. Mais ce prélat mourut avant Hébrouin; car dès 860, Ingénald (*a*) était évêque de Poitiers, et il assista en cette qualité au concile de Tusey du 22 octobre 860, à celui de Pistes, transféré à Soissons en 862, et à celui de Douzy-les-Prés de 871.

CXCI. (*b*) Le monastère de St-Hilaire-le-Grand, doté par la munificence de Ludwig, offrait une riche position à son abbé, qui devenait dès lors un des premiers dignitaires de l'Eglise, et balançait l'autorité de l'évêque de la province. Hébrouin en avait tiré son premier éclat; et le comte Raynulfe s'en fit pourvoir par le souverain (36). Il n'était pas rare alors de voir des laïcs exercer les fonctions d'abbé, pour l'administration et le temporel. Cette première prise de possession du titre d'abbé de St-Hilaire, par un comte du Poitou, finit plus tard par devenir définitive, et, à la réunion de la province à la couronne, le roi eut le titre d'abbé de ce monastère. Par suite de cet état de choses, la seconde dignité de ce chapitre, celle de trésorier, devint d'une très-grande importance.

CXCII. (*c*) Ermentaire, d'abord moine de Jumiéges et ensuite de St-Philbert, était déjà devenu abbé des moines de cette dernière communauté, à la suite d'Axenius, lorsqu'il

---

(*a*) *Ingenaldus, Engenoldus, Egenaldus* ou *Ingenardus* sont les différents noms latins de cet évêque.

(*b*) *Ms. de D. Fonteneau.*—Besly, *Comt. de Poit.* — *Hist. Gall. de Gest. Franc. apud.* Besly.

(*c*) *Ermentar.*

composa, en 863, un nouveau livre des miracles opérés par la vertu de St Philbert. Il en avait écrit précédemment un autre sur sa première translation dans le monastère de Deas, et revu le travail d'un moine anonyme de Jumiége sur le même sujet. Dans la relation dont il est l'auteur, Ermentaire se qualifie abbé de la congrégation *vagabonde* de Hermoutiers, à cause des déplacements nombreux de ses moines. Ermentaire avait dédié son premier ouvrage à Hilbodus, alors son abbé, et il fit hommage de l'autre à Hilduin, abbé de St-Denis, pour le porter à solliciter de Karle-Chauve, à raison des prodiges opérés par saint Philbert, un lieu de refuge assuré pour ses disciples.

Ermentaire ne gouverna les moines St Philbert que pendant cinq ans. Il fut remplacé par Bernon.

CXCIII. (a) Après la diète de Verberie, Karle-Chauve marcha avec une armée pour prendre son fils de force, s'il ne voulait pas venir à lui de bonne grâce. Il s'avança jusqu'à Auxerre où il permit, sur la sollicitation du pape Nicolas I°, à sa fille Judith, veuve de deux rois d'Angleterre, Ethelvolf et Édelbold, le père et le fils, et encore jeune et de la plus grande beauté, d'épouser Bernhard, comte de Flandre, qu'elle avait suivi. Celui-ci avait été, pour ce fait, déclaré coupable de rapt et excommunié. De là, le Chauve se rendit à Nevers, où il reçut son fils Karles qui revenait vers lui, et lui fit serment de fidélité, avec tous les seigneurs marquants de l'Aquitaine attachés à ce parti. Le roi des Franks célébra les fêtes de Noël près de Nevers; ce fut là qu'il apprit que les Northmans, sous les ordres de Pippin, étaient arrivés devant Poitiers, que tout le pays était envahi par eux, et qu'ils portaient partout le fer et le feu.

CXCIV. (b) En apprenant cette position de choses, Karle-Chauve ordonna de Nevers, au commencement de 864, une levée en masse contre les Northmans et son neveu Pippin II, qui se trouvait à leur tête. Mais cette démarche n'eut point de résultat marqué, malgré des efforts assez grands de

---

(a) *Annal. Bertin.*
(b) *Annal. Bertin.* — *Chron. Mall.* — *Trans. S. Faustæ.*

dépositaires de l'autorité franke dans ces parages. En effet, Turpion, comte d'Angoulême, ayant attaqué une troupe de Northmans aux ordres de Mœrne (37), fut blessé dans un sanglant combat, et l'avantage demeura aux étrangers, qui ravagèrent les bords de la Charente. De là ils se portèrent sur la Vasconie, malgré les efforts d'Arnaud, comte de cette province, fils d'Aimoin, comte de Périgueux. Ils traversèrent ensuite le Limousin, et arrivèrent jusqu'à Clermont. Etienne, comte d'Arvernie, voulant repousser l'invasion, fut battu dans un autre combat. Rien ne résista donc aux assaillants, tant les Northmans étaient braves, et tant leurs chefs se montraient alors entreprenants et capables. On peut dire qu'à cette époque, tout le pays plat, d'un bout de l'Aquitaine à l'autre, était parcouru en tous sens par les barbares, qui y dominaient en maîtres, laissant comme inaperçue l'autorité de Pippin II, leur chef.

CXCV. (a) Robert-Fort se montrait toujours digne du poste, tout-à-fait de confiance, qui lui avait été assigné; il était chargé de refouler vers la Seine et la Loire les Northmans qui s'étaient fixés sur ces deux fleuves, et il avait fait sa capitale de Séronne, aujourd'hui Châteauneuf-sur-Sarthe. Peut-être les Gaules lui durent-elles de ne pas demeurer en totalité dans la possession des hommes du Nord? Toujours est-il qu'en combattant vaillamment il eut successivement beaucoup de succès et quelques revers. Dans un engagement contre une bande de barbares, sur les bords de la Loire, il parvint à la détruire presque jusqu'au dernier homme. Mais une autre troupe de Northmans étant arrivée derrière, le comte Robert fut obligé de se retirer avec perte, et reçut même une blessure qui, du reste, ne tarda pas à guérir.

CXCVI. Après avoir agi contre Poitiers, Pippin II se porta dans les autres parties de l'Aquitaine, pour y relever le courage de ses partisans, et y établir sa domination. C'est ainsi que, parcourant les environs d'Angoulême, il fut attaqué par Turpion, comte de cette ville, avec toutes les forces

(a) *Annal. Bert.* — Dodin, *Rech. sur Ang.*

frankes de cette contrée. Pippin II battit ceux qui s'opposaient aussi à sa marche, et, dans cette rencontre, Turpion perdit la vie (a). Il fut remplacé par son frère Emenon.

Après avoir ainsi soumis ce comté, Pippin II fit une pointe sur l'Arvernie. Il croyait sans doute que le comte Étienne, qui administrait cette contrée, d'après ses antécédents, lui serait favorable. Il n'en fut rien, et au contraire il réunit des troupes et marcha contre celui dont naguère il s'était déclaré le partisan. Mais il en fut de même que pour le comte d'Angoulême, car non-seulement les Arverniens furent battus, mais le comte Étienne fut tué dans cette rencontre (b).

CXCVII. (c) Poursuivant ses succès, Pippin à la tête des Northmans courrait l'Aquitaine de l'ouest à l'est, comme nous venons de le voir ; mais il ne pouvait pas être considéré comme maître de ce royaume, tant qu'il n'en aurait pas les places principales. C'est ce qui le porta, en 864, à assiéger Toulouse, qu'occupait encore Ecfrid, qui ne voulut point ouvrir les portes de la place aux infidèles. La population le seconda, et bientôt les assaillants furent obligés, non-seulement de lever le siége, mais d'abandonner la province.

Cet état de choses fit prendre une résolution à Ecfrid. Partisan de Pippin, il s'était emparé de Toulouse pour lui, et était tombé dans la disgrâce du Chauve. N'ayant pas voulu livrer cette place à celui qu'il affectionnait, à cause de sa jonction avec les ennemis du nom chrétien; ne l'ayant pas pu, peut-être, à cause de l'esprit prononcé des Toulousains contre les Northmans, il se trouva mal également avec les deux partis. Pour n'avoir rien à craindre d'eux, il prit le parti de se retirer au-delà des Alpes, et Raymond vint reprendre son poste de comte de la ville, pour le Chauve et son fils.

CXCVIII. Les Northmans désolèrent le Poitou, en 865. Mais alors Poitiers était défendu par de fortes murailles, et ses habitants étaient en position de se défendre des barbares ;

(a) *Chron. Engol.*
(b) *Annal. Bertin.*
(c) *Aim. Translat. Beat. Vincent mart.*

qui l'art des siéges était presque entièrement inconnu. Néanmoins il fallait du courage, et en existait-il alors dans les Gaules, lorsque de simples bandes d'hommes parcouraient la contrée dans tous les sens, sans essuyer la moindre résistance ? Aussi les Poitevins, au lieu de combattre comme ils le pouvaient, eurent la lâcheté d'éloigner les Northmans, moyennant une contribution (*a*).

(*b*) On doit croire que les environs de la ville ne furent pas ménagés par les barbares. Ce fut alors qu'ils saccagèrent notamment l'abbaye de Noaillé, dont Autulphe, successeur de Godolenus, était abbé. Les religieux se dispersèrent alors, et perdirent l'esprit de leur état. On les vit, plus tard, revenir à la régularité.

CXCIX. (*c*) Le jeune Karles, exilé de ses états par son père, suivait toujours la cour de celui-ci. Elle était à Compiègne, lorsque le roi d'Aquitaine, se rendant fort tard de la chasse, voulut éprouver la bravoure de deux de ses jeunes amis, Alboin et Betton. Pour cela, il se plaça en embuscade dans la forêt de Cuise, et se jeta sur le premier, à son passage, comme pour le désarmer. Ne reconnaissant point Karles, et croyant qu'il s'agissait de défendre sa vie, Alboin tira son épée et en donna au prince un si violent coup sur la tête, qu'il le renversa par terre. La blessure qu'il lui fit prenait de la tempe gauche et allait jusqu'à la mâchoire droite, et sa profondeur était réellement effrayante. Le jeune seigneur porta encore d'autres coups à Karles avant de le reconnaître, et alors, désespéré de son action, il s'empressa de prendre la fuite.

Quant à Karles, il eut peine à se rétablir de ses blessures; sa santé fut toujours débile, et son moral surtout en demeura affecté.

CC. (*d*) Il n'est point question de Raynulfe dans ce qui a

(*a*) *Chron. Malleac.* — *Annal. Bertin.* — *Gest. Fran.* — *Chron. de Gest. Norm.*
(*b*) *De l'Anc. Poitou.* (*c*) *Annal. Bertin.*
(*d*) *Annal. Bertin.* — *Adon. Chron.*

trait à cette attaque sur Poitiers, par les Northmans. Sans doute que ce comte était ailleurs, occupé à machiner le projet dont nous allons parler. Son exécution a imprimé au nom de son auteur une tache ineffaçable; car violer la foi promise, s'emparer d'un ennemi qui se confie à vous, lorsqu'on se dit son ami, est le fait d'un homme profondément immoral et même qui a perdu tout sentiment d'honneur.

En effet, Raynulfe avait toujours été dans les rangs du parti opposé à Pippin II. Pourtant il lui fit dire qu'il désirait se rapprocher de lui; des ouvertures furent accueillies: le comte protesta de sa bonne foi, et ces négociations se prolongèrent assez pour faire croire au prince que Raynulfe agissait avec franchise. Le roi aussi avait trahi son pays; il s'était joint aux Northmans, et il était assez simple pour croire à la sincérité des autres. Toujours est-il que le comte, ayant demandé une conférence à Pippin, pour arrêter les clauses et conditions de leur traité, celui-ci la lui accorda, sur sa simple foi, sans rien exiger pour sa sûreté. Plus que cela, ce dernier fut au lieu convenu, sans se faire accompagner et sans avoir pris aucune précaution. A peine y fut-il arrivé, que Raynulfe s'empara de sa personne.

CCI. (*a*) Maître ainsi de Pippin II, Raynulfe le conduisit, sous bonne garde, à Karle-Chauve, qui tenait alors la diète de Pistes. Ce personnage le traduisit aussitôt devant cette assemblée, et prit conseil d'un de ses membres, Hincmar, pour savoir comment on devait procéder envers son neveu, et la punition qu'il était convenable de lui appliquer. Le mémoire de l'archevêque de Reims a été conservé, et on voit, dès lors, tout ce qu'on imputait au légitime roi d'Aquitaine, et ce qui se passa à son sujet. On lui reprochait d'avoir abandonné la vie monastique, et d'avoir occasionné à l'État des maux sans nombre, à cause de son alliance avec les Northmans. Sur cela, on obligea le prince à faire une confession générale et secrète de ses péchés, et à la répéter publiquement, dans l'église et en pleine assemblée, en demandant pardon surtout de son retour

---

(*a*) *Annal. Bertin.* — *Adon. Chron.* — Hincmar, *Opusc.*

à la vie privée, et de ses relations avec les infidèles. Pippin fut tonsuré derechef, prononça solennellement de nouveaux vœux, reprit l'habit monastique et communia. Conduit dans le monastère de Senlis, il fut ensuite, et d'après l'avis d'Hincmar, remis à la garde d'autres moines, qui devaient répondre de sa personne et l'engager à la pénitence.

CCII. (*a*) A cette époque, et probablement à cause de sa trahison envers Pippin II, Raynulfe Ier, comte de Poitou et duc d'Aquitaine, et le comte Robert-Fort, faillirent être les victimes d'une machination assez bien ourdie. Bernhard, fils de Bernhard Ier, comte de Poitou (*b*), et d'abord proscrit, prémédita une entreprise à dessein d'assassiner ces deux notables personnages. Admis à la cour de Karle-Chauve, nonobstant l'opposition de son père et après sa propre disgrâce, Bernhard y jouissait alors de la confiance du prince, qui lui avait donné des terres en bénéfice et même un comté. Or, avant la fin de la diète de Pistes, il feignit des affaires importantes et demanda la permission de s'absenter. Mais, au lieu de se rendre au lieu qu'il indiquait, il fut se placer en embuscade, avec des gens affidés, dans une forêt peu éloignée, pour y attendre Raynulfe et Robert, qui devaient passer par là, en allant à la chasse. S'il n'agissait pas pour venger Pippin II, Bernhard pouvait être poussé par la jalousie qu'il avait de voir Raynulfe posséder le comté de Poitou qu'avait eu son père.

Quoi qu'il en soit, le Chauve eut connaissance des dispositions prises, et y mit ordre, en envoyant des hommes ayant sa confiance, à l'effet d'arrêter Bernhard. Celui-ci prit la fuite et fut privé de son comté, qui était peut-être celui d'Autun, s'il n'était pas formé plutôt d'une partie de la Gothie, et on lui enleva aussi les terres qu'il possédait en Burgundie. Raynulfe et Robert persuadèrent même à Karles que la tentative de Bernhard s'étendait jusqu'à lui, et ils se firent donner ce qu'on ôtait à Bernhard (38). Néanmoins celui-ci ne tarda pas à se remettre bien en cour, ainsi qu'on le verra bientôt.

(*a*) *Annal. Bertin.*
(*b*) De 815 à 832.

CCIII. (a) Pendant la diète de Pistes, le comte Robert amena prisonnier, devant le roi, Egfrid, un des plus grands seigneurs d'Aquitaine, et celui qui avait le plus contribué à mettre le roi de cette contrée en rébellion contre son père. Ce dernier, au lieu de le faire condamner, l'admit dans ses bonnes grâces, et lui fit prêter serment de fidélité. Il paraît que ceux qui étaient dans la même position qu'Egfrid obtinrent aussi aisément leur pardon. Karle-Chauve, par cette indulgence, espérait finir par s'attacher les Aquitains.

CCIV. (b) La diète de Pistes, qui jugea Pippin II, est une des assemblées politiques tenues sous la seconde race, où il fut rendu les dispositions législatives les plus importantes, pour toute l'étendue de l'empire frank. Nous allons en indiquer quelques-unes. Beaucoup d'individus dont les habitations avaient été détruites par les Northmans, devenus sans moyens d'existence, s'étaient faits eux-mêmes brigands. Sans garantie matérielle, ils échappaient d'autant mieux à l'action des lois, que légalement même on ne pouvait les atteindre. Il fut décidé par la loi, instituée du consentement du peuple et par la constitution du roi, est-il dit, que chaque comte pourrait sommer un Frank, sur la terre où précédemment il avait eu une maison. Une refonte générale des monnaies fut ordonnée; dix ateliers monétaires furent seuls conservés, et celui de Melle (39), en Poitou, fut du nombre. Le rapport de l'or à l'argent fut fixé d'un à douze; mais ces dispositions ne furent arrêtées que pour les pays soumis aux lois frankes, sans s'appliquer aux provinces régies par la loi romaine, à laquelle ni nos prédécesseurs ni nous, dit Karle-Chauve, n'avons jamais porté atteinte. Dès lors, les lois commençaient à régir les divers pays et non les races distinctes d'hommes. Il fut ordonné que l'évêque, l'abbé ou le comte de chaque ville régleraient le prix du pain, et feraient veiller à la police des marchés et à la vérification des poids et mesures. On ordonna un recensement des hommes libres obligés au service militaire, et on mit des en-

---

(a) *Annal. Bertin.*
(b) *Edict. Pistens. — Capitul. Car. Calv. Baluz.*

traves à la volonté de ceux qui se donnaient à l'église, pour échapper à ce service. Ceux qui, en temps de famine, s'étaient vendus pour échapper à la mort, furent autorisés à se racheter en payant un seizième en sus du prix qu'ils avaient reçu pour leur personne. Quant aux colons qui se refusaient à des travaux nouveaux, ils n'obtinrent pas de faveurs, et on décida contre eux. On ordonna la démolition des forteresses qui, construites contre les Northmans, avaient fini par leur servir de refuge, ou à ceux qui imitaient leur brigandage.

CCV. Le capitulaire premier, placé à la suite de l'édit de Pistes de 865, contient aussi des dispositions relatives à la destruction des forteresses privées. Il y est expressément ordonné à tous ceux qui, dans des temps de troubles, auraient construit, sans l'autorisation royale, des châteaux (*a*), des fortins (*b*) et des enceintes propres à se défendre (*c*), de les démolir avant le 1er août de la même année. Cette époque expirée, les comtes étaient obligés, sous peine de destitution, de faire opérer cette démolition.

CCVI. L'article XIX de l'édit de Pistes s'occupait encore des marchés, et sans doute cette expression était générique et s'appliquait aussi aux foires. Il ordonnait à chaque comte de dresser un état de tous les marchés existants dans l'étendue de sa province, et de l'apporter à la première assemblée générale (*d*). On leur imposait l'obligation de distinguer, 1° entre ceux qui tenaient du temps de Karle-Magne ou de son fils Ludwig; 2° ceux qui avaient été établis par ces deux princes; 3° et enfin ceux qui ne dataient que du règne de Karle-Chauve, ou qui avaient lieu sans permission. On devait aussi faire connaître les localités où tenaient ces marchés, et, en cas de mutation d'emplacement, relater la permission de le changer, afin que l'on pût interdire ceux qui ne conviendraient pas, et rétablir les anciens, s'il y avait lieu. Enfin, il était défendu d'avoir des marchés le dimanche.

CCVII. Les foires étaient à la fois des assemblées religieuses et commerciales. Elles se tenaient ordinairement près

(*a*) *Castella.* (*b*) *Formitales.* (*c*) *Haias.* (*d*) *Placitum.*

du tombeau ou des reliques d'un saint. Au commencement avaient lieu les pèlerinages; et quand une fois la foule s'était portée, à une époque donnée, vers une localité, pour prier, dès lors les marchands ne manquaient pas de s'y trouver, afin de fournir aux étrangers ce dont ils pouvaient avoir besoin. La foire s'établissait d'abord de fait et en petit, et ensuite on recourait au souverain, qui la confirmait.

CCVIII. L'article suivant charge aussi les comtes de veiller à ce que, dans chaque cité, bourg et *villa*, il y ait uniformément, soit pour vendre, soit pour acheter, un même boisseau dont le modèle étalonné devait être déposé dans le palais du roi. Les évêques, abbés et autres grands étaient encore chargés de tenir la main à ce que la même quantité de pain que leurs boulangers leur rendaient par boisseau, le fût également et indistinctement à toute personne quelconque. On les invitait aussi à veiller à ce que le poids du pain apporté au marché ne pût être diminué, non plus que la mesure du vin et le poids de la viande vendue à prix d'argent.

CCIX. Enfin, il fut rendu à Pistes, en l'an 864 ou 865, par Karle-Chauve, un édit qu'il est bon de mentionner ici. Il porte (*a*) qu'aucune loi n'avait porté atteinte à l'autorité du droit romain. Cela s'entendait du pays où le peuple-roi avait établi sa législation d'une manière définitive et exclusive, d'une contrée où l'élément romain prédominait (*b*), et non des autres. On doit conclure que, dans l'Aquitaine du midi, pays romain ou pays de droit écrit, comme on disait avant notre révolution de 1789, le droit romain était exécuté à la fin du neuvième siècle. Nous exclurons positivement de cette dénomination le Poitou, pays coutumier, où, suivant ce même édit, on devait juger d'après d'autres textes.

CCX. (*c*) On ignore la première origine du monastère de Sacierges (*d*), situé près de Saint-Benoît-du-Sault, à l'extrémité de la province, vers le Berri. Ce qu'il y a de positif, c'est

(*a*) Cap. xx. (*b*) Cap. xvi, xxiii.
(*c*) *Mabill. Annal. Bénéd.* — Ms. de D. Fonteneau.
(*d*) Caput cervium.

que Raganarius, religieux d'une grande distinction et d'une piété éprouvée, que Ludwig-Débonnaire avait envoyé autrefois à Jérusalem avec d'autres moines, restaura cet établissement, en 865. Il se rendit à Sacierges avec Sigervertus, prêtre régulier, et, par l'ordre du souverain, ils y firent bâtir un petit monastère ou prieuré. Un seigneur du pays, appelé Etienne, s'était emparé d'une partie du sol, et il refusait de le restituer. Bientôt il eut le corps brisé d'une chute de cheval; une maladie de langueur s'ensuivit, et il mourut. Les moines, qui attribuèrent l'accident et ses suites à l'usurpation de leur propriété, la reprirent aussitôt la mort d'Etienne, et personne n'osa la leur disputer.

CCXI. (*a*) Bernhard II ne tarda pas à faire connaître à Karle-Chauve qu'il avait été injustement accusé, par les comtes Raynulfe et Robert, d'un attentat contre sa personne, lorsqu'il s'agissait d'une entreprise qui les concernait seuls. Le monarque eut égard à cette réclamation, dont la vérité fut apparemment démontrée, et, pour indemniser le réclamant des fonctions et des biens qu'on lui avait enlevés, il le fit marquis de Gothie. Ce fut à Sauvoi, au diocèse de Laon, après Pâques, que Karle-Chauve fit cette disposition. Du reste, à cette époque, les Marches d'Espagne furent distraites du marquisat de Gothie, pour en faire un gouvernement particulier. On changea un ordre de chose existant depuis 817, et on prépara ainsi tout pour arriver à la séparation de ce pays des anciennes provinces gauloises.

C'est à peu près à la même époque que Karle-Chauve reçut une ambassade solennelle des Sarrasins d'Espagne. Il congédia leurs envoyés à Compiègne, après leur avoir fait de magnifiques présents.

CCXII. (*b*) On avait promis de traiter Pippin II avec douceur et humanité, et pourtant il est probable qu'il eut une fin malheureuse. Peut-être voulut-il s'échapper, ou s'échappa-t-il en effet de sa prison, et reçut-il la mort dans

(*a*) *Annal. Bertin.*
(*b*) *Annal. Metens.*

sa fuite? peut-être fut-il mis à mort en secret, dans sa prison? Ce fut la manière barbare et clandestine dont on usa souvent au moyen-âge pour se défaire de ses ennemis. Toujours est-il que l'histoire ne parle plus de ce prince.

Définissons plus positivement que nous l'avons fait jusqu'ici un fait marquant de la vie de Pippin II. Pippin Ier, qui peut-être prévoyait pour son fils aîné une destinée malheureuse, s'il demeurait dans le monde, avait voulu le faire tonsurer, et son intention était de le mettre sous la direction de Drogon, évêque de Metz. Mais Lothaire, frère de Pippin Ier, s'opposa à ce qu'on prit ce parti pour son neveu, à cause que celui-ci s'annonçait comme devant être un homme superbe (a). On a vu que ce physique fut pour quelque chose dans l'affection que lui portèrent les Aquitains.

CCXIII. Il est curieux de jeter un coup d'œil sur l'ensemble de la vie de Pippin II. Destiné au trône, et appelé tout naturellement à succéder à son père dans le gouvernement de l'Aquitaine, il eut pour opposant à ses prétentions précisément celui qui devait les soutenir, l'empereur Ludwig, son aïeul, qui agit ainsi par l'impulsion de l'impératrice Judith, dont la pensée principale était d'assurer un trône à son fils le Chauve. Résistant à celui-ci, et parfois vainqueur, parfois vaincu, Pippin se vit forcé, lorsque ses affaires devenaient mauvaises, de se donner pour auxiliaires les ennemis nés de toute civilisation, les Northmans, et alors apparut le singulier spectacle d'un prince frank à la tête des hordes scandinaves, portant partout le fer et le feu, et cherchant, dans l'oppression de ses peuples, les moyens de régner. Devenu maître de l'Aquitaine, l'arrière petit-fils de Karle-Grand n'apporta pas, dans son administration, ces sentiments de modération et d'équité qui peuvent étayer un trône. Il oublia notamment les services rendus; et ce fut un de ses partisans les plus zélés dans ses malheurs, qui, dépouillé par lui de ses fiefs, répondit à l'ingratitude par un manque de foi, en vendant son maître à Karle-Chauve. Délivré de sa captivité de Soissons, Pippin II

(a) *Ann. Metens.*

se remit à la tête des Northmans, et rétablit ses affaires. Un partage convenu entre les deux contendants sembla un moment devoir mettre fin au débat pour la couronne d'Aquitaine; mais il n'en fut rien, parce que le traité demeura sans exécution. Alors le petit-fils du Débonnaire prit successivement pour auxiliaires et les Northmans d'abord et les Bretons ensuite. Probablement la cause juste l'aurait emporté; mais une seconde trahison, ainsi qu'on vient de le voir, livra de nouveau Pippin II à son ennemi, et alors finit son rôle politique, si extraordinaire, si varié d'événements, et si semé d'avantages et de revers.

Nous emprunterons, pour peindre ce prince, le portrait qu'en a tracé un écrivain qui s'est étendu sur les circonstances de sa vie agitée. « Pippin (a), dit-il, offre l'exemple de ces
» caractères humains qu'une sorte de fatalité entraîne au
» crime. Les premières années de sa vie ne dévoilèrent en lui
» qu'une grande incapacité. Destiné par son père à l'état ecclé-
» siastique, il eût renoncé à la vie séculière, si une circon-
» stance inattendue n'avait empêché l'exécution de ce projet.
» Dans son adolescence, il se livra avec une sorte d'ivresse
» à tous les plaisirs qui dégradent l'âme et abrutissent le
» corps; ses facultés intellectuelles s'affaiblirent au point qu'il
» tomba dans un état complet d'imbécillité (b). Les préten-
» tions de son oncle rallumèrent quelques étincelles d'ambi-
» tion dans cette âme presque éteinte; successivement ses
» idées s'agrandirent, et les facultés de son esprit prirent un
» degré d'activité qui devint fatal au roi de France (c). On
» peut dire, avec quelque vérité, que la vie de ce prince est
» partagée en deux époques, dont l'une est remplie de fai-
» blesse et d'obscurité, et l'autre de tous les égarements de
» l'ambition. »

Ce portrait a du vrai, et c'est pourquoi nous l'avons donné ici. Néanmoins nous en croyons les couleurs trop chargées,

(a) M. Capefigue, *Invasions des Normands.*
(b) *Annal. Metens.*
(c) C'est-à-dire à Karle-Chauve.

et nous pensons que Pippin II doit être considéré sous un point de vue plus favorable.

CCXIV. Le renversement définitif de Pippin II du trône et sa mort furent, relativement à la nationalité de l'Aquitaine, des événements d'une immense portée. Ce royaume, que la haute conception de Karle-Grand avait cru devoir relever, dans l'intérêt même de l'empire frank, s'annonçait être, dès lors, sur le penchant de sa ruine. On pouvait croire, en effet, que bientôt la vaste contrée de la Loire aux Pyrénées ne serait plus qu'une portion d'un des royaumes qui se formaient et se modifiaient sans cesse, depuis la mort du créateur du dernier empire d'Occident. Au contraire, si une branche de la race karolingienne, dont Pippin Ier aurait été le chef, se fût maintenue sur le trône d'Aquitaine, une nation à part, intermédiaire entre la Gaule occupée par les Franks et devenant la France, et les Espagnes où dominaient les Arabes, se serait définitivement constituée. Qui sait à quelle destinée un pareil état aurait été appelé? D'un autre côté, la France, resserrée ainsi par le cours de la Loire dans sa partie inférieure, se serait, sans doute, beaucoup plus étendue au nord qu'elle ne l'a fait dans la carrière de ses agrandissements, et ne se serait pas bornée à la limite du Rhin.... Mais, au lieu de cela, nous allons voir le titre de roi d'Aquitaine passer sans contradiction au fils du Chauve; et alors les Aquitains, sans centre commun, virent bientôt leur territoire se fractionner en diverses souverainetés, dont plusieurs vinrent, plus tard, se réunir sur la tête du comte de Poitou, lorsqu'il devint seul duc d'Aquitaine.

LIVRE V.

(DE 865 A 877.)

Karles, fils du Chauve (de 865 à 866). —
Ludwig-Bègue (de 866 à 877), rois d'Aquitaine.
Raynulfe Iᵉʳ (de 865 à 867). —
.... ducs d'Aquitaine amovibles.
Raynulfe Iᵉʳ (de 865 à 867). —
Bernhard II (de 867 à 877), comtes de Poitou amovibles.

I. (a) La détention de Pippin II à Soissons et surtout sa mort laissèrent Karles, fils du Chauve, roi incommutable d'Aquitaine. Cependant on a vu qu'il s'était mis d'abord en état de rébellion contre son père, qu'il s'était soumis, et que, de retour dans ses états, il avait de nouveau écouté les mauvais conseils de ses courtisans. Menacé de subir tous les effets de la colère paternelle, il était revenu s'humilier de nouveau près de Karle-Chauve, et s'était mis à sa disposition. Alors celui-ci l'avait gardé près de lui, sans lui permettre de retourner dans ses états. On sait quel accident il avait éprouvé dans une forêt près de Compiègne, et que, mal guéri, ses facultés intellectuelles en avaient été affectées. Les choses étaient en cet état, lorsque le fils de Judith se rendit au palais de Vernon, où les principaux prélats et grands d'Aquitaine arrivèrent pour le supplier de renvoyer dans leur royaume le jeune Karles, avec le nom et l'autorité de roi. Ils exposèrent que leur pays était depuis longtemps livré à l'anarchie et dévasté par les Northmans, et que la présence du souverain pouvait seule ramener le calme. Les expressions de l'annaliste de St-Bertin

(a) *Ann. Bertin.* — *Regin. Chron.* — *Adem. Chron.* — *Chron. Mall.*

prouvent que le père avait enlevé à son fils et les fonctions et peut-être le titre de roi, pour gouverner l'Aquitaine entièrement par lui-même. Toujours est-il que le Chauve se défendit d'abord de la demande qui lui était faite, en objectant que son fils n'était pas encore assez mûri par l'âge, et que les suites de sa blessure diminuaient encore en lui la force d'esprit nécessaire pour bien gouverner. Néanmoins il finit par se rendre aux instances des Aquitains, qui emmenèrent le jeune Karles avec eux.

II. (*a*) On a dit que lorsque Ludwig-Pieux avait voulu soustraire l'Aquitaine à la domination de son petit-fils Pippin II, il avait ôté le comté de Poitou à Emenon, et que celui-ci, retiré près de Turpion, son frère, établi alors comte d'Angoulême, avait fini par le remplacer. Or, une contestation s'éleva entre Emenon et Landrik, fait comte de Saintes par le Chauve en même temps que Turpion, pour la forteresse de Bouteville, aux confins des deux comtés. Turpion l'avait possédée, et Landrik s'en étant emparé par surprise, une guerre violente s'ensuivit. Or, dans un combat livré le 14 juin 866, les troupes de Landrik furent battues, et celui-ci demeura sur le champ de bataille. Quant à Emenon, quoique vainqueur, il n'en fut guère plus heureux; car, blessé à mort, il se rendit dans le château de Rancogne en Angoumois, où il expira au bout de huit jours. Le comté d'Angoulême passa alors à Wlgrin, qui en fut pourvu par Karle-Chauve.

III. (*b*) Vers ce temps, on trouve sous la dépendance du duc d'Aquitaine un nouveau comte de la Marche, qui, sans doute, avait remplacé Geoffroy Ier, alors décédé. Nous voulons parler de ce même Wlgrin, qui fut aussi comte de Périgord, et épousa, en 866, Rogeline, fille de Guillaume II, comte de Toulouse. On ne suivit point, pour la transmission du comté de la Marche, l'ordre de successibilité, car Geoffroy

---

(*a*) *Cod. de Gest. Consul. et præsul. Engol.* — *Chron. Engol.* — *Chron. Aquit.* — *Adem. Caban.* — *Adem. Chron.* — *Chron. Ricard.* — M. Massiou, *Hist. de Saintonge.*

(*b*) *Ms. de D. Fonteneau.* — Jouilleton, *Hist. de la Marche.*

laissait un fils appelé Sulpice, dont la descendance arriva plus tard à cette dignité.

IV. (a) En traitant précédemment à prix d'argent avec les Northmans, les habitants de Poitiers n'avaient fait que leur offrir un appât qui devait les engager à revenir. Aussi, dès l'année 866, les barbares arrivèrent, *par terre*, devant cette ville (1). A cette fois on voulut résister ; mais ils s'emparèrent des faubourgs et y mirent le feu, parvinrent même à incendier la ville, et se retirèrent vers leurs bateaux sans être inquiétés dans leur marche.

V. (b) On a vu les Northmans, fixés sur la Seine et sur la Loire, partir de là, en se servant des rivières affluentes, pour exercer leurs ravages, et revenir aux deux grands fleuves de France afin d'y apporter le résultat de leurs campagnes, destiné à aller ensuite enrichir le nord de l'Europe. Quoique ayant un cours moins prolongé, la Charente offrait aussi à ces pirates des avantages marqués pour leur genre d'agression, à l'égard des populations locales. Aussi firent-ils sur ce petit fleuve un établissement, vers 865 ou 866. Peut-être était-ce de ce cours d'eau qu'ils furent, par terre, brûler Poitiers, et qu'ils revinrent ensuite à leurs bateaux ? Ce qu'il y a de certain, c'est que les Aquitains, sentant le danger que présentait pour eux la présence continuelle de ces nouveaux hôtes, se déterminèrent à aller les attaquer, peu après l'espèce d'établissement qu'ils avaient formé sur la Charente, et l'incendie de Poitiers. Les hommes du Nord furent battus et obligés de vider le pays.

VI. (c) Une lettre du pape Nicolas Ier, adressée cette année aux seigneurs d'Aquitaine (2), leur reprocha avec douleur le pillage des biens ecclésiastiques. Dans l'état d'anarchie où était le pays, qui pouvait, du reste, conserver exactement ses possessions ?

(a) *Chron. Mall.* — *Ann. Bert.* — *Gest. Franc.* — *Chron. Norman.*
(b) *Annal. Bertin.*
(c) Besly, *Comt. de Poitou.*

VII. (*a*) Le roi Karles ne faisait que d'obtenir l'avantage qu'on a indiqué contre les Northmans de la Charente, lorsqu'il mourut des suites de sa blessure, dans une maison de campagne près de Buzançais, en Berri. Karloman, son frère, qui se trouvait près de lui, le fit inhumer dans l'église de l'abbaye de St-Sulpice de Bourges. On compte à Karles 11 ans de règne, à dater de 855, époque où les Aquitains le demandèrent à son père, la première fois, pour être leur roi.

VIII. (*b*) A la mort du jeune Karles, son père institua pour roi d'Aquitaine son autre fils, Ludwig, dit le Bègue parce qu'il avait une légère difficulté de parler. Karle-Chauve étant, vers la mi-carême, à Beaupouilly-sur-Loire (*c*), y reçut les seigneurs d'Aquitaine, qui reconnurent pour souverain le jeune prince que l'empereur leur présenta. Le père forma aussitôt une maison pour son fils, en en prenant les officiers parmi les siens propres, et le nouveau roi se rendit avec eux en Aquitaine (*d*). C'était encore une minorité, et un tel état de chose ne pouvait pas aisément rendre le calme à cette contrée.

IX. (*e*) Il est des hommes qu'à raison de leur passé ou de leur avenir, l'historien est obligé de suivre au delà de la limite de son sujet. C'est ainsi que nous dirons qu'on trouve Bernhard II, en juin 867, rendant la justice, assisté d'un baron d'autres commissaires, dans son marquisat de Gothie, et donnant gain de cause au monastère de St-Volusien contre Otton, vicomte de Béziers, usurpateur des biens de cet établissement ecclésiastique. Nous aurons bientôt à nous occuper de Bernhard II d'une manière plus positive, puisqu'il fut appelé à administrer une partie de l'Aquitaine du nord.

X. (*f*) Le peu de résistance qu'avaient éprouvé les Northmans enhardit ceux d'entre eux qui habitaient sur la

---

(*a*) *Chron. Adem.* — *Annal. Bertin.* — *Chron. Malleac.*
(*b*) *Chron. Malleac.* — *Annal. Bertin.* — *Adem. Chron.*
(*c*) *Bellus Pauliacus.*
(*d*) *Chron. Malleac.* — *Annal. Bertin.*
(*e*) *Mabil. ad ann.* 867.
(*f*) *Chron. Adem.* — *Ann. Bertin.* — *Regin. Chron.*

Loire, à aller piller successivement dans le comté Nantais, dans le Poitou, en Anjou et en Touraine. Néanmoins Robert-Fort, établi par le roi de France comme comte des Marches du royaume (on appelait ainsi le pays le plus exposé aux ravages des cruels enfants d'Odin, la contrée de la Seine à la Loire), était homme de caractère ; il n'avait accepté le poste important dont il était revêtu, que pour en remplir tous les devoirs. Dans un combat contre les Northmans, il en avait tué 500 et envoyé leurs enseignes à Karle-Chauve. Mais ce n'était là qu'un prélude à de plus graves événements. On parlait d'une grande expédition des hommes du Nord, qui devaient remonter la Loire et occuper définitivement le pays. D'après l'annonce d'un tel danger, Robert-Fort fit proposer à Raynulfe, comte de Poitou, avec qui on lui a vu déjà avoir des relations, de s'unir à lui pour faire la guerre aux barbares et les débusquer des positions qu'ils occupaient déjà au centre des Gaules, sous le commandement du chef le plus expérimenté qu'ils eussent eu peut-être depuis le commencement de leurs invasions, du célèbre Hasting, dont la vaillance était aussi connue que sa naissance était équivoque (a). Raynulfe agréa donc les propositions de Robert-Fort, et tous les deux réunissent leurs forces contre les Northmans. Elles étaient considérables ; les hommes de guerre du Poitou et de toute l'Aquitaine du nord et de l'Anjou formaient surtout cette armée. Nous ne connaissons point les premiers détails de cette expédition, mais les historiens nous en ont fait connaître la fin avec assez de détail.

Les forces combinées de Robert-Fort et de Raynulfe atteignirent les Northmans non loin des bords de la Sarthe, au dessous de la ville actuelle de Châteauneuf en Anjou (3), dont, comme on l'a dit, Robert avait fait sa capitale, ou pour mieux dire son quartier-général. La rencontre sur un tel point, annonce que le *Machabée* de l'époque voyait la guerre portée précisément au centre du pays qu'il était destiné à défendre. Les Northmans, pris à l'improviste, résistèrent d'abord, puis

(a) *Annal. Bertin. — Annal. Metens. — Annal. Fuld.*

ils cédèrent, et, poursuivis par Robert-Fort et par Raynulfe, ils se hâtaient, dans leur marche, pour joindre leurs embarcations qui étaient sur la Sarthe. Bientôt une partie des forces des généraux français, qui avaient fait un mouvement à dessein, se trouva au devant des barbares, pour arrêter leur marche. Alors Hasting fit prendre position à ses troupes dans un village, à cinq lieues d'Angers, sur les bords de la Sarthe, et appelé à raison de cela Brissarthe (4), et se plaça, avec une partie des siens, dans l'église de cette localité, très-vaste, bâtie en pierre, et susceptible d'être défendue, comme l'étaient beaucoup d'anciens temples de cette époque. Robert et Raynulfe arrivèrent bientôt, et attaquèrent le village avec une grande impétuosité; ils renversèrent et passèrent au fil de l'épée tous les Northmans qui l'occupaient, en défendant les points susceptibles d'un peu de résistance. Mais l'église restait, et elle était occupée par une multitude courageuse qu'il suffisait de bloquer pour l'obliger de se rendre bientôt à discrétion, à cause du manque de vivre. Le courage bouillant de Robert-Fort et de Raynulfe ne se prêtait que difficilement à un pareil système de prudence. Pourtant, comme il était tard, ces chefs l'avaient adopté, sauf à agir le lendemain activement, en employant des machines de guerre usitées dans les siéges. La chaleur était extrême; le soleil quittait l'horizon, lorsque Robert, pour se rafraîchir un peu, quitta imprudemment son casque et sa cuirasse, tandis que ses soldats dressaient leurs tentes. Au même instant, les Northmans, qui reconnaissaient les risques de leur position, et savaient que leurs ennemis n'étaient pas sur leur garde, firent une sortie vigoureuse et se jetèrent sur les Angevins. Ceux-ci tinrent bon, et, leur chef à leur tête, ils obligent les Northmans à rentrer dans l'église. Robert-Fort, quoique désarmé, se laissa alors aller à son bouillant courage. Poursuivant ses ennemis jusqu'à l'entrée du temple, il fut tué là, sur les marches du portail. Quant à Raynulfe, dont le quartier était plus éloigné du lieu du combat, il venait d'arriver avec les siens et examinait la manœuvre qu'il devait faire, lorsqu'une flèche, dirigée d'une des fenêtres de l'église, vint lui faire une forte blessure. On enleva le comte de Poitou dans un état désespéré, car il mourut le troisième jour. Les Français, privés de leurs deux chefs, firent aussitôt une retraite précipitée, et les barbares, au lieu de les poursuivre, se contentèrent de regagner paisiblement leurs bateaux.

XI. (a) La petite église près de laquelle se livra ce combat, trop peu connu à raison de son importance et de ce que le chef et l'auteur certain de la troisième dynastie française y perdit la vie, est encore existante. Reconstruite par parties et à diverses fois, sa nef, très-ancienne, a été jugée être de l'époque (5) par un historien-antiquaire, à qui on doit d'avoir fait connaître, en style énergique et fleuri, des particularités curieuses pour notre histoire, et de les avoir appliquées aux localités qu'elles concernent. Un seul côté de cette nef est percé de cinq petites fenêtres dont deux sont murées, et de l'une des trois encore existantes et à plein cintre est partie peut-être la flèche qui blessa à mort le comte de Poitou. Aucun monument n'a consacré le souvenir de ces faits si marquants dans l'histoire du IX⁰ siècle ; les historiens qui ont écrit l'histoire générale de la France, ou les ont ignorés, ou n'ont pas daigné s'en occuper, tandis que la tradition (6) a conservé un souvenir confus du brillant fait d'armes du chef de la dynastie capétienne. Mais, comme l'ont dit déjà deux historiens, Bodin et M. Depping, l'homme qui s'occupe de recherches historiques, et qui vit avec ces chroniques du moyen-âge, plus attrayantes cent fois que les romans, parce qu'à des détails aussi intéressants que ceux de simples fictions, ils joignent le mérite de la vérité, ne passera pas sur les rives de la Sarthe, tant que la vieille et modeste chapelle de Brissarthe sera debout, sans éprouver une vive émotion, en voyant le lieu où fut blessé à mort le vaillant comte Raynulfe I⁰ʳ, et où mourut l'un des plus intrépides franks de la seconde dynastie, Robert-Fort, dont la descendance était destinée à occuper, pendant une longue série

---

(a) Bodin, *Rech. hist. sur Angers.* — Ménage, *Hist. de Sablé.* — M. Depping, *Invasions des Normans.* — M. Godard-Faultrier, *L'Anjou et ses monum.*

de siècles, le trône pour la défense duquel leur premier auteur marquant avait si vaillamment combattu !

XII. (*a*) L'embarquement des Northmans permit aux vaincus de revenir sur le champ de bataille. Ils trouvèrent le corps de Robert-Fort, et ils le portèrent inhumer dans l'église de Notre-Dame de Séronne (7), qu'on voit encore à Châteauneuf, lieu autrefois ville, et actuellement réduit à l'état de bourg. Aucun autre honneur ne fut rendu à celui qu'on compara au plus brave guerrier de la nation juive, et pas une simple inscription ne fut faite pour indiquer le lieu où repose sa dépouille mortelle. Des souvenirs de cette espèce sembleraient exiger un monument en ce lieu. N'est-il pas surprenant que neuf siècles et plus se soient écoulés, sous le règne des descendants de Robert-Fort, sur le premier trône du monde, lorsque ceux-ci ne pouvaient rattacher leur origine comme qu'à lui, et tout au plus à son père (8), et qu'ils invoquaient sans cesse son nom, sans qu'ils aient rien fait absolument pour en perpétuer le souvenir ? Espérons qu'enfin quelque chose apparaîtra dans l'une des églises de Brissarthe ou de Châteauneuf, pour rappeler les exploits et la mort de l'homme intrépide qui si longtemps résista aux Northmans, et à qui les princes français de tant de siècles doivent, il nous semble, un léger hommage de souvenir !

Robert-Fort laissa d'Adélaïde, sa femme, Eudes et Robert, qui furent successivement rois de France, et Richilde, mère de Thibaut-Tricheur, comte de Touraine.

Quant à Raynulfe, compagnon de gloire et de malheur de Robert-Fort, à qui il ne survécut que quelques jours, on ignore où il fut inhumé. Peut-être ses restes furent-ils rapportés en Poitou, car on ne croit pas qu'il eut assez de force, à la suite de sa blessure, pour y venir rendre le dernier soupir.

XIII. Depuis le règne de Ludwig-Débonnaire, les dignités de duc et de comte n'étaient pas strictement héréditaires, mais presque toujours le souverain donnait au fils, s'il était capable de la remplir, la charge qu'avait occupée le père. Néanmoins

---

(*a*) Bodin, *Rech. sur Angers*. — M. Godard-Faultrier, *L'Anjou*.

cette règle ne fut point suivie, par Karle-Chauve, pour les deux
dignités éminentes que laissaient vacantes les deux héros
moissonnés dans le combat de Brissarthe. Aussi un auteur
contemporain (*a*) notait-il comme une injustice le fait de
l'exhérédation des fils de Raynulfe Ier, comte de Poitou (*b*), et
de Robert-Fort, comte de la Marche d'Anjou, en ce qui concernait les deux comtés de leurs pères. D'où provenait cette
rigueur envers les enfants d'hommes morts pour la défense du
pays (9), et en résistant aux Northmans? On l'ignore. Seulement on voit que, pour le Poitou, on revint à la famille antérieurement pourvue du comté, pour le choix du nouveau
comte.

XIV. (*c*) En effet, par suite de la mort de Raynulfe Ier, et
de ce que ses fils ne furent point appelés à succéder à ses
dignités, le comté de Poitou fut donné par Karle-Chauve à
Bernhard II, marquis de Gothie, fils de Bernhard Ier, comte
de Poitou, de 815 à 832.

XV. Nous n'avons presque jamais invoqué le témoignage de
Bouchet (*d*), parce que, pour ces temps éloignés, il mérite peu
de confiance, attendu que, dans son ouvrage, il n'y a nulle critique. Néanmoins nous dirons qu'il donne pour successeurs à
Raynulfe Ier, savoir : Girard, comme comte de Poitou ; et
comme duc d'Aquitaine, Guillaume Ier, comte d'Arvernie ; or,
le premier n'a jamais été comte de Poitou, et l'autre ne devint
duc d'Aquitaine que plus tard.

Mais nous pouvons citer Besly (*e*), cet écrivain si savant et
si bon critique, qui, le premier, a jeté la lumière dans nos
annales. Ce qu'il dit à ce sujet a, de plus, le mérite de faire
connaître l'état de l'Aquitaine à l'époque qui nous occupe.

« Depuis la mort de Ranulfe Ier, dit-il, les mémoires man-

---

(*a*) *Ann. Bertin.*
(*b*) Raynulfe laissa deux fils, d'une mère dont le nom est inconnu.
(*c*) *Annal. Bertin.* — *Annal. Fuld.* — *Chron. S. Gall.* — *Chron.*
Engol. — *Chron. Virdun.* — *Chron. S. Petr. Viv. Sen.*
(*d*) *Annal. d'Aquit.*
(*e*) *Comt. de Poitou.*

quent durant 20 années, sans faire mention des comtes de
Poictou en aucun livre qui soit digne de foy (a). Une seule
chronique, non imprimée, qualifie du titre de comte de Poictiers le comte Bernard d'Auvergne, frère de Ranulfe......
Quant au duché de Guyenne, Girard, comte de Bourges, en
fut pourveu, puisqu'en l'an 871, Charles le Chauve le dés-
apointant de ses estats, donna la comté de Bourges à Boson,
frère de l'impératrice Richent, sa femme, et par mesme moien
le fit gouverneur du duc de Guyenne (ce dit la suite d'Aymoin).
Sur le déclin du règne du Chauve, la confusion et le désordre
montèrent à leur comble ; rien ne se pouvoit imaginer de pis. Le
roy paroissoit tellement muable et inconstant en ses résolutions, vindicatif et cruel où il appliquoit son inimitié, avari-
cieux et bruslant après les richesses, taillant à ceste occasion
ses vassaux et subjects en diverses sortes, sous prétexte de la
pension des Normans, que les comtes et autres officiers n'at-
tendoient, de jour à autre, sinon la nouvelle de leur destitution, ce qui gesnoit leur esprit d'une crainte perpétuelle. Les
archeveschez, éveschez et abbayes, les comtez, vasselages et
honneurs et autres charges de gens d'église et de laïs estoient
vénales et exposées au plus offrant. Ce que Hincmar, arche-
vesque de Reims, autrefois son grand chancelier, ne craignoit
point de dire, lui vivant, et mesme de le publier par escrit: de
là les principaux seigneurs du royaume commencèrent à le
hayr secrètement en leur cœur, et conspirèrent contre luy. »

Ainsi, d'après ces indications et celles que nous trouvons
ailleurs, on pourrait peut-être indiquer Gérard, comte de
Bourges, comme revêtu du titre de duc d'Aquitaine après
Raynulfe Ier. Nous ne trouvons, du reste, aucun acte de ce
duc, et, s'il eut ce titre, les troubles de l'époque l'empêchèrent
sans doute d'en exercer les fonctions. Ensuite, le fait qu'on va
mentionner peut encore augmenter les doutes, relativement au
point de savoir si Gérard remplaça effectivement Raynulfe Ier
comme duc d'Aquitaine.

(a). Cela est vrai, mais nous y suppléons par les chartes, ce qui vaut
autant et peut-être mieux.

XVI. (*a*) Il paraît que Karle-Chauve, en conférant à son fils Ludwig-Bègue le titre de roi d'Aquitaine, s'était réservé le gouvernement de ce royaume, jusqu'au moment où ce dernier pourrait administrer lui-même. En effet, le nouveau roi était alors fort jeune, et la preuve de cette réserve pour le père, se tire de plusieurs faits, notamment de ce que, vers la fin de 867, il ôta le comté de Bourges à Gérard, que quelques-uns prétendent avoir été aussi duc d'Aquitaine, pour le donner à Egfrid, qui ne put profiter de cette concession, ainsi qu'on le verra plus tard.

XVII. (*b*) Le monastère de St-Florent-de-Montglone était tout-à-fait abandonné par ses religieux, lorsque ceux-ci obtinrent, le 16 janvier 868, de la munificence de Karle-Chauve, un petit couvent en Berri, pour s'y réfugier. On n'essaya plus de relever les ruines de Montglone, et les habitants du pays cherchèrent aussi une retraite dans d'autres contrées, tant celle où ils se trouvaient était inhabitable.

XVIII. Un document de cette époque établit que la *villa* de Nintré-sur-Clin était une ancienne possession de l'église cathédrale de Notre-Dame de Paris. Karle-Chauve la rendit avec ses églises, le 18 mars 868, à l'évêque Æneas (*c*).

XIX. (*d*) Les Northmans continuaient à être cantonnés sur la Loire, et ils partaient de là, sous le commandement d'Hasting, leur chef renommé, pour ravager les provinces voisines, surtout depuis la mort de Robert-Fort. Mais cette position de chose était désastreuse pour les anciennes Gaules; et aussi Karle-Chauve et Salomon, roi de Bretagne, sentirent-ils le besoin de se rapprocher pour combattre ces *mécréants* dévastateurs. Dans l'intention de s'attacher le chef des Armoricains, en flattant son amour-propre par la reconnaissance positive de son titre de roi, Karles lui envoya par Engelran, son camérier, une couronne en or ornée de pierreries. En même-

---

(*a*) *Annal. Bertin.*
(*b*) *Dipl. Carol. Calv.*, ap. D. Bouq.
(*c*) *Dipl. Carol. Calv.* — D. Bouquet, *Recueil des Hist. de Fr.*
(*d*) *Ann. Bertin.* — *Chron. Armor.* — Daru, *Hist. de Bret.*

temps, le Chauve faisait à Salomon beaucoup d'autres concessions, mais à la condition de s'unir avec lui contre l'ennemi commun, et d'agir sur-le-champ en ce sens. Pour le stimuler encore, prince Karloman, quoique engagé dans les ordres sacrés (a), suivit le camérier Engelran avec un corps considérable de cavalerie. Ce secours, qui aurait pu être d'une véritable utilité à Salomon, ne lui servit en rien, parce que ces Franks se débandèrent en partie pour piller le pays qu'ils devaient défendre, ce qui obligea le Chauve à les rappeler. Obligés d'agir seuls, les Bretons n'en tinrent pas moins les Northmans en haleine, et ils les empêchèrent, pendant plusieurs mois, de piller les bords de la Loire. Ils les battirent même près de Nantes, et protégèrent les vendanges en Anjou, que les barbares allaient souvent faire, au détriment des habitants du pays.

Parmi les Armoricains qui se distinguèrent dans cette circonstance, on doit indiquer Gurvant, qui, plus tard, fut élevé au poste de comte de Rennes.

XX. (b) Une famine affreuse se fit sentir, en 868, dans toute la France, et particulièrement en Aquitaine. Elle fut telle, qu'au dire de l'auteur de la chronique d'Angoulême, beaucoup d'hommes furent égorgés, pour servir de nourriture à leurs semblables.

XXI. (c) Nous avons vu que Karle-Chauve avait révoqué Gérard en qualité de comte de Bourges, et avait donné son emploi à Egfrid. Celui-ci essaya de prendre possession de son comté, et non-seulement le seigneur dépossédé résista, mais il vint encore assiéger le nouveau titulaire, dans une maison où il s'était réfugié. Gérard, s'étant emparé de l'habitation et de son compétiteur, fit impitoyablement trancher la tête à Egfrid, dont le corps fut jeté dans les flammes.

Le Chauve était à Beau-Pouilly, sur les bords de la Loire,

(a) Karloman était diacre.
(b) Chr. Engol. — Annal. Fuld. — Chron. S. Gall. — Chron. S. Petr. Viv. Sen.
(c) Annal. Bertin.

lorsqu'il apprit cet événement. Il marcha aussitôt sur le Berri, où il mit tout à feu et à sang. Malgré tout, il ne put en chasser Gérard, qui conserva le gouvernement du pays, malgré son souverain. Les événements marchaient, et, peu après, les ducs et les comtes devinrent de véritables souverains, de simples généraux et administrateurs révocables qu'ils étaient d'abord.

XXII. (a) Le comte Raynulfe jouit de l'abbaye de St-Hilaire-le-Grand jusqu'à sa mort. Alors Karle-Chauve conféra le titre d'abbé à un laïque, à Egfrid, qui s'empressa de prendre possession des biens du monastère. Ce personnage avait reçu l'investiture du souverain, à raison des présents qu'il lui avait faits; d'autres bénéfices ecclésiastiques lui avaient été déférés, et de plus il avait obtenu, comme on l'a vu, le comté de Bourges. On sait la fin cruelle d'Egfrid. A sa mort, Karle-Chauve disposa du monastère de St-Hilaire-le-Grand en faveur de Frottier, archevêque de Bordeaux.

XXIII. (b) Une diète avait été convoquée à Pistes, par Karle-Chauve, pour la mi-août 868. Ce monarque devait y recevoir les dons gratuits que ses sujets étaient dans l'usage de lui faire, arrêter des mesures contre les Northmans, et aviser aux moyens convenables pour parer à la famine qui régnait généralement, surtout en Aquitaine, ainsi qu'on l'a vu. Trois marquis du nom de Bernhard assistèrent à cette assemblée, et de ce nombre était le fils de Bilichide. On y reçut des lettres de Salomon, roi de Bretagne, qui annonçaient qu'il ne pouvait marcher en personne contre les Northmans de la Loire, mais qu'il enverrait un fort secours à l'armée franke qu'on dirigerait contre eux.

XXIV. L'annaliste de Saint-Bertin fait connaître, sur la même année, que les Poitevins, sans doute sous les ordres de leur comte Bernhard II, furent heureux dans une expédition qu'ils firent contre les Northmans. Le lieu où ces barbares furent battus n'est pas indiqué, mais l'historien apprend que les vainqueurs, par suite d'un vœu qu'ils avaient fait à Dieu et

(a) Ms. de D. Fontenequ.
(b) Annal. Bertin.

à St Hilaire, offrirent à l'église de St-Hilaire-le-Grand, après ce succès obtenu, la dîme du butin qu'ils avaient recueilli, et, en outre, une oblation volontaire (a).

XXV. (b) Mais bientôt les Northmans arrivèrent dans le haut Poitou, et rien n'échappa à leurs ravages. Acharnés contre la religion du Christ, ils brûlaient surtout les églises: les clercs et les moines devenaient plus particulièrement l'objet de leurs cruautés ; les autels étaient renversés, les tombeaux des saints violés. Dans cet état de chose, on voulut encore mettre en sûreté les restes des hommes dont la sainteté avait été proclamée, et on les transporta d'un lieu dans un autre. Le corps d'un saint prêtre, appelé Viventius, reposait et était vénéré dans le vieux château Gravion, bâti, disait-on, par St Hilaire, vers le lieu où est actuellement le bourg de St-Benoît de Quinçay, près Poitiers. Les moines de St-Hilaire-le-Grand, craignant la fureur des Northmans, exhumèrent le corps de St Viventius, et le portèrent, avec d'autres reliques, à Clermont en Arvernie. Les ecclésiastiques qui firent cette translation furent accompagnés d'une foule d'individus de l'un et de l'autre sexe. Mais ce qu'il y a à remarquer, c'est que ces Poitevins, qui avaient fait le voyage d'Arvernie, attachés à la possession du saint comme à un trésor précieux, se fixèrent près de son nouveau tombeau, et renoncèrent tout-à-fait à leur patrie. Un fait de cette importance, qui peint si bien les mœurs de l'époque, et surtout la sincérité de la foi, méritait bien d'être noté ici. Il nous rappelle cette réponse, que firent des peuples sauvages de l'Amérique septentrionale, de qui on voulait acquérir le territoire. Rejetant les offres qui leur étaient faites, ils s'écrièrent : « Dirons-nous aux ossements de nos pères de se lever et de nous suivre ailleurs? »

XXVI. (c) Une chronique locale nous apprend qu'en 868 il naquit un enfant à Raynulfe II, qui fut depuis comte de Poitou. Cet enfant, nommé Ebles, se trouvait parent de Guil-

---

(a) *Annal. Bertin.*
(b) *Vit. S. Vivent, presbyt.*, apud. Bolland.—*Ms. de D. Fonteneau.*
(c) *Chron. Malleac.*

kelme, comte d'Arvernie, toujours d'après la chronique de St-Maixent, dite de Maillezais. Ce n'était qu'un bâtard, qui fut aussi, de cette circonstance, surnommé Manzer ; mais il se fit grand par ses belles qualités, et c'est ce qui a donné lieu, sans doute, au chroniqueur contemporain de se porter en arrière, pour constater un fait qui, dans le moment même, dut passer inaperçu. En effet, lorsque Ebles naquit, son père ne gouvernait point encore le Poitou, et il ne parvint même à l'emploi de comte qu'en 880.

XXVII. (*a*) Salomon, avec ses Bretons, avait fait des efforts inouïs pour résister aux barbares. Voyant l'impossibilité de tenir plus longtemps, et ne recevant pas les secours qu'il avait demandés à Karle-Chauve à la diète de Pistes, il se détermina à traiter avec les Northmans de la Loire, et il acheta la paix d'eux, au moyen de cinq cents vaches (10) qu'il leur livra.

XXVIII. (*b*) Salomon, roi de Bretagne, était d'une piété extrême. Les moines de Redon ayant été chassés de leur monastère par les Northmans, il leur donna son palais de Plé-Lan, où il commença à bâtir un établissement ecclésiastique, sous le vocable du Sauveur. Mais l'abbé Ritcand, successeur de Convoion, voyant le zèle déployé d'abord se ralentir un peu, intercéda auprès du prince, et obtint la continuation des travaux entrepris. Ils furent même poussés avec une grande activité, et Salomon fit inhumer là la reine Guenwret, décédée vers cette époque. De plus, il y fit placer le corps de St Martin-de-Vertou, apporté d'au-delà de la Loire, et fit don d'un riche tapis pour couvrir le corps de St Maixent, venu du Poitou. Il y avait aussi, dans le monastère qu'on édifiait, les objets ci-après, apportés de la même province, savoir : l'*Évangile de St Maixent*, garni d'or et d'ivoire ; un *livre des Sacrements*, couvert d'ivoire, livre qui avait été à l'usage du même saint ; *un autre livre* enrichi d'or et d'argent *dehors et dedans*, et contenant la vie de St Maixent, en prose et en vers, avec

---

(*a*) *Ann. Bertin.* — *Act. de Bret.*—*Chron. S. Denis.* — Daru, *Hist. de Bret.*

(*b*) D. Lobineau, *Saints de Bret.*

celle de St Léger. Du reste, on fit un nouveau tombeau pour St Maixent, à Ple-Lan.

XXIX. (*a*) Bernon, qui avait succédé à Ermentaire comme abbé des moines de St-Philbert, alors fixés à Messay, ou peut-être sans asile fixe, donna l'habit monastique au jeune Geilon, fils du comte de ce nom. Ce religieux n'était qu'admis, pour ainsi dire, que Bernon le fit élire en sa place. Ce dernier agissait dans l'intérêt de son établissement. En effet, la haute naissance et les bonnes qualités de l'abbé Geilon le firent accueillir d'une manière distinguée par le monarque; il obtint d'abord la ratification d'un don peu considérable qui avait été fait à ses moines, dès l'année précédente, par Didier, homme d'une haute considération. Mais le nouvel abbé eut un autre succès : ayant exposé à Karle-Chauve la triste position de ses religieux, obligés de se fixer successivement d'un lieu dans un autre, emportant avec eux ce qu'ils considéraient comme leur plus précieux trésor, le corps de leur patron; lorsqu'il lui eut fait connaître que les Northmans débarquaient fréquemment dans l'île où était leur établissement primitif, et que ceux qu'ils avaient eus depuis étaient aussi devenus successivement inhabitables à cause des barbares, l'empereur accorda à Geilon et à ses religieux, par un diplôme de l'an 870, le monastère de St-Pourçain, en Arvernie. Aussitôt cette concession, Geilon conduisit ses moines dans la localité qui venait de lui être concédée, et y porta le corps de St Philbert et les objets mobiliers de la communauté. C'était, pour les reliques du patron, une quatrième translation.

XXX. (*b*) Le dernier diplôme de Karle-Chauve en faveur des moines de St-Philbert de l'île d'Her fait connaître que l'intention de ceux qui gouvernaient les Gaules était de traiter avec les Northmans. On y dit, en effet, que ces étrangers faisaient continuellement des débarquements dans l'île en question, et qu'on ne pouvait savoir quand il serait possible de faire la paix avec eux.

(*a*) *Dipl. Carol.* ap. Bouq.
(*b*) *Apud* Bouquet.

XXXI. (a) On a vu que Karle-Chauve, en accordant le royaume d'Aquitaine à son fils, s'en était réservé provisoirement le gouvernement. Enfin il résolut, en 872, étant à Sauvoi, près Laon, à une diète où se trouvaient les grands de l'Aquitaine, de l'envoyer dans ses états pour les gouverner. Mais comme le père ne sentait pas encore son fils assez mûr pour régner, il lui assigna comme premier ministre le duc Boson, son beau-frère et frère de la reine Richilde, qu'il créa son grand camérier, et à qui il donna le comté de Bourges, dont Gérard fut définitivement dépouillé. Après la tenue de la diète, Ludwig se rendit, en effet, en Aquitaine, accompagné du duc Boson et des trois Bernhard. L'un demeura comte de Poitou, l'autre fut comte de Toulouse, Carcassonne et Razès (11), et le troisième fut marquis d'Aquitaine ou chargé de la garde des frontières de ce royaume. Quant au titre de duc d'Aquitaine, peut-être fut-il donné à Boson ; mais rien encore de précis à ce sujet, et on peut croire que, lorsque la royauté d'Aquitaine finissait, le titre de duc de cette contrée dormait en quelque sorte, pour apparaître, un peu plus tard, avec un grand éclat et une puissance réelle.

XXXII. Toutes les particularités relatives aux temps anciens ont de l'importance pour ceux qui veulent connaître à fond l'histoire. C'est ainsi que nous dirons qu'il paraît que, vers 872, le synode du diocèse de Poitiers se tenait avec exactitude, et que cette assemblée siégeait dans l'église cathédrale (b), qui, pendant le temps des séances, ne pouvait plus servir à l'exercice du culte.

XXXIII. (c) Les Northmans s'étaient emparés d'Angers et paraissaient décidés à y demeurer à poste fixe. Karle-Chauve, sentant le coup porté à l'empire frank si cette localité demeurât aux barbares, forma, en 873, le projet de les débusquer de cette position. Il se fit aider par Salomon, roi de Bretagne,

(a) Annal. Bertin. — Chron. St Denis.
(b) Ms. de D. Fonteneau. — Arch. de l'ab. de Noaillé.
(c) Chron. Namn. — Annal. Bertin. — Chron. Malleac. — Chron. St Denis. — M. Godard-Faultrier, L'Anjou et ses monum.

qui arriva de l'autre côté de la Maine et agit avec les siens aussi activement que les Franks. Il paraît même que ceux-ci détournèrent le cours de la rivière, afin de mettre à sec les embarcations des Northmans. Toujours est-il que ces derniers demandèrent à traiter, et que le Chauve les autorisa à se retirer (12). Si l'on en croit certaines versions, l'empereur reçut des hommes du Nord, pour cette concession, des valeurs considérables, tandis qu'il ne tenait qu'à lui de les exterminer. Il est vrai que ces ennemis lui firent, de plus, des promesses de ménager la contrée, et donnèrent même des otages ; mais cet engagement fut illusoire, et l'empereur à peine retiré au Mans et ensuite sur Paris, les dévastations antérieures se renouvelèrent sur les rives de la Loire. En un mot, jamais on ne tira moins parti d'une position tout-à-fait heureuse, pour inspirer une crainte salutaire à une horde de brigands, dont les rapines recommençaient périodiquement.

XXXIV. (*a*) Dans l'entreprise d'Angers contre les Northmans, il y eut un prince qui s'acquit plus de gloire que le Chauve ; ce fut Salomon, roi de Bretagne. Mais il ne survécut pas beaucoup à ce fait d'armes, car, quelques mois après, Pascuitan, son gendre, et Gurvant, gendre d'Érispoé, tous les deux ses généraux, complotèrent contre lui et se saisirent du pouvoir. Wigon, fils de Salomon, fut immédiatement mis à mort, et on creva les yeux au père, qui en mourut deux jours après. Pascuitan et Gurvant se partagèrent la Bretagne, et l'un eut le comté de Vannes, et l'autre celui de Rennes. L'année suivante ils se brouillèrent, et tous les deux périrent bientôt. Gurvant dans un combat, et Pascuitan par le fer d'un assassin.

XXXV. (*b*) Enfin, nous arrivons à l'époque où les moines de St-Philbert, établis d'abord dans le monastère fondé près du tombeau de cet homme extraordinaire, trouvèrent un refuge assuré et définitif. Nous les avons vus marchant avec les ossements

---

(*a*) *Hist. Bret. Armor.*—*Annal. Metens.* — *Ann. Bertin.* — *Chron. S. Denis.*—Daru, *Hist. de Bret.*

(*b*) *Dipl. Carol. Calv.*, ap. Bouq.

de leur patron, les premiers enlevés du lieu où ils reposaient, pour les soustraire à la profanation des barbares, aller successivement de l'île d'Her à Déas sur le lac de Grandlieu, de Déas à Cunault-sur-Loire en Anjou, de Cunault à Messay en haut Poitou, de Messay à St-Pourçain en Arvernie. Mais les Northmans s'enfonçaient aussi dans les terres, en même temps que les religieux d'Hermoutiers fuyaient devant eux. St-Pourçain même, au centre des Gaules, cessait d'être un asile sûr. Aussi, l'abbé Geilon, de plus en plus dans les bonnes grâces de Karle-Chauve, lui demanda un dernier refuge vers l'est. Cette demande fut agréée. Par un diplôme du 19 mars 875, ce prince concéda aux moines d'Hermoutiers le monastère de St-Valérien-de-Tournus, dont Geilon devait être le premier abbé, à la charge que cette maison deviendrait le chef-lieu de la communauté. Il joignit à cet avantage la cession du prieuré de St-Prudent en Poitou, avec ses dépendances ; avantage que confirma plus tard le pape Jean VIII. Le monarque autorisa, en outre, l'avoué de l'établissement à se faire reconnaître et à se présenter dans toutes les provinces, les comtés et les plaids du royaume, chaque fois que l'intérêt des religieux l'exigerait.

Peu après, les moines de St-Philbert, sous la direction de l'abbé Geilon, se rendirent de St-Pourçain à Tournus, où ils s'établirent définitivement pour ne plus en sortir. Ils apportèrent avec eux tout ce qu'ils possédaient, et notamment le corps de St Philbert, qui fit ainsi son cinquième et dernier voyage. Il avait en effet été porté de l'île d'Her à Déas, à Cunault, à Messay et à Saint-Pourçain, avant d'arriver à Tournus.

XXXVI. Ainsi fut perdu pour le Poitou un établissement religieux de la plus grande importance. Philbert l'avait fondé, avec 600 moines, dans une île déserte qu'il avait défrichée et assainie. Là il avait armé des vaisseaux avec lesquels il avait fait le commerce, et des colonies de moines étaient parties de ce point, afin de civiliser, l'Évangile à la main, tout le littoral. Arrivèrent les invasions des Northmans, et il fallut quitter l'Ile d'Her pour se réfugier sur le continent. Alors se succédèrent les résidences diverses, mais jusque-là l'esprit de retour à Her n'était pas perdu. Il le fut entièrement par la donation de Tournus et l'obligation qui y était attachée. Dans cette position, la maison de l'Ile où était mort St Philbert, le monastère célèbre d'Her, devint un simple prieuré, dépendant de l'abbaye de Tournus.

XXXVII. (*a*) Nous avons vu très-fréquemment l'Aquitaine, quoiqu'elle eût un roi particulier, qui souvent ne l'était que de nom, gouvernée par le souverain qui régnait sur le reste des anciennes Gaules. Une fois le contraire arriva; Karle-Chauve, voulant aller en Italie, en septembre 875, pour se faire couronner empereur, établit son fils Ludwig afin de gouverner ses états des Gaules pendant son absence. Karle fut en effet couronné empereur à Noël suivant, et ayant, en février, tenu une diète à Pavie et remis le gouvernement de ses états d'Italie à Boson, son beau-frère, qu'il fit duc de la contrée, il revint en France, se trouvant posséder alors presque tous les états qui composaient l'empire de Karle-Magne, sauf la Germanie.

XXXVIII. La stupeur causée par les ravages des Northmans était loin d'être apaisée. Aussi, la plupart des monastères du Poitou, brûlés par eux, notamment Luçon, St-Michel-en-l'Herm et St-Benoît-de-Quinçay, n'étaient pas encore relevés de leurs ruines, ainsi que nous l'apprend une chronique locale (*b*).

XXXIX. (*c*). On a vu le monastère et la petite ville de St-Savin devenir un lieu de refuge contre la fureur des Northmans. Il paraît que les religieux et les habitants de cette localité, d'abord sous la direction de l'abbé Dodon, et ensuite sous celle d'Arnoul, son successeur, continuèrent à conserver leur énergie contre ces barbares, à l'encontre desquels les populations des Gaules montraient tant de pusillanimité. En

---

(*a*) *Annal. Bertin.*
(*b*) *Chron. Malleac.*
(*c*) *Chron. Malleac.* — *Ms. de D. Fonteneau.*

effet, la chronique de Maillezais apprend, sur l'an 876, que de tous les monastères du Poitou celui de St-Savin était seul demeuré debout, avec la petite ville placée sous son patronage.

XL. (*a*) Peu après son retour d'Italie, Karle - Chauve tint, en juin et juillet 876, une diète à Pontbion, entre Châlons et Langres, où il fit confirmer son élévation à l'empire. On voit, d'après ce qui se passa à cette assemblée, que le royaume d'Aquitaine était considéré comme un membre de l'empire frank. Les prélats et les grands de cette contrée s'y trouvèrent, avec ceux de la Neustrie, de la Burgundie, de la Septimanie et de la Provence.

XLI. (*b*) Karles croyait affermir sa puissance par des cérémonies pompeuses. Aussi, dans cette diète de Ponthion, et au milieu de 49 évêques, de 5 abbés et de bon nombre de grands personnages, il parut revêtu des habits des anciens empereurs d'Orient, et fut proclamé une seconde fois empereur d'Occident.

XLII. (*c*) Après la mort d'Inginald, évêque de Poitiers, et vers 876, l'administration du diocèse (13) fut confiée à Frotier, archevêque de Bordeaux, d'une famille poitevine. Il paraît, ainsi qu'on l'a vu, que dès 865, et à la mort d'Egfrid, Karle-Chauve l'avait pourvu de l'abbaye de St-Hilaire-le-Grand de Poitiers. Les dévastations des Northmans l'obligèrent alors de quitter son siège, et il était venu se fixer à Poitiers. Cette même année, ou à peu près, Karle-Chauve et Hincmar, archevêque de Reims, lui écrivirent de se rendre à Poitiers pour apaiser, en qualité de métropolitain, les troubles élevés dans le monastère de Ste-Croix de cette ville, relativement à l'élection d'une abbesse, et nous allons faire connaître à quelle occasion.

XLIII. (*d*) Dans ces temps, les événements dont s'oc-

(*a*) *Capitul.*
(*b*) *Annal. Bertin.* — *Act. Synode Pontiyon.*
(*c*) *Ms. de D. Fonteneau.*
(*d*) D. *Mabil., Ann. Bénéd.* — *Chron. Mallzac.*

cupait la renommée étaient bien autres que ceux qui intéressent de nos jours. Y avait-il division entre des religieuses pour le choix d'une abbesse, toute la province était préoccupée de ce fait, que l'on dédaignerait de faire connaître dans les temps où nous vivons. Toujours est-il qu'en 875 ou 876, à la mort de Gerberte, abbesse de Ste-Croix de Poitiers, les religieuses de ce monastère furent divisées sur le choix de celle qui devait les diriger. Instruit de cette position de chose, Karle-Chauve donna ordre à l'archevêque Frottier, à Erard et à Angenolde de se rendre à Poitiers pour procéder à l'élection. Une partie des religieuses avaient fait choix de Rotrude, fille du monarque, tandis que les autres y avaient résisté. Avec une impartialité marquée, Karles ordonna de consacrer sa fille en qualité d'abbesse, si elle obtenait l'unanimité, ou au moins la majorité des suffrages, et, dans le cas contraire, de procéder à un autre choix, et de reconnaître comme abbesse celle qui obtiendrait la pluralité des voix. Les prieures des maisons dépendantes du monastère principal concouraient au choix de l'abbesse. Odille était une de ces prieures, et elle avait été l'instigatrice du désordre. Le souverain ordonna de la renvoyer dans son prieuré. Enfin, il fut ordonné que les supérieurs des clercs de Ste-Radégonde, institués pour le service religieux à Ste-Croix, et les délégués des vassaux, se retireraient devant l'impératrice, protectrice du monastère, *après Dieu et les saints*, pour rendre compte de leur opposition. De son côté, Hincmar écrivit à Rotrude et aux religieuses, pour les engager à mettre de côté toute espèce de ressentiment et d'animosité entre elles, dans l'assemblée qu'allaient présider les délégués du souverain, et il les rappela à l'observation de la règle sous laquelle elles vivaient, en y ajoutant des conseils pleins de sagesse. Enfin, Rotrude fut définitivement élue abbesse de Ste-Croix. Aussitôt elle fut consacrée et prit possession de son siége abbatial. La manière loyale avec laquelle Karle-Chauve agit en cette circonstance, lorsqu'il s'agissait des intérêts de sa propre fille, prouve combien on respectait alors les priviléges des abbayes. Du reste, la chronique de Maillezais nous apprend qu'en 876, le monastère de Ste-Croix ne présentait qu'un tas de ruines ; il avait été détruit par les Northmans, lorsqu'ils s'étaient, en dernier lieu, rendus maîtres de Poitiers.

XLIV. (a) Nous n'avons pas rapporté d'un seul contexte tout ce qui est relatif à l'archevêque Frottier. Il paraît qu'ayant paru à la diète de Ponthion (b), on lui reprocha sa mutation de siége, défendue par les canons ; en un mot, d'avoir quitté le trône archiépiscopal de Bordeaux, pour venir occuper le siége épiscopal de Poitiers. D'un autre côté, Frottier fut le seul des pères du concile qui céda aux sollicitations du souverain et des légats du pape, en reconnaissant la suprématie d'Anségise, archevêque de Sens, à qui le souverain pontife avait décerné le titre de primat des Gaules et de la Germanie. Servile et complaisant, il répondit à ceux qui lui reprochaient sa conduite, qu'il prenait pour guide la seule volonté du prince. Du reste, Frottier ne finit point ses jours en Poitou, où son monastère de St-Hilaire-le-Grand avait été détruit par les Northmans, et n'était plus qu'un monceau de ruines, en 876. En effet, la faveur du souverain ne tarda pas à l'appeler à l'archevêché de Bourges. A en croire les Annales de St-Bertin, ce fut eu égard à lui que le concile de Troyes, tenu en août 878, rendit un décret portant définitivement défense à un prélat de changer de siége.

XLV. (c) L'empereur Karle-Chauve était pressé par le pape Jean VIII de se rendre en Italie, et il avait, sans doute, peine à s'y résoudre, parce que la position des Gaules ne paraissait guère lui permettre de s'en éloigner. D'un autre côté, il devait protection à Jean VIII, son ami le plus dévoué, parce qu'on parlait de le remplacer sur la chaire de St Pierre. Plus que cela, c'était le parti germanique qui voulait élire un nouveau pape, et en même temps ce parti avait le dessein de pro-

---

(a) Aimoin, *Hist.* — *Annal. Bertin.*

(b) Cette assemblée, dont nous avons déjà parlé, et tenue du 21 juin au 16 juillet 876, est aussi qualifiée de concile. On sait que ces réunions étaient alors à la fois religieuses et politiques.

(c) *Annal. Bertin.* — *Capitul.*

clamer Karloman empereur, au détriment du Chauve. La cause de celui-ci et celle de Jean VIII étaient, par cela même, étroitement liées. L'empereur se détermina donc à convoquer, pour le mois de juillet 877, une diète à Kiersi, afin de régler les affaires de ses états, pendant l'absence qu'il se voyait obligé de faire, et assurer la possession de ses états à son fils Ludwig, roi d'Aquitaine. Karles remit de nouveau le gouvernement entre les mains de celui-ci. On y fixa aussi à 5,000 livres pesant d'argent le tribut que le clergé et le peuple des anciens états de Karles devaient lui payer annuellement.

XLVI. (*a*) Mais à la diète de Kiersi, outre telles dispositions oiseuses pour nous, et qu'il est assez inutile de rappeler ici (14), il fut posé des principes qui constituèrent, pour ainsi dire, ce système politique du moyen-âge, si bien entendu, si fort, si conservateur et si mal jugé par ceux qui n'en ont vu que les abus, et qu'on a appelé la féodalité. Ce n'est pas à dire que ce fut à Kiersi qu'on arrêta les règles de transmission héréditaire des dignités et de la possession des honneurs ou fiefs ; elles s'étaient établies déjà d'une manière insensible et par l'usage, et les actes de cette assemblée ne firent que monumenter un ordre de chose déjà existant.

XLVII. (*b*) Or, donnons ici le texte du capitulaire rédigé à Kiersi, et dont on fait résulter de si importantes conséquences. En voici la traduction pour l'article ix, faite *aussi fidèlement que possible*, par un savant (*c*) qui fait grande autorité en histoire :

« S'il vient à mourir (durant notre absence) un comte de ce royaume, dont le fils soit avec nous (dans notre expédition), que notre fils, conjoinctement avec nos fidèles, choisisse, parmi les plus amis ou les plus proches du comte, quelques (personnes) qui, de concert avec les officiers du comte et avec l'évêque, dans le diocèse duquel se trouvera le comté (vacant), administrent ce comté jusqu'à ce que nous soyons

(*a*) *Capitul.* — *Ann. Bertin.*
(*b*) *Capitul. Carl. Calv.* ap. Baluze.
(*c*) M. Fauriel.

informés (du fait), afin que nous fassions honneur au fils du comte (décédé), qui se trouvera avec nous, des honneurs de (son père).

» Si le comte défunt a un fils (encore) petit, que ce fils, conjointement avec les officiers du comté et l'évêque du diocèse dans lequel est situé le comté, administre le comté jusqu'à ce que la nouvelle de la mort du comte (défunt) nous parvienne, et qu'en vertu de notre concession, son fils soit honoré de ses honneurs. »

Vient ensuite l'article x du même capitulaire, qu'on peut traduire littéralement comme il suit :

« Si, après notre décès, quelqu'un de nos fidèles, voulant, pour l'amour de Dieu et de nous, renoncer au monde, avait un fils, ou tel autre de ses proches, capable de service public, qu'il lui soit permis de lui transmettre ses honneurs, de la manière qu'il lui conviendra le mieux. »

XLVIII. Le même auteur dont nous venons tout-à-l'heure de donner les paroles, semble hésiter à trouver, dans cet acte de la diète de Kiersi, ce que tout le monde y a vu jusqu'ici, c'est-à-dire l'indication de l'hérédité des dignités et des honneurs. Mais d'abord il prend une version des capitulaires qui est incomplète, et reconnaît ensuite que le texte de Baluze, qu'il a traduit, est plus favorable au système généralement adopté. Du reste, M. Fauriel finit par se rendre à notre manière de voir. « Il est certain, dit-il (a), que, dans l'article cité, Charles le Chauve semble manifester l'intention d'élire aux comtés vacants le fils à la place du père. Mais il n'y a, dans cette intention, dans cette disposition, rien qui puisse être pris pour une loi nouvelle, absolue, générale; rien qui puisse être considéré comme un principe nouveau d'action politique. La prétendue loi de Charles le Chauve n'est autre chose que la reconnaissance, que l'expression pure et simple d'un fait dès lors très-commun, et qui tendait à devenir général. Nous l'avons déjà vu ; partout où les comtes avaient été favorisés par les localités où s'étaient trouvés des hommes de

---

(a) *Hist. de la Gaule méridion.*

capacité et d'énergie, partout, dis-je, ces comtes s'étaient approprié leurs comtés; et ceux d'entre eux n'étaient pas rares qui en possédaient plus d'un et même plus de deux. Il est vrai que ceux de leurs fils qui leur succédaient, leur succédaient parfois en vertu d'une élection, d'une confirmation, d'une commission royale; mais il est vrai aussi qu'en général, cette concession, cette confirmation était de pure forme, d'autant plus aisément accordée par les rois, que ceux auxquels ils l'accordaient en avaient réellement moins besoin. L'article cité du plaid de Kiersi, en quelque manière qu'on l'entende, et dans quelque texte qu'on le prenne, ne faisait que reconnaître ce qui existait à cet égard, sans rien changer dans le présent, sans rien empêcher dans l'avenir. »

XLIX. L'hérédité, pour les positions supérieures dans les comtés, fut étendue aux dignités inférieures et à la simple possession des honneurs, c'est-à-dire des terres qui obligeaient à des services. C'est ce que porte la dernière partie des textes dont on vient de donner la traduction. (*a*).

Ainsi finit de s'opérer une révolution complète dans les hommes et dans les choses, résultat de la consolidation de la propriété et de son hérédité. Le comte ou tout autre grand possesseur de domaines transmit ses terres à ceux qui pouvaient s'y établir et les cultiver, moyennant des services personnels et des redevances, soit d'une portion distributive dans les produits, soit de quantités données de denrées ou de deniers. Alors s'établirent des vassaux et arrière-vassaux, de position et de condition différentes, mais tous également attachés au sol. Ainsi se formèrent, par suite, les familles secondaires de chaque pays, qui toutes relevaient du seigneur principal, dont elles obtenaient la protection pour leur vie, pour leur liberté, pour leur honneur et pour leurs biens. Tenant ainsi au sol qu'ils possédaient, sous les charges qui leur étaient imposées, leurs membres obtinrent le droit de se défendre et l'usage des armes. La population, qui avait donné tant de preuves d'une faiblesse indicible, lors des invasions des

(*a*) L'art. 3 du Capitulaire de Kiersi.

Northmans, dont une simple bande soumettait des milliers d'indigènes, redevint enfin militaire. La plupart d'entre eux servirent à pied, et devinrent des *servientes*, tandis que les autres, plus élevés dans l'échelle sociale, furent des chevaliers ou nobles, parce qu'il leur fut loisible de faire la guerre à cheval.

D'abord le seigneur ou suzerain combattait et jugeait ; dans le principe, il était juste, et on s'habitua aisément à lui obéir, à le respecter et à l'aimer. Mais, comme dans toutes les institutions humaines, les abus vinrent plus tard. Quoi qu'il en soit, il sera démontré à celui qui étudiera avec soin ce moyen-âge, autrefois si négligé, et fixant tant aujourd'hui l'attention, que la féodalité fut, à son apparition, un véritable bienfait pour l'humanité. Plus tard, à la cessation de l'oligarchie, lors de l'établissement d'un gouvernement central, d'autres mœurs se formèrent et d'autres besoins se firent sentir. A ce point donné, la féodalité, anéantie dans ce qu'elle avait d'utile, ne fut plus qu'une lourde charge que les populations durent chercher à secouer, alors que le pouvoir royal, qui l'avait sapé en brèche depuis plusieurs siècles, cherchait aussi à s'en débarrasser. En effet, dans le principe, le possesseur du sol n'était que le débiteur de son seigneur, et à la fin il eut trois créanciers pour un, le seigneur, l'église et le roi, à qui il fallait payer le cens, la dîme et la taille, ou des prestations analogues. Il est aisé de le voir, un tel état de chose devait avoir une fin. Son terme fut la révolution de 1789 ; et si elle anéantit tout-à-fait le régime féodal, la royauté succomba aussi, au moins pour quelque temps, dans la lutte des anciennes institutions et des nouvelles idées.

Nous nous sommes livré à des développements qui nous ont reporté jusqu'aux temps actuels, et qui ne se rapportent point spécialement aux contrées dont nous écrivons l'histoire. Mais ils découlaient si naturellement du sujet, et ils sont d'une telle importance, qu'on nous pardonnera cette digression.

L. Au point où nous nous sommes arrêté pour parler du système féodal, existait toujours cette chimère des gouvernants d'alors, qui pensaient qu'on pouvait faire la paix avec les Northmans, tandis qu'il était évident que ces barbares ne devaient vivre que de la guerre. Poussé par cette idée fixe, Karle-Chauve ordonna, en 877 (*a*), que chaque évêque, abbé, comte ou vassal, paierait au roi douze deniers par chaque domaine qu'il cultiverait ou ferait cultiver pour lui-même, et quatre deniers sur le cens seigneurial (*b*) qu'il toucherait sur d'autres, en même temps que ceux qui le cultiveraient en paieraient autant. De plus, le seigneur de cette espèce était tenu, à raison de chaque domaine serf (*c*), à deux deniers sur le cens à lui dû, à raison de sa culture, et le cultivateur payait aussi pareille somme. Chaque évêque ou abbé, dans quelque diocèse que fût située son abbaye, devait faire verser par chaque prêtre, suivant leur moyens, depuis un jusqu'à cinq sous, en sorte que la plus forte taxe ne s'élevât pas au dessus de cette dernière somme, et que la plus faible cotisation ne fût pas au dessous de quatre deniers. L'évêque était astreint à suivre ce mode pour faire contribuer chaque église possédée par l'empereur, l'impératrice, les comtes, les vassaux relevant directement de la couronne, dans toute l'étendue de son diocèse, soit que ces derniers marchassent ou non avec le souverain. Les marchands résidant dans chaque cité devaient être taxés suivant leurs facultés. L'emploi de l'argent qu'on leva outre-Loire, c'est-à-dire dans l'Aquitaine, fut affecté pour le paiement des Northmans cantonnés sur la Loire ou à son embouchure.

On ne peut que déplorer des mesures si pitoyables et si dérisoires ! Comment pouvait-on espérer la paix d'un ennemi, lorsqu'on n'avait aucun moyen de l'obliger à tenir une parole dont il se faisait un jeu ? Il était évident que lui payer un premier tribut, était l'enhardir à en exiger un autre, et qu'on se mettait ainsi humblement et servilement à sa discrétion. Quelle mollesse, quelle lâcheté ; tranchons le mot, de la part d'une grande nation envers quelques hordes de barbares.

(*a*) *Exact. Northman. Constit.* apud. Bouquet.
(*b*) *Census dominicatus.*
(*c*) *Servilis.*

qu'avec un peu de courage il eût été si facile de faire rentrer dans le néant ! On voit ici à quoi se réduit la force matérielle, quand elle est dépourvue de la force morale, de ce courage sans lequel l'homme est tout-à-fait hors de la position élevée dans lequel le Créateur l'a placé !

LI. (*a*) La partie de l'Aquitaine traversée par la Garonne était alors plus dévastée encore par les Northmans que le reste de la contrée. Ce qui le prouve, c'est que le pape Jean VIII en transférant, et ainsi qu'on l'a déjà dit, Frottier, archevêque de Bordeaux, au siége archiépiscopal de Bourges, en donna pour raison, que la province de Bordeaux *était devenue entièrement déserte, par suite des courses des païens.*

LII. (*b*) Ce fut à cette époque, c'est-à-dire vers 877, que la Vasconie ibérienne, ou pays des Basques, fut détachée de l'empire frank. Sanche-*Mittara* ou le Dévastateur, petit-fils de Loup-Centule, fut appelé de l'intérieur des Espagnes, où il s'était réfugié, par ses compatriotes, qui le proclamèrent aussitôt duc de la contrée. Il n'y eut point, pour ce choix, le concours du pouvoir royal, et dès lors le nouveau duc et ses successeurs devinrent tout-à-fait indépendants. Ainsi, les chefs les plus éloignés prétendaient à l'affranchissement du pouvoir central et au fractionnement du sol des Gaules méridionales en plusieurs souverainetés.

LIII. (*c*) Après la diète de Kiersi, Karle-Chauve partit pour l'Italie, afin d'aller combattre les Sarrasins, qui occupaient tout le midi de la presqu'île, et menaçaient la capitale du monde chrétien. Mais il ne demeura que peu de temps au delà des monts. En effet, ayant appris à Pavie que Karloman, roi de Bavière, voulait décidément lui faire la guerre dans cette contrée, il retourna sur ses pas, et se retira dans la vallée de Maurienne, pour attendre les renforts qu'il fit dire, dans les diverses parties de ses états, de lui envoyer. Mais, en reconnaissant l'hérédité des duchés et des comtés à Kiersi, il

---

(*a*) *Epist. Johan. ad Carolum.*
(*b*) *Annal. Metens.* — *Chron. Namn.*
(*c*) *Annal. Bertin.*

avait rendu ceux qui les possédaient à peu près indépendants de lui. Il croyait se faire des créatures par cette concession, et il ne créa que des existences indépendantes; et même des ennemis. Aussi une conjuration se forma contre lui, et parmi ceux qui y figuraient, on indiquera Boson, duc de Provence, beau-frère de l'empereur, et qui, à la mort de celui-ci, se fit proclamer roi de Provence ; deux des Bernhard, et notamment le comte de Poitou, de ce nom. Ils devaient venir à lui avec des forces, et, au lieu de cela, ils complotèrent pour se soustraire tout-à-fait à son autorité.

LIV. (a) La position de l'empereur Karles se trouvait, dès lors, assez mauvaise, et comme il lui était impossible de pouvoir résister à Karloman, il se détermina a repasser les Alpes. Mais, accablé par le chagrin et la fatigue, il fut atteint par la fièvre, durant sa route. On assure que le juif Sédicias, son médecin, sans doute gagné par les conspirateurs, lui administra une potion empoisonnée. Toujours est-il que ce prince mourut, le 6 octobre 877, onze jours après avoir pris le breuvage, dans un village au pied et en deçà du mont Cénis.

LV. Si nous voulions tracer ici le portrait complet de Karle-Chauve, nous aurions beaucoup à dire ; mais ce qui le concerne n'entre pas précisément dans le cadre de cet ouvrage. Du reste, on sait la conduite déloyale et même atroce de ce personnage à l'égard de Bernhard de Septimanie, qui passait généralement pour son père, et on pourrait parler aussi de ses cruautés envers son fils Karloman, qu'il força d'entrer dans les ordres, et à qui il fit ensuite crever les yeux. Or, nous ne voulons le juger ni comme fils ni comme père, et nous ne dirons que quelques mots de sa conduite comme roi. L'ensemble des faits que nous avons dû reproduire, établit que le Chauve fut sans capacité et sans courage, et que pourtant il était disposé à tout entreprendre. Une preuve de la faiblesse de son caractère se trouve dans le parti qu'il prit, à plus d'une fois, et comme un système politique arrêté, de ne pas combattre les Northmans, et d'essayer de les renvoyer à l'aide de

(a) *Annal. Bertin.*

tributs, qui devinrent pour les peuples une lourde charge, en même temps qu'il n'empêchait pas le retour de ce fléau dévastateur. Triste politique, qui contribua puissamment à faire arriver cet état de dissolution de l'empire frank, qui s'opéra pendant la durée du règne de cet indigne fils de Karle-Grand.

LVI. (*a*) Ludwig-Bègue succéda à tous les états de Karle-Chauve, son père. Ainsi s'opéra, par la fixation du royaume de France et du royaume d'Aquitaine sur la même tête, sans concession de ce dernier état à un tiers, comme on l'avait fait depuis Ludwig-Débonnaire, l'extinction du royaume d'Aquitaine. Il n'y eut plus deux états distincts, il n'en firent plus qu'un, quoique que Ludwig-Bègue et quelques-uns de ses successeurs aient parfois, et comme par hasard, réuni le titre de roi d'Aquitaine à celui de roi de France (15). Mais si le royaume d'Aquitaine s'effaça, le duché formé de cette même contrée ou d'une partie, se constitua un peu plus tard et à son tour, tant l'individualité du pays était alors chose nécessaire, et ressortait de l'état politique du temps.

C'est ici le cas de faire remarquer que le royaume d'Aquitaine, créé en 778 par Karle-Magne, existal ainsi presque un siècle ou quatre-vingt-dix-neuf ans.

Ce n'est pas à dire que l'on ne voulut pas, plus tard, faire revivre le royaume d'Aquitaine, et que quelques personnages ne prirent pas le titre de roi de cette contrée. Nous rendrons compte de ces tentatives, et dès lors on verra qu'elles n'eurent pas de suite, et que bien positivement la création de Karle-Grand finit à la mort de son petit-fils Karle-Chauve.

LVII. C'est ici que nous voudrions bien pouvoir indiquer, d'une manière positive, quels étaient les liens qui rattachaient le royaume d'Aquitaine à l'empire frank. En lisant le titre de l'article 24 de la diète de Kiersi, intitulé: *Du royaume d'Aquitaine* (*b*), on croirait avoir sous la main toutes les notions propres à éclairer sur ce point. Mais malheureusement, et

(*a*) *Annal. Bertin.*
(*b*) *De regno Aquitanico.*

ainsi que le fait remarquer un auteur dont les érudites observations vont bientôt nous manquer (a), les dispositions, les mesures dont ce titre était l'annonce, manquent entièrement dans l'acte. » A ce point donné s'éléverait la question de savoir si cette partie des capitulaires de Kiersi a été perdue, ou si elle n'a jamais été remplie ? Sans vouloir prétendre, comme l'a fait M. Fauriel, que les Aquitains ne furent point convoqués au plaid de Kiersi, et en en prenant même texte pour l'opinion contraire, toujours est-il que là ne se trouvent point des détails précieux, et qu'on aurait cru devoir rencontrer à la suite d'un titre demeuré, pour nous au moins, entièrement solitaire.

Il faut donc suppléer au silence de ce document, non par des conjectures, mais par ce qu'on trouve dans les actes et faits de l'époque, qui rappellent les rapports de connexité et même de sujétion du royaume d'Aquitaine avec l'empire frank. Ils ne devaient, du reste, n'être pas beaucoup différents de ceux qui existaient, pour les deux autres royaumes de Germanie et d'Italie. On a vu, d'après les dispositions arrêtées aux diètes, et surtout dans un statut fameux et analysé à sa date, que les titulaires de ces trois royaumes devaient rester subordonnés à l'empereur ; que tous les ans les rois d'Aquitaine, de Germanie et d'Italie, devaient visiter le chef de l'empire frank, et s'entendre avec lui pour la direction à donner aux affaires générales; qu'ils ne pouvaient faire la guerre ou la paix sans l'avoir, au préalable, consulté ; et enfin, qu'ils ne pouvaient se marier qu'avec son consentement. Il avait été établi une confédération entre ces monarques, qu'on obligeait à se secourir mutuellement contre les ennemis de la nation franke, en reconnaissant pour leur chef celui qui était revêtu du titre d'empereur. Contrairement à ce qui se passait sous la race chevelue, à la mort d'un de ces rois, le royaume n'était point partagé entre ses enfants, mais donné en entier à l'un d'entre eux que les popu-

---

(a) *L'Histoire de la Gaule méridionale*, par M. Fauriel, finit, ou peu s'en faut, à la mort de Karle-Chauve.

lations étaient appelées à élire. A défaut d'enfant, le royaume vacant faisait retour à l'empereur. Tels étaient les principes d'unité pour l'empire frank; mais, on l'a vu, ils ne furent pas toujours appliqués.

LVIII. Une question se présenterait ici, toujours pour ce qui a trait aux liens de vassalité du royaume d'Aquitaine envers l'empire frank. C'est relativement aux produits de la mine d'argent de Melle, en Poitou, convertis sur les lieux en monnaie. Comme on trouve, pour le moment de l'existence du royaume d'Aquitaine, des pièces frappées là au coin de l'empereur et au coin du roi d'Aquitaine, ce problème devient assez difficile à résoudre. Ce point est même si important et si difficile, qu'il mérite d'être traité à part, de même que tout ce qui concerne les monnaies de cette localité, et l'appropriation qu'on peut faire de chacune d'elles à tel souverain plutôt qu'à tel autre (16). Seulement il est bon de faire remarquer ici, d'une manière générale, que, par suite de cette exploitation métallurgique et de ce monnoyage, le royaume d'Aquitaine se trouva avoir une quantité d'espèces bien considérable, proportionnellement aux transactions peu nombreuses de ces temps de barbarie et de désordre.

DEUXIÈME PARTIE.

DUCS D'AQUITAINE PRIS INDIFFÉREMMENT PARMI LES COMTES, DE 877 A 902.

LIVRE PREMIER.

(DE 877 A 902.)

Ludwig-Bègue (de 877 à 879), —
Ludwig et Karloman (de 879 à 882), — Ludwig seul (882 à 884), —
Ludwig-Gros (de 885 à 887), — Odon (de 888 à 898), —
Karle-Simple (898 à 902), rois franks.
.... Raynulfe II (de 889 à 890), —
Guillelme-Pieux (de 890 à 902), ducs d'Aquitaine.
Bernhard II (de 877 à 878), — Raynulfe II (de 878 à 890), —
Adhémar (de 890 à 902), comtes de Poitou.

I. Il n'est guère possible de commencer cette seconde partie (1) d'un ouvrage résultat de recherches multipliées, mais aussi écrit à la suite de longues réflexions, sans faire remarquer l'état social du pays à cette époque. Cette histoire a commencé à la suite d'une grande pensée de Karle-Magne. Sentant l'impossibilité de faire un état homogène de ses vastes possessions, ce prince créa, ou rétablit plutôt, le royaume d'Aquitaine, pour donner l'individualité à des provinces qui, traitées ainsi, devaient se soumettre plus facilement à sa domination. Mais la décadence de la race des maires du palais allait amener la dislocation du nouvel empire d'Occident. Quatre hommes avaient élevé cette famille à un haut degré de puissance et de grandeur, Pippin d'Héristal, Karle-Martel, Pippin-Bref et Karle-Magne, et il semblait que, par compensation à une telle série d'hommes supérieurs, devait succéder une suite d'individus sans capacité pour beaucoup, et sans énergie pour tous. Aussi voyons-nous, depuis et compris Ludwig-Débonnaire, la faiblesse occuper le trône. Les intrigues et les divisions survinrent entre ceux qui ne pouvaient avoir de puissance que par leur accord. Ainsi s'annihila et s'éteignit le pouvoir central. Les karolingiens, simples maires du palais, renversèrent les mérovingiens, hommes dégénérés d'une race royale, et bientôt les simples délégués de l'autorité, les comtes, devenus héréditaires, s'emparèrent du pouvoir. Dans cette période de troubles, de désordres, de substitution d'un roi à un autre, que nous allons parcourir, ces chefs de provinces vont grandir et prendre de la consistance ; dans une autre période, nous les verrons régner. Ainsi se fractionnera l'empire frank en petites souverainetés, dont le territoire sera aussi partagé entre des vassaux de positions diverses. Dès lors la puissance demeurera attachée au sol, et constituera le régime féodal dont nous allons voir d'abord les origines, et suivre ensuite les développements.

II. (*a*) Ludwig-Bègue était en Poitou, lorsqu'il apprit la mort de Karle-Chauve, son père. Craignant de n'être pas reconnu généralement pour son successeur, surtout par les grands entrés dans la conjuration que nous avons signalée, il disposa de bénéfices en leur faveur. Il en donna notamment aux deux Bernhard, Bernhard, comte d'Auvergne, et Bernhard II, comte de Poitou : mais ces libéralités produisirent un effet tout autre que se proposait celui qui les faisait. Les seigneurs qui n'en reçurent pas, se plaignirent hautement des dispositions faites au préjudice des héritiers de ceux qui possédaient ces biens auparavant, et ils invoquèrent l'espèce de charte arrêtée entre l'autorité royale et l'aristocratie à la diète de Kiersi. Ceux-là même qui avaient obtenu ces faveurs en parurent peu satisfaits. Il en résulta qu'à peu près tous se réunirent dans le midi des Gaules, particulièrement pour ne pas reconnaître Ludwig-Bègue pour leur souverain. Les deux

(*a*) *Annal. Bertin.*

Bernhard, dont nous venons de parler, furent les plus prononcés contre le nouveau monarque, en la personne de qui finissait le royaume d'Aquitaine, et qui voulait régner sans division sur tout l'empire frank, de ce côté du Rhin et des Alpes.

III. (*a*) Le Bègue avait quitté le Poitou et s'était rendu vers la Seine, lorsqu'il apprit, à Compiègne, l'opposition qui lui était faite, surtout au delà de la Loire. Sa belle-mère, l'impératrice Richilde, était au rang des conjurés, ainsi que le duc Boson, frère de cette princesse. La position était critique, et Ludwig crut qu'il n'avait rien de mieux à faire que de s'adresser, pour obtenir des conseils, au prélat qui occupait avec tant d'éclat le siége archiépiscopal de Reims. Hincmar, dont le rôle était toujours digne de la hauteur de son ministère, répondit au monarque que ce qu'il avait de mieux à faire, était d'envoyer des députés à Boson, aux deux Bernhard et aux autres conjurés principaux, afin de les engager à indiquer un lieu de rendez-vous, où on s'entendrait pour redresser leurs griefs, travailler à pacifier l'état et exécuter loyalement les dispositions arrêtées à Kiersi. En même temps, l'archevêque de Reims écrivait à l'abbé Gozlin (2), chancelier de France et oncle de Bernhard, comte de Poitou, pour le prier d'engager ce dernier à se soumettre, ainsi que Gozfrid, comte du Mans, frère du chancelier. Celui-ci agit suivant les désirs d'Hincmar, mais sans succès.

(*b*) Sur l'invitation du Bègue, les conjurés se réunirent dans un lieu appelé le mont de Vitmar, d'où ils envoyèrent faire des propositions au prince. Celui-ci les ayant agréées, la plupart d'entre eux, avec l'impératrice Richilde, se rendirent à Compiègne où était le roi. Sa belle-mère lui remit l'acte authentique par lequel Karle-Chauve l'avait appelé à régner sur tous ses états, et les ornements royaux. Les difficultés ainsi aplanies, Ludwig-Bègue fut solennellement couronné par l'archevêque de Reims, le 8 décembre 877, après avoir su-

(*a*) *Hincm. oper.* — *Annal. Bertin.*
(*b*) *Annal. Fuld.*

paravant juré solennellement de maintenir les honneurs, dignités et prérogatives des grands, qui faisaient, dès lors, un pouvoir dans l'état. Pour compléter l'œuvre, et assurer son entière domination sur l'empire frank de ce côté du Rhin, le Bègue fit la paix avec Ludwig de Germanie, près duquel il assura n'être pour rien dans les torts que celui-ci reprochait au Chauve.

Des deux Bernhard, le comte d'Auvergne fit sa paix avec le nouveau roi, et entra bientôt dans ses bonnes grâces. Quant à l'autre, le comte de Poitou, il persévéra dans son indépendance avec d'autres seigneurs. On va voir bientôt quel fut le résultat de cette conduite.

IV. (a) Bernhard II, comte de Poitou, avait des droits au comté de Bourges, comme parent d'Egfrid, qu'on a vu revêtu de cet emploi, et ensuite supplanté par Gérard, qui s'était défait de lui d'une manière si cruelle. Ce dernier mort, le comté d'Auvergne fut donné par Karle-Chauve à son beau-frère Boson, duc de Provence. Tant que celui-ci fut l'allié de Bernhard dans leur résistance contre Ludwig-Bègue, le premier ne dit mot de la concession faite au duc. Mais quand Boson eut fait sa paix, le comte de Poitou réclama ses droits sur le comté de Bourges, les armes à la main. Il s'empara même de la capitale de ce territoire, au commencement de l'année 878, et attira dans son parti et même dans son armée son frère Émenon, son oncle maternel, Gozfrid, comte du Mans, et les enfants de celui-ci. Or, Frottier, archevêque de Bourges, et auparavant archevêque de Bordeaux et administrateur du diocèse de Poitiers, ayant voulu entrer à Bourges, il lui en ferma l'entrée; sans doute il le croyait opposé à ses intérêts. Les historiens du temps ajoutent que Bernhard s'empara même des biens ecclésiastiques dans le nouveau comté qu'il venait de conquérir. Toujours est-il que ce fut ce prétexte qu'on saisit pour le perdre.

Du Berri, Bernhard II, accompagné de l'abbé Gozlin, son oncle, se rendit en Burgundie, puis en Gothie, où il était

(a) *Annal. Bertin.—Frodoarp.*

pourvu d'un comté. Sans doute il voulait s'assurer de son pouvoir et de ses possessions dans ces différentes contrées. Pendant ce temps, Ludwig-Bègue réunit une armée, et aussitôt Pâques, il passa la Seine pour s'opposer aux nouvelles courses des Northmans, et punir tout d'abord la révolte du comte du Maine. Le monarque tomba malade à son arrivée à Tours, mais cela n'empêcha pas Gozfrid et ses enfants de faire leur soumission au pouvoir royal.

V. (*a*) On a vu que, dès 806, la Touraine d'outre-Loire avait été distraite du royaume d'Aquitaine, dont elle avait fait partie depuis sa création. Quant à l'Anjou, de l'autre côté du fleuve, nous n'avons aucun document positif à ce sujet. Néanmoins, comme nous trouvons, dès 848, Thibault I*er*, dit le Tricheur, premier comte héréditaire de Blois et de Touraine (*b*), avoir les seigneuries de Mur et de Doué, nous en concluons que tout l'Anjou de la rive gauche de la Loire fut perdu de fait, pour l'Aquitaine, au moment où elle cessa de faire un royaume. Aussi, à l'avenir, nous cesserons de nous occuper des détails historiques relatifs à cette contrée.

VI. (*c*) La conduite de Bernhard II, pour le comté de Bourges, lui fut désastreuse. Il fut cité inutilement deux fois par le pape Jean VIII, qui était venu en France pour implorer des secours contre les tyrans qui désolaient alors l'Italie, et une autre fois par le roi, pour se présenter au concile de Troyes, qui s'assembla le 11 août 878. La plainte portée contre le comte venait surtout de l'archevêque Frottier, qui lui reprochait de l'empêcher d'occuper sa ville archiépiscopale, et d'user de violence envers son église. Dans cette assemblée, le souverain pontife, de l'avis de ceux qui l'assistaient, lança contre le comte une excommunication, comme s'étant rendu coupable de sacrilége en usurpant les biens de l'Église, et, en outre, comme rebelle envers la puissance royale, émanée de

---

(*a*) Chalmel, *Hist. de Tour.*
(*b*) Il l'était aussi de Chartres, de Beauvais, de Meaux et de Provins.
(*c*) *Ex concil. Tricass.* apud Bouquet.—*Jean, pap. VIII, epist.* 4 Besly.

Dieu. On le déclara aussi convaincu d'avoir extorqué de ses vassaux, par menaces ou promesses, un serment condamnable et condamné, sans vouloir venir à résipiscence.

Emenon (3), frère de Bernhard II, dont l'existence est particulièrement indiquée par ce concile, fut aussi menacé d'excommunication, si, dans le terme de trente jours, il n'abandonnait pas le parti de Hugues, fils de l'empereur Lothaire et de Valdrade, et s'il ne retournait pas du côté du roi. Il résulte des termes de cette condamnation, que ceux qui faisaient la guerre au Bègue lui opposaient le fils de Lothaire; car alors, pour pouvoir légitimer, en apparence au moins, l'opposition à un souverain, il fallait paraître agir dans l'intérêt d'un autre personnage, à qui on déférait ce titre.

VII. (a) On le voit, le pape s'attribuait alors en France une grande autorité. Jean VIII, non-seulement excommunia le comte Bernhard II, pour ne s'être pas rendu à une diète où il avait été convoqué deux fois par le pape et une fois par le roi, mais aussi pour avoir résisté à l'autorité royale, et il déclara, de plus, ses biens confisqués, en chargeant Bernhard, comte d'Arvernie, et d'autres seigneurs, de mettre la sentence à exécution, et de se partager le résultat de la confiscation. Ensuite, le pape s'érigeant en seul législateur des provinces du Midi, rendit une loi contre les sacriléges, disposition que le roi et les grands avaient eu le désir de prendre, sans l'avoir osé jusque-là.

On doit ajouter que Jean VIII, pour flatter de plus en plus Ludwig-Bègue, et l'empêcher de s'élever contre ses empiétations, le sacra de nouveau et solennellement. C'était lui donner plus de force contre ceux qui s'opposaient à sa puissance, car une cérémonie religieuse de cette espèce ajoutait alors beaucoup à l'obéissance que les peuples portaient aux rois.

VIII. (b) Opposé à son souverain, le comte Bernhard avait résisté avec quelque avantage; condamné par le pape

---

(a) *Annal. Bertin.* — *Johan VIII, epist.*
(b) *Annal. Bertin.*

et par une assemblée ecclésiastique, sa cause fut perdue. En effet, par suite de l'arrêt prononcé contre lui au concile de Troyes, ce comte fut définitivement dépouillé de ses dignités, et même proscrit. Bernhard, comte d'Arvernie, eut ses fiefs de Gothie, dont il devint marquis, et ses autres possessions, sauf le comté de Poitou, furent données à différents seigneurs.

IX. (*a*) Après sa proscription, Bernhard II se retira en Burgundie, dans le comté d'Autun, dont il avait aussi été pourvu. Il y mena, pendant plusieurs mois, une vie vagabonde et malheureuse ; mis hors la loi divine et humaine, il se livra au pillage et devint le fléau du pays. Pour faire cesser ces désastres, Ludwig-Bègue marcha contre lui ; mais tombé malade en route, il fut forcé de demeurer à Troyes; et en place du roi, son fils aîné, le duc Boson, et Bernhard, comte d'Arvernie, marchèrent contre Bernhard II. Ils parvinrent à le chasser du pays, après avoir dispersé ses troupes. Alors ce personnage fut obligé d'aller chercher fortune ailleurs, et nous ne tarderons pas à le rencontrer encore, et, en en parlant pour une dernière fois, nous donnerons les noms de ses enfants. En effet, la descendance de chaque administrateur du Poitou, rendu à cette époque, devient bien utile à constater, puisque c'est désormais là que se trouveront placés ceux qui seront appelés à user du pouvoir dans cette province.

X. (*b*) La manière dont Ludwig-Bègue disposa du comté du Poitou fait voir que son intention était d'exécuter franchement l'espèce de charte donnée, à Kiersi, aux grands de l'État, pour assurer l'hérédité de leurs charges. En effet, quoique Bernhard II eût été condamné, proscrit, et dépouillé de ses dignités au concile de Troyes, Raynulfe II, son fils aîné (1), lui succéda immédiatement comme comte de Poitou. Ainsi, à présent, nous allons suivre une suite de souverains héréditaires pour cette province, sauf pour un comte nommé au

---

(*a*) *Annal. Bertin.*
(*b*) *Ms. de D. Fonteneau.*

détriment d'un enfant naturel, qui, bientôt encore, reviendra reprendre son héritage et continuer la filiation. Nous ne faisons ici qu'indiquer très-sommairement cette position de chose.

XI. (*a*) Il paraît qu'Acfred (*b*) devint évêque de Poitiers, lorsque Frottier, archevêque de Bordeaux, quitta l'administration ecclésiastique du Poitou pour passer au siége archiépiscopal de Bourges. On présume que le nouvel évêque était de la famille des comtes de la province, et il est à croire qu'il appartenait à une branche cadette, probablement à celle des comtes d'Angoulême. Quoi qu'il en soit, l'histoire doit noter, relativement à lui, un nouvel abus de pouvoir de Jean VIII. Ce pape, étant à Troyes, adressa à Acfred un bref, daté du 30 août 878, par lequel il défendait d'envahir ou de dévaster les biens et dépendances quelconques de l'église cathédrale de Poitiers, persécutée depuis longtemps, disait-il, et il ordonnait que toute action qui serait intentée contre l'évêque de Poitiers, serait portée immédiatement devant la cour de Rome. Le souverain pontife usurpait ainsi une notable portion de l'autorité judiciaire en Poitou. Au reste, et il n'était pas besoin de l'annoncer, le surplus de l'acte le disait assez, Jean VIII déclarait prendre sous sa protection spéciale tous les biens appartenant à l'église de Poitiers, ainsi qu'Acfred et ses successeurs, pour assurer leur tranquillité future. Ajoutons que l'évêque Acfred obtint, plus tard, le titre d'abbé de St-Hilaire-le-Grand (*c*).

XII. (*d*) Un bref du pape Jean VIII, de septembre ou décembre 878, adressé à Grinferius, abbé de Charroux, confirmait aussi la propriété des biens de ce monastère, et établissait ou renouvelait, pour lui, des priviléges qu'il est curieux de noter ici. Il était fait défense, par le souverain pontife, à

(*a*) *Épist. Johan.*, *pap. VIII*, apud. Bouq.—D. Vaisset. *Hist. du Lang*.
(*b*) Appelé autrement Hecfrid, Ecfroid ou Egfrid.
(*c*) Du roi Odon, en 894.
(*d*) D. Mabill. *Ann. Bénéd*.

tout roi, prêtre ou comte, de rien distraire de la dotation de l'établissement, ou de lui enlever la moindre partie de ses avantages. Les évêques étaient exclus de la faculté de visiter la maison, quand bien même ils y auraient été appelés, et défense était faite d'y ordonner un abbé autre que celui qui aurait été choisi par les religieux, suivant les règles de l'ordre de St-Benoît.

XIII. (a) Tandis que son armée était occupée à réduire Bernhard II dans le comté d'Autun, Ludwig-Bègue, qui voyait que son mal empirait, prit la route de Compiègne et il y mourut le vendredi-saint, 10 avril 879. Avant de rendre le dernier soupir, il avait envoyé les ornements royaux à son fils aîné Ludwig. Le Bègue laissait de plus Karloman, et tous les deux étaient issus de son premier mariage avec Ansgarde, fille du comte Ardouin, qu'il avait épousée malgré la volonté de son père, et que celui-ci l'avait forcé de répudier. Marié ensuite avec Adélaïde, cette princesse était, à la mort de son mari, enceinte d'un enfant qu'on appela Karles, et qui fut depuis surnommé le Simple.

Cette mort devait amener de nouveaux troubles, et les chefs des mécontents se réunirent à Creil, et offrirent la couronne à Ludwig de Germanie, s'appuyant surtout sur la qualité d'enfants naturels qu'ils attribuaient à Ludwig et à Karloman. Pour faire leur paix avec le roi de Germanie, qui avait déjà passé le Rhin, ceux-ci lui abandonnèrent la portion du royaume de Lothaire située le long de l'Escaut et de la Meuse, et échue en partage à Karle-Chauve.

Ainsi délivrés d'un ennemi puissant, Ludwig et Karloman se firent couronner rois tous les deux, dans l'abbaye de Ferrières en Gâtinais.

Boson, duc de Provence et beau-père de Karloman, assista à cette cérémonie. Il paraissait très-attaché à la cause des deux frères; mais, revenu près de sa femme Ermengarde, fille de l'empereur Henri II, il se laissa entraîner à se faire aussi

---

(a) *Annal. Bertin.*

couronner comme roi de Provence. La cérémonie fut faite à Lyon par l'archevêque Aurélien.

XIV. (*a*) Malgré le silence, à ce sujet, des monuments historiques du temps, nous ne doutons pas que Raynulfe II n'ait assisté avec ses Poitevins, et même avec les Aquitains en général, à la bataille livrée aux Northmans de la Loire, le 30 novembre 879. Ludwig et Karloman les rencontrèrent vers l'embouchure de la Vienne, dans les environs de Cande et de Montsoreau, et les taillèrent en pièces. Judicael, comte de Rennes, fut tué dans le combat. Mais l'honneur de cette affaire revint surtout à Hugues dit l'Abbé (*b*), fils de Conrad, comte d'Altorf, et d'Adélaïde, remariée à Robert-Fort. Hugues, qui jouissait pendant la minorité de ses frères utérins des comtés de leur père, se plaça au milieu des Bretons abattus par la mort de leur chef, et releva leur courage. Il poussa si vigoureusement les barbares, qu'il les mit dans une déroute complète : « Non moins brave, mais plus heureux, dit un auteur moderne (*c*), que Robert le Fort, qui avait perdu la vie dans une circonstance semblable. »

XV. (*d*) Après cette expédition, et s'être abouchés avec Karles-Gras, roi d'Italie, et avoir renvoyé Ludwig de Germanie, rappelé encore par les mécontents de France, Ludwig et Karloman, par un partage fait à Amiens en mars 880, se divisèrent la monarchie française, de l'avis de leurs principaux vassaux. Ludwig eut tout l'ancien royaume d'Austrasie, ou la France en deçà de la Meuse, avec la Neustrie et ses Marches. A Karloman échurent les royaumes de Burgundie et d'Aquitaine, avec les Marches du côté de l'Espagne, et des prétentions sur le royaume dont Boson venait de prendre le titre de roi.

XVI. (*e*) Après le partage de la monarchie française opéré,

(*a*) *Art de vérifier les dates*. — Chalmel, *Hist. de Tour*.

(*b*) Ainsi nommé du grand nombre d'abbayes dont il était le chef temporel ou administrateur.

(*c*) Chalmel, *Hist. de Tour*.

(*d*) *Chron. Sithens. S. Bertin.* — *Hist. Franc.* — *Annal. Bertin.* — *Chron. Floriac.*

(*e*) *Annal. Bertin.* — *Chron. Floriac.*

Ludwig et Karloman se rendirent ensemble passer les fêtes de Pâques à Compiègne ; puis ils se mirent en marche pour faire la guerre à Boson. La première place tenant pour lui qu'ils attaquèrent fut Mâcon, défendue par Bernhard II, que nous avons vu naguère comte de Poitou, et devenu, par suite d'une réconciliation avec son ancien compétiteur au comté de Bourges, un des principaux officiers du nouveau roi de Provence, avec le titre de comte de Mâcon. Cette ville fut assiégée assez longtemps, et obligée enfin de se rendre par capitulation. Bernhard devint ainsi le prisonnier des deux rois, qui sans doute le firent mettre à mort immédiatement, comme révolté et même mis hors de la loi, car aucun document postérieur ne parle de ce personnage (5).

XVII. On ignore le nom de la femme de Bernhard II (6). Toujours est-il que ce comte laissa de son union trois garçons et une fille, savoir : 1° Raynulfe II, qui, ainsi qu'on l'a vu, succéda à son père, du vivant de celui-ci, dans le comté de Poitou ; 2° Gausberth, mort sans enfants, en 893, peu après son frère dont nous allons parler ; 3° Ebles, abbé séculier de St-Hilaire-le-Grand, de St-Denis en France, etc., tué le 20 septembre 893 ; 4° et Rogeline, mariée à Wigrin, comte de Périgord et d'Angoulême.

XVIII. (*a*) Depuis sa destruction par les Northmans, l'abbaye de Noaillé avait peine à se relever, et surtout les liens de la discipline y étaient à peu près rompus. Néanmoins, cet établissement recevait des dons, et l'abbé Guarinus, successeur d'Autulphe, fit un échange, en 881, dont nous croyons devoir parler, à cause de l'objet dont le monastère devint propriétaire, par suite de ce traité. Il s'agissait de domaines avec une pêcherie et l'emplacement d'un moulin, situés dans le *pagus* ou pays de Poitiers, viguerie de St-Jean-de-Sauves, à la *villa Gothorum*. Dans la charte, on établit que Bérenger et Théodelinde, mari et femme, conserveraient l'usufruit des domaines cédés, et qu'en cas où un fils naîtrait de leur union, il devrait aussi en jouir pendant sa vie. Ce nom de *villa Gothorum* in-

(*a*) *Ms. de D. Fonteneau.*

dique qu'il s'agissait là d'un ancien établissement formé par les Visigoths, et dans lesquels quelques-uns d'entre eux s'étaient peut-être perpétués. Nous croyons que cette demeure des Goths était dans le lieu appelé à présent Goix.

XIX. (a) Nous trouvons un document qui établit que Karloman régna, en effet, sur l'Aquitaine. C'est une charte donnée par lui pour le monastère de St-Policarpe en Rasez, diocèse de Narbonne, le 18 mai 881, à Pierrefite (b). Ce point, qui indique là l'existence d'un monument druidique, a donné lieu à plus d'une controverse parmi les antiquaires. Rien n'établit que ce point de Pierrefite soit bien la localité, aujourd'hui commune et située dans les environs de Thouars ; au surplus, ce point d'archéologie nous occupera plus tard.

XX. (c) Un autre diplôme de Karloman, du 5 juin 881, par lequel il concéda aux anciens religieux de St-Florent de Montglone et à leur abbé Radulfe, le prieuré de St-Gondon de Neuilly (d), près la Loire, pour leur servir de nouvelle retraite, fait connaître la désolation de leur ancien territoire. « Le pays de Mauge, dont la vue était autrefois si belle, dit » ce prince, ne ressemble plus qu'à une solitude ; ses anciens » colons, de même que ceux de cette côte, ont perdu tout » espoir de retour sur cette terre jadis si heureuse. »

XXI. (e) Revenons à l'expédition des deux frères contre le nouveau roi de Provence. Ludwig et Karloman furent joints par Karle-Gras, roi d'Italie, et tous les trois se portèrent sur les pays qu'occupait Boson. Celui-ci se retira dans les montagnes, après avoir laissé bonne garnison dans ses places. Les princes vinrent investir Vienne, où il s'était d'abord établi ; mais ce siège traînant en longueur, le roi d'Italie retourna dans ses Etats, et Ludwig fut forcé d'aller combattre les Northmans, laissant à Karloman tous les embarras de la guerre

---

(a) *Specil.*
(b) *Petrafcta.*
(c) *Dipl. Karol.* ap. D. Bouq.
(d) *Nobiliacus.*
(e) *Annal. Bertin.*

commencée à l'est. Ce dernier, à son tour, fut obligé de retourner dans ses Etats, laissant le commandement de l'armée à ses généraux ; mais il revint bientôt au siége de Vienne.

XXII. (*a*) Karloman mettait beaucoup d'énergie dans la suite de ce même siége, lorsqu'il apprit que son frère Ludwig, après avoir remporté une victoire sur les Northmans peu loin du passage de la Somme, à Saucourt (7) dans le Vimeu, venait de cesser de vivre à St-Denis, le 5 août 882 (*b*). Ce prince mourut du résultat des efforts presque surhumains qu'il aurait faits dans ce dernier engagement avec les barbares, à qui il tua 9,000 hommes et leur chef Garamond, si l'on en croit la chronique du monastère de Saint-Riquier, et un chant historique, en langue tudesque, sur cet événement (*c*). Néanmoins on doit dire que, suivant d'autres, cette mort fut le résultat d'un accident arrivé au prince, lorsqu'il poursuivait une jeune fille qui voulait se soustraire à ses violences. Quoi qu'il en soit, Karloman se trouvant ainsi possesseur de toutes les provinces qui, auparavant, appartenaient aux deux frères, fut invité par les grands de ces contrées à s'y rendre au plus tôt, pour résister aux Northmans, qui paraissaient plus dangereux que jamais.

XXIII. (*d*) En quittant le commandement de son armée sous les murs de Vienne, Karloman le laissa entre les mains du duc Richard, frère de Boson, à qui il faisait la guerre. Celui-ci poussa les opérations avec tant de vigueur, que, nonobstant tout ce que fit Ermengarde, femme de Boson, qui déploya le plus grand courage, la place fut obligée de se rendre dans le mois de septembre 882. Richard conduisit sa belle-sœur et la fille de celle-ci et de Boson dans son comté d'Autun, où il avait remplacé Bernhard II. Bientôt après, Karloman fut obligé de mettre fin à cette guerre, en rappelant ses troupes, dont il sentait avoir besoin, tant contre les North-

---

(*a*) *Annal. Vedast.* — *Chr. Centul.* — *Annal. Bertin.*
(*b*) Ou le 3 août, suivant l'une de ces chroniques.
(*c*) Voir à ce sujet le *Rec. des Hist. de Fr.*, t. IX.
(*d*) *Annal. Bertin.*

mans que contre l'empereur Karle-Gras, qui venait d'hériter de son frère Ludwig de Germanie, et paraissait disposé à faire des conquêtes au delà du Rhin.

XXIV. (a) Karloman, en se rendant pour prendre possession de l'héritage de son frère Ludwig et agir contre les Northmans, se fit sacrer de nouveau à Kiersy, où il confirma les dispositions en faveur des grands, arrêtées précédemment dans le même lieu. Ensuite il envoya sommer l'empereur de lui céder une partie du royaume de Lothaire, à laquelle il avait des droits; mais la réponse ne fut pas favorable, et il paraît même, d'après des chartes, que Karle-Gras prétendait, peut-être comme chef de la dynastie, à quelques droits sur la France, du Rhin à la Seine. Puis Karloman marcha contre les Northmans des rives de l'Aisne, sur qui il remporta quelques avantages. Venu sur l'Oise, il battit encore les barbares, et leur fit lever le siége de Laon, aidé qu'il fut par le comte Hugues dit l'Abbé, comte de Tours et d'Orléans, ou plutôt marquis des Marches intérieures. Ce fut à cette époque que l'archevêque Hincmar quitta momentanément Reims, emportant le corps de St Rémi et le trésor de son église, pour se retirer de l'autre côté de la Marne, à Épernay. En définitive, les succès des indigènes étaient partiels et momentanés, et les attaques des hommes du Nord presque continuelles et grevantes au dernier point pour les populations, parce qu'un essaim d'étrangers suivait l'arrivée d'un autre bande, tant la Scandinavie produisait d'hommes. Alors on se décida donc à acheter d'eux une paix, ou plutôt une trêve de douze ans pour douze mille livres pesant d'argent, valeur énorme et la plus forte qui eût été donnée encore aux pirates. Pour arriver à ce résultat, il fallut dépouiller les églises, où se trouvaient les richesses de l'époque. Tout d'abord on se donna respectivement des otages pour l'exécution du traité; mais la somme payée, si une partie des barbares évacua Amiens et s'embarqua à Boulogne, l'autre se rendit à Louvain et prit des quartiers d'hiver dans le royaume de Lothaire.

(a) *Annal. Bertin.* — *Annal. Vedast.* — *Chron. Lemov.*

Craignant même que pour le territoire de Karloman ce traité ne fût pas exactement exécuté, on se tint en position de repousser les Northmans, s'ils apparaissaient de nouveau avant le terme indiqué (a).

XXV. (b) Un diplôme souscrit au palais de Vern, par Karloman, peu avant sa mort, et sur la demande de l'abbesse Adalgarde, ratifia de nouveau les priviléges du monastère de Ste-Croix de Poitiers (c). Il statua, en outre, tant pour lui que pour ses successeurs, que l'abbaye ne pourrait être donnée aux reines à titre de bénéfice, ce qui prouve que des concessions de cette nature avaient eu lieu précédemment. On établit aussi que, dans le cas où les abbesses disposeraient bénéficiairement de quelques domaines dépendant de Ste-Croix, ceux qui en seraient qualifiés demeureraient tenus, à raison de leur *ingénuité*, de faire partie de l'armée. Enfin, défense fut faite à tout juge quelconque d'exercer leurs fonctions, et même de se présenter dans aucune dépendance du monastère.

XXVI. (d) Les Northmans embarqués par suite du traité mentionné plus haut, Karloman licencia une partie de son armée, pour demeurer encore quelque temps dans le pays, et y chasser. Or, un jour, dans le mois de décembre 884, prenant ce plaisir dans la forêt de Baizieu, et poursuivant un sanglier, il fut blessé par mégarde, par un de ses gens, qui venait à son secours contre cet animal furieux, dont il avait tout à redouter. Craignant qu'on n'en fît le sujet d'une accusation capitale contre celui qui, dans de bonnes intentions, avait agi si maladroitement, Karloman attribua la blessure au sanglier lui-même. Elle était grave, car le prince en mourut six jours après (e).

(a) *Annal. Bertin.*—*Annal. Vedast.*—*Annal. Metens.*—*De Gestis Norman.*— *Chron. de St Denis.*
(b) *Dipl. Karlom.* ap. D. Bouq.
(c) Ils l'avaient été déjà par Karle-Chauve, le 4 juillet 878.
(d) *Chron. Sith.*— *Chron. Alber.*—*Chron. Sax.*
(e) Il y a incertitude sur le jour de la mort de Karloman. La première des chroniques citées prétend que, blessé le 6 décembre, il mourut le 12; la chronique d'Albéric le fait mourir le 7 décembre.

Karloman, comme son frère Ludwig, ne laissait pas d'enfant. Le trône de France devait ainsi revenir au jeune frère de ces deux rois, seul descendant de Karle-Chauve, à Karles dit le Simple, à cause de la faiblesse de son intelligence, fils du second mariage et posthume du Bègue. Mais ce n'était qu'un enfant, et la position du royaume, exposé continuellement aux ravages des Northmans, ne permettait pas de remettre le pouvoir dans des mains si débiles.

XXVII. (a) Dans un tel état de chose, les prélats et les grands des diverses provinces françaises se réunirent en assemblée ou diète, à Gondreville, dans le mois de janvier 885. Là il fut décidé, à peu près d'un commun accord et pour le bien de l'État, que la couronne serait offerte à l'empereur Karle-Gras, seul prince de la maison royale d'un âge assez avancé, et en position de défendre le pays. Karles, pressé d'arriver, se rendit à l'assemblée, accepta la couronne qui lui était donnée, et fit solennellement les promesses alors d'usage, qui l'astreignaient à des obligations réelles envers les grands, et à des engagements sans effet envers le peuple. Les membres de l'assemblée s'empressèrent alors de lui prêter le serment de fidélité.

L'étendue des États de Karle-Gras était immense; car il se trouvait posséder toutes les provinces sur lesquelles avait régné Karle-Chauve, c'est-à-dire toute la Germanie et une grande partie des Gaules et de l'Italie. Néanmoins, il y a lieu de croire que, dans l'Aquitaine, il y eut des portions de territoire qui, à cause des droits de Karle-Simple, refusèrent de se soumettre à ce monarque élu. Dom Vaissette (b) cite, par exemple, une charte de l'abbaye d'Arles en Roussillon, datée de la manière suivante : *Cette vente a été faite le 22 de mai, la seconde année depuis la mort du roi Carloman, J.-C. régnant, et dans l'attente d'un roi.*

XXVIII. (c) Vers cette époque (d) mourut Wigrin, établi

(a) *Chron. Sax.* (b) *Hist. du Lang.*
(c) *Chron. Engol.*
(d) Le 3 mai 866.

comte d'Angoulême, par Karle-Chauve, à la suite d'Emenon; il possédait aussi les comtés de Périgord et de la Marche. Ce personnage guerroya avec avantage contre les Northmans, bâtit les châteaux de Marsillac et de Matha, et releva les murs d'Angoulême, renversés par les barbares. Il laissa de Rogelinde, fille de Bernhard II, comte de Poitou, deux fils; Alduin, qui lui succéda comme comte d'Angoulême, et Guillelme, qui eut pour son lot le comté de Périgord.

XXIX. (a) On sait que Karle-Gras reprit, vers ce temps, la guerre qui avait été commencée contre Boson, qui, comme on l'a vu, s'était fait déclarer roi de Provence. Un des principaux généraux du roi frank fut Bernhard, marquis de Gothie et comte d'Arvernie, qui mourut dans une expédition contre les Provençaux, et par suite de laquelle il paraît que Boson fut dépouillé d'une partie de ses possessions, puisqu'on voit Karle-Gras régner, après cette époque, sur la ville de Lyon et sur la contrée des bords du Rhône.

Bernhard d'Arvernie avait eu d'Ermengarde, fille ou sœur de Warin, comte d'Arvernie, deux fils nommés, l'un Warin, et l'autre Guillelme, qui mourut avant lui. Son troisième fils, nommé aussi Guillelme et surnommé le Pieux, lui succéda en qualité de marquis de Gothie et de comte d'Arvernie. Les faits qu'on vient d'énoncer résultent d'une charte de la fin de l'année 886, dans laquelle l'empereur Karle-Gras dit « qu'ayant fait
» attention aux marques de valeur et de fidélité que feu Bernhard, comte et marquis, avait données à son service en s'opposant aux ennemis de l'Etat, et particulièrement au tyran
» Boson et à ses partisans, et en exposant sa vie dans un
» combat contre ces rebelles, où il avait été tué ; il accorde, à
» la recommandation de Guillelme, comte et marquis, fils
» dudit Bernhard, qui était alors à sa cour, etc., » certaines faveurs qu'il est inutile d'indiquer ici.

XXX. (b) Les Northmans étaient alors stationnés dans le

(a) *Baluz. Anv.*—Besly, *Comt. de Poit.*—D. Vaissette, *Hist. du Lang.*
(b) Abbon monach. *Carm. de Bell. Paris.*—*Annal. Franc.*—*Ann. Vedast.*

cœur de la France ; le siége de Paris, commencé par eux, en novembre 885, sous les ordres de Siegfried, abandonné un moment, fut poussé avec vigueur dans le commencement de 886. Cette place, à l'entretien des fortifications de laquelle il avait été pourvu à la diète de Kiersi, de 877 (a), avait pour comte Odon, fils de Robert-Fort. Ce chef, digne de son père, était grandement secondé par son frère Robert, par l'évêque Gozlin et par l'abbé Ebles, tous les deux hommes belliqueux, malgré leurs fonctions ecclésiastiques. Pour obtenir des secours, Odon envoya solliciter le concours de l'empereur Karles ; d'autres disent qu'il fut lui-même le demander au monarque, qui était alors à Metz. Toujours est-il qu'enfin Herric, comte de Saxe, arriva avec un corps de troupes. Déjà les Parisiens avaient fait de nombreux actes de bravoure, et cette intervention donna une nouvelle énergie aux assiégés. Mais Herric périt dans un engagement, et l'évêque Gozlin avait succombé, par suite d'une maladie pestilentielle, résultat de l'infection occasionnée par les cadavres accumulés sur les rives de la Seine. Enfin, après un grand nombre de beaux faits d'armes, *et grâce à la présence des reliques de Ste Geneviève, apportées sur les murailles*, disent les chroniqueurs, le siége fut levé. Néanmoins, les Northmans continuèrent à bloquer la ville de Paris, consistant alors seulement dans l'île de la Cité et deux petits faubourgs, pendant le surplus de l'été et tout l'automne.

Le siége de Paris, événement mémorable de l'époque, a été chanté par le moine Abbon, dans un poëme en vers ampoulés et souvent difficiles à comprendre. Néanmoins, ce document est précieux, en ce qu'il mentionne beaucoup de faits relativement auxquels il peut y avoir de l'exagération, mais dont le fond, au moins, doit être tenu pour vrai. Au surplus, un auteur judicieux (b) l'a dit avant nous. Cette résistance doit être appréciée à sa juste valeur ; Paris était alors bien fortifié pour le temps, et les Northmans n'avaient point le goût des longs siéges, dont le matériel nécessaire n'était pas en leurs

(a) Baluz. *Capitul.*
(b) M. Depping, *Invasions des Normans.*

mains. Ce ne fut donc pas un siége régulier que celui de Paris, dont la communication avec la terre ferme ne fut jamais entièrement interceptée.

XXXI. (*a*) Enfin, en octobre 886, l'empereur Karle-Gras arriva, et campa avec ses forces sur la hauteur de Montmartre. En même temps, Siegfried revint de Louvain avec de nouvelles bandes. On croyait que l'empereur attaquerait aussitôt les ennemis, afin de délivrer Paris, dont le siége paraissait être prêt à recommencer. Il n'en fut pas ainsi; il ne tenta aucunement la voie des armes. Tout se borna, pour lui, à traiter avec les barbares, le 30 novembre 886, et à les renvoyer, moyennant sept cents livres d'argent. Il les laissa même aller ravager la Burgundie, ce qui fut peut-être une vengeance qu'il voulut exercer contre les habitants de cette contrée, qui s'étaient montrés dévoués à Boson, son ennemi.

XXXII. (*b*) Il paraît que pendant que les troupes impériales étaient occupées contre les Northmans, Boson saisit cette occasion pour reconquérir la ville de Vienne, et une partie des possessions qui lui avaient été enlevées par Karloman et par son successeur. En effet, il jouissait paisiblement de toutes les contrées qu'il avait usurpées à sa mort, arrivée au commencement de 887, dans la ville de Vienne même, où il fut inhumé. Ermengarde était alors auprès de son mari, à qui sans doute son frère Robert l'avait rendue. En mourant, Boson laissait de cette femme un fils appelé Ludwig, et une fille du nom d'Ingelberge, qui, plus tard, épousa Guillehme – Pieux, comte d'Auvergne.

A la mort de Boson, son fils Ludwig se rendit auprès de l'empereur Karle – Gras, dont il était le proche parent, à cause de sa mère. Il reçut le meilleur accueil de l'empereur, qui le traita comme son fils adoptif et son vassal, et lui conféra le duché de Provence. A ce titre, il prit paisiblement possession des Etats dont son père s'intitulait roi.

(*a*) Abbon. — *Chron. de Gest. Norman.* — *Chron. Sith.*
(*b*) *Regin. Chron.* — *Annal. Fuld.* — *Herm. Contr. Chron.*

XXXIII. (a) Le peu d'énergie de Karle-Gras, à l'encontre des Northmans, aliéna contre lui les provinces qui faisaient partie de son vaste empire. Aussi, quand arriva la diète germanique, qui se tint à Tribur près Mayence, à la St-Martin d'hiver 887, la majorité des membres de cette assemblée déclara que leur monarque avait perdu à la fois ses forces physiques et morales, et élut, pour le remplacer, comme roi de Germanie, son neveu Arnulfe, fils naturel de Karloman, roi de Bavière.

Après cette élection, Karle-Gras fut aussitôt abandonné par les siens, qui passèrent du côté de son neveu; de sorte qu'au bout de trois jours, à peine restait-il un seul domestique à l'ex-empereur pour le servir. En vain voulut-il essayer de résister à l'acte qui l'excluait du trône, ses efforts furent sans résultat. Luthbert, évêque de Mayence, fut même obligé de pourvoir à ses premiers besoins. Voyant sa véritable position, Karles fut réduit à solliciter de son neveu une pension alimentaire, et à lui recommander un fils qu'il avait eu d'une concubine. Arnulfe accorda à celui qui avait possédé l'empire de Karle-Magne un domaine à Indingen, dans le pays des Allemans, la Souabe actuelle, où il alla se fixer. Il y mourut peu après, le 12 janvier 888, et fut inhumé dans le monastère de Reichenaw.

Karle-Gras, qu'on ne compte pas généralement au nombre des rois de France, quoiqu'il régna effectivement sur cette contrée, était, dit un chroniqueur, soumis aux canons de l'Église, très-adonné à l'oraison et au chant des psaumes. Mais ces habitudes monacales s'alliaient très-bien avec sa faiblesse comme roi. Avec lui fut dissous définitivement l'empire de Karle-Magne, car, à sa mort, ces immenses possessions se divisèrent en différentes mains, comme on va le voir.

XXXIV. (b) Lorsque Karle-Gras eut été ainsi déposé à la

(a) *Annal. Vedast.* — *Annal. Fuld.* — *Herman. Contr. Chron.*
(b) *Annal. Fuld.* — *Annal. Metens.* — *Adem. Caban.* — *Chron. Andeg.* — *Chron. Hug. Flav.* — *Brev. Chron.* — *Annal. Vedast.* — *Abbon.* — *Flod. Hist. Rem.*

diète de Tribur, et surtout à la nouvelle de sa mort, les grands des différentes contrées soumises avant à son autorité, songèrent à se choisir un souverain particulier. Il ne fut plus, en effet, question d'avoir un seul monarque, un empereur, qui ne pouvait veiller à la sûreté de pays si éloignés les uns des autres, et si souvent exposés au ravage d'un ennemi habituel. On peut donc énoncer comme une vérité, que les invasions habituelles des Northmans causèrent surtout la dislocation définitive du grand empire qu'avait fondé Karle-Magne.

Les peuples d'Italie élurent pour leur roi Bérenger, duc de Frioul, qui descendait, par les femmes, de la race des maires du palais. Il eut d'abord pour compétiteur Widon, duc de Spolette, descendant aussi de la race karolingienne ; mais celui-ci lui céda bientôt ses droits, et se rendit au delà des Alpes pour former un royaume de Burgundie. En même temps, Rodolphe, fils de Conrad, se fit proclamer, à St-Maurice en Walais, roi de la Burgundie transjurane. Ludwig, fils de Boson, duc de Provence, reprit aussi le titre de roi qu'avait déjà porté son père.

A la même époque, les grands de Neustrie et de Burgundie, enfin des pays que nous pouvons appeler à présent la France, se réunirent aussi à Compiègne pour faire cesser l'interrègne, qui existait en réalité. Leur roi légitime aurait dû être le fils posthume de Ludwig-Bègue, nommé lui-même Karle-Simple (*a*). Mais ce prince, élevé à la cour de Raynulfe II, duc d'Aquitaine, n'avait encore que neuf ans, et quelques-uns le tenaient même pour illégitime. Ensuite il fallait une main ferme pour diriger le vaisseau de l'Etat à l'encontre des écueils, et une épée puissante était nécessaire pour résister aux Northmans. Les suffrages se portèrent donc, *d'un commun accord et d'une volonté unique*, sur le comte de Paris, ou duc de France, Odon, fils de Robert-Fort et successeur de son père et aussi d'Hugues l'Abbé, son frère utérin, mort l'année d'auparavant dans le commandement des Marches d'entre Loire et Seine. Odon était beau de figure, d'une stature colos-

(*a*) *Simplex* ou *Stultus*.

sale, plein de sagesse, de vaillance et d'habileté. On récompensait aussi en lui des services personnels, en même temps que ceux rendus par son père ; car, comme on l'a vu, il avait bravement combattu les Northmans, et était même parvenu à les empêcher de s'emparer de Paris, la capitale de l'empire frank.

XXXV. Au dire de quelques auteurs, Odon hésita pour accepter (*a*). Mais, en définitive, il se fit sacrer, durant la diète, par Wauthier, archevêque de Sens. Ensuite il se rendit à Worms à l'assemblée que présidait Arnulfe, roi de Germanie, et déclara qu'il voulait tenir sa couronne de lui, et la déposa à ses pieds. Celui-ci la lui remit sur la tête et le reconnut comme roi de Neustrie, ou plutôt de France. En retour, Odon abandonna à Arnulfe la possession de la Lorraine. Cette démarche du premier roi d'une dynastie qui devait fournir tant d'autres monarques, pourrait prêter à quelques observations critiques ; mais il faut avouer aussi que l'union de ces deux souverains fut favorable au maintien de l'ordre, et permit à chacun d'eux d'agir avec plus d'efficacité contre l'ennemi commun.

XXXVI. Ainsi qu'on vient de le voir, ce furent précisément les grands du nord de la Gaule, qui commencèrent à dépouiller la famille de Pippin. Mais, on doit le dire, ce ne fut point l'effet d'un caprice, mais le résultat de la politique, qui les porta à faire choix du descendant de Robert-Fort, d'un homme de race non encore royale, mais d'une famille où le courage et l'habileté s'étaient développés à un haut degré. De plus, on l'a déjà vu, Karle-Simple, le dernier du sang des maires du palais, était hors d'état de remplir le rôle important qui était assigné, par les circonstances, au chef principal de la partie de la nation franke située au midi du Rhin.

XXXVII. « (*b*) Alors, le changement de souverain dans ce qu'on était convenu d'appeler la capitale des Gaules, le titre

---

(*a*) Dom Bouquet réfute cette allégation ; il n'est pas besoin non plus de s'arrêter à l'opinion qui a fait d'Odon un simple régent du royaume.

(*b*) Cet alinéa est extrait d'un auteur moderne.

de roi pris par le comte de Paris, et l'expulsion définitive de l'héritier de la race des *Karolings*, eut de l'écho dans toutes les Gaules. Chaque grande région voulut avoir son roi et visa à une entière indépendance. Il y eut un roi de la Burgundie supérieure, qui prit Genève pour sa capitale; un autre royaume, dit de Burgundie inférieure, prit pour limites le Rhône, le Jura et la Méditerranée ; une autre monarchie, dite de Lorraine, s'éleva du Rhône à la Meuse et à la Saône ; enfin, les Aquitains songèrent à faire renaître leur ancien royaume, en prenant Poitiers pour leur capitale. »

XXXVIII. (*a*) En effet, les habitants de l'Aquitaine, constamment fidèles aux anciennes dynasties, n'avaient pu se résoudre à reconnaître Odon pour roi. Ils tenaient toujours à la race des maires du palais, comme auparavant on les avait vus se détacher si difficilement de la famille mérovingienne. Aussi Karle-Simple, nonobstant la faiblesse de son âge et de son esprit, leur paraissait leur monarque légitime, et de plus, il avait été élevé parmi eux. Ensuite la nationalité de l'Aquitaine, son individualité, revinrent à tous les esprits, lorsque chaque grande fraction s'érigeait en royaume indépendant. Dans une telle position, Raynulfe II, comte de Poitou, se targuant de son titre de descendant de Karle-Magne par les femmes, et de ce que les Aquitains n'avaient pas concouru à l'élection d'Odon, se laissa proclamer, à Poitiers, roi d'Aquitaine et de Septimanie, par un bon nombre de grands de ce vaste territoire. On indiquera notamment Gausbert et Ebles, ses frères, et Guillelme-Pieux, premier comte héréditaire d'Arvernie, son cousin au troisième degré ; Alduin, comte d'Angoulême (*b*) et de la Marche, et son frère Guillelme, comte de Périgord. Raynulfe II fit aussi alliance avec Rol, prince de Redon, homme puissant en Armorique, et entra en relation avec d'autres rois nouvellement proclamés.

XXXIX. Odon ne fut pas reconnu pour roi dans une partie

(*a*) *Chron. Herman. Contract.* — *Annal. Vedast.*

(*b*) Il avait succédé, en 886, à Wigrin, son père, et ne tarda pas à reconnaître Odon pour roi.

de la Gothie et dans la Marche d'Espagne. C'est ce qu'apprend une charte citée par dom Vaissette (a), datée de l'année de la mort de l'empereur Karles, *dans l'attente d'un nouveau roi* (REGE EXPECTANTE), ou J.-C. régnant, *en attendant un roi de sa main libérale*.

XL. (b) Elevé à la dignité royale, Odon chercha à s'y maintenir par tous les moyens qui étaient en son pouvoir. On ne pouvait pas, à raison de l'hérédité des fiefs, devenue une loi de l'empire frank, enlever, au moins de prime abord, un comté à celui qui en était pourvu par voie de succession et d'une manière incontestable. Agir d'une telle façon aurait été, par le fait, mettre en problème un ordre de choses reconnu, et se créer des ennemis dans tous les comtes des diverses fractions du territoire. Mais il était certaines dignités que de grands feudataires avaient saisies sans un droit bien apparent. Ainsi Guillelme-Pieux, fils de l'un des Bernhard, petit-fils de Guillelme de Gélone, s'était trouvé, à la suite de son père, et comme on l'a vu, comte d'Arvernie et marquis de Gothie, de plus encore comte de Velay; mais aussi il s'était nanti du comté de Bourges. Or, afin de punir Guillelme pour s'être déclaré contre lui, Odon lui enleva ce dernier comté et le donna à un seigneur appelé Hugues. Celui-ci vint donc, avec des forces, s'établir dans sa dignité et en prendre possession, aidé de quelques grands du pays. Mais l'ancien titulaire réunit ses fidèles, battit les troupes de son compétiteur, poursuivit celui-ci, qui fut bientôt abandonné, parvint à l'atteindre, et le mit à mort de sa propre main.

XLI. (c) Odon, en apprenant le parti pris par Raynulfe II, marcha contre lui. Celui-ci, sans doute pris à l'improviste et hors d'état de se défendre, se retira, à l'approche de l'ennemi, auprès de son parent Guillelme-Pieux, comte d'Arvernie, afin d'organiser là ses moyens de résistance, ou

---

(a) *Hist. du Lang.*
(b) *Art de vérifier les dates.*
(c) Abbon. *Mon. de Bell. Paris. Urb.*

d'aviser autrement au moyen de conjurer le danger dont il était menacé.

XLII. (a) Il paraît qu'après un conflit de peu d'importance, il s'opéra, entre Odon et Raynulfe II, une réconciliation peut-être peu sincère. Toujours est-il que Raynulfe fut au devant d'Odon, emmenant avec lui le jeune Karle-Simple, et qu'il jura au roi élu serment de fidélité, comme à son souverain. En renonçant ainsi pour toujours à la dignité royale, il conserva le titre de duc d'Aquitaine et de comte de Poitou; ce qui lui conférait, sauf un hommage à peu près de nom, la même autorité sur une notable partie de pays de la Loire aux Pyrénées.

XLIII. (b) Comme l'Aquitaine n'avait cessé que depuis peu d'années de faire un royaume particulier, Odon se fit, d'après le cérémonial usité, couronner roi des Aquitains à Limoges, ville qui était pour cette contrée ce que Reims a été depuis pour le royaume de France. Il paraît qu'il fit aussi frapper là de la monnaie sous son nom, en faisant supprimer, sur les coins, le nom de Karles. Ensuite il se rendit à Paris, dans la crainte des Northmans (c).

XLIV. Vers ce temps surgit en Poitou et dans la partie de l'Aquitaine qui s'y rattache, une nouvelle institution féodale, d'une grande importance, celle des vicomtes. Elle parut lorsque l'autorité des comtes s'était consolidée, et elle l'affaiblit pourtant, au moins plus tard. Il faut parler de cette création en général, et la faire connaître à fond, avant de passer à ce qu'il y a de particulier, en ce point, pour l'Aquitaine du nord et surtout pour le Poitou.

XLV. Les vicomtes furent, dès le principe, les lieutenants des comtes. On les établit généralement, au nombre de plusieurs par comté. Ils étaient à vie (d), et ne devinrent héréditaires que plus tard. Ce fut un peu après leur institution,

---

(a) *Annal. Vedast.*
(b) *Adem. Caban.*
(c) *Chr. Gest. Norman.*
(d) Baluz. *Hist. Tut.* — D. Vaissette, *Hist. de Lang.*

qu'ils ajoutèrent à l'indication de leur titre le nom de la ville où de la contrée dans laquelle ils exerçaient leurs fonctions.

XLVI. Or, ici s'élève une difficulté soulevée par un auteur judicieux, par de Marca (a), qui semblerait presque être appuyée par un écrivain très-savant de notre époque (b). Qu'on reconnaisse que, dans le principe, les vicomtes ne prenaient pas, comme titre de seigneurie, le nom de la localité qu'ils administraient; il n'y a point de doute à ce sujet, et les chartes de l'époque résolvent la difficulté. Mais est-il vrai aussi, comme le dit l'historien du Béarn, que les vicomtes, dans le début de leurs fonctions, représentaient le comte *dans tout le territoire du comté?* S'il en eût été ainsi, pourquoi en aurait-on créé trois ou même quatre pour le Poitou, tandis qu'un seul aurait suffi? Du reste, les actes faits par les vicomtes établissent suffisamment qu'il fut départi à chacun d'eux un territoire particulier dès leur entrée en fonction, nonobstant qu'ils n'en donnassent pas d'abord l'indication dans les chartes qu'ils souscrivaient. Les viguiers, au surplus, agissaient de la même manière, et on n'a jamais prétendu que leur juridiction à eux fut universelle pour tout le comté.

XLVII. Si l'on en croit un auteur (c), les vicomtes furent pris parmi les plus grands seigneurs originaires de la province, et on ajouta le nom de la principale terre qu'ils possédaient à celle de leur dignité; comme lieutenants des comtes, ils étaient chargés d'exercer leurs fonctions lorsque ceux-ci s'absentaient, et de les aider lorsqu'ils étaient présents.

XLVIII. Les vicomtes n'existaient point sous la race mérovingienne. On n'en trouve même point sous Karle-Magne, si on se sert de la critique, pour éclairer les dates, relativement à trois diplômes qu'on attribue à cet empereur. Le premier, placé par le père Lecointe (d) sous l'an 790 et comme étant de cet empereur, est évidemment de Karle-Chauve, d'après dom Ma-

(a) *Marca Hisp.*
(b) M. Rabanis, *Essai sur les Mérovingiens d'Aquitaine.*
(c) Jouilleton, *Hist. de la Marche.*
(d) Lecoint. *Ad. ann.* 790.

billon et dom Vaissette (*a*), tant à cause de l'intitulé, du nom du notaire, et encore parce que Karle-Magne, ayant demeuré toute l'année 790 en Germanie, suivant Eginhard (*b*), n'a pas pu donner alors un diplôme en deçà du Rhin. Le second diplôme est copié par dom Mabillon, dans sa *Diplomatique* (*c*), comme étant de l'année 803 ; mais dom Vaissette (*d*) prouve qu'il est de Karle-Gras. Si le troisième diplôme, sans date, et inséré dans la Vie de St Benoît d'Aniane (*e*), est bien de Karle-Magne, on doit objecter encore, d'après dom Vaissette, que ce n'est pas une charte originale, et que les copistes peuvent avoir substitué le mot *vicecomitibus* qui s'y trouve à celui de *vicariis*, qui signifiait la même chose, ou à peu près, avant que les vicomtes eussent été institués.

IL. C'est donc véritablement sous le règne de Ludwig-Débonnaire que le titre de vicomte commença à être en usage (8), ainsi que l'établit le judicieux et savant dom Vaissette (*f*).

Au surplus, si l'on tient pour vraie la charte d'Alaon, l'existence de certains vicomtes remonterait jusqu'à l'an 845. Mais comme la sincérité de ce document, défendue par plusieurs savants, a été attaquée par d'autres, on se bornera ici à une simple citation, le point qu'on veut établir étant d'ailleurs suffisamment étayé par d'autres chartes (9) dont la véracité est incontestable.

L. Ce fut vers la fin du ix° siècle que les vicomtes devinrent communs dans les provinces françaises (10), ainsi que le font remarquer de Marca (*g*) et dom Vaissette (*h*).

LI. Il n'est pas douteux que les premiers vicomtes furent, à l'instar des marquis, établis sur les frontières ou les *Marches*, pour les garder. Nous trouvons, en effet, des vicomtes dès le

(*a*) D. Mab. *Diplôm.* — D. Vaissette, *Hist. du Lang.*
(*b*) *Egin. Annal.*
(*c*) *Dipl.* p. 505.
(*d*) *Hist. de Languedoc.*
(*e*) *Ac. SS. Bén.* Sœc. 4° part.
(*f*) *Hist. de Lang.*
(*g*) *Hist. de Béarn.* — *Capitul.* (*h*) *Hist. de Lang.*

règne de Ludwig-Débounaire, dans les provinces de France joignant l'Espagne ou s'en rapprochant, comme la Septimanie, la Vasconie et la Marche d'Espagne (11), et on en rencontre dans cette partie de l'ancienne Aquitaine, en 832, 843, 845 et années suivantes. Cette indication nous est donnée d'abord par de Marca (*a*), et ensuite par dom Vaissette (*b*).

LII. Après avoir ainsi parlé de l'institution des vicomtes en général, et aussi pour le midi de l'ancienne Aquitaine, abordons ce qui concerne cette création pour l'Aquitaine du nord.

LIII. Il paraît, pour la première fois, un vicomte à Limoges, vers l'année 890; son nom est *Fulcher, Fulcherius* ou *Fulgo* (*c*), et ses premiers successeurs sont peu connus. Si l'on en croit Verneilh-Puiraseau (*d*) et Jouilleton (*e*), le vicomte de Limoges fut établi par Odon, roi élu, qui, voulant affaiblir l'autorité des grands vassaux, créa à cet effet les vicomtes. Du reste, Adémar de Chabanais (*f*) dit positivement que le roi dont il est ici question partagea le Limousin en plusieurs vicomtés.

LIV. On assure que ce fut dans un de ses voyages en Aquitaine, peut-être lorsqu'il se fit sacrer à Limoges, que le roi Odon créa des vicomtés dans cette contrée. Turpion d'Aubusson refusait de se reconnaître vassal du comte de la Marche, et il fut élevé à la dignité de vicomte (*g*).

LV. Après la création du vicomte de Limoges, il s'établit successivement d'autres vicomtes dans le surplus du Limousin et de la Marche, savoir ceux de Ventadour, Ségur, Comborn, Brigueuil, Bridiers, Brosse et Rochechouart.

LVI. L'établissement des vicomtes en Limousin put sembler d'une utilité plus réelle qu'ailleurs, par la raison que cette province, qui avait d'abord été placée sous un comte particulier (*h*), avait ensuite cessé d'en avoir.

(*a*) *Hist. de Bearn.* (*b*) *Hist. de Lang.*
(*c*) *Ms. de Robert du Dorat.*
(*d*) *Hist. d'Aquitaine.* (*e*) *Hist. de la Marche.*
(*f*) *Anem. Caban. Chron.*
(*g*) Jouilleton, *Hist. de la Marche.*
(*h*) Lors de la création du royaume d'Aquitaine par Karle-Grand, en 778.

LVII. (a) On ne sait trop si ce fut dans le même temps qu'un vicomte de Bourges fut institué, indépendamment du comte de Bourges, dont l'autorité s'étendait sur toute la province de Berri (12). Toujours est-il que sous Guillelme-Pieux, duc d'Aquitaine, comte d'Arvernie et de Berri, il y eut un vicomte de Bourges du nom d'Ebbon. Ce fut lui qui bâtit, en 917, le monastère de Deols, ou Bourg-Dieu, qu'acheva Raoul son fils.

LVIII. Le Poitou était dans une position contraire, et néanmoins on y établit aussi des vicomtes. Le motif, on n'en peut guère douter, était autant de diminuer l'autorité du comte, que de faciliter l'administration du pays.

LIX. Une remarque à faire, c'est qu'il n'est plus guère question des viguiers, et qu'on cesse à peu près de les indiquer, dans les monuments historiques, au moment où apparaissent les vicomtes. On doit en induire qu'une institution remplaça l'autre, ou à peu près (b). Néanmoins il faut reconnaître que, si les vigueries ont été établies, plus tard, dans le bas Poitou et surtout dans le comté d'Herbauges, dans le haut Poitou aussi elles ont continué à être mentionnées, dans les chartes, à une époque où il n'en était plus question dans l'autre partie de la province (c).

LX. Et d'abord parlons du vicomte de Melle, pour le mettre hors de cause. En effet, ce vicomte est évidemment d'une création spéciale, et il doit être considéré comme ayant une origine antérieure aux autres. Aussi on trouve, dans l'édit donné par Karle-Chauve, à la diète de Piste de 854, que le premier jour de juillet, tous les comtes dans le ressort desquels les monnayeurs travaillaient, devaient envoyer à Senlis leur vicomte, *vicecomitum suum*, pour y recevoir chacun cinq livres d'argent de l'épargne, afin de commencer à travailler. Ensuite, le samedi avant le carême, chaque monétaire envoyait à l'épargne, par les mêmes personnes, c'est-à-dire par

(a) *Art de vérifier les dates.*
(b) Voir les *Recherches sur les vigueries*, par M. de la Fontenelle.
(c) *Ibid.*

le vicomte et par les leux notables, pareille quantité d'argent en deniers monnayés (13).

LXI. Il résulte de ce document, sur lequel on ne paraît pas s'être assez arrêté jusqu'ici, que dès le milieu du ix° siècle, il existait des vicomtes chargés de ce qui concernait la monnaie, en un mot, des *vicomtes monétaires*. L'édit de Piste le prouve, ainsi qu'une charte, pour Isernay, vers St-Maixent (*a*). Dans cet acte figurent Ebles, comte de Poitou, Maingot et Savary, vicomtes, qui l'étaient, l'un d'Aunay, et l'autre de Thouars, sans en prendre le titre : puis on trouve une croix avec cette mention : *Signum Attoni, vicecomitis metulensis*. Or, cette indication peut se rapporter autant à la mine de Melle et à ses monnaies, qu'au nom de la localité même. Ce qui doit le faire croire surtout, c'est, comme on l'a dit, que les autres vicomtes ne mentionnaient point encore le territoire sur lequel ils exerçaient leur autorité.

LXII. (*b*) Nous trouvons, dans deux actes du 29 juin 906 et de février 907, un vicomte de Melle du nom de Maingot, dénomination donnée encore, dans le bas peuple, en Poitou, à ceux qui sont manchots ou privés de l'usage d'une main. Maingot a été la tige de la maison de Surgères, qui marqua dans l'histoire quelques siècles plus tard. Deux autres vicomtes, Atton et Raoul, ont été considérés postérieurement comme l'ayant été de Melle, sans que rien ne le prouve. Toujours est-il que Guillelme, qui vivait en 959, fut le dernier qui ait possédé cette vicomté, ou plutôt dont on ait connaissance. Néanmoins, il pourrait se faire qu'un personnage du nom de Savary (14) ait aussi et plus tard été vicomte de Melle, ou vicomte monétaire en Poitou.

LXIII. Venons à présent aux autres vicomtes de la province, c'est-à-dire aux vicomtes ayant un territoire. On en trouve trois dans le principe ; l'un deux fut placé à l'extrémité du pays, et à l'entrée, pour ainsi dire, de la Saintonge, à Aunay, sur la voie romaine de Poitiers à Saintes. Il étendit, d'après cela,

---

(*a*) Besly, *Comt. de Poit.*
(*b*) Besl. *év. de Poit.* — *Comt. de Poit.* — *Ms. de D. Fonteneau.*

son autorité sur le sud-est du Poitou, et si le vicomte de Melle eut un territoire, il dut être pris sur l'étendue de celui du vicomte d'Aunay.

LXIV. Le premier vicomte d'Aunay connu fut aussi un Maingot ou Maingaud, mentionné dans une charte de 903 (15). Est-ce le même personnage que le vicomte de Melle, ou *vicomte monétaire*, qui portait le même nom ? On l'ignore. Toujours est-il que s'il y avait alors deux vicomtes, l'un de Melle et l'autre d'Aunay, ils étaient probablement de la même famille.

Du reste, le titre de vicomte d'Aunay ne tarda pas, ainsi qu'on le verra, à entrer dans la maison des Kadelon, qui brilla d'un assez grand éclat.

LXV. Le vicomte d'Aunay était chambellan héréditaire du comte de Poitou (a), et il fut *plus tard* (16) gardien du sceau qu'on apposait sur les chartes. Pendant qu'il était à Poitiers occupé pour son service, il était nourri, lui et ses gens, aux dépens du comte. Lorsque celui-ci faisait sa première entrée à Poitiers, le vicomte d'Aunay avait droit de prendre le lit dans lequel son suzerain avait couché. Si la comtesse voulait faire aussi une entrée solennelle et première à Poitiers, le chambellan devait conduire son palefroi par la bride, depuis la porte de la ville jusqu'à son palais. Il l'aidait à descendre de son cheval, et le *mantel ou chappe qu'elle aura vêtue, et le cheval sur quoi elle sera venue*, dit un ancien document, *lui appartiennent*.

De plus, le vicomte d'Aunay, toujours en sa qualité de chambellan du comte de Poitou, devait donner à boire à la comtesse au premier repas qu'elle prenait à Poitiers, et alors la coupe ou autre *vaissel* dans laquelle elle avait bu appartenait au vicomte. Il prenait aussi le lit et les tapisseries de la chambre où la comtesse avait couché le jour de son arrivée à Poitiers.

Quand la féodalité fut ainsi organisée, le vicomte d'Aunay rendit son hommage au comte de Poitou, en lui présentant,

(a) Besly, *Comt. de Poit.*
(b) *Ms. de D. Fontenesu.* — Thibaudeau, *Hist. du Poit.*

pendant la messe, un denier d'or, afin qu'il pût le donner en allant à l'offrande (a).

LXVI. Sous le vicomte d'Aunay, en sa qualité de chambellan, fut placé, toujours plus tard, le bouteiller du comte. Ce titre était affecté au seigneur de la terre de Bren, près Poitiers. Cet officier devait, à la première venue du comte dans sa capitale, lui donner à laver, goûter l'eau de son bain, afin de savoir si elle était de bonne qualité, faire nettoyer la chapelle de la salle du palais et les chambres touchant la bouteillerie. Pour ce service, le bouteiller avait droit, par chaque jour, à huit pains, un septier de vin, quatre pièces de chair et huit petites chandelles. On lui accordait aussi le droit de percevoir certains droits dans la ville de Poitiers, sur les marchands de poisson, de fromage, de pots, etc. (b).

LXVII. Il a existé plus tard des droits assez singuliers au profit du vicomte d'Aunay, de la part du prieur d'Availles, à raison de la concession qui fut faite à celui-ci des bois d'Availles, à la réserve du droit d'usage et pâturages, dans lesdits bois d'Availles, pour le vicomte et ses tenanciers. Nous prenons cette mention dans le dénombrement rendu, par ce vicomte, au comté de Poitou (c).

« Suivant ledit fossé qui renferme mes bois et forêts appelés
» *bois Availles*, ci-devant donnés par mes aïeux et prédé-
» cesseurs au prieur d'Availles, à la charge de faire et rendre
» le service qu'il me doit, qui est, qu'il doit célébrer la grand'-
» messe le jour de Pâques, à chaque muance d'hommes, étant
» en équipage, faisant ledit hommage, ayant les ornements
» blancs vêtus, et venir, monté sur une haquenée blanche,
» garnie d'une selle et bride blanche, ayant un homme avec
» lui qui apportera une geline blanche, montant à notre hôtel,

(a) Aveu de 1410, rendu par François de Montbron, vicomte d'Aunay, à Jean, duc de Berri et comte de Poitou.

(b) *Grand Gaulthier.* — Thibaudeau, *Hist. de Poit.*

(c) Dénombrement du 10 février 1412 rendu à Jehan de France, duc de Berri, comte de Poitou, par François de Montbron, vicomte d'Aunay et chambellan du Poitou. Cet acte copie la clause en question sur d'autres contrats plus anciens.

» le genou bas et présentant à moi ladite geline, serai tenu
» icelle prendre et accepter, pour ledit hommage qu'il me doit,
» et icelui je dois le prendre et le relever; aller d'*illec* cé-
» lébrer la grand'messe, puis ce fait, lui dois moi donner à
» dîner à lui et à son homme. Et s'il y a aucun qui le trouble,
» en la jouissance desdits bois, suis tenu de lui faire justice,
» laquelle je me suis et mes aïeux réservée avec droit d'usage,
» pacage et pâturage pour madite vicomté, moi et mes
» tenanciers. »

LXVIII. Un autre vicomte fut chargé de l'administration du nord-est du Poitou sur les deux rives de la Vienne. Ce personnage fut indiqué, plus tard, sous le nom de vicomte de Châtellerault.

LXIX. (a) Vers 892, on trouve un premier vicomte du territoire poitevin des rives de la Vienne, qui depuis reçut le nom de Châtelleraudais. Son nom était Gamalfridus ou Amalfridus, et il figure dans des chartes de cette époque. L'origine de ce vicomte est tout à fait ignorée, et les auteurs qui le font descendre ou de la maison de Lusignan, ou de celle de la Rochefoucault, ou même des comtes de Poitou, ne donnent aucune bonne raison à l'appui de leur système (17).

On croit que le lieu de résidence de ce vicomte était peu éloigné du point qui en devint ensuite le chef-lieu. Tout porte encore à penser que Gamalfridus habitait le château romain dit le Vieux-Poitiers, ou l'ancienne mansion *fines*, à l'angle formé par le confluent de la Vienne et du Clin. En effet, nous voyons que dans le siècle précédent, cette construction du peuple-roi était encore habitable, puisque en 744, les deux frères Karloman et Pippin y firent le partage des Gaules.

LXX. Au reste, il est probable que le chef-lieu de cette vicomté ne tarda pas a être transféré au point où est actuellement Châtellerault, et qui était le château d'Airaud, *Airaldus* ou *Adraldus*, le vicomte dont il sera question plus tard. Mais il ne faut pas anticiper à ce sujet.

(a) *Ms. de D. Fonteneau*. — Besly, *Comt. de Poit.*

LXXI. (*a*) Le vicomte de Châtellerault était le maréchal du comté de Poitou, et, en cette qualité, il commandait les troupes de la contrée, lorsque le comte faisait la guerre entre les rivières de Loire et Dordogne, limites assignées, plus tard, aux vassaux du Poitou, pour le service qu'ils devaient à leur suzerain (*b*).

LXXII. Un troisième vicomte, et celui dont la puissance fut la plus grande, parce que son territoire était le plus étendu, fut placé à Thouars, forteresse considérable (*c*) située sur la rivière du Thouet, non loin de l'entrée du bocage du Poitou.

LXXIII. La vicomté de Thouars (*d*) comprit tout l'ancien comté d'Herbauge, sauf la portion de territoire démembrée par Karle-Chauve en faveur d'Erispoé, comte de Nantes. De plus, elle s'étendait sur les deux rives du Thouet, et assez près de la capitale de la province. Le ressort de cette vicomté était ainsi plus considérable que celui des deux autres réunies.

LXXIV. Le premier vicomte de Thouars que nous rencontrons portait le nom de Savary (*e*). Nous savons qu'il avait deux frères : l'un, appelé Aimery, lui succéda dans les fonctions de vicomte de Thouars, et l'autre, nommé Adhémar, était, ainsi qu'on l'établira, abbé séculier de Saint-Maixent, et peut-être aussi de Redon, en Armorique. Il est probable que Savary n'administra pas le Thouarsais jusqu'à sa mort, arrivée après le 19 mai 926 ; car non-seulement Aimery, son frère, prit auparavant le titre de vicomte, mais même il en exerça les fonctions, autant qu'on en peut juger par certains actes.

LXXV. (18) La grande difficulté qui existe, pour établir la série véritable des vicomtes de Thouars, tient au mode

---

(*a*) Aveu de 1407, rendu à Jean, duc de Berri, comte de Poitou.— Thibaudeau, *Hist. de Poit.*

(*b*) Ces limites, pour le service militaire, sont indiquées dans beaucoup de chartes.

(*c*) On sait que la forteresse de Thouars fut prise par Pippin-Bref, lors de la guerre qu'il fit à Waifer, duc d'Aquitaine.

(*d*) Thoarcium.

(*e*) *Ms. D. Fontenvau.*—Besly, *Comt. de Poit.*

d'hérédité dans cette dignité. En effet, ce n'était pas le fils aîné du titulaire décédé qui lui succédait, mais son frère puîné, et ainsi de suite; et ce n'était que lorsqu'il n'existait plus de frère, que le fils aîné du frère aîné venait prendre possession de la vicomté. Ainsi se transmettait la dignité de frère à frère, pour revenir ensuite au fils aîné de l'aîné des frères, et continuer à sa mort de frère à frère et à toujours. De plus, tous les fils d'un vicomte de Thouars prenaient le titre de vicomte, sans doute à cause de leur aptitude à le devenir. A raison de cela, il est extrêmement difficile de distinguer le vicomte titulaire de ceux qui ne l'étaient que d'une manière nominale.

LXXVI. Ce mode particulier de succéder tenait sans doute à une origine particulière de la maison de Thouars. Peut-être était-elle visigothe; et se sera-t-elle, malgré la bataille de Vauclade, de 507, maintenue sur les rives du Thouet? On a vu déjà qu'un lieu avait conservé le nom de *villa Gothorum*, jusqu'à l'époque dont nous nous occupons.

LXXVII. Notons aussi qu'un mode de succéder, à peu près analogue à celui de la maison de Thouars, s'est conservé longtemps dans la partie du Poitou qu'arrose le Thouet. « Tout ce qui étoit, dit André Duchesne (*a*), entre les rivières de la Sèvre-Nantaise et la Dive qui passe à Moncontour, avoit cette coutume que le fils aîné, s'il n'y avoit que des enfants mâles, prenoit tous les biens immeubles, et s'il y avoit des filles, une ou plusieurs, il en prenoit seulement les trois quarts, avec le principal château ou tel autre qu'il lui plaisoit choisir, avec les clôtures. L'autre quart restoit aux filles. S'il y avoit des frères puînés, tant que l'aîné vivoit, ils ne prenoient rien, sauf la provision de neuf parties, les deux, le tout de l'hérédité partagée en neuf, à sous-diviser entre les puînés. Et quand l'aîné décédoit, ses enfants ne lui succédoient point d'abord, mais seulement en meubles, et la terre qu'il avoit tenue passoit au premier frère puîné, et de frère en frère, tant qu'il en avoit, lesquels entroient successivement en foi et hommage de la

---

(*a*) *Hist. de la maison de Châteigner.*

même terre. Par la mort du dernier de ces frères, elle retournoit, de plein droit, aux enfants de l'aîné. »

La très-ancienne coutume de Poitiers avait aussi des dispositions analogues (19).

LXXVIII. Un fait qui est de nature à étonner, si le titre de vicomte fut en effet donné alors aux plus grands vassaux du Poitou, est de voir qu'on ne l'accorda pas au baron de Parthenay et de la Gâtine du Poitou. Cependant son territoire était très-étendu, et il avait réellement bien plus de puissance que chacun des vicomtes d'Aunay et de Châtellerault. Il est, du reste, impossible de découvrir pourquoi ce grand feudataire demeura dans sa position première, tandis que celle de ses pairs s'améliorait, par la raison que les renseignements dont on aurait besoin pour éclairer ce point, manquent entièrement.

LXXIX. (a) Revenons aux faits qui ont trait à l'histoire générale du pays. Comme on l'a vu, le motif qui avait fait élire Odon roi, était le besoin d'un général assez habile pour résister aux Northmans. A cet égard, il avait d'avance fait ses preuves, et une nouvelle occasion se présenta en 889. Ces étrangers étaient au cœur de l'empire, dans les environs de Paris, lorsque Odon marcha contre eux avec une armée composée de Neustriens, de Burgundes et d'Aquitains. Il les atteignit dans la forêt de Montfaucon, le jour de la St-Jean-Baptiste 889, les défit complétement, et leur tua, dit-on, 19,000 hommes. Ce nombre paraît exagéré; mais il démontre toujours deux choses : d'abord que la victoire obtenue par le roi fut marquante, et qu'ensuite les Northmans avaient alors, dans les Gaules, des armées nombreuses auxquelles les indigènes résistaient, tandis que précédemment quelques centaines de ces adorateurs d'Odin suffisaient pour en imposer aux villes les plus populeuses.

LXXX. Il y a plus, si on en croit le témoignage d'un ancien auteur (b), adopté par un écrivain qui fait autorité (c), il y

(a) Abbo. de Bell. Paris. — Annal. Met. — Chron. Norm.
(b) Adem. Caban. (c) D. Vaissette, Hist. du Lang.

aurait eu, à cette époque, une nouvelle irruption de Northmans en Aquitaine. Or, pour se mettre en état de leur résister, le roi Odon aurait appelé à son secours Rodolphe, roi de la Burgundie transjurane, qui aurait battu les barbares dans le Limousin, et les aurait contraints de se réfugier ailleurs.

LXXXI. (a) Il paraît que Frottier, que nous avons vu administrateur du diocèse de Poitiers, et qui passa de l'archevêché de Bordeaux à celui de Bourges, conserva le titre d'abbé de St-Hilaire-le-Grand jusqu'à sa mort, arrivée après 886. Il fut remplacé immédiatement dans cette fonction par Ebles[20], fils de Bernhard II, comte de Poitou, et frère du comte Raynulfe II. Ebles était encore un abbé séculier, mais il s'acquitta avec zèle de ses fonctions. Le 30 décembre 889 (b), il obtint un diplôme du roi Odon, portant confirmation à son monastère de Champagné-St-Hilaire, Rouillé, Pouhant, Luzais, Frontenay, Cuhon, Vouzailles, Maulay, Benassais, Gourgé et autres possessions, dont quelques-unes étaient des alleux de la couronne. Odon défendit au comte et à toute autre personne d'envahir ces propriétés, ainsi que le terrain en dedans des murs de la ville de Poitiers, échangé par l'abbaye pour une quarte de terre à Pouhant, et les chanoines furent autorisés à disposer des maisons qu'ils possédaient, soit dans l'enceinte du monastère ou dans la ville, pourvu que ce ne fût pas en faveur d'étrangers.

LXXXII. (c) Odon était un roi élu, et le premier de sa dynastie. Aussi, pour consolider son pouvoir, il avait beaucoup à faire; et pour ces princes, particulièrement dans les temps de barbarie, tous les moyens pour se maintenir paraissaient bons. De plus, les hommes étaient alors en grande défiance les uns des autres, comme cela arrive aux époques où l'ordre social ne repose pas sur des bases bien solides.

(a) *Chron. Malleac.* — *Diplom. Odon. reg.* apud Besly, *Comt. de Poit.*

(b) Dans cette confirmation donnée à Chartres, Odon se qualifie de roi par la clémence de Dieu: *Odo, clementiâ Dei rex.*

(c) *Chron. Adem. Caban.* — *Chron. Malleac.*

Toujours est-il que quoique Raynulfe II eut renoncé au titre de roi d'Aquitaine, pour se contenter de celui de duc et de vassal d'Odon, à qui il paraissait sincèrement soumis, celui-ci n'avait pas cessé de suspecter l'autre d'avoir des idées d'indépendance. Peut-être, du reste, la conduite du duc prêtait-elle à ces soupçons ? Quoi qu'il en soit, Odon dissimula, et, faisant des avances trompeuses à Raynulfe, il parvint à l'attirer à sa cour.

LXXXIII. (*a*) En partant pour se rendre au delà de la Loire, à la cour du roi Odon, le duc Raynulfe laissa l'administration du comté de Poitou entre les mains du seul enfant qu'il eut, Ebles, surnommé *Manzer*, parce qu'il était issu d'une union illégitime. Le fils de Raynulfe ne faisait alors que d'atteindre sa vingt-deuxième année (*b*). Il y a lieu de croire qu'en le quittant, son père lui recommanda de se tenir sur ses gardes, pour le cas où il ne lui serait pas donné de revenir à Poitiers.

On trouve un acte du jeune Ebles-Manzer, antérieur à la mort de son père, charte que nous a conservée la pancarte noire de St-Martin de Tours (*c*). Ce document exige des explications qui ne doivent pas trouver place ici (21), parce qu'elles ont trop d'étendue. Toujours est-il que de cette charte on doit induire qu'avant la mort de Raynulfe II, le jeune Ebles était en possession d'une partie de la puissance de son père.

LXXXIV. (*d*) Les pressentiments de Raynulfe II n'étaient que trop fondés. En effet, si à son arrivée à la cour d'Odon, il reçut en apparence un bon accueil du roi, ce prince avait bien des intentions perfides contre son vassal. Dans la réalité, et ce point est reconnu par tous les auteurs du temps, Odon fit empoisonner Raynulfe II.

LXXXV. (*e*) Atteint d'un mal dont il comprit aisément la

(*a*) *Ms. de D. Fonteneau.*
(*b*) D'après la chronique dite de Maillesais, il était né en 868.
(*c*) *Panc. Nig. S. Mart. Tur.* — Besly, *Comt. de Poit.*
(*d*) *Chron. Malleac.* — *Chron. Adem.* — *Notit. Corof.*
(*e*) *Chron. Malleac.* — *Chron. Adem. Caban.* — *Chron. Ricard. Pict.*

cause, le comte de Poitou, hors d'état de quitter la cour, où il avait reçu une potion mortelle, songea à assurer l'existence et le sort de son fils, à qui il avait laissé l'administration de son comté. Il prévit bien que, d'après la manière atroce avec laquelle on avait agi envers lui, Ebles-Manzer avait tout à redouter d'Odon. D'ailleurs, la tache de la naissance du jeune homme pouvait servir de prétexte à la non-application de l'hérédité des bénéfices, principe arrêté définitivement à Kiersy. Dans cette position, Raynulfe II pria instamment son parent, Géraud, comte d'Aurillac, qui se trouvait près de lui, d'aller prendre son fils Ebles, et de le conduire à la cour de Guillelme-Pieux, comte d'Arvernie. En même temps, Raynulfe faisait inviter ce parent à veiller sur les jours d'Ebles-Manzer, et à accorder son appui à ce jeune homme, pour des temps plus heureux.

Ces recommandations faites, Raynulfe II rendit le dernier soupir, à la fin de 890 (22), en déplorant la confiance qu'il avait accordée, à tort, à quelqu'un avec lequel il se croyait sincèrement réconcilié.

LXXXVI. (a) A cette époque, la médecine était surtout exercée par les juifs, qui allaient étudier en Espagne, dans les universités arabes. Ce fut un médecin de cette nation qui donna ses soins à Raynulfe II, et peut-être, au lieu de chercher à le sauver, aida-t-il à perpétrer le crime qui donna la mort à ce personnage ? On ne peut, à ce sujet, rien préciser, à raison du silence des documents de l'époque.

LXXXVII. (b) Le comte d'Aurillac s'empressa d'exécuter les dernières volontés de Raynulfe II. Il se rendit sur-le-champ à Poitiers, fit connaître au jeune Ebles-Manzer l'état désespéré de son père, et les dangers qui le menaçaient. Puis il conduisit secrètement son jeune parent en Arvernie, où il le remit à Guillelme-Pieux, qui l'accueillit comme son fils, et avisa aux moyens de le préserver de la malignité de ses ennemis, jusqu'à une époque plus favorable.

(a) *Mém. Ms.*
(b) *Chron. Malleac.* — *Chron. Adem. Caban.* — *Ms. de dom Fonteneau.* — *Chron. Ricard. Pict.*

LXXXVIII.— (*a*) On a longtemps ignoré le nom de l'épouse légitime de Raynulfe II. Une épitaphe trouvée dans l'église de St-Hilaire-le-Grand de Poitiers, et conservée par dom Fonteneau, nous apprend le nom de cette comtesse, car l'inscription paraît se rapporter à elle. Elle y est appelée Adda, femme de Raynulfe, *épouse fidèle du Christ*, ayant brillé par ses actes religieux, et morte en paix, le 1ᵉʳ juillet d'une année qui n'est point désignée (23). Quoiqu'il ne soit point dit, dans cette épitaphe, que le Raynulfe dont il est question fût le comte de Poitou, deuxième de ce nom, néanmoins plusieurs considérations portent à le croire. L'église de St-Hilaire était située dans un des faubourgs de la capitale du Poitou. On n'enterrait alors, dans l'enceinte de cette église célèbre, que des personnes d'un haut rang, et le successeur immédiat de Raynulfe II y fut également inhumé. La qualité d'*épouse fidèle du Christ* donnée à Adda porte à croire qu'elle embrassa la vie religieuse, ou qu'elle se consacra particulièrement au Seigneur, après le décès de son époux. Du reste, Adda, d'une famille sans doute obscure (*b*), n'eut point d'enfant de son mariage, et Ebles, que nous verrons régner plus tard, n'était, on l'a dit, que fils naturel, né d'une mère inconnue.

LXXXIX. (*c*) Aussitôt la mort de Raynulfe II, le roi Odon disposa de la dignité de duc d'Aquitaine, qui n'était pas encore affectée au titulaire du comté de Poitou, en faveur de Guillelme-Pieux, comte d'Arvernie, du Berri et du Velay, et marquis de Septimanie. C'était un moyen de s'assurer la soumission de ce grand vassal, qui d'abord s'était fortement prononcé en faveur de la reconstitution du royaume d'Aquitaine, et aurait pu, s'il l'eût voulu, et plus que tout autre, aspirer à cette couronne.

XC. (*d*) A la même époque, le roi Odon donna le comté de Poitou à son frère le marquis Robert, ainsi nommé parce

---

(*a*) *Ms. de D. Fonteneau.*

(*b*) Besly, *Comt. de Poit.*, la fait, mal à propos, fille de Roll, chef des Northmans.

(*c*) *Ms. de D. Fonteneau.*

(*d*) *Ms. de dom Fonteneau.— Adem. Caban. Chron.*

qu'il avait été chargé de la défense d'une portion des Marches (24). Mais cette nomination était illégale, et elle se trouvait en opposition avec le principe de l'hérédité des fiefs, car l'illégitimité de la naissance n'avait point été déclarée encore être un motif d'exclusion de la succession paternelle.

Malgré cela, Robert vint pour prendre possession du comté de Poitou ; mais il trouva une opposition énergique à son entrée en fonctions. Les grands et le peuple désiraient avoir pour leur chef le jeune Ebles ; et les deux frères de Raynulfe II, Ebles, abbé séculier de St-Denis, et Gauzbert, qui avaient pris l'entière administration du comté de Poitou, au départ de leur neveu Ebles - Manzer, se déclarèrent pour ce dernier, et cherchèrent à garder le pouvoir les armes à la main. Mais, dans la province, un autre parti, voyant la difficulté d'obtenir Ebles pour comte, déclara que si la bâtardise était un motif d'exclure le fils de Raynulfe, le titre de comte appartenait, d'après la loi des bénéfices, à Adhémar ou Aymar, fils du comte Emenon (25). C'était celui qui avait été exclu de cette fonction par Ludwig-Débonnaire, en 839, ainsi que nous l'avons vu, et cela à raison de son attachement pour Pippin II. Néanmoins les droits de son fils n'étaient pas moins préexistants, et c'était un motif, en les faisant valoir, d'exclure le frère d'Odon.

XCI. (a) Par suite de ces diverses prétentions, une guerre civile éclata en Poitou entre les partisans d'Ebles, d'Adhémar et de Robert. Adhémar, aidé de Guillelme-Pieux, comte d'Arvernie et duc d'Aquitaine, et d'Adalelme, son propre frère, qui avait marqué dans la défense de Paris contre les Northmans, parvint à s'emparer de Poitiers, tandis que Robert, avec les forces du roi Odon, se maintint sur quelques points de la province, et les oncles d'Ebles demeurèrent les maîtres dans la portion de territoire joignant le Limousin. Il y eut, on n'en peut douter, des engagements entre les différents partis ; mais les détails de ces rencontres ne nous ont point été transmis par les chroniqueurs, si ce n'est pour une victoire qu'Adhémar aurait remportée sur les troupes d'Odon, dont

(a) *Adem. Caban. Chron.*

il fit, dit Besly (a), une *grande boucherie*. Il y a pourtant sujet de croire que les partisans du fils de Raynulfe II parvinrent, peu après, à l'emporter, car le roi Odon se détermina à sacrifier son frère et à déclarer Adhémar comte de Poitou. Pour cela, il le fit venir à sa cour, en 892, et il lui conféra solennellement le titre auquel il prétendait, en reconnaissant ses droits d'hérédité.

Alors on vit le marquis Robert et le comte Adhémar agir dans le même intérêt.

XCII. (b) Quoi qu'il en soit, les partisans du jeune Ebles avaient, de plus en plus, pris de la prépondérance, malgré la réunion du marquis Robert et du comte Adhémar. Les choses furent même à un tel point, que le roi Odon crut devoir venir à Poitiers, en 893, pour établir définitivement l'autorité du comte, qu'il s'était déterminé à proclamer, dans l'impossibilité où il était de faire reconnaître son propre frère. De là, il dirigea ses forces et celles particulières à Adhémar, contre les forces du fils de Raynulfe II. Cela n'empêcha pas l'abbé Ebles d'entreprendre le siége du château de Brillac, à deux lieues de Confolens; mais il fut tué d'un coup de pierre, qu'il reçut des assiégés, le 30 septembre de cette année (26). Il paraît qu'Ebles dut sa mort à la témérité et au peu de précautions qu'il prit dans ce siége. Son frère Gauzbert ne fut pas plus heureux, car s'étant retiré dans une place forte, dont le nom est inconnu, peu après la mort de l'abbé Ebles, il y fut assiégé et mourut bientôt, avant la reddition de la forteresse.

XCIII. (c) A la mort de l'abbé Ebles, le roi Odon donna l'abbaye de St-Hilaire-le-Grand à Acfred, évêque de Poitiers, de la race des comtes de la province. La charte qui contient cette concession, et que Besly donne comme étant de 894, tandis qu'elle est peut-être antérieure d'une année, constate la bonne intelligence qui existait alors entre le comte Adhémar

---

(a) *Comt. de Poit. — Abbon.*
(b) *Martyr. S. Germ. Regin. abb. Prum. — Abbo. de vit. S. Gerald. — Chron. Malleac. — Annal. Vedast. — Annal. Metens.*
(c) *Comt. de Poit.*

et le marquis Robert, car il est dit que c'est à la recommandation de ces deux personnages que ce choix a été fait.

XCIV. (*a*) Pour s'attacher le clergé du Poitou, le roi Odon lui fit divers dons. C'est ainsi que, dans ce temps, il disposa en faveur de l'abbaye de Corméry, en Touraine, du domaine de Lencloître, d'une fertilité très-grande, ainsi que de l'église de Nieul-sur-Dive.

XCV. (*b*) Ayant passé l'hiver en Aquitaine, le roi Odon était encore à Poitiers, lorsqu'il apprit l'apparition subite de Karle-Simple, qui venait d'être reconnu roi de France, par un bon nombre de seigneurs et de prélats, à la tête desquels était Foulques, archevêque de Reims, qui l'avait sacré le 28 janvier 994. Odon quitta aussitôt l'Aquitaine, où il paraît, d'après la chronique de St-Vaast, qu'on l'avait engagé à aller, pour donner la facilité, en France, de machiner contre lui. Il réunit des troupes, et entreprit la guerre contre son compétiteur.

XCVI. (*c*) Quoique ayant reçu du roi Odon l'investiture du comté de Poitou, il paraît qu'Adhémar se prononça contre lui, presque aussitôt son départ de Poitiers. Il est vrai que Karle-Simple était le véritable héritier de la couronne. Néanmoins, le comte de Poitou ne tarda pas, et sans doute après réflexion, à revenir au parti du roi élu.

XCVII. (*d*) Vers 894, Adhémar entreprit, on ne sait trop pour quel motif, une guerre contre Géraud, comte d'Aurillac, à qui l'Eglise a décerné le titre de saint; peut-être était-ce à raison de la grande querelle politique de l'époque. Toujours est-il que, dans cette expédition, les troupes du comte de Poitou furent commandées par son frère Adalelme, encore celui qui avait combattu vaillamment contre les Northmans au siége de Paris, en 885. Cette guerre n'offre, du reste, aucuns détails précis ou intéressants. On sait seulement que

---

(*a*) *Ms. de dom Fonteneau.* — *Dipl. Od.* ap. Bouq.
(*b*) *Odo. ab. Cluniac. de vit. S. Gerald.* — *Annal. Vedast.* — *Adem. Caban.* — *Annal. Metens.*
(*c*) *Ms. de dom Fonteneau.*
(*d*) *Odon. abb. Cluniac. de vit. S. Gerald.* — *Adem. Caban.*

Géraud sortit victorieux de cette lutte, et qu'il ne s'occupa plus ensuite que du monastère d'Aurillac, qu'il avait fondé. Son ami Guillelme, comte d'Arvernie et en dernier lieu duc d'Aquitaine, aurait vivement désiré le marier avec sa sœur; mais Géraud refusa cette alliance, son dessein étant de finir sa vie dans un monastère, et il mit ce projet à exécution (27).

XCVIII (a) Rendu au delà de la Loire, Odon avisa aux moyens de résister à Karle-Simple et à ses partisans, dont les chefs étaient Foulques, archevêque de Reims, et Heribert, comte de Vermandois. Il attaqua ses ennemis et les mit en fuite. Alors Foulques, voyant l'impossibilité où était son parti de se soutenir par lui-même, fit rendre, bien accompagné, le roi de son choix près d'Arnulfe, roi de Germanie, à la diète qu'il tenait à Worms. On exposa à Arnulfe combien il serait politique, de sa part, de soutenir un roi de sa race, à l'encontre d'un étranger qu'on qualifiait d'usurpateur. Le roi de Germanie céda à ces raisons, et donna ordre aux grands de la Lorraine de réunir leurs forces et de marcher en faveur de Karles. Cette armée, rendue sur l'Aisne, trouva Odon bien décidé à garder le passage avec des forces supérieures. Alors les troupes de la Lorraine, qui, au surplus, au dire d'un chroniqueur, n'étaient pas bien disposées pour la cause qu'en apparence elles voulaient défendre, prirent le parti de se retirer.

Ainsi abandonné, Karle-Simple fit retraite en Burgundie, avec quelques *fidèles*, auprès du duc Richard. Il se portait souvent de là sur le pays soumis à Odon et le ravageait, de sorte que le peuple était alors, comme d'usage, la victime des démêlés des deux princes.

IC. (b) Demeuré ainsi maître du royaume, Odon vint trouver le roi de Germanie à une autre diète qu'il tenait encore à Worms, et en fut bien reçu. Ce fut dans cette assemblée que Arnulfe fit reconnaître et couronner son fils naturel Zwentibold, comme roi de Lorraine. Or, celui-ci, d'après les instructions de son père, et tandis que le dernier semblait demeurer neutre,

(a) *Flod. Hist.* — *Ann. Vedast.*
(b) *Ibid.* *Ibid.*

fit une alliance étroite avec Karle-Simple. En conséquence, il marcha avec une armée considérable à son secours, et vint assiéger Laon. Odon, qui était alors de l'autre côté de la Loire, marcha au secours de la ville attaquée; mais le roi de Lorraine ne l'attendit pas, et il fit retraite sur son pays avec toutes ses troupes.

C. (a) Cette guerre entre les deux prétendants au trône donnait aux Northmans la plus grande facilité pour ravager le sol des anciennes Gaules ; aussi en profitèrent-ils amplement. Il paraît notamment qu'ils coururent toute l'Aquitaine et la mirent au pillage.

Aussi les tributs d'éloges qui avaient été payés autrefois à Odon, avant qu'il fût roi et même depuis, se changèrent en reproches. « Comment! Odon, disait un auteur qui lui avait
» prodigué des louanges, tu négliges la garde du troupeau que
» t'a confié le Christ? Vois-tu les barques des païens couvrir
» toutes les rivières des Gaules? ils dominent sur la terre
» ferme comme sur l'onde, et tu le tolères, toi qui as été élu
» pour être notre gardien ! »

Mais Odon avait vieilli, il avait besoin de repos. La transaction qu'on va mentionner le prouve assez.

CI. (b) Ne pouvant plus attendre de secours effectifs de la Germanie, d'après ce qui s'était passé précédemment, la cause de Karle-Simple paraissait à peu près désespérée. Néanmoins, quelques-uns de ses partisans députèrent vers Odon, pour lui proposer un arrangement, consistant dans un partage de la monarchie. Au grand étonnement de beaucoup de personnes, le roi élu accepta la proposition. Alors Karles fut trouver Odon, et, avec l'intervention de l'archevêque de Reims, le partage proposé fut ainsi réglé, vers le milieu de l'année 896 : Karles eut pour lui les pays entre la Seine et le Rhin, et Odon conserva tout le reste de la monarchie, et par conséquent l'Aquitaine. Si cette portion fut de beaucoup la plus forte, il paraît que, par compensation, ce dernier reconnut tenir ce qu'il gardait, sous une

(a) Arcère, *Hist. de la Rochel.* — *Abbon.* — *Chron. Gest. Norman.*
(b) *Annal. Vedast.* — *Flod. Hist.*

sorte de vasselage envers Karles. Une charte, citée par le savant Mabillon (a), prouve la vérité de cette clause extraordinaire, puisqu'on y voit qu'Odon, en maintenant un monastère de la Septimanie (b) dans la possession de certains biens, déclare qu'il agit ainsi *pour le bien de son âme et au nom du roi Karles, son seigneur.*

CII. (c) Ce roi élu termina sa carrière le 3 janvier 898. Cette mort laissa à Karle-Simple une couronne non contestée. Nous verrons bientôt que cet événement eut beaucoup d'influence sur les destinées du Poitou, et qu'il prépara un changement de comte pour cette province.

Odon laissa un fils nommé Arnulfe, qui, suivant Adhémar de Chabanais, succéda à son père dans la possession du royaume qui lui avait été reconnue par Karle-Simple (28). On pense que cette même possession, si elle a été effective, ne fut l'affaire que de bien peu de temps; car il n'en est demeuré aucun acte, et ce personnage survécut peu à son père. Au lieu de cela, Karles fut désigné par Odon, au dire de plusieurs auteurs (d), comme devant le remplacer, et paraît alors comme unique roi en Aquitaine et en France. Sa reconnaissance eut lieu dans une assemblée tenue à Reims, et à laquelle présida l'archevêque Foulques. Cette solennité fut considérée par Karles comme sa véritable accession au trône, car, dans ses actes, il fit partir de là le commencement de son règne, au moins pour l'Aquitaine et les pays situés de ce même côté de la Loire (e). Néanmoins, par une singularité difficile à expliquer, dans cette vaste contrée il y eut encore des cantons où on fut en doute de savoir si on reconnaîtrait pour roi Karle-Simple, pour lequel on avait été si bien disposé lorsqu'il luttait contre Odon. C'est ce que prouve un titre pour le monastère de Montolieu, *daté du 20 février, la pre-*

(a) *D. Mabill. Annal.*
(b) Le monastère de Montredon.
(c) *Adem. Caban. — Annal. Métens.*
(d) *Annal. Métens. — Annal. Vedast.*
(e) Baluz. *Auverg.* — Dom Vaissette, *Hist. de Lang.*

mière année après la mort du roi Odon, J.-C. régnant et dans l'attente d'un roi (a).

CIII. (b) A la mort d'Odon, Guillelme-Pieux, duc d'Aquitaine, marquis de Gothie et comte d'Arvernie, hésita aussi à prendre un parti. Ceci résulte de deux chartes (29) souscrites par lui ; la première, où il prend ses trois titres de duc, de marquis et de comte, est datée *du mois de mai de l'année de la mort d'Odon, roi des Français et des Aquitains;* quant à la seconde, elle est dite avoir été faite au *mois d'août, la première année du règne de Karles, roi des Français et des Aquitains.* Cette indication démontre aussi la différence entre les deux peuples, toujours existante. Du reste, on sait que ce duc se rendit, l'année suivante, à la cour du Simple, et qu'il y obtint un diplôme pour le monastère d'Aurillac (c).

CIV. (d) Un don fait, vers cette époque (e), au monastère de Noaillé, alors sous l'invocation de la Vierge, fait connaître les formalités employées alors en Poitou pour la transmission des biens. D'abord on voit que les avoués (f) des établissements religieux pouvaient acquérir pour eux et en étaient comme les hommes d'affaires. Ensuite, quand il y avait effectivement une cession faite à une église, on en rédigeait un acte que souscrivaient plusieurs témoins. La prise de possession se faisait quelque temps après, et on en dressait un autre acte, qui se rédigeait à la suite de la charte contenant la cession de l'immeuble. Mais cette prise de possession était accompagnée de certaines cérémonies. On se rendait sur l'objet cédé avec des témoins, et le vendeur présentait à l'acquéreur des motes de terre si c'était des terres, des sarments si c'était des vignes, des branches d'arbres s'il s'agissait de bois. Ces formalités remplies et l'acte rédigé et signé, tout était terminé, et la transmission de la propriété était opérée.

(a) Baluz. — Dom Vaissette, *Hist. de Lang.*
(b) *Ibid.*
(c) D. Mabill.
(d) Ms. de dom Fonteneau.
(e) En août 999. (f) *Advocati.*

CV. Le document qui vient de donner lieu à nos dernières remarques, nous apprend encore qu'alors les chartes rédigées en Poitou ne contenaient que l'indication du roi régnant, sans mentionner le comte qui gouvernait la province. Cet état de choses ne tarda pas à changer.

CVI. (*a*) D'après la chronique de Maillezais, Acfred, évêque de Poitiers et abbé de St-Hilaire-le-Grand, mourut en 900. Il fut remplacé, sur le siége épiscopal de la province, par Frottier II, présumé neveu de Frottier Ier, que nous avons vu administrer le diocèse et occuper successivement les siéges archiépiscopaux de Bordeaux et de Bourges. Du reste, Frottier était d'une famille riche, car on le voit, plus tard (*b*), acheter de sa mère, dont le nom était Bertrade, un alleu situé en Poitou, dans la *villa* de St-Maixent-le-Petit, viguerie d'Azac-le-Ris, avec une église sous l'invocation du saint, un moulin sur le Salleron, une église à Lurais, près Pontigny, et des vignes au delà de la Creuse. De tout cela, il dota l'église de St-Maixent-le-Petit, et en fit don au monastère de St-Cyprien de Poitiers. Frottier prit cette maison en grande prédilection, car comme elle avait été détruite par les Northmans, il la fit rebâtir et en mit l'église sous l'invocation de Notre-Dame et de St-Martin.

CVII. (*c*) On trouve, en 902, un membre de la famille des vicomtes de Thouars, du nom d'Adhémar, qui occupait la position importante d'abbé séculier de St-Maixent. Il sera encore question de ce personnage beaucoup plus tard. On se contentera ici de faire remarquer que le monastère de Saint-Maixent avait en même temps un abbé régulier, car on trouve Autbert pourvu de cette qualité vers le temps que nous indiquons, et Ermenfroy le fut après lui. Alors l'un aurait eu l'administration temporelle de l'établissement ecclésiastique dont il s'agit, et l'autre ne se serait occupé que du spirituel.

(*a*) *Chron. Malleac.* — Besly, *év. de Poit.*
(*b*) En 916.
(*c*) *Ms. de dom Fonteneau.* — *Chron. Malleac.*

CVIII. (*a*) Malgré les succès militaires d'Adhémar, il fut obligé d'abandonner à Ebles-Manzer le comté de Poitou, ainsi que nous allons le voir. Il survécut à son changement de position, mourut seulement en 926, et fut inhumé à St-Hilaire-le-Grand, le 2 avril de cette année (*b*). Il est indiqué comme soigneux pour les intérêts religieux, et ami de l'Eglise. Il ne laissa point d'enfants (*c*); sa femme, Sancie, fille de Guillelme Ier, comte de Périgord, décéda avant lui, le 4 avril 919, et fut enterrée à St-Cybard d'Angoulême. Sancie de Périgord distribua tous ses biens à divers monastères. Celui de St-Hilaire-le-Grand eut notamment la terre de Corcosme, qui lui appartenait de son chef; elle avait précédemment concédé, en 894, à l'abbaye de Charroux, la terre de Vouhaste, en Angoumois. La même année, Sancie donna Champagne-Mouton au monastère de St-Martial de Limoges, et l'abbaye de Saint-Cybard d'Angoulême eut, pour sa part, la terre de Gourville.

CIX. (*d*) Un fait particulier se rattache à la vie de Sancie. Il paraît que Lambert, vicomte de Marsillac, et Arnaud, frère de celui-ci, avaient conçu une haine violente, on ne sait à quelle occasion, à l'encontre de la veuve du comte Adhémar, et qu'ils formèrent le projet de la faire périr. Toujours est-il que le frère de cette princesse, Bernhard, comte de Périgord, fit mettre à mort, à raison de ce complot, les deux frères Lambert et Arnaud, et donna leurs honneurs ou possessions à Uldrik, leur jeune frère.

(*a*) *Chron. Malleac.* — *Chron. Engol.* — *Adem. Chron.* — *Ms. de dom Fonteneau.* — *Nov. Gall. Christ.* — *Tabul. Corrof.*

(*b*) La chronique d'Angoulême indique à tort la mort d'Adhémar sous l'an 930.

(*c*) L'*Art de vérifier les dates* a tort de dire qu'on ignore si Adhémar laissa des enfants.

(*d*) *Art de vérifier les dates.* — *Mém. Ms.* — *Adem. Caban. Chron.* — Besly, *Comt. de Poit.*

LIVRE II.

(DE 902 A 935.)

Karle-Simple, roi légitime (de 902 à 929), —
Interrègne (de 929 à 933), — Robert, roi élu (de 922 à 923), —
Radulfe, roi élu (de 923 à 935).
Guilleme-Pieux (de 902 à 918), — Guilleme-Jeune (de 918 à 927), —
Acfred (de 927 à 933), — Raymond-Pons (de 932 à 935), —
Ebles-Manzer, compétiteur (de 928 à 935), ducs d'Aquitaine.
Ebles-Manzer (de 902 à 935), comte de Poitou.

I. (a) Adhémar régnait paisiblement sur le comté de Poitou, sans s'attendre à être supplanté dans son administration, lorsque tout à coup Ebles-Manzer ou le bâtard, fils de Raynulfe II, apparut une nuit de l'an 902 (b) sous les murs de Poitiers, et s'empara de la place, par suite des intelligences qu'il s'y était ménagées. Ebles avait alors environ trente-quatre ans, et, depuis la mort de son père, il s'était tenu, ainsi qu'on l'a vu, à la cour de son parent Guilleme-Pieux, comte d'Arvernie, fait duc d'Aquitaine par le roi Odon. Le plan du fils de Raynulfe II avait été concerté, à ce qu'il paraît, d'une manière à la fois habile et adroite, et il le mit à exécution avec une vigueur et une énergie extraordinaires. Disons aussi que depuis la mort du roi Odon, l'obstacle principal de la réalisation du projet du jeune Ebles était levé. Aussi, ce changement dans le gouvernement du Poitou se fit sans troubles ni secousses. Adhémar surpris et désespérant de sa cause, abandonna le pouvoir sans résistance, et rentra dans la vie privée.

(a) Chron. Malleac.
(b) *Eblus Pictavis nocte ingreditur*, dit la chronique de Maillezais.

II. Aussitôt qu'Ebles eut établi son autorité à Poitiers et dans une bonne partie de la province, et lorsque le surplus hésitait peut-être encore à le reconnaître, il s'adressa au roi Karle-Simple, avec qui il s'était probablement déjà mis en relation, pour lui demander la confirmation du titre dont il s'était emparé par voie de fait. Le fils de Raynulfe II établit qu'il avait eu droit, dès la mort de son père, au titre de comte de Poitou, et il représenta comme un acte injuste, contraire aux principes arrêtés à la diète de Kiersy, l'investiture donnée à Adhémar par le roi Odon. Karles, qui ne voyait dans celui-ci qu'un usurpateur, s'empressa de déclarer illégale l'autre usurpation au préjudice d'Ebles; et ce dernier obtint aussitôt l'investiture du titre qui avait appartenu à son père.

III. Cette entreprise heureuse d'Ebles est de nature à fixer l'attention, et cependant on ne voit pas que les chroniqueurs s'en soient occupés, car leur rôle semble se borner à rendre compte des faits, sans s'enquérir de leurs causes. Or, ici on voit le fils naturel du précédent comte, s'introduire furtivement dans la capitale de la province, et remplacer, sans guerre, sans commotion, et comme tout naturellement, un comte établi depuis quelques années, et qui n'avait dû la confirmation de son titre qu'à des succès militaires et au concours de bon nombre de partisans. La conséquence à tirer de cet état de choses, est que l'arrivée d'Ebles en Poitou fut le résultat d'un complot arrêté à l'avance pour toute la province, et dans lequel étaient entrées les notabilités du pays. Ajoutons que quand on voit, aussitôt après l'arrivée d'Ebles au pouvoir, les vicomtes du Poitou assister exactement le comte de la province, on peut penser qu'ils étaient surtout dans la conspiration contre Adhémar, que tout avait été tramé et conspiré avec eux, et qu'ils avaient fait la condition au nouveau comte de la conservation de leur titre, et de leur participation à l'autorité publique. Ce n'est, en effet, que de cette époque qu'on trouve, sans rechercher ici qui la créa, l'institution des vicomtes fonctionnant positivement en Poitou, et formant un des éléments du pouvoir.

IV. (*a*) Ebles-Manzer paraît, dès le principe, s'être exactement acquitté des obligations que lui imposait son titre. On trouve, entre autres notices des jugements rendus par lui, une qui constate une décision du 30 mars 903, où ce comte est assisté des vicomtes de Thouars, d'Aunay et de Melle, deux viguiers, un auditeur des causes et plusieurs autres personnages de distinction. Ce prince s'intitulait alors comte par la *prévenance de la grâce de Dieu* (*b*), formule qui paraît avoir été particulière aux grands vassaux de la couronne, qui jouissaient, dès cette époque, et par le fait, d'une autorité à peu près souveraine.

V. (*c*) On trouve encore un autre plaid du comte Ebles, sous la date du 14 mai 904 ; il y condamna Audebert, comte, ou plutôt vicomte de Limoges, à restituer la forêt de Bouresse à l'abbaye de Noaillé.

VI. On va indiquer ici ceux qui, habituellement, siégeaient à la cour du comte et avec lui : ces personnages étaient les vicomtes, quelques viguiers et des scabins (*d*), non autres que de véritables assesseurs (*e*), élus par les propriétaires des biens allodiaux. On sait, du reste, que d'après un capitulaire de Ludwig-Pieux (*f*), chaque comte se rendait à la diète générale du royaume, amenant avec lui douze scabins, et que, s'il ne s'en trouvait pas un nombre suffisant, il le complétait en appelant, pour remplacer ceux qui manquaient, un nombre égal d'individus les plus marquants du comté.

VII. (*g*) Dans les années qui précèdent, l'Armorique avait été soumise à Alain III, qui, de la position de comte de Vannes, était arrivé à gouverner sur toute la contrée avec le titre de duc. Le règne de ce prince fut glorieux ; il défit les North-

---

(*a*) *Ms. de dom Fonteneau.* — Besly, *Comt. de Poit.*
(*b*) *Præveniente gratiâ Dei comes.*
(*c*) *Ms. de dom Fonteneau.*
(*d*) *Scabini.*
(*e*) Ducange, verb. *lex Mallum.*
(*f*) *Capitul. Baluz.* I, 605.
(*g*) *Annal. Métens.* — *Chron. Britan.* — *Lycée Armoricain*, t. VI. — Richer, *Précis de l'Hist. de Bret.* — Daru, *Hist. de Bret.*

mans dans plusieurs rencontres, parvint à les tenir éloignés de sa province, et mérita à juste titre le nom de *Rebré*, qui signifie grand. Mais, pour le malheur des peuples soumis à sa domination, il mourut, après trente ans de règne, en 907, laissant sa succession partagée entre son neveu Gurmhaillon, comte de Cornouaille, et son gendre Malhuedoi, comte de Poher.

VIII. (*a*) A la mort d'Alain-Rebré, et sur la nouvelle que cet obstacle à leurs entreprises n'existait plus, les Northmans s'empressèrent d'entrer en nombre dans ce fleuve. Ils s'emparèrent de Nantes, que ses habitants abandonnèrent; remontèrent jusqu'aux villes d'Angers et de Tours, qu'ils brûlèrent, et firent payer aux habitants d'Orléans une forte contribution, pour éviter le même malheur.

Ce fut alors que le comte Malhuedoi, et une partie des notables personnages de l'Armorique, se retirèrent en Angleterre, ajournant le retour dans leur patrie à des temps plus heureux.

IX. (*b*) Dans ces temps, où les édifices étaient en grande partie en bois, quand un monastère était détruit, sa reconstruction ne prenait point le temps nécessaire pour nos édifications modernes. Or, l'abbaye de St-Florent de Montglone avait reparu, dominant le pays de Mauge, lorsque ses moines apprirent la prise de Nantes par les Northmans. Aussitôt ils se décidèrent à se retirer, sans aucun délai, dans l'intérieur de la France, en emportant leurs effets les plus précieux, et surtout le corps de St Florent, leur patron. Le premier jour, les religieux de St-Florent furent demander l'hospitalité à des moines établis à quatre lieues de là, à St-Philbert-en-Mauge, dans un des prieurés dépendant autrefois de l'abbaye de St-Philbert de l'île d'Her. Or, ceux-ci avaient alors leur chef-lieu à Tournus en Burgundie, et ce fut sur ce point que les deux essaims monastiques se dirigèrent. Par arrangement, il fut dit que les

---

(*a*) *Annal. Métens.* — *Chron. Frod.* — *Chron. Nann.* — Richer *Précis de l'Hist. de Bret.*—Daru, *Hist. de Bret.*

(*b*) *Hist. de l'ab. de St-Florent.* — Bodin, *Recherches sur Saumur*

moines de St-Florent défraieraient le long de la route ceux de St-Philbert, en échange de l'asile que ces derniers leur offraient à leur maison mère. La châsse de St Florent, portée sur un brancard, marchait en tête des pieux cénobites du pays de Nange, forcés d'abandonner cette riche contrée.

X. (*a*) Dans une telle position de choses, et l'entrée de la Loire forcée, les Northmans y arrivèrent en grand nombre. Ce fut à cette époque que ces barbares, ayant Inkon pour chef, formèrent un établissement permanent sur les rives du fleuve. Alors le nord du Poitou eut sans doute beaucoup à souffrir de leurs ravages.

XI. (*b*) La rareté des documents de l'époque ne permet pas de passer sous silence ceux qui mentionnent les habitudes des grands, dans ces temps si différents des nôtres. Déjà on a indiqué Ebles-Manzer comme un grand justicier, empressé de vider les procès des populations placées sous sa dépendance. Nous en trouvons un nouvel exemple en avril 908, où le comte rendit, dans un plaid par lui tenu, un jugement contre un diacre nommé Launon (1), qui retenait injustement les biens d'un laïque appelé Hisarne. Le comte Ebles y figure, assisté de ses vicomtes et d'autres grands comme assesseurs (*c*).

XII. (*d*) Il paraît que Maingot, le premier vicomte de Melle connu, avait cessé d'exister, et il était déjà remplacé par Atton, que nous croyons être son fils. Nous devons pourtant dire que la localité où chaque comte devait résider n'étant pas encore indiquée dans les chartes, il n'y a rien de positif dans notre opinion, et qu'elle n'est qu'une simple conjecture.

XIII. (*e*) Les invasions et les ravages des Northmans avaient détruit les cloîtres, et par voie de conséquence, la discipline des moines. Or, Guillelme-Pieux, comte d'Arvernie et duc

---

(*a*) Richer, *Précis de l'hist. de Bret.*
(*b*) *Ms. de dom Fonteneau.*
(*c*) Ils sont indiqués comme ses vassaux, *suis vassalis*.
(*d*) *Ms. de dom Fonteneau.* — Besly, *Comt. de Poit.*
(*e*) *Adem. Caban. Chron.* — *Order. Vital.* — *Act. SS. Ben.*

d'Aquitaine, sentant la nécessité de ramener la régularité dans les monastères, eut l'idée d'en créer un pour servir de modèle aux autres. En conséquence, de concert avec sa femme Engelberge, fille de Boson, roi de Provence, il fonda, en 910, sur une de ses possessions, l'abbaye de Cluny, en Burgundie, qu'il fit placer, dans un voyage qu'il entreprit presque aussitôt à Rome, sous la dépendance directe du saint-siège. Dans la charte de fondation de cet établissement religieux, Guillelme-Pieux prend les titres de *comte et duc par la grâce de Dieu*, ce qui indique, de plus en plus, l'envahissement du pouvoir souverain par les ducs et les comtes. Ce fondateur, du reste, établit pour premier abbé de Cluny, Bernon, qui recueillit les anciennes traditions de l'ordre de St Benoît. Odon, son successeur, perfectionna l'œuvre, et soumit à son ordre, c'est-à-dire à sa règle, un grand nombre de maisons, qui se mirent ainsi sous sa direction. Cluny brilla alors d'un grand éclat: ce ne fut pas pour longtemps, car le luxe gagna bientôt à un point extrême. Ce mal fut la suite de deux changements notables apportés dans le régime des moines, savoir la multiplication des prières, et, par suite, la suppression presque totale du travail des mains. Sur des points aussi importants, nous croyons devoir laisser parler l'abbé de Fleury (a) : « Je trouve,
» dit-il, deux causes de cette chute, les richesses et la mul-
» tiplicité des prières vocales. Le mérite singulier des premiers
» abbés de Cluny leur attira l'estime et l'affection des princes,
» des rois et des empereurs, qui les comblèrent de bienfaits...
» Chacun voulut profiter de la richesse de la maison, et pour sa
» commodité particulière, et pour être aussi bien nourri, vêtu
» et logé que son observance le permet, et quelquefois au delà.
» C'est ce qui étoit arrivé à Cluny, comme on le voit dans
» l'apologie de St Bernard. Les moines faisoient la meilleure
» chère qu'ils pouvoient en maigre, et s'habilloient des étoffes
» du plus grand prix; les abbés marchoient à grand train, suivis
» de quantité de chevaux, et faisant porter de grands équi-

(a) *Disc. sur l'hist. eccl.*

» pages ; les églises étoient bâties magnifiquement et riche-
» ment ornées ; et les lieux réguliers à proportion. L'autre
» cause du relâchement fut la multiplication des prières ; je
» dis de la psalmodie et des autres prières vocales ; car ils en
» avoient beaucoup ajouté à celles que prescrit la règle de St
» Benoît, comme on voit dans les Coutumes de Cluny, écrites
» par St Ulric, qui vivoit encore vers la fin du xie siècle. Ils
» avoient, entre autres, ajouté l'office des morts, dont ils
» étoient les auteurs, et le chantoient toute l'année. Cette
» longue psalmodie leur ôtait le temps du travail des mains,
» et Pierre le vénérable en convient, en répondant aux objec-
» tions de St Bernard. »

Ces points capitaux, relatifs au monde monastique, ont de la gravité pour un temps et pour un pays où les établissements de cette espèce furent d'une si grande importance.

XIV. Il est probable qu'aussitôt qu'Ebles-Manzer fut devenu, de fait, comte de Poitou, il s'occupa de l'organisation militaire de sa province. En effet, alors la guerre était l'état normal de la société, et il y avait non-seulement à défendre le pays contre les entreprises des Northmans, mais aussi à se maintenir en équilibre au travers des mouvements politiques qui se manifestaient à chaque instant, dans cette époque de décomposition de l'empire frank et de création de l'ordre féodal.

XV. Rendu à ce point, il est bon de faire connaître quelles pouvaient être les forces dont un comte avait la disposition. Les hommes libres, de la catégorie ordinaire, devaient un service de trois mois au plus, et en Poitou, les vassaux n'y étaient tenus qu'entre Loire et Dordogne. Pour ce temps, ils marchaient sous les ordres du comte, des vicomtes, des viguiers et des centeniers. Si on voulait entraîner ces combattants hors des limites fixées ci-dessus, il fallait leur consentement. Mais ce n'était pas dans cette classe d'hommes libres que se trouvait la principale puissance. Elle résidait dans la classe supérieure, composée des leudes, vassaux ou arrière-vassaux, dont la tenure ressortissait immédiatement de la couronne (*a*), et des hommes libres, possesseurs de quatre manses de terre (*b*). Les leudes n'étaient obligés de marcher que d'après les ordres particuliers du roi, et sous lui ou l'un de ses délégués, et le comte n'avait directement aucun commandement sur eux. Ce dernier même ne pouvait mener les hommes du vassal à la guerre, que lorsque celui-ci était hors d'état de les conduire lui-même (*c*).

On ne peut douter que dans les temps pour lesquels nous écrivons, où le titre de roi était disputé et l'autorité royale sans force aucune, tout le pouvoir militaire, en Poitou, était dévolu au comte de la province. C'est ainsi que le Manzer aura pu réunir une armée et la conduire, dans une expédition contre les Northmans, sur un point éloigné du Poitou.

XVI. (*d*) Bientôt, en effet, le comte Ebles figura dans une guerre dont le théâtre se trouvait au centre des Gaules. Roll, chef des Northmans, assiégeait Chartres avec une armée nombreuse, et l'évêque Walteme appela au secours de sa ville, disent les auteurs, deux princes marquants du royaume, savoir : Richard, duc de Burgundie, et Ebles, comte de Poitou. Si l'on en croit Dudon de St-Quentin, avant leur départ, Richard et Ebles députèrent vers le roi Karle-Simple, pour lui reprocher sa faiblesse, et lui offrir la coopération de leurs armes, afin de chasser du royaume un ennemi à la suite duquel marchaient toujours le pillage et l'extermination. L'indolent monarque n'aurait pas tenu compte d'un reproche trop fondé, mais pourtant tellement hautain, qu'on a peine à y croire. Toujours est-il que Richard arriva avec ses Burgundes devant Chartres, et qu'aidé de Robert, duc de France, il livra bataille aux Northmans, un samedi 20 juillet 911, et remporta une victoire complète sur Roll, qui perdit 6,800 hommes, et

(*a*) *Vassi dominici.*
(*b*) *Capitul.* Baluz. 1-489.
(*c*) *Ibid.* 1-495.
(*d*) *Chron. S. Benig. Divon.* — *Chron. Hug. Flavin.* — *Brev. Chron. S. Mart.* — *Hug. Floriac.* — *Chron. Andegav.* — *Willd. Gemetic.* — *Order. Vital.* — *Chron. Rotomag.* — Dudon, *de Gest Norman.*

fut obligé de lever le siége par lui entrepris. Quant à Ebles, malgré sa célérité, il ne put se trouver devant la place assiégée que sur la fin de l'action, et lorsque les Northmans faisaient retraite ou même prenaient la fuite. Alors ce comte suivit, avec ses soldats, le principal corps des barbares, où pourtant n'était point Roll, espérant encore obtenir une part dans la gloire de la journée. Les Northmans, ainsi poursuivis, arrivèrent aux Loges (a), et s'établirent, sur une colline élevée, susceptible d'être défendue avec avantage. Le Manzer et les siens voulurent escalader la position, les barbares firent bonne contenance ; on se battit de part et d'autre avec le plus grand acharnement : de sorte que la hauteur fut occupée et perdue, et les machines de guerre des Northmans prises et reprises à plusieurs fois. Enfin, la horde scandinave eut l'avantage, et poursuivit les Poitevins, l'épée dans les reins, jusqu'au pied de la montagne. Instruit du danger que couraient Ebles et les siens, le duc Richard, qui était resté sur le premier champ de bataille, arriva avec une partie de ses Burgundes au secours des Poitevins. Puis Richard et Ebles entourèrent le point occupé par les Northmans, au moment où la nuit commençait. Sur cela, les barbares, décidés à vendre cher leur vie, formèrent le projet de profiter des ténèbres pour se soustraire à leurs ennemis, et le cri de *mort aux lâches !* annonça la résolution d'exécuter le plan arrêté ou de mourir. Aussitôt les soldats de Roll essaient de traverser avec impétuosité le camp des Français en jetant de grands cris, tandis que quelques-uns d'entre eux, sonnant de la trompette sur les derrières, persuadent les Poitevins et les Burgundes que Roll lui-même, avec le surplus de ses forces, revient pour les combattre. Ce stratagème eut tout son effet ; le quartier des Burgundes, sur qui l'attaque était dirigée, fut surpris tandis que Richard était endormi sous sa tente, et le carnage fait par les hommes du Nord fut grand. Ceux-ci firent ensuite leur trouée, pour pouvoir joindre l'autre corps, où se trouvait leur chef suprême. L'obscurité était entière, et les Français, se

---

a) Localité près de Chartres.

dispersèrent, s'imaginant avoir affaire à de nouvelles hordes arrivées à la faveur des ténèbres; et même, si l'on en croit Dudon et Guillelme de Jumiéges, son copiste, le comte Ebles se serait sauvé dans la maison d'un foulonnier, où il aurait passé la nuit. Toujours est-il que ce ne fut qu'au point du jour que l'on s'aperçut que la colline avait été évacuée. En ce moment, les Poitevins et les Burgundes, s'étant ralliés, s'empressèrent de se porter à marche forcée sur le corps de troupes qui les avait si maltraités, et ils parvinrent à l'atteindre, lorsque les Northmans firent halte. Ceux-ci prirent alors un singulier parti : ils égorgèrent une innombrable multitude de chevaux, de bœufs, d'ânes, de chèvres et d'autres animaux qu'ils emmenaient avec eux, et ils en répandirent les membres sanglants sur le sol, pour forcer les chevaux de la cavalerie française à reculer d'effroi, et ils se firent un retranchement de ces débris, qu'ils entassèrent les uns sur les autres. La vue et l'odeur de remparts si horribles et si dégoûtants décidèrent les Poitevins et les Burgundes à se retirer, et les Northmans ne tardèrent pas à rejoindre Roll (2).

En tenant pour vraies les circonstances principales de ce récit, on est justement fondé à révoquer en doute le trait de lâcheté attribué au comte Ebles par Dudon et Guillelme de Jumiéges. Un prince qui sut conquérir, l'épée à la main, son héritage paternel dont on l'avait dépouillé, et qui mérita plus tard du roi de France un titre de dignité supérieur à celui dont il était revêtu, ne peut guère avoir cessé d'être brave un instant, et au point où les écrivains normans voudraient le faire croire. Du reste, on sait que le témoignage de ceux-ci est le plus souvent suspect, quand il s'agit de porter aux nues le courage de leurs ancêtres, sur le compte desquels ils débitent souvent des fables ridicules. Il faut noter, du reste, que Dudon de St-Quentin a écrit son histoire d'après l'ordre des ducs de Normandie Richard I*er* et Richard II.

XVII. (*a*) Peu après arriva un événement relatif à une province éloignée de l'Aquitaine, qui y eut pourtant du retentisse-

(*a*) *Order. Vital.* — *Chron. Norm.* — *Guil. Gemet.*

ment. Nous voulons parler du traité de St-Clair-sur-Epte, par lequel Karle-Simple céda à Roll, à ce redoutable chef des Northmans de la Seine et aux siens, la partie de la Neustrie qui, de cet événement, a depuis pris le nom de Normandie. L'établissement définitif de ces pirates dans une province des Gaules, où ils perdirent leurs habitudes aventureuses et vagabondes, concourut à rétablir le calme dans des contrées où il avait cessé d'exister depuis bien des années. On sait, du reste, que cette peuplade barbare, sous la domination d'un homme supérieur à son siècle, parvint bientôt, et avant les populations voisines, à un haut degré de civilisation. Il est pourtant à remarquer que les hommes du Nord, en se fixant dans cette contrée, adoptèrent la forme du gouvernement féodal. On l'a dit déjà, d'après ce système, toute la suprématie sociale partait du sol, et aucune de ses parties n'était franche.

XVIII. (*a*) Ici se présente une grave question, et qui intéresse un peu le Poitou, à cause du voisinage. L'Armorique fut-elle comprise avec la Neustrie dans la cession faite par Karle-Simple à Roll? Si on voulait débattre ce point, qui a occupé dom Bouquet (*b*), il faudrait beaucoup trop s'étendre. On renverra donc et à cet auteur et surtout à un écrivain plus moderne (*c*), et on finira par adopter l'opinion que la cession faite à Roll ne comprenait rien de la Bretagne actuelle et s'appliquait au Cotentin. C'est ce qu'on a appelé la *terre des Bretons* (*d*), dans certains passages des auteurs de l'époque (*e*).

XIX. (*f*) Du reste, la question que nous venons d'aborder devrait être précédée d'un point à poser tout d'abord : c'est

(*a*) *Frod. Chron.*—*Guil. Gemet.*—*Albéric. Chron.*—*Ex Gestis Consul. Andegav.*

(*b*) *Rec. des hist. de Fr.*

(*c*) Daru, *Hist. de Bret.*— Voir aussi M. Depping, *Invasions des Normans.*

(*d*) Il y a une foule d'ouvrages à consulter sur ce point, notamment l'abbé de Vertot.

(*e*) *Frodoard. Chron.*

(*f*) *Mém. de la Soc. des ant. de Norm.*

qu'il ne faut pas confondre les Northmans de la Seine avec ceux de la Loire. La cession de la Neustrie restreinte, et appelée depuis Normandie, car ce n'est pas l'ancienne Neustrie, bien plus étendue, fut faite aux premiers ; quant aux autres, on aura lieu de s'en occuper un peu plus tard.

XX. (*a*) La paix semblant devoir être établie sur les rives de la Loire inférieure, par suite du traité fait avec Roll, le chef des Northmans, les moines de Montglone crurent devoir se rendre dans le pays de Mauge, pour y rétablir leur ancien monastère. Mais quand ils se disposèrent à reprendre les reliques de St Florent, les moines de Tournus refusèrent de les restituer. « Tous les habitants de cette contrée, dirent-ils, ne veulent pas entendre votre requête, et permettre que la Burgundie soit privée d'un tel patron. Nous autres aussi, étant enrichis d'un pareil présent, par la permission divine, nous le retenons par droit de société et d'hospitalité, et n'endurerons pas que vous le portiez autre part (*b*). » Il paraît qu'il ne fut pas question, dans cette réponse d'Hervé, abbé de Tournus, des objets précieux en pierreries, en perles, en or et en argent, dont Karle-Magne et Ludwig-Pieux avaient enrichi l'établissement religieux de Montglone. Sans doute que les moines de Tournus les gardèrent aussi, pour répondre des frais de nourriture et d'entretien des disciples de St Florent.

Dans une telle position, les religieux de Montglone retournèrent dans le pays de Mauge ; mais trouvant leur monastère détruit, sans moyens pour le rétablir, et n'ayant plus, pour attirer les aumônes, les restes de leurs fondateurs, ils prirent le parti de se disperser et de se retirer dans leurs familles. Il fallut, pour le rétablissement d'une abbaye si célèbre, qui eut lieu plus tard, l'habileté d'un de ses moines, d'Absalon, dont nous donnerons la légende.

XXI. (*c*) Les épreuves judiciaires étaient un moyen alors

(*a*) Bodin, *Rech. sur Saumur.* — *Hist. de Tournus.* — *Hist. de l'*
de St-Florent.
(*b*) *Hist. Ms. de St Florent.*
(*c*) *Ms. de dom Fonteneau.*—M. de Beauregard, *Ms. de St Hilaire.*

employé pour la décision des procès, et on avait aussi souvent recours au serment. Or, ce serment devait se prêter dans une église, et on trouve que celle de Notre-Dame-Grande, à Poitiers, fut indiquée spécialement pour cet usage. Sans doute que c'est là aussi qu'avaient lieu les épreuves susceptibles d'être faites dans les temples.

XXII. (*a*) Comme les administrateurs des provinces ne trouvaient pas alors leurs moyens d'existence dans des impôts, et que c'étaient certains immeubles qui leur étaient affectés, on les trouve souvent qui en disposent en faveur des gens de leur entourage. Parfois aussi, ils acquéraient quelques biens, et là était l'exception. Il en existe pourtant un exemple pour le mois de février 912, dans un acte par lequel le comte Ebles et Emilianne, sa femme, achètent d'une autre femme, dont le nom était Emmène, neuf arpents de terre au village de Baidon (*b*), dans l'étendue de la viguerie de Sauves.

XXIII. Cette charte nous fait connaître qu'Ebles-Manzer était alors marié; et cette union remontait, sans doute, à une époque antérieure à sa prise de possession du comté de Poitou. En effet, on ignore tout à fait de quelle famille était Emilianne. Il n'en serait pas ainsi sans doute, si le comte se fût marié postérieurement à son accession au pouvoir, car il aurait pris femme dans une famille en rapport avec la haute position où il se trouvait placé. Mais, exilé à la cour de son parent Guillelme-Pieux, incertain si jamais il arriverait à posséder le comté de Poitou, pauvre et délaissé, il aura probablement uni son sort à une femme d'une origine peu relevée. Toujours est-il que le Manzer, devenu comte, ne répudia pas l'objet de ses premières amours, et qu'elle figura comme comtesse à Poitiers.

XXIV. Nous venons de parler d'Emilianne, et on peut croire que cette première femme d'Ebles-Manzer ne survécut pas beaucoup au delà de l'époque où une charte nous fait connaître son existence. En effet, puisque un fils du second

---

(*a*) *Ms. de dom Fonteneau.*
(*b*) *Baidonnus.*

lit du comte de Poitou se maria en 933, ainsi qu'on le verra, et en supposant que ce jeune prince ait eu alors de dix-huit à vingt ans, nécessairement il faut que la comtesse Emilianne ait cessé de vivre vers 913, ou à peu près. A défaut de date positive, on est obligé, en histoire, de tirer des rapprochements des faits connus, pour arriver à la solution de l'inconnu.

XXV. Devenu libre, Eblès-Manzer songea à faire une alliance analogue à la haute position où, malgré la tache de sa naissance, il était parvenu à arriver. Ce fut au delà des mers qu'il chercha une nouvelle compagne, et il la demanda au fils d'Alfred-Grand, à Edward-l'Ancien, roi des Anglo-Saxons, qui avait établi sa domination sur une bonne partie de la grande île de Bretagne, par des faits d'armes multipliés et une sage administration. Le roi Edward, qui fut père de trois fils qui régnèrent successivement après lui, eut, en outre, neuf filles (a), dont quatre, dit un auteur anglais (b), furent unies aux plus grands princes qui régnaient en Europe. Or, Adèle, fille du second mariage d'Edward avec Edgiwe (3), fut la princesse qu'épousa Eblès-Manzer. On indiquera, plus tard, les mariages que contractèrent deux autres petites-filles du roi Alfred, et quelles furent les alliances qui en résultèrent pour le comte de Poitou. Ici on se contentera de dire qu'une quatrième fut la première femme d'Othon-Grand, premier du nom, roi de Germanie.

XXVI. Quand on étudie l'histoire, il faut se reporter au point de vue de l'époque qu'on veut faire connaître; autrement, on éprouverait de grands mécomptes, et les conséquences qu'on tirerait des faits seraient bien peu exactes. Par exemple, si, pour le temps où nous vivons, on disait qu'un mariage royal ou princier a été décidé par l'habileté de l'épouse à faire des travaux à l'aiguille, cette assertion ne serait accueillie que par un sourire moqueur. Mais autres temps, autres idées, autres besoins. A une époque de barbarie où les arts étaient

(a) Sept, suivant d'autres.
(b) *W. Malmsb.*

encore dans l'enfance, une princesse d'une habileté marquée dans les travaux manuels, devait nécessairement avoir une très-grande influence pour l'industrie d'un pays. Aussi, nous n'hésiterons pas à dire que l'un des motifs du choix d'Ebles-Manzer, pour son second mariage, rentra dans cet ordre d'idées. Laissons parler ici un historien d'Angleterre (a), qui s'appuie sur un auteur plus ancien : « Les quatre princesses filles du roi Edward-l'Ancien et sœurs du roi Athelstan, dit-il, sont très-louées, par les historiens, pour leur assiduité et leur adresse à filer, à tisser et à travailler à l'aiguille ; mérite qui était si éloigné de faire du tort à ces fileuses royales, qu'il les faisait rechercher par les plus grands princes qui existaient alors dans l'Europe (b). » Au surplus, un écrivain contemporain (c) apprend que les dames anglo-saxonnes étaient si célèbres dans leur habileté à travailler à l'aiguille et à broder en or, que les ouvrages les plus remarquables et les plus riches de cette spécialité étaient appelés *ouvrages anglais* (d).

Mais un autre motif du choix du Manzer pour la main d'Adèle d'Angleterre, sera plus apprécié aujourd'hui. Dans les classes élevées de la société, une bonne éducation est souvent une condition décisive pour un mariage. Or, par les soins particuliers de leur tante Ethelfleda, qui hérita surtout du génie de son père Alfred-Grand, les filles d'Edward-l'Ancien reçurent, au dire des auteurs (e), une éducation si soignée, qu'elles surpassèrent toutes les princesses de leur siècle par leurs connaissances littéraires et scientifiques.

XXVII. A l'époque que nous traitons, les mariages des princes ne se faisaient pas toujours comme dans des temps postérieurs et par ambassade. D'ailleurs la position d'Ebles-Manzer, quand il épousa la petite-fille du grand Alfred, n'était

---

(a) Robert Henri, *Hist. of England*, trad. de Boulard.—*Will. Malmesbur.*

(b) Ici on parle de la fameuse tapisserie de Bayeux, attribuée à la reine Mathilde.

(c) *Vill. Pictavens.*

(d) *Anglicum opus.*

(e) *Will. Malmesbur.* — Rob. Henri, *Hist. of Engl.*

pas telle qu'il peut espérer qu'on lui enverrait cette princesse pour l'épouser dans son comté. Au surplus, nous verrons bientôt qu'un plus grand personnage que lui alla à la cour du roi anglo-saxon solliciter la main d'une femme. Tenons donc que le Manzer fit, au moins, un voyage en Angleterre, pour arriver à son second hymen (4).

XXVIII. On ne sait trop à quelle époque Karle-Simple épousa la belle Edgiwe, petite-fille, aussi elle, du roi Alfred et fille d'Edward-l'Ancien (5). On sait que le fils du Bègue, forcé de quitter la France, dont un usurpateur occupait le trône, se réfugia dans la grande île de Bretagne, et y fit connaissance du roi de cette contrée, dont il devint le gendre. Toujours est-il que par ce mariage il eut pour beau-frère le comte de Poitou; et cette alliance contribua sans doute à raffermir celui-ci dans son attachement au prince karolingien.

Du mariage de Karle-Simple avec Edgiwe provint Ludwig, dit d'Outre-mer, dont la carrière fut aussi semée de désastres que celle de son père.

XXIX. (*a*) Dans les synodes qu'ils tenaient alors, les évêques s'occupaient non-seulement des points de dogme et de discipline, mais aussi ils rendaient des décisions judiciaires sur les débats qui pouvaient surgir entre les ecclésiastiques de leur diocèse. Pour exemple, nous trouvons un jugement rendu le 18 mai 917, dans un synode tenu par Frottier II, évêque de Poitiers, pour condamner Droctramme, curé d'Exoudun, à restituer des dîmes sur certains villages, dont il s'était injustement emparé, au préjudice du petit monastère de Pranzay, près Lusignan, dépendant de l'abbaye de Noaillé.

XXX. (*b*) Guillelme-Pieux, comte d'Arvernie, marquis de Gothie et duc d'Aquitaine, mourut le 6 juillet 918 ou 919, peu après sa femme Engelberge, sœur de l'empereur Ludwig-l'Aveugle. Ils avaient fondé, outre le monastère de Cluny (6), celui de Soucillange, en Arvernie, et le prieuré de Mansac, dans la même province. Guillelme-Pieux paraît avoir étendu

---

(*a*) Ms. D. *Fonteneau.*
(*b*) *Act. SS. Bened.* — D. Mabill. *Ann.* — *Adem. Caban.*

son autorité, sans doute comme duc d'Aquitaine, sur le Berri et le Limousin, et il était abbé séculier de Brioude, position particulière à cette époque. Il habita constamment l'Arvernie, comté auquel il tenait surtout, et il s'y trouvait d'ailleurs au centre des provinces dont il avait le gouvernement, et on pourrait dire même la souveraineté. Ne laissant pas d'enfant, sa succession passa à ses deux neveux, fils de sa sœur Adélaïde et d'Acfred, comte de Carcassonne, savoir : Guillelme, comte de Velay, et Acfred, comte de Carcassonne. Le premier, qu'on a appelé Guillelme-Jeune, succéda tout d'abord à son oncle, comme comte d'Arvernie et duc d'Aquitaine. Peu après, il s'empara de Bourges et du Berri.

XXXI. (a) L'Armorique était alors désolée de nouveau par les Northmans, qui ne tenaient aucun compte du traité fait par Roll, un de leurs chefs. En 918, ils allèrent attaquer la ville de Guérande dont les habitants les repoussèrent, aidés, disent les chroniqueurs, par leur patron St Aubin, évêque d'Angers. Alors, et pour les soustraire aux *païens*, on apporta de la contrée au monastère d'Ansion ou de St-Jouin-de-Marne, les reliques de St Judicael. « Ce fut à cette époque, dit un auteur moderne (b), que les translations se multiplièrent à l'infini ; pour éviter les profanations de ces reliques de saints, les religieux les cachèrent sous terre ou les transportèrent dans le lieu de leur exil (7). »

XXXII. (c) L'année suivante fut surtout désastreuse pour l'Armorique. Les Northmans l'envahirent, et elle leur demeura à peu près. « On lit dans les monuments du temps, dit un auteur spécial sur la matière (d), qu'il ne resta pas un seul Breton, dans le canton de Cornouailles, et que la Bretagne elle-même fut si dépeuplée, que les Northmans y établirent leur domination, sans éprouver aucune résistance (e). »

(a) *Chron. Britan.—Mirac. S. Alb. ép. Andegav.*
(b) M. Capefigue, *Invasions des Normans.*
(c) *Chron. Frodoard.*
(d) M. Capefigue, *Invasions des Normans.*
(e) *Chron. Frodoard.*—D. Bouquet, *Hist. de Fr.*

On doit croire que la partie du Poitou tenant à l'Armorique dut beaucoup souffrir de l'établissement des hommes du Nord dans ces parages.

XXXIII. (*a*) Nous avons eu occasion de parler de Maingot, qui, au commencement du x⁰ siècle, fut vicomte de Melle et peut-être d'Aunay. Toujours est-il que, dès 949, on rencontre Kadelon ou Calon, peut-être le parent de Maingot, mais qui était toujours vicomte d'Aunay et chargé de l'administration de la partie sud-ouest du Poitou, portion de l'ancien pays de Briou. Pour ne plus revenir sur ce vicomte dont le nom figure dans nombre de chartes, et qui paraît avoir possédé beaucoup de marais salants en Aunis, nous dirons qu'il fut marié deux fois, d'abord à Geila ou Geille, et ensuite à Sénégonde, femme libérale envers les églises, et qui, par une seule charte (*b*), gratifia le monastère de St-Maixent de cent huit aires de marais salants, situés près de la Rochelle. Kadelon eut de la seconde de ces femmes : 1° Kaledon II, qui fut vicomte après lui ; 2° Ebles, qui prenait le titre de vicomte, comme son frère aîné ; 3° et Aldéarde, mariée à Arbert I⁰ʳ, vicomte de Thouars. Celle-ci (*c*) fit des dons pour le repos des âmes de ses père et mère Kadelon et Sénégonde.

XXXIV. (*d*) Si l'on en croit la chronique de Frodoard, le comte Robert, frère du roi Odon, celui-là même qui, nommé comte de Poitou, avait été obligé d'abandonner ce poste à Adhémar, aurait fait un acte bien désastreux pour l'ouest des anciennes Gaules. Chargé de la défense des Marches intérieures, au lieu de résister aux Northmans de la Loire, il leur aurait fait cession du comté nantais. Alors ceux-ci s'y seraient établis définitivement, et auraient embrassé, pour la plus grande partie, le christianisme. D'après quelques écrivains (*e*), ce traité aurait été, plus tard, et en 927, ratifié par

---

(*a*) *Ms. de D. Fonteneau.* — *Nov. Gall. Christ.* — Besly, *Comt. de Poit.*

(*b*) De l'année 959. (*c*) En 986.

(*d*) *Chron. Frodoard.*

(*e*) *Lycée Armoricain.*

l'autorité royale. S'il en fut ainsi, le nord du Poitou se serait trouvé tout à fait en point de contact avec une colonie scandinave. Du reste, tout ce qui se passa alors est, pour nous, très-difficile à éclaircir, à défaut de documents positifs ou certains.

XXXV. (a) En 921, Karle-Simple, étant à Compiègne, déclara, par une charte, prendre sous sa protection les monastères de St-Maur-des-Fossés et de St-Maur-sur-Loire. Ce dernier établissement avait été mis sous la dépendance de l'autre et sous un seul abbé, par le roi Karloman.

XXXVI. (b) La conduite du roi Karles était tout à fait en harmonie avec le surnom de Simple (c) qu'on lui avait donné. D'abord il s'était trouvé sous la domination de l'archevêque Foulques, qui avait beaucoup contribué à le faire arriver au trône. Celui-ci ayant été assassiné, un homme né dans une condition moyenne, nommé Haganon, actif à l'extrême, rusé au dernier point et astucieux s'il en fut, parvint à captiver entièrement la confiance de Karles ; il devint son ministre et son favori, de sorte que le monarque ne vit plus, n'entendit plus que par lui. On ne pouvait parler au roi: *il était avec Haganon ;* et cette réponse, toujours faite, passa en proverbe. Tous les hommes portèrent envie à l'homme qui abusait du crédit qu'il avait acquis sur son maître, au point de l'anihiler entièrement. Aussi Henrie l'Oiseleur, duc de Saxe, et qui fut depuis roi de Germanie, ayant passé quatre jours entiers à Aix-la-Chapelle, où se trouvait le Simple, sans avoir vu ce prince, partit en disant avec un accent de colère : « *Il faut qu'Haganon soit bientôt roi comme Karles, ou que Karles devienne simple homme libre comme Haganon !* »

Une conspiration se trama contre ce roi, et ; dans une assemblée tenue à Soissons dès 920, les grands avaient été sur le point de déclarer la déchéance de Karles. Hervé, archevêque de Reims, avait empêché qu'on ne prît ce parti extrême, ainsi

a) *M. de D. Fontaneau.*
b) *Chron. Frodoard.* — *Chron. Ver.*
c) *Stultus.*

qu'un comte, qui aurait fait valoir l'attachement des grands de la Burgundie et de l'Aquitaine à la cause de Karles. Mais voyant que le Simple ne changeait pas de conduite, malgré les avis qu'on parvenait avec difficulté, il est vrai, à lui faire arriver, le prélat se rendit à l'opinion générale. On prétend aussi qu'il fut influencé par Robert, duc de France, frère du feu roi Odon, et fils, comme lui, de Robert-Fort. Du reste, Richard, duc de Burgundie, bien disposé en faveur des princes karolingiens, venait de mourir, et c'était une grande perte pour ceux-ci. Ce qu'il y a de positif, c'est que, dans une autre assemblée tenue en 922, Karle-Simple fut déposé et le duc Robert, frère d'Odon, élu roi en sa place. Le 30 juin de la même année, ce dernier fut sacré à Reims par l'archevêque Hervé.

XXXVII. (*a*) Les Aquitains qui étaient, par politique et d'après leur position, presque toujours disposés à prendre un parti contraire à celui embrassé par les habitants d'au delà la Loire, demeurèrent, en général, attachés à la cause de Karles, et refusèrent de reconnaître Robert pour roi. On citera notamment Guillelme-Jeune, duc d'Aquitaine. Le Manzer agit aussi de même, ainsi que Raymond-Pons, comte de Toulouse, et Ermengaud, comte de Rouergue et de Quercy.

Karles tenta de résister aux grands conjurés contre lui, et il guerroya tout l'hiver. Enfin, attaqué dans Laon, sa résidence habituelle, par Hugues-Blanc, fils de Robert, il fut obligé d'abandonner cette ville avec Haganon et le comte Héribert de Vermandois, qui d'abord s'était déclaré pour lui, et qui ne tarda pas à l'abandonner et même à devenir son ennemi déclaré.

Si l'on voulait croire le récit d'Adhémar de Chabanais, le roi Karles se serait retiré en Aquitaine, et il aurait réuni à Limoges une armée avec laquelle il aurait marché contre son compétiteur. Mais ce récit est essentiellement fabuleux, et dès lors on ne doit point s'y arrêter.

Tenons plutôt, d'après Frodoard et plusieurs auteurs pres-

(*a*) *Chron. Frodoard.* — *Adem. Caban. Chron.*

que contemporains et plusieurs chartes, que Karles se réfugia en Lorraine où il parvint à décider les grands du pays à s'unir à lui. Ayant ainsi formé une armée, il marcha contre Robert et ses partisans, et les joignit près de Soissons. Là, il se livra, le 15 juin 923, une bataille dans laquelle Karles, tout simple d'esprit qu'il était et faisant preuve de bravoure, tua de sa propre main et d'un coup de lance dans la bouche, Robert qui lui disputait la couronne. Néanmoins le fils de celui-ci et Héribert de Vermandois parvinrent à maintenir leurs troupes, de telle sorte qu'ils remportèrent la victoire et que Karles, abandonné des Lorrains, fut obligé de faire retraite, laissant 7,000 morts sur le champ de bataille. En vain fit-il prier le comte de Vermandois et Séulfe, le nouvel archevêque de Reims, de se joindre à lui, sous les offres les plus flatteuses; ni l'un ni l'autre n'eurent égard à ses supplications. Ayant ensuite appelé les Northmans de la Neustrie à son aide, sous la condition d'augmenter leur territoire, le parti qui lui était opposé fit stationner des troupes sur l'Oise, pour empêcher ces secours d'arriver au roi détrôné.

XXXVIII. (*a*) Il est des hommes nés pour être toujours malheureux. Karle-Simple avait, dans une bataille, tué le général ennemi, et la victoire ne lui était pas demeurée. Ce chef était son concurrent au trône, et aussitôt il s'en présenta un autre. En ce temps, la couronne, on peut le dire, n'était plus héréditaire; elle était le résultat de l'élection des grands. Celle du successeur de Robert eut lieu avec de singulières circonstances. Les deux personnages les plus marquants à cette époque, et qui pouvaient se disputer le trône, étaient, d'une part, Hugues-Blanc, duc de France, et de l'autre, Radulfe, duc de Burgondie, fils du duc Richard : l'un fils et l'autre gendre de Robert, roi élu, qui venait de succomber. En pareille hypothèse, il y a division : l'un ne veut pas abandonner ses droits à l'autre, et la guerre est le résultat nécessaire de cette position de choses; dans l'occurrence, il en fut autrement, et les deux beaux-frères restèrent unis. En effet, Hugues était extrême-

(*a*) *Chron. Frodoard.* — *Glab. Radulph.*

ment attaché à sa sœur Emme, femme de Radulfe, aussi remarquable par sa beauté que par son esprit, et il lui laissa la libre disposition du trône. « Hugues consulta sa sœur, dit le chro-
» niqueur Glaber, pour savoir quoi elle préférerait, de voir
» prendre la couronne à son frère Hugues ou à son mari
» Radulfe.—*J'aime mieux*, répondit la duchesse de Burgundie,
» *baiser les genoux de mon mari que ceux de mon frère.* » Sur cela, Hugues céda le trône à Radulfe. Aussi, à la diète tenue à St-Médard de Soissons, le 13 juillet 923, Radulfe fut élu roi.

XXXIX. (*a*) Raghenold, chef northman, entra dans la Loire avec une armée, et profita de ces débats pour la couronne, en faisant une expédition jusqu'en Arvernie, ravageant tout le pays sur la route. Guillelme II, dit le Jeune, duc d'Aquitaine et comte particulier de cette province, ne se trouvant pas assez fort pour résister à cette invasion, appela à son secours Raymond, comte de Toulouse, et, avec leurs forces réunies, ces deux princes battirent complétement les barbares et leur tuèrent 12,000 hommes. Peut-être le comte de Toulouse fut-il tué ou blessé dans l'action ; ce qu'il y a de positif, c'est qu'il mourut vers cette époque.

XL. (*b*) Héribert, comte de Vermandois, fut d'abord mécontent de n'avoir pas été appelé à la couronne. Il est vrai qu'il possédait une bonne partie de la Picardie et plusieurs places au dehors de cette province, mais il était peu estimé. Néanmoins, au lieu de se rapprocher de Karles, qui l'en avait fait prier, il agit traîtreusement contre un prince, son parent, afin d'en tirer avantage. Pour cela, Héribert fit dire à Karles qu'il était prêt à embrasser sa cause et à se joindre à lui, s'il voulait venir le trouver en Vermandois. Sur cet avis, le prince se rendit vers St-Quentin, et demeura d'abord campé près de la ville, avec ceux qui étaient demeurés attachés à sa cause. Quelques jours après, le comte de Vermandois et son fils allèrent trouver Karles, et le fils n'ayant pas pour le roi les égards

---

(*a*) *Frodoard Chron.* — Baluz. *Auverg.*
(*b*) *Chron. Frodoard.*

convenables, son père l'en châtia par un soufflet. Alors Karles, se croyant convaincu de la bonne foi d'Héribert, l'accompagna dans son château de St-Quentin avec une légère escorte. Le premier jour, il fut servi en roi ; mais le comte ayant pris le nom de celui-ci pour renvoyer les fidèles qui s'étaient attachés à la fortune du Simple, ce prince vit bientôt qu'il était prisonnier. En effet, peu après, le comte Héribert le fit transférer à Château-Thierry, où il le retint étroitement, lui donnant abondamment les choses nécessaires à la vie. Puis le traître alla trouver le roi Radulfe, dont il obtint ce qu'il voulut. Maître du roi que celui-ci remplaçait, il pouvait le mettre en liberté au besoin, si l'usurpateur ne satisfaisait pas à ses exigences. Karle-Simple demeura détenu longues années.

XLI. (*a*) Au commencement du ix⁰ siècle, l'abbaye de St-Maixent était gouvernée par un abbé laïque, Adhémar, frère d'Aimery, vicomte de Thouars, qui avait, sous lui, un coadjuteur religieux nommé Ermenfroy, qui fut remplacé par Gurbert. Le premier de ces abbés s'occupait du temporel, et l'autre du spirituel. Sous Adhémar, en 923, le vicomte Aimery, frère de l'abbé laïque, réclama, en qualité d'avoué de St-Maixent, des biens de ce monastère situés dans le *pagus* de Melle, vigerie *Tiliolo*, au village appelé *Stivalis*, dont deux individus obscurs, Gondebaud et Ermenbert, s'étaient emparés ; et cette restitution fut ordonnée par Ebles-Manzer. Le jugement de ce comte est peu important par lui-même, mais il porte une indication de date assez curieuse ; il est dit avoir été rendu *l'an XXX, quand Karles fut détenu avec ses infidèles* (*b*). Cette époque est facile à assigner. *L'an trente* est l'indication de la trentième année du règne de Karle-Simple, comptée ici du 28 janvier 893, ce qui reporte à l'an 923. Or, c'est cette même année, ainsi qu'on vient de le voir, que ce monarque, ayant livré bataille à Soissons et tué de sa propre main Robert, son compétiteur, fut néanmoins vaincu et obligé de se retirer en Lorraine, et que, revenu ensuite auprès d'Héribert, comte de

a) *Chron. Malleac.* — *Ms. de D. Fonteneau.*
b) *Quanda fuit Karolus detentus cum suis infidelibus.*

Vermandois, celui-ci le retint prisonnier jusqu'à sa mort. Ce retour et la captivité de Karles se rapportent à la même année, et on ne peut, dès lors, entendre par ces mots : *ses infidèles*, que les seigneurs qui avaient abandonné sa cause et élevé Radulfe sur le trône, en 922. Or celui-ci, du reste, n'ayant pas été reconnu en Aquitaine, c'est là l'expression d'une réprobation formelle. La phrase, au surplus, aurait été plus claire, si on eût dit que le prince était détenu *par* ou même *parmi* ses infidèles, mais la précision dans le langage n'existait pas alors.

XLII. (*a*) La captivité de Karle-Simple finit d'anéantir l'autorité royale en Aquitaine. En effet, Raymond, comte de Toulouse, son frère Ermengaud, comte de Rouergue, Raymond-Pons, Guillelme-Jeune, comte d'Arvernie et duc d'Aquitaine, Acfred, son frère et son successeur, ne concoururent pas plus à l'élection de Robert et de Radulfe, qu'ils ne l'avaient fait, eux ou leurs prédécesseurs, à la nomination d'Odon. Aussi les actes continuèrent à porter généralement, dans la contrée de la Loire aux Pyrénées, l'indication du nom de Karle-Simple, comme s'il eût régné effectivement ; et pourtant il était alors confiné dans une prison !

XLIII. (*b*) Karle-Simple était, comme on l'a vu, marié à Edgiwe, fille d'Edward, l'ancien roi des Anglo-Saxons, et un enfant mâle, alors âgé d'environ trois ans, existait de cette union. La reine Edgiwe, apprenant la captivité de son mari, s'était empressée de passer la Manche et de se rendre en Angleterre au sein de sa famille. Elle avait emmené avec elle son fils, que nous verrons, plus tard, apparaître sous le nom de Ludwig d'Outre-mer.

XLIV. Les moyens que la race des comtes de Paris employa pour supplanter les derniers karolingiens ne sont pas tous connus. Par exemple, alors la grande île de Bretagne était une puissance ayant de l'influence jusque sur le continent, et cela depuis le règne du grand Alfred et celui d'Edward-l'Ancien. On sait qu'une fille de celui-ci avait été mariée à

(*a*) *Ms. de D. Fonteneau.*
(*b*) Sir Palgrave, *Hist. des rois anglo-saxons*, trad. de Licquet.

Ebles-Manzer, et, on vient de le dire, Edwige était la femme de Karle-Simple. Or, ce roi malheureux avait été secouru par son beau-frère Athelstane, qui régnait alors; et le moteur de l'usurpation de Radulfe voulut enlever cet appui au malheureux fils du Bègue. En conséquence, Hugues-Blanc se rendit en Angleterre, pour y faire une alliance avec Athelstane, en demandant la main d'Ethilde, une autre de ses sœurs. Pour parvenir à ses fins, Hugues offrit au roi anglo-saxon de riches présents, savoir: l'épée de Constantin-Grand, au pommeau de laquelle se trouvait enchâssé, disait-on, un des clous trouvés avec la vraie croix par l'impératrice Hélène; une couronne d'or enrichie de diamants qu'aurait portée Karle-Magne; la lance de cet empereur, qui, dans ses mains, avait été toujours, assurait-on, le gage assuré de la victoire, et enfin la bannière de St Maurice, que le même prince aurait fait porter devant lui, lorsqu'il combattait les Sarrasins (a). Athelstane céda à ces sollicitations et à ces dons, et accorda sa sœur à Hugues.

XLV. (b) Les environs de Paris étaient alors, à peu près, à l'abri des ravages des Northmans, à raison de ce qu'une masse d'entre eux était fixée *à toujours* dans une partie de la Neustrie. Ce qui le prouve, c'est que les moines de St-Maur-sur-Loire, émigrés au monastère des Fossés, dans l'Ile de France, et qui avaient transporté, au loin, le corps de leur patron, le rapportèrent dans ce dernier monastère, en 923.

XLVI. (c) Vers ce temps, le comte de Poitou n'était pas encore considéré comme souverain. Aussi son nom ne figurait pas dans les notices chronologiques des chartes. Ebles s'intitule *humble comte des Poitevins, par la miséricorde de Dieu* (d). On citera, comme exemple de cette formule, un acte de 923, dans lequel le comte fait don au monastère de Noaillé d'un droit de

---

(a) Sir Palgrave, *Hist. des rois Angl.-Sax.*
(b) *De Cas. Cœnob. devens.*
(c) *Ms. de D. Fonteneau.*
(d) *Ebolus, misericordiâ Dei, Pictavorum umilis comes.*

rivage dans le pays de Thouars (*a*), au village de *Solniacu*, dans l'île des Bretons (*b*). C'est une position à rechercher.

XLVII. (*c*) Il a existé, dans l'intérieur de la ville de Poitiers, une abbaye sous le vocable de St-Paul, dont l'origine est inconnue. Tout ce qu'on en sait, c'est que les comtes de Poitou en furent possesseurs, et qu'ils en concédèrent ensuite, en arrière-fief, toutes les dépendances. Le premier titre qu'on trouve de relatif à cet établissement religieux est du mois de mars 919 (8). Le comte Ebles-Manzer et son vassal Ebbolon, abbé de St-Paul, échangent avec Rothard, abbé de Noaillé, cinquante arpents de terrain situés en dehors de Poitiers, pour d'autres terres placées en même position. Il résulte de ces actes, qu'à l'est et au nord-est, la ville ne s'étendait pas jusqu'au Clin, et qu'il y avait même, entre les murs extérieurs de la cité, des emplacements vagues d'une assez grande étendue (*d*).

XLVIII. (*e*) Il paraît qu'on était encore dans l'usage d'écarter momentanément les Northmans, en leur payant des tributs, car on fit, en 924, une cueillette d'argent par toute la France, pour leur donner.

XLIX. (*f*) Nous trouvons, pour la première fois, sous l'année 824, un trésorier (*g*) du monastère de St-Hilaire-le-Grand de Poitiers (9). Alboin (*h*) est celui qui alors était revêtu de cette dignité. Renaud, dont l'existence est signalée en 934, lui succéda probablement. Cet emploi devint ensuite si élevé, qu'il fut le premier de tout l'établissement, quand la dignité d'abbé fut attribuée, d'une manière définitive, au comte de la province.

L. (*i*) Si l'on en croit la chronique de Tours, le roi Radulfe

(*a*) *In pago Thoarcinse.*
(*b*) *In insula Britanorum.*
(*c*) *Ms. de Fonteneau.* — Dufour, *Ancien Poitou.*
(*d*) *Inter terram vacantem et aquam.*
(*e*) *Ann. Frodoard.* — *Hug. Floriac.*
(*f*) *Ms. de D. Fonteneau.* — *Nov. Gall. Christ.*
(*g*) Claviger, Œdituus ou encore Ædis sacræ Custos.
(*h*) Inconnu aux auteurs de la Gaule chrétienne.
(*i*) *Chron. Turon.*

gratifia, en 924, Ebles-Manzer du comté de Bourges et de tout le Berri. Si cette libéralité eut réellement lieu, elle fut révoquée plus tard, ainsi qu'on le verra. C'était sans doute un moyen que prenait le roi élu, pour attirer le comte à son parti.

LI. (*a*) C'est le cas de noter ici un événement jugé alors de la plus grande importance: on veut parler de la rentrée, dans le monastère de St-Maixent, des reliques des deux patrons de cet établissement, reliques qu'on avait cru devoir transférer ailleurs, pour les soustraire aux profanations des Northmans. Les détails à ce sujet nous sont transmis par une notice du cartulaire de St-Sauveur de Redon, rédigée à Poitiers le 12 juin 924; et nous allons analyser ce qu'elle contient.

(*b*) Vers 866, les religieux de l'abbaye de Saint-Maixent avaient extrait de leur monastère les corps de leurs deux patrons St Maixent et St Léger, pour les soustraire à la fureur des Northmans, et ces reliques avaient été portées en Armorique. Lorsque le calme fut présumé rétabli en Poitou par la retraite de ces barbares, les religieux de cet établissement ecclésiastique se hâtèrent d'en profiter et de saisir l'occasion de rentrer dans la possession du trésor dont ils s'étaient séparés (*c*). Aimery, vicomte de Thouars, en qualité d'avoué, c'est-à-dire de protecteur de cette abbaye, se donna, pour cet effet, tous les mouvements dont il put être capable. Tutgaldus, prêtre du diocèse de Poitiers, fut par lui député au lieu où les corps avaient été transportés. Cet ecclésiastique eut commission de s'adresser aux religieux de l'abbaye de Rhédon, et notamment à Moroë, leur doyen, qui en avaient été rendus dépositaires, et les avaient transportés dans un monastère dépendant de cette abbaye. Le vicomte de Thouars leur fit offrir une récompense, s'ils voulaient consentir que le corps de St Maixent

(*a*) *Chron. Malleac.* — *Ms. de D. Fonteneau.* — Dufour, *Ancien Poitou.*
(*b*) Mab. *Annal. Bénéd.* — *Nov. Gall. Christ.* — *Ms. de D. Fonteneau.*
(*c*) Besly, *Comt. de Poit.*

revint en Poitou, et les religieux de Rhédon accédèrent à ses désirs. Cette proposition ainsi accueillie, le commencement d'exécution suivit de près, et Tutgaldus et les moines de Rhédon s'occupèrent d'atteindre le but désiré. Mais il s'éleva tout à coup une barrière qui s'opposa à la plénitude du succès. Le corps de St Maixent rendu à Candes, sur les bords de la Loire, et prêt à pénétrer en Poitou, ceux qui le portaient apprirent que les *païens*, c'est ainsi qu'on appelait les Northmans, étaient encore revenus dans ces parages, et qu'ils y continuaient d'horribles dévastations. Ce contre-temps fit tomber les pieux solitaires dans la plus extrême affliction, et leur causa un grand repentir d'avoir déplacé le corps du saint abbé. Pourtant, comme ils ne pouvaient sans danger retourner sur leurs pas, ni s'avancer en Poitou, ils en délibérèrent; ils prirent le parti de se diriger du côté de l'Arvernie, et ils arrivèrent dans le diocèse de Clermont, où ils achetèrent, pour la somme de soixante sous, l'église de Candet, avec tout son territoire, situé sur la rivière de Sioule : c'est là qu'on a bâti depuis l'abbaye d'Ebreulles. Par respect pour le corps de St Maixent, et par le désir de conserver une châsse d'ivoire contenant des reliques de plusieurs saints, ces religieux pensèrent à se fixer dans le territoire de Candet. Ils auraient exécuté ce dessein, si les Northmans n'y avaient mis un nouvel obstacle. En effet, ces hommes de sang n'interrompant point leurs incursions, on fut encore, sur les rives de la Sioule, dans les mêmes alarmes pour les restes de St Maixent. Or, la crainte de perdre un trésor qui paraissait si précieux à ceux qui en étaient chargés, les détermina à un autre projet, qui fut de le transporter à Auxerre; ce qu'ils firent avec le secours du comte Richard. L'évêque et les grands du lieu ne négligèrent rien pour fixer dans leur pays ces nouveaux hôtes avec leurs richesses. Mais ceux-ci, qui n'avaient jamais perdu de vue les engagements qu'ils avaient contractés avec l'avoué de St-Maixent, persévérèrent dans la résolution de remettre à cette abbaye les reliques dont il était question. En conséquence, ils envoyèrent trois députés d'Auxerre à Poitiers. Le vicomte de Thouars s'y rendit avec Adhémar, abbé de St-Maixent, son frère. Il se tint alors dans le palais d'Ebles-Manzer, comte de Poitou, une assemblée à laquelle assistèrent le vicomte, l'abbé, les députés d'Auxerre, Richard, archidiacre de l'église de Poitiers, et Mainard, doyen de la même église. L'affaire des translations passées et futures du corps de St Maixent y fut traitée. On y examina, entre autres choses, comment et à quelle occasion ces reliques étaient sorties de l'abbaye de St-Maixent pour passer en Bretagne. Le résultat de l'examen fut qu'on ferait la translation des reliques d'Auxerre à Poitiers. Les religieux de Rhédon promirent que tout le corps de St Maixent serait rendu, à l'exception des mâchoires, et qu'on y joindrait la vie du saint, et le missel de sa fête. De son côté, le vicomte de Thouars, comme avoué, et l'abbé, son frère, promirent aussi la récompense à laquelle ils s'étaient engagés, et qui consistait dans cent mesures de pain et de vin, payables dans le courant de l'année, un moulin et des terres. En outre, ils promirent d'assurer le don qu'ils voulaient faire, par l'autorité d'une charte. Tous les articles du traité ainsi arrêtés, le comte Ebles envoya les parties contractantes à l'église de Notre-Dame, renfermée dans la chanoinie de St-Pierre, c'est-à-dire dépendante de l'église cathédrale de Poitiers, pour y signer et y ratifier le traité par les serments d'usage, en présence des témoins qui avaient assisté à l'assemblée. Ce fut d'après tous ces antécédents que se fit la translation des reliques de St Maixent, dans l'abbaye de son nom (a). On doit ajouter que la translation dont on vient de parler eut lieu aussi pour les restes de St Léger, autre patron du monastère de St-Maixent (10).

LII. On le voit, les reliques des saints étaient alors des richesses qu'on était extrêmement avide de réunir, en grand nombre, dans les églises et dans les monastères. Plus elles venaient de loin, plus elles semblaient précieuses. Parmi les établissements religieux qui possédaient des trésors en ce genre, on peut noter le monastère de Croyland, en Angleterre.

(a) Mab. *Annal. Bénéd.*

En effet, dans un inventaire de cette abbaye, fait en 975, à la mort de l'abbé Turkétull (a), on indique plusieurs reliques venues de France, et notamment un os de St Leodegaire ou Léger, qu'il avait reçu du *prince d'Aquitaine* (11). Ce défaut d'indication positive donne lieu de croire que ce don fut fait par Ebles-Manzer, à cause de ses relations avec l'Angleterre, où il avait été chercher sa seconde femme, plutôt qu'aux princes qui prirent, plus tard et jusqu'à 975, le titre de prince ou plutôt de duc d'Aquitaine. Quant au monastère de cette contrée d'où la relique sera sortie, il n'y a pas à douter, c'est de celui de St Maixent, où reposaient de nouveau les restes de St Léger, d'après la translation dont on vient de donner les détails.

LIII. (b) On l'a dit déjà, en général les Aquitains se déclarèrent contre Radulfe, et la captivité de Karle-Simple, qu'ils disaient reconnaître pour roi, les mettait dans un état d'indépendance réelle envers la couronne. Guillelme II, dit le Jeune, duc d'Aquitaine et comte d'Arvernie, à qui cette position donnait surtout de l'importance, et qui sans doute était attaché à la descendance de Karle-Magne, continua positivement à refuser de reconnaître Radulfe pour roi. Sur cela, celui-ci se mit en marche avec une armée, pour aller réduire le duc. Il était arrivé près de la Loire, lorsque le duc Guillelme se présenta sur l'autre rive, à un point situé à l'extrémité du diocèse d'Autun. La difficulté qui existait pour le passage, et peut-être le désir de ne pas répandre de sang, porta Radulfe à envoyer des ambassadeurs à Guillelme, afin de l'engager à entrer en négociation. Toute la journée ayant été employée à des pourparlers sans résultat, les deux princes convinrent d'une entrevue pour le soir. Le duc passa la Loire, entra à cheval dans le camp opposé, et aussitôt qu'il aperçut le roi, il mit pied à terre pour le saluer. Radulfe, qui était à cheval, embrassa Guillelme sans descendre; et après quelques paroles échangées, ils renvoyèrent au lendemain à parler d'affaires, et ils se séparèrent. Le jour suivant, la conférence eut lieu, et les articles furent

(a) *Ingulph. Hist.* — Rob. Henri, *Hist. of Engl.*
(b) *Frod. Chron.*

provisoirement arrêtés; mais Guillelme demanda huit jours pour les accepter d'une manière définitive. Au bout de ce temps, il alla trouver Radulfe, se reconnut son vassal et accepta les conditions faites par lui. On ne les connaît pas toutes; on sait seulement que le roi rendit au duc le comté de Berri, dont il s'était emparé sur lui, avant son élévation au trône.

LIV. (*a*) A la suite de leur accommodement, le roi Radulfe et Guillelme II, duc d'Aquitaine, se rendirent à Autun, et ensuite à Châlons-sur-Saône. Là, le roi, du consentement de Guillelme et pour le soulagement de l'âme de l'oncle de celui-ci, Guillelme-Pieux, donna à Adhalard, évêque du Vélay, le bourg contigu à l'église du Puy, avec tout ce qui dépendait de ce domaine, comme droit de marché, de douane, de monnaie, etc. Il résulte de cette pièce, que le duc Guillelme II possédait le comté du Vélay, et notamment la localité du Puy, qui alors était bien éloignée d'avoir l'importance d'une ville.

LV. (*b*) Radulfe, en retournant sur ses pas, laissait la partie de l'Aquitaine qui ne dépendait pas directement de Guillelme, et notamment les contrées méridionales, tenant toujours Karle-Simple pour leur roi.

LVI. (*c*) Des barbares auxquels on avait donné le nom de Hongrois (*d*) étaient venus, après plusieurs stations, des montagnes de l'Asie septentrionale en Pannonie. De là ils avaient fait une irruption en Italie, d'où ils étaient entrés dans les Gaules. Là ils pillèrent Nîmes, arrivèrent vers Toulouse et même plus au nord, massacrant tout ce qui ne prit pas la fuite à leur approche. Enfin une épidémie décima cette horde dévastatrice, qui fut alors aisément défaite par Raymond-Pons, comte de Toulouse. On assure que peu d'entre eux purent repasser les Alpes.

LVII. (*e*) A la suite des Hongrois, on se trouve arriver à

(*a*) D. Mabil. *Annal. Bénéd.*
(*b*) *Frodoard. Chron.*
(*c*) *Frodoard. Chron.*
(*d*) Du mot *ungren*, étranger, d'où est dérivé aussi celui d'ogre.
(*e*) *Frodoard. Chron.*

une expédition des Northmans, en Aquitaine ; elle eut lieu en 925. Les Scandinaves parcoururent, en cette année, tout le pays, et parvinrent jusqu'en Arvernie, où Guillelme II, comte de cette contrée, et Raymond-Pons, comte de Toulouse, réunirent leurs forces et remportèrent sur ces barbares une victoire décisive. On prétend même que les hommes du Nord perdirent dans cette affaire douze mille hommes. « Ce fut, dit un auteur qui a traité une spécialité, la dernière de leurs tentatives importantes (a) sur l'Aquitaine (b). »

LVIII. (c) La soumission de Guillelme-Jeune, duc d'Aquitaine, au roi Radulfe, n'était sans doute pas sincère. De plus, les populations de cette contrée ne pouvaient se détacher de l'obéissance à la race des maires du palais. Aussi, dans les actes, mettait-on la date de cette manière : *Depuis que Karles, roi, a été dégradé par les Franks, et Radulfe élu contre les lois.* Dans une telle position, Guillelme, pour se conformer au désir des populations qui lui étaient soumises, se débarrassa ouvertement de son obligeance envers le roi élu, et ne reconnut, de nouveau, pour roi, que Karle-Simple.

Apprenant cette nouvelle, Radulfe réunit une armée de Franks et de Burgundes, et se dirigea vers la Loire. Arrivé sur Nevers, il assiégea cette ville où commandait Acfred, frère de Guillelme, et il le força à se rendre. Radulfe et son armée passèrent ensuite en Aquitaine, et marchèrent contre le duc, qui prit le parti de se retirer. Heureusement pour celui-ci que les Hongrois ayant fait une nouvelle irruption en deçà du Rhin, le roi Radulfe fut obligé de rebrousser chemin pour marcher contre eux. Délivré ainsi de son ennemi, Guillelme continua sa résistance envers Radulfe.

LIX. (d) Tout ce qui tient à la forme de procéder en justice, pour ces temps éloignés, offre de l'intérêt. En 926, Eble-

---

(a) Voir le n° LXVIII, ci-après.
(b) M. Capefigue, *Invasions des Normans.*
(c) *Frod. Chron.*
(d) *Panch. Nigr. S. Mart. Turon.* apud Desly. — *Ms. de D. Fonteneau.*

Manzer se trouvait, depuis quelques jours, à Colombiers près Châtellerault, dans la compagnie de Frottier II, évêque de Poitiers, lorsque des députés du chapitre de St-Martin de Tours s'y rendirent, pour se plaindre de ce que des seigneurs s'étaient emparés, depuis six ans, de la majeure partie de leurs biens de Coussaye et d'Antoigné, dans la viguerie de Thouars, sans qu'ils pussent leur en faire opérer la restitution. Après avoir pris connaissance des titres qui leur étaient présentés, le comte et l'évêque conseillèrent à ces délégués d'attendre l'époque à laquelle les vicomtes du pays devaient se trouver à Avrigny pour y tenir les plaids. A ce jour, qui était le 29 mai, et dans cette cour, les droits de St-Martin de Tours, qui avaient été reconnus, dès le 21 du même mois, par Savary et Aimery, vicomtes de Thouars, furent confirmés de nouveau (12).

LX. (*a*) En parlant du moment où Adhémar cessa de remplir les fonctions de comte de Poitou, nous avons dit déjà qu'il prolongea sa carrière jusqu'au 29 mars 921. Rentré dans la vie privée, il n'était pas de taille à porter ombrage au Manzer, qui le laissa sans doute vivre paisiblement dans ses états. Toujours est-il que ce comte détrôné fut inhumé à St-Hilaire de Poitiers, le 2 avril suivant (13).

LXI. (*b*) Guillelme II, dit le Jeune, duc d'Aquitaine, mourut vers le milieu de l'année 927 (*c*). Comme il ne laissait point d'enfant, son frère Acfred, déjà comte de Gevaudan, de Brioude et de Talande en Arvernie, lui succéda dans le duché d'Aquitaine et dans les comtés d'Arvernie et du Vélay. Très-attaché à Karle-Simple, il ne voulut point reconnaître Radulfe pour roi. Du reste, il ne régna que peu de mois, et son testament contient la clause déjà indiquée, qui frappait de réprobation la dégradation du roi Karles, et qualifiait d'illégale l'élection de Radulfe.

LXII. (*d*) Nous avons vu qu'Héribert de Vermandois gardait

(*a*) *Chron. Malleac.* — *Ms. de D. Fonteneau.*
(*b*) D. Mabil. *Ann. Bénéd.* — Baluz. *Auverg.*
(*c*) Entre les mois d'avril et d'octobre.
(*d*) *Frodoard. Chron.*

Karle-Simple en prison, pour s'en servir au besoin contre Radulfe. L'occasion s'en présenta, en 927. Une partie de la mince contrée demeurée au roi des Français, le comté de Laon, sembla devenir disponible par la mort de Rotgher, qui en était pourvu. Le comte de Vermandois le demanda aussitôt pour un de ses fils, nommé Odon ; mais le roi en disposa, conformément à la loi des fiefs, en faveur du fils de l'ancien titulaire. Héribert, mécontent d'avoir été éconduit, tira Karle-Simple de sa prison, le ramena en pompe à St-Quentin, et annonça l'intention de le replacer sur le trône. Il rattacha en même temps à ce parti Guillelme Longue-Épée, duc de Normandie, en lui donnant sa fille, et même Hugues-Blanc, qui était brouillé avec Radulfe son beau-frère. Ce qui pesait le plus dans la balance pour l'ancien roi, était l'intervention du pape Jean X, qui avait menacé d'une excommunication le comte de Vermandois, s'il ne rendait pas la liberté à son détenu.

Tout paraissait donc prendre une bonne tournure en faveur de Karles, lorsque de nouveaux événements eurent lieu à son désavantage. Jean X fut renversé du trône papal, et son heureux compétiteur n'intervint pas en faveur du roi détrôné ; les deux beaux-frères, Odon et Hugues, se réconcilièrent, et Héribert, ayant obtenu le comté de Laon, réintégra Karle-Simple dans la prison d'où il n'était sorti que depuis bien peu de temps.

LXIII. (*a*) En 928 mourut Acfred II, comte d'Arvernie et duc d'Aquitaine. Comme son oncle Guillelme-Pieux et son frère aîné Guillelme-Jeune, il ne laissa pas d'enfant. Dans cette position, le droit de concéder ses grands fiefs revenait à la couronne, et le roi Karle-Simple, sorti, comme on l'a vu, de la prison où il rentra la même année, disposa des deux comtés et du titre de duc en faveur d'Ebles-Manzer, parent des derniers titulaires. Mais ces cessions de provinces et cette affection du titre de duc d'Aquitaine au comte de Poitou Ebles, étaient faites par un prince dépouillé effectivement de la couronne et qu'Héribert n'avait pas la volonté de replacer sur le trône.

(*a*) *Chron. Adem. Caban.*

Aussi verrons-nous la puissance ducale, sur la contrée, passer au comte de Toulouse, qui eut aussi le comté d'Arvernie. Le Limousin seul demeura à Ebles. Plus tard, on saura comment on arriva à ce résultat.

LXIV. (*a*) Les ravages des Northmans avaient réduit l'église de St-Hilaire-le-Grand à un état presque complet de destruction (14). Alors, et c'était en 927, Adèle d'Angleterre, femme d'Ebles-Manzer, fit jeter les fondements d'une nouvelle reconstruction de cette basilique. Ces travaux furent dirigés par Walther Coorland, son architecte, qui était Anglais, et que la comtesse de Poitou avait fait venir de son pays.

Il faut ici remarquer que le goût des constructions s'était manifesté en Angleterre depuis un siècle (*b*). Alfred-Grand, qui édifia tant d'églises et de châteaux, et passa pour le meilleur architecte et le plus grand constructeur de son siècle (*c*), fut obligé de faire venir beaucoup d'ouvriers des pays étrangers : or, ces ouvriers en formèrent d'autres, et la grande île de Bretagne fut ainsi en position de fournir des maçons et des charpentiers au continent.

Il n'y avait pas longtemps, du reste, qu'on s'était mis, en Angleterre, à faire des constructions en pierre. Avant on bâtissait encore en bois les églises, les châteaux et les maisons d'habitation. Mais avec Alfred et son fils, quelque chose de plus durable devait remplacer des édifices par trop peu solides.

LXV. (*d*) Radulfe et Héribert, redevenus amis, se rendirent en Borgundie, pour avoir une entrevue avec Hugues, roi d'Italie. Ensuite ils se réunirent à Reims, où le comte de Vermandois fit amener Karle-Simple, son prisonnier. Le but de cette entrevue était, de la part de Radulfe, d'obliger Karles à lui céder ses droits, et il espérait par là ramener à sa cause ceux qui n'avaient pas encore voulu le reconnaître pour roi.

(*a*) Rapaillon, *Ms. de St-Hilaire.*
(*b*) Rob. Henri, *Hist. of Engl.*
(*c*) Asser. *de Afredi rebus.*
(*d*) Frodoard. *Chron.*

Karles était dans les fers ; il voyait l'impossibilité d'en sortir à jamais, et toute amélioration à sa position était beaucoup pour lui. Du reste, son caractère était défini, sous le rapport de la compréhension, par le surnom qu'on lui avait donné. Il faut dire aussi que nous ne connaissons ce qui fut fait, et qu'on indique comme une cession de la couronne, que par ces expressions employées par le chroniqueur, après l'indication de la date : « Radulfe fit la paix avec Karles, lui rendit le palais » d'Atigny-sur-Aisne et le combla de présents. »

Toute cette ostentation de dons, bien peu de chose, du reste, pour un prince qui avait renversé un autre prince du trône, était loin de valoir la liberté. Elle n'exista plus pour Karles ; car confiné, de nouveau, dans le château de Péronne, il y mourut le 7 octobre 929. Son fils Ludwig était alors en Angleterre avec sa mère ; on a vu que cette dernière, sœur d'Athelstane, roi de cette île, s'était empressée d'y passer avec son enfant, aussitôt qu'elle sut l'arrestation du père de celui-ci.

LXVI. Sans doute la dose d'intelligence du roi Karles était définie par son surnom. Mais ce n'est pas à dire qu'il fut sans vaillance ; il en avait même beaucoup, dit un judicieux écrivain de notre temps (a) ; mais c'était ce caractère décidé, qui ne prouve souvent qu'un défaut de jugement. « C'était le courage de l'*aveugle Bayard*, qui, dit le vieux proverbe, » *réfléchit jamais avant de sauter*. Ceux effectivement qui sont le moins en état de faire face au péril, se montrent quelquefois plus ardents à s'y précipiter. »

LXVII. (*b*) La mort de Karle-Simple, dont on douta, du reste, longtemps de la part de ceux qui tenaient pour lui, n'améliora pas beaucoup le parti de Radulfe en Aquitaine. Les grands demeurèrent alors dans une sorte d'indépendance de l'autorité royale, et le pouvoir du duc et des comtes alla en augmentant. Quoi qu'il en soit, lorsque la mort du Simple fut devenue un fait non contestable, on prit l'habitude, dans la contrée, de faire les actes ainsi, en indiquant l'année à dater depuis cet événe-

---

(*a*) Sir Palgrave, *Hist. des Anglo-Saxons*.
(*b*) *Chron. S. Pect. Viv.* — Baluz.

ment: *Depuis la mort de Karles, dans l'attente d'un roi;* ou bien encore: *Régnant notre Seigneur et en attendant un roi*. Cependant il paraît, par quelques documents, que, sur certains points, on reconnut Ludwig, fils du Simple, pour roi dès la mort de ce dernier. Ainsi on voit qu'il n'y avait rien de conforme, rien de régulier, dans ce qui se passait de la Loire aux Pyrénées. En réalité, on y était dans une sorte d'anarchie. Disons mieux, le titre de roi commençait à peu importer, à raison de la position que prenaient le duc et les comtes.

LXVIII. (a) Karle-Simple étant mort, Radulfe crut qu'en faisant une expédition dans cette contrée, il en réduirait enfin les peuples à sa domination ; il avait d'ailleurs un autre motif pour se diriger au midi. Les Northmans de la Loire s'étaient portés dans les contrées au delà de ce fleuve, et ils les ravageaient. Radulfe les joignit, avec son armée, dans le Limousin, et les battit complétement (b). Ce service signalé porta les Aquitains à reconnaître enfin le vainqueur pour leur roi. Celui-ci ne fut pas plus avant, à cause des démêlés entre son beau-frère le duc Hugues-Blanc et le comte de Vermandois, et des tentatives formées par celui-ci contre son autorité, embarras qui le rappelaient encore dans le Nord. Du reste, on doit dire que cette soumission de l'Aquitaine à Radulfe fut purement nominale ; il fut roi seulement en ce sens que son nom figura, à l'avenir, dans la plupart des chartes, et encore en trouve-t-on, pour certaines localités, où se rencontre encore mentionnée l'attente d'un roi.

LXIX. Nous avons vu les Northmans s'emparer de l'Armorique, vers 919, et ses habitants abandonner en grand nombre le sol qui les avait vus naître. Mais les barbares avaient couru les pays voisins ; ils avaient pris parti, dans la lutte du roi karolingien, contre le comte de Paris (c). D'un autre côté, beaucoup d'Armoricains étaient revenus dans leur patrie, même plusieurs des grands précédemment passés dans la grande île

---

(a) *Chron. Frodoard.* — Verneilh-Puyraseau, *Hist. de l'Aquit.*
(b) A Estresses, localité dépendant aujourd'hui de la Corrèze.
(c) *Chron. Frodoard.*

de Bretagne. Alors un sentiment d'énergie et de pudeur nationale se manifesta, aiguilloné qu'il était par l'abaissement où l'on se trouvait réduit et les malheurs qu'on avait soufferts. Le jour de la St-Michel, 29 septembre 931, sur tous les points de l'Armorique, depuis les rives de la Loire jusqu'aux frontières de la Normandie, les natifs attaquèrent les hommes du Nord, et les égorgèrent ou les chassèrent du pays. Réunis vers Rennes, les Scandinaves perdirent même une bataille, près de Trans, et le succès des Armoricains sembla d'abord positif. Par malheur pour eux, ils en abusèrent ; et assez peu adroits pour s'attaquer aux Northmans de la Neustrie, devenus chrétiens avec Roll, le fils de celui-ci, Guillelme Longue-Épée, les fit repentir de s'être adressés à lui. Alors, et de nouveau, un grand nombre d'Armoricains retournèrent en Angleterre, d'où nous les verrons bientôt revenir.

LXX. (a) Ce succès contre les Northmans fut de courte durée ; car il paraît qu'Inkon, ce chef dont la résidence était ordinairement près de la Loire, et qui peut-être était fixé plus en haut du fleuve, revint sur le comté nantais. Il battit les habitants de cette contrée, en tua un bon nombre, chassa ceux qui ne voulurent pas se soumettre, et demeura maître du pays.

Il paraît, du reste, que les Northmans de la Neustrie et Guillelme Longue-Épée, leur duc, outrés du massacre de leurs compatriotes de la Loire, secondèrent l'expédition d'Inkon.

LXXI. (b) En 931, l'Aquitaine ne paraissant plus reconnaître Radulfe pour roi, celui-ci se détermina de nouveau à s'y rendre, à la fin de cette année, pour y rétablir l'ordre troublé par une guerre que se faisaient quelques seigneurs. Il passa, en effet, la Loire ; mais bientôt des embarras sur le Rhin le forcèrent de rétrograder vers ces parages, et les choses demeurèrent dans la même position.

LXXII. Quoi qu'il en soit, au commencement de l'année 932,

(a) *Ann. Frodoard.*
(b) *Frodoard. Chron.*—Baluz.

après les grands froids, Radulfe repassa encore la Loire, bien déterminé à employer cette campagne à soumettre l'Aquitaine à sa domination. S'étant avancé dans le pays avec des forces considérables, Raymond-Pons, comte de Toulouse ; Ermengaud, comte de Rouergue, et Loup-Asinaire, duc ou comte de Vasconie, vinrent au devant de lui, le reconnurent pour leur roi, en lui prêtant serment de fidélité, et reçurent en même temps du monarque dont ils se reconnaissaient les vassaux, la confirmation de leurs fonctions. Cette entrevue eut lieu fort avant dans le pays, sur les frontières de l'Aquitaine et de la Gothie. Cette dernière contrée était possédée en commun par les deux frères, Raymond et Ermengaud, ainsi que les comtés d'Albigeois et de Quercy. Le duc ou comte de Vasconie étendait sa domination dans les montagnes, qui lui fournissaient de petits chevaux très-fins, d'une parfaite construction, d'une grande agilité, et susceptibles de parvenir à un âge extrêmement avancé. Frodoard dit que, pour venir à cette conférence, Loup-Asinaire en montait un qu'on prétendait avoir plus de cent ans, et qui était encore d'une grande vigueur (15).

LXXIII. (a) Pour prix de ce qu'il l'avait reconnu pour roi, et sans doute par le résultat des articles arrêtés à l'entrevue dont nous venons de parler, Radulfe conféra à Raymond-Pons le titre de duc d'Aquitaine, dont Acfred avait joui le dernier (16). On sait que Karlo-Simple, mis un instant en liberté par Héribert de Vermandois, l'avait accordé à Ebles-Manzer, comte de Poitou ; mais cette libéralité n'eut pas de suite. Il en fut de même du comté d'Arvernie, dont le nouveau roi gratifia encore Raymond-Pons, à qui il donna, de plus, le comté du Vélay et le comté de Bourges.

LXXIV. (b) Le frère du nouveau duc d'Aquitaine, Ermengaud, comte de Rouergue, obtint aussi de Radulfe, à la même époque, le comté de Gevaudan. Il mourut l'année suivante, et Raymond, son fils aîné, qui lui succéda, continua à jouir par indivis, avec le comte de Toulouse, de plusieurs comtés,

(a) Chron. Frodoard.
(b) Chron. Frodoard.

ainsi que l'usage continuait à exister dans cette famille. On le voit, Radulfe se trouva généralement reconnu pour roi dans l'Aquitaine ; sauf la Marche d'Espagne où l'on continua à ne pas vouloir tenir du roi élu, et, pendant toute la vie de Radulfe, on y énonça, dans les actes, l'attente d'un souverain. L'espèce d'interrègne qui avait existé depuis la captivité de Karle-Simple cessa donc d'exister. Pendant ce temps, l'autorité des comtes, dans cette vaste contrée, s'était grandement augmentée. Celle du comte de Toulouse, devenu duc, parut surtout tellement élevée, qu'on lui accorda généralement le titre de prince, qu'on ne donnait guère qu'aux têtes couronnées ou à leurs frères. Le comte de Poitou, d'un autre côté, grandissait aussi en pouvoir, et se mettait en position de devenir, plus tard, le véritable souverain de l'ancien royaume des deux Pippins d'Aquitaine.

LXXV. (a) Nous avons vu, sur l'an 924, qu'au dire de l'auteur de la chronique de Tours, le roi Radulfe aurait, en cette année, donné lui-même le comté de Bourges et tout le Berri à Ebles-Manzer. Nous croyons qu'il y eut, à cet égard, une sorte de transaction entre Ebles, d'un côté, et Radulfe et ceux par qui il venait de se faire reconnaître pour roi, d'un autre côté. Le comte de Poitou, après avoir été gratifié par Radulfe du Berri et même du Limousin, s'était attaché, à ce qu'il paraît, à Karle-Simple, lors de sa sortie passagère de prison, puisque celui-ci l'avait fait alors duc d'Aquitaine et qu'il lui avait donné l'Arvernie. Alors on lui aura laissé le Limousin, en lui ôtant le Berri. En effet, le comte Ebles demeura nanti de ce comté depuis la mort d'Acfred jusqu'en 932, et alors il ne fit aucune démarche pour en recouvrer la possession, après que Raymond-Pons s'en fut emparé. Peut-être trouva-t-il ses possessions assez étendues pour les gouverner convenablement? Il y avait, en effet, beaucoup à faire à cette époque, à cause des ravages des Northmans; il était nécessaire d'aviser, d'après l'état d'épuisement du pays, à réparer les pertes immenses faites par la population, à encourager la culture des terres et le commerce, et à s'atta-

(a) *Ms. de D. Fonteneau.*

cher ses administrés par des soins pris dans leur propre intérêt. Quelle tâche immense à remplir ! Outre cela, Ebles, spolié d'abord de l'héritage de son père, devait chercher à consolider le pouvoir dans sa famille. Si des motifs aussi sages furent la règle de conduite d'Ebles, il mérite des éloges, et son nom doit être inscrit sur la liste des bons princes dont les règnes paraissent toujours trop courts.

LXXVI. (a) C'était le temps où on créait des marais salants ; et les monastères tenaient surtout à en avoir. C'est ce qui décida, sans doute, Ebles-Manzer à concéder, vers 932, certains fonds de terre en Aunis, afin d'y établir cette industrie.

LXXVII. (b) Un plaid tenu à Narbonne, au mois de mars 933, et daté *de la IV° année du règne de Radulfe, depuis la mort de Karles*, est bon à noter ici. Cette assemblée fut présidée par Aymeri, archevêque de cette ville, et par Raymond-Pons, comte et marquis, est-il dit ; il était aussi comte particulier de Narbonne.

Dix-huit juges de trois nations diverses y siégèrent, savoir : trois juges et un *salon* ou huissier de la nation et de la loi des Goths ; onze de la nation et de la loi des Romains, et trois de la nation et de la loi des Franks. Ceux qu'on appelait Romains étaient des Gallo-Romains. Suivant le droit d'alors, ils étaient plus nombreux, parce que la population qu'ils représentaient était plus considérable que celle des Visigoths et des Franks fixés dans le pays. Il y avait aussi, à ce plaid, un certain nombre de *bons hommes* ou *auditeurs*. Une affaire relative au monastère de Montolieu étant présentée, on demanda à l'abbé quelle était sa loi, et on le jugea suivant la loi salique. Il résulte de là qu'on décidait encore les causes suivant la législation de la nation à laquelle on appartenait.

LXXVIII. (c) Heureux de consolider sa famille dans les hautes dignités dont il était revêtu, Ebles-Manzer songea à ménager à son fils aîné une alliance à la fois honorable, forte

(a) *Ms. de D. Fonteneau.*
(b) D. Vaissette, *Hist. du Lang.*
(c) *Guil. Gemet.* — Dudon, *de Gest. Norman.* — *Chron. Norman.*

et puissante. A cet effet, il jeta les yeux sur Gerloc ou Héloys, appelée aussi Adèle, peut-être avait-elle ces trois noms, fille de Roll, duc de Normandie, et de Pope, sa première femme légitime ou peut-être sa concubine. Ce fut ce même fils, Guillelme-Hugues, que son père chargea d'aller en personne, en 933, négocier son propre mariage. Le jeune prince se rendit donc à la cour de Guillelme I*er* dit *Longue-Épée*, frère de Gerloc, accompagné de Hugues-Blanc, duc de France, et d'Héribert, comte de Vermandois, qui étaient ses introducteurs, et la réception qu'on lui fit fut magnifique. Si l'on en croyait néanmoins Dudon de St-Quentin et Guillelme de Jumiége, après que le jeune prince eut fait la demande de la princesse, le duc de Normandie aurait répondu en riant : « Seroit-ce bon » que ma seur, qui est une des plus belles dames du monde, » que je la donnasse à un Poitevin ? L'on tient que les Poi- » tevins sont advers et couars, et n'osent combattre, ne voir » sang d'onneur qu'ils ne cheent pasmez, et que la fievre ne » les pregne (*a*). » Les Poitevins ne se reconnaîtront point à ces traits, dit avec indignation un auteur impartial (*b*), et ils auront raison. N'ajoutons donc aucune foi à une pareille fable, faite par des Normands toujours disposés à exalter les leurs et à calomnier les Poitevins. Au reste, le résultat de la demande prouve que l'injure mise dans la bouche de Guillelme Longue-Épée est une fausseté. En effet, selon Guillelme de Jumiége lui-même, le duc de Normandie accorda gracieusement la demande qui lui était faite de la main de sa sœur, et il est évident qu'avec l'intention d'en agir ainsi, le prince ne pouvait pas commencer par injurier grièvement celui qu'il allait accepter comme beau-frère (17).

LXXIX. (*c*) Si l'on en croit la chronique de Richard de Poitiers, auteur normand, ainsi surnommé pour avoir fait ses études dans cette ville, le mariage du jeune Guillelme-Hugues

---

(*a*) *Chron. de Normandie.*
(*b*) *Rec. des Hist. de Fr.*
(*c*) *Chron. Rih. Pict.*

aurait eu un résultat bien heureux pour le Poitou. A en croire cet auteur, la province aurait été tenue d'un tribut envers les Northmans, établi sans doute dans les temps où ces hordes paraissaient tellement redoutables à tous les habitants des Gaules, que leur seul aspect glaçait d'effroi. Or, par suite de ce mariage, les Poitevins auraient été rédimés de cette singulière obligation. L'existence d'une redevance aussi humiliante n'est aucunement constatée ; mais si le fait était vrai, on pourrait dire que l'alliance que ménagea Ebles pour son fils fut à la fois un trait de politique et un fait de bonne administration.

LXXX. (*a*) Aymeri Ier, vicomte de Thouars, était mort avant 933 (18) ; il fut remplacé par son fils aîné Savary II (19), qu'il avait eu de sa femme Aremberge. De cette union sortit aussi Aymeri II, qui fut vicomte après son frère.

LXXXI. (*b*) Il s'éleva, vers 934, un démêlé assez vif entre le comte duc Ebles-Manzer et Frottier II, évêque de Poitiers (*c*). On ignore les motifs qui y donnèrent lieu, mais il fut tellement sérieux, que Frottier se vit privé de la faculté d'exercer ses fonctions épiscopales, qu'il ne reprit que l'année suivante, après la mort du comte régnant.

LXXXII. (*d*) Nous avons vu le monastère de l'île d'Her, réduit à l'état de simple prieuré, dépendant du monastère de Tournus, où s'étaient fixés l'abbé et la congrégation de Saint-Philbert. Tant que les Northmans firent de cette île leur quartier général, l'ancienne abbaye ne fut point relevée ; mais quand la paix eut été faite avec les Northmans, par la cession de la Neustrie et les arrangements postérieurs, l'abbé de Tournus songea à relever de ses ruines son ancien monastère, pour en faire un prieuré ou maison secondaire de son ordre. On ne sait point à quelle époque précisément eut lieu cette réclamation.

(*a*) *Ms. de D. Fonteneau.*
(*b*) *Ms. de D. Fonteneau.* — Besly, *Comt. de Poit.*
(*c*) Ce démêlé est demeuré inconnu aux auteurs de la nouvelle Gaule chrétienne.
(*d*) D. Mabil. *Annal. Bénéd.*

Il n'y a pas à douter que le monastère de St-Philbert d'Her, devenu simple prieuré de Tournus, était relevé en 934. C'est une anecdote qui nous en instruit, et elle mérite de figurer ici.

Un seigneur marquant de la Bretagne, indiqué même comme *le plus puissant des Bretons*, et portant le nom de Gradilon, s'était retiré dans le prieuré de St-Philbert d'Her, et il y avait été accueilli ainsi que le comportait sa haute position. Les amis qu'il s'était faits pendant qu'il avait été dans le monde, lui envoyaient souvent des présents comme souvenir de leurs anciennes liaisons, et il les partageait avec les religieux ses commensaux, qui lui témoignaient beaucoup d'égards et lui prodiguaient des soins empressés. Or, ces démonstrations, ainsi qu'on le verra, n'étaient point désintéressées, et étaient dictées par l'espoir de s'attribuer, à sa mort, l'argent dont on le croyait nanti. Mais Gradilon poussait sa carrière au delà des bornes ordinaires; il était arrivé à un âge très-avancé, il n'était plus aussi prodigue à l'égard des moines, et ceux-ci, dont la bienveillance motivée se refroidit presque tout à coup, cessèrent d'avoir pour lui les prévenances premières. Dès que le personnage breton eut reconnu ce changement de conduite à son égard, il résolut de punir ceux qu'il avait d'abord jugés trop favorablement. Pour y parvenir, il eut recours à la ruse: il chargea un homme qui lui était dévoué de remplir de cailloux et de sable des rivages de la mer les deux troncs ou escabeaux placés près de son lit, comme il était alors d'usage, et il les fit sceller solidement, comme s'ils eussent renfermé les choses les plus précieuses. Ayant ensuite fait appeler le prieur [20], il se plaignit avec douceur du délaissement dans lequel on le laissait, et il en demanda les motifs. Plusieurs religieux accompagnèrent leur supérieur; en voulant s'asseoir sur les deux troncs qui servaient de siége, ils reconnurent que leur poids ne permettait pas de les déplacer. Rentrés dans le parloir commun, ils firent part aux autres frères de leurs remarques, et finirent par se reprocher mutuellement l'état d'abandon dans lequel ils laissaient un homme dont la dépouille promettait tant de richesses. Dès ce moment, les moines se montrèrent plus polis, plus empressés même qu'ils ne l'avaient jamais été envers leur pensionnaire. Gradilon mourut enfin ; il était très-âgé ; il avait plus de 80 ans, près de son siècle, et les moines s'emparèrent des troncs qui garnissaient la chambre, et qui leur appartenaient, d'après la législation d'alors. Ils les ouvrirent avec empressement, mais leur joie fut courte, lorsqu'ils n'y virent que des cailloux et du sable, héritage que méritait leur cupidité.

LXXXIII. (a) Ebles-Manzer mourut, en 935, à l'âge de 67 ans. A l'exception de Besly, tous les historiens ne lui donnent qu'une seule femme, et il est certain pourtant qu'il fut marié deux fois. La première fois il épousa, comme on l'a déjà vu, Emillanne, que nous trouvons dans un titre cité à sa date, et portant acquisition d'un grand domaine rural appelé Baidon (b), situé dans la viguerie de Sauves et le *pagus* de Poitiers. On l'a dit, cette charte ne fait point connaître la famille de cette princesse dont on ignore l'époque précise de la mort ; seulement il est constant qu'elle ne donna point d'enfant au comte. En secondes noces, Ebles, marié avec Adèle, fille d'Edward II, surnommé l'Ancien, roi d'Angleterre, et d'Edgiwe, sa deuxième femme légitime, eut deux fils, savoir : 1° Guillelme-Hugues, surnommé Tête-d'Etoupes ; 2° et Ebles, évêque de Limoges et abbé de divers monastères (21).

LXXXIV. En mourant, Ebles-Manzer, enfant illégitime dont la fortune avait d'abord été si indécise, emportait dans la tombe la satisfaction que ses puissants Etats allaient passer à son fils aîné ; car possesseur d'abord du Poitou et de ses annexes, ce qui entraînait l'Aunis et la Saintonge, il y avait ajouté le Limousin, de telle sorte que ses possessions formaient environ six de nos départements. Ainsi cette dynastie était solidement établie sur le trône du comté de Poitou, et ce sceptre y demeura jusqu'à son extinction, dans la personne

(a) *Chron. Adem. Caban.* — *Ms. de D. Fonteneau.* — Besly, *Comt. de Poit.*

(b) *Baidonus.*

de la reine Aliénor. Dans cette position, on est tenté d'appliquer au fils bâtard de Raynulfe II cette belle et grande pensée d'Eschyle dans sa tragédie des Sept Chefs : « Il moissonne le fruit de la profondeur de son génie, où » germent des sentiments si sublimes de grandeur et de » sagesse. »

LXXXV. Comme on ne trouve point, dans les auteurs, l'indication des causes qui firent arriver Ebles-Manzer à une si grande puissance, il faut les rechercher. Or, si ce n'est l'expédition de Chartres, pour laquelle il est même fort mal traité par quelques auteurs (a), et la prise de possession, à main armée, du comté de Poitou, résultat d'un complot arrêté à l'avance, comme nous l'avons démontré, aucun fait d'armes ne se rattache à la carrière de ce prince, et on ne peut donc pas voir en lui un conquérant. Ce fut donc à la bonne administration et surtout à la sage politique d'Ebles-Manzer qu'on doit attribuer son augmentation de puissance. Celui qui, dans des temps de guerre générale et de troubles civils, parvient à maintenir l'ordre dans ses Etats, à y faire fleurir l'agriculture et le commerce, obtient facilement, lors des arrangements politiques qui entraînent des attributions de provinces, une augmentation de territoire. Il laisse ses voisins se débattre et s'affaiblir ; et quand les vainqueurs veulent partager leur proie, il arrive facilement à se faire une part dans les dépouilles des vaincus, parce qu'ayant ses forces entières et tout à fait disponibles, il est en position de faire la loi.

(a) Par Guillelme de Jumiége, et surtout par Dudon de St-Quentin.

LIVRE III.

(DE 935 A 963.)

Radulfe (de 935 à 936). — Ludwig d'Outre-Mer (de 936 à 954). —
Lothaire (de 954 à 963), rois.
Raymond-Pons (de 935 à 950). —
Guillelme Tête-d'Etoupes (de 950 à 963), ducs d'Aquitaine.
Guillelme Tête-d'Etoupes (de 935 à 963), comte de Poitou.

I. (*a*) Guillelme-Hugues, surnommé *Tête-d'Étoupes*, succéda sans opposition à Ebles-Manzer, son père, dans la possession du comté de Poitou et de ses annexes.

Ce personnage compte comme premier du nom de Guillelme, quand il s'agit d'énumérer les comtes de Poitou; tandis qu'il figure comme le troisième du nom, quand on suit la série des ducs d'Aquitaine, parce que Guillelme-Pieux et Guillelme-Jeune, comtes d'Arvernie, l'avaient été avant lui.

II. Guillelme-Hugues a eu le surnom de *Tête-d'Étoupes*, sous lequel nous le distinguerons. Les auteurs ne sont pas d'accord sur la cause qui le fit indiquer ainsi. On croit, le plus généralement, que ce fut à cause de sa chevelure très-blonde, d'une couleur de lin et très-épaisse (*b*). D'autres prétendent cependant qu'on voulut exprimer, par ce sobriquet, la faiblesse de son caractère (*c*), et l'indication de ses goûts légers et frivoles. Mais sur quels faits a-t-on appuyé ce dernier système ? La vie du fils d'Ebles-Manzer, que nous allons esquisser, ne donne-t-elle pas des exemples contraires ? Reportons-nous donc à un autre ordre d'idées.

(a) *Adem. Caban. Chron.*
(b) *Art de vérifier les dates.*
(c) Willelmus Pictavinus caput stupæ insipiens, dit l'*Histoire de N.-D. du Puy*, citée par Besly, *Comt. de Poit.*

III. A cette époque, où les noms de famille n'existaient pas encore, les surnoms étaient généralement employés. Ils dérivaient ordinairement d'un avantage, d'un défaut ou d'une singularité dans le physique, ou bien encore d'une remarque faite sur le moral ou les habitudes du personnage. Or, dans cette période, les princes qui avaient régné, à un titre quelconque, sur les diverses parties de l'Aquitaine, portaient une chevelure noire et épaisse, qui annonçait leur origine méridionale et l'action des rayons d'un soleil brûlant. Un de ces Bernhard notamment, que nous avons vu jouer un si grand rôle sur la scène du monde, est indiqué, par un chroniqueur, *comme velu jusque dans la paume de la main* (a). Aussi, quand les populations virent apparaître, pour les gouverner, le chef né de l'union du Manzer avec l'arrière-petite-fille d'Alfred-Grand, ce qui les surprit surtout fut sa chevelure blonde. Cette nouveauté dans la physionomie, cette *étrangeté*, qu'on passe le mot, résultat d'une alliance d'un prince de race basanée avec une princesse anglo-saxonne, aura déterminé un surnom (b) qu'au moral la conduite de Guillelme Tête-d'Etoupes, du reste, n'aurait pas, au moins, suffisamment autorisé.

IV. Il est bon d'indiquer ici le motif qui dut déterminer à donner au fils du Manzer le nom de Guillelme. C'était rappeler le souvenir de Guillelme-Pieux, qui avait servi de tuteur et de soutien à son père; et probablement ce prince l'aura tenu, par lui-même ou par un mandataire, sur les fonts baptismaux.

Ajoutons que dans ces siècles, quand dans une famille on avait adopté un prénom, il se transmettait presque toujours et héréditairement, comme aujourd'hui pour les noms de famille. C'était presque un moyen de suppléer à ceux-ci. Aussi nous allons voir, pour le comté de Poitou et pour le duché d'Aquitaine, presque toujours un Guillelme succéder à l'autre, jusqu'à l'anéantissement de la descendance masculine.

(a) M. Guérinière, *Hist. gén. du Poitou*.
(b) M. Guérinière, dans son précis rapide sur le Poitou, a très-bien apprécié les causes du surnom donné à ce comte.

V. (a) Du reste, il serait possible que le prince dont nous nous occupons n'ait eu que le nom de Hugues, et que celui de Guillelme ait été pris par lui, en mémoire de son parent Guillelme-Pieux, duc d'Aquitaine, et aussi pour complaire à son beau-frère Guillelme Longue-Epée, duc de Normandie. Ce qui permet d'émettre un doute à ce sujet, c'est qu'au début de son règne, on le trouve seulement indiqué par son premier nom (b).

VI. (c) A l'imitation de quelques-uns de ses prédécesseurs, Guillelme Tête-d'Etoupes se qualifia d'abbé de St-Hilaire-le-Grand, qu'il transmit à ses successeurs. Ce titre n'était pas sans valeur, car il donnait l'administration des biens considérables appartenant à cet établissement ecclésiastique, et notamment des dépouilles des rois visigoths, concédées par Chlodewig, après la bataille de Vauclade (1).

VII. Il est probable que quand Guillelme Tête-d'Etoupes prit le titre d'abbé de St-Hilaire-le-Grand, il se fit installer dans cette dignité avec le cérémonial ordinaire pour les abbés laïques. Il commençait par une brillante réception, et, après avoir juré sur les Evangiles de défendre les droits et priviléges de cet établissement ecclésiastique, le comte allait prendre la première place dans le chœur. En cet instant, l'évêque de Poitiers lui mettait en main une lance et un étendard (d).

Quand le duché d'Aquitaine se fut agrandi sous la domination des comtes de Poitou, l'archevêque de Bordeaux assista avec l'évêque de Poitiers à la prise de possession faite par le duc, de son titre d'abbé de St-Hilaire-le-Grand. Alors l'archevêque donnait la lance au prince et l'évêque de Poitiers lui remettait l'étendard (e).

(a) *Ms. de dom Fonteneau.* — Dufour, *Ancien Poitou.*
(b) En effet, à la fin d'une charte relative au prieuré de la Résurrection, on lit: *Data mense aprilis regnante Ludovico rege et Hugo comes Pictaviensis.*
(c) *Ms. de D. Fonteneau.*
(d) Chron. Gauf. pr. vos. ap. Labbe. — Dufour, *Ancien Poitou.*
(e) On en agit ainsi, lors de l'installation de Richard Cœur-de-Lion.

VIII. (*a*) L'établissement religieux de St-Hilaire-le-Grand devait, en dehors de son organisation monacale, avoir un chef et des membres féodaux et même militaires. On a vu que le titre d'abbé était dévolu au comte de Poitou, et celui-ci ne demeura pas le seul de sa spécialité. En effet, bientôt ce monastère eut quatre chanoines honoraires nés, pris parmi les hauts barons de la province. Ces chanoines furent les seigneurs de Châtellerault, de Parthenay, de Lusignan et de Coubé. Quant à ces personnages, ils siégeaient avec le costume des chanoines ordinaires, et ils juraient aussi de maintenir les droits et priviléges de l'église à laquelle ils étaient attachés.

IX. (*b*) A la mort de son mari Ebles-Manzer, Adèle d'Angleterre fit le vœu de prendre l'habit monastique et elle l'exécuta. Non contente de cela, elle fonda le monastère de la Trinité de Poitiers, dont les bâtiments furent longtemps en construction (2). Les biens donnés par la duchesse Adèle consistaient particulièrement dans un terrain d'une grande étendue situé à Poitiers, derrière le monastère de St-Hilaire de la Celle, et dans deux vastes domaines : l'un, appelé Flaix-sur-le-Clin, emportait avec lui deux églises, celle de St-Julien-Lars et celle de St-Gervais; et l'autre domaine, situé dans le pays de Melle et appelé Secondigny, n'avait qu'une chapelle sous le vocable de St-Pierre, et de plus deux alleux. Adèle prit le voile à la Trinité, mais elle ne voulut point être abbesse du monastère qu'elle avait fondé (3).

X. (*c*) Outre le monastère de la Trinité, destiné à être habité par des religieuses, la comtesse Adèle créa un autre établissement religieux placé tout près de là. De là l'origine de St-Pierre-le-Puellier, où furent mis treize chanoines destinés à donner aux religieuses *les secours et les consolations dont une communauté de filles a toujours besoin* (*d*). Ces expres-

---

(*a*) *Ms. de dom Fonteneau.* — Thibaudeau, *Abr. de l'hist. du Poit.*
(*b*) *Ms. de dom Fonteneau.* — D. Mabill. *Ann. Bened.* — Besly, *Comt. de Poit.*
(*c*) *Ms. de dom Fonteneau.*
(*d*) Thibaudeau, *Abr. de l'hist. de Poit.*

sions, qui sont la traduction des termes employés dans la bulle de confirmation, ne doivent pas être prises en mauvaise part, comme certains écrivains, peu bienveillants pour la religion, ont voulu le faire.

XI. (*a*) Il est nécessaire de faire connaître ici qu'il existait, dans l'origine, un monastère de filles dans la localité, qui, de cette circonstance (*b*), en avait tiré son surnom. Au dire des écrivains sans critique, et notamment de Bouchet (*c*), ce serait une sainte fille de Bretagne, qui, s'étant trouvée auprès de l'impératrice Hélène, lorsque celle-ci découvrit la vraie croix, en obtint quelques parties et les apporta en France. Venue à Poitiers, elle s'arrêta près de l'église Notre-Dame, et s'étant adressée à l'évêque, celui-ci l'engagea à se fixer dans cette localité. Alors elle aurait été trouver le gouverneur romain, pour lui demander du terrain afin de fonder un établissement religieux, et celui-ci, la voyant infirme et très-boiteuse, lui aurait accordé tout le terrain dont elle pourrait faire le tour dans deux heures. Alors cette fille, recouvrant la santé et devenue très-agile, aurait, dans le temps donné, contourné en courant un espace si grand, qu'un homme vigoureux et alerte ne l'aurait pas parcouru dans un jour. Aussitôt on aurait construit une église où auraient été déposées les reliques apportées des saints lieux. Telle est la *légende de Ste Loubette*, semblable à tant d'autres rédigées dans des temps de crédulité. Elles mentionnent aussi l'établissement, dès cette époque, de chanoines à St-Pierre-le-Puellier, tandis que cette fondation n'est que du x° siècle.

On ignore, du reste, et on l'a dit avant nous (*d*), à quelle époque précise remonte la fondation primitive de St-Pierre-le-Puellier. Mais positivement, il paraît que, dans cet établissement, se trouvaient encore des religieuses vers le temps de la

---

(*a*) Besly, *Comt. de Poit.* — Thibaudeau, *Abr. de l'hist. de Poit.* — Ms. D. Fonteneau.

(*b*) *Puellarum.*

(*c*) *Annal. d'Aquit.*

(*d*) Thibaudeau, *Abr. de l'hist. de Poit.*

mort d'Ebles-Manzer, et que sa veuve les en tira pour les placer au monastère de la Trinité, alors qu'elle mettait des chanoines à St-Pierre-le-Puellier.

XII. (*a*) Un des premiers actes du jeune comte Tête-d'Etoupes fut de rétablir dans ses fonctions épiscopales Frottier II, évêque de Poitiers, à qui Ebles-Manzer en avait interdit l'exercice. Il n'y a pas à douter à ce sujet; car une charte (4) sans date, relative à une localité située sur la rivière de Guesne, dit qu'elle est passée le jour où le comte Guillelme rendit l'évêque Frottier à son église, après la mort d'Ebles, son père.

XIII. (*b*) L'ignorance du clergé en Poitou était telle, lorsque Frottier II reprit l'administration de son diocèse, qu'il n'y trouva pas un seul prêtre capable de comprendre les textes saints. C'est ce qui engagea ce prélat à prier Abbon, moine de St-Germain-des-Prés, de composer des formules de petits sermons et des expositions évangéliques, afin que les curés pussent s'en pénétrer et les réciter au peuple.

XIV. (*c*) Le roi Radulfe mourut en janvier 936 (*d*), sans laisser d'enfants. Son frère Hugues-Noir, comte de Besançon et de Langres, à qui il légua le duché de Burgundie, par moitié avec son beau-frère Gilbert, comte de Dijon, n'était point en position de prendre sa place, et d'ailleurs Radulfe avait dû la couronne à une élection. Le débat pouvait seulement s'élever entre Hugues-Blanc, comte de Paris ou duc de France, comme on disait aussi, et Héribert de Vermandois. Le premier, plus puissant que l'autre, et descendant de Robert-Fort et de la race qui devait arriver au trône, ne crut pas que le moment fût encore opportun. Plus que cela, il crut prudent d'attendre; il voyait que la dynastie des maires du palais finissait physique-

---

(*a*) *Ms. de dom Fonteneau.* — Besly, *Com. de Poit., év. de Poit.*

(*b*) *Hist. litt. de France.* — Dulaure, *Hist. phys. et mor. de Paris.* — Dufour, *Ancien Poitou.*

(*c*) *Annal. Bertin.*

(*d*) Le 14 ou le 15 suivant l'*Art de vérifier les dates*, et le 13 janvier d'après D. Vaissette.

ment et moralement. En fait, elle était éteinte, à peu près, dans toutes ses branches. Sous le rapport moral, les princes karolingiens naissaient d'une nullité extrême, comme dans les familles abâtardies. Néanmoins, Hugues voulut que les événements fussent poussés à leur dernier période. Aussi, après avoir une première fois donné la couronne à son beau-frère Radulfe, il voulut en disposer une seconde fois, en l'offrant à l'héritier légitime. Il sentait bien qu'une telle conduite ne ferait qu'accroître sa puissance et sa richesse, et le placer, lui ou les siens, et tout naturellement, sur un trône qui ne devait pas tarder à être encore vacant au moins en ce sens que la nation exigeait plus de nerf et d'énergie qu'on n'en pouvait attendre de ces faibles descendants de Karle-Magne.

XV. (a) Dans cette position de choses, le comte de Paris se concerta avec les grands du royaume. Il fut arrêté qu'on députerait vers le fils de Karle-Simple, qui, depuis treize années, résidait à la cour des rois d'Angleterre, pour l'engager à revenir en France, afin de prendre la couronne. Héribert, comte de Vermandois, voyant que celui-ci avait autant et plus de chances que lui pour régner, parut un des mieux disposés en faveur du prince karolingien.

L'arrivée des ambassadeurs français à la cour d'Adelstane, roi des Anglo-Saxons, fut un grand événement auquel celui-ci surtout ne s'attendait guère. Il eut la crainte d'abord que ce ne fût un piège pour se défaire du fils de sa sœur. Néanmoins, d'après les renseignements qu'on lui donna, et sur les serments qu'on prêta entre ses mains, il consentit à envoyer de l'autre côté du détroit le jeune Ludwig d'Outre-Mer, accompagné, au reste, de plusieurs évêques et seigneurs anglais, pour lui servir de conseil et d'escorte, et décider s'il était convenable de le laisser en France ou de le ramener dans sa famille maternelle.

Mais la démarche était franche et loyale ; c'était une *restauration* que les grands de l'État voulaient opérer. A son débarquement, qui eut lieu près de Boulogne, Ludwig fut reçu par le duc Hugues-Blanc, le duc Guillelme de Normandie, le

(a) *Annal. Bertin.*

comte Héribert de Vermandois, et autres puissants de l'époque. Tous le reconnurent pour roi, et le conduisirent en pompe à Laon, où il fut sacré par Artaud, archevêque de Reims, le 19 juin 936.

XVI. Par suite de l'accroissement de la puissance féodale, dans les luttes pour la royauté entre les descendants des maires du palais et les fils et le gendre de Robert-Fort, les ducs et les comtes, déclarés héréditaires à la diète de Kiersy, étaient devenus de véritables souverains. S'ils reconnaissaient un prince pour roi, leurs obligations envers lui étaient à peu près nulles. Il résulta de cet état de choses que Ludwig d'Outre-Mer, appelé à prendre le titre de roi, et réduit à faire de Laon sa capitale, n'avait de véritable souveraineté que sur un comté d'une petite étendue; et même, pour l'avoir, il fallut méconnaître les lois des fiefs, au détriment du fils de Rotger, l'ancien comte de Laon. Toujours est-il que le comte de Paris, le duc de Normandie, le comte de Poitou, et tant d'autres feudataires de ce roi, étaient, dans la réalité, bien plus puissants que lui, puisqu'ils pouvaient disposer d'un plus grand nombre d'hommes, et avaient des revenus bien plus considérables.

Mais le prestige de l'autorité royale était encore quelque chose pour les grands. Aussi le duc Hugues, *le faiseur de rois*, s'en servit. Il exigea d'abord de Ludwig l'investiture de la Burgundie, au détriment du frère et du beau-frère du roi Radulfe, à qui celui-ci en avait fait don par moitié. Ensuite tous les deux marchèrent, avec leurs troupes, sur la province dont il s'agissait de s'assurer. Ils prirent d'abord Langres, puis forcèrent les évêques et les grands de cette contrée à se soumettre à eux ou à donner des otages. Hugues-Noir et Gilbert, pour conserver au moins une partie de l'héritage ducal de Radulfe, abandonnèrent au duc de France les portions de territoire qui joignaient ses possessions. Ainsi il y eut trois ducs de Burgundie, car chacun des copartageants prit ce titre.

XVII. (a) Nous trouvons, sur l'an 936, un nouvel exemple que les synodes des évêques de Poitiers constituaient un vé-

(a) Besly, év. de Poit. — Ms. de dom Fonteneau.

ritable tribunal où se jugeaient les procès entre ecclésiastiques. En effet, au synode de mai de cette année, on voit Aymon, nouvellement élu abbé de St-Cyprien, se présenter, accompagné de plusieurs de ses moines, pour se plaindre des prétentions de deux prêtres nommés Dodon et Israël, ce dernier du bourg de Béthine, qui voulaient enlever à leur monastère des dîmes qui lui appartenaient comme faisant partie des dépendances de St-Maixent-le-Petit, concédées à St-Cyprien par l'évêque Frottier II. De plus, Aymon justifiait que ces dîmes avaient été concédées au domaine de St-Maixent par l'évêque Ingelmadus. Sur cela, l'abbé de St-Cyprien obtint gain de cause.

XVIII. (a) Le monastère de St-Cyprien, détruit par les Northmans, fut relevé par Frottier II, évêque de Poitiers, du consentement du roi Radulfe, de Guillelme Tête-d'Étoupes, de ses parents, du clergé et des seigneurs du pays. Le prélat avait aussi envoyé des députés au pape Jean XI, pour obtenir la confirmation de cet établissement ecclésiastique; ce qui lui avait été accordé par le souverain pontife. L'évêque de Poitiers fit plus encore; il lui donna tout son patrimoine, dans lequel figurait la *villa* de Taizé, près Thouars, et un alleu à St-Séverin de Milly, près Loudun (5). Théotholon, évêque de Tours, prélat versé dans la langue grecque, et qui ne signait qu'avec des caractères particuliers à cette langue, fit la consécration de l'église de St-Cyprien en septembre 936, au lieu et place de l'évêque de Poitiers (6); et l'établissement, connu d'abord sous le nom de St-Cyprien, fut mis sous l'invocation de Notre-Dame et de St-Martin. La dotation du monastère était alors peu considérable : ses principales possessions étaient à St-Maixent-le-Petit sur le Saleron, et à Lurais sur la Creuse, deux localités dans lesquelles il avait de nombreux serfs, pour cultiver ses terres. L'abbé du nouveau monastère fut encore établi, comme personnat, dans la cathédrale de Poitiers, et sa place fut indiquée après les dignitaires et avant les chanoines. Il

(a) *Ms. de D. Fonteneau.* — Besly, *év. de Poit.* — *Johan. pap. épist.* ap. Bouquet. — *Nov. Gall. Christ.* — *Ex Cart. Froter., épisc.*

avait sa semaine, comme les autres chanoines, pour la collation des bénéfices (7).

XIX. (*a*) La reconstruction d'un monastère et la dédicace de son église étaient, le plus souvent, l'occasion d'une multitude de dons, qui tombaient sur l'établissement religieux, comme une manne du ciel. On vient de voir que la dotation de St-Cyprien se composa des biens concédés par l'évêque Frottier II, et on en a donné l'indication. Il faut ajouter que des laïques, savoir : Amélius, Rainerius et Bernhard, donnèrent au monastère qui nous occupe la moitié de l'église de Bapteresse, située dans le *pagus* de Briou et dans l'étendue de la viguerie de Vivône. Ici, on fera remarquer le commencement de ce singulier état de choses, qui faisait passer les églises dans la possession des familles et les mettait dans le commerce. Alors les propriétaires de ces mêmes églises partageaient les revenus qui en résultaient, par suite d'un tarif, pour les sacrements et les autres actes religieux, avec les prêtres qui les desservaient. Scandaleux usage, si contraire aux lois ecclésiastiques, et pourtant toléré bien longtemps!

Parmi les autres dons (et il y a près de vingt chartes en ce sens), il est bon d'indiquer encore celui fait par le comte Guillelme Tête-d'Étoupes de quelques pêcheries en Aunis, et un autre bien plus important, de quelques églises et de plusieurs héritages situés tant en Poitou qu'en Aunis.

XX. (*b*) Frottier II, évêque de Poitiers, ne survécut pas beaucoup à la reprise de ses fonctions ; car il mourut en 936, ou, au plus tard, en 937. Il fut enterré dans la vieille église du monastère de St-Cyprien, près la porte et en face du cimetière.

XXI. (*c*) Un vicomte du nom de Radulfe existait en Poitou, en 935; il pourrait se faire qu'il fût vicomte de Melle. Du reste, rien n'empêche de croire que le vicomte Ménard, que nous

---

(*a*) *Ms. de D. Fonteneau.*
(*b*) *Ms. de dom Fonteneau.*
(*c*) Besly, *Comt. de Poit.* — *Ms. de D. Fonteneau.*

trouvons plus tard (a), ait été chargé de l'administration de cette partie du Poitou.

XXII. (b) Dès 936, et peut-être auparavant, Ebles, frère du comte Guillelme Tête-d'Étoupes, fut pourvu de l'abbaye de St-Maixent (8), qu'il fit administrer, pour le régime intérieur, par des abbés réguliers, attendu que lui-même n'avait pas embrassé la vie monastique (9). Le prélat fit aussitôt restaurer l'abbaye, et bâtir une nouvelle église, dans laquelle on transféra, plus tard (c), le corps de St Maixent, qui reposait précédemment dans celle de St-Saturnin. Suivant l'auteur de l'Histoire de l'abbaye de Montierneuf de Poitiers, Ebles bâtit même la ville de St-Maixent, et la fit enclore de murs. Telle aurait été l'origine d'une des villes les plus considérables du Poitou, dans une localité où auparavant il n'existait qu'un monastère. Ce serait donc au frère d'un comte de Poitou, abbé de St-Maixent et de divers autres monastères, et en même temps évêque de Limoges, que cette cité devrait sa première construction.

XXIII. (d) A cette époque, Raymond-Pons, comte de Toulouse, qui s'empressa de reconnaître Ludwig d'Outre-Mer pour roi, jouissait paisiblement du duché d'Aquitaine et du comté d'Arvernie, ainsi que plusieurs documents l'établissent. C'est ce qui résulte notamment de la charte de fondation du monastère de Chanteuge, au diocèse de Clermont, faite devant l'autel de St-Étienne de l'église de St-Julien de Brioude, du consentement de Raymond, *prince des Aquitains, qui, par la grâce de Dieu, porte aussi le nom de Pons*. Cette charte fut confirmée cinq ans après, par Ludwig d'Outre-Mer.

Un autre document qui établit le fait allégué, est la fondation de l'abbaye de St-Pons de Thomières, vers les frontières de l'Albigeois, faite par Raymond-Pons lui-même, en mémoire d'un martyr de Nice dont il avait pris le surnom, dit-il, à

(a) En juillet 951.
(b) *Chron. Malleac.*—*Fragm. monast. nov.*
(c) Vers 940.
(d) Baluz. *Auverg.*— D. Mabill. *Annal. Bénéd.*

cause de la grande dévotion qu'il lui portait. La charte est datée du mois de novembre de l'an 936, la première année du roi Ludwig. Celui-ci la confirma en 938.

XXIV. (*a*) Nous plaçons vers ce temps la fondation de Châtellerault, dont l'époque exacte est fort incertaine, mais qui eut lieu incontestablement dans le courant du dixième siècle. Le vicomte Airault (*b*), qui donna son nom au château qu'il bâtit pour y faire sa résidence habituelle, était le successeur et probablement le fils de Gamalfridus ou Amalfridus, déjà cité, premier vicomte de cette partie du Poitou. Ce château, bâti sur la Vienne, et près duquel se groupèrent bon nombre de maisons, qui finirent par former une ville, devint le chef-lieu de la vicomté, et imposa son nom au pays (10).

XXV. (*c*) Vers 937, Alboin, déjà abbé des trois monastères de St-Cyprien, de Noaillé et de Charroux, et trésorier de St-Hilaire-le-Grand, ce qui fait supposer en lui une haute capacité, fut élevé au siége épiscopal de Poitiers. Ce qu'il y a de certain, c'est qu'il fut sacré et intrônisé cette année même. Il reste peu de documents de l'administration de ce prélat, si ce n'est la consécration qu'il fit, encore en 937, de l'église du prieuré de la Résurrection à Poitiers, bâtie aux frais de Frottier, chanoine de la cathédrale. Le prieuré dont nous avons occasion de parler fut, du reste, donné, dès son origine, au monastère de St-Cyprien, à la charge d'y entretenir trois moines.

XXVI. (*d*) La date de la dédicace de ce prieuré offre de l'intérêt. D'abord elle fait connaître que les comtes avaient grandi en puissance, puisqu'on y indique celui qui gouvernait alors le Poitou (*e*). Ensuite elle mentionne un comte Hugues ; et, au premier moment, un des auteurs de cet ouvrage (*f*) a cru

(*a*) *Ms. de D. Fonteneau.* — Besly, *Comt. de Poit.*
(*b*) *Airaldus* ou *Aldradus*.
(*c*) *Chron. Malleac.* — Dufour, *Ancien Poitou.*
(*d*) *M. de D. Fonteneau.*
(*e*) Cette charte finit ainsi : *Data mense aprilis, regnante Ludovico rege et Hugo comes Pictaviensis.* Nous avons déjà cité ces expressions.
(*f*) Dufour, *de l'Ancien Poitou.*

que l'extrait donné par dom Martenne (a) avait été mal copié sur le cartulaire de St-Cyprien. Mais depuis, il s'est rappelé que Guillelme Tête-d'Etoupes avait, pour nom premier, celui d'Hugues, et alors la difficulté a été levée.

XXVII. (b) Des chartes établissent que, pour l'administration de la justice, le comte Guillelme Tête-d'Etoupes avait un auditeur, nommé Lambert (c). C'était un magistrat et comme le lieutenant du comte, en cette partie. A lui sans doute appartenait l'instruction des procès, et il apposait sa signature sur les chartes souscrites par l'administrateur de la province.

On trouve aussi, vers ces temps, Guillelme Tête-d'Etoupes prenant le titre de comte palatin (d) des Poitevins.

XXVIII. (e) Il paraît que, dès la fin du IXe siècle, les invasions des Northmans, plus dangereuses encore pour le pays plat que pour les villes, avaient engagé les moines de Charroux, alors gouvernés par l'abbé Frothaire, à porter à Angoulême le morceau de la vraie croix, qui passait alors pour la relique la plus précieuse de leur établissement, et ils y joignirent des ornements de prix. Ce fragment précieux avait par eux été confié à la garde d'abord de Wlgrin et ensuite à celle d'Alduin, tous les deux et successivement comtes d'Angoulême, qui avaient fait préparer, pour la recevoir, une chapelle dans l'église du monastère de St-Cybard. Le pays revenu à la tranquillité, l'abbé et les religieux de Charroux désirèrent ravoir leur vraie croix; mais le comte Alduin, qui voyait l'intérêt dont elle était à raison du concours d'étrangers qu'elle attirait, ne se refusa pas positivement à la restitution, et demanda seulement qu'elle fût ajournée. Alors, si l'on en croit certains documents, il éclata dans l'Angoumois une épouvantable famine si dure, que les hommes se man-

---

(a) Marten. *Thes. anecd. nov.*
(b) *Ms. de dom Fonteneau.*
(c) On le trouve de 935 à 942.
(d) *Guillelmus, gratiâ dei Pictavorum comes palatii.*
(e) *Tabul. Carrof.* ap. Besly. — *Nov. Gall. Christ.*—*Chron. Adem. Caban.*

geaient les uns les autres, et si longue, qu'elle dura sept ans. Persuadé que cette horrible fléau était dû à son refus de restituer la relique de Charroux, Alduin lui fit faire une nouvelle châsse d'or massif enrichie de pierreries, et il chargea son fils Guillelme-Taillefer d'aller restituer ce bois précieux à Charroux. Non content de cela, le comte fit encore don aux moines de Charroux du domaine de Loubigné. La famine qui désolait le comté d'Angoulême cessa vers ce temps, et il parut pour constant à tous que c'était à la restitution de la vraie croix de Charroux qu'était dû le retour à l'abondance.

XXIX. (*a*) Albuin promu à l'évêché de Poitiers, le comte lui fit abandonner les fonctions de trésorier de St-Hilaire de Poitiers (*b*), qu'il conféra à son frère Ebles, évêque de Limoges (11). Ce fut de cette époque (12) que, les comtes de Poitou s'étant définitivement faits abbés de Saint-Hilaire, la dignité de trésorier devint la première du chapitre. En effet, les comtes abandonnèrent, comme Guillelme Tête-d'Etoupes le fit d'abord pour son frère Ebles, l'administration du monastère au titulaire qui était pourvu de cet emploi, créé d'abord seulement pour la garde des reliques et des objets précieux de l'église. Par la suite, la charge de trésorier devint tellement importante, qu'elle se rapprochait de l'épiscopat, et que le titulaire portait la mitre et les gants, sans pourtant se décorer de la crosse.

XXX. (*c*) Edgiwe, veuve de Ludwig-Simple, et sortie d'une famille où les idées d'indépendance et de grandeur prédominaient, imputait la fin désastreuse de son époux à l'espèce de tutelle sous laquelle il s'était mis. Elle sentait trop bien quelle était la position où la descendance de Robert-Fort voulait arriver, et, venue de la grande île de Bretagne auprès de son fils, elle le porta à rompre avec le duc Hugues-Blanc, qu'il avait choisi pour son ministre, et à qui il avait concédé une

---

(*a*) *Ms. de D. Fonteneau.*—Besly, *év. de Poit.*—*Nov. Gall. Christ.*
(*b*) *Archiclavus vel claviger.*
(*c*) *Chron. Frodoard.*

partie de la Burgundie. D'après ces conseils, le jeune Ludwig d'Outre-Mer fit alliance avec Hugues-Noir, frère du roi élu Radulfe, et duc d'une autre partie de la Burgundie, et aussi avec Arnulfe, comte de Flandre, en s'appuyant sur les secours des grands de l'Aquitaine. En agissant ainsi, le nouveau roi, conseillé par sa mère, tendait à augmenter ses Etats, alors si restreints, pour relever l'éclat de son titre. Mais, dans cette ligne de conduite, suivie trop tôt et si évidente, il y avait manque de prudence. Aussi, si le fils du Simple soumit à sa domination, au détriment d'Othon, roi de Germanie, et aidé des grands de ces provinces, une partie de la Lorraine et de l'Alsace, ces succès furent de courte durée. En effet, Ludwig d'Outre-Mer vit se réunir contre lui Othon de Germanie, le duc Hugues-Blanc et d'autres grands encore, et fut battu vers Château-Thierry. Alors il fut obligé de se retirer dans le simple comté qui formait toute sa puissance, en dehors de son titre de roi.

XXXI. (*a*) C'est pour la première fois qu'on voit l'Angleterre intervenir dans les affaires. Athelstane, roi anglo-saxon, apprenant la lutte que Ludwig d'Outre-Mer, son neveu, avait à soutenir, lui envoya une flotte, qui se borna à ravager les côtes de la Flandre.

XXXII. (*b*) Guillelme Tête-d'Etoupes ne crut pas sans doute qu'on avait assez fait pour St-Cyprien de Poitiers, dans ce qu'on lui avait donné, vers l'époque de la consécration de son église; car, en 937 ou 938, il le gratifia du château et de l'église de Colombiers-sur-Vienne, avec tout ce qui en dépendait en édifices, vergers, vignes, bois, terres labourables, prés, pacages et cours d'eau : les serfs du domaine étaient aussi compris dans la cession. Seulement le comte se réservait l'usufruit du tout, et même la liberté de racheter les biens dont il disposait, et cela quand il le jugerait convenable.

XXXIII. (*c*) Le moyen de faire défricher un pays et de lui

(*a*) Sir Palgrave, *Hist. des rois ang.-saxons*.
(*b*) *Ms. de dom Fonteneau*.
(*c*) *Ms. de dom Fonteneau*.

assurer le bienfait d'une bonne culture, est de concéder en propriété le sol à des familles susceptibles de l'utiliser. Guillelme Tête-d'Étoupes le comprit, et il ne voulut pas que son comté, et surtout les environs de sa capitale, continuassent à se faire apparaître au voyageur comme un pays non habité. En conséquence, en 938 et années suivantes, il concéda divers domaines, moyennant des devoirs très-faibles, comme un sou, ou même un denier de cens. Mais comme le comte sentit aussi qu'une trop grande division du sol pourrait avoir des résultats contraires au but qu'il se proposait, il permit à ceux qu'il constituait propriétaires de laisser à un seul de leurs parents, à leur choix, les objets donnés à cens et sous le même devoir (a).

Le comte de Poitou employa le même moyen pour des héritages situés dans d'autres parties du Poitou (b).

XXXIV. (c) Vers 938 ou 939, on trouve des chartes qui mentionnent l'existence de baux à comptant. On sait que cette stipulation, très-commune en Poitou, en Aunis et dans la Bretagne méridionale, porte cession d'un terrain à charge de le planter en vigne, et de donner, chaque année, au cédant, une quantité distributive, plus ou moins forte, des fruits en provenant. La plupart des chartes relatives à de pareilles concessions ne contiennent rien, en général, de contraire à ce qui s'est fait plus tard. Mais quelques-unes d'entre elles (d) portent qu'après cinq ans, les parties contractantes feront de leur part et portion ce qu'elles jugeront convenable, ou bien que, la terre mise en valeur, chacun fera de sa part ce qu'il voudra (e). Au surplus, ces chartes ont de l'importance pour ceux qui étudient

(a) Bail à cens de 937 ou 938, pour Ansoulesse, et autre charte de même nature, de 942 ou 943, relative à des terres situées près le château de St-Hilaire.

(b) Charte de janvier de 942, pour un héritage près Thouars, etc.

(c) Ms. de dom Fonteneau.

(d) Notamment de 938 ou 939, et relatives à des terres situées au village appelé *Colano*, dans la viguerie de Liniers.

(e) Un autre bail à comptant, qui contient des conditions curieuses, est celui de 918.

les modifications apportées à la propriété dans les temps anciens (a), et c'est pourquoi nous donnons ici ces indications.

XXXV. (b) On a vu dans quel état de désolation se trouvait l'Armorique, demeurée entièrement à la merci des Northmans. On sait que dans la grande île de Bretagne, et à la cour de roi Athelstane, qui avait aussi donné asile au roi Karle-Simple, s'étaient réfugiés les grands de l'Armorique, et notamment Mathuédoi, comte de Poher, et la femme de celui-ci, fille d'Alain-Rebré, comte de Bretagne. Or, de cette union était issu un fils Alain, surnommé Barbe-Torte (13), qui, dans cette terre d'exil, forma le projet de délivrer sa patrie. Débarqué sur les côtes de la terre natale de sa famille avec ceux qui avaient suivi cette même famille dans une contrée étrangère, et aidé de renforts que lui avait donnés le roi des Anglo-Saxons, il battit d'abord les Scandinaves à Dol (c), et ensuite près de St-Brieux. En apprenant ces victoires, les anciens habitants de la contrée ou leurs descendants, que la terreur qu'imposaient les *païens* avait dispersés, vinrent se réunir sous ses étendards. La partie septentrionale de l'Armorique fut, par suite de divers engagements, délivrée de la présence des populations étrangères au sol. Alors Alain Barbe-Torte se porta vers la Loire, dont les rives servaient de quartier général aux Northmans, parce que ce fleuve était le moyen d'arriver dans l'intérieur des anciennes Gaules. C'était donc là que devait se terminer d'une manière définitive la lutte prolongée des Armoricains avec les étrangers des régions glaciales. Alain Barbe-Torte trouva ses ennemis campés non loin de Nantes, sur la rive droite de la Loire, et, dans une première attaque, il fut repoussé avec une perte assez considérable. Mais le comte et les siens, qui sentaient qu'ils n'avaient que l'alternative de reconquérir une patrie, ou d'aller mendier un pain amer sur une

(a) Autre charte de 942 ou 943.
(b) Daru, *Hist. de Bret.* — Richer. *Précis de l'hist. de Bret.* — M. Capefigue, *Invas. des Norm.* — Roujoux, *Hist. des rois et ducs de Bret.*
(c) *Chron. Namn.*

terre étrangère, ne désespérèrent pas toutefois du succès. Ils se réfugièrent sur la colline de la Hautière, joignant le coteau granitique de Miséri (*a*). C'était en été, au fort de la chaleur; le premier combat avait été long, la marche fatigante, et les soldats étaient dévorés d'une soif brûlante. Les malheurs de son enfance avaient rendu le petit-fils d'Alain-Rebré extrêmement religieux, et on prétend qu'il pria avec ferveur la vierge Marie de venir à son secours (*b*). Or, il arriva qu'à l'instant même le prince breton aperçut une source, qui fournit abondamment l'eau nécessaire pour désaltérer son armée. Cette fontaine porte le nom de Ste-Marie, et on assure, dans le pays, qu'elle doit son nom à l'événement que nous venons de rapporter.

Après un peu de repos, Alain Barbe-Torte descendit dans la prairie d'Aniane (*c*), où se trouvait l'armée ennemie. Après de grands efforts et un conflit très-sanglant, il la défit complètement (*d*); et les Northmans qui échappèrent se rembarquèrent précipitamment dans leurs bateaux, et abandonnèrent l'Armorique.

XXXVI. (*e*) C'était un événement bien heureux pour un prince si longtemps exilé, qu'une victoire complète sur ses ennemis comme celle qu'il venait de remporter; et aussitôt après, il fit son entrée triomphale dans la ville principale de ses États. Aussi Alain Barbe-Torte ne put retenir ses larmes, lorsqu'il entra à Nantes. Mais cette cité, autrefois si populeuse et si riche, n'était plus qu'un amas de ruines; et quand il voulut aller à la cathédrale, délaissée depuis si longtemps, afin d'y remercier le Très-Haut du succès de ses armes, il fut obligé de se frayer, avec son épée encore teinte du sang des barbares, un chemin à travers les ronces et les épines accrues à l'entrée et dans l'intérieur du temple.

(*a*) Documents fournis par des antiquaires bretons.
(*b*) *Chron. Nann.*
(*c*) Occupée à présent par les nouveaux quartiers de la ville de Nantes.
(*d*) Huet, *Stat. de la Loire-Infér.*—Richer, *Précis de l'hist. de Bret.*— Daru, *Hist. de Bret.*
(*e*) *Chron. Briocens.*

XXXVII. (a) La prise de Nantes avait délivré l'Armorique, et pour longtemps, de la présence des Northmans ; mais encore leur retraite ne laissait qu'un vaste territoire sans habitants. Il fallait donc aviser aux moyens de repeupler cette contrée, et surtout Nantes et le comté nantais, qui, devenus un lieu de colonie, en quelque sorte, pour les Scandinaves, étaient plus privés d'indigènes que le surplus de la contrée. Alors Alain Barbe-Torte non-seulement rappela dans ses États tous les anciens habitants qui s'étaient réfugiés au loin, mais il promit à tous les serfs et colliberts des pays voisins, qui viendraient se fixer en Armorique, non-seulement la liberté, qu'il leur garantissait, mais même des terres à cultiver, moyennant une faible redevance. Il pouvait d'autant mieux satisfaire à cette dernière condition, qu'en reprenant possession du pays, il avait divisé la portion du sol, dont on ne reconnaissait plus les maîtres, en trois portions différentes : la première pour lui, la seconde pour le clergé, et la troisième pour les grands et autres qui avaient concouru à la délivrance du pays.

XXXVIII. (b) Les Northmans laissèrent dans tout le pays, et particulièrement sur les côtes, des traces de leur passage. L'abbaye de St-Michel-en-l'Herm (c), dans le marais méridional du Poitou, avait été détruite par eux ; de telle sorte qu'il n'en restait que les murailles (14). Or, vers 939, elle fut entièrement restaurée, mise dans le meilleur état, et même reconstruite de manière à pouvoir servir de forteresse au besoin. On sent que ce mode d'édification avait été adopté dans la crainte d'un nouveau retour des pirates de l'Océan glacial. Celui qui entreprit ces travaux fut Ebles, surnommé le *Bon-Pasteur*, évêque de Limoges, et frère du comte Guillelme Tête-d'Étoupes, qui l'aida, sans doute, dans les immenses travaux par lui entrepris. En effet, nous voyons qu'il restaura un grand nombre de monastères dont il prenait le titre d'abbé. Sans doute qu'il pas-

---

(a) Huet, *Stat. de la Loire-Infér.*—Le Baud, *Hist. de Bret.*— M. de la Porte, *Rech. sur la Bret.*

(b) *Adem. Caban. Chron.*— *Ms. de D. Fonteneau.*

(c) *Monasterium sancti Michaelis quod vocatur ad Eremum.*

sait, tous les ans, un temps quelconque dans chacun d'eux, et qu'en son absence, des délégués gouvernaient en son nom ces établissements religieux.

XXXIX. (*a*) Ce fut vers 940 que, sur la demande faite par Guillelme Longue-Épée à sa sœur Gerloc, femme de Guillelme Tête-d'Étoupes, on envoya douze moines de St-Cyprien, l'abbé Martin en tête, pour occuper le monastère de Jumiéges, que le duc de Normandie venait de relever de ses ruines.

XL. (*b*) L'abbé Ebles, dont il vient d'être question pour St-Michel-en-l'Herm, et que nous avons vu pourvoir de la trésorerie du monastère de St-Hilaire-le-Grand, s'occupa de la réforme de cet établissement religieux. Il y mit des chanoines pour remplacer les moines qui y existaient auparavant, et que les invasions des Northmans avaient dispersés; il fit bâtir aussi le château, pour l'habitation des religieux, et le bourg entourant le monastère, et qui est devenu, par la suite des temps, une partie intégrante de la ville de Poitiers, après avoir été d'abord un de ses faubourgs.

XLI. (*c*) On a vu ce que ce même abbé Ebles avait fait pour le monastère de St-Maixent. Son frère voulut y ajouter quelque chose ; ce fut le don de cent aires de marais salants, situés en Annis (*d*). Mais Guillelme Tête-d'Étoupes, en transmettant cet héritage, eut le soin de se réserver une redevance annuelle d'un muid de sel.

XLII. (*e*) Les affaires du roi Ludwig d'Outre-Mer devenaient mauvaises à l'excès, et ses ennemis les plus acharnés étaient précisément ceux qui l'avaient fait revenir d'Angleterre pour le mettre sur le trône. Se roidissant contre l'orage, Artaud, archevêque de Reims, le soutenait avec énergie; mais les ducs Hugues-Blanc et Guillelme de Normandie, et le comte Héribert, vinrent assiéger la ville archiépiscopale, et s'en em-

---

(*a*) *Guill. Gemet.*
(*b*) *Chron. Adem. Caban.* — *Ms. de D. Fonteneau.*
(*c*) *Ms. de D. Fonteneau.*
(*d*) Dans le territoire de St-Sauveur, au lieu appelé *Trucca*.
(*e*) *Chron. Frodoard.*

parèrent au bout de six jours. Non contents de cela, ils convoquèrent des évêques et des grands, leur firent déposer Artaud, et mirent archevêque à sa place Hugues de Vermandois, fils du comte Héribert, qui jadis avait été élu archevêque à cinq ans. L'évêque de Soissons sacra aussitôt Hugues. Quant à Ludwig d'Outre-Mer, il se réfugia en Burgundie, pour aviser aux moyens de réparer ses affaires.

XLIII. (a) Le duc Hugues-Blanc et le comte de Vermandois allèrent, après l'occupation de Reims, assiéger Laon, l'humble capitale du roi Ludwig. Celui-ci, qui était en Burgundie, réunit des troupes, et marcha contre ses ennemis. Les chefs confédérés levèrent alors le siège de cette ville; mais ce fut pour se porter à la rencontre de ce prince, et ils tombèrent sur ses troupes à l'improviste et les défirent. Le roi fut obligé de fuir, et son ami, l'archevêque Artaud, quitta alors son parti, et fut joindre les vainqueurs.

XLIV. (b) Pendant ce temps, et en 940, Guillelme Tête-d'Étoupes, comte du Poitou, donna des secours à Ludwig d'Outre-Mer, qu'il fut joindre à Laon (c). Toujours est-il qu'il accompagna ce prince dans sa retraite en Burgundie, où les populations étaient très-dévouées en faveur de la dynastie karolingienne.

XLV. (d) Au mois de novembre 941, Ludwig d'Outre-Mer était au monastère de Tournus sur la Saône, au milieu des religieux de l'ancienne abbaye de l'île d'Her. Par une charte, il leur accorda ou leur reconnut de grands priviléges. Parmi leurs possessions, on trouve indiqué Cunault, sur les bords de la Loire, et Asnières, Messay et St-Prudent en Poitou. Entre autres droits, on remarque celui de naviguer librement sur plusieurs fleuves ou rivières, et celui d'établir des bureaux de change dans leurs diverses possessions.

XLVI. (e) De là, Ludwig d'Outre-Mer, probablement ac-

(a) *Chron. Frodoard.*
(b) *Chron. Frodoard.*
(c) Besly, *Com^t. de Poit.*
(d) D. Mabill. *Annal. Bénéd.* (e) *Chron. Frodoard.*

compagné du comte de Poitou, se rendit à Vienne en Dauphiné, où il fut reçu d'une manière affectueuse par Charles-Constantin, comte de la contrée et fils du roi Ludwig-l'Aveugle.

Il était là, lorsqu'il y arriva une députation des principaux seigneurs de l'Aquitaine du midi, ayant à leur tête Raymond-Pons, duc de cette vaste contrée (a) et comte particulier de Toulouse, pour lequel il confirma la fondation du monastère de Chanteuge. Ces seigneurs venaient assurer le jeune roi de la fidélité des Aquitains, et lui offrir tous les secours dont ils pouvaient disposer.

XLVII. (b) Toujours fidèle à la cause de son neveu Ludwig d'Outre-Mer, Guillelme Tête-d'Étoupes se trouva à Rouen, en 941 (15), à la cour de son beau-frère Guillelme Longue-Épée, lorsque celui-ci fit une réception solennelle au jeune roi. Le comte de Poitou lui amenait un renfort, et venait surtout pour arranger avec le roi Ludwig le voyage que celui-ci se proposait de faire bientôt dans l'Aquitaine du Nord.

XLVIII. (c) Guillelme Tête-d'Étoupes était de retour en Poitou, de son voyage en Normandie, au commencement de 942, N. S. En effet, dès le mois de janvier de cette même année, il concéda à cens, sur la recommandation du vicomte Savary, sans doute chargé de l'administration du Thouarsais, un domaine situé dans ce pays et dans la viguerie de Thenezay, que nous supposons être Vasles (d).

XLIX. (e) Ludwig d'Outre-Mer se rendit ensuite en Aquitaine, ainsi qu'il en était convenu à Rouen avec le comte de Poitou. Il se trouvait à Poitiers au commencement de 943. Le 6 janvier de cette même année N. S., sur la prière de Guillelme Tête-d'Étoupes, prenant les noms de Guillelme-Hugues et les titres de comte et de marquis; d'Ebles son frère, et du comte Rotger, ce roi sans puissance rendit un diplôme

---

(a) D. Vaissette, *Hist. du Lang.*
(b) *Chron. Frodoard.*
(c) *Ms. de D. Fonteneau.*
(d) *Valerius.*
(e) *Dipl. Ludov. Transm.* ap. Bouq.

portant confirmation aux chanoines de St-Hilaire de la propriété des domaines et des églises de Champagné-St-Hilaire, Rouillé, Pouhant, Luzay, Frontenay, Benassais, Coussais, Maulay, Cuhen, Gourgé, Vouzailles, Béruges et Nueil-sous-Passavant. Plus, on indique les maisons et les terres dont jouissaient les chanoines dans la petite ville de St-Hilaire, nouvellement entourée par une muraille, et les terrains qui dépendaient d'eux exclusivement, et dans la ville de Poitiers. Tous ces domaines étaient situés en Poitou, et l'acte en énumère plusieurs hors de la province, qui, sous le rapport de la géographie, n'entrent pas dans notre plan. On croit que ces possessions composaient la manse canoniale; car il en était d'autres, dépendant déjà de ce riche monastère, dont autrement on n'aurait pas manqué de parler dans le diplôme; celles affectées au titre d'abbé, dont le comte de la province s'était emparé, et même les possessions du trésorier, n'étaient donc point comprises dans cette énumération.

L. Le monastère d'Angery, à qui on a donné une origine miraculeuse (a), était détruit depuis les invasions des Northmans. Or, Ludwig d'Outre-Mer, la même année qu'il vint à Poitiers, et même étant dans cette ville, donne un diplôme (b) pour la restauration de cet établissement religieux, sur la demande d'un comte Rotger et d'Ebles, et à la prière de l'abbé Martin. Quoique Guillelme Tête-d'Étoupes ne soit pas mentionné dans cet acte, il paraît bien que ce fut lui qui entreprit la réédification du monastère d'Angery (c).

Non content d'avoir relevé cette abbaye, le comte de Poitou voulut augmenter sa dotation; il lui donna notamment le bourg de Muron, en Aunis, un serf nommé Dochertus, sa femme et sa fille (d).

(a) La découverte du chef de St Jean-Baptiste, avec des détails singuliers.
(b) *Ex tabul. Anger.* ap. Besly, *Comt. de Poit.*
(c) *Annal. ord. S. Bénéd.* — *Gall. Christ.* — M. Massiou, *Hist. de Saint.* — Guillonet-Merville, *Hist. de St-Jean-d'Ang.*
(d) Besly, *Comt. de Poit.* — Ms. de D. Fonteneau. — M. Massiou, *Hist. de Saint.*

LI. (*a*) L'autorité papale, qui prenait parti dans les débats politiques de l'époque, se décida en faveur de Ludwig d'Outre-Mer. Aussi le légat Damase apporta en France des lettres d'Étienne VIII, adressées aux grands des provinces du royaume, afin de les engager, sous peine d'excommunication, à reconnaître ce prince pour roi. Les censures étaient plus sévères encore contre ceux qui le poursuivraient à main armée.

Par suite de l'intervention du saint-siége et de Guillelme Longue-Épée, et après une entrevue entre les rois Ludwig et Othon, et celui-ci ayant renoncé au serment que lui avaient prêté Hugues, duc de France, et Héribert, comte de Vermandois, la paix fut enfin rétablie en France à la fin de l'année 942.

LII. (*b*) Nous n'avons pas de détails certains sur les démélés qui eurent lieu entre Guillelme Tête-d'Étoupes, comte de Poitou, et Alain II, dit Barbe-Torte, comte de Nantes. Nous devons croire qu'il y eut une guerre (*c*), dans laquelle le premier fut malheureux, ou, dans le cas contraire, il aurait mérité tout à fait son surnom, dans ce sens qu'il devrait s'entendre comme indiquant un homme de peu de tête et de sens. Toujours est-il qu'il paraît, d'après une chronique, que le comte de Poitou céda à celui de Nantes, en usufruit, du moins on doit le croire, puisque l'écrivain prétend qu'Alain en jouit tranquillement pendant sa vie, une très-grande partie du Poitou, plus que le territoire possédé par les princes armoricains, vers la fin du ixe siècle, enfin tout ce qui formait le comté d'Herbauges et ce qui, dans ces derniers temps, a composé la Vendée militaire ou le pays dans lequel ont eu lieu les guerres vendéennes. En effet, ses limites étaient le cours du Layon, rivière qui se jette dans la Loire près de Châlonne, en le suivant depuis son embouchure jusqu'à l'Iromne, ruisseau que cette rivière reçoit près du Pont-Barré et de Beaulieu; puis le

(*a*) *Chron. Frodoard.*
(*b*) *Chron. Namn.*
(*c*) Besly, *Comt. de Poit.*

cours de l'Ironne jusqu'à sa source; de là une ligne terrestre allant à Pierre-Fîte, qui est le bourg situé entre Bressuire, Thouars et Airvault; de cette localité, une seconde ligne terrestre allant à Cérisay ou à Cirières, puis une troisième dirigée de ce point aux sources du Lay, c'est-à-dire au village de ce nom, près St-Pierre-du-Chemin (Vendée), et enfin, en suivant ce très-petit fleuve du Lay (*a*), jusqu'à l'Océan, dans lequel il se jette, vis-à-vis l'île de Ré (16).

C'est à raison de cette cession de territoire, que l'on a dit que les princes bretons avaient étendu leur domination jusqu'aux Alpes (*b*). Mais, par ce mot, on doit entendre les Alpes du Bas-Poitou, dont les plus élevées sont les montagnes de Pouzauges, de St-Michel de Montmercure et des Allouettes. Au surplus, le pays où elles se trouvent en partie avait reçu un nom en harmonie avec cette désignation (*c*).

LIII. (*d*) Il semble que les causes de guerre dussent, dans ces temps malheureux, se succéder les unes aux autres. Un conflit à main armée s'était élevé entre Arnulfe, comte de Flandres, et Guillelme Longue-Épée, duc de Normandie. Une conférence ayant eu lieu entre ces deux princes, à sa suite le dernier fut traîtreusement assassiné près de Picquigny-sur-Somme, le 17 décembre 942 (*e*). Le duc de Normandie ne laissait qu'un fils en bas âge, Richard, depuis surnommé Sans-Peur. Ludwig d'Outre-mer, sans Etats réels, était d'autant plus désireux d'en acquérir. Aussi forma-t-il le dessein de s'emparer de la Normandie par artifice. En conséquence, il vint à Rouen, sous le prétexte de donner l'investiture au jeune Richard, qu'il emmena avec lui à Laon, de l'aveu des tuteurs du prince. Alors il tenta de soumettre la Normandie

(*a*) Je donne le nom de fleuve au Lay, parce qu'il porte directement ses eaux à la mer.
(*b*) Daru, *Hist. de Bret.*
(*c*) *Pagus Alperiensis*. C'était une division ecclésiastique.
(*d*) Guill. Gemet.
(*e*) Et non pas en 994, comme le dit la *Biographie univ.*

par les armes : bientôt le pays fut en état de guerre, et Hugues-Blanc s'annonça prêt à soutenir Ludwig, si celui-ci voulait lui donner une part dans cette riche province. Déjà il s'était emparé d'Evreux ; mais il céda cette ville au roi, sur l'investiture que celui-ci lui donna de tout le duché de Burgundie, dont il possédait déjà une notable partie.

LIV. (a) A cette époque ; Héribert, comte de Vermandois, dont nous avons eu tant d'occasion de parler, venait de mourir. Les remords le rongèrent dans ses derniers moments, et il répétait sans cesse, en faisant allusion à sa conduite envers le Simple : « Nous étions douze qui trahîmes le roi Karles ! »

LV. (b) Vers ces temps, l'église cathédrale de Poitiers avait un trésorier appelé Richard, qui possédait une grande fortune, et sa bienfaisance, à ce qu'il paraît, était en proportion de ses ressources. En effet, on le voit fonder une chapelle à Savigny-sur-Vienne, dans la viguerie d'Ingrande, et la doter de biens assez importants, et notamment d'un moulin sur la Vienne. Puis, à peu près à la même époque, le trésorier Richard donne à son église cathédrale cette même chapelle et tout ce qu'il possédait audit lieu de Savigny ; or, ces héritages paraissent considérables, d'après la désignation contenue dans la charte.

Il y a lieu de croire que ce fut le même Richard qui, devenu archidiacre de la cathédrale de Poitiers, concéda, un peu plus tard (c), à l'abbaye de St-Cyprien de Poitiers, un vignoble, toujours dans le même lieu de Savigny.

LVI. (d) Au printemps de l'année 944, le roi Ludwig d'Outre-Mer, accompagné de la reine Gerberge, visita l'Aquitaine, où il reçut un accueil empressé de Raymond-Pons, duc d'Aquitaine et comte de Toulouse, et du cousin de celui-ci, Raymond Ier, comte de Rouergue (e). Ce voyage avait pour

(a) *Frodoard. Chron.* (b) *Ms. de D. Fonteneau.*
(c) En 943 ou 944.
(d) *Frod. Chron.*
(e) Frodoard le qualifie de prince des Goths.

but apparent de recevoir l'hommage des grands vassaux de cette contrée ; mais le motif réel était, de la part du roi, de s'y ménager des secours dans les guerres qu'il était dans l'intention de faire ou qu'il se voyait obligé de soutenir. En effet, d'un côté il avait à redouter les entreprises des grands dans l'intérieur de son comté, et notamment celles de Hugues-Blanc. De l'autre, son beau-frère Othon, roi de Germanie, et Conrad-Pacifique, roi de la Burgundie transjurane et de Provence, étaient des adversaires redoutables qu'il savait désireux de l'attaquer, à la première occasion favorable.

LVII. (a) La guerre en Normandie continuait, et le roi Ludwig, qui obtenait des succès, crut devoir même se passer de l'appui de Hugues-Blanc. Celui-ci se retira, sur l'ordre qu'on lui en donna, et la rage dans le cœur. Or, vers ce temps, Osmond, gouverneur du jeune Richard, l'enleva de Rouen, dans une botte de fourrage, et Bernhard, comte de Senlis, oncle du jeune duc, courut implorer pour lui l'assistance du duc de France. Celui-ci promit d'abord des secours ; mais Ludwig ayant proposé à Hugues, et de nouveau, de partager avec lui la Normandie, ce dernier accepta. Ludwig soumit aisément cette province ; mais ayant mandé à Hugues-Blanc d'évacuer les territoires de Bayeux et de Coutances, qu'il occupait en ce moment, ce dernier s'y refusa. Alors la guerre commença entre le duc de France et ses alliés contre le roi Ludwig.

LVIII. (b) On l'a vu, les descendants des Northmans établis en Neustrie étaient alors exposés aux attaques d'un prince français, qui voulait déposséder le petit-fils de Roll. Mais voilà qu'en 945, sur la prière du comte Bernhard, arriva au secours de ses compatriotes d'extraction, Harold, roi de Danemarck, avec une flotte considérable, qui débarqua une armée près de Bayeux. Aidé autrefois par Guillelme Longue-Épée contre son propre fils, il venait prêter assistance au fils de son protecteur. Les habitants de la basse

---

(a) *Guill. Gemet.* — *Rad. Glab.*
(b) *Guill. Gemet.* — *Rad. Glab.*

Normandie se joignirent aux troupes étrangères. Ceux de la haute Normandie se rangèrent, au contraire, sous les enseignes de Ludwig d'Outre-Mer. Les deux armées se rencontrèrent sur les bords de la Dive. Là eut lieu une bataille sanglante dans laquelle dix-huit comtes périrent, à ce qu'on prétend (*a*). Le roi Ludwig d'Outre-Mer, fait, une première fois, prisonnier par Harold lui-même, parvint à s'échapper de ses gardiens. Tombé ensuite, et en se sauvant, dans les mains d'un homme d'armes de Rouen, qui consentit à lui servir de guide, et qui le cacha dans une île de la Seine, il y fut découvert et fait prisonnier par ces mêmes Bas-Northmans, qui s'étaient dits ses fidèles. Ils s'en glorifièrent en disant qu'ils avaient trompé *le trompeur Ludwig*. C'était une allusion à la conduite de celui-ci envers leur jeune duc Richard.

Par suite de cette bataille et de la capture du roi de France, Harold s'empara de toutes les places que les Français tenaient en Normandie. Ayant ainsi soumis toute la province à l'autorité du jeune Richard, il s'embarqua pour retourner dans ses États.

LIX. (*b*) Nous notons les transports des reliques d'un lieu dans un autre, parce que c'était, pour ces temps éloignés, des événements d'une grande importance et qui mettaient en émoi les populations. En 945, ainsi que nous l'apprend la chronique de Maillezais, qui passe sous silence peu de faits marquants relatifs à la province, Aymon, abbé de St-Cyprien, transféra le corps de St Révérend de Nouastre en Touraine dans le monastère de Ste-Radégonde, de concert avec le moine Raynaud qui, lui ayant succédé à titre d'abbé, porta ensuite la relique à St-Jean-d'Angély.

LX. (*c*) Puisqu'il est question de Nouastre, nous mentionnerons ici la fondation de l'église de St-Révérend dans le château de cette localité, faite cette année ou plutôt l'année

---

(*a*) Il y a là nécessairement de l'exagération, car le titre de comte n'était pas alors si commun.

(*b*) *Chron. Malleac.* — *Ms. de D. Fonteneau.*

(*c*) *Ms. de D. Fonteneau.*

précédente, par l'abbé de St-Cyprien, que la charte appelle Aymeri. Du reste, au même moment, des particuliers dotèrent cette église, en lui donnant une écluse, une pêcherie, un moulin, des terres et des vignes.

LXI. (*a*) Lorsque la reine Gerberge eut appris la captivité du roi, elle s'adressa inutilement à son frère Othon, roi de Germanie, pour le prier d'intervenir en sa faveur. Elle eut recours aussi à Hugues-Blanc, qui négocia effectivement la délivrance de Ludwig. Or, les grands de la Normandie ne consentirent à l'effectuer qu'à condition que le roi, les grands et les prélats de France, renouvelleraient la cession de territoire faite à Roll. Cette formalité fut remplie ; mais au lieu d'accorder la liberté à Ludwig, on le remit au duc Hugues de France, qui le fit retenir dans le château de Chartres, sous la garde du comte Thibault-Tricheur, son parent et son vassal. Edmond, roi d'Angleterre, étant intervenu en faveur de son cousin, Ludwig obtint enfin la liberté au bout d'une année de captivité. Pour y parvenir, il fut même obligé de céder Laon, sa ville capitale, dont le duc de France donna la garde au Tricheur, qu'il avait établi comme une sorte de geôlier du roi.

C'était ainsi que les grands vassaux de l'époque en agissaient envers ce prince. Car il est à remarquer que le duc de France reconnaissait Ludwig comme son souverain, alors même qu'il lui faisait la guerre ou qu'il le détenait prisonnier.

LXII. (*b*) Il ne faut pas croire que les comtes de Poitou, en prenant le titre d'abbé de St-Hilaire-le-Grand, aient voulu seulement s'arroger une simple distinction honorifique. Leur projet était, on l'a déjà dit, de disposer des immenses revenus affectés à cette fonction et de commander en maître dans le monastère, qui avait été, en quelque sorte, fondé par suite de l'établissement définitif de la monarchie française dans les Gaules, à la faveur de la bataille de Vauclade. Aussi, en avril 946, nous trouvons un titre par lequel Guilhelme Tête-d'Etoupes, en qua-

(*a*) *Chron. Frodoard.*
(*b*) Bealy, *Comt. de Poit.* — *Ms. de D. Fontenoau.*

lité d'abbé de St-Hilaire, autorisa Ebles à disposer d'une île formée par la rivière d'Auzance, et dépendante de la trésorerie de l'établissement religieux en question.

Beaucoup plus tard, le comte de Poitou donna, pour aider à la nourriture des chanoines de Saint-Hilaire, et à la charge de le nommer, chaque jour, dans leurs prières, l'alleu de Courcôme, avec l'église de Notre-Dame en dépendant. C'était un don fait par Sancie, femme du comte Adhémar, à St-Hilaire, et ce fut encore en usant de son titre d'abbé, ou même en en abusant, qu'il détacha cet objet de la mense abbatiale, pour le céder aux chanoines.

LXIII. (a) Nous avons déjà fait connaître que les évêques de Poitiers étaient dans l'usage de rendre des jugements dans leurs synodes, quand il s'agissait de matières ecclésiastiques. Nous en trouvons un exemple pour l'évêque Alboin, qui, dans un synode général tenu vers l'an 947, décida en faveur de l'abbaye de St-Cyprien, pour des dîmes dépendant de la chapelle de St-Maixent-le-Petit.

LXIV. (b) Comme, à cette époque, il n'existait aucun équilibre politique pour cette terre de France, parce qu'elle se trouvait divisée en tant de fractions, la guerre civile était un état normal. Aussi, dès 946, il y eut reprise des hostilités. Le duc de France, qui tendait à augmenter sa puissance, s'allia étroitement avec le jeune Richard, duc de Normandie, à qui il fiança sa fille Emme. L'union de ces deux grands feudataires intimida, avec raison, Ludwig d'Outre-Mer. Pour former un contre-poids, il obtint l'adjonction à son parti du roi Othon de Germanie, en faveur duquel il renonça à ses prétentions sur la Lorraine. Ce prince passa aussitôt le Rhin avec une armée nombreuse, traînant avec lui le jeune Conrad, roi de la Burgundie transjurane, dont il avait pris la tutelle. Ludwig alla joindre Othon avec Arnulfe, comte de Flandre, et les forces dont tous les deux pouvaient disposer. Cette jonction opérée, les trois princes vinrent attaquer Laon ; mais cette

(a) *Ms. de D. Fonteneau.*
(b) *Frodoard. Chron.*

ville étant vigoureusement défendue par Thibault-Tricheur, ils se dirigèrent sur Reims, dont ils s'emparèrent. L'archevêque Hugues de Vermandois avait abandonné cette ville, et on le remplaça par Artaud, qui fut installé de nouveau par les archevêques de Mayence et de Trèves, qui accompagnaient le roi de Germanie.

L'armée confédérée se porta ensuite sur Senlis, dont elle entreprit le siége, qui fut bientôt levé. De là, elle se dirigea sur la Normandie, dont elle ravagea tout le plat pays, comme elle l'avait fait *en France* (a), sans attaquer les places fortes occupées par les partisans ou *fidèles* des ducs Richard et Hugues. Ensuite les deux rois Ludwig et Othon et le comte Arnulfe se portèrent devant Rouen, dont ils espéraient que les habitants leur ouvriraient les portes. Ils furent grandement trompés dans leur attente, car, dans une sortie inopinée, les Normands tombèrent sur l'arrière-garde des troupes germaniques, la taillèrent en pièce et tuèrent même le général, un neveu d'Othon, qui commandait les troupes de ce souverain.

Cet échec eut un résultat très-grand. Les deux rois, craignant une levée en masse du pays, dont on les menaçait, s'arrangèrent pour battre en retraite. Le comte de Flandres y fut surtout fort disposé, parce qu'on lui avait rapporté que les deux autres princes pourraient bien offrir sa tête au duc Richard, comme une holocauste, pour l'assassinat de son père et comme gage de réconciliation. Aussi il décampa précipitamment et pendant la nuit, pour se diriger sur son comté, et les troupes françaises et celles de la Germanie, entendant le bruit des chevaux et des charriots, furent saisies d'une grande frayeur, croyant que c'était des masses ennemies qui venaient les assaillir. Aussitôt elles se mirent en marche, sans aucun ordre, et en abandonnant tout leur matériel. Au point du jour, les Rouennais, appercevant cette sorte de déroute, coururent sur leurs ennemis et les harcelèrent jusqu'en Picardie, grossis

" (a) Quand, pour cette époque, on parle de la France prise dans un sens restreint, c'est de l'Ile de France dont il est question.

que furent les assaillants par tous les Normands généreux, qui, sur leur route, s'unirent à eux. L'armée aux ordres de Ludwig et d'Othon arriva ainsi, continuellement attaquée, jusqu'aux portes d'Amiens, et ayant éprouvé de grandes pertes.

LXV. (a) Pendant cette campagne, les deux prétendants à l'archevêché de Reims, Artaud et Hugues, se faisaient une guerre par les armes spirituelles et temporelles, si on peut s'exprimer ainsi. Le premier occupait la ville archiépiscopale; mais le second, en résidence sur un autre point, administrait la portion du diocèse qui se trouvait autour de lui. Ce n'était que sermons d'un prélat contre l'autre, répétés par les ecclésiastiques partisans de chacun d'eux, et qu'excommunications réciproques, et souvent encore il y avait des attaques à main armée.

Ce fut pour rétablir la paix dans la province ecclésiastique des Remi et des Hincmar, et afin de rendre le calme à la France entière, que le pape Agapit convoqua les évêques de cette région et ceux de Germanie, pour le mois de juin 947, en concile à Ingelheim, près de Mayence. Un grand nombre de prélats assistèrent à cette assemblée; mais ceux du parti des ducs de France et de Normandie s'en excusèrent, sous le prétexte qu'elle était convoquée dans une région tout à fait étrangère et même ennemie.

Les rois Othon et Ludwig parurent au concile, dans lequel Artaud lut, en latin et en tudesque, le récit de ses différends avec Hugues de Vermandois. Le premier fut reconnu canoniquement institué, et Hugues de Vermandois usurpateur et intru. En conséquence, on le déclara excommunié et repoussé de l'église, jusqu'à ce qu'il eût fait pénitence.

Le roi Ludwig exposa aussi à l'assemblée ses griefs contre le duc de France, déclarant être tout prêt à se soumettre *au jugement de Dieu par le fer*, contre tout preux qui lui imputerait d'avoir donné fondement aux attaques de Hugues. Sur ce différend politique, le concile agit avec plus de circonspection que dans le premier cas. On ne fit que menacer le

(a) *Frodoard. Chron. — Annal. Metens.*

duc Hugues d'excommunication, s'il ne se rendait pas à un synode qu'on lui indiquait, pour y venir faire sa soumission.

LXVI. (a) Nous en sommes demeuré, pour les religieux de Montglone, à leur retour dans l'Ouest, laissant à Tournus, et malgré eux, les reliques de leur saint patron. Nous avons dit aussi que, revenus sur les rives de la Loire, et sans moyen de stimuler les aumônes, ils avaient été obligés de se disperser, en allant demander asile à leurs familles respectives. Or, parmi eux se trouvait un homme d'une volonté ferme, d'une finesse extrême et d'une persévérance sans exemple. Ce novice, que nous avons déjà nommé, était Absalon. Il s'était aussi lui retiré chez ses parents, qui habitaient le Mans, et là il forma le projet de rendre à sa communauté tout l'éclat qui l'avait entourée, en arrivant à recouvrer, par la ruse, le précieux dépôt retenu injustement dans le monastère de Tournus. Pour cela, il imagina un plan de conduite qu'il se promit de suivre de point en point ; et alors l'exécution de son projet ne lui parut plus être qu'une question de temps.

Tout médité et convenu à part soi, Absalon part pour la Burgundie, et rendu près de Tournus, il feint d'être extrêmement boiteux. Arrivé au monastère, ce voyageur se présente comme estropié de naissance et venant réclamer sa guérison et les bons soins que d'autres, disait-il, avaient obtenus d'une maison religieuse si sainte et si hospitalière. Sensible à la louange, l'abbé reçoit d'abord l'étranger, et l'admet plus tard au noviciat. Absalon, par sa douceur, par son adresse et par son exactitude, obtient bientôt la bienveillance et même l'amitié de ses confrères. Désigné déjà comme un modèle à suivre, on le charge d'abord de l'instruction des novices ; il devient ensuite bibliothécaire ou armoirier, suivant l'expression du temps ; et enfin chantre. Or, il était un emploi que convoitait l'ancien moine du pays de Mauge, c'était celui de sacristain, et il y arriva, mais au bout d'un bien long temps, après vingt-cinq années de persévérance dans un plan dont les moyens

---

(a) *Hist. de St-Florent.* — Bodin, *Rech. sur Saumur.* — *Hist. de Tournus.* — M. Godard-Faultrier, *l'Anjou.*

d'exécution devaient, on le voit, prendre presque la durée ordinaire de la vie humaine.

Chargé ainsi de la garde des trésors de l'abbaye, Absalon avait pu aisément remarquer où se trouvaient les reliques de St Florent, et il avait tout préparé pour s'en emparer. Or, un jour de grande solennité, où l'on avait célébré, comme l'usage était établi alors, par d'abondantes libations et avec le meilleur vin de la cave, le souvenir du saint du jour, l'ancien moine de Montglone, tout en demeurant plus sobre que les autres, donna à croire, par sa gaîté, qu'il avait pris part à la joie commune. Il laissa donc les religieux se rendre dans leurs cellules, où le sommeil ne tarda pas à s'appesantir sur leurs paupières. Alors, entrant dans l'église, il ouvre la châsse de St-Florent, en enlève les reliques, et les met dans un sac de peau de cerf; puis, déguisé, il monte sur un cheval disposé, à l'avance, à peu de distance de là, met les précieux restes en croupe, et s'éloigne de Tournus, avec la plus grande rapidité.

Ce ne fut que le lendemain qu'au monastère on s'aperçut de la spoliation. On fit courir après Absalon, mais sans pouvoir l'atteindre. Pendant ce temps, celui-ci parvint heureusement sur les bords de la Loire, d'abord à Roche-Courbon près Tours, puis il passe le fleuve, suit le cours de la Vienne, et arrive à Nantilly, village situé près du point où est la ville actuelle de Saumur. Là était un domaine dépendant jadis de l'abbaye de Montglone, et Absalon s'y arrêta, et trouvant, dans les bois, une grotte creusée dans le roc, il y déposa ses reliques et en fit un oratoire.

LXVII. (a) Pendant un court séjour dans ce lieu, Absalon apprit que beaucoup de personnes pieuses et riches, redoutant encore le retour des Northmans, s'étaient retirés à Doué, dans des habitations souterraines (b). Il s'y rendit donc, et fit part aux

---

(a) *Hist. de Tournus.* — Bodin, *Rech. sur Saumur.* — *Ann. Bénéd.* — M. Godard-Faultrier, *l'Anjou.*

(b) On l'a dit déjà, une bonne partie de la population actuelle de la petite ville de Doué habite encore des maisons creusées dans le roc et établies au dessous du sol.

habitants des moyens qu'il avait employés pour rapporter dans le pays les reliques de St-Florent. Thibault-Tricheur, comte de la contrée, se trouvait là, et on lui demanda aussitôt la permission de bâtir une église, pour y déposer le trésor précieux qu'on était parvenu à rapporter sur les rives de la Loire. Or, le comte était défiant, comme son surnom doit le faire croire, et voulant s'assurer de la version si extraordinaire qu'on lui faisait, il envoya en Burgundie demander une légère partie des reliques de l'ancien patron du pays du Mauge. La réponse qu'on fit à l'homme dépêché à Tournus confirma, dans tous ses détails, ce qu'avait rapporté le rusé moine Absalon.

Alors il n'y eut plus à douter, et on ne songea pas à reporter les restes de St Florent dans la localité de Montglone. On choisit un autre emplacement plus en remontant la Loire, et assez rapproché du point où s'était arrêté Absalon. On y bâtit une église et un monastère, où trois habitants de Doué, savoir : Athbert des Fourneaux, Hélie de Lignac et Renault de Rest, qui avaient employé leur fortune à fonder et doter cet établissement ecclésiastique, s'établirent comme religieux. Absalon, à qui on offrit le premier rang, voulut conserver l'emploi de sacristain, qui lui rappelait sa pieuse supercherie, tandis qu'Hélie de Lignac obtint le titre d'abbé. Le personnel du monastère fut augmenté par un certain nombre de religieux, que le comte Thibault fit venir de Fleury-sur-Loire (17).

Tels furent les commencements de la célèbre abbaye de St-Florent de Saumur, qui devint bientôt d'une richesse extrême, par suite des dons multipliés des souverains et des grands. Mais alors s'effaça, devant ce nouvel établissement, l'ancien monastère de Montglone, qui ne devint plus qu'une dépendance, qu'une sorte de succursale de cette création nouvelle. Ajoutons que c'est à ce monastère de St-Florent que la *jolie et bien assise* (a) ville de Saumur doit surtout sa véritable origine (18).

LXVIII. On n'a pas encore suffisamment étudié la législation qui régissait les bénéfices au moment où s'organisa

(a) Expression de certain chroniqueur.

la féodalité. Des exemples seuls peuvent établir cette même législation ; on va en donner un (*a*). Gombaud était possesseur d'un bénéfice d'où dépendaient une maison et des pièces de terre situées dans un village dépendant de la viguerie dont le chef-lieu était un bourg actuel d'Aifre, près Niort (*b*). Il voulait en disposer en faveur de Bernulfe, d'Ingele, sa femme, et de leurs enfants; et pour cela, il s'adressa au comte Guillelme Tête-d'Étoupes qui, sur les instances de Gombaud, donna ces terres à bail à cens à Bernulfe et aux siens. La conséquence qu'on peut légitimement tirer du fait cité, c'est que les possesseurs de bénéfices ne pouvaient disposer des biens qui en faisaient partie, et que le comte, au contraire, sur la demande des bénéficiers, pouvait consentir l'aliénation.

LXIX. (*c*) Hugues-Blanc n'avait répondu à l'injonction du concile d'Ingelheim, qu'en faisant une guerre acharnée au roi Ludwig, aux troupes germaniques que le roi Othon avait envoyées au secours de celui-ci, et à l'archevêque Artaud. Il en résulta que, dans un autre concile tenu à Trèves, il fut excommunié positivement. Mais il ne tint point compte des censures ecclésiastiques, et continua la guerre.

Néanmoins, Ludwig d'Outre-Mer obtint quelques avantages: il assiégea Laon, et parvint à s'en emparer, sauf une seule tour qu'il avait construite lui-même (*d*), et qui lui fut remise par le duc de France, à la conclusion de la paix.

Enfin, en 950, cette paix fut faite, en effet, entre le roi et le duc de France, par l'entremise du roi Othon de Germanie. Le traité conclu par les deux grandes puissances de la contrée n'arrêta pas les querelles particulières entre les feudataires.

LXX. (*e*) Il paraît que, vers le milieu du x*e* siècle, on établit en Aunis une quantité prodigieuse de salines. Ce qui nous porte à le penser ainsi, c'est qu'antérieurement il n'en est presque

(*a*) *Ms. de D. Fonteneau.*
(*b*) Au lieu nommé *Abziaco*, dans la viguerie *Afriacinse*.
(*c*) *Frodoard. Chron.*
(*d*) Cette tour, appelée de son nom, n'a été démolie qu'en 1831. Un monument aussi curieux aurait dû être conservé.
(*e*) *Ms. de D. Fonteneau.*

jamais parlé dans les nombreuses chartes passées sous nos yeux, et que depuis, les stipulations relatives aux salines de l'Aunis sont très-fréquentes.

LXXI. (a) En 950 (19) mourut Raymond-Pons, comte de Toulouse et duc d'Aquitaine, et il fut inhumé dans l'abbaye de St-Pons de Thomières, qu'il avait fondée. Ce prince laissait, de son mariage avec Garsinde, qui lui survécut, trois enfants en bas âge. L'aîné, Guillelme Taille-Fer, succéda à son père au comté de Toulouse et à une partie de ses autres possessions, sauf au titre de duc d'Aquitaine, ainsi que nous allons le voir. Ces mêmes États étaient très-étendus ; car ils comprenaient, en outre du comté de Toulouse, les comtés de Carcassonne et de Razez, et la jouissance en commun, avec son cousin Raymond Ier, comte de Rouergue, du marquisat de Gothie, des comtés de Narbonne, Nîmes, Lodève, Béziers et Agde, et de ceux d'Albigeois, du Quercy, du Vivarais et de l'Uzuge. Raymond-Pons possédait aussi, pour les avoir eus à la mort des neveux de Guillelme-Pieux, les comtés d'Arvernie et du Velai ; mais nous allons voir ce qu'il advint quant à ces dernières contrées.

Ce prince fut à la fois remarquable par sa valeur et par sa piété. A l'aide de son titre de duc d'Aquitaine, il étendit ses possessions de la Loire aux Pyrénées, à la mer Méditerranée et au Rhône.

LXXII. (b) Aussitôt que Ludwig d'Outre-Mer eut appris la mort de Raymond-Pons, il se porta, avec une armée, sur l'Aquitaine, afin d'y établir sa domination d'une manière plus positive, en y instituant un duc de son choix. Il dirigea sa marche sur la Burgundie, et trouva sur sa route Charles-Constantin, comte de Vienne, et Étienne, évêque d'Arvernie, qui, informés de son voyage, venaient à sa rencontre. Ils lui prêtèrent tous les deux serment de fidélité ; et le dernier, qui était de la maison des vicomtes de Clermont, y joignit des pré-

---

(a) *Frodoard. Chron.* — D. Vaissette, *Hist. du Lang.*
(b) *Chron. Frod.* — *Chr. Hug. Flor.*

sents considérables. Le roi continua sa marche, et arriva à Mâcon, chez le comte Léotald, qui lui prodigua les soins les plus affectueux.

LXXIII. (a) Guillaume Tête-d'Étoupes, comte de Poitou, qui avait été instruit du voyage de Ludwig d'Outre-Mer, vint le trouver à Mâcon. Or, quoique Raymond-Pons laissât des fils, dont l'aîné, Guillelme Taille-Fer, devait lui succéder, d'après la loi des fiefs, le roi voulut profiter de cette circonstance, pour récompenser son cousin germain, Guillelme Tête-d'Étoupes, de sa fidélité envers lui et de tous les services qu'il lui avait rendus. Il lui donna donc le titre de duc d'Aquitaine avec le comté d'Arvernie, dont le roi Raoul avait dépouillé Ebles-Manzer. Le roi ajouta à ce don la possession du Velay; et on voit, dès lors, combien les Etats de Guillelme devinrent étendus. Les dons faits, par le souverain, des deux provinces de l'Arvernie et du Velay, étaient à charge de les conquérir sur le fils du dernier titulaire. Mais il fut facile d'abord de déposséder un enfant pris à l'improviste, et les peuples se soumirent d'autant mieux, que le nouveau concessionnaire fit valoir l'ancien titre conféré à son père par Karle-Simple. Le clergé se prêta aussi à l'occupation, parce qu'elle était presque de son fait (20). En réalité, Etienne, évêque de Clermont d'Arvernie, ennemi du dernier titulaire et de sa race, avait assisté à l'entrevue de Ludwig d'Outre-Mer et de Guillelme Tête-d'Étoupes, et avait même engagé le roi à dépouiller le jeune Guillelme Taille-Fer. C'est à dater de cette époque que le duché d'Aquitaine entra dans la maison des comtes du Poitou, descendue d'Adalelme, frère de Guillaume de Gelonne, second duc, nommé par Karle-Magne, pour n'en plus sortir jusqu'à la reine Aliénor. Il résulta de cet ordre de choses que Poitiers, qui fut la résidence habituelle de cette série de ducs d'Aquitaine, devint la capitale de la contrée.

Ludwig d'Outre-Mer, ayant ainsi réglé les affaires d'Aqui-

(a) *Chron. Petav.* ap. Besly. — *Fragm. Hist. Aquit.* — Frodoard, *Chron.* — *Chr. Hug. Flor.*

taine, renonça à son voyage dans cette contrée, et retourna sur ses pas.

LXXIV. (a) Les anciens ducs d'Aquitaine de la race mérovingienne étaient dans l'usage d'aller se faire sacrer à Limoges. Guilhelme Tête-d'Étoupes crut, avec raison, que l'éclat de cette solennité attacherait d'autant plus à sa domination et à celle de sa famille les peuples sur lesquels il était appelé à régner. Le cérémonial usité en pareil cas peint surtout les mœurs du temps; et nous l'avons déjà fait connaître, en parlant du couronnement d'un roi d'Aquitaine (b).

LXXV. Ainsi fut constitué définitivement le titre de duc d'Aquitaine dans la descendance de Guilhelme de Gelonne. Cette dignité, affectée tout d'abord au possesseur du comte de Toulouse, passée momentanément au comte d'Arvernie, revenue encore au comte de Toulouse, fut fixée, d'une manière définitive, sur la tête des comtes de Poitou. Il résulta de cet ordre de choses que Poitiers devint, de fait, la capitale de l'Aquitaine, comme étant la résidence des ducs de cette vaste contrée.

LXXVI. Si on se reporte sur la carte (c) pour juger de l'étendue des États dont jouissait directement Guilhelme Tête-d'Étoupes au commencement de la seconde moitié du dixième siècle, on trouve qu'elle comportait neuf de nos départements actuels (24), et s'étendait, en partant des rives de la Loire, à peu de chose près, et en se dirigeant au sud-est, jusqu'aux montagnes de la Lozère. Outre la possession directe sur ces provinces, Guilhelme, en qualité de duc d'Aquitaine, avait pour grands vassaux divers comtes, notamment ceux d'Angoulême, du Périgord et d'autres encore.

LXXVII. (d) Quoique les peuples de l'Arvernie et du Velay se fussent d'abord soumis sans difficulté à la domination de Guilhelme Tête-d'Étoupes, les partisans de la maison de Toulouse, qui étaient assez nombreux dans le pays, ne tar-

---

(a) Besly, *Comt. de Poit.* (b) Voir ci-dessus, 1re partie, liv. II, n° LVI.
(c) Cette carte de l'Aquitaine sera jointe au 2e vol. de cet ouvrage.
(d) *Chron. Frodoard.*

dèrent pas à fomenter une insurrection contre le nouveau possesseur de leur contrée. Elle éclata environ un an après la prise de possession. Pour réprimer cette levée de boucliers, le comte de Poitou réunit des forces nombreuses, et marcha sur l'Arvernie; mais la révolte du pays devenant générale, une campagne dont le succès fut disputé commença alors. Les détails en sont inconnus; seulement on sait que les Arverniens résistèrent avec tant d'énergie, que le roi Ludwig d'Outre-Mer vint avec une armée pour châtier les rebelles. Guillelme Tête-d'Étoupes alla au devant de lui; mais une maladie, dont le roi fut atteint, ne lui permit pas d'arriver jusque dans la province qu'il voulait soumettre, et il prit le parti de retourner dans ses États. Quant au comte de Poitou, il ne réduisit peut-être les révoltés à son autorité que d'une manière imparfaite.

LXXVIII. (a) Dans la marche de Ludwig d'Outre-Mer au secours de Guillelme Tête-d'Étoupes, le roi passa par St-Maixent. Odon, qui gouvernait alors intérieurement l'abbaye de St-Maixent sous l'abbé Ebles, profita de la présence du souverain du royaume, pour faire une translation locale des corps de St Maixent et de St Léger. On sait que ces cérémonies étaient les plus solennelles de toutes celles qu'on pratiquait alors (22).

LXXIX. (b) La localité de Melle était devenue très-importante par l'exploitation de sa mine d'argent (23), et deux églises y avaient été déjà construites, savoir : St-Hilaire et St-Savinien.

Or, en 951, Gaudemard et Ermengarde, sa femme, donnèrent au monastère de St-Maixent un comptant de vigne, près le château de Melle, sur la rivière de Béronne (c), et on y édifia un oratoire qui, depuis, devint une église paroissiale et même un prieuré à la collation de l'abbé de St-Maixent. On présume que ce fut à l'évêque Ebles, abbé de St-Maixent,

(a) *Chron. Malleac.* — *Ms. de D. Fonteneau.*
(b) D. Chazal, *Mon. S. Maxent. Hist.* — *Ms. de D. Fonteneau.*
(c) *Prope Melulum castrum, super Betrona.*

que fut due cette construction, et qu'il fut aidé par son frère, le comte de la province. Toujours est-il que celui-ci donna, plus tard (a), au monastère de St-Maixent, cette église fondée de St-Pierre de Melle, une église et des moulins à Pamproux, et d'autres possessions. Dans cette charte, Guillaume Tête-d'Étoupes se qualifie de comte de Poitou, de Limousin et d'Arvernie et de comte palatin d'Aquitaine (b).

LXXX. (c) Alain Barbe-Torte, comte de Nantes, dont nous avons fait connaître les grands succès à l'encontre des Northmans, mourut en 952. Il ne laissa qu'un enfant en bas âge, appelé Drogon, issu de son mariage avec Gerberge, sœur de Thibault-Tricheur. Peu avant, Alain, se sentant mourir, avait réuni les grands de ses États, et leur avait fait jurer d'être fidèles à Drogon, qu'il plaça sous la tutelle de son oncle le comte de Blois, qui figura aussi à cette assemblée. Or, peu après le décès du comte de Nantes, Thibault-Tricheur remaria sa sœur Gerberge à Foulques dit le Bon, comte d'Anjou, et lui céda la moitié de la Bretagne et de la ville de Nantes, sans doute en l'établissant son co-tuteur. Ce qu'il y a de positif, c'est que le comte d'Anjou, à qui, d'après un fait pareil, son surnom n'irait guère (24), fit apporter Drogon à Angers, et que, d'après une chronique locale, cet enfant fut tué d'après son ordre, et par sa nourrice, au sortir du bain (d).

LXXXI. (e) Dès que la nouvelle de la mort d'Alain Barbe-Torte fut connue des Northmans, et qu'ils surent que *le grand*

(a) On ignore la date de cette charte, mais elle mentionne Gerbert, abbé de St-Maixent, qui exerça ses fonctions de 942 à 963.

(b) *Guillelmus, divinæ pietatis gratiâ Pictavensium, sive Limovicensium, necnon Arvernensium comes, insuper etiam Aquitaniæ comes palatif.*

(c) *Chron. Nann.*—Daru, *Hist. de Bret.*—Richer, *Précis de l'Hist. de Bret.*

(d) *Chron. Nann.*

(e) *Chron. Nann.*—Daru, *Hist. de Bret.*—Richer, *Précis de l'Hist. de Bret.*

pieu, qui fermait l'entrée de la Loire, était renversé (a), ils se hâtèrent d'arriver dans ces parages. S'étant présentés devant Nantes, les habitants se trouvèrent réduits à leurs seules ressources; car le duc d'Anjou, qui alors se disait l'administrateur de la Bretagne, pour Drogon, ne leur porta aucun secours, malgré la demande qu'ils lui en firent. Néanmoins les Nantais se jetèrent, pour la plus grande partie, dans le château qu'Alain Barbe-Torte avait construit, afin de défendre leur ville. A l'aide de cette fortification et de leur courage, ils parvinrent à lasser les Scandinaves qui, trouvant cette fois de la résistance, se rembarquèrent, et sortirent de la Loire, pour enfin n'y plus revenir, à peu près (25).

LXXXII. (b) Au milieu du xe siècle, les bords de la Loire, ravagés bien plus longtemps que le surplus de la contrée par les Northmans, qui s'y étaient même fixés, n'étaient pas encore rétablis de l'état de désolation où ces barbares les avaient laissés. C'est ainsi qu'en 952 (26), Gualon, moine non moins illustre par sa naissance que par sa piété, disent les documents de l'époque, ayant été envoyé pour prendre possession de l'abbaye de St-Florent de Monglone, qui était devenue alors une simple succursale du monastère de St-Florent de Saumur, n'y trouva qu'une seule personne, qui, pour toute nourriture, était réduite à vivre de gros gibier. Il ne restait que quelques vestiges des anciens bâtiments; tous avaient été abattus: les ronces et les épines croissaient au milieu de ces ruines, et les couvraient. Après avoir fait déblayer le terrain, et s'être muni de quelques présents, il se rendit près de Hasting, qui assiégeait alors la ville de Nantes. Ce chef des Northmans accueillit très-bien Gualon, et, pour lui donner plus de sécurité, il lui remit un cor ou cornet en ivoire, dont le son devait indiquer aux maraudeurs de sa horde que le possesseur de ce cor était sous la protection de leur chef. A son retour à Monglone, le religieux fit reconstruire une partie des bâtiments extérieurs du mona-

---

(a) Expression attribuée à Gerberge, veuve d'Alain Barbe-Torte.
(b) D. Mab. *Annal. Bénéd.*

stère, et il s'associa des compagnons qu'il prit dans les campagnes voisines. Bientôt la piété des religieux et la rapide renommée des miracles qu'on prétendait s'opérer journellement dans cet établissement, y attirèrent un grand concours de peuple, surtout aux époques des grandes fêtes, et plus particulièrement à celle du fondateur.

LXXXIII. (*a*) Après l'assassinat du jeune Drogon, la Bretagne paraissait destinée à être partagée entre deux enfants naturels qu'avait laissés Alain Barbe-Torte. Mais Hoel, l'un d'eux, se saisit de toute l'autorité, et crut suffisamment indemniser son frère Guereck, en l'établissant évêque de Nantes. Du reste, Hoel eut à guerroyer contre Conan dit le *Tors*, qui s'était saisi du comté de Rennes.

LXXXIV. (*b*) Le roi Ludwig d'Outre-Mer ne tarda pas à être victime d'un accident. Un jour, il se rendait de Laon à Reims, lorsque, sur les bords de la rivière de l'Aisne, il rencontra un loup, qu'il s'amusa à poursuivre au galop. Le cheval du roi s'abattit, et dans sa chute celui-ci fut grièvement blessé. Apporté à Reims, Ludwig mourut au bout de quelques semaines, le 10 septembre 954, à l'âge de 34 ans, et après un règne orageux de plus de dix-huit années. Il laissait, de la reine Gerberge, fille de Henri l'Oiseleur, roi de Germanie, et auparavant veuve de Gislebert, duc de Lorraine, deux garçons, Lothaire et Karles.

On ne peut pas dire que Ludwig d'Outre-Mer ait manqué d'énergie, de courage et de sagacité. Venu dans un autre temps, il aurait été un roi marquant : mais la royauté était presque un vain mot ; et dépossédée de tous ses attributs de force, les efforts de Ludwig n'empêchèrent pas, dès lors, l'agrandissement de l'autorité rivale du comte de Paris, et l'indépendance des grands vassaux de la couronne.

LXXXV. (*c*) Il ne tenait encore qu'à Hugues-Blanc de se revêtir du titre de roi, s'il en avait eu le désir. Mais il préférait

(*a*) *Chron. Nann.*
(*b*) *Chron. Frodoard.*
(*c*) *Chron. Frodoard.*

obtenir du nouveau monarque tout ce qui serait à sa convenance, plutôt que d'assumer sur sa tête une couronne sans autorité. Aussi quand Gerberge, sa belle-sœur (a), la veuve de Ludwig d'Outre-Mer, députa vers lui, en demandant des conseils, et surtout sa protection, on le trouva tout disposé à placer un troisième roi sur le trône. Il engagea la reine à venir le trouver : rendue près de lui, il lui fit une réception honorable, la consola, et l'assura que son fils Lothaire prendrait possession du royaume, parce qu'il l'appuierait de tout son pouvoir.

Lothaire, alors âgé d'environ treize ans (b), ne tarda pas en effet à être sacré roi de France à St-Remi de Reims, par l'archevêque Artaud, en présence du duc Hugues-Blanc, de Bruno, archevêque de Cologne et frère de la reine-mère Gerberge, du roi Othon de Germanie, et des évêques et principaux seigneurs de France, de Burgundie et d'Aquitaine.

LXXXVI. (c) Hugues-Blanc avait l'habitude, lorsqu'il faisait un roi, de se faire attribuer la souveraineté réelle d'une bonne partie du territoire dont celui-ci avait la souveraineté nominale. Aussi, en faisant reconnaître et sacrer Lothaire, il se fit donner l'investiture des duchés de Burgundie et d'Aquitaine. Ce dernier duché, comme on l'a vu, était déjà possédé par Guilleme Tête-d'Étoupes, et celui-ci se mit en devoir, en apprenant cette nouvelle, de résister à un acte aussi illégal.

LXXXVII. (d) Prenant pour un titre valable la cession qu'il venait de se faire faire de l'Aquitaine, et croyant que les peuples de cette contrée n'étaient pas bien disposés en faveur de Guilleme Tête-d'Étoupes (27), Hugues-Blanc forma le dessein d'aller l'attaquer en Poitou. En conséquence, il réunit, dans l'année 955, une armée, et se faisant accompagner par le jeune

(a) Ludwig d'Outre-Mer et Hugues-Blanc avaient épousé les deux sœurs.
(b) Il était né en 941.
(c) *Chron. Frodoard.*
(d) *Chron. Frodoard.* — *Hug. Florial.* — *Ch. Ricard. Pict.* — *Hist. Reg. Franc.* — *Order. Vital.* — *Chron. Turon.* — *Chron. Malleac.* — *Chron. Senon.* — Aimoin, *de Gest. Franc.* — Dufour, *de l'Ancien Poitou.*

roi Lothaire qu'il venait de recevoir honorablement à Paris avec la reine Gerberge, sa mère, ils arrivèrent devant Poitiers, dont ils entreprirent le siége, dans le courant du mois d'août (28). Le comte de Poitou abandonna sa capitale, fortifiée et garnie de troupes, et se porta dans les autres parties de ses États pour réunir toutes ses forces, et revenir faire lever le siége de Poitiers. Le comte Rainold, l'un des généraux du duc Hugues, emporta d'abord la petite ville fortifiée (a) de Ste-Rhadégunde, contiguë à la cité, et la réduisit en cendres. Ensuite le siége traîna en longueur ; les assiégeants manquaient de vivres, et ils songèrent à se retirer. Un événement décida tout à fait la levée du siége. Un violent coup de vent, tel qu'on n'en avait point encore éprouvé de pareil, rompit et déchira en deux la tente de Hugues-Blanc, et on s'appuya de cette circonstance pour faire retraite, comme si on y eût été forcé par un événement surnaturel. Au lieu de considérer le coup de vent extraordinaire qu'on avait ressenti comme une bourrasque de l'équinoxe, la superstition, qui s'empare de tout, ne voulut y voir que la protection que St Hilaire accordait à la ville de Poitiers. Aussi les auteurs du temps, Ordéric Vital, le chroniqueur de Tours, Hugues de Fleury, attribuent, sans hésiter, la délivrance de la ville à l'intercession de son patron (29).

LXXXVIII. (b) Il y a lieu de croire que, pendant le siége de Poitiers, Guillelme Tête-d'Étoupes s'était occupé à réunir des forces pour assurer la délivrance de sa capitale. La formation de son armée ne fut pas sans doute étrangère à la retraite d'Hugues-Blanc. Toujours est-il que le comte de Poitou se mit aussitôt à sa poursuite. S'il se fût contenté de harceler son ennemi, d'embarrasser sa marche, de lui couper les vivres, ce qui aurait été la conduite d'un général habile, il lui aurait fait beaucoup de mal. Au lieu de cela, Guillelme osa imprudemment provoquer, en bataille rangée et en rase campagne, des forces bien supérieures aux siennes. Lothaire et Hugues-Blanc firent aussitôt volte-face, et acceptèrent le défi qui leur était adressé.

(a) *Castrum urbi contiguum.*
(b) *Chron. Frodoard.* — *Ordéric Vital.* — *Chron. Turon.*

L'armée du comte de Poitou fut complétement battue. Beaucoup de seigneurs aquitains demeurèrent prisonniers, et Guillelme Tête-d'Étoupes se vit obligé de prendre la fuite, à la tête du petit nombre des siens qui survécurent à sa défaite. Cet événement ajouta encore à la croyance qu'à tort on avait alors sur les Aquitains, dont la bravoure ne passait pas en proverbe.

LXXXIX. (a) Il paraît néanmoins que la victoire remportée par le roi et le duc de France sur Guillelme Tête-d'Étoupes n'eut pas de grands résultats. Les deux premiers furent obligés de se retirer bientôt au delà de la Loire, et l'autre se maintint comme duc d'Aquitaine. Il y a plus, s'étant rendu en Arvernie au mois de juin 955, quelques-uns des grands du pays qui avaient résisté jusque-là à le reconnaître pour leur suzerain, se rallièrent franchement à lui; ils tenaient surtout à ne pas dépendre d'un prince frank et à maintenir l'individualité du duché.

XC. (b) La reine Gerberge, qui veillait sur les jours de Lothaire, alors âgé de quatorze ans, n'était pas sans s'apercevoir que l'autorité que Hugues-Blanc exerçait au nom de son fils, conduisait à faire arriver au trône ce personnage ou les siens. Elle songea donc à neutraliser un peu l'influence du duc de France. Pour y réussir, elle fit venir près d'elle un parent d'Hugues, Thibault dit le Tricheur, comte de Tours, que nous avons déjà vu figurer dans les intrigues du règne précédent, et elle le consultait habituellement sur les affaires publiques. Hugues-Blanc fut très-mécontent de l'intervention de son cousin, et sans doute il y eût mis ordre; mais le temps lui manqua pour cela.

XCI. (c) Le duc de France, comte de Paris, Hugues surnommé le Blanc, de la couleur de son teint, et dit le Grand, à cause de sa puissance ou peut-être de sa taille élevée, ne put mettre à exécution une seconde expédition contre l'Aquitaine, ainsi qu'il en avait formé le projet. Il mourut à Dourdan, le

---

(a) *Frodoard. Chron.* — Baluz. *Auverg.*
(b) Chalmel, *Hist. de Tour.*
(c) *Frodoard. Chron.*

16 juin 956, et fut inhumé dans l'abbaye de St-Denis, monastère par excellence de la France d'alors, comme St-Hilaire-le-Grand l'était du comté de Poitou.

Hugues-Blanc, petit-fils de Robert-Fort par le roi Robert, et neveu du roi Odon, était en outre oncle du roi et beau-frère de trois rois (a), et avait grandement accru la puissance et les richesses de sa maison. Il lui laissa l'Ile-de-France, la Beauce, l'Orléanais, une partie de la Burgundie, de la Champagne et de l'Anjou. Trois enfants composaient la lignée de Hugues-Blanc : Othon, l'aîné ; Hugues, le second, âgé de deux ans à la mort de son père, et qui fut appelé *Capet*, de ces deux circonstances, parce qu'il avait une grosse tête et qu'il cédait difficilement ; et enfin Odon ou Henri, plus jeune. Othon eut la Burgundie qu'il s'assura en épousant la fille de Ghislebert, comte de Dijon, compétiteur de Hugues-Blanc au titre de duc de Burgundie. Quant à Hugues-Capet, dont la descendance devait jouer un si grand rôle, il eut pour sa part héréditaire le titre de duc de France, avec les comtés de Paris et d'Orléans.

XCII. Après s'être arrêté un moment sur la position où le petit-fils de Robert-Fort laissait sa descendance à sa mort, il est bon de faire connaître aussi les rapports qui existaient entre cette famille et la race karolingienne. Il est certain que si rien n'eût alors rapproché les deux lignées, Lothaire eût pu profiter de la mort de celui qui, après l'avoir placé sur le trône, le dominait grandement et dépouillait la royauté franke de tout ce qui pouvait lui donner quelque valeur. Mais la reine Gerberge, veuve du roi Ludwig d'Outre-Mer et mère de Lothaire, était sœur de la duchesse Hedwige, veuve de Hugues-Blanc. Toutes les deux, en effet, étaient sœurs d'Othon, surnommé le Grand, roi de Germanie, et de cet archevêque Bruno, qui gouvernait la Lorraine et étendait son influence sur les deux immenses contrées d'au delà et de par ici le Rhin. Il rapprocha

(a) Hugues-Blanc avait successivement épousé une sœur de Ludwig-Bègue, une fille d'Edward-l'Ancien, roi des Anglo-Saxons, et enfin Hedwige, qui lui survécut.

ses deux sœurs, et leur fit oublier les rivalités de la maison royale et de la maison ducale de France. C'est ainsi qu'une politique et un accord du moment laissaient reposer, dans un temps de minorité, la future et troisième race des rois de la Gaule, tandis que la seconde pouvait user de sa position pour se remettre à sa véritable place. Il en résulta qu'un peu plus tard, l'arrière-petit-fils du Fort se trouva en position d'expulser les fils des maires du palais, et même de les supplanter. Nous allons arriver bientôt à cette période importante.

On doit croire que cette alliance fut, dans ce temps donné, très-favorable à la descendance de Robert-Fort. En effet, Lothaire, au dire des chroniqueurs, était d'un corps à la fois souple et robuste et d'un esprit ferme. Il eut la pensée de rétablir la royauté en France dans sa première position, et il agit, en ce sens, contre le duc de Normandie et le comte de Flandre. S'il n'eût pas été dominé par les liens de famille, n'aurait-il pas agi, tout d'abord, contre ce pouvoir envahissant, qui s'était établi, au centre même du royaume frank, pour s'approprier ce même royaume un peu plus tard?

XCIII. (*a*) Par suite de cette position de choses, il paraît qu'à la mort de Hugues-Grand, arrivée en 956, Hugues-Capet reçut l'investiture, faite au nom du roi Lothaire, du comté de Poitou et des autres possessions de Guillelme Tête-d'Etoupes. Mais cette concession n'eut pas plus de résultat définitif que celle faite au père. Il y a plus, celui-ci était en position de faire valoir cette investiture, tandis que Hugues-Capet, encore enfant, se trouvait hors d'état d'en tirer parti.

XCIV. (*b*) Une charte de mars 957 nous fait connaître un bail à cens consenti par Guillelme Tête-d'Etoupes, comte de Poitou, en qualité d'abbé de St-Hilaire de Poitiers. Cet acte est peu important, mais il monumente le titre que nous indiquons. Du reste, on dira qu'il s'agit d'un bail à cens, consenti à un prêtre de cet établissement ecclésiastique, de maisons et terres dépendant de la seigneurie de Pouant, moyennant dix

(*a*) *Chron. Frodoard.*
(*b*) *Ms. de D. Fonteneau.*

sous de cens, et avec la faculté, par le clerc, de laisser ces domaines, à sa mort, à un autre clerc de son choix (a).

XCV. Guillelme Tête-d'Etoupes avait eu de son mariage avec Adèle de Normandie, un fils et une fille. Le fils qui reçut le surnom de Fier-à-Bras, à cause de sa force extraordinaire, était en âge de former un établissement, et son père le maria, en 957 (30), à Emme ou Emmeline, fille du comte Thibault-Tricheur, dont nous avons déjà tant parlé, et de Liutgarde, fille d'Héribert, comte de Vermandois. Or, ce qui contribua sans doute à faire accorder la main d'Emme de Blois à Guillelme Fier-à-Bras, outre la proximité des possessions, fut l'alliance qui avait existé entre Liutgarde et Guillelme Tête-d'Etoupes. En effet, cette princesse avait épousé, en premières noces, Guillelme Longue-Epée, duc de Normandie, et l'on sait que Guillelme Tête-d'Etoupes avait pour femme Adèle, sœur de ce duc.

XCVI. (b) En 957, peu après les fêtes qui suivirent son mariage, le jeune Guillelme Fier-à-Bras fit un voyage à Maillezais, île alors déserte, fort boisée, et couverte de marais formés par l'Autise et la Sèvre du midi. Ce séjour ne laissait pourtant pas que de plaire aux souverains de la province, sans doute à cause de son aspect sauvage et des facilités qu'il offrait pour la pêche, et surtout à raison de l'agrément de la chasse aux bêtes fauves dont tout le territoire était fort peuplé. Guillelme Tête-d'Etoupes y venait, de temps à autre, s'y délasser. Il avait fait construire, à l'une des extrémités de la forêt, une maison de plaisance assez vaste, pour s'y reposer, lorsqu'il se trouvait fatigué, ou qu'il voulait séjourner dans l'île.

Comme les mœurs du temps ne permettaient pas de se priver, un seul jour, des secours de la religion, Guillelme Tête-d'Etoupes fit élever auprès de sa maison de plaisance de l'île de Maillezais, une fort belle chapelle, sous l'invocation de St Hilaire, dont la desserte temporaire fut confiée aux religieux

(a) On trouve une autre stipulation, à peu près semblable, pour un moulin et des terres dépendant de la trésorerie de St-Hilaire.
(b) Pétr. Malleac.

que le duc amenait à sa suite, lorsqu'il venait passer quelque temps dans la localité. A raison de ce que les Northmans apparaissaient parfois dans cette île déserte, Guillelme Tête-d'Etoupes, par mesure de précaution et de sûreté, y fit construire ensuite une espèce de forteresse, dont l'enceinte fut entourée de fossés et défendue par les machines de guerre alors en usage. Une petite garnison fut placée là, de manière que l'île commença à avoir, sur un de ses points, des habitants à demeure.

XCVII. (*a*) Pendant que Guillelme Fier-à-Bras se trouvait dans la forteresse de Maillezais, à se reposer d'une partie de chasse, il apprit que les Northmans venaient de débarquer sur un autre point de l'île. Le jeune prince se hâta alors de gagner le continent, et de retourner auprès de son père.

XCVIII. (*b*) Le dernier vicomte de Melle que l'histoire nous fasse connaître, dans la série peu nombreuse de ces seigneurs, est Guillelme, qui vivait en 958 et peut-être en 959. Nous n'avons pas de renseignements particuliers sur ce personnage, mais on est porté à croire qu'il fit édifier ou réparer l'église de St-Hilaire de Melle, parce qu'on voit, au dessus du portail de cette église, une statue équestre, dont le cavalier est revêtu d'une couronne de vicomte. Cette construction, moins bien conservée, est très-ressemblante à celle de l'église de Sept-Fonds, à Aunay, bâtie par un vicomte de cette localité.

Depuis Guillelme, le titre de vicomte de Melle fut aboli, et chaque seigneur du nom de Maingot ne prit plus que le titre d'*homme très-illustre* (*c*). Il y a lieu de croire que Melle fut réuni à Aunay, et ce seul vicomté demeura pour tout le pays du Poitou vers la Saintonge. Mais alors en résulta-t-il quelque chose pour la fabrication de la monnaie à Melle? C'est une question qui entre dans le cadre général de ce qui concerne les monnaies de cette localité.

(*a*) *Pétr. Malleac.*
(*b*) D. Mabill. *Annal. Bénéd.* — Besly, *Comt. de Poit.*
(*c*) *Vir clarissimus.*

XCIX. (*a*) Vers 959, Kaledon Ier, vicomte d'Aunay, vint à mourir ; il fut remplacé par son fils aîné Kaledon II. Ebles, son autre fils, conformément à l'usage du temps, prenait aussi le titre de vicomte quoiqu'il ne fût point chargé de l'administration du vicomté. Kaledon II épousa Arsende, dont il eut Kaledon III : ce nom semblait affecté aux vicomtes d'Aunay, et aussi Raoul.

C. (*b*) La série des vicomtes de Thouars, commencée par Savary Ier, suivie par Aymeri Ier et demeurée incertaine dans le vicomte intermédiaire, rendue à ces temps, présente plus de certitude. Il est positif qu'Arbert était vicomte de Thouars dès 959, époque à laquelle son prédécesseur avait probablement cessé d'exister. Nous ne savons pas positivement de qui Arbert était fils, mais il y a lieu de croire qu'il avait pour père l'un de ses prédécesseurs. Le vicomte Arbert épousa Aldéarde, fille de Kaledon Ier, vicomte d'Aunay et de Sanegonde, dont on aura occasion de parler (31).

CI. (*c*) Il semble que presque tous les souverains soient destinés à avoir des favoris, et que ces mêmes favoris doivent toujours être le fléau des peuples. Guillelme Tête-d'Étoupes eut le sien, dont le nom était Bégon, et, comme tous ses semblables, il n'arrachait pas une faveur sans songer à en solliciter une autre. Begon avait obtenu de la munificence de son maître, entre autres dons, celui du bois de St-Germier, dans le voisinage de St-Maixent, et enclavé dans les vastes forêts du monastère de ce lieu. Le favori du duc avait institué, pour la garde de sa propriété, un prévôt, homme d'une dureté remarquable, agissant d'une manière toute militaire, et qui, non content de sévir contre les délinquants, vexait encore à outrance les gardes de l'abbaye. De là une grande inimitié entre l'abbé et les moines de St-Maixent, d'une part, et le favori de Guillelme Tête-d'Étoupes, de l'autre, et des plaintes continuelles portées par les premiers contre Begon.

(*a*) Besly, *Comt. de Poit.* — *Ms. de D. Fonteneau.*
(*b*) Besly, *Comt. de Poit.* — *Ms. de D. Fonteneau.*
(*c*) Besly, *Comt. de Poit.* — *Ms. de D. Fonteneau.*

Malgré la prévention qui l'aveuglait en faveur de son favori, le duc ne laissa pas d'apercevoir les torts de celui-ci, et il avisa à un excellent moyen de réconcilier les parties et de faire cesser les plaintes du monastère de St-Maixent : il fit acquérir à cet établissement, représenté par l'abbé Ebles, au prix que fixa Begon, non-seulement le bois de celui-ci, mais encore l'église de St-Germier, alors dans un délabrement complet et entourée de buissons et d'épines dans tout son pourtour, dit la charte que nous citons, ce qui annonce qu'on n'exerçait plus le culte dans ce temple. On céda avec l'église les dîmes qui en dépendaient et ses autres appartenances. Le prix de la cession fut modique : elle consista dans une redevance annuelle de cinq sous au profit de Begon. L'acte fut passé en juin 959, et les quatre vicomtes de la province y comparurent: Guillelme, de Melle ; Airault, de Châtellerault ; Arbert, de Thouars, et Kaledon, d'Aunay.

Cette charte a aussi de l'importance, en ce qu'elle fait connaître la puissance de Guillelme Tête-d'Étoupes. En effet, il s'y intitule duc de toute l'Aquitaine et régnant par la clémence de Dieu (a).

CII. Selon une charte sans date, mais qu'un savant bénédictin (b) place sous la date de l'an 960, une dame nommée Aiteldis donne, en précaire, au monastère de St-Maixent, soixante-quatre livres de marais salants, onze juments, deux poulains, soixante-trois cochons, plus les redevances sur le pain et le vin qui lui appartenaient dans la ville de Melle. Ce dernier don autorise, en quelque sorte, à croire que la bienfaitrice fut la vicomtesse de la localité.

CIII. (c) En 961, quelques hommes dégoûtés du monde se retirèrent près de la Sèvre du midi, au milieu des marais, et y bâtirent un ermitage et une chapelle. Tels furent les commencements de l'abbaye de St-Liguaire.

(a) *Guillelmus, divina ordinante clementia, totius Aquitaniæ ducatus comes.*
(b) *Ms. de D. Fonteneau.*
(c) *Ms. de D. Fonteneau.*

CIV. (a) Une charte rédigée à Poitiers, le 27 janvier 961, est précieuse pour le monastère de St-Michel-en-l'Herm, parce qu'elle fait connaître comment il avait été réédifié. Guillelme Tête-d'Étoupes et son frère Ebles, évêque de Limoges, Dion, abbé régulier de St-Michel-en-l'Herm sous Ebles, et plusieurs seigneurs laïcs, comparaissent à la charte. Là, il est dit qu'Ebles, voulant employer à de saintes œuvres les biens que lui a accordés la divine Providence, et dans l'espoir d'une récompense éternelle, et pour le salut de son âme, de celles de ses parents, et enfin pour la prospérité de la famille du duc d'Aquitaine, comte de Poitou, avait reconstruit entièrement le monastère de St-Michel-en-l'Herm, précédemment renversé par les Northmans, afin que les moines qui l'habiteraient se ressouvinssent de leurs bienfaiteurs et les fissent participer au mérite de leurs prières. A ces fins, Guillelme Tête-d'Étoupes avait pris la résolution d'ajouter quelques concessions à celles de son frère; mais, comme il ne possédait absolument rien dans la localité de St-Michel-en-l'Herm, il s'était adressé à Hugues de Thezé, chevalier, avec lequel il avait conclu une convention d'où il résultait qu'il pouvait céder et qu'il cédait effectivement au monastère de St-Michel, et à perpétuité, toutes les propriétés qui lui appartenaient depuis un des côtés de cette maison religieuse jusqu'à la mer, ainsi que tous les droits de châtellenie et de prévention (32) qui lui étaient propres, dans diverses localités indiquées par des bornes placées. En échange de ces objets, le duc cédait au précédent propriétaire, Hugues de Thezé, et à ses héritiers, le fief de la viguerie des Saintongeois, avec toutes ses appartenances et dépendances, dont en donne le détail, tous, et ainsi qu'en jouissaient Ligier de Taunay et prédécesseurs, duquel de Taunay Guillelme l'avait acheté, pour consommer ledit échange, sauf et réservé l'hommage lige à rendre au duc et à ses successeurs, et le couvert pour leurs chiens de chasse, dans un des bâtiments faisant partie de la concession, et

(a) Besly, *Comt. de Poit.* — *Nov. Gall. Christ.* — *Ms. de D. Fonteneau.*

quelques obligations pour la nourriture et les soins à donner à cette meute. On voit, d'après cela, le prix qu'on attachait alors au plaisir de la chasse.

CV. (a) Si cet acte est sincère, ce dont nous doutons, il est vraiment précieux, pour constater l'état de la navigation à cette époque, ou au moins pour faire connaître une particularité qui s'y rattache. Guilhelme Tête-d'Étoupes donne, comme on l'a vu, à l'abbé de St-Michel-en-l'Herm, pour augmenter son monastère, un terrain dans cette localité même que lui cédait Hugues de Thezé. Mais celui-ci, qui voyait le besoin qu'on avait de sa propriété, reçoit en échange un fief nommé *Santonum vigueria*, auquel était attaché le droit d'ancrage et de lestage dans tous les ports de la Saintonge, depuis Blaye jusqu'à la Rochelle (b). Inutile de faire observer ici que l'Aunis, dont dépendait la Rochelle, se trouve confondu avec la Saintonge.

CVI. Mais, de cette charte, on peut tirer aussi une autre conséquence que l'on doit mentionner ici. Jusqu'à cette époque aucun document ne parle de la Rochelle, et en dernier lieu surtout, elle n'est point mentionnée dans les lieux saccagés par les Northmans, quoique sa position prêtât plus qu'aucune autre à leur invasion. Il en résulterait que la Rochelle était alors une localité toute nouvellement habitée? Mais était-ce une ville, ou un simple bourg ou village. On ne peut pas douter que ce ne fût alors un lieu de bien peu d'importance. En effet, si la Rochelle apparaît tout à coup, en 961, on voit s'écouler ensuite près de deux siècles sans qu'on retrouve ce nom, qui n'a été écrit qu'une fois. Ce n'est qu'en 1139, et rien encore n'indique une ville, car il ne s'agit que des moulins de ce lieu donnés par la reine Aliénor aux templiers. Enfin, en 1152, pour la troisième fois, on entend parler de la Rochelle. Il s'agit d'un bref du pape Eugène adressé à Bernhard, évêque de Saintes, pour l'engager à ne pas s'opposer à l'érection d'une nouvelle paroisse à la Rochelle, consentie par

---

(a) *Gall. Christ.*—Arcère, *Hist. de la Rochel.*
(b) *A Blavia ad Rupellam usque.*

Ebles de Mauléon et Geoffroy de Rochefort, qui étaient seigneurs de ce lieu. De là, la fondation de la paroisse de St-Barthélemi. La raison qu'on donne, c'est l'arrivée, depuis peu, de beaucoup d'étrangers à la Rochelle, et qu'il est incommode d'aller à l'église de Notre-Dame de Cougnes, assez éloignée et trop étroite pour contenir tous les nouveaux habitants. « Il s'ensuit, comme dit le père Arcère, que ce lieu » était extrêmement petit, puisqu'il fallait franchir une grande » distance pour aller à l'église de Notre-Dame de Cougnes. » En effet, d'après des documents passés sous les yeux du même auteur (a), alors la Rochelle n'était pas murée, et la plupart de ses maisons n'étaient que des *escrenes* (33) ou huttes. C'était donc un hameau maritime, peuplé de pêcheurs et de marins qui, comme le dit Amos Barbot, n'a pris de l'accroissement qu'après la destruction de Châtelaillon, ville avec port, dans le voisinage, et qui devait tout attirer à elle.

CVII. (b) Il faut dire que, dès qu'une agglomération commença sur le point où s'est élevée ensuite la ville de la Rochelle, les comtes de Poitou sentirent toute l'importance de cette position. En effet, ils y construisirent une porte pour la clore entièrement, puisqu'elle était alors entourée d'eau de tous les autres côtés. Cette porte, placée où est la porte neuve actuelle, s'appelait la *porte du Petit-Comte*. Si elle fut édifiée vers 962 ou 963, ce nom se sera appliqué au fils de Guillelme Fier-à-Bras, qui régna depuis sous le nom de Guillelme-Grand. Il était alors fort jeune, puisqu'il était né en 959 ou 960. Du reste, Besly (c) nous fait connaître qu'il conserva, quelques années plus tard, cette dénomination, et qu'on la mentionnait dans les chartes (d).

CVIII. (e) Il semblait qu'auprès des derniers Karolingiens,

(a) *Papier censier de l'hosp. St-Barth.*—*Ms. d'Amos Barbot.*
(b) Arcère, *Hist. de la Rochel.*
(c) Au dessus de la croix qu'il faisait, pour exprimer son seing, on écrivait : *S. Guillelmi parvi.*
(d) *Comt. de Poit.*
(e) R. Wace, *Roman. de Rou.*—*Frodoard. Chron.*

il devait se placer toujours un grand personnage, pour diriger ou maîtriser leur action. On a vu le rôle joué par Hugues-Blanc; à sa mort, ce fut Thibault-Tricheur, comte de Blois et de Tours, qui capta la confiance du roi Lothaire. Or, ce conseiller, connaissant les projets d'agrandissement de son maître, lui persuada qu'il pourrait, sans trop de difficultés, s'approprier la Normandie, et le prince écouta ses avis. D'abord on fit proposer par Brunon, archevêque de Cologne et oncle du roi, une conférence à Amiens entre celui-ci et Richard-sans-Peur; et le duc allait être victime de sa confiance, lorsque, apprenant qu'on voulait s'emparer de sa personne, il échappa par la fuite au piége qui lui était tendu. Un autre rendez-vous fut indiqué au duc de Normandie, et en y adhérant, il y vint avec une escorte, lorsqu'il sut qu'il aurait à résister à des forces bien supérieures. Alors il n'eut d'autre parti à prendre que de se retirer en toute hâte.

CIX. (a) Après de tels faits, il n'y avait plus à dissimuler. Lothaire déclara la guerre à Richard-sans-Peur, et, réunissant ses troupes à celles de Thibault-Tricheur, ils arrivèrent en Normandie où ils s'emparèrent d'Evreux, par la trahison du commandant de cette place. Les deux princes se portèrent ensuite au centre du duché, mais Richard avait appelé à son secours les Danois, les compatriotes de ses ancêtres, et dans une bataille livrée à Emendreville, les troupes françaises et blaisoises furent défaites avec grande perte. Le jeune Thibault, fils du Tricheur, demeura sur le champ de bataille.

CX. (b) Richard-sans-Peur ne voulut pas laisser impunie l'agression du Tricheur. A la tête des hommes de guerre de son duché et des Danois venus à son secours, il se porta dans les possessions de son ennemi, dans la Beauce, dans le Blaisois et dans la Touraine ; il y mit tout à feu et à sang, et il commit des désastres tels, qu'au dire d'un chroniqueur, *il ne laissa pas un chien qui pût aboyer l'ennemi* (c).

(a) *Frodoard. Chron.*
(b) *Frodoard. Chron.* — Chalmel. *Hist. de Tour.*
(c) M. Martin. *Hist. de France.*

CXI. (*a*) Une telle position de chose était inquiétante pour toutes les provinces qui formaient l'ancienne Gaule. Lothaire le sentit, et aussi il fut s'excuser auprès de Richard-sans-Peur, en rejetant tout l'odieux de sa conduite sur les conseils du Tricheur. Ensuite le roi demanda la paix au duc, qui consentit à l'accorder. Mais une difficulté existait, c'était pour les Danois que le duc de Normandie avait appelés à son service, et qui, si on n'avait pas pris un parti à leur égard, auraient bien pu continuer à désoler la contrée, comme l'avaient fait leurs ancêtres. Or, on concéda des terres à cultiver à ceux d'entre eux qui consentirent à embrasser le christianisme, et on donna aux autres les moyens de se rendre au delà des Pyrénées, pour faire la guerre aux Sarrasins.

CXII. (*b*) Albouin, évêque de Poitiers, étant venu à mourir en 962; Pierre Ier, chanoine-prévôt de la cathédrale depuis 935, fut élu pour lui succéder. Le nouveau prélat était fils d'Isambert, chevalier, et d'Ode. Le nom de son père fait croire qu'il appartenait à la maison de Châtelaillon, qui fournit plusieurs évêques à ce même siége.

CXIII. (*c*) Il y a lieu de croire que Guillelme Tête-d'Etoupes était rentré, avant la fin de son règne, dans les bonnes grâces de Lothaire. On en trouve la preuve dans un diplôme de ce roi, du 14 octobre 962, par lequel il confirme, en faveur d'Adèle d'Angleterre, veuve du comte de Poitou, la propriété d'un grand domaine dont lui avait fait don Robert de Melle, fils du comte Maingot (34). Cette terre, située en Poitou, sur les bords du Clin, contenait vingt-cinq *mas*, ou exploitations à quatre bœufs, situés à Flais, Moulines, Nallier, Breuil, Mont-à-Bournais et Saivres, avec deux églises (35).

CXIV. (*d*) Du reste, le roi Lothaire ratifia la fondation du monastère de la Trinité, faite par Adèle d'Angleterre, veuve d'Ebles-Manzer, en paraissant, par une charte (*e*), donner un

(*a*) *Frodoard. Chron.*
(*b*) *Chron. Malleac.* — *M. de D. Fonteneau.*
(*c*) *Dipl. Loth. reg.* ap. *Bouq.* — Besly, *Comt. de Poit.*
(*d*) *Ms. de D. Fonteneau.* — Besly, *Comt. de Poit.*
(*e*) Donnée à Compiègne.

terrain sur lequel était bâti cet établissement ecclésiastique.

CXV. (*a*) Nous ne savons pas à quelle époque la veuve d'Ebles-Manzer, devenue humble religieuse, cessa de vivre, et c'est ce qui fait que nous mentionnerons ici ses dispositions dernières (36). Elle fonda une aumône générale, pour les pauvres de Poitiers, assignée au jour de sa mort, et ensuite chaque année à son anniversaire. Cette aumône consistait dans vingt septiers de froment converti en pain, et dans une vache qu'on dépeçait et faisait cuire, de manière à pouvoir donner à chaque pauvre un morceau de pain et une portion de viande (37).

Parmi les richesses laissées par Adèle d'Angleterre au monastère de la Trinité, se trouvait son psautier, et le diacre le portait lors des processions solennelles (*b*).

CXVI. (*c*) Il a existé, dans l'église de Notre-Dame-de-la-Celle de Poitiers, un bas-relief placé à présent dans l'église des Carmélites, qui, d'après Besly, faisait partie du tombeau d'Adèle d'Angleterre. Un des auteurs de cet ouvrage (*d*) a combattu cette opinion, et a soutenu que c'était la pierre tumulaire de Gerloc de Normandie, femme de Guillelme Tête-d'Etoupes. Enfin un vénérable prélat, très-versé dans la science des antiquités (*e*), a fait une longue dissertation pour prouver que ce bas-relief a servi de retable d'autel, et représente l'apothéose de St Hilaire.

CXVII. (*f*) Le comte Guillelme Tête-d'Etoupes chercha à accorder aux peuples soumis à sa domination toutes les libertés compatibles avec l'état de la civilisation. Les habitants de l'île d'Oleron qui lui appartenait étaient régis par une législation très-dure ; il leur accorda le droit de posséder des terres en propriété, de disposer de leurs biens entre-vifs et par testament, de faire des marais salants, etc. Ces priviléges, on appelait

(*a*) *Ms. de D. Fonteneau.* — Besly, *Comt. de Poit.*
(*b*) Thibaudeau, *Abr. de l'Hist. du Poit.*
(*c*) Besly, *Comt. de Poit.* — M. Redet, *Mémoire.* — M. Foucart, *Monuments de Poit.*
(*d*) Dufour, *Ancien Poitou.*
(*e*) M. de Beauregard, *Ms. de St-Hilaire.*
(*f*) *Mém. du baron de Bonnemie.*

ainsi le retour au droit commun, furent confirmés par les successeurs du comte.

CXVIII. (a) Dégoûté du monde, et désireux de ne s'occuper que des affaires du ciel, Guillelme Tête-d'Etoupes abdiqua en faveur de son fils, sur la fin de 962 ou en 963, et entra dans l'abbaye de St-Cyprien de Poitiers où il se fit moine. Il paraît que ce prince ne trouva pas le bonheur dans ce monastère, car il se retira bientôt dans celui de St-Maixent (38), où il ne tarda pas à mourir, le 3 avril 963, à l'âge d'environ 35 ans. La dépouille mortelle de ce prince fut rapportée à Poitiers, et inhumée dans le monastère de St-Cyprien (39).

CXIX. La carrière politique de Guillelme Tête-d'Etoupes fut généralement exempte de grandes secousses, sans l'être néanmoins de quelques inquiétudes. Il sut se maintenir dans la possession de ses États primitifs et des provinces dont il avait été gratifié, en 950, par Ludwig d'Outre-Mer.

Dans une telle position, il est difficile de reconnaître un grand prince dans ce comte de Poitou. On ne voit en lui de caractère que dans l'attachement constant qu'il prouva aux membres de la dynastie karolingienne, tandis qu'un peu plus tard, sa fille unique devait perpétuer la race appelée à le spolier. Du reste il ne paraît pas que Guillelme fit beaucoup pour réparer les maux causés par les Northmans, dont les ravages avaient cessé. Nous rappellerons qu'il vit envahir ses États et assiéger sa capitale sans les défendre, et qu'il se fit battre par un ennemi en retraite, et auquel il pouvait faire beaucoup de mal. En rappelant le surnom de ce comte de Poitou, et le sens dans lequel plusieurs l'entendirent, nous dirons qu'il fut un homme de peu de sens, de peu de bruit, sans vertus et sans vices. Livrons-le donc à une sorte d'oubli, en ajoutant qu'il dut cette position à ce caractère faible qui le mit en tutelle, pendant une partie de son règne, sous un favori nommé Begon, qui dirigea, pour ainsi dire, toutes ses actions durant cette période.

(a) *Chron. Malleac.* — *Ms. de D. Fonteneau.*

CXX. Guillelme Tête-d'Etoupes laissa, de Gerloc ou Héloïse, dite autrement Adèle, fille de Roll Ier, duc de Normandie, un garçon et une fille, savoir : Guillelme dit Fier-à-Bras, qui lui succéda, et Adélaïde, que nous verrons, plus tard, épouser Hugues-Capet, premier roi de France de la troisième race.

CXXI. (*a*) Cette princesse, d'origine scandinave, Gerloc ou Héloïse de Normandie, survécut à Guillelme Tête-d'Etoupes, son mari. On ne sait quand elle mourut; mais elle fut enterrée dans une chapelle du monastère de la Trinité de Poitiers, où l'on célébrait tous les ans son anniversaire.

CXXII. En terminant ici la seconde partie d'un ouvrage, fruit du résultat de longues années de recherches de la part de deux travailleurs, on croit convenable de s'arrêter sur quelques généralités qui signalent un grand changement dans l'état social, comparativement au point de départ de cette histoire.

CXXIII. (*b*) Et auparavant, parlons d'un événement, véritable phénomène d'histoire naturelle. Ce fut la retraite brusque et inattendue des eaux de la mer, qui eut lieu, sous le règne de Guillelme Tête-d'Etoupes, dans les marais du Bas-Poitou. Ce fait nous a été révélé par Pierre de Maillezais, qui nous apprend que l'île de Maillezais se trouva ainsi jointe au continent, sauf le bras de la rivière d'Autise, qui l'en sépare encore. On doit croire que ce phénomène fut dû à une éruption de volcan sous-marin. Peut-être est-ce la même éruption qui a soulevé les montagnes d'huîtres de St-Michel-en-l'Herm (40) ?

CXXIV. Dès la seconde moitié du xe siècle, les différences de races s'effacèrent. Tous les habitants d'une même contrée, vainqueurs ou vaincus, anciens possesseurs ou derniers venus, s'étaient fondus dans un même peuple. On ne voyait plus des Romains, des Visigoths, des Franks dans la même contrée; tous les habitants de l'Aquitaine étaient Aquitains, et ainsi de suite. L'origine n'indiquait plus la nation, mais la province où l'on était fixé la faisait connaître.

(*a*) Besly, *Comt. de Poit.*—Dufour, *Ancien Poitou.*—*Ms. de D. Fonteneau.*

(*b*) *Petr. Malleac.*

CXXV. A l'époque où nous nous arrêtons, les villes n'étaient plus le siége du gouvernement, et chaque province en particulier, de même que la France en général, n'avait plus de capitale, en quelque sorte. Les princes, rois, ducs, comtes et vicomtes, n'habitaient plus que les châteaux. C'était là que se rendait la justice ; c'était de là que partaient les ordres du maître. Le commerce n'était plus aussi dans les cités, et les riches magasins des temps passés et futurs ne s'y rencontraient plus : comme actuellement dans le Levant, le commerçant était voyageur ; il cheminait, avec ses voitures ou sa balle, de manoir en manoir. Sans demeure fixe, sa fortune mobilière était dispersée, pour pouvoir en sauver une partie des vexations si habituelles dans ces temps malheureux. Chaque comte, chaque vicomte, chaque seigneur avait attaché à son château les ouvriers de toute espèce dont il avait besoin, et il les trouvait dans ses serfs, à qui il en faisait faire l'apprentissage. Les villes plus particulièrement soumises aux invasions, aux pillages, aux incendies, ne contenaient plus qu'une population misérable et tremblante, vivant du jour au jour. C'est que, dans les campagnes, il existait réellement plus de sûreté et de moyens d'échapper aux désastres.

CXXVI. Les écoles avaient souffert dans les siècles de fer qu'on venait de parcourir. Néanmoins l'étude du droit n'était pas entièrement négligée en Aquitaine au xe siècle. Nous voyons, en effet, dans la vie d'Odon de Cluny (*a*), que son père Abbon d'Aquitaine, qui vivait dans cette période, avait appris l'histoire ancienne et la Novelle de Justinien, ce qui est sans doute l'Epithome de Julien (*b*).

CXXVII. Nous arrêtons ici cette division de travail, en nous bornant à dire, pour ce qui concerne notre troisième et dernière partie, qu'elle sera beaucoup plus spéciale pour l'Aquitaine, et surtout pour le Poitou. Mais, jusqu'ici, l'histoire de ces contrées se confondait, en grande partie, avec

---

(*a*) *Vit. Odon. Clun.*
(*b*) M. de Savigny.

l'histoire de l'empire frank, notamment avec les faits relatifs à la décomposition de ce même empire et à la décadence de la race karolingienne. Il y avait, dès lors, nécessité d'agrandir le cadre qu'on s'était formé, parce que autrement il n'aurait pas été complet.

FIN DU TOME PREMIER.

APPENDICE.

PREMIÈRE PARTIE.

LIVRE Ier.

(1) Il n'est peut-être qu'un seul écrivain, l'abbé de Montesquiou, ministre de l'intérieur sous la restauration, qui ait jugé Karle-Magne avec une grande sévérité, en prétendant qu'on a trop vanté ce prince comme législateur ; que ses lois étaient barbares ; que trop volontaire de cœur et d'âme trop avide, il ne put fonder d'utiles et sages institutions ; qu'il entrava le commerce et les routes par trop de droits ; qu'enfin son règne ne fut qu'une grande tyrannie, où il y eut obéissance des grands envers le monarque, parce que celui-ci leur laissa accabler le peuple de vexations. On trouve toutes ces imputations faites à la mémoire du créateur du nouvel empire d'Occident, dans les extraits faits d'un ouvrage de l'abbé de Montesquiou, et insérés dans les *Mémoires de la Société des antiquaires de France*, 2e série, tome II. Mais on sait que la maison de Montesquiou descend ou a la prétention de descendre de la race mérovingienne, et c'est sans doute ce qui a fait porter un jugement si partial contre un prince qui avait définitivement proscrit cette dynastie.

(2) On sait quelle fut la corruption de mœurs à la cour de Karle-Magne. On a été même jusqu'à prétendre qu'une seule de ses filles y était restée pure.

(3) Comme l'a remarqué notre ami et collègue M. Tailliar, dans sa *Notice sur les institutions gallo-frankes*, depuis la mort de Khlovigh, en 511, jusqu'au traité d'Andelot, en 587, le progrès de l'aristocratie est frappant. Lors de la conclusion de ce traité, les grands interviennent comme médiateurs et stipulent des garanties pour eux-mêmes. Les clauses en sont remarquables ; l'une d'elles porte « que, pour le passé *comme pour l'avenir*, les dons faits à l'église et aux leudes ou fidèles seront maintenus à toujours, et que chaque leude sera confirmé dans la possession de ce qui lui aura été dûment conféré. Voir aussi le décret de Khother II, rendu en 615, art. 16 et 17. » On peut consulter également Marculf, l. 1, form. 3, 14 et 17, où l'on voit que, dans les actes constitutifs des bénéfices, ceux qui les obtenaient faisaient prononcer qu'ils jouiraient à perpétuité, et comme propriétaires, des domaines qui leur étaient con-

cédés, même avec la faculté d'aliéner. Ainsi s'était établie l'hérédité des honneurs, ce qui constitua la féodalité.

(4) La tradition a, jusqu'à ce jour, conservé le nom de *Chemin de Charlemagne* à une voie de communication qui traverse la plaine intérieure de la Vendée, et qu'on trouve non loin de Chantonnay, et tout près du château de Ponsay. Ce n'est pas à dire pourtant que cette route soit due à cet empereur ; mais on peut toujours croire qu'elle remonte à une époque très-éloignée.

(5) Le moine de St-Gall prétend que Karle-Magne, se trouvant dans un port du midi de l'Aquitaine, aperçut des navires, reconnut qu'ils étaient montés par des Scandinaves, et exprima vivement les pressentiments qu'il avait que ces barbares viendraient désoler la contrée, aussitôt qu'il aurait cessé de vivre.

(6) Je veux parler de Boulineau, dans son ouvrage sur Olonne. « Charlemagne, dit-il, après la défaite du duc d'Aquitaine Hunault, fils d'Eudon, et s'être emparé de ses villes et provinces, visita toutes les côtes du Bas-Poitou, Saintonge et Aunis. En ce temps, la Rochelle n'était habitée que par quelques pêcheurs. Il y fit élever plusieurs forts, tours, retranchements et citadelles, pour arrêter les courses des pirates normans... » Il y a, dans Boulineau, une foule de fables et d'erreurs, et ici on peut lui répondre que l'existence de la Rochelle, comme point important, est de beaucoup postérieure à Karle-Magne, ainsi qu'on le verra dans la suite de cet ouvrage.

(7) Des relations de protection religieuse étaient déjà établies entre Karle-Magne et les chrétiens d'Espagne. C'est ce qui résulte d'un passage que nous emprunterons à M. Reinaud, membre de l'Institut, et conservateur des manuscrits orientaux à la bibliothèque du roi. « Les Arabes, dit-il, en subjuguant l'Espagne, avaient laissé aux chrétiens le libre exercice de leur religion. Il existait des évêques, ou du moins des préposés ecclésiastiques, à Cordoue, à Tolède, et dans les autres villes du premier ordre. Mais, dans les provinces frontières, dans les contrées qui étaient tantôt au pouvoir des chrétiens, et tantôt au pouvoir des musulmans, il ne paraît pas qu'il y eût d'évêques. C'est Karle-Magne qui se chargea de pourvoir aux besoins spirituels des habitants. La ville métropolitaine de Tarragone ayant été détruite par les Sarrasins, les chrétiens de la Catalogne furent placés sous la juridiction de l'archevêque de Narbonne. De son côté, l'archevêque d'Auch eut, sous sa surveillance, les chrétiens d'Aragon. S'élevait-il quelque conflit entre les chrétiens d'Espagne, Karle-Magne apparaissait comme arbitre ; les chrétiens avaient-ils quelques réclamations à faire auprès du pape, Karle-Magne offrait sa puissante

médiation. » *Invasions des Sarrasins en France*, par M. Reinaud, p. 93 et 94. *Gallia christiana*, t. VI, p. 15. Le passage qu'on vient de transcrire est loin de contredire ce qu'énonce un autre écrivain, habile aussi dans l'histoire de la France du midi, et qui a même publié un ouvrage qui fera époque. « Depuis huit ans révolus qu'il régnait, dit M. Fauriel, Karle-Magne avait fait de grands efforts pour arrêter, sur les frontières de la Germanie franke, le mouvement inégal, mais continu, par lequel les peuples barbares du Nord et de l'Est tendaient à les franchir. Ses voisins méridionaux ne lui avaient pas donné tant de fatigue. Durant les huit ans dont il s'agit, l'histoire ne le montre pas un instant occupé des Arabes d'Espagne, de ces conquérants naguère si redoutés, et redoutables encore. Mais, sur ce point comme sur tant d'autres, les grossiers historiens du moyen-âge semblent n'avoir pas tout dit; il serait étonnant que Karle-Magne, ce monarque si attentif à tout ce qui se faisait autour de lui, si zélé pour les intérêts du christianisme, n'eût pas eu, en huit années, une seule occasion de s'inquiéter un peu de la domination de l'islamisme en Espagne, ni du sort des chrétiens espagnols sous cette domination. Il est plus naturel de supposer, et il y a des témoignages qui nous y autorisent, que ces derniers avaient adressé au roi des Franks maintes doléances et maintes demandes de protection (*Annal. Metens.* 778). D'un autre côté, il est très-vraisemblable que les intrigues des chefs arabes des Pyrénées avec les rois carlovingiens, intrigues que nous avons vu commencer sous Pippin, avaient continué sous son fils, mais obscures, équivoques et inutiles. Ce ne fut qu'à dater de l'an 777, qu'elles commencèrent à éclater au grand jour, et par des événements remarquables. » *Hist. de la Gaule méridionale sous la domination des conquérants germains*, t. III, p. 222 et 223.

(8) Ioussouf ben abd el Rahman, l'un des hommes les plus marquants de tous ceux qui dominèrent l'Ibérie et la Gaule méridionale, était vali ou gouverneur de Narbonne et de son territoire, peu après la bataille de Poitiers, et notamment en 734, d'après la chronique de Moissac. « Ce fut, dit M. Fauriel, un homme magnanime, vaillant guerrier, juge équitable pour tous, pour les chrétiens comme pour les musulmans, le premier, en un mot, des Arabes andalousiens. » Aussi les seigneurs provençaux, ennemis de Karle-Martel, à l'instigation de Mauronte, leur patrice, l'appelèrent à leur secours, dans l'année qu'on vient d'indiquer, en faisant avec lui des conditions. Toujours est-il qu'il passa le Rhône, occupa Arles, s'empara d'Avignon et de Lyon, dans lesquels il laissa garnison, établit la puissance des Arabes dans cette partie, vers 736, à une époque bien rapprochée, on le voit, de l'époque où la bataille de Poitiers arrêta

la marche des musulmans vers l'ouest des Gaules. Ioussouf trouva ensuite la mort à la bataille de Massara, dans sa lutte avec Abd el Rahman ben Mouayia, ainsi qu'on va le mentionner dans le texte.

(9) Les noms des chefs arabes sont souvent écrits de manière différente, en sorte qu'on peut faire deux individus d'un seul personnage, si on n'étudie pas suffisamment les textes. Aussi M. Fauriel a le soin de nous avertir (*Hist. de la Gaule mérid.*, t. III, p. 231) qu'Ebn el Arabi et Soliman el Arabi ne sont qu'un même personnage. Ce n'est pas tout; M. Reinaud (*Invasions des Sarrasins*, p. 94) nous apprend que les auteurs arabes ne s'accordent pas sur le nom de l'émir de Sarragosse, qui vint à la diète de Paderborn, de 777, et que les uns l'appellent Soleyman Ebn Jaktan Alarabi, et les autres Motraf Ebn Alarabi. Dans un tel état de chose, il est bien difficile de ne pas commettre des erreurs.

(10) Si Abd el Rahman soumit à sa domination les pays ibériens, occupés par les Arabes, il essaya aussi de conquérir Narbonne et toute la Septimanie. Pour y parvenir, il chargea un de ses lieutenants, nommé Houssam ben Adegiam, qui commandait sur la frontière orientale, de préparer une expédition, et celui-ci en donna le commandement à Soleyman bed Chebad. Mais ce chef et les siens furent exterminés au passage des ports ou défilés qui existent dans les Pyrénées. Or, la ville de Narbonne était alors assiégée par une armée franke, et ce siége dura six ans et plus. Enfin les chrétiens goths de la ville s'entendirent avec les assiégeants, et leur livrèrent la place, moyennant la confirmation de leurs priviléges, et du droit d'être jugés par la loi gothique ou romaine. Ainsi Narbonne passa, en 759, sur la domination franke; les autres villes de la contrée en firent autant, et on doit même croire que les vainqueurs entreprirent une excursion au delà des Pyrénées, et jusqu'à Gironne. Les chroniques frankes vont jusqu'à dire que Soliman, émir des Sarrasins, commandant à Gironne et à Barcelonne, se soumit à Pippin, avec tout le pays placé sous sa domination. En citant ces faits, M. Fauriel fait remarquer que la conduite de Soliman avait sans doute pour motif le désir de se soustraire à l'autorité d'Abd el Rahman ben Mouayia, et de se maintenir indépendant sous la protection nominale ou réelle du roi des Franks. Il ajoute qu'en tout cas, c'est le premier exemple donné par les chefs musulmans d'entre l'Ebre et les Pyrénées, d'une tactique séditieuse, qui prit plus tard de grands développements. C'est la même idée qu'avait exprimée M. Reinaud dans le passage suivant : « Dès l'an 759, un an après l'occupation de Narbonne par les Français, le gouverneur musulman de Barcelonne et de Gironne, appelé Soliman, ou plutôt Soleyman, entra en relation avec Pippin (*Annales de Metz*). A en croire les chroniqueurs

français, Soleyman se rangeait sous la puissance du fils de Charles-Martel. Il est plus naturel de croire que l'émir sarrasin, visant à l'indépendance, cherchait seulement un appui dans le roi des Français. On verra bientôt se développer la politique des émirs musulmans du nord de la Péninsule, lesquels recouraient à la France lorsqu'ils étaient pressés par l'émir de Cordoue, et qui retournaient à l'émir de Cordoue lorsque les Français se montraient exigeants. » Voyez Condé. — *Chron. Moissac* 759. — *Annal. Metens.* 759. — M. Fauriel et M. Reinaud.

Quoi qu'il en soit, la descendance d'Abd el Rahman ben Mouayia régna assez paisiblement sur l'Espagne, pendant près de trois cents ans. Elle finit à Hixem III el Motard Billah, déposé en 1031, et mort trois ans après. Alors cette monarchie se fondit en plusieurs petits États.

(11) La bataille de Poitiers, de 732, est un fait si patent de la lutte des chrétiens contre les sectateurs de l'islamisme, que nous croyons devoir rappeler ici qu'elle paraît s'être donnée assez près du Vieux-Poitiers, et dans le lieu appelé Moussais-la-Bataille. Voir, à ce sujet, le 1er volume de l'*Histoire générale du Poitou*, par Dufour, un des auteurs de cet ouvrage. Il y a aussi, sur ce point, une bonne dissertation de M. André, et il faut rejeter tout le récit prétendu extrait d'une chronique arabe, et qu'on trouve dans Chalmel, *Histoire de Touraine*, tom. 1er.

(12) La position de Cassaneuil est très-difficile à établir, et divers antiquaires, notamment M. Champollion-Figeac, ayant écrit des dissertations à ce sujet, nous ne pouvons mieux faire que de renvoyer à ces publications. Nous ajouterons seulement qu'on a été jusqu'à prétendre que ce lieu pouvait être Chassencuil, près Poitiers, où il paraît, du reste, qu'il y avait une maison royale.

(13) C'était alors une coutume invariable, de la part des souverains, de s'arrêter dans leur route, même, comme ici, dans le cours d'une expédition militaire, à l'époque des grandes fêtes, comme Pâques, Noël et autres, pour les célébrer dans un endroit donné. Il faut remarquer aussi que, par cette célébration, on entendait non-seulement l'assistance aux cérémonies du culte, mais encore le fait de grandes réunions, de festins, et autres actes mondains.

(14) M. Reinaud prétend pourtant que Karle-Magne fut obligé d'assiéger Pampelune, et que cette place ne se rendit qu'après une bataille sanglante (*Invas. des Sarrasins*, p. 95).

(15) Des écrivains français prétendent que ce qui exaspéra les musulmans et les chrétiens, qui avaient sollicité l'expédition de Karle-Magne, fut l'établissement de comtes francs dans leur pays.

(16) On n'a pas besoin de rappeler ici que l'Histoire de l'expédition de

Karle-Magne en Espagne, attribuée au faux évêque Turpin, est un récit mensonger. Ce fut Geoffroi, prieur de Vigeois et auteur d'une excellente chronique, qui découvrit ce recueil de fables vers la fin du XIIe siècle. On le lui envoya d'Espagne.

(17) Les auteurs arabes, ainsi que les écrivains espagnols, attribuent, mal à propos, cette victoire aux Sarrasins, et Conde en donne même l'honneur aux lieutenants d'Abd el Rahman. Cet événement eut lieu aussi bien positivement en 778, et non en 802, comme le prétendent mal à propos Mariana et M. Depping, dans leurs deux Histoires d'Espagne. D'après ce système, il faudrait que Karle Magne eût été deux fois de sa personne en Espagne, ce qui n'est pas vrai. Masden, un des critiques les plus estimés d'Espagne, réfute Mariana sur ce point.

(18) On ne peut guère ajouter à ce qui a été dit dans le texte, relativement à Rolland, à moins qu'on ne veuille se jeter dans des détails fabuleux.

(19) C'est la charte d'Alaon qui, seule, comme le fait remarquer M. Fauriel (*Hist. de la Gaule mérid.*, t. III, p. 348), indique la vengeance que tira Karle-Magne de l'échec de Roncevaux, en faisant pendre Loup II, duc des Vascons. Non-seulement Eginhart ne parle pas de cette exécution, mais il dit qu'on ne put reconnaître les traitres. Comme le fait remarquer encore M. Fauriel, on doit conclure de ce silence de l'annaliste, que le châtiment du coupable n'eut pas un aussi grand retentissement que le dit le rédacteur de la charte d'Alaon.

Ce serait peut-être ici le cas de s'expliquer sur l'authenticité de ce document, qui a été mis en doute par plusieurs savants. Mais nous ajournons à parler de cette pièce, parce que, plus tard, on sera encore en position de la citer.

(20) Aussi Dagobert Ier s'intitulait roi des Franks et des Romains.

(21) Le fait de la naissance de Ludwig à Cassaneuil, et le parti que Karle-Magne en aura tiré, pour présenter son fils aux Aquitains, comme Aquitain comme eux par sa naissance, a de la similitude avec ce que fit un roi d'Angleterre, qui envoya accoucher sa femme dans le pays de Galles, afin de leur présenter l'enfant comme un Gallois, n'entendant pas plus d'anglais qu'eux.

(22) Il paraît étonnant que M. Sismonde de Sismondi, un écrivain aussi judicieux, n'ait pas consigné, à sa date, dans son *Histoire des Français*, la constitution du royaume d'Aquitaine, par Karle-Grand, en 778. Il n'en parle qu'à l'occasion du sacre de Ludwig-Débonnaire, en 801, et il dit que Karles crut qu'il assurerait mieux l'obéissance des peuples nouvellement soumis, et qui regrettaient leur indépendance, avec deux fantômes

de rois (il fait aussi allusion à l'Italie), des comtes et des gouverneurs.

(23) La position des quatre maisons royales d'Aquitaine n'offre pas de difficulté quant à Doué, mais elle est contestable pour deux ou trois autres. On n'entrera pas dans des détails à ce sujet, parce que alors il faudrait en faire la matière d'une longue dissertation. De plus, on peut dire qu'outre ces quatre maisons, la couronne d'Aquitaine en possédait encore d'autres dans l'étendue de son territoire.

(24) Le séjour des rois visigoths, des rois mérovingiens et des ducs d'Aquitaine, dans les châteaux royaux, passés depuis aux rois d'Aquitaine de la race karolingienne, est prouvé par beaucoup de documents. En attribuant ces biens au partage de terres, fait par la nation gothique, lors de son établissement dans les provinces des Pyrénées à la Loire, on adopte une opinion qui semble avoir pour elle beaucoup de probabilité.

(25) Nous n'avons pas beaucoup de renseignements sur Arnold, qui fut pourtant une haute notabilité de l'époque, et qui devint, en quelque sorte, le tuteur ou le ministre dirigeant de Ludwig-Pieux, roi d'Aquitaine.

(26) On trouve, en Poitou, plusieurs comtes avant Karle-Magne, notamment Astraplus, qualifié de duc de 544 à 557; Sigulfe, prenant le même titre vers 567; Ennodius, positivement comte de Poitiers en 577; Bérulfe, duc, qui gouvernait la Touraine avec le Poitou en 581, révoqué en 586, par le roi Childebert; Ennodius succéda à Bérulfe, et ne tarda pas à être révoqué; et enfin Maccon, comte de Poitiers en 589, à qui succéda le fameux duc Sadragésile, dont il est tant question dans l'histoire du roi Dagoberth Ier.

(27) Comme le fait remarquer M. Fauriel (*Hist. de la Gaule mérid.*, t. III, p. 356), et que l'avait dit avant lui dom Vaissette, dans son *Histoire du Languedoc*, Ithier, comte des Arvernes, l'un des fils d'Hatton, s'était déjà mis dans les bonnes grâces de Pippin; et il est à croire, d'après cela, qu'il était déjà comte employé en Aquitaine avant l'an 778. M. Fauriel induit, avec raison, de sa nomination au titre de comte, pendant qu'Adalghier, son frère, obtenait le commandement de la marche de Vasconie, que ces deux personnages, quoique du sang mérovingien, s'étaient ligués contre leur race, et figuraient parmi les chefs du parti aquitain, favorable à la race karolingienne.

(28) Cette hiérarchie était surtout bien indiquée dans la législation lombarde. Voir M. de Savigny à ce sujet.

(29) Le démembrement opéré dans le *pagus* de Poitiers, pour former le *pagus* de Châtellerault, eut lieu à une époque si ancienne, qu'à la rigueur on pourrait croire que, dès l'origine, il y eut cinq *pagi* en Poitou, au lieu de quatre.

(30) On aurait pu peut-être, dans cette longue indication, porter d'autres vigueries, comme celle de St-Florent, près Niort, etc.

(31) Melle tire son nom évidemment de la mine de galène argentifère sur laquelle cette ville se trouve placée. Or, comme cette indication d'un gisement métallifère est rendue par un mot latin, *metallum, metullum*, on doit en conclure que c'est seulement depuis la conquête de la Gaule par les Romains, que cette mine a été exploitée. Autrement elle aurait été indiquée par un nom gaulois.

(32) Ce système nous paraît avoir été établi, d'une manière positive, par Dubos et par M. de Savigny. A ce sujet, M. Raynouard, dans son *Histoire du droit municipal*, s'exprime ainsi: « Les villes du midi des Gaules conservèrent, sous les rois franks, les institutions dont elles jouissaient, et notamment leurs sénateurs. » Néanmoins la continuation du régime municipal dans les Gaules, sous la domination franke, a été niée par Mably, et cette erreur a été partagée par Mlle de Lezardière, dans son ouvrage si extraordinaire et si supérieur, intitulé : *Théorie des lois politiques de France*.

(33) On trouve un exemple de la mise à exécution en Aquitaine, au X⁰ siècle, d'une disposition du bréviaire d'Anian : Gérard, comte d'Aurillac en Arvernie, possesseur d'un grand nombre de serfs, s'interdit d'en affranchir plus de cent, afin de ne pas contrevenir à la loi *Fusia caninia*. Odon Cluni, *Vit. S. Geraldi*.

(34) Une localité, située dans le *pagus* de Poitiers, viguerie *Salvinsis*, est appelée *villa Gothorum*, dans une charte de l'abbaye de Noaillé, de 881 à 886. Cette localité, dans laquelle se trouvaient une pêcherie et des moulins, est probablement le village actuel de Goix. Nous en parlerons encore, en citant cette charte à sa date.

LIVRE II.

(1) Cette prétendue création de canonicats à St-Hilaire a été citée par Thibaudeau dans son *Abrégé de l'histoire du Poitou*, et on trouve aussi la pièce en question parmi les manuscrits de dom Fonteneau.

(2) Plus tard, et notamment en mai 808, par exemple, on trouve qu'Hélisachar était chancelier du royaume d'Aquitaine, et les chartes finissent par ces mots : *Helisachar cancellarius scripsi*.

(3) Les deux planches publiées par Juste-Lipse sont d'imagination, et donnent une idée toute autre de ce qu'il est. L'auteur n'avait jamais vu cet amphithéâtre, et il le décrit d'une manière beaucoup trop grandiose. Au lieu des 54 gradins qu'il mentionne, il n'y en a que 13 à l'ouest et 18 au nord;

il est difficile de s'y tenir assis, car la plupart n'ont guère qu'un pied en hauteur et en largeur. Bodin croit que cet amphithéâtre pouvait contenir 4,000 spectateurs. Il a 35 mètres de long, 28 de large, 7 à 8 de profondeur, et offre l'image d'un polygone irrégulier.

(4) On croit devoir noter ici une particularité relative à Doué. C'est que les maisons, alors et encore aujourd'hui, étaient et sont sous terre, et, par suite de cette disposition, les jardins se trouvent sur les maisons, et on voit les cheminées s'élever peu haut, il est vrai, au milieu des légumes. Ceci démontre déjà l'ancienneté du lieu, car, dans le principe, les maisons des Gaulois étaient creusées dans les carrières et sous terre.

(5) Le château de la forêt de Molière est indiqué dans une charte de la collection de dom Fonteneau.

(6) Les 12 personnages présents sont établis ainsi dans une de ces notices relative à l'abbaye de Noaillé : S. † Abbone Comite, S. † Matheo, S. † Sideberto, S. † Dolinus, S. † Ermedrinus, S. † Ermentreus, S. † Theodrado, S. † Dodone, S. † Gacilone, S. † Ermengo, etc. En novembre, 13ᵉ année du règne de Karle-Magne.

Dans une autre de la même année et pour la même abbaye, où l'abbé Epron est aussi indiqué, les souscriptions sont ainsi : Abbon Comit., S. † Yebrado, S. † Chrodoleno, S. † H. Ludvico, S. † Melardo, S. † Conadelo, S. † Wannigo, S. † Warnecardo, S. † Dotino, S. † Bertramo. Novembre, 13ᵉ ann. du règne de Karle-Magne.

(7) Cavens ne nut Aquitanorum populus propter ejus longum abscessum insolesceret, aut filius in tenerioribus annis peregrinorum aliquod disceret morum. *Astronom. Ludov. vita III.*

(8) Amicolo scilicet rotundo manicis camisæ diffusis, curalibus distantis, calcaribus caligulis incertis, missile manu ferens : hæc enim debelatio voluntasque ordinavit paterna. Id. *loc. cit.*

(9) Comme on le sait, ce ne fut qu'en 1317 que le pape Jean XXII démembra le diocèse de Poitiers pour en créer deux autres, ceux de Maillezais et de Luçon.

(10) On est d'accord sur le quantième du mois, mais non sur l'année, à cause du défaut de coïncidence entre les années des règnes de Karle-Magne et de Ludwig-Pieux, son fils. Nous adoptons l'avis du savant dom Mabillon, qui nous servira souvent de guide dans les ténèbres de ce siècle.

(11) On lit ce qui suit dans la Vie de St Austrémoine, publiée par Duchesne :

« Rotger dux maximus, Pithagoræ linguæ probatus, et signifer egre-
» gius. Hic ortus ex Francorum genere... In curia supradicti regis (Pip-
» pini) altus est nobiliter. Qui, moriente Arvernorum quodam comite,

» cognomine Hectore, à rege suprafato Eufrasiam ei suscepit sobolem.
» Hic ergo inclytus comes locum maximum in honore domini salvatoris
» construxit, quem Karrofulum, quasi ob offulam dignitatis Karoli, ejus
» patre jam defuncto, ipsius Karoli, adminiculo onoma indidit. Cui loco
» castrum, quem incisam petram vocant... tribuit : quem cum jam dicta
» Eufrasia à jam nominato Hectore jure hereditario adquisivit. » Dom
Bouquet qualifie également Rotger du titre de duc de Poitiers. Il ne serait
pas invraisemblable que le Limousin et le Poitou eussent, à raison de
leur proximité, formé momentanément un duché sous Karle-Magne;
mais on n'en trouve aucune preuve. Il aurait suffi que, pour la guerre, le
comte de Poitou eût été subordonné momentanément au comte de Limoges. Cette dépendance ne paraît nulle part, et, au contraire, le Limousin a presque toujours dépendu du Poitou.

(12) Thiers, dans son *Traité des superstitions*, donne pour positif
que les moines de Charroux prétendaient avoir cette relique, et qu'ils la
montraient, enchâssée dans un reliquaire d'argent, aux femmes grosses,
afin qu'elles pussent accoucher sans peine ; il ajoute que cela attirait au
monastère des oblations, des évangiles et des messes en grande quantité.

(13) On doit faire remarquer que les dons de l'empereur, surtout en ce
qui concerne Niort, sont contenus dans une clause qui paraît interposée
après coup dans la charte de fondation.

(14) Cette indication d'une viguerie à St-Florent de Niort pourrait,
comme on l'a dit déjà, donner lieu à une addition dans notre liste des
vigueries. Cependant on peut croire que cette viguerie de St-Florent n'est
autre que celle de Niort, et qu'on l'aura indiquée comme une viguerie
particulière, à raison de ce que le viguier de Niort habitait dans cette
localité. Du reste, nous émettons ici une idée sur laquelle nous n'appuyons pas beaucoup.

(15) Ce qui concerne la soumission des Armoricains à Pippin-Bref ne
laisse pas que de faire beaucoup de difficulté. Les écrivains bretons ne
l'admettent aucunement, et ils veulent que leur pays ait joui, longues
années, d'une entière indépendance.

(16) D. Vaissette établit d'une manière positive l'erreur de ceux qui
maintiennent Chorson six ou sept ans de plus dans la possession du titre
de duc d'Aquitaine.

(17) Labbe a prétendu que Pippin-Bref était oncle de Théodorik, père
de Guillelme ; et Labbe a cru qu'Aldane, mère de Guillelme, était fille de
Karle-Martel. Il n'y a rien de positif à ce sujet, comme le fait remarquer
dom Vaissette ; seulement Thégan, auteur presque contemporain, apprend que cette parenté venait du côté paternel.

(18) Nous rencontrerons, plus tard, deux autres fils du comte Théo-

derik et d'Aldane, savoir : Bernhard et Emenon, qui devinrent successivement comtes de Poitou.

(19) Dom Estiennot (*Antiq. Bénéd.*), Ms. de dom Fonteneau, croit que cette localité est celle où fut bâtie depuis l'abbaye du Pin, près de Poitiers. C'est une erreur évidente, car ce lieu est dit situé *in pago odeanise*, et il n'existait aucun *pagus* de ce nom près de la capitale du Poitou. Il y a plus de raison pour croire que le nom de ce territoire mal écrit est celui d'Ardin. En effet, ce bourg des Deux-Sèvres a été une petite ville gauloise, chef-lieu d'un archiprêtré à l'introduction du christianisme dans les Gaules, et ensuite le chef-lieu d'une viguerie.

(20) Hujus hic pausat præclarus episcopis urbis,
  Nomine Johannes, vir plus atque bonus.
Hic requiescit Aper hujus venerabilis abbas
  Ecclesiæ, pastor promptus in omne bonum.
Sed pedibus populi fuerant calcata sepulchra,
  Nec paries cinxit, ut decuit patribus.
Hoc Ato non suffert, Aperi successor honoris,
  Corpora calcari sacra patrum pedibus :
Sed monumenta brevi placuit concingere muro,
  Pervia ne populi busta forent pedibus.
Addidit et nostræ statim pia signa salutis,
  In quo salvator victor ab hoste redit ;
Insuper altare statuit venerabile Christo,
  In quo pro patribus hostia sacra foret :
Ut deus omnipotens requiem concederet illis,
  Cum sanctis pariter semper in arce poli.
       D. Mabil. *Annal. Bénéd.*

(21) La localité où fut livrée cette bataille est assez incertaine, et dom Vaissette indique, comme étant ce champ de bataille, la vallée Aquitanique ou Villedaigne, plutôt que les bords de l'Orbieu. Les auteurs ne donnent point non plus le mois de l'année où cette bataille fut livrée, de sorte que la date en est très-incertaine. Du reste, la chronique de Moissac, précieuse pour les faits relatifs aux invasions des Arabes, prétend que ceux-ci ne purent s'emparer que du faubourg de Narbonne, en 793.

(22) Ludwig-Pieux, par un diplôme, confirma les priviléges accordés par ses prédécesseurs à l'église de St-Hilaire-le-Grand de Poitiers. On y donne le titre de *grandeur* aux évêques et abbés, et celui d'*utilité* aux comtes, envoyés, commissaires et autres officiers du roi, *magnitudo seu utilitas vestra*.

Le latin de cet acte est corrompu ; mais un siècle après il le fut encore davantage, ainsi qu'on le voit, d'après la charte ci-après.

Cette charte, qui est de 794, et donnée par Ludwig, roi d'Aquitaine, en faveur de l'abbaye de Noaillé, est presque inintelligible, tant le latin en est mauvais.

(23) Lorsque le roi d'Aquitaine était ainsi auprès de son père, il arriva à Karle-Magne et à lui des ambassadeurs d'Alphonse, roi des Asturies. Parmi les présents qu'ils apportaient, on remarquait une tente d'une grande richesse qu'il avait prise au siége de Lisbonne, et d'autres articles, toujours au nombre de sept, nombre auquel ils attachaient beaucoup de prix. Il y avait notamment sept mules, et comme elles étaient inconnues dans le nord de l'Europe, elles fixèrent l'attention. On les prit pour des animaux d'une espèce particulière et indigène pour les pays chauds. Voir, sur ce point, les annales d'Eginhard.

(24) Il paraît que ce fut à cette époque que maintes solitudes sauvages et délaissées des Cévennes, jusqu'alors jugées inhabitables, reçurent nombre de fugitifs qui s'y fixèrent comme dans des lieux à l'abri des recherches des Sarrasins. Le désert de Conques, en Rouergne, aurait alors, par le même motif, reçu une population qui s'y serait perpétuée. Voir, à à ce sujet, M. Fauriel.

(25) Hermengarde fut une princesse d'une grande distinction, et nous aurons occasion de parler d'elle.

(26) Le Limousin ne paraît pas avoir eu beaucoup de comtes. Après Rotger, on trouve Rathier, vers l'an 836, puis ensuite Raymond. Enfin, d'après les chartes produites par Justel, sous 871 et 883, Bernhard, Odon et Autbert auraient été les derniers comtes du Limousin. Nous puisons ces détails dans l'*Histoire politique et statistique de l'Aquitaine*, par Verneilh-Puiraseau, ouvrage qui laisse beaucoup à désirer, mais dans lequel il se trouve pourtant quelques indications utiles.

(27) Ce n'est point la chapelle de Montvinard, d'ailleurs fort ancienne, qui a été, comme le prétend Thibaudeau (*Abr. de l'hist. de Poitou*), le premier établissement de Noaillé, et cette erreur a été continuée dans la réimpression de l'ouvrage, où on a beaucoup ajouté en notes et fragments pris à divers écrivains, sans corriger l'ancien texte. Du reste, dès 934, Rotbard, abbé de Noaillé, fut obligé de défendre la franchise de cette chapelle dépendant de son monastère, contre les attaques de l'évêque Frottier II, qui prétendait à quelques redevances à une époque où on allait beaucoup en pèlerinage à Montvinard.

(28) Ce fut sur le tombeau de la reine Luitgarde, que deux siècles après, le trésorier Hervé, en faisant reconstruire l'église de St-Martin de

Tours, éleva le clocher, connu aujourd'hui sous le nom de tour de Charlemagne, monument qui a survécu à la destruction de l'église. Près de la tour de Charlemagne on vient de creuser un puits artésien de 345 pieds de profondeur, qui donne un jet abondant d'eau.

(29) Au lieu de donner ici l'*ordre de la bénédiction des rois d'Aquitaine*, nous renvoyons à Besly, dans son *Histoire des comtes du Poitou*, qui copie ce document en entier.

(30) Ce qu'on raconte sur la sortie et la capture de Zaidoun, et sa fermeté lorsqu'on voulut l'obliger à conseiller aux siens de capituler, tient un peu de la fable, et aussi c'est le poëte que nous citons qui donne ces détails. Il en est de même de la flèche tirée par le roi Ludwig lui-même, et qui, tombée au milieu de la ville sur un bloc de marbre, le pénétra profondément.

Nous allons donner ici, en note, ce que dit l'historien espagnol Conde; d'après la traduction de M. de Marlès, sur les diverses guerres des Aquitains et des Sarrasins d'Espagne vers l'époque que nous traitons. Du reste, il est assez difficile de faire concorder les chroniques maures avec les chroniques françaises, et même beaucoup de faits d'armes, mentionnés dans les unes, sont omis dans les autres. Nous croyons que les historiens de la Péninsule, placés précisément sur le théâtre de la guerre, étaient bien plus en position de connaître la vérité. Aussi nous suivons le plus souvent leurs récits, en les mettant en harmonie, autant que possible, avec les écrivains de notre nation.

« Nos anciennes chroniques racontent, dit cet auteur, des merveilles de ce siége de Barcelone et des extrémités auxquelles les habitants furent réduits: leurs auteurs sont, du reste, fort peu d'accord sur les circonstances principales de cette guerre. Par exemple, les annales de Fulde, celles de Metz, la chronique de Réginon, etc., supposent que, dès l'an 797, le gouverneur de Barcelone, appelé tantôt Zaton, tantôt Zaddo ou Zaad, se fit vassal de Charlemagne, et qu'en 801, ayant voulu secouer le joug de ce nouveau maître, il fut fait prisonnier et puni de l'exil. Dans la Vie de Louis le Débonnaire, ouvrage contemporain, on lit que ce Zaddo fut pris à Narbonne et envoyé à Louis, puis à Charlemagne, et que les habitants de Barcelone, ayant appris l'arrestation de leur gouverneur, nommèrent à sa place Amûr, son parent, qui défendit la ville pendant deux ans, durant lesquels les assiégés souffrirent d'inconcevables misères. D'autres chroniques, auxquelles Marmol a donné la préférence, disent que ce Zaddo ou Zaad était vassal du roi de Cordoue; que s'étant révolté et se voyant poursuivi, il s'en fut en France, et offrit à Charlemagne de lui ménager la conquête de Barcelone et de sa province, ce qui eut effectivement lieu vers l'an 797 ou 798 ; mais qu'au bout de deux ans, Charlemagne fut obligé d'envoyer son fils Louis avec une armée pour le ramener à l'obéissance dont il s'était écarté; que Louis s'empara de Barcelone après un très-long siége; que Marsille, roi de Sarragosse, reprit cette ville; et qu'enfin Louis, étant revenu en 806 avec de nouvelles forces, s'en rendit de nouveau le maître, ainsi que de tout le pays voisin.

« Il est difficile de concilier ces divers récits avec ceux des écrivains arabes, quoique néanmoins on en trouve le fond dans les histoires de ces derniers. On a vu que Marsille était Abdelmelic, fils d'Omar, à qui Abdérahman avait donné le gouvernement de Sarragosse; mais il était mort depuis longtemps à cette époque. Ce qu'il y a de plus certain, c'est que la contrée qui reçut, plus tard, le nom de Catalogne s'affranchit pour lors de la puissance des Arabes, et qu'elle eut des souverains particuliers sous le titre de comte, d'abord feudataires des rois de France, ensuite indépendants. » C'était la partie de territoire enfermée entre la Ségre et la mer, depuis Lérida et Barcelone jusqu'aux Pyrénées.

(31) Dom Beaumier prétend qu'elle s'est conservée telle qu'elle a été construite dans le principe. Alors ce serait un des monuments karolingiens les plus respectés, et il faudrait qu'il eût échappé, à plusieurs époques, aux ravages des Northmans, exception bien rare. Toujours est-il que St-Savin fut, ainsi que nous le verrons, une place de refuge contre eux au milieu du IX⁰ siècle. Il est certain, du reste, qu'il existe dans l'église de cette localité des portions de la construction primitive, et ses peintures à fresque, dont on a opéré en dernier lieu la restauration, sont curieuses. La flèche est aussi très-belle.

(32) La famille d'Aubusson, qui a été illustrée par plusieurs de ses membres, est aujourd'hui représentée à la chambre des pairs.

(33) Alcuin a joué un grand rôle auprès de Karle-Magne, ainsi qu'on l'a vu dans le texte. Ses ouvrages se trouvaient en manuscrit dans la bibliothèque de l'abbaye de Luçon.

(34) Cordemoy croit que la rivière indiquée ici sous le nom de la *Silide* est la Charente. Il tire cette conclusion de ce que Karle-Magne avait déjà fait mettre des vaisseaux à l'embouchure de toutes les rivières, partant de la Charente, pour aller à la Baltique.

(35) M. Raymond Thomassy s'occupe d'un vaste travail sur le monastère de St-Guillelm-du-Désert et sur les souvenirs qui s'y rattachent.

(36) Nous ne mentionnons pas une autre expédition contre Barcelonne, qui, ayant eu lieu en 810, aurait eu pour résultat la prise de la place. L'anonyme astronome, auteur de la vie de Ludwig-Débonnaire, est le seul auteur qui en parle, et un fait de cette importance n'aurait pas échappé aux autres écrivains.

(37) « On pourroit prendre pour ce comte (Abbon), dit Besly, *Comtes de*

Poitou, l'un des douze seigneurs françois assemblés avec autant de danois, lesquels conclurent et jurèrent la paix entre l'empereur Karle-Magne et Héming, roi de Dannemarc, vers le printemps de l'an 811, et penser qu'il seroit décédé ou bien auroit esté deschargé de son gouvernement peu de temps après, pour faire place à Ricuin, qui se trouve comte de Poitou l'an 814. »

(38) Karles était fils du troisième mariage de Karle-Magne avec Hildegarde.

(39) La traduction de ce fragment est libre. On a rendu *out* par *ou* dans la dernière phrase, la double traduction dans les langues romane et tudesque étant nécessaire, afin que les uns pussent entendre le premier idiome et les autres le second.

(40) Beaumesnil, *Antiquités et annales de Poitou*, p. 14, donne des épitaphes qui existaient, dit-il, à l'abbaye de Talmont, sur un bloc de marbre blanc de 4 pieds, et sur une pierre de 2 pieds 7 pouces. Il ne faut pas s'arrêter à cette indication, qui est de toute fausseté. On sait que cet écrivain a imaginé pour le Poitou, comme pour d'autres provinces, des monuments qui n'ont jamais existé. Néanmoins, nous allons donner ces prétendues épitaphes.

PRO DOLOR, HEV JVVENES MORS RAPIT ATQVE SEFES,
HIC IACET PROLES ABONII COMITIS.
ARTHVSIVS DE SANSAYO

HIC JACET DOMINO
ABON. D. COM. DD.
H. RT VSTS.
S.

C'est encore une tentative pour rattacher la maison de Sanzay à celle des comtes du Poitou. Voir, à ce sujet, les *Recherches sur les chroniques de St Maixent*, par M. de la Fontenelle.

LIVRE III.

(1) Le nom de Doué est écrit diversement et à l'occasion de cet événement, dans le latin du temps : *Theduoat*, poëme d'Ermoldus Nigellus ; *Theotuadus*, par l'Astronome ; *Theoadum*, par Eghinard, et *Theodalz*, par la chronique de St-Denis.

« Quand, sur la nouvelle de la mort de son père, dit M. Sismonde de
» Sismondi, il (Ludwig le Débonnaire) se mit en marche de Toulouse

» pour Aix-la-Chapelle, voyage qu'il ne put accomplir en moins de trente
» jours... »

On ne sait comment une pareille erreur est échappée à un écrivain aussi exact que M. de Sismondi, à qui nous devons la meilleure histoire de France, écrite jusqu'à ce jour.

(2) Karle-Magne mourut d'une pleurésie, le 24 janvier 814 N.-S., à l'âge de 72 ans et après un règne de 47 ans. Il fut enterré dans un caveau à Aix-la-Chapelle, avec son épée, son sceptre, son bouclier et divers autres objets. Un collier d'or ayant une émeraude et renfermant une parcelle de la vraie croix, fut enlevé par Napoléon lorsqu'il fit ouvrir le tombeau de celui à qui il était comparable, et il en fit don à la reine Hortense.

(3) Nous sommes étonné de lire, dans un auteur qui a si bien embrassé sous le point de vue qui lui était propre toute l'*histoire de la Gaule méridionale* à cette époque, et dont l'ouvrage nous a souvent aidé dans notre marche, le passage suivant (t. IV, p. 101) : « Wala avait probablement eu autrefois des mésintelligences entre lui et Louis le Débonnaire; car celui-ci allant, après la mort de Charlemagne, prendre possession de l'empire, avait témoigné une vive inquiétude au sujet de Wala et craint quelque opposition de sa part. (*Astronom. XXI*). » Or on verra plus tard, lorsque nous donnerons une sorte de notice biographique sur Wala, quelles étaient ces mésintelligences non signalées par le savant et habile historien de la Gaule méridionale. Il s'agissait d'intérêts graves, puisque Wala et toute sa branche avaient été exclus entièrement de l'héritage de la race des maires du palais à l'arrivée de Karle-Grand au trône des Franks.

(4) Le passage où il est question de ce Richwin, que nous supposons être le père du comte de Poitou du même nom, est curieux parce qu'il peint les mœurs et la crédulité de l'époque. C'est ce qui nous engage à le reproduire ici.

Une petite tour de bois contenant des reliques de St Georges et un manuscrit romain (*litterâ romanâ scriptum*) des quatre évangélistes, vint à échouer à un lieu de grand commerce, *emporium*, dont le nom était *Portus-Ballii*, aujourd'hui Pont-Bail. Le comte Richwin, administrateur du pays, se rendit sur les lieux en apprenant cette nouvelle, et de l'avis du clergé et des notabilités du pays, il fut décidé que la tour de bois serait placée sur un chariot, *plaustro*, traîné par des vaches, et qu'on bâtirait une église au lieu où elles s'arrêteraient volontairement. Ce point fut Bruis, *Brucius*, où l'on construisit, en effet, une basilique dans laquelle on déposa les reliques. L'auteur de la chronique de Fontenelle, qui vivait sous Karle-Grand, les y vit, et donne une description très-détaillée et fort curieuse de l'événement. *Quod nos vidimus testamur.* Voir le *Spicil. d'Achery.*

On trouve aussi cette indication, dans les *Mémoires de la Société des antiquaires de Normandie.*

(5) Rex Pipinus tunc morabatur in territorio alniense, super fluvium Vultonæ, in palatio qui vocatur Engeriacus, inter fines Pictavorum ac Xantonicæ. *De revelatione cap. B. Joannis.*

(6) L'île d'Her, *Hério*, dont il sera souvent question dans cet ouvrage, parce qu'elle devint le quartier général des Northmans, est située à l'extrémité du Poitou, près de l'Armorique, et non loin de l'embouchure de la Loire. Il y fut établi deux monastères, celui de St-Philbert ou le monastère Noir, et un autre qu'on appela *Notre-Dame-la-Blanche*, parce qu'il était occupé par des moines de Cîteaux, dont l'habit était blanc.

(7) C'est à Radhégunde, femme du roi Chlother Ier, que le monastère de Ste-Croix de Poitiers doit sa création. Cette pieuse reine y passa la fin de sa vie, et y mourut le 13 août 587. Ce nom du monastère lui est venu d'un fragment de la vraie croix, qu'on prétend que l'empereur Justin II envoya à l'épouse de Chlother. Les relations de cette princesse et d'Agnès, qu'elle avait établie abbesse de son monastère, avec le poëte Fortunat, qu'on croit avoir été évêque de Poitiers, ont servi à M. Augustin Thierry pour écrire un récit tout à fait intéressant. M. Guizot, du reste, s'en était déjà occupé dans son *Cours d'histoire.*

(8) Dom Vaissette, dans son *Histoire du Languedoc* (t. 1, p. 728), a eu tort de dire que Bernhard, mari de Bilichilde, ne fut jamais comte de Poitiers, lorsqu'il reprochait avec raison à Besly d'avoir ignoré qu'Emenon, frère de ce Bernhard, avait été pareillement comte du même lieu. Dom Vaissette aurait dû être éclairé sur son erreur par le manuscrit de la chronique d'Adhémar de Chabannais cité par Besly, et qualifiant de comte de Poitiers Bernhard tué en 844, en combattant contre Lanthbert, comte de Nantes; par la chronique de St-Maixent, qui appelle encore ce Bernhard comte de Poitou; et enfin, par la charte citée par Besly, où un envoyé du comte Bernhard rend la justice à Poitiers. L'historien du Languedoc veut que ce Bernhard soit différent du frère d'Emenon, sans en rapporter aucune preuve; mais plusieurs titres, qui existent dans les manuscrits de dom Fonteneau, décident la question dans notre sens, et elle ne peut plus, dès lors, souffrir la moindre difficulté, malgré la gravité du témoignage que nous sommes obligé de débattre.

(9) Les saint-simoniens, et plus tard les fouriéristes, ont voulu réunir

une masse de travailleurs ensemble, pour leur faire produire un effet plus grand et économiser les frais d'autant de ménages que de familles. Or, toutes ces utopies demeureront sans réalité, et le lien religieux seul peut faire arriver au résultat que, sans lui, on tentera vainement d'atteindre.

(10) Le monastère de St-Maixent, situé à cinq lieues de Niort, sur la route de Poitiers, fut fondé d'abord par St Agapit; mais il prit surtout de l'importance sous St Maixent, son second abbé, dont il a pris le nom. St Maixent ou Adjutor (c'était son premier nom, qu'il crut devoir changer) vivait dans les derniers temps de la domination visigothe, et on lui attribue un miracle qui aurait eu lieu vers le temps de la bataille de Vauclade. Un point à éclaircir est celui de savoir si ce miracle n'eut pas lieu à Voulon, plutôt que dans la localité actuelle de St-Maixent. Quoi qu'il en soit, cet abbé fut inhumé dans le monastère de son nom, où on apporta plus tard la dépouille mortelle de St Léger, évêque d'Autun.

(11) Le seul document qui parle de cette expédition, est un éloge de Grimoald, abbé de Castres, inséré dans le *Spicilége*.

(12) Dom Vaissette, dans l'*Histoire générale du Languedoc*, prouve, en effet, que le père Lecomte s'est trompé, en niant l'existence de ce partage, qui est prouvée par les capitulaires, avec l'indication des lots faits à chacun des copartageants.

(13) L'Astronome et Eghinard ne donnent à Bérenger que le titre de comte; mais Thégan, auteur contemporain, l'appelle duc. Ces autorités différentes se concilient: Bérenger était comte particulier de Toulouse et duc de l'Aquitaine, cette contrée ayant alors Toulouse pour capitale.

(14) Hugues Ier, comte de Tours, fut, en effet, envoyé en 811, par Karle-Magne, en compagnie d'Azon, comte de Juliers, comme ambassadeur près de Nicéphore, empereur d'Orient. Nicéphore étant mort pendant le voyage, les deux envoyés furent reçus par l'empereur Michel, qui agréa le traité que lui faisait proposer l'empereur d'Occident.

(15) Bodin, dans ses *Recherches sur Angers*, indique l'année 819 comme la date de l'année de la mort de l'impératrice Hermengarde; mais nous la fixons, d'après les autorités les moins contestables, à l'an 818.

Nous allons rapporter ici ce que dit le même auteur, de l'édifice que la ville d'Angers dut à la piété de la première femme de l'empereur Ludwig-Pieux: « L'église de St-Martin, dit-il, quoique ne servant plus au culte depuis 1791, existe néanmoins dans son entier. On distingue, parmi les constructions des divers temps dont elle se compose, celles du temps d'Hermengarde: c'est la tour carrée qui est au milieu de la croix et sert à porter le clocher; la construction inférieure de cette tour, dont les quatre angles sont ornés de colonnes engagées qui portent des arcs à plein cintre, est remarquable en ce qu'elle est presque à la manière des Romains ; on y voit alternativement une assise de pierre de tuf blanc et cinq à six rangs de briques qui forment à peu près la hauteur des pierres de taille ; mais en examinant la brique, on reconnaît facilement qu'elle n'est pas des Romains : sa pâte grossière n'a pas la couleur rouge-blanc des briques antiques...

» L'église de St-Martin est un reste précieux des monuments *carlovingiens*, déjà très-rares en France... Cette église fut agrandie et embellie, dans la suite, par nos comtes d'Anjou, qui la considéraient comme leur sainte chapelle. Dans l'état où elle est actuellement, elle commence à offrir une ruine intéressante, particulièrement le clocher, dont une partie est aussi du temps de l'impératrice Hermengarde. »

(16) La donation de l'ancienne église de St-Jean-Baptiste au monastère de St-Florent est ainsi mentionnée dans le cartulaire de cet établissement ecclésiastique : *Dedit abbatiæ sancti Florentii, villacus in pago Andegavo, quæ appelatur Johannis, villa cum ecclesia.*

(17) Si l'on en croit Bodin dans ses *Recherches sur Saumur*, c'est en 978, et lorsque cette localité ne dépendait plus de l'Aquitaine, que s'est élevée la ville de *Saulmeur* ou *Sous-mur*, et qu'elle fut enceinte d'une muraille. Ces travaux sont attribués à Odon Ier, comte de Blois, qui possédait ce point important passé ensuite aux comtes d'Anjou, par suite de la conquête de Foulques-Nerra, en 1025. Au surplus, on reviendra sur ces points, quand il sera question du retour des reliques de St Florent dans ces parages, par suite de la tentative heureuse du moine Absalon, qui les avait enlevées de Tournus.

(18) Suivant l'*Art de vérifier les dates*, Asinaire aurait été fils de Loup-Sanche qui, lui, était frère d'Adalarik ou Adalrik, qui a joué un rôle si marquant dans l'histoire des Vascons. Au surplus, Asinaire, toujours d'après le travail des savants bénédictins, serait le premier des comtes de Pampelune qui, plus tard et en grandissant, devinrent rois de Navarre. Enfin, ce serait Garin, neveu d'Asinaire, qui, élu par ses compatriotes pour leur chef en 853, aurait secoué entièrement le joug du pouvoir frank.

(19) Ce précieux manuscrit, qui s'est perdu pendant la révolution, avait en tête la notice suivante : *Anno DCCCXVIII, ab incarnatione Domini Nostri Jesu-Christi V. kalend. aprilis, Pascha Sigibrandus, donum dei, episcopus fieri jussit.* Dreux du Radier avait vu ce même manuscrit, et il en parle dans sa *Bibliothèque du Poitou.*

(20) De cette concession, Dufour, *Ancien Poitou*, a conclu avec raison qu'il existait, au point mentionné, une voie romaine. Mais, suivant

lui, ce chemin aurait été celui de Poitiers à Nantes qui serait venu de *Durinum* ou *Durivum*, à présent St-Georges-de Montaigu, et qui de Deas aurait été Rézé, que l'auteur dit être le *Portus-Namnetum*. A cet égard, nous renvoyons aux *Recherches sur les deux voies romaines allant de* Limonum (*Poitiers*) à Juliomagus (*Angers*) *et à* Portus-Namnetum (*Nantes*), publiées par M. de la Fontenelle, en 1841. Là, on établit positivement que la voie romaine de *Limonum* au *Portus-Namnetum* passait, en effet, par le point indiqué.

(21) Granjé, dans son *Histoire de Charlemagne*, prend l'expression dont on s'est servi dans ce capitulaire, *advocati*, comme indiquant des avocats ou gens d'affaires. C'est une grave erreur. Les avoués des établissements ecclésiastiques étaient des laïcs puissants chargés de les défendre.

(22) Les Northmans étaient originaires du nord de l'Europe, de la Scandinavie, comme leur nom l'indique. Des recherches pour préciser leur véritable patrie nous mèneraient trop loin ; et aussi nous renvoyons aux ouvrages spéciaux sur la matière.

(23) Nous n'avons aucune raison positive pour croire plutôt à la création du comté d'Herbauges par l'empereur des Franks, que par le roi d'Aquitaine. Il n'y a que cette circonstance que les comtes, postérieurement à l'établissement du royaume en question, furent le fait propre de l'empereur Karle-Magne. Il est vrai qu'alors le roi Ludwig était enfant. Une pareille difficulté se présentera encore plus tard, lors de l'érection des vicomtes, qui furent à peu près aux comtes ce que les comtes étaient au roi d'Aquitaine.

(24) Il est parlé, avec assez de détails, de la ville d'Herbauges dans les *Recherches sur les vigueries et les origines de la féodalité en Poitou*, par M. de la Fontenelle.

(25) Raynald ou Renaud, comte d'Herbauges, était, comme le prouve dom Vaissette par un tableau joint à son *Histoire du Languedoc*, de la famille de Guilhelme de Gellone et même son neveu.

(26) Il serait assez intéressant de rechercher quelles furent les limites du comté d'Herbauges ; mais il est probable que, suivant les époques, elles éprouvèrent des variations. Toujours est-il qu'il est vraisemblable que le cours du Lay fut une de ces limites les plus invariables. Du reste, on s'occupera de nouveau de cette question et plus en détail, lors de la cession de territoire faite par Guilhelme Tête d'Etoupes, comte de Poitou, à Alain Barbe-Torte, comte de Nantes. La carte jointe à cet ouvrage figurera aussi le comté d'Herbauges, tel qu'on croit qu'il fut constitué à son origine.

(27) Cette cession de ces trois pays, faite par Lanthbert à ses neveux, est

un de ces actes dont l'existence a été révoquée en doute par quelques antiquaires. Néanmoins, la chronique de Nantes est là, et son auteur, mieux que tout autre, a été en position de connaître l'histoire de cette contrée, qui était celle de son pays.

(28) Il faut établir ici que, quoique certains écrivains aient prétendu que Pippin épousa Ingelltrude contre le gré de l'empereur, la plus grande partie des auteurs, et notamment dom Vaïssette, sont pour l'opinion contraire.

Actuellement, sans rechercher quelle était la famille de cette reine, nous nous contenterons de dire que l'opinion de dom Mabillon et autres érudits, qui veulent faire de Théodbert, comte de Madrie, le père de Robert-Fort, est tout à fait erronée.

(29) Le père Daniel, dans son *Histoire de France*, tient aussi pour vrai le fait de la prise de Barcelonne par les Sarrasins. Cette version, surtout d'après le témoignage des écrivains de l'autre côté des Pyrénées, nous paraît moins fondée que celle de dom Vaïssette, qui nie la reddition de Barcelonne aux Sarrasins, et prétend que cette ville continua à demeurer soumise à l'empire frank.

(30) Dom Mabillon prétend que la date du diplôme de Ludwig-Débonnaire est de la 31ᵉ année de son règne comme empereur, ce qui correspondrait à 835. Mais nous préférons la chronologie de dom Bouquet, qui nous paraît la vraie dans cette occurrence.

Le monastère est appelé St-Florent de Glonne : *Glonna sive S. Florentius, ubi idem beatus confessor Christi corpore quiescit....... Monasterium quod est situm in territorio Pictaviensi, supra ripam Ligeris.* La charte est datée d'un lieu appelé *Compendium*.

(31) Les écrivains arabes désignent cet engagement sous le nom de bataille de *Bort-Chezar*, qui est, pour eux, le nom du port ou passage de Roncevaux. Ils entrent dans peu de détails et ne mentionnent pas le concours des Basques.

(32) Dodane fut une des femmes les plus remarquables de son siècle par ses vertus, par sa haute capacité et par son savoir. Elle écrivit en latin un ouvrage en soixante-treize chapitres, pour l'instruction de son fils aîné Guillelme, qui devint ensuite duc d'Aquitaine. Baluze a publié la préface de ce livre, et dom Mabillon en a inséré quelques chapitres dans ses actes de l'ordre de St-Benoît. On a prétendu que Mme de Lambert a puisé dans le *Manuel* de Dodane des idées qu'elle a développées dans l'*Avis à son fils et à sa fille*. Dodane mourut à Uzès, vers l'année 843.

(33) Dom Mabillon croit qu'Arnoul, abbé d'Her, put l'être également

de Montglône; mais cette opinion n'est fondée que sur le même nom qu'auraient porté les abbés des deux monastères, et l'exemple d'Hilbodus, sans preuve positive, comme pour ce dernier. Le savant bénédictin s'appuie, en outre, sur une fausse date.

(34) Diplôme de Pippin, roi d'Aquitaine, du 1er avril 826, en faveur de l'abbaye de Ste-Croix de Poitiers. Il est daté d'un de ses châteaux, situé dans la forêt de Mollère, *in foresta quæ dicetur Molarias*. Dom Fonteneau croit que c'est le Vieux-Poitiers, et que la forêt allait alors jusque-là. Nous pensons, au contraire, que le lieu où a été souscrite cette charte était bien plus près de Poitiers.

(35) Notice d'un plaids tenu par Godilus, commissaire (*missus*) de Bernhard, comte de Poitou, le mercredi 20 juin 816, la 2e année du règne de Ludwig, empereur, pour des serfs réclamés par l'abbaye de Mairé. Dom Vaissette (t. 1er, p. 718 et 719) le fait père d'un autre Bernhard et d'Emenon.

Par un diplôme du 22 décembre 826, de Pippin Ier, roi d'Aquitaine, inconnu à Besly et à dom Vaissette, nous voyons qu'alors Bernhard était encore comte de Poitou. C'était sans doute le même que celui de 816, dit dom Fonteneau.

Par ce diplôme, Pippin rend à l'abbaye de St-Maixent le village du Poitou nommé *Titiacus*, dont Bernhard, comte de Poitou, jouissait à titre de bénéfice. Cette cession est faite sur la prière de Bernhard lui-même. Beaucoup de biens ecclésiastiques étaient ainsi donnés, par les souverains, à des grands pour en jouir pendant leur vie.

(36) Pippin, roi d'Aquitaine, *Pippinus gratiâ Dei rex Aquitanorum*, accorde une charte de priviléges à Hilbode, abbé de Hermoutiers, *St-Filibert Herensis*, pour 6 navires qui navigueraient pour eux sur la Loire, la Vienne, le Cher et autres fleuves; on ajoute la Dordogne et la Garonne, pour les nécessités du monastère; à Pierrefite en Aquitaine. 15 kaled. juin. Besly, *Comtes de Poitou*.

(37) Nous continuons à marcher avec le secours de Conde, qui s'est servi des écrivains arabes, dont on n'eut communication que dans les derniers temps. Aussi notre histoire, dans cette partie, était fort incomplète, il y a un demi-siècle, et en arrière de cette époque.

(38) A Aix-la-Chapelle, 13 kal. mars, charte de l'empereur Ludwig-Débonnaire pour le monastère de St-Mesmin de Mici, près Orléans.

.... *Ac in pictavensi territorio, in portas Vitrariæ, in pago harbadilico, super fluvium Tannacum, habet areas salinarum ad onerandas naves, sive ad suas necessitates excludendas, et possidet prædictas areas cum vineis, terris, pratis, pascuis, sylvis et omnibus tibi pertinentibus, quæ Carolholesius de fisco regio habuit scilicet à nostro avo Pipino et filio ejus genitore nostro Carolo regali munificenciâ collatum est cœnobio Miciacensi.* On accorde le droit de naviguer par la Loire, la Seine, le Cher, la Vienne, la Sarthe, la Maine, etc.

(39) Comme nous voulons rendre à chacun ce qui lui appartient, nous devons dire que ces réflexions ne sont point de nous, et que nous les avons trouvées dans un autre ouvrage. Mais nous ne rencontrons pas, en marge de notre extrait, l'indication du livre où elles ont été puisées.

(40) On a prétendu qu'Odon ou Eudes était fils de Théodbert, comte de Madrie, et beau-frère de Pippin, roi d'Aquitaine ; mais ces rapports de parenté et d'alliance ne sont établis par aucun document positif.

(41) La relation de la translation, des reliques de St Junien du monastère de Mairé à celui de Noaillé, par Wulphin Bocce, se trouve dans plusieurs collections historiques, notamment dans Duchesne, Labbe et dom Mabillon.

(42) La localité de Javarzay, qui se trouve, pour ainsi dire, à l'extrémité de la petite ville de Chef-Boutonne est très-ancienne, puisqu'on y a frappé des monnaies d'or sous la race mérovingienne.

(43) L'existence d'un palais ou château, dans la Marche, pour les rois d'Aquitaine, repose sur des documents positifs, cités par les deux Robert du Dorat. Au premier rang, on peut placer un auteur espagnol, Fray Francisco Drago, *la Historia de los antiguos condes de Barcelone*, qui, en parlant de Ludwig-Débonnaire, s'exprime ainsi : *l'imperador Ludovico y parsarse à sa palatio en la Comarcha*, etc. Mais Robert du Dorat, sur le témoignage de d'Aimoin et de Fauchet, placent ce château à Jocondia, dans la paroisse de Mézières, en basse Marche, et Jonilleton prétend, au contraire, que l'étendue, la solidité et la situation des constructions de Crozant militent entièrement pour cette dernière localité.

Ainsi, quoique généralement on place l'entrevue de l'empereur Ludwig et de son fils à Jucondiac, nous nous sommes déterminés à lui substituer une localité dans la Marche, et positivement Crozant.

(44) Comme Pâques tombait le 13 avril, il est possible pourtant que le savant Mabillon se soit trompé sur l'époque de cette visite, et on n'a pas pu trouver la copie entière de la pièce qui l'établit. En effet, cette même année 833, Pippin Ier fut arrêté momentanément par l'ordre de l'empereur son père, qui, ainsi qu'on le verra, l'envoya prisonnier à Trèves, et disposa du royaume d'Aquitaine en faveur de Karles, son fils du second lit.

(45) Suivant une version, Grégoire IV, arrivé près de l'empereur, se

serait fait prendre par lui pour arbitre, et aurait retourné pour négocier auprès des princes. Dans un tel système, un rapprochement aurait pu avoir lieu, et comme il paraît qu'aucun des partis n'y était disposé, la version contraire, qui est celle de Thégan, d'ailleurs très-bien instruit, paraît préférable.

L'*Art de vérifier les dates* place cet événement sous la date du 24 juin.

(46) La grande expédition des Northmans dans l'île d'Her et leur occupation de cette île est indiquée mal à propos par Besly, Meschin et autres auteurs, comme ayant eu lieu en 833; il faut la reporter en 835.

(47) Il s'agit sans doute d'un lieu portant actuellement le nom de Faye, et ils sont nombreux en Poitou : Faye-l'Abbesse, Faye-sur-Ardin, etc. Ce nom signifie une localité dans laquelle il y a beaucoup de hêtres ou de *fayans*, comme on dit dans le pays.

(48) Baluze, dans ses notes sur les capitulaires, indique comme ayant été arrêté à cette diète, le nouveau partage de l'empire fait par Ludwig-Débonnaire. Dom Vaissette adopte aussi cette opinion qui nous paraît préférable à celle des auteurs de l'*Art de vérifier les dates*, qui renvoient à une époque où il y avait eu déjà un rapprochement entre Lothaire et l'impératrice Judith.

Suivant M. Fauriel, ce partage aurait été fait à la diète de Crémieux, tenue un peu plus tard.

(49) Besly, qui nous a donné, le premier, le diplôme de Pippin Iᵉʳ, dont on rapporte les dispositions, le date de 834, mais c'est une erreur. Il n'a pas fait attention que la 21ᵉ année du règne de Ludwig comme empereur devait compter du 18 janvier 814, ce qui correspond à l'an 835, qui porte bien l'indiction XIV à partir du mois de septembre. Ainsi il y a un accord parfait avec ces deux indications. Quant à la 25ᵉ année du règne de Pippin, on ne trouve que peu de chartes où les années de son règne soient prises de cette même année 814 : ordinairement elles ne datent que de 815; cependant les savants auteurs de l'*Art de vérifier les dates* observent qu'elles sont aussi comptées, parfois, de cette dernière époque.

(50) Dans les vacances de 1831, j'ai été assez heureux pour découvrir cet ancien port ou conche, *concha*, point alors inconnu des habitants de l'île de Noirmoutiers. J'étais, dans cette course, accompagné de MM. H. de Ste-Hermine, Piet et Impost. Le port de débarquement des Northmans est situé peu loin de la maison de campagne de ce dernier. D. L. E.

(51) M. Depping, *Invasions des Northmans*, croit que ce combat eut lieu sur le continent; mais il est ici en opposition avec les chroniques du temps.

Mabillon prétend (*Annal. Bened.* t. 2, p. 565) que, dès le mois de juin 834, les moines de St-Philbert avaient quitté définitivement l'île d'Her; mais nous croyons que ce départ n'eut lieu qu'après le combat que leur livra Raynald, et par suite du peu de résultat qu'on vit qu'il était possible d'en tirer.

(52) On fit cette translation par la crainte qu'on avait des Northmans, qui, l'année précédente (836), avaient attaqué l'île, après avoir tué Raynaud, comte d'Herbauge. Le monastère de Deas avait été bâti, peu d'années avant, par l'abbé Arnoul. Ce monastère était sur la rivière la Boulogne, à 10 lieues environ d'Hério et autant de Nantes, proche le Grand-Lac. Il avait été fondé par la crainte des barbares, c'est-à-dire des Sarrasins et des Northmans.

C'est ainsi qu'on peut interpréter les paroles de Ludwid-Débonnaire, dans la charte de fondation de Deas : « *Notum sit, qualiter vir venerabilis Arnulfus, abba ex monasterio sancti Filiberti, quod est situm in insulâ quæ dicitur Heri, propter incursiones barbarorum qui frequenter ipsum monasterium depopulantur foras, in pago qui dicitur Erbadellicus, in loco cujus vocabulum est Deas, per nostrum consensum atque adjutorium novum monasterium ædificasse, et ob commoditatem ejusdem monasterii et congregatione ibidem degente ex fluvio qui dicitur Bedoniam* (la Boulogne) *aquam ibi vello perducere.* »

(53) Dom Mabillon prétend que la translation des reliques de St Philbert de l'île d'Her à Deas n'eut lieu qu'en 857. Il y a lieu de croire qu'elle se fit en 836; mais nous la plaçons en 835, pour ne pas interrompre la série des faits relatifs à cet événement.

(54) *Ex Cenomanico territorio quædam femina Rainaldis nomine navem conscendit cursuque veloci Sarta fluvio agente Meduanæ amnem ingreditur : qua graviore impetu currente, Ligeris descendit in alveum, usque ad optatum portum qui Ratiatus dicitur, à monasterio quod Deas vocant, octo milliariis celeriter decurrit* (transl. S. Filib. ab. *apud* Mabil.).

Hoel, comte de Nantes, vint aussi par eau à Ratiatum en 1154, d'après la chronique bretonne.

Dufour, *Ancien Poitou*, place Ratiatum à Rézé; mais comme huit milles font un peu plus de 6,000 toises, et qu'il y a plus de 9,000 toises de St-Philbert de Grandlieu à Rézé, cet auteur croit qu'on a mis des milles pour des lieues gauloises, et alors il trouve à peu près sa distance.

(55) M. Fauriel, *Hist. de la Gaule Mérid.*, sur le témoignage de l'Astronome, place aussi à cette époque la mort de Lanthbert, comte

des Marches de Bretagne. Il est évident que c'est là une erreur, puisque on va voir ce personnage marquer encore grandement.

(56) Cette observation, je dois le dire, est une généralité, et je ne puis trop appuyer sur le vandalisme que je signale. Quant à la translation des restes de Pippin Ier, faite par les soins d'un prêtre vénéré et digne des premiers temps du christianisme, je la considère comme le résultat d'un défaut de connaissance de l'importance des restes dont on fit ainsi la translation, pour les placer à la porte de l'église de Ste-Radégonde.

(57) Le monastère de St-Cyprien de Poitiers fut fondé par Pippin Ier, roi d'Aquitaine, hors des murs de la ville de Poitiers, sans qu'on sache positivement dans quelle année. On a vu cependant que nous indiquons cette création, comme ayant eu lieu en 828. Il reçut son nom de St Cyprien, frère de St Savin, qui, ayant souffert le martyre, fut, dit-on, inhumé dans cette localité et y donna son nom.

Du reste, Besly prétend que c'est dans l'église de Ste-Croix et non dans celle de Ste-Radhégunde que fut inhumé Pippin Ier; mais c'est une erreur que n'aurait pas commise l'historien des *Comtes de Poitou*, s'il eût habité Poitiers. On sait que cet écrivain, né à Coulonges-les-Royaux, demeurait à Fontenay-le-Comte, où il remplissait les fonctions de procureur du roi. La chronique de Maillezais est positive sur ce point.

(58) A la fondation du monastère d'Engerie se rapportent beaucoup de fables. On sera obligé de revenir, plus tard, sur le point qu'on ne fait qu'indiquer ici.

(59) Suivant les auteurs de l'*Art de vérifier les dates*, qui invoquent à l'appui de cette assertion dom Bouquet et dom Vaissette, Pippin Ier, roi d'Aquitaine, aurait eu pour maire du palais Robert, son beau-frère, comme fils de Théotbert, comte de Madrie. Robert aurait épousé Agane, fille de Wifred, comte de Bourges, et d'Oda, femme qui, selon l'auteur de la Vie de St Genou, ne le cédait pas en noblesse à son époux.

LIVRE IV.

(1) Ces désordres, qualifiés par l'Astronome d'excès monstrueux, tant publics que privés, n'étaient probablement que des faits de guerre de la part des Aquitains, qui tenaient pour Pippin II.

(2) Besly s'est trompé en faisant Raynulfe Ier fils de Bernhard et de Bilichide. Il établit aussi, mal à propos, pour comte de Poitou, un Ebles prétendu fils de Raynufe, dont nous parlons ici.

(3) Dom Vaissette établit comme un fait positif que l'empereur Ludwig

s'était emparé alors de la personne de Pippin II, et qu'à son départ de Poitiers il l'emmena avec lui, sous le prétexte de prendre soin de son éducation. M. Fauriel ne parle pas de ce fait important, et ce n'est guère possible de l'accorder avec sa position après la mort de l'empereur, où il se trouva maître d'une partie de l'Aquitaine, et disposé à défendre ses prétentions contre les autres princes de sa famille.

(4) On croit, sans qu'il y ait une certitude à ce sujet, que Richwin, comte de Nantes à cette époque, est le même personnage qui remplaça Abbon comme second comte de Poitou.

(5) C'est la première fois que l'histoire mentionne ce lieu de Fontenay, surnommé depuis Fontenay-le-Comte, parce que le comte de Poitou s'était réservé cette localité.

Au surplus, il est bon de noter ici qu'on donnait indifféremment au comte d'Herbauges le nom de Raynald ou celui de Renaud, venant toujours du latin *Raynaldus*.

(6) La bataille de Fontenay est un des faits les plus importants de cette série de siècle. Il parut qu'elle eut, ainsi qu'on le dit dans le texte, une grande influence sur cette époque. L'aristocratie de l'époque ayant succombé presque toute, les hommes du Nord eurent une bien plus grande facilité pour envahir le pays.

Il existe plusieurs dissertations pour établir le point où fut donnée cette grande bataille, et nous y renvoyons.

(7) M. de Roujoux, dans son *Histoire des rois et ducs de Bretagne*, prétend que Karle-Chauve, en concédant à Raynald le comté de Nantes, le confirma dans l'emploi de comte de Poitiers. C'est ici une erreur; car Renaud n'a jamais été comte de Poitiers. Du reste, cette même erreur existe dans d'Argentré et dans d'autres auteurs anciens. On peut cependant expliquer l'opinion de ces auteurs en ce sens qu'en disant que Raynald était comte de Poitou, ils entendaient qu'il était comte du Poitou maritime, qui constituait le comté d'Herbauges.

(8) Les serments de Strasbourg sont, pour la linguistique, des documents extrêmement précieux. C'est presque le point de départ de la formation des nouveaux idiomes dans les Gaules.

(9) Les concessions de Lanthbert à ses neveux sont contredites par des raisons assez fortes. Les pays d'Herbauges, de Mauges et de Tiffauges, dit-on, ne faisaient pas alors partie du pays nantais. On peut répondre qu'il était possible qu'elles en dépendissent, de fait, par la conquête. Les fiefs n'étaient pas encore héréditaires; mais cette hérédité a pu être assurée plus tard. Aussi, c'est là qu'existe l'erreur. Ce ne fut pas, en effet,

du comté de Nantes que s'empara Lambert, mais bien du comté d'Herbauges, dont le titulaire Raynaud venait de mourir, et malgré l'appréhension de ce titre par Hervé, son fils.

(10) Le *Goua* est un passage pour arriver de Beauvoir-sur-Mer dans l'île de Noirmoutiers, en faisant un trajet d'environ cinq mille mètres dans la mer, à marée basse. Ce passage n'est pas sans difficulté, et il faut le passer en caravane ou avec un guide; car autrement on pourrait tomber dans les fondrières qui existent, dans certaines parties du trajet, sur le côté. Les balises ne suffiraient pas pour vous diriger, et, en outre, il faut bien choisir le temps du trajet, pour n'être pas atteint par le retour de la marée. Pour ceux qui éprouvent ce malheur, il y a, de distance en distance, quelques pièces de bois entrées profondément dans le sable, et appuyées par des arcs-boutants. Le long de chaque pièce, sont des chevilles solidement placées, et servant comme d'échelle pour monter à une plate-forme de très-petite dimension. C'est là que le malheureux, surpris par la marée, passe une demi-journée, ou même une nuit, appuyé sur l'extrémité de la pièce qui lui sert d'ancre de miséricorde, attendant le moment de pouvoir atteindre le but de son voyage, et devant craindre que la mer ne l'emporte, avec toute la construction à laquelle son existence est attachée pour ce moment.

(11) St Martin de Vertou était un diacre du pays nantais, qui fut employé par l'évêque Félix à prêcher l'Évangile dans la contrée proche de la ville, et au delà de la Loire. On connaît ce qui a été dit de la mission de cet apôtre à Herbauges, et de l'engloutissement, vrai ou supposé, de cette cité dans le lac de Grandlieu. Toujours est-il que Martin fonda des monastères à Vertou, dont il prit le nom, et dans d'autres localités, notamment à Ansion et à Durinum (St-Georges de Montaigu) où il mourut, vers l'an 600.

(12) Veterin est un saint confesseur de l'Anjou, dont la fête tombe le 28 février; c'est la reconnaissance du lieu où ses restes ont été inhumés, qui nous a éclairé sur ce lieu de *Novikeria*. Dom Fonteneau n'a point reconnu cette localité, et l'auteur de l'*Histoire de Tournus* s'est trompé en établissant que ce lieu était Vihiers, localité importante, peu éloignée de Doué, et ce fut là qu'eut lieu la première station des restes de St Martin de Vertou. Quant à Dufour, il a été aussi grandement dans l'erreur, en pensant que ce pouvait être St-Varent, chef-lieu de canton, dans l'arrondissement de Bressuire. Le hasard nous a fait tomber sur une charte qui, en partant d'un lieu, dit que c'est là que reposent les restes du bienheureux Veterin, et ce lieu est Gennes-sur-Loire. En effet, par une

charte du 21 octobre 845, qui se trouve dans la collection de dom Houssean, Karle-Chauve donne aux moines de St-Maur de Glanfeuil, à la prière de l'évêque Hébrouin, des terres à Gennes et l'église de cette localité, sous le vocable de St Veterin et *dans laquelle repose le corps de ce saint*. Il n'y a donc point à douter sur ce point, et il est à noter que l'église de Gennes est encore dédiée à St Veterin. Sans doute la marche des moines de St-Martin de Vertou, pour aller à Ansion, n'était pas la plus courte; mais ils voulaient sans doute suivre la Loire, et probablement ils avaient des motifs pour passer par Gennes, puisqu'ils s'y arrêtèrent plusieurs jours.

(13) Le monastère de St-Jouin de Marne, situé dans un lieu appelé d'abord Ansion, à quatre lieues de Thouars, et non loin des sources de la Dive du nord, est d'une très-haute antiquité. En effet, cet établissement ecclésiastique remonte au Ve siècle, tout au moins, et l'on prétend que le saint dont il tire son nom fut un des disciples de St Hilaire.

(14) Nous parlerons plus tard du retour des moines de St-Florent et de tout ce qui en fut la suite. D. L. F.

(15) *Si quis quemcumque contra nos et contra hanc partam sinceritatem aliquid moliri manifestè agnoverit, si eum convertere nequiverit apertè prodat atque denotet, et sic concilio atque auxilio episcopalis auctoritas et fidelium unanimitas, ut noster honor et potestas regia inconvulsa permaneat, totis nisibus decertare et abjuvare procuret.*

(16) Notre série de faits, relative aux diverses occupations de Toulouse, est le résultat d'un système ; mais ce système est appuyé sur des faits connus et sur des conséquences qui, en grande partie, en résultent nécessairement.

(17) Le fait de la mort de Bernhard de Septimanie est raconté diversement. Le récit le plus vraisemblable est celui d'Odon Aribert, que M. Fauriel a copié, et auquel nous nous arrêtons, comme étant le plus vraisemblable.

(18) Le château de Begon aurait été construit, prétend-on, au lieu où est actuellement Bouguenais, localité qui aurait tiré son nom de ce personnage. Mais, à ce sujet, je dirai que Travers, dans son *Histoire des évêques de Nantes*, s'exprime ainsi : « On ne sait trop où était le château de Bougon. » Aussi me suis-je exprimé ainsi dans mes *Recherches sur les voies romaines de Limonum à Juliomagus et à Portus-Namnetum* : « Peut-on bien dire qu'il (le château de Begon) était sur la Loire, quand ce duc était chargé d'observer Lambert et ses trois lieutenants, et pouvait bien sûrement s'établir de l'extrémité de l'Aquitaine d'alors, ayant derrière lui toutes les forces de ses ennemis? Je pense donc qu'il faut

chercher le château de Begon plus avant dans le Bas-Poitou, où se trouve plus d'un lieu appelé la Begonnière, la Bougonnière, ou quelque chose d'approchant. » D. L. F.

(19) Le gué de Bleson est situé sur le ruisseau de ce nom, appelé aujourd'hui *Blevron* ou *Bevron*, qu'il ne faut pas confondre avec la rivière de Boulogne. Ce passage, extrêmement dangereux et hérissé de rochers escarpés, au travers desquels l'eau écume et se brise, est dominé par l'ancien château de la Forte-Écuyère. « La tradition, dit Massé-Isidore dans sa *Vendée poétique et historique*, raconte qu'en cet endroit eut lieu, dans un temps très-reculé, un combat entre des grands seigneurs du pays; que l'un d'eux y fut tué. On dit qu'ayant été acculé jusque sur le bord du précipice, son cheval, sentant la terre lui manquer, donna, en tombant, un tel coup de pied sur la pente du rocher, qu'il y laissa l'empreinte de son fer. Les paysans des environs la montrent encore aux étrangers. Cette tradition est évidemment fabuleuse, en ce qui concerne l'empreinte du pied du cheval de Bougon; mais elle n'en constate pas moins le genre de mort de ce chef..... »

Nous ne suivrons pas plus loin Massé-Isidore, qui prétend qu'on a enterré Bougon, avec son cheval, à *Durinum*, à présent St-Georges de Montaigu, et qu'on a retrouvé le squelette de ce personnage, *ayant encore ses éperons aux pieds*. Nous ne pouvons mieux faire, pour tous ces détails, que de renvoyer à nos *Recherches sur les voies romaines de Limonum à Juliomagus et à Portus-Namnetum*. D. L. F.

(20) Ce traité, comme on le dit dans le texte, est très-curieux, parce qu'il monumente la division de l'Aquitaine en deux duchés.

(21) La ville de Melle a eu une grande importance au moyen-âge, à cause de sa mine de galène argentifère et de son atelier monétaire. Ce fut une cause de richesse pour les rois d'Aquitaine et pour les comtes de Poitou. Mais cette spécialité entre dans un ordre de travail d'une véritable importance et de beaucoup d'étendue. C'est ce qui fait que nous n'en dirons, pour ainsi dire, rien dans cet ouvrage. Il y a, du reste, longtemps que nous avons annoncé nos *Recherches sur la mine, les monnaies et vicomtes de Melle*. A ce sujet, nous devons dire que, quant aux monnaies de cette localité, M. G. Lecointre-Dupont a émis un nouveau système dans son beau travail sur les monnaies du Poitou, et que l'examen de ce même système est l'objet de nos études. D. L. F.

(22) Ce diplôme, dont la copie est dans la collection des chartes de D. Fonteneau, est revêtu de la signature de Pippin, exprimée par un monograme, après cette indication, *signum Pippini regis*.

(23) Des auteurs donnent Lanthbert pour compagnon d'armes à No-

minoé dans cette expédition ; mais c'est à tort. Le premier avait déjà depuis longtemps abandonné la scène politique.

(24) On n'est pas généralement d'accord sur toutes les clauses du traité d'Angers, fait entre Karle-Chauve et Erispoé. Le premier conféra-t-il bien à l'autre le titre de roi? Enfin la cession du pays de Rais ou de Retz à Nominoé est encore un point qui ne laisse pas que de souffrir quelque difficulté.

(25) L'épitaphe de Dodon, écrite sur une pierre de cinq pieds de long sur quatorze pouces de large, est en caractères qui ne permettent guère de la faire remonter au delà du onzième siècle. Il est probable, d'après cela, que ce n'est qu'une copie de l'inscription principale.

(26) Ce lieu, appelé *Brilliacum*, a donné lieu à des recherches de la part de beaucoup d'écrivains. Quant à ce qui nous concerne, nous ne pensons point qu'on doive fixer le lieu de ce combat, soit à Brillac, à 10 kilomètres de Confolens, soit à Brissac, près de la Loire, mais bien au lieu de Brillac, sur le promontoire que borde la rivière de la Vendée. Alors ce serait un point sur lequel les hommes du Nord auraient débarqué, et sur lequel ils avaient peut-être formé un établissement provisoire, comme ils en faisaient parfois. Il faut convenir que la position est très-belle, puisque la rivière la contourne en partie.

(27) La cérémonie du couronnement du jeune Karles fut faite, ainsi que le dit Verneilh-Puyraseau (*Hist. d'Aquit.*), dans l'église de St-Sauveur ou de St-Martial, par Raoul de Turenne, archevêque de Bourges, assisté de Stodile, évêque de Limoges, et de plusieurs autres prélats. Au surplus, ce prince mourut quelques mois après ; il fut inhumé dans l'église de St-Sulpice de Bourges.

(28) La chronique de St-Maixent, dite de Maillezais, place ce combat près de Poitiers, *propè Pictavium*. Un savant antiquaire, Mgr de Beauregard, évêque démissionnaire d'Orléans, a prétendu que c'est près de Moulinet ou de Vouillé qu'eut lieu cet engagement. Il pense que les Northmans s'étaient retranchés dans un des camps anciens qui existent près de ces deux localités.

(29) Parmi les grands de l'Aquitaine qui accompagnèrent Karle-Chauve dans son expédition contre les Northmans, était Geoffroy Ier, comte de la Marche, fils ou petit-fils de Rotger, institué dans cette dignité par Karle-Magne. Ses troupes avaient pour second chef ou vicomte, Turpien d'Aubusson, fils du seigneur du même nom, dont il a déjà été question. Du reste, Geoffroy fut, comme les autres seigneurs d'Aquitaine, appelé par le Chauve pour le secourir ; il se déclara bientôt contre lui.

(30) C'est le cas de relever ici une grave erreur des deux Robert du

Dorat, de Bouchet, de Thibaudeau et de Jouilleton, qui prétendent que Robert-Fort fut le premier comte de la Marche. Quelques-uns d'entre eux établissent même Geoffroy Ier pour son compétiteur, à raison de ce que les deux prétendants à la couronne d'Aquitaine établirent chacun leur comte particulier pour chaque province de ce royaume. Robert-Fort ne fut jamais comte de ce pays, appelé aujourd'hui la Marche; mais il le fut d'une étendue de territoire vers la Loire, et formant marche ou frontière, à raison des établissements des Northmans sur ce fleuve.

(31) Nous lisons dans l'*Annuaire historique pour 1842*, publié par la *Société de l'Histoire de France*, à l'article intitulé *naissances et alliances des rois, reines, princes et princesses des différents États ou souverainetés*, le passage suivant : « FRANCE-BOURBON-CATHOLIQUE. Robert le Fort, comte d'Anjou, et créé par Charles-le-Chauve, en 861, gouverneur et duc de tout le pays compris entre la Loire et la Seine, est regardé comme le chef de la maison de France. Suivant Richer, qui écrivait à la fin du xe siècle, et dont l'ouvrage a été publié, pour la première fois, en 1838, Robert était fils de Witikin, d'origine allemande, qui vint s'établir en France, sous le règne de Louis le Débonnaire. »

Malgré l'autorité de la Société de l'Histoire de France, et même celle de Richer, je tiens que Robert-Fort était fils de Robert Ier, comte de Tours. En effet, Chalmel, dans son *Histoire de Touraine*, et plus particulièrement dans ses *Tablettes chronologiques*, a établi ce point d'une manière incontestable. Je renvoie donc à cet auteur pour cette justification, qui mènerait beaucoup trop loin. Du reste, il est possible que cette famille ait été, mais en remontant plus loin, d'origine saxonne, *saxonici generis vir*, comme disent certaines chroniques, et c'est alors ce qui aura induit Richer en erreur. Du reste, je compte traiter ce point plus tard, dans un ouvrage spécial. D. L. F.

(32) On voit, d'après la chronique d'Angers, que les ossements de St Maur furent portés dans divers lieux, notamment dans le diocèse de Seez, jusqu'à ce qu'en 862, on les déposa dans le monastère des Fossés, près Paris. Ensuite, d'après Ermentaire, le corps de St Philbert fut transféré, dans cette même année, de Cunault à Messay, dans la crainte des Northmans. L'abbé Hilbodus, allant vers le roi Karle-Chauve, obtint beaucoup de possessions en Poitou, ou nouvellement, ou par confirmation..... *Concessimus....., id est, Madernas cum ecclesiis et cum decimis, et omnibus appendiciis suis : et Mesciacum cum capellâ, et cum decimis ejusdem ecclesiæ, in quâ sunt mansa septem; apsiacum cum duabus ecclesiis et mansis undecim, quartasque tres ; et in villâ Massiniaco mansos tres ac medium, et præterea mansa octo ; et villam Asnerias*

(*in territorio Briocensi*, *super Waltonum fluvium*), *villamque Prisciacum mediam*, *et cum appendiciis earum*, *sicut eas habuit quondam Orbertus. Quæ omnes sunt sita in comitatu Pictavorum*, *sive Toarsium*, *sive Herbadilici incolarum.*

(33) L'abbé Daniel, *Histoire de France*, en s'appuyant sur quelques documents, pense que Pippin II abjura en effet la religion du Christ. Mais ce point est erroné, d'après le témoignage d'Hincmar, archevêque de Rhims, qui, énumérant tous les griefs qu'on avait à imputer à ce prince, ne parla point de celui-ci, qui aurait été pourtant d'une gravité extrême.

(34) M. de Sismondi dit : « Pippin II brûla l'*église cathédrale*, *consacrée à St Hilaire*, l'un des sanctuaires pour lesquels les Français avaient la plus grande vénération. » Aussi, quand on écrit loin des lieux, le défaut de connaissances locales fait commettre bien des erreurs. On sait que l'église cathédrale de Poitiers est sous le vocable de St Pierre, et que l'église de St-Hilaire-le-Grand, très-vénérée du reste, n'était qu'une simple collégiale. Sur des détails de cette espèce, les élèves en apprennent à leurs maîtres.

(35) Nous allons donner ici les motifs qui nous ont porté à placer sous l'année 863 l'assassinat d'Hébrouin, évêque de Poitiers, que nous avons vu jouer un si grand rôle politique dans les temps antérieurs. La Nouvelle Gaule Chrétienne le marque sur l'année 853; mais c'est une erreur évidente, puisque nous trouvons que ce prélat obtint postérieurement, et en 863, de Karle-Chauve, en faveur du monastère de St-Maure-des-Fossés, la donation d'une *villa*, dans le diocèse de Seez, pour y transférer le corps du saint, et le mettre en sûreté contre les incursions des Northmans (*Transl. S. Maur. in Foss. cœnob. apud Bouquet*). C'est aussi mal à propos que Besly, dans ses *Comtes de Poitou*, place la mort d'Hébrouin en 858. Il est vrai qu'il revient sur cette opinion dans ses *Recherches sur les mémoires attribués à la Haye*, et qu'il met cet événement sous 863, ce qui est assez probable, et ajoute que le prélat fut tué par les Northmans. Du reste, rien de positif sur l'année, tandis que le jour du 13 avril, constaté par une inscription que nous transcrivons, est une donnée positive. Mais ce même document accuse encore les habitants de Poitiers de l'assassinat de leur évêque, et nous n'avons rien de positif sur la manière dont ce meurtre fut commis. Les Poitevins se seraient-ils rendus coupables de lâcheté, en abandonnant leur évêque à la fureur des Northmans? ou bien l'auraient-ils livré comme une partie du prix de leur délivrance, ou encore, pendant les négociations, Pippin aurait-il fait mettre l'évêque à mort par quelques-uns de ses adhérents aquitains ou northmans? L'op-

position d'Hébrouin aux projets de Pippin est constante ; et obligé d'adopter un système, celui qu'on s'est fait paraît le plus convenable.

Voici l'inscription relative à la mort d'Hébrouin ; elle est tirée des *Evêques de Poitiers*, de Besly :

TRISTE VIR UNQUAM POTERIT DEPONERE CRIMEN
PICTAVIS MAGNI PRÆSULIS INTERITU.
MAII SEPTENIS HEBROINUS BISQUE CALENDIS
PONTIFICALIS APEX ASTRA SUPERNA PETIT.
HILARIUS, SANCTUS GERMANUS QUEM HABUERE
ABBATEM, AUGUSTO HIC JACET TUMULO.

(36) Il est positif que le comte Raynulfe 1er fut abbé de St-Hilaire-le-Grand ; mais la charte, rapportée par Besly et par D. Bouquet, est douteuse, parce qu'on y voit Karle-Chauve se servir d'une formule non usitée dans ces temps, *ordinante divinâ majestatis gratiâ rex*.

(37) M. Capefigue, *Invasions des Normands*, et Suhm, *Hist. de Danemark*, disent que Mœrne, que nos chroniqueurs ont appelé Maurus, tirait son nom de la province de Mœren en Norwége, d'où il était sorti avec ses troupes.

(38) Le savant dom Vaissette, dans son *Histoire du Languedoc*, commet une erreur en établissant ce Bernhard comme fils de Bernhard de Septimanie, et en le faisant autre que celui qui eut lui-même ce titre peu de mois après.

(39) Pour l'atelier monétaire de Melle, il faut se reporter à ce qu'on dira un peu après, en parlant du vicomte de cette localité et de sa spécialité.

LIVRE V.

(1) Cette expression semble annoncer qu'auparavant, les Northmans étaient arrivés à Poitiers par le Clin. Néanmoins, l'annaliste de St-Bertin, éloigné du lieu dont il parle, peut bien employer cette locution, seulement par opposition au moyen d'arriver, dont les barbares se servaient d'abord ou le plus souvent.

(2) La lettre du pape Nicolas 1er est adressée *ad duces Aquitaniæ*; mais ce mot *duces* doit-il se rendre ici, comme le veut dom Vaissette, par le mot *ducs ?* Quand ce serait là le sens véritable, il n'en serait pas moins vrai que le savant auteur de l'*Histoire du Languedoc* se serait étrangement trompé, lorsqu'il dit : « Aussi voyons-nous qu'il y avait plusieurs
» ducs dans ce pays (l'Aquitaine), en 889, comme il paraît par une

» épitre du pape Nicolas Ier, de cette année. » Note LXXXVII, § V, n° LXXVIII. Or, ce pape mourut le 13 novembre 867 ; la lettre est datée du mois de décembre, indiction XV ; ainsi elle doit être de l'an 866, soit qu'on prenne l'indiction de Constantinople, soit celle constantienne ou impériale.

(3) Châteauneuf-sur-Sarthe, autrefois *Seronne*, *Solumnum*, *Selonna*, fut le chef-lieu du comté ou marquisat affecté à Robert-Fort, par Karle-Chauve, afin de défendre le surplus des Gaules contre les Northmans de la Loire. Seronne prit le nom de Châteauneuf, *Castrum novum*, en 1131, parce que Geoffroy Plantagenet y fit construire une forteresse, afin de résister aux attaques de Robert de Sablé, son ennemi et même son compétiteur. Cette position, comme le fait remarquer M. Godard-Faultrier dans son ouvrage sur l'Anjou, était très-bonne comme un centre d'opérations, la contrée à l'entour étant coupée par quelques rivières et de nombreux ruisseaux, et offrant plusieurs points d'appui.

(4) Brissarthe, *Briasarthæ*, *Briesertæ*, est une localité de l'Anjou à cinq lieues d'Angers et près de Châteauneuf ; elle tire son nom de ce que c'était un passage sur la Sarthe (des mots *brica*, *bria* et *briga*, passage), ainsi que l'ont démontré Ménage et Bodin.

(5) Je pense que Bodin s'est trompé dans le passage suivant de ses *Recherches sur Angers et le bas Anjou* : « La mort de Robert rend l'église de Brissarthe un monument historique du plus grand intérêt, non-seulement pour l'Anjou, mais pour la France entière. Elle a été bâtie à différentes époques ; mais sa nef est bien celle dans laquelle les Normands se tinrent renfermés ; sa construction paraît être du huitième ou du commencement du neuvième siècle ; le côté de cette nef, à droite en entrant, est percé de trois petits vitraux à plein cintre d'un pied de largeur sur quatre de hauteur. Il y en avait anciennement cinq, comme on le voit à l'extérieur. Il n'y a point d'ouverture de l'autre côté, si ce n'est des arcs en ogive faits dans le quinzième ou dans le seizième siècle ; mais ils sont murés. Ainsi ce doit être de l'une de ces cinq petites fenêtres que fut décochée la flèche qui atteignit Ranulphe ; et c'est sur cette place, devant la porte de cette église, que fut tué Robert. C'est là, c'est dans cette même nef que son corps sanglant fut traîné, et que le féroce Hasting put contempler avec joie son ennemi mort, celui dont les descendants devaient posséder un jour presque toute l'Europe, celui qui fut le père de la plus nombreuse progéniture de princes, de rois, connue dans les annales du monde. »

Depuis la publication de l'ouvrage de Bodin, la science de l'architecture monumentale a marché ; et aussi M. Godard-Faultrier, en relevant l'erreur de celui qui l'avait devancé dans la carrière, indique la nef de l'église de Brissarthe comme étant du style du xi* ou même du xii* siècle. Du reste, il est bien convaincu que c'est le lieu où fut tué Robert et où fut blessé Raynulfe; et j'ajouterai que puisqu'il est probable que la reconstruction a été faite conformément au plan primitif, on peut croire que c'est par une des croisées existantes, ou plutôt par une de celles qu'elles ont remplacées, que passa la flèche qui atteignit le comte de Poitou.

(6) « Les paysans, dit M. Godard-Faultrier, l'appellent le *général le Fort*, et vous indiquent un lieu nommé Buron, où il avait braqué *ses canons* pour battre les Northmans. » C'est peut-être le point sur lequel il fit placer une de ces machines de guerre, alors en usage dans les siéges, et qui tenaient lieu des canons d'aujourd'hui.

(7) Notre-Dame de Seronne est l'église de la localité de Châteauneuf-sur-Sarthe, chef-lieu, ainsi que nous l'avons dit, du comté ou plutôt du marquisat de Robert-Fort. Une portion de ses murailles, à petit appareil irrégulier, indique une construction antérieure au x* siècle. Cette église est à une extrémité du bourg, et à l'autre se trouve une tour, dite de Robert-Fort, dont l'intérieur est une chapelle voûtée à plein cintre, qui peut, d'après l'auteur de l'*Anjou et ses monuments*, remonter à la même époque que la construction primitive de l'église. Nous croyons inutile de parler des constructions postérieures ajoutées à ces deux monuments.

(7) On s'étonne, aujourd'hui que les recherches historiques ont été poussées si loin, de voir que, moins d'un siècle en arrière de nous, des érudits, comme l'étaient par exemple les bénédictins, ont fait sortir la dynastie des Capétiens de la race chevelue ou des maires du palais. Ce fut en récompense de grands services, que la troisième race fut élevée sur le trône de France; et sa grandeur a été ensuite en proportion de l'importance, sur la scène du monde, du peuple qu'elle a été appelée à gouverner. Pour trouver à Robert-Fort une longue suite d'aïeux connus, on serait fort embarrassé, si on se livre à de consciencieuses recherches. C'est Chalmel, auteur de l'*Histoire de Touraine*, qui me parait avoir le premier disertement établi, dans ses *Tables historiques*, relatives à la même province, que le vainqueur des Northmans, Robert-Fort, était fils de Robert I*er*, comte de Tours. Or, il est dans l'Aquitaine du nord des familles dont les auteurs connus remontent à peu près aussi haut; pour quelques-unes, plus loin encore, comme les d'Aubusson, les la Trémouille, les Chabot et d'autres encore. Mais ces maisons, quels qu'aient été les faits d'armes de quelques-uns de leurs membres, n'ont pas eu l'honneur,

presque à nul autre pareil, d'occuper le trône de France, de régner sur la grande nation... »

(9) Néanmoins, on doit dire que, quant à Robert-Fort, Odon et Robert, ses fils, étaient trop jeunes pour succéder *immédiatement* à leur père dans la possession d'un comté. Aussi, le duché d'entre Seine et Loire fut donné au frère utérin d'Odon et de Robert, à Hugues dit l'Abbé, fils de Conrad, comte d'Altorf, en Germanie, et d'Adélaïde, remariée en secondes noces à Robert-Fort.

(10) Il s'agit sans doute de ces petites vaches brunes et blanches, dites *vaches brettes*, qu'on tire tous les ans de la Bretagne, pour les conduire dans l'Aquitaine du nord et plus au midi.

(11) Il prêta serment de fidélité à Karle-Chauve. « C'est le dernier serment de ce genre, dit M. Fauriel, prêté par un comte de Toulouse à un roi karlovingien. »

(12) Les annales de St-Bertin établissent que le Chauve permit aux Northmans de résider dans une certaine île de la Loire, et d'y établir un marché, jusqu'en février 874. On a prétendu que cette île est celle qu'on appelle île Batailleuse, et qui est située devant St-Florent-de-Montglone.

(13) On voit, d'après cela, que nous n'adoptons pas l'opinion de ceux qui font de Frottier un évêque titulaire de Poitiers.

(14) « Parmi les articles de cette dernière série, dit M. Fauriel, *Hist. de la Gaule méridionale*, quelques-uns portent des traces si vives encore des mœurs et des passions primitives des Franks ou des Germains, qu'ils ont plutôt l'air d'avoir été écrits le lendemain de la conquête franke, que la veille d'une expédition religieuse et politique en Italie. Tels sont, par exemple, le 32e et le 33e ; ils sont tous les deux relatifs à la chasse. Le premier détermine avec précision quelles sont celles des forêts royales où le fils et le successeur désigné de Karle-Chauve ne pourra chasser d'aucune manière ; celles où il ne pourra chasser qu'en passant et où il lui est interdit de chasser des sangliers ; celles, au contraire, où il ne chassera que des sangliers ; celles enfin où il pourra tout chasser, bêtes fauves et sangliers. Le deuxième est peut-être plus curieux encore : il prescrit au garde ou chef des forêts royales, de tenir un compte exact de toutes les bêtes fauves et de tous les sangliers que son fils aura pris ou tués à la chasse. »

(15) Ludwig-Bègue fut même reconnu comme roi des Aquitains à la diète de Compiègne, tenue en décembre 877, en même temps qu'on les proclamait roi des Franks ; mais le dernier titre absorbait nécessairement l'autre.

(16) Comme on l'a dit dans le texte, ce qui concerne les pièces de Melle offre la matière d'un traité entier, surtout d'après le beau travail de M. G. Lecointre-Dupont sur les monnaies poitevines. Là, ce jeune et savant antiquaire a présenté un système complet sur les monnaies de Melle, et il s'agit de l'apprécier. Ce n'est donc pas dans une simple note, quelque étendue qu'elle soit, qu'on peut traiter un pareil sujet. Du reste, l'auteur-éditeur de ce livre a annoncé, depuis longtemps, des *Recherches sur la mine, les monnaies et les vicomtes de Melle*, et cet ouvrage paraîtra un peu plus tard. D. L. F.

DEUXIÈME PARTIE.

LIVRE Ier.

(1) Il est à remarquer que le savant et judicieux dom Vaissette commence aussi le second volume de son *Histoire du Languedoc* au moment où, par suite de la mort de Karle-Chauve, le royaume d'Aquitaine se trouva réuni avec le royaume de France.

(2) Gozlin était fils de Roricon, comte du Maine, et de Bilichide, et frère d'une autre Bilichide, femme de Bernhard Ier, comte de Poitou. Il fut successivement moine et abbé de St-Maur-sur-Loire, puis abbé de St-Germain-des-Prés et de St-Denis en France, et évêque de Paris. Gozlin se fit remarquer par son courage dans la défense de sa ville épiscopale, assiégée par les Northmans, et mourut en 886, pendant ce même siége, des fatigues d'un siége long et pénible qui avait, dit un auteur, épuisé en lui le dernier souffle de la vie.

(3) Emenon, fils de Bernhard Ier et frère de Bernhard II, comtes de Poitou, et neveu de l'autre Emenon, comte de la même province de 832 à 839, mourut le 22 juin 866.

(4) Raynulfe II était fils de Bernhard II, comte de Poitou, à qui il succéda. C'est à tort que Besly le fait fils de Raynulfe Ier; et cette erreur est facile à reconnaître. En effet, Raynulfe Ier, comte de Poitou, n'est qualifié, dans deux chartes de St-Martin de Tours, dont on aura occasion de parler, que de *consanguineus* dans l'une, et de *propinquus* dans l'autre, de Raynulfe II. Or, si celui-ci eût été vraiment le fils du premier, il lui eût certainement donné le nom de père. On parlera, plus loin, de ces chartes, quand il sera question d'établir l'année dans laquelle Ebles-Manzer a commencé à régner.

(5) M. Fauriel indique Bernhard II comme étant fils de Bernhard, comte du Mans, ce qui est une erreur. Il était seulement petit-fils de Roricon, comte du Mans, par Bilichide, sa mère.

(6) Peut-être la femme de Bernhard II s'appelait-elle Ermengarde; et alors elle aurait survécu à son mari. Nous trouvons le nom de cette femme immédiatement après les seings de Raynulfe II, comte de Poitou, et de Gauzbert, qualifié aussi comte, dans une charte de 878 ou 879, pour St-Hilaire-le-Grand.

(7) Suivant une note de M. Traulé, communiquée à M. Depping par M. A. Leprévost, on a trouvé à Sancourt, sur ce champ de bataille, il y a quelques années, beaucoup de fers de mulets. Ils venaient sans doute des bêtes de somme des troupes d'Aquitaine, dont un contingent faisait partie de l'armée du roi Ludwig.

(8) Nous allons indiquer ici quelques-uns des vicomtes qui apparaissent les premiers, d'après des documents non contestables.

On trouve, dans une charte mentionnée dans l'Histoire d'Espagne et de Marca, un *Adefonsus*, vicomte dans le Roussillon dès 832, et assistant, cette année, à un *plaid* tenu à Elne par Bérenger, duc de Toulouse, principal commissaire envoyé dans la Septimanie pour y rendre la justice. C'est le premier vicomte dont l'existence soit non contestable, qu'on rencontre en Languedoc, suivant l'opinion de dom Vaissette. « On » commença donc dès lors à nommer vicomtes, dit-il, les lieutenants des » comtes, auparavant viguiers, *vicarii*, et qu'un ancien auteur appela » *loco positi*. »

Vient ensuite Ansemond, qu'on trouve indiqué indifféremment comme *vicomte* et comme *vidame* dans les titres de l'église de Gironne ; ce qui indique que ces deux termes signifiaient la même chose. On peut, de plus, induire de ces actes que ce vicomte était placé dans le voisinage de Gironne.

On trouve encore, dans l'*Histoire de Languedoc*, par dom Vaissette, l'indication de deux vidames ou vicomtes du diocèse de Narbonne, qui assistèrent, avec d'autres notabilités de l'époque, le 10 septembre 852, à un *plaid* général tenu à Crespian, dans ce territoire, où l'on jugea un procès d'après les lois visigothiques. Mais il est à remarquer que le titre pris par ces officiers, *vice domini*, se rapporte au premier, et non au second ; ce qui fait que cet exemple n'est pas aussi afférent que les autres au point que nous traitons.

On trouve peu après, en 858, la mention d'un vicomte de Béziers, du nom de Gérin, dans la relation de la translation des reliques de saints Georges et Aurelius, de la ville de Valence en Espagne, en l'abbaye de St-Germain-des-Prés. Les deux religieux de St-Germain-des-Prés étaient proches parents et amis de Gerin, *le premier de la ville, civitatis primate*, qui les reçut chez eux. Il en aurait tiré bon parti ; car, accablé de douleurs, il aurait obtenu sa guérison par leur mérite, et aurait, par suite, accompagné et escorté les reliques jusque dans le Vivarais. L'échanson du vicomte, nommé Brictius, paralytique et couvert d'ulcères depuis deux ans, fut aussi, d'après la relation, entièrement guéri par l'intercession des religieux parisiens.

D'après dom Vaissette, les vicomtes de Carcassonne et de Rasez furent d'une autre origine que les autres. Ils étaient comtes dans le principe, et ils ne devinrent vicomtes qu'après avoir aliéné leurs comtés aux comtes de Barcelone.

(9) D'après une charte, et en la prenant pour sincère, l'existence de certains vicomtes remonterait à l'année 845. Mais si cette pièce, nous devons le dire, est tenue pour vraie par dom Vaissette dans l'*Histoire du Languedoc*, et par M. Fauriel dans l'*Histoire de la Gaule méridionale*, elle est attaquée aussi par une haute notabilité scientifique, par M. Guérard. Nous ajouterons que M. Rabanis, dans son *Essai sur les Mérovingiens d'Aquitaine*, s'est rangé à ce dernier avis, contrairement à ce qu'un des auteurs de cet ouvrage (M. de la Fontenelle) a écrit aussi pour corroborer l'opinion de M. Fauriel.

Quoi qu'il en soit, nous voulons parler de la fameuse charte du monastère d'Alaon, diocèse d'Urgel, donnée en 845, rapportée d'abord par le cardinal Daguirre, dans sa Collection des conciles d'Espagne; charte d'une grande importance, puisqu'elle établit la descendance des premiers ducs héréditaires d'Aquitaine, de la race mérovingienne. On trouve d'abord un Asinarius, vicomte de Louvigni et de Soule, sur la frontière de la Navarre, issu de la race mérovingienne, et fils de Wandrigisille ou Wandrille, parent de Karle-Chauve. Il fut la tige des vicomtes de Soule, et épousa Gerberge, fille du duc Burchard.

Citons les paroles textuelles de la charte:

Denique de consensu principali filii sui Asinarii, vice-comitis Lupiniacensis ac Solensis, *qui territorium de Alacone pro hæreditate sortitus fuerat, dedit monasterio et monachis præfatis ecclesias locorum de Arenus, de S. Stephano, de Malleo, de Auleto, de Rocheta, de Viniallo, de Zalvera et utraque Zopeira, de Pardinella, de Castannaria et Cornudiella, et omnia aloda eorum, scilicet Lavandarias et Parietes..... Visis præsertim patentibus litteris, quas ad nos misit humiliter, super hoc rogans, nobilis ac fidelis noster* Asinarius Lupiniacensis et Solensis vice-comes, *jam dicti territorii dominus; et propter bona servitia quæ nobis fecit contra Mauros de Corsica, et alios adversarios Francorum, nobilis consanguineus noster Burchardus dux, prædictæ vice-comitissæ Gerbergæ pater..... Et præcipué quod prædictum monasterium habeat et possideat res omnes, quas de consensu omnium filiorum suorum, et præcipué Asinarii vice-comitis, pater eorum Vandregisilus cum comitissa Mariá uxore eidem legavit et donavit..... Reservamus tamen omnium locorum prædictorum, et prædicti monasterii advocatiam, seu abbatiam, cum medietate deci-*

marum omnium, gageriæ titulo, ac dictum vice-comitem Asinarium, *præfati territorii dominum, suosque ad successores et hæredes, vel ad alios qui ab eo, seu hæreditaria, seu emptiva, vel dotalitia ratione jus habuerint.....*

Un des premiers vicomtes que l'on rencontre encore en 845, d'après la charte d'Alaon, est Antoine, vicomte de Béziers, fils aussi du comte Wandrigisile ou Wandrille, descendant de la race mérovingienne par Hatton, fils puîné d'Odon, duc d'Aquitaine. Antoine était frère d'Asinarius, vicomte de Louvigni et de Soule, et d'Atton, comte de Pailhas, au diocèse d'Urgel, et avait pour frère aîné Bernhard, comte des Marches de Vasconie. Le comte Wandrille, vainqueur des Sarrasins, avait, de concert avec son épouse Marie, fille d'Asinarius, comte de Jaca, fondé et doté, en 834, le monastère d'Alaon, de concert avec ses quatre fils, qui y contribuèrent aussi avec les dépouilles qu'ils avaient enlevées aux infidèles. Les quatre frères étaient mariés alors, et dom Vaissette dit que la conformité des noms de deux d'entre eux, Bernhard et Atton, avec ceux des vicomtes héréditaires de Béziers et de Carcassonne, au XIIe siècle, peut faire conjecturer qu'ils descendaient tous de la même tige.

Dans la même charte d'Alaon, de 845, on trouve encore la mention de Centule-Loup, vicomte de Béarn, aussi issu de la race mérovingienne. Il était fils de Centule, comte de Béarn, et d'Auria, et était sous la tutelle de celle-ci, en 845. Nunc et illos tenent dictus donatus Lupus comes et Centullus jam dicti Centulupi Benearnensis vice-comitis filius, sub Auriæ matris regimine.

Au surplus, la charte d'Alaon suppose l'existence des vicomtes en général, et indique leurs fonctions, ce qui est d'une grande importance. « Insuper per hoc nostrum excelsum præceptum ordinamus et statuimus, quod nullus dux, comes, vice-comes, seu vicarius, sive ullus exactor judiciariæ potestatis, in ecclesias prædictas, aut loca, vel agros, vel alaudes, seu reliquas possessiones, quas prædictum monasterium retinet, vel quas in tempus, in jure ac potestate ipsius divina misericordia augere potuerit; ad causas audiendas, seu gestium dandum, vel freda et telonea exigenda, aut feramina capienda, aut mansiones, seu paratas faciendas, seu fidejussores tollendos, aut homines ipsius monasterii tam ingenuos quam servos distrigendos, aut ullas redhibitiones, aut illicitas occasiones requirendas, nostro tempore, vel juniorum, seu successorum nostrorum, ingredi audeat, nec curtes præfati monasterii penetrare, vel ea quæ supra enumerata sunt, penitus præsumat exigere; sive comes sit, aut vice-comes, aut vicarius, aut graffio, aut gastaldus, aut telonarius, sive alius justitiariæ potestatis..... In cæterum nullum tributum, vel debitum, de omnium rerum suarum possessionibus alicui persolvat : sed liberè et tranquillè omnes hæreditates suas, hac nostra legati absolutione, possideat; et nullo unquam duci, vel comiti, vel vice-comiti, vel vicario, aut graffioni, seu alio domino, seu solum nostræ, et juniorum seu successorum nostrorum in temporalibus subditum sit potestati immediatè..... Cæterum si quis dux, aut comes, seu vice-comes, seu vicarius, aut graffio, vel potestas terræ, vel judex, vel alius è nostris fidelibus in futurum huic regiæ dignitatis, sive auctoritatis præcepto, litem vel aliquam controversiam, aut interpretationem, seu dubium inferre tentaverit astu malignitatis...... »

(10) D'après dom Vaissette, dans son *Histoire du Languedoc*, les vicomtes qui rendirent leurs dignités héréditaires pour le Languedoc furent : dans la Septimanie, ceux de Narbonne, de Minerve, de Nîmes, de Béziers, d'Agde; dans l'Aquitaine, ceux de Toulouse, de Gimoez, d'Albi, de Lautrec; dans le Vélai, celui de Polignac, et dans le Gévaudan, celui de Grèzes.

(11) Les indications qu'on vient de donner pour faire connaître les premiers vicomtes, par rang de création, établissent, en effet, que ces officiers furent placés tout d'abord pour la frontière d'Espagne. Ils se trouvaient, dès lors, être les lieutenants des marquis, plutôt que des comtes.

(12) Le Berri eut des comtes, sous le titre de comtes de Bourges, jusqu'à Guillaume II dit le Jeune, neveu, par sa mère, de Guillelme-Pieux, comte d'Arvernie et de Berri. Mais à sa mort, arrivée en 926 ou 927, le roi Radulfe supprima le comté de Bourges, et établit pour vicomte héréditaire de cette localité Geoffroi dit Papabos.

(13) « Ut in proximis kalendis julii, per hanc duodecimam indictionem, habeat in Silvanectis civitate unusquisque comes, in cujus comitatu monetam esse jussimus, *vice-comitem suum* cum duobus aliis hominibus qui in ejus comitatu res et mancipia, vel beneficia habeant, et suum monetarium cum ipsis habeat. Quatenus ibi accipiant per manus suas de camera nostra, ad opus uniuscujusque monetarii, de mero argento cum pensa libras quinque, ut habeat unde initium monetandi possit incipere, et pensam argenti quam ex camera nostra acceperit, per manus eorum per quas illud accepit, sabatto ante initium quadragesimæ in monetaris denariis in præfato loco, et cum ipsa pensa cum qua argentum acceperat, unusquisque monetarius in nostra camera reddat. » *Édit donné par Karle-Chauve à la diète de Piste*, en juillet 854.

(14) Ici on pourrait placer une longue discussion. On a dit qu'il a pu exister un vicomte de Melle ou un vicomte monétaire pour le Poitou, qui aurait porté le nom de Savary. Ce n'est pas d'une charte qu'on tirerait

la preuve de l'existence de ce personnage, mais bien d'une monnaie frappée à Melle, où l'on trouve, d'un côté le nom de *Savaricus*, et de l'autre la mention de l'atelier monétaire de Melle. Or, M. G. Lecointre-Dupont, dans ses *Monnaies du Poitou*, établit que cette pièce est de Savary de Mauléon. Mais comment ce personnage aurait-il pu faire frapper de la monnaie à Melle, localité qui n'a jamais été dans sa possession? Ce nom de Savary ne peut-il pas être celui d'un vicomte monétaire qui aurait mis son nom sur des pièces qu'il aurait fait fabriquer, ainsi qu'en agissaient, du reste, les monétaires sous la race mérovingienne? Ceci n'est qu'un doute que nous exprimons ici, sauf à revenir, plus tard, sur le même sujet.

(15) Cette date est celle qu'on doit adopter, si on compte les années du règne de Karle-Simple à dater de 893; mais il faut la reporter bien plus loin, si ce règne n'est censé commencer qu'en 900.

(16) On dit *plus tard*, et les détails qu'on a donnés dans le texte ne l'ont été que pour faire connaître l'existence *postérieure* de chacun des vicomtes de Poitou.

(17) André Duchesne a prétendu que les premiers vicomtes de Châtellerault tiraient leur origine de la maison de Lusignan; dont ils auraient porté de tout temps les armes brisées. L'abbé Lelaboureur les fait descendre de la maison de la Rochefoucaud, qu'il dit sortie de celle de Lusignan, qui, à son tour, serait issue, à entendre cet écrivain, des comtes de Poitou, par Guilleme Fier-à-Bras. Le père Anselme a adopté et défendu ce dernier système. Ces opinions sont également sans fondement, et l'origine des vicomtes de Châtellerault se perd dans la nuit des temps, comme celle des vicomtes de Thouars.

Gamalfridus apparaît, pour la première fois, dans une charte du 10 octobre 890.

La généalogie des vicomtes de Châtellerault, publiée par le père Anselme, est très-inexacte. Il a esquivé la difficulté du début, en commençant par Boson Ier.

(18) Malgré l'importance du rôle joué par les vicomtes de Thouars, leur série est très-difficile à établir, surtout si l'on veut y ajouter les différentes branches de la famille de Thouars. La généalogie faite par Besly, et insérée dans l'ouvrage du père Anselme, est confuse et embarrassée; et quoiqu'elle ait, sur quelques points, levé des difficultés, elle est, dans d'autres, tout à fait erronée. On ne peut donc s'y arrêter. Du reste, Besly sentait bien les difficultés de la matière, lorsqu'il disait, dans une autre lettre insérée à la suite de la généalogie de la maison de Thouars, dans l'*Histoire des grands officiers de la couronne*, qu'on pouvait, à

volonté et à raison de la difficulté qu'on trouvait à faire de l'application des documents historiques, dire que tel vicomte était fils ou bien frère de tel autre vicomte.

Mais ce n'est pas dans ce travail d'un écrivain ayant une véritable conscience historique, qu'on trouvera toutes les fables que renferme un autre document : nous voulons parler des *Fragments des chroniques des comtes de Poitiers*, insérés d'abord par dom Martenne dans sa *Collectio amplissima*, et ensuite dans le Recueil des historiens de France de dom Bouquet. Ce mémoire est attribué, par ces deux savants bénédictins, à un moine anonyme de St-Maixent, ce qui paraît assez vrai, d'après le libellé de la tête du titre et quelques expressions du texte. Du reste, cette chronique semble avoir été continuée par d'autres mains, et, à la première inspection, on pourrait la considérer comme un supplément à la chronique dite de Maillezais, rédigée aussi, à ce qu'on croit, dans le monastère de St-Maixent. L'ordre des temps est quelquefois interverti, dans l'une comme dans l'autre. Les Fragments des chroniques des comtes de Poitiers ne rapportent aucune date positive : c'est du temps de tel comte, de tel évêque de Poitiers, et elles s'étendent depuis le commencement du x⁰ siècle jusque vers 1280. C'est purement une généalogie de complaisance, dans laquelle on a mêlé un peu de vérité à beaucoup de fables. Elle était destinée à flatter l'amour-propre de beaucoup de familles du bas Poitou, notamment de celles de Pouzauges, du Puy-du-Fou, de la Flocellière et autres. Aussi un exemplaire manuscrit, que nous pouvons considérer comme l'original, avait été trouvé par dom Fonteneau dans les archives de la terre du Puy-du-Fou. Cette affectation de flatter l'orgueil de familles, toutes d'un même canton, nous fait croire que l'auteur était du bas Poitou, et tenait peut-être à l'une de ces maisons auxquelles il donnait une origine fabuleuse. Vouloir relever toutes les bévues de cette chronique serait trop long ; il faudrait mentionner une fausseté, pour ainsi dire, à chaque phrase. En effet, la plupart des personnages cités dans les commencements sont imaginaires, et, pour la plupart, les femmes données aux premiers vicomtes n'ont jamais existé.

Nous ajouterons que le missel de Sanzay, inséré dans les *Affiches du Poitou*, et cité dans l'*Ancien Poitou* par un des auteurs de cet ouvrage (Dufour), qui, à la fin du volume, a suspecté la véracité de ce document, n'est que le pendant du recueil des fables du moine de St-Maixent. Pendant les guerres de religion, un seigneur de Sanzay, qui voulait établir une descendance de sa famille des comtes de Poitou, alla jusqu'à glisser dans les chartriers de divers monastères du Poitou plusieurs faux titres, dont dom Fonteneau a prouvé la supposition.

Dans une telle position, il a fallu refaire la série des vicomtes de Thouars et la généalogie de leur famille, en s'appuyant seulement sur les chartes, sans s'inquiéter des erreurs des écrivains antérieurs, et sans s'occuper des fautes sans nombre dont ils fourmillent. C'était le seul moyen de présenter un résultat vrai et de ne pas faire un travail fastidieux. Cette portion de travail, rédigée par M. de la Fontenelle, est entrée dans sa publication intitulée : *Recherches sur les chroniques du monastère de St-Maixent, en Poitou.*

(19) L'ancienne coutume du Poitou indiquait une forme de partage pour le pays entre la Sèvre, qui passe à Mortagne, et la Dive, qui passe à Moncontour; pays qui comprenait la ville et châtellenie de Thouars et une partie de la vicomté dudit Thouars, la terre de Mauléon pour ce qui est entre les deux rivières, le Fief-l'Évêque et la terre du Fief-Franc. Par cette forme de partage, l'aîné noble prenait tous les meubles, le principal chastel, et les trois quarts de biens nobles, s'il n'y avait que filles; s'il y avait mâles, ils n'avaient rien dans la succession directe; mais le principal héritier était tenu de leur provision, *laquelle provision était de neuf parties deux, le tout de ladite hérédité mise en neuf parties*, et se divisait, ladite provision de neuf parties deux, également entre les puînés. L'aîné avait seul les successions collatérales; les puînés n'y prenaient rien.

On suivait le même usage de succéder en ligne directe entre noble, qu'on a indiqué, sauf quelques légères différences dans la contrée entre la Sèvre (du nord) et la mer, « auquel pays, dit la coutume, est assise une partie de la vicomté de Thouars, en la ville, châtellenie et ressort de Talmont, Luçon, Fontenay-le-Comte, avec tout son ressort, Vouvant et Mervant et leur ressort, et la terre de Maillezais. »

Ces coutumes ont subsisté jusqu'à la rédaction du coutumier général, fait, de l'avis des trois états de la province, en 1514, et même, en partie, jusqu'à la réformation de 1559.

(20) Les bénédictins et Besly se sont étrangement trompés, en croyant Raynulfe II abbé de St-Hilaire; ils ont confondu Raynulfe II avec Raynulfe Ier et fait un double emploi. De plus, Besly a encore erré, en faisant de cet Ebles un comte de Poitou, à la suite de son frère. Les documents qu'il rapporte ne prouvent point que ce personnage ait joui de cette province avec le titre d'administrateur.

Inutile de faire remarquer qu'Arnoul, qu'on trouve indiqué par Thibaudeau et autres comme premier vicomte de Thouars, est un être imaginaire. Recourir, à ce sujet, aux *Recherches sur les chroniques de St-Maixent.*

(21) L'une des deux chartes de St-Martin de Tours, qu'on a déjà eu occasion de citer, et qui se trouvent dans Besly, *comtes de Poitou*, p. 209 à 212, pour établir que Raynulfe II était fils de Bernhard II, et non de Raynulfe Ier, comme l'a prétendu Besly, vient encore établir la mort de Raynulfe II à l'an 890, et non en 893, comme l'ont prétendu dom Vaissette et d'autres auteurs. En effet, l'un de ces titres finit ainsi : *Actuno Pictavis ubi facta et firmata fuit anno Incarnationis Christi DCCCXCII, indictione IX, die X mensis octobris, regnante domno Odone R. anno III*. Il ne pouvait échapper à un savant tel que dom Vaissette, que l'année de l'Incarnation et celle de l'indiction ne pouvaient cadrer ; aussi a-t-il dit qu'il fallait reporter la date de la charte à l'an 891. Mais il n'a pas fait attention, 1° que cette charte a été faite le dix octobre, et que l'indiction commençant, soit au mois de septembre, pour celle dite de Constantinople, soit au 24 du même mois, si c'est celle constantinienne ou impériale, le nombre IX qu'on lui assigne ne pouvait convenir qu'à l'an 890 ; 2° que l'an 3e du règne d'Odon doit se compter ici de 888, et non de 887, pour pouvoir concorder avec l'indiction. Un diplôme de ce roi, en faveur de St-Hilaire-le-Grand, porte : *Troannus notarius ad vicem Eboli recognovit III kal. januarii anno Incarnationis Domini DCCCLXXXIX, indictione VIII, anno III gloriosissimi regis domino feliciter. Amen*. Donc, en Poitou, la même année du règne d'Odon se prenait de 888. D. Vaissette soutient encore, même note LXXXVIII, n° LXXXV 3°, p. 726, que Raynulfe II vivait encore en 893, d'où il conclut que si, dans la charte première citée, Ebles-Manzer, son fils, contracte en son nom particulier, c'est qu'il était sans doute émancipé, et que cet acte ne peut prouver que son père fût décédé, quoique la chronique de Maillezais l'affirme en deux endroits. Mais le témoignage des annales de Rheginon et de Metz, que cite, en marge, l'historien de Languedoc pour soutenir son opinion, ne peuvent infirmer l'autorité irrécusable d'un titre authentique. Dans la charte de St-Martin, précédemment citée, Ebles dit : *Donatumque in perpetuum esse volo alodem meum proprium hæreditavi*. Et on renonce à proposer aucune objection contre cette prétendue émancipation du vivant du père, qu'il eût fallu prouver avoir été en usage en Poitou dans le IXe siècle. Or, on n'hérite que par suite du décès d'un précédent propriétaire. Ce propriétaire, avant Ebles-Manzer, était Raynulfe II, son père, premier acquéreur du domaine dont il avait déjà disposé lui-même, et dont le fils n'a fait conséquemment que confirmer l'aliénation. Donc Raynulfe II était décédé le 10 octobre 890, au plus tard ; donc la chronique de Maillezais n'a point commis d'erreur en plaçant sa mort sous cette même année. Il serait en effet bien surpre-

nant que son auteur, demeurant dans la province que gouvernait Raynulfe II, eût commis une faute aussi grossière. Ce qui rend, du reste, cette chronique encore plus digne de foi, c'est qu'elle est l'ouvrage de plusieurs mains qui, d'après l'original, paraissent contemporaines, ou à peu près, des événements qui y sont consignés. Quant à la qualité d'oncle que le dernier concessionnaire donne à Gausbert et à Ebles, on pourrait aisément accorder que l'expression latine *avunculus* signifie tout aussi bien le grand-oncle que l'oncle direct. La chose ne serait pas très-importante au fond ; mais la série chronologique des abbés de St-Hilaire, comme il est aisé de le démontrer, ne permet pas de regarder, avec le savant auteur de l'*Histoire du Languedoc*, l'abbé Ebles, dont il est question, comme un frère de Bernhard Ier, mari de Bilichide, outre que ce serait torturer à plaisir et sans nécessité le sens de la charte consentie par Ebles-Manzer. Il est bien constant que cet abbé Ebles, oncle du comte de Poitiers, du même nom, existait encore en 890 ; et c'est pour le distinguer de son neveu, qu'on donne à celui-ci l'épithète de *parvulus*, ou, comme il se désigne lui-même *juvenili œtate adhuc florens*. Ebles-Manzer atteignait sa 22e année en 890, puisque la chronique de Maillezais le fait naître en 868. Cet âge se trouve précisément en harmonie avec l'époque des événements postérieurs. Observons enfin qu'il peut paraître assez singulier que dom Vaissette s'inscrive en faux contre le témoignage de la chronique citée, sans la combattre directement par l'autorité de quelques monuments, tandis qu'il adopte aveuglément la version sur la date de la rentrée d'Ebles dans la ville de Poitiers, en 902, dont elle seule fait mention. Besly ne nous semble pas fondé à rapporter, soit à Ebles-Manzer, soit à l'abbé Ebles, son oncle, un diplôme du roi Odon, daté de l'an VI de son règne, le 15 octobre, sans désignation d'année, qui ne peut être que 893 : 1° la concession faite par le monarque ne fut accordée qu'à la prière du comte Robert, son frère, qui, le 15 octobre 893, était déjà, depuis plusieurs années, nommé au comté de Poitiers. Or, il n'est pas croyable qu'à cette époque Robert eût eu la générosité de solliciter les bienfaits de son frère et de son roi, en faveur d'un jeune homme à qui ils avaient tous les deux enlevé son héritage paternel, et qui se trouvait réfugié auprès de Guillelme-Pieux, comte d'Arvernie, qu'il n'abandonna pas pendant toute la vie d'Odon ; 2° l'individu nommé Ebles dont il est question est qualifié simplement *fidelis noster*, notre féal, expression qui ne paraît pas convenir à Ebles-Manzer ni au frère de Raynulfe II, du même nom, qui, dans un autre diplôme du même règne, est appelé *venerabilis abbas Ebolus*. Cette charte est dans Besly, *Comt. de P.*, p. 211. On lui donne en effet le titre d'abbé dans tous les documents où il est question de lui.

Le personnage du nom d'Ebles à qui Odon fit une concession en Touraine, doit donc être considéré comme étranger à la maison des comtes de Poitou.

(22) Il y a quelque incertitude sur la mort de Raynulfe II, on le répète ; mais la note précédente lève toutes les difficultés. Alors tout le système chronologique en cette partie de dom Vaissette, dans son *Histoire du Languedoc*, est faux. En effet, il fait agir Raynulfe II ; il fait prendre à Odon des mesures contre lui, etc., à des époques (en 892 et 893, par exemple), où ce même Raynulfe II n'existe plus. Aussi la découverte d'un document historique ignoré vient détruire tout le travail de l'historien le plus habile. Au temps où nous vivons, où l'on recherche tout, cela arrivera à plusieurs d'entre nous.

Adhémar de Chabanais prétend aussi que Raynulfe II, dépouillé du Poitou par le roi Odon, stipendia un corps de Northmans, et parvint à reprendre son comté en 892. Or, on le voit, à cette époque Raynulfe II n'existait plus.

(23) Cette épitaphe est suffisamment indiquée dans le texte.

(24) On remarquera que ce marquis Robert, pourvu du comté de Poitou par son frère Odon, et qui n'en put pas jouir, est l'un des auteurs de la race capétienne ; car il eut pour fils Hugues-Blanc, et pour petit-fils Hugues-Capet.

(25) Le comte Emenon, père du comte Adhémar, régna, comme on l'a vu, depuis 800 jusqu'en 830.

(26) Dom Vaissette, *Hist. de Lang.*, ne place la mort de l'abbé Ebles qu'à la date du 10 octobre 893. Mais l'autorité du martyrologe de St-Germain-des-Prés, dont Ebles était abbé, est de nature à décider définitivement ce point de chronologie.

(27) On sait que Gérard, outré de la perversité des mœurs de l'époque, répondit à Guilleime-Pieux, qui voulait lui donner la main de sa sœur : « J'aime mieux ne pas me marier, que de m'exposer à donner le jour à » des méchants. »

(28) Voir, pour Arnulfe, fils naturel du roi Odon, dont on a fait un roi d'Aquitaine, les frères de Ste-Marthe, *Histoire de la maison de France*.

(29) Les tergiversations de Guilleime-Pieux sont suffisamment constatées par les chartes mentionnées dans le texte.

LIVRE II.

(1) Ce diacre Lannon est peut-être le trésorier de St-Hilaire de Poitiers, achetant un serf en mars 912.

(2) Certains auteurs, et notamment la chronique d'Albéric et des vers très-anciens insérés dans l'*Histoire de Normandie*, par Dumoulin, attribuent la levée du siége de Chartres à une tunique de la Vierge que Karle-Chauve aurait apportée de Constantinople et donnée à l'église de cette ville. Les assiégés, mis en déroute par les Northmans, n'auraient repris courage et pris le dessus sur les assaillants, que lorsque l'évêque de la localité aurait apparu sur le rempart, déployant la précieuse relique. Quant à l'intervention du comte de Poitou, qui aurait assiégé aux Loges une partie de l'armée des barbares, M. Capefigue, dans son *Essai sur les invasions des Normands*, dit qu'elle ne fut sauvée du sort qui la menaçait, que par un stratagème.

Dans l'*Histoire des ducs de Normandie et des rois d'Angleterre*, publiée par M. Francisque Michel pour la Société de l'histoire de France, on trouve, sur le fait d'armes dont il s'agit, le passage suivant : « Puis (Rolle) ala, détruisant la tierre jusques à Chartres, que il assailli Wanteniaumes (Antiaumes) estoit évesque de la cité et cuens de la ville. Il manda Richart, duc de Normandie et de Bourgoingne, et Baliert (Ebait), le comte de Poitiers, que il pour Diu le secourussent. Chil vinrent en s'aïe et assaillirent l'ost des Danois. Li évesques toz reviestis comme por canter la messe (et portoit en une main la chemise Nostre-Dame et en l'autre la vraie crois) s'en issi fors de la ville, et sa gens toute armée ; si se combatirent à Rolle, et furent li Danois desconfis. Rolle s'en fui jusques en l'Aighe-d'Eure, et une partie de sa gent s'en fui jusques à 1 mont que on apiele d'Eves (Leues), près de la cité. Là furent la nuit assailli des François, si que il s'en échapèrent es François à grans paine ; mais quant ils furent venus à Rolle, ils en oient moult grant joie. »

(3) Edward l'Ancien laissa beaucoup d'enfants. D'abord, d'une première femme, fille d'un berger, et qui probablement ne fut qu'une concubine, il eut Aldelstan, Alfred et Béatrix; puis d'Elfréda, sa première femme légitime, sortirent plusieurs filles, savoir : Edgiwe, femme de Karle-Simple, et les princesses qui devinrent les femmes d'Othon-Grand, roi de Germanie, de Ludwig l'Aveugle, roi de Provence, et de Hugues-Blanc, duc de France. Enfin, Edward l'Ancien eut, de son second mariage légitime : Edmond et Edred, qui régnèrent après Adelstan et Edgiwe ou Adèle, princesse d'une grande beauté, au dire des historiens, et qui épousa Ebles-Manzer, comte de Poitou.

Il y a quelque chose à dire sur ce double nom, et déjà Besly s'en est occupé: les écrivains anglais appellent Edgiwe la princesse mariée à *Louis, duc de Guyenne*, c'est ainsi qu'ils indiquent Ebles-Manzer, et les chartes du Poitou lui donnent le nom d'Adèle. Sans doute elle a porté ces deux noms; le premier était son nom originaire, celui de son pays, et en Aquitaine on lui aura donné le second. Alors on voulait des noms de la contrée, et on délaissait ceux qui venaient d'ailleurs. Au surplus, la même difficulté a existé pour les autres filles d'Edward l'Ancien, mariées à Othon de Germanie et à Hugues-Blanc.

(4) Il n'y a guère à douter sur ce point; seulement on peut équivoquer sur l'époque où Ebles-Manzer fut en Angleterre. On doit ajouter que, quand il fut question du mariage de ses sœurs, Adelstan, qui commença à régner en 925, envoya des ambassadeurs pour accompagner ces princesses en pays étrangers; et parmi ces envoyés était son chancelier Turketul, abbé de Croyland.

(5) L'époque du mariage de Karle-Simple avec Edgiwe d'Angleterre n'a pas été bien précisée. Besly la retarde jusqu'en 921, et alors elle aurait été bien postérieure au mariage d'Ebles-Manzer. Cependant la femme de celui-ci était bien plus jeune que sa sœur.

(6) Bouchet, dans ses *Annales d'Aquitaine*, prétend qu'Ebles-Manzer concourut à la construction ou à la fondation du fameux monastère de Cluny. Rien ne l'établit positivement; mais, fils adoptif en quelque sorte du fondateur, Guillelme-Pieux, le Manzer a bien pu faire quelque chose pour cet établissement religieux.

(7) On trouve, dans l'*Essai sur les invasions des Normands*, par M. Capefigue, un tableau des entreprises de ces barbares, en ce qui concerne les églises et les reliques, pour une partie de l'Aquitaine et surtout pour l'Aquitaine du nord. Ce document, écrit dans l'idiome du Midi, modifié par l'idiome du Nord, est extrêmement curieux; non pas tant par les faits qu'il indique, dont beaucoup sont évidemment controuvés, que sous le rapport de la linguistique.

(8) Dufour, ainsi qu'il l'a reconnu lui-même, avait faussement daté le premier document relatif à l'abbaye de St-Paul, en le reportant à 924.

(9) Thibaudeau a relevé une erreur de Besly, qui avait attribué la création du trésorier de St-Hilaire à Ebles, évêque de Limoges, en 936. Ce personnage, au contraire, fut lui-même nanti de cette dignité; mais il ne l'occupa qu'à la suite d'Alboin et de Renaud.

(10) « *Circa an. 912, Ademarus abbas Tutguidum sacerdotem urbis Pictav. apud Rodhonum misit et corpora Sti Maxentii et Leodegarii indè huc deportaret. Dum autem monarchi cum sacris reliqui tueri se committunt audito nuntio de Northmannorum incursione Altissiodorum, petunt. Sacræ reliquiæ Sti Maxentii referuntur in cœnob. San. Maxent. anno chr. 924, kal. jul. die dominica.* » D. Chazal, monast. S. Maxent. histor.

(11) Il n'y a pas à douter que c'est Ebles-Manzer qui donna ce fragment de relique de St Léger au monastère de Croyland. En effet, les auteurs anglais, et notamment Ingulfe, en parlant de l'époux d'une fille d'Edward l'Ancien, l'appellent Ludwig, prince des Aquitains, *princeps Aquitanorum*. Besly fait lui-même cette remarque ; et dans l'Histoire des rois anglo-saxons de sir Francis Palgrave, on trouve cette indication. Evidemment, puisqu'on dit que ces reliques étaient un don du prince des Aquitains, il est question là d'Ebles-Manzer.

(12) Ebles-Manzer suivit les errements de son beau-père et de l'aïeul de la comtesse Adèle, en rendant lui-même la justice, ainsi qu'on l'a vu ; il est à noter que les rois anglo-saxons étaient les premiers juges dans leurs Etats. Alfred-Grand considéra cette tâche comme une partie si sacrée de ses obligations, qu'il passait les jours et les nuits à étudier les causes sur lesquelles il devait prononcer. (Asser. *Vita S. Efridi.*) Lorsqu'il avait infirmé beaucoup de sentences d'un même juge, il lui ordonnait de s'appliquer à l'étude ou de résigner sa place. Quand le roi anglo-saxon n'eut plus le temps ou l'aptitude de rendre la justice, il établit, pour le remplacer en cette partie, un *half-king* ou demi-roi.

(13) Il y a un peu d'incertitude sur l'époque de la mort du comte Adhémar.

(14) Thibaudeau, dans son *Abrégé de l'histoire du Poitou*, prétend qu'Adèle d'Angleterre, femme d'Ebles-Manzer, fit rebâtir, en 902, l'église de St-Hilaire-le-Grand, qui avait été détruite par les Northmans. Or, il est évident que cette date est fausse, puisque le Manzer, qui ne devint comte de Poitou qu'en cette année, était encore l'époux d'Emilianne. Du reste, une erreur plus grave est échappée à Rapaillon, auteur de l'Histoire manuscrite du monastère de St-Hilaire, en prétendant qu'Adèle fit mettre les armes d'Angleterre (trois lions) à l'église qu'elle fit reconstruire. Comme le fait judicieusement remarquer Thibaudeau, les armoiries n'étaient pas encore en usage alors.

(15) Pour ce cheval, si fameux, et dont les natifs du midi de la France ont, pour la plupart, toujours le nom à la bouche, il convient de laisser parler un auteur de la contrée. C'est à M. d'Aldéguier, *Histoire de Toulouse*, que nous emprunterons un article biographique sur *Cendix*.

« Il est à remarquer, dit-il, qu'un duc gascon fut présent à l'entrevue des deux comtes de Rouergue et de Toulouse avec Raoul. Il montait, dit-on, un cheval qui n'avait pas moins de cent ans, et qui en vécut cent dix. Ce duc gascon, et qui ne démentait pas la réputation que ces peuples s'étaient acquise, ne jurait que par son cheval, qu'il appelait *Cendix*. C'est du sobriquet de ce célèbre animal qu'est venu, sandoute, le jurement gascon qui a été fort en usage dans ce pays, et qui n'est pas même tout à fait passé de mode chez certains habitants des rives du Gers, de la Bayse et de l'Adour. On ne connaît pas l'époque précise de la mort de ce fameux cheval; il méritait bien cependant que quelque chroniqueur s'occupât particulièrement de lui. Quinte-Curce et Plutarque n'ont pas craint de nous parler fort au long de Bucéphale, qui certes n'avait pas autant de droit à la célébrité que le noble et vieux coursier de Loup-Aznar ou Azinarius, duc de Gascogne. »

(16) « Les troubles qui avaient agité le reste de la France, dit encore M. d'Aldéguier, *Histoire de Toulouse*, avaient empêché Rodolphe ou Raoul de venir se faire reconnaître dans le Midi. Les comtes de Toulouse et de Rouergue avaient espéré que les choses resteraient en cet état, et qu'ils seraient dispensés de faire leur soumission au nouveau maître; mais l'usurpateur, ayant terminé ses querelles avec ses rivaux, marcha enfin vers le Midi. Pons et Ermengaud, apprenant son arrivée, allèrent au devant de lui, pour se faire un mérite de faire d'eux-mêmes une soumission à laquelle ils eussent été forcés. Raoul les reçut avec bonté (an 932), et ne se montra pas difficile sur leurs prétentions. Le Vivarais et le pays d'Uzès furent, dès ce moment, cédés irrévocablement au comte de Toulouse, qui avait pris la précaution de s'en emparer, comme nous l'avons déjà dit, sous le prétexte de le conserver au roi légitime. Raoul, voulant les gagner tout à fait à sa cause, réunit, en outre, à leurs domaines, le Gévaudan, le Vélay et le comté d'Auvergne, vacant par la mort du comte Acfred, qui en était pourvu. Charles-Simple, avant d'être détrôné, avait disposé de ce dernier comté en faveur d'Ebles, comte de Poitiers. Raoul ne devait avoir aucun égard à une telle disposition; mais il n'en était pas de même de Pons, qui fit céder, dans cette occasion, sa fidélité chanceuse à son intérêt; tant il est vrai que cette fidélité dont on se targue tant, et que l'on pratique si peu, ne saurait tenir longtemps contre l'intérêt personnel! »

(17) « (*Willelmus comes*) *inter secretorum silvæ Leonis tractatus, Willelmus Pictaveusis comes sororem ejus, nomine Gerloc, petiit, quatenus maritali lege illius connubis fungeretur. Cujus peroratis gratanter favens votis, consulis Hugonis Magni descriptis sponsalibus, et celebratis nuptiis, cum multis exeniis gaudentem illum, ad propria remisit.* » Willelm. Gemet. de ducibus Normann.

« *Cognita ducis (Willelmi Normannorum) magnificentia, Guillelmus pictaviensis comes sororem ejus, Gerloc nomine, petiit et accepit in uxorem.* » Thom. Walsing. hydrodig. Neustriæ.

« En chu tems vindrent à luy (à Guillelme, duc de Normandie), Hues

le Grans et li quems Hebers, et Guillaume quems de Poictiers; moult les
rechut bonnement li dus. Longtems furent ensemble, puis espousa li
quems de Poictiers, la seur au duc. » *Chron. de Normand.*

« En cet tans vinrent à lui (Guillaume Longue-Epée) Hues li Grans et
li cuens Herbiers et Guillaume li dus de Poitiers. Moult les rechut tiement
(bêtement) li dus, et toz tans furent puis boin ami ensemble. Puis
espousa li cuens de Poitiers la seroor au duc. » *Hist. des ducs de Normandie et des rois d'Angl.*, publiée par M. Fr. Michel.

Veut-on juger un peu de la sœur d'après le frère? voici le portrait de
Guillelme Longue-Epée, suivant un auteur original. (R. Wace, *roman de Rou.*)

    Guillaume Longue-Epée fut de haute estature ;
    Gros fu par les épaules, greille par la chainture;
    Jambes eut longues, droites et larges de forcheure ;
    Oils droits et aperts eut, et douce regardeure ;
    Mais à ses ennemis semble moult fière et dure ;
    Bel nez et belle bouche, et belle parleure ;
    Fort fu comme Jahans, et hardi sans mesure.

(18) Dans un titre de 933 ou 934, Aremburge se dit veuve d'Aimery,
vicomte de Thouars.

(19) Savary II est mentionné dans une charte datée de janvier l'an VI
du règne de Ludwig d'Outre-Mer, qui correspond à partie des années
942 et 943. Par ce titre, Guillelme Tête-d'Etoupes concède, à titre de
cens, la *villa* de Vasles, dans le Thouarsais, viguerie de Thénezay, sur la
recommandation du vicomte Savary.

(20) Le document cité dit l'abbé. Mais comme le chef de la congrégation était alors à Tournus, il doit être question ici du prieur, à moins
que l'abbé en tournée dans les établissements dépendant de lui, ne se soit
alors trouvé dans l'île d'Her, ce qui est peu probable.

(21) Pour donner une idée des erreurs historiques qui se trouvent dans
les *Annales d'Aquitaine* de Bouchet, il suffira d'en citer certains passages, qui ont trait à Ebles-Manzer et à son fils.

« Audit temps (l'an 928) estoit duc d'Aquitaine et comte de Poitou,
ledit Ebles, le second de ce nom, qui estoit marié avec une jeune dame
nommée Adelle, l'origine de laquelle je n'ai pu sçavoir; et de leur mariage
estoit jà issu un beau fils, nommé Guillaume, autrement Hugues. Lequel,
environ l'an 935, fut marié avec la fille du bon duc de Normandie Rolo,
et sœur de Guillaume Longue-Espée, nommée Gerloo, ainsi qu'il appert
par la cronique de Normandie: en laquelle année ledit Ebles le second
alla de vie à trespas, et fut duc d'Aquitaine après luy ledit Guillaume

Hugues, son fils, qui estoit encore jeune, et en la garde de Adelle, sa mère, sage et bonne princesse. »

« Ledit Guillaume, duc d'Aquitaine et comte de Poictou et d'Auvergne, alla de vie à trépas, l'an de nostre salut 970, et laissa son fils Guillaume surnommé Teste-d'Estoupes, le tiers de ce nom, qui fut le 6ᵉ duc d'Aquitaine et comte de Poictou après son père, et Ebles, qui fut évesque de Limoges. Ledit Guillaume Teste-d'Estoupes eut deux femmes espouses. La première fut Agnès, qui fonda le monastère de Vendôme... »

Il est difficile de trouver plus d'erreurs dans un si petit nombre de lignes. D'abord Bouchet ignore d'où venait Adèle, femme du Manzer, mais là il ne fait qu'exprimer un doute. Au contraire, il qualifie Ebles-Manzer d'Ebles II, parce qu'il considère, comme Besly, un comte de Poitou, dans l'abbé Ebles, oncle du Manzer. Ensuite il marie Guillelme-Hugues beaucoup trop tard, puisqu'il le fut longtemps avant la mort de son père, qui eut lieu cette même année 935. Autre erreur : Ebles-Manzer ne fut pas duc d'Aquitaine, ou au moins il n'eut qu'un titre contesté, et, en tout cas, son fils ne devint duc qu'après 950. Mais là ne sont pas les erreurs les plus grossières ; c'est dans ce qui suit. On fait deux individus de Guillelme-Hugues et de Guillelme Tête-d'Etoupes, et on donne ce surnom de Tête-d'Etoupes au fils de Guillelme-Hugues. Ce serait alors Guillelme Fier-à-Bras ; mais on marie ce prince avec Agnès, tandis qu'il épousa Emme de Blois, la fille du *Tricheur*. On voit quelle obscurité a existé, pour l'histoire du Poitou et même de l'Aquitaine, avant les travaux de Besly, et surtout de ceux qui, dans ces derniers temps, se sont livrés aux recherches historiques.

LIVRE III.

(1) « Les dons faits à l'église de St-Hilaire, dit M. de Beauregard, dans le manuscrit qu'il a légué à cette église, étaient abondants, et si, dans les derniers siècles, l'église et le chapitre de St-Hilaire, encore qu'ils fussent richement dotés, ne possédaient pas davantage de terres et de biens fonds, c'est que les rois de la première race s'étant constitués abbés de cette église, sous prétexte de la protéger et de la défendre, ils mirent en leurs mains une partie des domaines de cette église, qu'ils inféodèrent depuis aux seigneurs. L'église de St-Martin de Tours subit le même sort ; mais d'ailleurs les offrandes étaient si continuelles et si abondantes, que les ecclésiastiques qui desservaient ces églises abandonnaient facilement leurs fonds à des censitaires ; comme le firent d'autres célèbres monastères, par le même motif. »

On pense que ce fut surtout sous les comtes que St-Hilaire-le-Grand vit passer une partie de sa dotation en immeubles entre les mains de tiers. Mais un grand intérêt se portait à ces aliénations : c'était le besoin de faire cultiver des terres, qui autrement seraient demeurées en friche.

(2) On trouve, dans Thibaudeau, que le monastère de la Trinité de Poitiers fut commencé par la mère d'Adèle d'Angleterre, et il fait résulter cela de la charte de confirmation donnée par le roi Lothaire. S'il en était ainsi, la reine veuve d'Edward-l'Ancien, roi des Anglo-Saxons, se serait réfugiée en Poitou, auprès de sa fille. Mais nous, dirons à ce sujet, que nous n'avons trouvé aucun document de l'époque à l'appui de cette assertion.

(3) Besly fait connaître un titre où Adèle d'Angleterre signe *Alaine, comtesse, qui fut religieuse*. Cela ne s'entend pas en ce sens qu'elle quitta la vie monastique après l'avoir embrassée.

(4) C'est à tort que Besly date cette charte de 932. Elle ne peut être, au plus tôt, que de 935, puisqu'elle n'a été faite qu'après la mort d'Ebles-Manzer, et que ce comte mourut cette année même.

(5) St-Séverin de Milly n'est pas très-éloigné de Mirebeau et surtout de Liaigne. « On y voit, dit dom Fonteneau, les restes de l'ancienne église. Ce lieu dépend à présent de la commune de Charrais. On dit que les habitants l'ont déserté, à cause de la cherté du sel, étant en pays de gabelle, c'est-à-dire en Anjou, pour le temporel. »

(6) Il fallut plus d'une année pour relever le monastère de St-Cyprien, et il était reconstruit assez longtemps avant sa dédicace. C'est ce qu'établissent plusieurs dons faits à cette abbaye antérieurement à 936.

(7) Lorsque l'abbé de St-Cyprien devint séculier, par la suite des temps, il perdit son droit de collation. Il est probable que le titre de personnat, dans la cathédrale de Poitiers, avait été conféré à St Cyprien par Alboin, premier abbé de ce monastère, lorsqu'il devint évêque du diocèse.

(8) Rien ne prouve pourtant, comme le dit la *Nouvelle Gaule chrétienne*, que le comte Guillelme Tête - d'Etoupes se fût d'abord déclaré abbé de St - Maixent, et ait ensuite fait passer ce titre à son frère Ebles.

(9) Gerbert fut le premier abbé régulier de St-Maixent choisi par Ebles vers 942, à la mort de l'abbé Ermenfroy, et ensuite Héribert. Odon remplit les mêmes fonctions vers 942. Ce dernier cumula le gouvernement de St-Maixent avec celui de plusieurs autres monastères.

(10) Le second vicomte de cette partie du Poitou n'est nommé *Airaldus* que dans deux chartes; dans toutes les autres où il figure il est appelé *Adraldus*, et le chef-lieu de sa vicomté *castrum Adraldum*. Il est clair

que ces deux dénominations latines, *Airaldus* et *Adraldus*, sont synonymes, ne désignent qu'un même personnage et doivent se traduire en français par Airault, nom de famille encore très-commun dans la localité. Comme ce vicomte se trouve dans les chartes, depuis 936 jusqu'en janvier 974-975, il en résulte que c'est dans cet intervalle qu'on doit placer l'origine de Châtellerault.

Airault souscrivit, en 936, une charte en faveur de St-Cyprien de Poitiers, et, en juillet 951, un don fait à St-Jean-d'Angély; en juin 959, il intervint, comme témoin, dans un accord fait entre Ebles, évêque de Limoges et abbé de St-Maixent, et Begon, favori du duc d'Aquitaine; en 969, il signa une concession faite à St-Hilaire-le-Grand par Guillelme Fier-à-Bras; en janvier 975, on voit son nom dans une charte de Frottier relative à la chapelle de Varèze; et, vers 975 ou 976, il figure dans une vente faite au monastère de St-Cyprien, par l'évêque Benoît. Airault ne vivait plus en 987.

(11) Les auteurs de la *Nouvelle Gaule chrétienne* ont tort de faire Ebles abbé de St-Hilaire. Il n'en fut jamais que trésorier, et il prend ce titre dans tous les actes où il paraît.

(12) Dufour a reconnu qu'il s'était trompé, dans son *introduction à l'Histoire du Poitou*, p. 411, en donnant, d'après la *Gaule chrétienne*, à Ebles le titre d'abbé de St-Hilaire.

(13) En mourant, Mathédoé avait confié son fils Alain à l'amitié d'Athelstane, d'autant mieux que celui-ci avait tenu le jeune prince sur les fonts baptismaux. Le roi anglo-saxon prit soin de son éducation, et le fit instruire dans le métier de la guerre.

(14) On ne connaît pas l'époque précise de la fondation du monastère de St-Michel-en-l'Herm, situé dans le marais méridional du bas Poitou. Néanmoins on prétend qu'il doit sa fondation à l'évêque Ansoald. Il paraît que le premier établissement fut placé dans l'île de la Dive, située vis-à-vis de l'île de Ré, et qu'ensuite on le transporta dans une île moins élevée et plus grande; c'est là que fut bâti St-Michel-en-l'Herm. Ensuite, quand le marais a été desséché, ces îles se sont trouvées des points élevés dans ce même marais.

(15) Les continuateurs de D. Bouquet font, sur ce voyage, une erreur de chronologie. Il fut entrepris, en 941, au plus tard en décembre, puisque Guillelme Tête-d'Etoupes était à Poitiers, ainsi qu'on va le voir, en janvier suivant 941, avant Pâques, et 942, d'après notre manière de compter.

(16) Me trouvant ici en dissentiment avec Dufour, qui n'a pas cru à la cession des pays de Mauge, de Tiffauge et d'Herbauge par Guillelme Tête-

d'Étoupes à Alain Barbe-Torte, je crois devoir transcrire ce que mon savant collaborateur dit à ce sujet :

« La chronique de Nantes place sous l'an 942 un traité qu'il rapporte en substance et qui aurait été conclu, cette année, entre le comte de Poitiers et Alain II, dit Barbe-Torte, comte de Nantes. Pour être à même d'apprécier le degré de confiance que mérite le récit de cette chronique, il importe essentiellement de rapporter ses propres paroles : « Car cet Alain, » dit-elle, fut un homme puissant. Il jouit et posséda aussi, au delà de » la Loire, les pays de Mauge, Tiffauge et Herbauge. Il transigea défini- » tivement, à leur sujet, avec Guillaume, comte de Poitou, surnommé » Tête-d'Étoupes, d'après la fixation des limites respectives de leur ter- » ritoire : c'est-à-dire depuis le Layon, qui a son embouchure dans la » Loire, jusqu'à la Louère et *Petra-Ficta*, et *Ariacum* (localités qui me » sont inconnues, je ne présume pas que la première soit Pierrefitte à » l'est-nord-est de Bressuire) jusqu'au Lay qui verse ses eaux dans la » mer occidentale. Il conserva tranquillement tout ce pays pendant sa » vie. » (*Chron. Namn.*) Il paraît que par ces mots, depuis le Layon qui a son embouchure dans la Loire jusqu'à la Louère, on a voulu clairement désigner tout le cours de la première rivière, en la remontant jusqu'à sa source, qui n'est pas fort éloignée des rives de la Louère. Peut-on bien regarder comme authentique un abandon aussi considérable de territoire, et la vérité ne serait-elle point déguisée dans la manière de rapporter les faits ? 1° Nous avons vu précédemment (t. 1, p. 103) que, suivant la version de la même chronique de Nantes, Lambert, dès 843, avait concédé, à titre d'hérédité, à ses trois neveux, les pays de Mauge, Tiffauge et Herbauge. Nous avons aussi fait ressortir l'invraisemblance d'un semblable fait ; mais, en le supposant constant pour un moment, comment le territoire dont il s'agit rentra-t-il dans la possession des comtes de Poitou et à quelle époque ? 2° L'ancien comté d'Herbauge avait été seul démembré par Karle-Chauve, en 851 (*ib.*, p. 167). Depuis lors, sa circonscription ne souffrit plus aucune variation. Herbauge devint seulement un vicomté, qui resta constamment sous la suzeraineté des comtes de Poitiers. 3° Un souverain, et l'on doit regarder ces comtes comme de véritables souverains depuis Ebles-Manzer, ne consent à faire cession d'une portion quelconque de ses États, que lorsqu'il s'y trouve forcé par les circonstances d'une guerre malheureuse : aucun historien, aucun chroniqueur ne fait encore mention que Guillaume et Alain aient pris les armes l'un contre l'autre. 4° Si les comtes de Nantes eussent véritablement possédé les pays de Tiffauge et de Mauge, comment, en quelle circonstance, consentirent-ils ensuite à en faire l'abandon aux comtes d'Anjou, que nous en verrons en possession, dans le siècle suivant, en vertu d'une nouvelle concession des comtes de Poitiers? Cet événement eut nécessairement entraîné une guerre pour vider la contestation. Cependant le silence des historiens autorise à croire qu'il ne s'en éleva aucune. 5º On ne peut se fier aveuglément au témoignage du compilateur de la chronique de Nantes; il n'était pas contemporain des événements qu'il rapporte. Il aura écrit d'après d'anciennes notices, qu'il peut avoir mal entendues, ou il aura volontairement dénaturé les faits, pour donner une sorte d'illustration à son pays. Je suis loin de croire cependant qu'il ait inventé ces faits; il est très-possible, il est même croyable, d'après son rapport, qu'il y eut, en 943, un traité conclu entre Guillaume-Hugues et Alain Barbe-Torte; mais s'il exista véritablement, il ne dut être relatif qu'à la *Marche* des deux provinces, c'est-à-dire à la détermination des limites de cette partie du territoire connue depuis sous le nom de *Marches communes de Bretagne et de Poitou*, et peut-être encore de celles qui bordaient la rive gauche de la Loire, sur la possession desquelles les comtes de Nantes avaient plusieurs fois élevé des prétentions, qui ne furent jamais réglées, par suite de l'établissement qu'y firent les Northmans. Nous aurons occasion de parler d'un autre traité postérieur, contenant les limites du comté nantais. »

Actuellement, nous allons donner le texte de la chronique de Nantes, avant de faire connaître notre opinion particulière sur cette importante question. Et tout d'abord transcrivons le texte corrigé de cette même chronique.

Iste enim Alanus fuit vir potens..... habens et possidens....., et etiam trans Ligerim Medalgicum, Theofalgicum et Herbadillicum. De quibus cum comite pictaviensi Guillielmo cognomento caput de stupis finem fecit, sicut ipsi pagi terminant. Id est à flumine Ladioné in Ligerim descendente, usque ad Irumnam flumen et Petram Frictam et CERIACUM *et flumen Ledri quod in mare occidentale decurrit, et hæc omnia in vita sua quieta retinuit.* Nous avons vu que notre collaborateur Dufour avait peine à croire à l'existence de cette cession par Guillaume à Alain, ou que, tout au moins, il la croyait moins étendue. Dans sa savante *Statistique de la Loire-Inférieure*, Huet avait indiqué comme pouvant être Pierrefitte des constructions romaines trouvées dans le bas Poitou. Il est évident qu'il y avait erreur dans cette opinion.

Nous devons dire qu'ayant lu *Ariacum* dans plusieurs ouvrages où l'on a imprimé le passage en question de la chronique de Nantes, nous étions fort embarrassé pour la fixation de cette localité. Mais il y a environ vingt ans, une conversation sur ce traité avec un savant archéologue, dont la perte a été vivement sentie dans l'Ouest, avec le docte Athénas (de Nantes), nous mit bientôt sur la voie. Il nous fit lire la chronique de Nantes, à la suite de la grande *Histoire de Bretagne* de dom Morice, et nous vérifiâmes qu'il y avait *Ceriacum*, au lieu d'*Ariacum*... Alors nous ne doutâmes plus d'abord que *Petram-Fictam* fût Pierrefitte, commune du nord des Deux-Sèvres, et ensuite que *Ceriacum* fût Cerisay ou Cirières, deux localités très-rapprochées du même département. Quoique la première soit un lieu plus important, qu'il nous fût agréable de prendre là une limite à un vieux château, patrimoine de notre famille, nous penchons pour Cirières, parce que le mot latin se rapproche davantage de lui. Ensuite nous y trouvons une tombelle ou motte, au lieu du château du Grand-Logis; ainsi deux monuments celtiques, une pierre levée, car Pierrefitte tire son nom de ce monument, et une tombelle, seraient venus borner les lignes terrestres. Ensuite on aurait de Cirières été joindre la source du grand Lay, près St-Pierre-du-Chemin, à la *villa* appelée *le Lay*, et ayant donné son nom à la rivière. Il serait difficile de mieux fixer les limites d'un pays, et la mention que nous faisons sur notre carte détaillée du Poitou, qui paraîtra avec le second volume de cet ouvrage, explique mieux notre idée que nous ne pourrions encore le faire par écrit.

Ajoutons ici, pour déterminer le point de Cirières comme la localité indiquée sous le nom de *Ceriacum*, qu'anciennement les souverains étaient dans l'usage de limiter leurs États par des buttes de terre. C'est ce qui résulte du *Liber de castro Ambasiœ*, inséré dans le Spicilège d'Acheri. On y voit, en effet, à l'endroit où l'auteur de ce document historique parle de l'alliance que firent Chludewig, roi des Franks, et Alarik II, roi des Visigoths, que ces deux rois fixèrent les limites de leurs États par des élévations de terre. Laissons parler cet écrivain : « *In planitie vero inter Bliriacum* (Bléré) *et Andresium* (pays de l'Indre), *uterque populus Gothorum et Francorum jussu regum duos globos terræ elevaverunt quos uiriusque fines constituerunt omnis terra plana à francis Campania* (Champagne) *dicitur, et in hâc duo globi in testimonium fœderis eminent.* » D. L. F.

(17) Si on fait le calcul des années écoulées depuis le moment de l'émigration des moines de Montglone jusqu'à la pieuse supercherie d'Absalon, on trouve un temps beaucoup trop considérable. Il faudrait que ce moine eût vécu son siècle. C'est pourquoi nous en faisons un simple novice ou élève, au moment du départ des religieux de Montglone pour Tournus. Encore il y a à douter, et il faudrait peut-être voir dans Absalon le parent, le neveu et l'élève d'un moine de ce nom, dont il aurait goûté les maximes et adopté le plan. Nous prenons, du reste,

les faits comme nous les trouvons dans les documents historiques.

(18) Il faut néanmoins, et comme nous l'avons dit précédemment, faire remonter la première origine de Saumur à l'année 818.

(19) L'époque de 950, assignée à la mort de Raymond-Pons par dom Vaissette, nous paraît établie d'une manière satisfaisante par dom Vaissette dans son *Histoire du Languedoc*. Néanmoins nous devons dire que M. d'Aldeguier, dans son *Histoire de Toulouse*, publiée il y a quelques années, reporte cette mort à l'an 977. Il s'appuie surtout sur une charte, d'après laquelle ce personnage et sa femme Garsinde auraient fait un don à l'église d'Alby, en 972. Mais nous pensons qu'il y a erreur dans cette date, et nous citerons à ce sujet nombre de chartes du Poitou, postérieures de très-peu à l'an 950, et dans lesquelles Guillelme Tête-d'Étoupes prend le titre de duc d'Aquitaine. Or on sait que ce prince n'obtint ce titre qu'à la mort de Raymond-Pons. Par voie de conséquence, ce comte de Toulouse était donc déjà décédé, et l'opinion de dom Vaissette, écrivain si judicieux, doit être suivie.

(20) Si on en croit dom Vaissette, *Histoire du Languedoc*, Étienne, évêque d'Arvernie, aurait été si mal disposé pour Guillelme Tête-d'Étoupes, qu'il lui aurait résisté jusqu'en 955; mais nous préférons nous arrêter au témoignage du chroniqueur Frodoard.

(21) Nous allons donner l'indication des départements actuels qui composent le territoire sur lequel régnait directement Guillelme Tête-d'Étoupes, à dater de 950 ou 951. Ces départements sont les suivants : 1° Vendée; 2° Charente-Inférieure; 3° Deux-Sèvres; 4° Vienne; 5° Haute Vienne; 6° Corrèze; 7° Puy-de-Dôme; 8° Cantal; 9° Haute-Loire.

(22) Ce fut vers cette époque qu'Edgiwe d'Angleterre, veuve du roi Karle-Simple, et mère de Ludwig d'Outre-Mer, oubliant cette double qualité, s'échappa de la cour, pour se marier en secondes noces avec le petit-fils de celui qui avait tenu son mari prisonnier pendant les sept dernières années de sa vie. Elle épousa, en effet, Héribert III, comte de Troyes, petit-fils d'Héribert de Vermandois dont a vu toutes les intrigues. Un pareil mariage, on l'a dit, était réprouvé par l'honneur à un beau caractère. On sait qu'Edgiwe en fit preuve et qu'elle donna d'utiles enseignements à son fils qui, si les temps eussent été moins difficiles, aurait pu marquer comme un de nos plus grands rois.

Il est peut-être assez curieux de faire remarquer une singulière coïncidence qui exista dans la destinée d'Edgiwe et de la seule fille qu'elle eut, avec un fils, Étienne, qui ne laissa point d'enfant. L'une et l'autre devaient éprouver les malheurs du destin de la race karolingienne, et on sait déjà ce qui arriva à Edgiwe pour son premier mari et pour son fils Ludwig d'Outre-Mer. Quant à Agnès ou Anne de Champagne, fille du second mariage d'Edgiwe, elle épousa Karles, duc de Lorraine, dernier prince de la descendance de Karle-Magne. Or, Karles de Lorraine et sa femme Agnès furent faits prisonniers par Hugues-Capet, qui les confina dans une prison à Orléans, où ils moururent tous les deux, Karles en 992, et Agnès on ne sait à quelle époque.

(23) Les églises de St-Hilaire et de St-Pierre étaient dans deux faubourgs, et l'église St-Savinien se trouvait dans l'intérieur de la ville. Cette dernière église a été convertie en prison pendant la révolution.

(24) Nous devons dire que M. Godard-Faultrier, dans son savant ouvrage intitulé : *L'Anjou et ses monuments*, n'a rien dit du fait imputé à Foulques - Bon par la chronique de Nantes. Il faut ajouter que dom Bouquet, dans la préface du 8ᵉ volume de la grande collection des historiens de France, nie le fait imputé au comte d'Anjou, en disant qu'il était incapable d'une telle atrocité. Du reste, on a vu le témoignage positif d'une chronique locale, celle de Nantes, qui s'exprime ainsi : *Accedens ad nutricem Drogonis, cupiditate pessimâ ductus, indicit ei ut Drogonem puerum occideret, et sic Drogo, nobilissimus infans, interfectus est.* Ce texte a paru concluant et irrécusable à tous les auteurs qui ont écrit l'histoire de Bretagne.

(25) Si nous prenons pour exacte l'indication de l'année, il faudrait dire que ce que nous mentionnons ici eût lieu en 956. Mais, à cette époque, les Northmans n'étaient plus maîtres du cours de la Loire. Dans une telle position, il semble convenable de se réduire à l'année 952, où les barbares du Nord occupaient en partie la ville de Nantes, et faisaient le siége du château de cette localité. Autrement il faudrait se reporter encore plus en arrière.

(26) C'est donc à tort que M. Capefigue, dans son ouvrage sur les *Invasions des Northmans*, prétend que la victoire d'Alain Barbe-Torte « délivra pour toujours la Bretagne de la présence des hommes du Nord. » Ils y revinrent encore en 952, mais alors ce fut bien pour la dernière fois, sauf quelques faibles expéditions sur les côtes.

(27) L'idée que les peuples de l'Aquitaine, qui montraient un grand attachement aux descendants de Karle - Magne, n'étaient pas portés aussi favorablement en faveur des comtes de Poitou, peut s'induire de quelques passages du chroniqueur Frodoard. Du reste, cette opinion a été adoptée par M. Sismonde de Sismondi, dans son *Histoire des Français*.

(28) Dufour, *Ancien Poitou*, p. 354, indique, mal à propos, le mois de mai comme le commencement du siége; car Frodoard fixe positive-

ment le mois d'août. Aussi notre collaborateur s'était-il corrigé lui-même dans les notes qu'il nous a données, relativement à l'histoire des comtes du Poitou. D. L. F.

(29) Malgré le témoignage d'un grand nombre d'autorités qui attestent la vérité des faits qu'on a indiqués dans le texte, on ne peut pas se dissimuler pourtant qu'elle pourrait bien n'être point assez évidemment démontrée aux yeux exercés des critiques. Adhémar de Chabannais n'attribue cette expédition contre Poitiers qu'à Hugues-Capet, après son élévation sur le trône de France, pour forcer Guillelme Tête-d'Étoupes à reconnaître son autorité. Adhémar, auteur presque contemporain, aurait-il confondu les temps et les personnes ? Ce qui peut persuader encore qu'il n'a point commis un anachronisme aussi frappant que celui qu'il faudrait lui adresser, c'est que l'auteur anonyme de la translation de St Génou dans le monastère de Strude, qui vivait dans le milieu du onzième siècle, parle d'une semblable expédition de Hugues-Capet, déjà régnant, *assumpto jam regno*, contre le comte Guillelme-Hugues qui refusait de le reconnaître pour roi, parce qu'on avait injustement, à ce qu'il lui semblait, mis de côté les droits de Karles, duc de Basse-Lorraine, fils de Ludwig d'Outre-Mer. Dans cette hypothèse, le siége de Poitiers daterait de 987 au plus tôt, et n'aurait été entrepris que sous Guillaume Fier-à-Bras. Néanmoins cette difficulté historique nous semble résolue par l'autorité de la chronique de Maillezais, dont l'auteur vivait sur les lieux et dans les temps où il écrivait. Cette chronique distingue deux expéditions : l'une entreprise par Hugues-Blanc et Lothaire, et l'autre par Hugues-Capet. La plupart des écrivains ont confondu sans raison les faits survenus après la levée du siège de 955, avec ceux qui suivirent immédiatement la seconde tentative sur Poitiers, de la fin de 987. C'est sans doute la source de cette contrariété apparente qui règne dans leurs récits. Du reste, un des témoignages les plus graves en apparence, celui d'Orderic Vital, comme il a lui-même le soin d'en avertir, n'est fondé que sur celui de Hugues de Poitiers, moine de Vézelay, à qui l'on attribue *l'origine des comtes de Nevers*. Cet auteur ne vivait que vers l'an 1160, et c'est, en général, un mauvais guide; car il connaissait très-peu ce qui concernait les seigneurs dont il entreprit d'écrire l'histoire.

Nous ajouterons ici que Thibaudeau, s'appuyant sur Besly, n'indique qu'un seul siège de Poitiers, qu'il fixe en 955, et rejette celui attribué à Hugues-Capet. Il contredit ainsi le témoignage de l'abbé Vely, qui place près de l'abbaye de Bourgueil la bataille que perdit Guillelme Tête-d'Étoupes, à la suite de la levée du siège de sa capitale.

(30) Aucun auteur n'a précisé l'époque du mariage de Guillelme Fier-

à-Bras avec Emme. Voici, en résumé, les preuves sur lesquelles nous appuyons notre opinion. Besly (Comt. de Poit., p. 290) rapporte, sous l'an 975, une charte datée de l'an XL du règne de Lothaire, en ayant soin cependant d'indiquer, par une apostille, que ce chiffre XL lui paraissait suspect. Cette charte, souscrite par Guillelme enfant, *parvus*, porte : *Data mense junii anno 40, regnante rege Lothario*. La rectification de la date du titre, qui paraît être une copie, conduira à la véritable époque de la naissance de ce Guillelme, surnommé depuis le Grand, et, par suite, à celle approximative du mariage de son père.

Guillelme-Hugues II, ou Guillelme III comme comte de Poitou, ou V. comme duc d'Aquitaine, mourut, comme on le verra, le 31 janvier 1030 V. S., âgé de 71 ans. Il naquit conséquemment en 958, environ un an après le mariage de son père, ou au plus tard dans les premiers jours de juin. Ce qui le prouve d'une manière incontestable, c'est qu'il figure dans la charte ci-dessus relatée, souscrite la même année 958, la quatrième du règne de Lothaire, et non pas la quarantième; car il est clair que le zéro a été descendu trop bas par le copiste qui l'a placé, sans y faire attention, au niveau et à la suite du chiffre 4, et ainsi 40, au lieu de le mettre au dessus, et ainsi 4°, ce qui aurait rendu la date véritable. En effet, le règne de Lothaire était pris ici du 12 novembre 944. Ainsi la difficulté disparaît tout naturellement, sans qu'on soit obligé de supposer une altération dans le texte. Il n'est pas difficile maintenant de supputer quel âge avait atteint Guillelme Fier-à-Bras, lorsqu'il épousa Emme. Il mourut le 3 février 994 N. S., âgé de 61 ans; il était né par conséquent en 933. Dès qu'il avait un fils en juin 958, il devait s'être marié dans le courant de 957, au plus tard, et à l'âge de 24 ans. Au reste, l'épithète de *parvus*, donnée au duc Guillelme V, en 958, est trop vague pour nous reporter avec une précision rigoureuse à l'époque du mariage de son père.

(31) Les nombreux documents sur lesquels reposent l'existence d'Arbert, comme vicomte de Thouars, dispensent de les citer particulièrement ici comme nous avons fait pour les vicomtes antérieurs, qui peuvent paraître incertains.

(32) Cette charte, d'après son contexte, nous paraît fausse, car elle est conçue dans des termes dont on ne s'est servi que depuis. En effet, la féodalité était encore dans son enfance, et les expressions qu'on trouve dans la pièce dont on a rendu compte la présenteraient comme s'étant déjà définitivement constituée.

Le droit de prévention s'entendait de la préférence à accorder entre deux juges qui semblaient avoir le droit de statuer sur une contestation.

(33) Dans le titre IV de la loi salique, on lit : *Si qui tres homines puellam de casâ aut de sercond rapuerint*. Pitheus, sur cette loi, dit :

Etiam num campanis escrenes dictas fuisse cameras demersas in humum multo insuper fimo oneratus, in quibus hieme puellæ simul convenientes pervigilant.

(34) On ne sait trop d'où Maingot était comte. Il était sans doute de la maison de ce nom, dont nous avons eu occasion de parler plusieurs fois, à l'occasion des vicomtes de Melle et d'Aunay.

(35) Dom Mabillon, dans ses *Annales Bénédictines*, prétend que la donation de Robert de Melle fut faite au profit d'Adèle d'Angleterre, veuve d'Ebles-Manzer, et que celle-ci en disposa en faveur d'Adèle de Normandie, sa belle-fille, parce qu'elle s'occupait de la construction du monastère de la Trinité de Poitiers. Il faudrait alors supposer, ce qui est invraisemblable, que cette dernière s'en dessaisit postérieurement, et rendit à sa belle-mère les mêmes biens qu'elle lui aurait donnés, car il est certain qu'ils devinrent la dot de l'abbaye de la Trinité, qui les tenait de la libéralité d'Adèle d'Angleterre.

(36) V. Kal. novembris, obiit Adela comtessa, uxor Ebloni comitis et mater Guilelmi comitis, qui cognominatur Caput-Stupæ-Etenim ipsa in Pictavis civitate, Deo auxiliante, unam basilicam in honore sanctæ et individuæ Trinitatis ædificavit. Norma virginum sacrorum in Christi nomine claruit, cujus anima et omnium defunctorum requiescat in pace. *Ex kalendario cœnobii S. Trinitat. Pictav.*

(37) Plus tard, et ces dispositions donnèrent lieu à un procès dont parle Thibaudeau.

(38) On lit ce qui suit dans l'ouvrage manuscrit de dom Chazal, intitulé : *Monasterii S. Maxentini historia :* « Dum Odo cœnobium St Maxenti regeret, Willielmus, dux, comes Pictavorum, caput stuppæ cognominatus, qui jam ab aliquot annis monasterium induerat apud Stum Cypr. prope muro urbis Pictav. se recepit in cœnobium Sti Maxentii, ubi obiit in Dno anno 963. »

Un peu plus loin, on trouve, dans le même ouvrage, le passage suivant : « Willielmus caput stuppæ cognominatus cœnobium S. Max. non solum donis et beneficiis ampliavit, sed et monasticâ professione illustravit. Is erat dux Aquitaniæ, comes Pictav. Arvern. Lemovic. Santon. et Vellavirum, etc..... Sub finem vitæ, monasterium habitum induit in Sti Cypriani monasterio, sub Frotherio abbate, Agmonis successore. Indè posteà discessit ad Sti Maxentii cœnobium, ubi Sato sanctus est, Odone hunc ejus loci abbati ex chronico Malleac, anno Christi 963. Ex Ademaro Cabanensi expetitur in ecclesiâ Sti Cypr. Pict. Ex necrologio San. Maxent. Non jacet in ecclesiâ Sti Maxentii, anniversarium ejus notatur ad diem 3 april. »

(39) Aucun auteur ne donne de renseignements sur l'âge de Guillelme

Tête-d'Étoupes, à l'époque de sa mort. Il est pourtant assez facile de faire ce calcul avec assez d'exactitude. Ebles-Manzer, son père, ne put épouser Adèle d'Angleterre que vers la fin de 907, ou peut-être même en 908, puisque Émilliane, sa première femme, vivait encore en février de cette première année. Par voie de conséquence, Guillelme Tête-d'Étoupes, son fils aîné, ne put voir le jour qu'en 908 au plus tôt; il mourut en 963, et dès lors à cette époque, il ne pouvait être âgé que d'environ 55 ans, ainsi que nous l'établissons.

(40) Quant à ce qui concerne les montagnes d'huîtres de St-Michel-en-l'Herm, il faut consulter la *Statistique de la Vendée*, par Cavoleau, et un mémoire spécial de M. Fleuriau de Bellevue (de la Rochelle). On va donner une nouvelle édition du travail de Cavoleau, qui est très-curieux et est devenu rare (*a*).

(*a*) En terminant cet appendice, on fera remarquer que ses articles doivent être considérés comme communs aux deux auteurs, sauf ceux qui appartiennent évidemment à l'auteur-éditeur, ou qui sont suivis des initiales de son nom.

FIN DE L'APPENDICE.

TABLE DES MATIÈRES.

Préface. V
Notice biographique sur l'historien Dufour. XIII

PREMIÈRE PARTIE.

ROIS D'AQUITAINE DE LA RACE KAROLINGIENNE, DE 778 A 877.

LIVRE PREMIER

Servant d'introduction.

RECONSTITUTION DE L'AQUITAINE EN ROYAUME PAR KARLE-MAGNE.

I. État de choses et faits patents de l'époque. Karle-Magne. Son apparition au milieu des ténèbres, son génie, sa puissance et son mode de gouvernement en général, page 1. — II. La puissance est attachée à la possession du sol. Établissement de la servitude de la glèbe, 3. — III. Règlements pour l'exercice des métiers divers, *ibid.* — IV. État moral du clergé à cette époque, 4. — V. Confusion du pouvoir civil et du pouvoir ecclésiastique, 7. — VI. Division du sol en deux espèces de biens: l'alleu ou le bien propre, et le bénéfice ou le bien fiscal. Celui qui obtient le bénéfice ou honneur devient le fidèle de celui qui le lui a concédé, 9. — VII. Ouverture des routes en Aquitaine. Levées de la Loire, 10. — VIII. Précautions prises par Karle-Magne contre les pirates. Il fortifie les ports de l'Aquitaine et y place des navires en observation, *ibid.* — IX. Construction d'églises et de monastères en Aquitaine, et particulièrement en Poitou, 11. — X. Le monastère de St-Florent de Montglone, *ibid.*

XI. Série de faits qui se rattachent à la reconstitution de l'Aquitaine en royaume. Diète de Paderborn, en 778. Une députation des Maures et des chrétiens de l'Ibérie s'y présente, pour demander la protection spéciale de Karle-Magne, 12. — XII. Détails sur la position de la Péninsule à cette époque. Abd el Rahman ben Mouayia devient khalife de Cordoue, 13. — XIII. Détermination prise par Karle-Magne de porter ses armes au delà des Pyrénées et son expédition dans cette contrée. Promenade militaire dans les pays connus actuellement sous le nom de Catalogne et d'Aragon. Occupation de Pampelune et siége infructueux de Sarragosse. Défaut de concours des Maures opprimés et des chrétiens de leur parti. Retour de l'expédition vers les Pyrénées, 15. — XIV. Karle-Magne et son principal corps d'armée traversent les Pyrénées, sans coup férir. Echec de l'arrière-garde à Roncevaux, où les Basques la taillent en pièce. Mort de différents chefs de marque et notamment de Rolland, 18. — XV. Digression sur Rolland, comte ou commandant des Marches de Poitou et de Bretagne, 19. — XVI. Chagrin de Karle-Magne en apprenant l'échec de Roncevaux. Vengeance qu'il en tire en faisant pendre Loup II, duc ou comte des Vascons, issu de la race mérovingienne. Un mot sur la descendance de ce personnage, 20.

XVII. Karle-Magne à Cassaneuil où il trouve la reine Hildegarde accouchée de deux jumeaux, Lothaire et Ludwig. Reconstitution de l'Aquitaine en royaume, et Ludwig est proclamé roi de cette contrée presque à sa naissance. Motifs qui déterminent le roi frank à agir ainsi, 21. — XVIII. Etendue du royaume d'Aquitaine, tel qu'il fut concédé au jeune Ludwig. Son point de contact avec les Arabes de la Péninsule, et son placement à l'avant-garde de la chrétienté, 22. — XIX. Toulouse, capitale du royaume d'Aquitaine, et les quatre châteaux royaux, Doué, Cassaneuil, Ebreuil et *Audiacum*, 23. — XX. Création ou confirmation de comtes dans l'Aquitaine, et désignation de quelques-uns d'entre eux, notamment de celui du Poitou. Indication sommaire de leurs fonctions, 22. — XXI. Établissement d'un duc d'Aquitaine. Position des comtes relativement au duc, 25. — XXII. Le titre de duc d'Aquitaine est d'abord attribué au comte de Toulouse, *ibid.* — XXIII. Corson, premier comte de Toulouse et duc d'Aquitaine. Recherches sur l'origine de ce personnage, 26. — XXIV. Détails sur les fonctions des comtes, *ibid.* — XXV. Les grandes assises du comte, 27. — XXVI. Mode d'administration de la justice à cette époque, 28. — XXVII. Juridiction des évêques, *ibid.* — XXVIII. Des abbés sont placés en Aquitaine avec des dotations. Importance des abbés pour cette période, *ibid.* — XXIX. Autres chefs inférieurs aux comtes, pourvus de terres appartenant au fisc, ou *vassi dominici*, 29. — XXX. Surveillance du roi sur les comtes. Les *missi dominici*, 30.

—XXXI. Etablissement des viguiers pour juger les affaires de détail, *ibid.*
— XXXII. Les affaires d'un grand intérêt ou de certaines spécialités réservées au jugement du comte. Indications à ce sujet, 31.—XXXIII. Fonctions des viguiers rémunérées par la possession de bénéfices ; 32. — XXXIV. Etablissement successif des vigueries, *ibid.* — XXXV. Division du Poitou par *pagi* ou pays, 33. —XXXVI. Indication des vigueries du Poitou en suivant l'ordre des *pagi* ou pays, 35.—XXXVII. Récapitulation des vigueries, par ordre de date, 38.—XXXVIII. Des sous-viguiers et des centeniers, 40. — XXXIX. Humble position sociale attribuée aux viguiers, 41. — XL. Origine visigothe des viguiers et des sous-viguiers, *ibid.* — XLI. Libertés municipales des villes de l'Aquitaine, 42. — XLII. Législations suivies en Aquitaine et spécialement en Poitou. Le *Brevigrium* d'Aniau, le code des Visigoths et les lois germaniques, 43.— XLIII. Conclusion de l'introduction, *ibid.*

LIVRE II.

(DE 778 A 814.)

Ludwig-Pieux, roi d'Aquitaine (de 778 à 814).
Corson (de 778 à 790), — Guillelme de Gelone (de 790 à 806), — Raymond Raffenel (de 806 à 814), ducs d'Aquitaine amovibles.
Abbon (de 778 à 814), comte de Poitou amovible.

778. — 1. Un mot sur le gouvernement de l'Aquitaine lors de son érection en royaume, 44. — II. Y eut-il alors des comtes dans toutes les provinces d'Aquitaine ? Abbon, comte de Poitou, étendit son administration jusqu'à la Loire, sur l'Aunis et la Saintonge, et peut-être sur l'Angoumois, *ibid.* — III. Recherches sur la famille d'Abbon, 45.— IV. Abbon a-t-il été abbé de St-Hilaire de Poitiers? 46.—V. Couronnement à Rome du jeune roi Ludwig, et son arrivée en Aquitaine et d'abord à Doué, 47.— VI. Le palais de Doué et ses souvenirs à cette époque, 48. — VII. L'amphithéâtre de Doué, *ibid.*—VIII. Statistique d'une maison royale d'Aquitaine, et genre de vie que le roi y menait, 49. — IX. Palais du roi d'Aquitaine situé près de Poitiers et dans l'intérieur de la ville, 50.

781. — X. Plaids du comte Abbon et de l'abbé Epron, *ibid.*

783.— XI. Extrême chaleur de l'été de l'an 783, 51. — XII. Etat des Marches arabes après l'échec de Roncevaux, *ibid.*

785. — XIII. Départ du jeune roi d'Aquitaine pour la cour impériale. Costume alors en usage en Aquitaine, 52. — XIV. Bertrand Iᵉʳ, évêque de Poitiers, 53. — XV. Fondation de l'abbaye de Karrow ou Charroux, *ibid.* — XVI. Etymologie du nom de Charroux, 55. — XVII. Premiers dons de Karle-Magne à Charroux. Le château de Niort et ancienneté du commerce de la ganterie dans cette localité, 56.

786. — XVIII. Efforts faits par Karle-Magne pour soumettre l'Armorique, *ibid.* — XIX. Phénomènes célestes, 57.

787. — XX. Karle-Magne excite à l'ouverture des écoles, *ibid.* — XXI. Mort d'Abd el Rahman. Hecham, son second fils, le remplace. Ses succès contre ses frères et ses dispositions belliqueuses contre la Marche d'Espagne et la Gaule méridionale, *ibid.* — XXII. Révolte des Vascons sous Adalrik, leur duc, 58.

788. — XXIII. Corson, duc d'Aquitaine, attaque Adalrik et les Vascons. Son armée est défaite et lui fait prisonnier. Condition de sa mise en liberté, 59. — XXIV. Diète d'Aquitaine, dans laquelle Adalrik est acquitté, *ibid.*

789. — XXV. Autre voyage de Ludwig en Germanie. Diète de Worms dans laquelle Adalrik est exilé et remplacé par son frère Sanche. Destitution de Corson, duc d'Aquitaine, *ibid.* — XXVI. Son remplacement par Guilleme, surnommé depuis de Gellone. Origine de celui-ci, 60.

790. — XXVII. Premiers actes de Guilleme, duc d'Aquitaine. Il combat et apaise les Vascons, 61. — XXVIII. Première grande diète d'Aquitaine, tenue à Toulouse, 62.

791. — XXIX. Réflexions sur l'utilité de ces assemblées, *ibid.* — XXX. Nouveau voyage et première campagne du roi Ludwig en Germanie, 63. — XXXI. Plaid tenu à Poitiers par des délégués du roi d'Aquitaine, et par le comte de la province, *ibid.*

792. — XXXII. Ludwig retourne de Germanie en Aquitaine, et se rend en Italie, 64.

793. — XXXIII. Aper, abbé de St-Hilaire-le-Grand. Il fait faire l'épitaphe de Fortunat. Sa mort et son inhumation, dans un *bisome*, avec Jean II, évêque de Poitiers, *ibid.* — XXXIV. Atton succède à Aper. Son respect pour les morts et ses relations avec Alcuin, *ibid.* — XXXV. Faits qui préludent à la guerre sainte des Arabes de la Péninsule contre l'Aquitaine, 65. — XXXVI. Expédition d'Abd el Wahib en Aquitaine. Prise de Gironne et de Narbonne. Incursion jusque près de Carcassone, et grande bataille de l'Orbieu perdue par les chrétiens. Rentrée des Arabes à Cordoue avec un immense butin, *ibid.*

794. — XXXVII. Ludwig assiste au concile de Francfort, 67. — XXXVIII. Son départ de la cour de Karle-Magne. Spoliation des biens royaux en

Aquitaine, et remède y apporté, *ibid.* — XXXIX. Ludwig restaure les bâtiments de divers monastères, et en confirme les priviléges, *ibid.* — XL. Amélioration dans l'administration des finances de l'Aquitaine, et réduction des tributs, 68. — XLI. Faibles attaques des Aquitains à l'encontre des Arabes. Victoire de Karle-Magne sur les Saxons, *ibid.*

796.—XLII. Mort d'El Hécham, khalife de Cordoue, remplacé par son fils El Hakem surnommé Aboulaz. Tentatives de ses oncles Solyman et Abdalla pour lui ravir le pouvoir. Ce dernier, accompagné de Ludwig-Pieux, se rend à Aix-la-Chapelle, auprès de Karle-Magne, fait un traité d'alliance avec lui et les princes franks, et retourne dans la Péninsule, 68.

797. — XLIII. Prise d'armes des partisans d'Abdalla dans la Péninsule, et concours des Aquitains. Ceux-ci s'emparent de Narbonne et obtiennent la soumission apparente de Gironne, Lérida, Oska et Barcelonne, 69. — XLIV. El Hakem arrive dans ces contrées, et recouvre les places qui lui avaient été enlevées, 70.

798. — XLV. Seconde diète d'Aquitaine tenue à Toulouse, 71. — XLVI. Mariage du roi Ludwig avec Ermengarde, 72. — XLVII. Les Aquitains passent de l'autre côté des monts, reconstruisent et garnissent de garnisons Gironne et autres villes. Borel, premier comte chrétien de la Catalogne, *ibid.*

799. — XLVIII. Confirmation officielle, par Karle-Magne, de la fondation de Charroux, 73. — XLIX. Première construction de ce monastère en bois, et sa reconstruction en pierre, *ibid.* — L. Commencement de Noaillé. Cet établissement est érigé en abbaye, 74. — LI. Le gardien du corps de St Hilaire à Poitiers. Les coutres, 75. — LII. Ludwig se joint à son père dans une guerre contre les Saxons, et revient ensuite dans ses états, *ibid.*

800. — LIII. Karle-Magne visite les côtes de son empire. Mort de l'impératrice Luitgarde, *ibid.* — LIV. Karles est proclamé empereur à Rome, 76. — LV. Tentative infructueuse sur Barcelonne, *ibid.* — LVI. Couronnement du roi Ludwig comme roi d'Aquitaine à Limoges, 77. — LVII. Troisième diète d'Aquitaine tenue à Toulouse. Dispositions prises contre la révolte des Vascons du Fezensac, 78. — LVIII. Expédition en Espagne. Prise de Barcelonne et conquête définitive de la Catalogne, 79. — LIX. El Hakem se dirige sur les bords de l'Ebre, bat et met à mort Balhoul et reprend Tarragone, 81. — LX. Séjour d'El Hakem à Pampelune pendant cette expédition. Son alliance avec les Basques espagnols, *ibid.*

801. — LXI. St Benoit d'Aniane, abbé de St-Savin, *ibid.*

803. — LXII. Les *Missi dominici* en Aquitaine. Théodulfe, l'un d'eux, et ses écrits, 82. — LXIII. La maison d'Aubusson, 83.

804. — LXIV. Sage gouvernement du duc Guillelme, 84. — LXV. Des Saxons sont placés en Aquitaine, *ibid.* — LXVI. Mort d'Alcuin à Tours. Son influence sur l'instruction dans l'ouest de la France, 85.

805. — LXVII. Karle-Magne appelle ses enfants près de lui, et leur partage ses États, 86. — LXVIII. Indication de quelques-uns des résultats de ce partage, 87. — LXIX. Sur la recommandation de l'empereur, le roi Ludwig fait garder par des vaisseaux l'embouchure des fleuves de son royaume, 88.

806. — LXX. Les Basques de Pampelune et de la Navarre se soumettent de nouveau au roi d'Aquitaine, ou au moins s'allient avec lui, *ibid.*

807. — LXXI. Guillelme, duc d'Aquitaine, se fait moine dans son abbaye de Gelone. Détails sur ce personnage, et mention de sa descendance, 89. — LXXII. Raymond Raffenel succède à Guillelme dans ses fonctions de comte de Toulouse et de duc d'Aquitaine, 90.

808. — LXXIII. Nouveau voyage de Ludwig à la cour impériale. A son retour, il prépare une expédition au delà des Pyrénées. Sa marche jusqu'à Ste-Colombe, où l'armée se divise en deux corps. Investissement de Tortose, par le premier corps, aux ordres du roi, 91.

809. — LXXIV. Marche du second corps de l'armée d'Aquitaine, et riche butin par lui fait avant de rejoindre le roi Ludwig sur les murs de Tortose, 92. — LXXV. Les Arabes arrivent au secours de cette ville, et obtiennent un avantage. Levée du siège, 93. — LXXVI. Mort d'Auréole, comte de Jaca, et intrigues d'Amron, *ibid.*

810. — LXXVII. Nouvelle recommandation de Karle-Magne à Ludwig, pour la garde des côtes et des rivières, 95. — LXXVIII. Expédition infructueuse du comte Ingobert, l'envoyé de l'empereur contre Barcelonne, 96.

811. — LXXIX. Abbon, comte de Poitou, présent à un traité fait avec des peuplades du Nord, 98. — LXXX. Changement dans la position de Ludwig-Pieux, par la mort de ses frères Karles et Pippin, *ibid.*

812. — LXXXI. Révolte des Bretons armoricains, *ibid.* — LXXXII. Privilèges accordés aux Goths espagnols réfugiés dans la Septimanie et dans la Marche d'Espagne, *ibid.* — LXXXIII. Reconstructions de monastères, 99. — LXXXIV. Ludwig réforme le clergé d'Aquitaine et fonde des écoles, *ibid.* — LXXXV. Diète d'Aquitaine et résolution qui y est prise contre un nouveau soulèvement des Vascons du Nord. Expédition dirigée contre eux, et leur soumission apparente, 100. — LXXXVI. Ludwig va ensuite pour mettre à la raison les Vascons du Midi. A son retour, trahison d'Adalrik à Roncevaux, qui y trouve la mort, ainsi que son second fils, 101. — LXXXVII. Clémence raisonnée du roi Ludwig envers le fils et le petit-fils d'Adalrik. Skimin et Loup-Centule sont faits ducs ou comtes des

Vascons, *ibid.* — LXXXVIII. Pendant ce temps, une armée aquitanique, aux ordres d'Héribert, va assiéger Oska. Mauvais succès de cette entreprise, 102. — LXXXIX. Course d'Abd el Rahman pour butiner dans le comté de Barcelonne, et jusque vers Narbonne, *ibid.* — XC. Trêve entre les Franks et les Arabes de la Péninsule. Position de l'Aquitaine, à cette époque, relativement aux partisans de l'ismalisme, 103.

813. — XCI. Le latin cesse d'être en usage. Dispositions prises par le troisième concile de Tours à ce sujet, *ibid.* — XCII. Physique et moral de Ludwig-Pieux, et manière dont il administre ses États, 104. — XCIII. Sur l'ordre de son père, Ludwig-Pieux se rend près de lui à Aix-la-Chapelle, 105. — XCIV. Karle-Magne associe son fils Ludwig à l'empire, *ibid.* — XCV. Retour de ce prince en Aquitaine, 107.

814. — XCVI. Mort de l'empereur Karle-Magne, *ibid.* — XCVII. État de l'Aquitaine, lorsque Ludwig-Pieux devient empereur, 108. — XCVIII. Sur Abbon, premier comte de Poitou, 109.

LIVRE III.

(DE 814 A 838.)

Pippin Ier, roi d'Aquitaine (de 814 à 838).
Raymond-Raffenel (de 814 à 817), — Béranger (de 817 à 835), — Bernhard de Septimanie (de 835 à 838), ducs d'Aquitaine amovibles
Richwin (de 814 à 815), — Bernhard Ier (de 815 à 832), — Emenon (de 832 à 838), comtes de Poitou amovibles.

---

814. — I. Ludwig-Pieux apprend, à Doué, la mort de Karle-Magne. Son départ pour Aix-la-Chapelle où il prend possession de l'empire, 110. — II. Premier acte de l'empereur Ludwig-Pieux, 111. — III. Troubles en Poitou, à l'occasion des concussions des grands, *ibid.* — IV. Corruption des mœurs à la cour de Karle-Magne, et parti pris à ce sujet par son successeur, *ibid.* — V. L'empereur Ludwig concède le royaume d'Aquitaine à Pippin, son second fils, 112. — VI. Richwin est institué comte de Poitou, *ibid.* — VII. Origine présumée de Richwin, 113. — VIII. Le palais d'Engerie. Le roi Pippin y passe quelque temps, à son arrivée en Aquitaine, *ibid.* — IX. Notices biographiques sur Adhalard et Wala, cousins germains de Karle-Magne, *ibid.* — X. Adhalard, abbé de Corbie, est exilé dans l'île d'Her, 114. — XI. Gondrade, sœur d'Adhalard, est

confinée dans le monastère de Ste-Croix de Poitiers, et Wala est contraint à se faire moine, 115. — XII. Résultat de l'exil d'Adhalard dans l'île d'Her, *ibid.* — XIII. Tremblement de terre, *ibid.*

815. — XIV. Richwin est envoyé comme ambassadeur à Constantinople, et cesse de remplir les fonctions de comte de Poitou, 116. — XV. Bernhard est pourvu du comté de Poitou, à cause de l'absence de Richwin. Parenté du nouveau comte avec la maison impériale, *ibid.* — XVI. Une charte citée par dom Mabillon établit-elle qu'un homme libre du Poitou se rendit, à cet époque, serf d'un monastère? *ibid.* — XVII. Tetbert, moine du Mont-Cassin, vient réformer le monastère de St-Maixent, 117. — XVIII. Reprise momentanée des hostilités contre les Sarrasins, et nouvelle trève faite avec eux, 118. — XIX. Enlèvement du duc ou comte Skimin, et révolte des Vascons, 119. — XX. Caractère de cette révolte des Vascons, qui devient générale, *ibid.*

816. — XXI. Confirmation des priviléges accordés aux Espagnols réfugiés en Aquitaine, *ibid.* — XXII. Obligations générales des vassaux assujétis au service militaire, 121. — XXIII. Retour du comte Richwin de son ambassade à Constantinople. Alliance entre les Franks et les Grecs, *ibid.*

817. — XXIV. Renouvellement de la trève avec les Arabes, 122. — XXV. Diète générale d'Aix-la-Chapelle. Division de l'empire frank entre les trois fils de Ludwig-Pieux, *ibid.* — XXVI. L'Aquitaine perd la Septimanie et la Marche d'Espagne, et reçoit, en augmentation de territoire, trois comtés en Burgundie, *ibid.* — XXVII. Dispositions arrêtées pour faire des Etats des princes franks, quoique divisés en trois royaumes, un seul et même empire, 123. — XXVIII. Indication des créateurs de ce système politique, et mesures prises pour le faire adopter, 124. — XXIX. Conférence d'abbés à la diète pour la réforme des monastères. Recommandation nouvelle pour le travail des mains et pour la défense d'aller à la guerre, 125. — XXX. Disposition relative à l'espèce et à la qualité des boissons dont devaient user les moines, 126. — XXXI. Constitution en faveur des monastères du Poitou, 127. — XXXII. Disposition oppressive prononcée contre les esclaves du monastère d'Aniane, *ibid.* — XXXIII. Les rois d'Aquitaine et de Bavière dissimulent leur mécontentement contre la constitution impériale, et sont couronnés à la diète, *ibid.* — XXXIV. Couronnement particulier du roi Pippin à Limoges, 128. — XXXV. Bernhard, fils de Guillelme de Gelone, est fait duc de Septimanie, *ibid.* — XXXVI. En quoi consistait alors la Septimanie, 129. — XXXVII. Bérenger remplace Raymond Raffenel en qualité de duc d'Aquitaine, comte de Toulouse, *ibid.* — XXXVIII. Juste, abbé de Charroux. Claude

lui dédie un commentaire sur St Mathieu, *ibid.* — XXXIX. Le roi Pippin et le duc Bérenger marchent contre les Vascons révoltés. Résultats de cette expédition, 130. — XL. Révolte de Bernhard d'Italie contre l'empereur. Il finit par se rendre à discrétion, *ibid.*

818. — XLI. Nouvelle diète d'Aix-la-Chapelle, et condamnation à mort de Bernhard d'Italie. On lui crève les yeux et il en meurt. Sort de ses complices, 131. — XLII. Affaires de la Bretagne. Expédition de l'empereur dans cette contrée, et mort du roi Morvan, *ibid.* — XLIII. Mort de l'impératrice Hermengarde à Angers, 132. — XLIV. Regrets de Ludwig-Pieux, qui forme un moment le projet d'entrer dans le cloître, 133. — XLV. Etablissement définitif des levées de la Loire, *ibid.* — XLVI. Commencement de la ville de Saumur. L'église de St-Jean-Baptiste, 134. — XLVII. Suite. Le château du Tronc, 135. — XLVIII. Le roi Pippin établit Totilo duc des Vascons. Résultats de cette nomination, *ibid.* — XLIX. Asinaire, comte de Jaca, 136. — L. Organisation régulière des *Missi dominici*, *ibid.* — LI. Sigebran, évêque de Poitiers. Il fait copier, pour l'usage de son église, le texte des Evangiles, 137. — LII. Fondation du monastère de Deas, au pays d'Herbauge, *ibid.*

819. — LIII. Permission accordée de faire venir à Deas les eaux de la Boulogne, en coupant une chaussée. Conclusion tirée de cet acte, *ibid.* — LIV. Nouveau mariage de l'empereur Ludwig avec Judith, fille d'un comte Bavarois, 138. — LV. Le peuple est enfin représenté dans les diètes frankes, *ibid.* — LVI. Fondation du prieuré de la Fougereuse, *ibid.*

820. — LVII. Accusation portée contre Béra, comte de la Marche d'Espagne, et son résultat. Le comté est donné à Bernhard de Septimanie, en augmentation de territoire, 139. — LVIII. Limites de la Marche d'Espagne, *ibid.* — LIX. Premiers ravages des Northmans en Aquitaine. Descente à l'île Bouin, *ibid.* — LX. Erection du comté d'Herbauges, dont le territoire est distrait du Poitou. Renaud, premier comte d'Herbauge, 140. — LXI. Limites de ce comté, 141.

821. — LXII. Diète de Nimègue, et confirmation du partage de l'empire frank, 141. — LXIII. Mariage de Lothaire, fils aîné de Ludwig-Pieux, et grâce accordée aux complices de Bernhard d'Italie, *ibid.* — LXIV. Mort du roi arabe El Hakem à qui succède son fils Abd el Rahman II. Opposition d'Abdala, grand oncle de celui-ci, 142. — LXV. Accord du gouvernement aquitain avec Abdalla, pour faire la guerre à Abd el Rahman II, *ibid.* — LXVI. Alliance des Basques avec les Arabes, 143.

822. — LXVII. Diète d'Attigny. Singulière démarche de Ludwig-Pieux, qui fait une confession publique pour avoir condamné Bernhard d'Italie et ses complices et exilé Adalhard et Wala, *ibid.* — LXVIII. Prétendue

ambassade des chefs northmans à cette assemblée, 441. — LXIX. Liberté d'élection accordée pour le choix des évêques, *ibid.* — LXX. Etendue du pouvoir de ces dignitaires de l'église à cette époque, *ibid.* — LXXI. Capitulaires pour le monastère de Ste-Croix de Poitiers. Dispositions singulières relatives à certains prêtres susceptibles de redevenir esclaves, 145. — LXXII. Mariage du roi Pippin avec Ingeltrude, *ibid.* — LXXIII. Expédition de Bernhard, duc de Septimanie, vers Oska, 146. — LXXIV. Abd el Rahman fait prisonnier Abdalla dans Valence, et n'a plus de compétiteur, *ibid.* — LXXV. Le roi de Cordoue se porte alors à la rencontre de Bernhard de Septimanie et bat son corps d'armée, *ibid.*

823. — LXXVI. Naissance de Karles, depuis surnommé le Chauve, 147.

824. — LXXVII. Ludwig-Pieux fait venir d'Italie Fulbert et ses moines, et leur donne l'abbaye de Montglone, 148. — LXXVIII. Expédition de douze comtes franks sur Pampelune et sa fin malheureuse à Roncevaux. Les comtes Ebles et Asinaire sont faits prisonniers, 148. — LXXIX. Défection d'Asinaire. Il devient comte des Vascons basques, 149. — LXXX. Expédition de l'empereur et du roi d'Aquitaine contre les Bretons. Wihomark leur chef se soumet, *ibid.* — LXXXI. Mariage de Bernhard de Septimanie avec Dodane, 150. — LXXXII. Arnoul, abbé d'Hermoutiers, chargé de la réformation des monastères de l'empire frank, *ibid.*

825. — LXXXIII. Concessions de marchés à des monastères, 151. — LXXXIV. Mécontentement des sujets d'Abd el Rahman à cause d'une augmentation d'impôt. Partie qu'en tire l'empire frank, *ibid.*

826. — LXXXV. Mort d'Adalhard, abbé de Corbie. Son frère Wala lui succède, 152. — LXXXVI. Wihomark fait sa soumission à l'empereur, à la diète d'Aix-la-Chapelle. Rendu dans son pays, il se révolte de nouveau et est mis à mort par le comte Lanthbert, 152. — LXXXVII. Les Bretons choisissent Nominoé pour leur chef, et l'empereur ratifie ce choix, 153. — LXXXVIII. Conduite de Nominoé envers l'empereur, *ibid.* — LXXXIX. Recherches sur l'origine et la conduite de Nominoé, 154. — XC. Bénéfices tenus par le comte de Poiton du roi d'Aquitaine, *ibid.* — XCI. Bernhard Ier, toujours comte de Poitou, 155. — XCII. Les Goths de la Septimanie tendent à se reformer en nation indépendante, *ibid.* — XCIII. Le Goth Aizon s'échappe d'Aix-la-Chapelle et se rend au milieu de ses compatriotes, 156. — XCIV. Il s'empare d'Ausone, détruit Rode et met des garnisons dans les places de la contrée, 157. — XCV. Ses relations avec la cour de Cordoue, *ibid.* — XCVI. Diète tenue à Aix-la-Chapelle, où l'on arrête les dispositions à prendre contre Aizon, 157.

827. — XCVII. Le roi Pippin délivre le monastère de St-Maixent de son état de subjection envers le comte de Poitou, 148. — XCVIII. Pri-

viléges accordés par ce même roi à l'abbaye d'Her. Marine de ce monastère, *ibid.* — XCIX. Pippin négocie inutilement avec Aizon. 159. — C. Concours d'Abd el Rahman dans la guerre entreprise par Aizon contre le pouvoir frank, *ibid.*—CI. Envoi, par l'empereur, de commissaires extraordinaires pour pacifier la Marche d'Espagne, *ibid.*—CII. Expédition des Arabes sur Gironne et Barcelonne, et dévastation du pays sans coup férir, 160. — CIII. Arrivée tardive de l'armée franke dans la Marche d'Espagne, 162.

828. — CIV. Les comtes Hugo et Malfried, déclarés coupables de lâcheté à la diète d'Aix-la-Chapelle, sont privés de leurs emplois et de leurs honneurs, *ibid.* —CV. Diète d'Ingelheim. Nouvelle expédition au delà des monts, et son résultat, 162. — CVI. Causes qui déterminèrent le roi de Cordoue à renoncer à une grande expédition contre l'Aquitaine, 163. — CVII. Les résultats définitifs de la révolte d'Aizon demeurent exclusivement aux Sarrasins, *ibid.* — CVIII. Fondation de l'abbaye de St-Cyprien de Poitou, 164. — CIX. Le port *Vitrariæ*, au pays d'Herbauges, 165. — CX. Séjour du roi Pippin à St-Martial de Limoges, *ibid.* — CXI. Longue durée de la paix intérieure jusqu'à une époque indiquée, 166. — CXII. Troubles dans l'empire à l'occasion de l'apportionnement que l'impératrice Judith veut faire faire à son fils, 167.

829. — CXIII. Concile de Toulouse, *ibid.* — CXIV. Disposition arrêtée dans cette assemblée relativement au tarif des esclaves, *ibid.* — CXV. Faveur croissante de Bernhard de Septimanie. Il est nommé camérier et premier ministre. Sa conduite arbitraire et les ennemis qu'il se fait, 168. — CXVI. Diète de Worms. On y forme un royaume d'Allemagne pour le jeune Karles, 169. — CXVII. Intrigues contre le camérier Bernhard. L'abbé Wala, son beau-frère, prend parti contre lui, *ibid.*

830. — CXVIII. Projet de guerre en Bretagne et marche sur cette province. Événements qui l'arrêtent, 170. — CXIX. L'empereur renvoie le duc Bernhard en Septimanie. L'armée du père et celle du fils sont en présence. L'impératrice arrêtée est conduite à Ste-Rhadégonde de Poitiers, où on la force de prendre le voile, 171.—CXX. Conduite de Judith à Poitiers, 172. — CXXI. Arrivée de Lothaire et rigueurs exercées contre l'empereur, *ibid.* — CXXII. Ludwig-Pieux, détenu par Lothaire, se met en communication avec Ludwig de Bavière et Pippin, qui avisent au moyen de délivrer leur père, 172.—CXXIII. Diète de Nimègue et intrigues qui s'y croisent, 173. — CXXIV. Ludwig-Pieux est délivré, reprend l'exercice du pouvoir, et fait rendre la liberté à l'impératrice, 174. — CXXV. Translation du corps de St Junien de Mairé l'Évescaut à l'ab-

baye de Neaillé, 175. — CXXVI. Souvenir de St-Junien, *ibid.*—CXXVII. Premier établissement des Northmans dans l'île d'Her. Ils brûlent le monastère de St-Philbert, 176. — CXXVIII. Par suite, les moines de St-Philbert d'Her s'établissent à Déas, et y construisent même une petite ville autour de leur monastère. Privilèges de ses habitants, 177.

831. — CXXIX. Ouvrage de Bertrand Prudence, moine de Charroux, sur la musique, 178. — CXXX. L'impératrice Judith se présente à la diète d'Aix-la-Chapelle, où elle se justifie, *ibid.* — CXXXI. Jugement prononcé contre les chefs de la conspiration dirigée contre l'empereur, 179. — CXXXII. Wala est exilé, à son tour, dans l'île d'Her, *ibid.*— CXXXIII. Diète de Thionville. L'innocence de Bernhard de Septimanie est établie par les preuves en usage alors, 180.

832. — CXXXIV. Mauvaise disposition du roi Pippin contre son père. Il se rend néanmoins près de lui, mais en repart presque aussitôt, *ibid.*

833. — CXXXV. Mécontentements de l'empereur et moyens auxquels il veut recourir contre Pippin et Ludwig. Il agit contre ce dernier et indique une diète à tenir à Orléans, 183. — CXXXVI. Révolte de Pippin, aidé de Bernhard de Septimanie, contre l'empereur, 182.— CXXXVII. Diète d'Orléans. Marche de l'empereur sur l'Aquitaine, et recherche de Pippin, *ibid.* — CXXXVIII. Ludwig-Pieux à Crozant, dans la Marche, où il tient une diète, 183.—CXXXIX. Bernhard est dépouillé du duché de Septimanie, qui est donné au duc Bérenger. — CXL. Pippin, au lieu de se rendre à Trèves, ainsi que son père le lui avait ordonné, prend sa marche sur Doué, *ibid.* — CXLI. L'empereur déclare Pippin déchu du royaume d'Aquitaine, et le concède à Karles, fils de son second mariage, 184. — CXLII. Ludwig-Pieux tente inutilement de se rapprocher de Pippin. Guerre entre le père et le fils, 184. — CXLIII. Bernhard est destitué, par l'empereur, de ses fonctions de comte de Poitou. Son frère Émenon le remplace, *ibid.* — CXLIV. Richwin toujours comte titulaire et sans fonctions pour le Poitou, 185. — CXLV. Indication de l'époque de la mort du comte Bernhard, et descendance de ce personnage, *ibid.* — CXLVI. Émenon, frère de Bernhard, est fait comte de Poitou, 185. — CXLVII. Visite de Pippin à l'abbaye de St-Maixent, et son résultat, *ibid.* — CXLVIII. Les rois Lothaire et Ludwig s'unissent à Pippin contre l'empereur, 187.—CXLIX. Ludwig-Pieux tente de résister, et convoque à dessein une diète à Worms. Réunion des armées en Alsace et intervention personnelle du pape Grégoire IV dans le démêlé entre le père et les enfants. Défection des partisans de l'empereur, *ibid.* — CL. Ludwig-Pieux est forcé de se mettre à la dis-

crétion de ses enfants. Ils le dépouillent du pouvoir et font un nouveau partage des provinces de l'empire, 188.—CLI. Motifs donnés par le pape, pour expliquer son voyage dans les Gaules, 189. — CLII. Diète de Compiègne. Ludwig-Pieux s'y soumet à une pénitence publique et est dégradé, 190. — CLIII. Descente des Northmans dans un lieu de l'Aquitaine appelé Burnad, *ibid*.—CLIV. Il se forme un parti en faveur de Ludwig-Pieux, auquel s'associe le roi Pippin, 191.

834. — CLV. Marche de Pippin vers Paris. Délivrance effective de Ludwig-Pieux, qui reprend l'exercice du pouvoir, *ibid*.— CLVI. L'empereur reconnaît de nouveau Pippin comme roi d'Aquitaine, et confère une seconde fois le duché de Septimanie à Bernhard, 193. — CLVII. Guerre entre les partisans de l'empereur et les partisans de Lothaire, 194. —CLVIII. Bérenger, duc d'Aquitaine, négocie une réconciliation entre Lothaire et son père, 196. — CLIX. Institution, pour l'Aquitaine, de la fête de tous les saints, 197.— CLX. Plaid relatif au monastère de Noaillé, *ibid*. — CLXI. Diète d'Attigni. Plainte portée contre Pippin, à l'occasion de l'envahissement des biens ecclésiastiques dans son royaume, 198.

835.—CXLII. Diète de Thionville. On annule tous les actes faits contre Ludwig-Pieux, et on fait un nouveau partage de l'empire, au détriment de Lothaire, *ibid*. — CLXIII. Contestation entre les ducs Bérenger et Bernhard, relativement à la Septimanie, 199. — CLXIV. Diète de Crémieux. Mort du duc Bérenger. Bernhard conserve le duché de Septimanie, et obtient celui d'Aquitaine, *ibid*. — CLXV. Fridebert, évêque de Poitiers et abbé de St-Hilaire-le-Grand. Diplôme de Pippin, roi d'Aquitaine, en faveur de ce monastère, 200. — CLXVI. Priviléges accordés, par ce diplôme, aux serfs possédés par le monastère de St-Hilaire, *ibid*. — CLXVII. Nouvelle expédition des Northmans dans l'île d'Her. Ils y sont battus par Renaud, comte d'Herbauge, 201. — CLXVIII. Les Northmans reviennent à Her. Cette île est abandonnée par les moines et par les habitants, 202. — CLXIX. Projet de transport des restes de St Philbert de l'île d'Her à Déas, 203. — CLXX. Coup d'œil sur St-Philbert, 204. — CLXXI. Autorisation accordée par le roi Pippin, dans une diète d'Aquitaine, de transporter la dépouille mortelle de St Philbert de l'île d'Her à Déas, 206. — CLXXII. Exhumation et translation effective des restes de ce saint à Déas, *ibid*. — CLXXIII. L'église de Déas est agrandie et interdite aux femmes. Dérogation momentanée à cette règle, 207. — CLXXIV. Pèlerinage en ce lieu, *ibid*. — CLXXV. Voyage d'une dame du Maine à Déas. Son itinéraire, et renseignements qu'il donne sur la position de *Ratiatum*, 208.

— CLXXVI. Le roi Pippin à Doué. Charte pour le monastère de Montolieu, *ibid.* — CLXXVII. L'impératrice Judith, dans l'intérêt de son fils, se rapproche de Lothaire, *ibid.*

836. — CLXXVIII. Diète à Aix-la-Chapelle. Elle enjoint au roi d'Aquitaine de rendre au clergé les biens qu'on lui avait enlevés, 209. — CLXXIX. Autre diète reçue à Thionville, où Wala comparaît pour Lothaire, qui obtient le rétablissement de son apportionnement, *ibid.* — CLXXX. Diète de Worms. Retour de Pippin dans ses Etats. Indépendance complète de la Vasconie méridionale, *ibid.* — CLXXXI. Wala, dépêché vers Lothaire pour l'amener près de son père, meurt en route d'une maladie contagieuse, qui emporte également le comte Malfried, 210.

837. — CLXXXII. Nouvelle rupture de Lothaire avec son père, *ibid.* — CLXXXIII. Les avoués des établissements ecclésiastiques et leurs usurpations, 241. — CLXXXIV. Le roi Pippin rend aux églises et aux monastères les biens qui leur avaient été enlevés, 212. — CLXXXV. Diète d'Aix-la-Chapelle. L'empereur fait augmenter le partage du jeune Karles, *ibid.*

838. — CLXXXVI. Mécontentement de Ludwig de Bavière et son alliance avec Lothaire contre leur père, 213. — CLXXXVII. Pippin s'allie avec son père contre Lothaire et Ludwig de Bavière, *ibid.* — CLXXXVIII. Diète de Kiersi. Le jeune Karles y est déclaré roi de Neustrie, 214. — CLXXXIX. Nouvelles plaintes portées à cette diète contre Bernhard de Septimanie, *ibid.* — CXC. Départ de Pippin de la diète de Kiersi, et son retour en Aquitaine, 215. — CXCI. Intention du roi d'Aquitaine de faire rendre bonne justice à ses sujets. Exemple d'une transaction faite sur son intervention, *ibid.* — CXCII. Mort de Pippin Ier, roi d'Aquitaine, *ibid.* — CXCIII. Jugement porté sur ce prince, 216. — CXCIV. Monastères édifiés et fondés par lui, 217. — CXCV. Ministres de Pippin Ier, et formule employée par ce prince comme roi d'Aquitaine, *ibid.* — CXCVI. Étendue des Etats de Pippin Ier, 218.

LIVRE IV.

(DE 838 A 865.)

Pippin II, roi d'Aquitaine (de 838 à 865), —
Karles-Chauve (de 838 à 855), —
Ludwig de Germanie (de 853 à 865), rois d'Aquitaine compétiteurs.
Bernhard de Septimanie (de 838 à 844), —
Warin (de 840 à 843), — Begon (de 844 à 845), —
Guillelme II (de 845 à 850), —
Raynulfe I*r* (de 845 à 865), ducs d'Aquitaine amovibles.
Emenon (de 838 à 839), —
Raynulfe I*r* (de 839 à 865), comtes de Poitou amovibles.

838. — I. Pippin II, fils aîné de Pippin I*r*, est proclamé roi d'Aquitaine par les soins d'Emenon, comte de Poitou, 219. — II. Hebrouin, évêque de Poitiers, et abbé de St-Hilaire-le-Grand, 220. — III. Il se fait chef du parti frank en Aquitaine, 221. — IV. Parti opposé à Pippin II. Rivalité d'Hebrouin et du comte Emenon, *ibid.*

839. — V. Mission de l'évêque Hebrouin auprès de l'empereur, de la part du parti opposé à Pippin II, *ibid.* — VI. L'empereur Ludwig déclare son fils Karles en qualité de roi d'Aquitaine, 222. — VII. Diète de Châlons-sur-Saône. Règlements pour l'Aquitaine. Karle-Chauve y est proclamé roi. Son arrivée à Poitiers avec son père, *ibid.* — VIII. Don de St-Viau au monastère de Déas, par l'empereur Ludwig, 223. — IX. Il ôte le comté de Poitou à Emenon, *ibid.* — X. Faits qui se rapportent à ce personnage, *ibid.* — XI. Descendance d'Emenon, 224. — XII. L'empereur donne le comté de Poitou à Raynulfe 1*er*, *ibid.* — XIII. Nomination de comtes à Angoulême, Limoges, Bordeaux et Saintes, *ibid.* — XIV. C'est l'époque de la création d'un comte d'Angoulême, *ibid.* — XV. Séjour de l'empereur à Poitiers. Moyens mis en usage contre les partisans de Pippin II, *ibid.*

840. — XVI. L'empereur quitte Poitiers, et y laisse l'impératrice et le jeune Karles, 225. — XVII. Reconstruction de l'église de Ste-Rhadégonde de Poitiers, *ibid.* — XVIII. Mort de Ludwig-Pieux, 226. — XIX. Bruit qui circula à l'occasion de la mort de l'empereur, *ibid.* — XX. Coup d'œil jeté sur la vie de ce personnage, *ibid.* — XXI. Jugement

porté sur lui par un des meilleurs historiens de notre époque, 227. — XXII. Lothaire se déclare empereur, et intervient pour Pippin II auprès de Karle-Chauve, 228. — XXIII. Nominoé prend le titre de roi des Bretons, *ibid.* — XXIV. Le comte Richwin maintient Nantes sous la domination franke, *ibid.* — XXV. Un mot sur ce comte, 229. — XXVI. Négociations entre Karle-Chauve et Pippin II. Diète de Bourges, *ibid.* — XXVII. Rôle de Bernhard de Septimanie dans ces négociations, *ibid.* — XXVIII. Première division, mais provisoire, de l'Aquitaine en deux duchés, 230. — XXIX. Lothaire s'approche de l'Aquitaine. — Guerre entre Karle-Chauve et Pippin II, *ibid.* — XXX. Corps d'armées placés par Karles en Aquitaine. Quartier général du comte d'Herbauge à Angoulême, *ibid.* — XXXI. Ambassade envoyée par Karles près de Lothaire, 231. — XXXII. Pippin II reprend l'offensive sur son compétiteur, *ibid.* — XXXIII. Karle-Chauve et Lothaire marchent à la rencontre l'un de l'autre, *ibid.* — XXXIV. Rapprochement des armées de Karles et de Lothaire. Négociations par suite desquelles l'Aquitaine et la Septimanie doivent demeurer au premier, 232. — XXXV. Position difficile de Bernhard de Septimanie, et le parti qu'il prend, 233.

841. — XXXVI. Il est disgracié par Karles, et parvient à lui échapper, *ibid.* — XXXVII. Rentrée de ce personnage dans les bonnes grâces du Chauve; il négocie, pour lui, auprès de Pippin, 234. — XXXVIII. Projet d'une diète à tenir à Attigny, *ibid.* — XXXIX. Dispositions prises pour cette assemblée, 235. — XL. Réflexions sur la manière dont les princes franks se disposaient alors à la tenue d'une diète. Marche du roi Karles et des siens vers la Seine, *ibid.* — XLI. Arrivée de Karles à Attigny. Non-tenue de la diète, et plaintes respectives des frères, qui demeurent sans résultat, 236. — XLII. Jonctions des rois Karles et Ludwig, qui font une tentative infructueuse de réconciliation envers Lothaire, 237. — XLIII. Rapprochement des armées des princes et dispositions pour un engagement général. Courte trêve et réunion des forces de Pippin à celles de Lothaire, 237. — XLIV. Bataille de Fontenay, près Auxerre. Le duc Warin et ses Aquitains décident la victoire en faveur des rois Karles et Ludwig, 238. — XLV. Dans cet engagement, les forces de l'Aquitaine du midi combattirent pour une cause, et celles de l'Aquitaine du nord pour une autre, 239. — XLVI. Résultats de la bataille de Fontenay, 240. — XLVII. Parmi les principaux chefs tués à Fontenay, on remarque Gerhard, comte d'Arvernie; Rathier, comte du Limousin, et Richwin, comte de Nantes, 241. — XLVIII. Conduite de Bernhard de Septimanie, *ibid.* — XLIX. Défection du comte Lanthbert, et à quel sujet, 242. — L. Séparation des rois Ludwig et Karles. Ce dernier vient

en Aquitaine. Guerre entre lui et Pippin, 243. — LI. Nouvelle guerre générale entre les princes franks. Expédition de Lothaire et de Pippin dans le Maine, 245.

842. — LII. Réunion de Ludwig et de Karles à Strasbourg. Serments solennels en deux idiomes, 245. — LIII. Suite de la réunion de Strasbourg. Premier tournois connu, *ibid.* — LIV. Lothaire se rapproche de ses frères. Nouveau partage de la monarchie entre les trois frères, toujours à l'exclusion de leur neveu Pippin, 246. — LV. Manière de voir des Aquitains, relativement à ce partage, 247. — LVI. Adhésion de l'empereur Lothaire au traité, par le résultat duquel Pippin est entièrement dépouillé, *ibid.* — LVII. Guerre entre Karle-Chauve et Nominoé, qui s'était fait déclarer roi des Bretons. Victoire remportée à Massac par Raynald, comte d'Herbauge, 248.

843. — LVIII. Il est battu à son tour à Blain. Sa mort. Hervé, comte d'Herbauge, 248. — LIX. Suite de la victoire de Blain. Lanthbert s'empare du comté d'Herbauge, et distribue les pays d'Herbauge, de Mauge et de Tiffauge à ses trois neveux, 249. — LX. Entrée d'une grande flotte de Northmans dans la Loire. Ils s'emparent de Nantes, où ils commettent les plus grands excès, *ibid.* — LXI. Ils ravagent les pays d'Herbauge, de Mauge et de Tiffauge, et s'établissent dans une île de la Loire, près de Montglone, 250. — LXII. Les Northmans retournent dans l'île d'Her avec leur butin, et y forment un établissement permanent, *ibid.* — LXIII. Position des moines de St-Philbert-d'Her, 251. — LXIV. Démêlés entre les Northmans de l'île d'Her pour le partage de leur butin, et leur départ, 252. — LXV. Expédition des Northmans sur Bordeaux et le midi de l'Aquitaine, *ibid.* — LXVI. Destruction d'une partie de cette horde de barbares dans le Bigorre, 253. — LXVII. Retour à Nantes des personnes laissées par les Northmans dans l'île d'Her. La Bible sauvée par un des nageurs, *ibid.* — LXVIII. Retraite des moines dans l'intérieur du pays, par suite des invasions des Northmans. Les religieux de St-Martin-de-Vertou se retirent à Ansion. Leur marche et débat pour la possession de ce monastère, 254. — LXIX. Les moines de St-Florent-de-Montglone se réfugient avec ceux de l'île d'Her à Tournus en Burgundie, 256. — LXX. Mariage de Karle-Chauve avec Ermentrude, *ibid.* — LXXI. Mort de l'impératrice Judith, 257. — LXXII. Synode aquitain tenu par Karles à Toulouse, *ibid.* — LXXIII. Nouveau partage de la monarchie, toujours avec l'exclusion de Pippin II, *ibid.* — LXXIV. Concile de Coulaine près le Mans, et ses décrets, *ibid.* — LXV. Mort présumée de Warin, duc d'Aquitaine, 258.

844. — LXXVI. Retour de quelques essaims de Visigoths en Aquitaine,

et leurs priviléges, *ibid.* — LXXVII. Cursay est donné à St Martin de Tours, pour fournir la cape aux religieux, *ibid.* — LXXVIII. Toulouse retombe sous la possession de Pippin II, 259. — LXXIX. Karle-Chauve assiége Toulouse, défendue par Bernhard de Septimanie. Réconciliation apparente entre ces deux personnages, et remise de la place, *ibid.*— LXXX. Assassinat de Bernhard de Septimanie par Karle-Chauve, 260. — LXXXI. Indignation générale contre ce prince. Toulouse et sa Marche se déclarent pour Pippin II, 261. — LXXXII. Guillelme, fils de Bernhard, lui succède dans la possession de la Septimanie, 262. — LXXXIII. Guerre dans le pays d'Herbauge. Victoire remportée par le comte Lanthbert contre Hervé, comte d'Herbauge. Mort de celui-ci et de Bernhard son parent, *ibid.* — LXXXIV. Begon, comte d'Herbauge et duc d'Aquitaine. Son château et sa ville et son expédition contre Guaifre. Les troupes de Begon sont battues et leur chef tué. Raynon, comte d'Herbauge, 263. — LXXXV. Guaifre s'empare du château de Begon et s'y fortifie. Prise et destruction de ce lieu par les Northmans, 264. — LXXXVI. Karle-Chauve reprend le siége de Toulouse, *ibid.*—LXXXVII. Un corps expéditionnaire, envoyé du camp devant Toulouse contre les partisans de Pippin, dévaste tout un pays. L'évêque d'Alby l'attend au passage de l'Agout et le défait, 265.—LXXXVIII. Pippin II bat les troupes du Chauve près d'Angoulême, et fait prisonnier l'évêque Hébrouin, *ibid.* — LXXXIX. Hugues, fils naturel de Karle-Magne, tué dans ce combat, est inhumé à Charroux. 266. — XC. Courte captivité de l'évêque Hébrouin, *ibid.* — XCI. Karle-Chauve lève le siége de Toulouse, *ibid.*

845. — Expédition de Nominoé au delà de la Loire, *ibid.* — XCII. Karle-Chauve marche contre celui-ci, et est battu. Paix conclue, 267.— XCIII. Négociation entre Karle-Chauve et Pippin II, 268.—XCIV. Paix entre Karle-Chauve et Pippin II. Celui-ci conserve l'Aquitaine méridionale, et Karles prend le Poitou, la Saintonge et l'Angoumois, qui forment une deuxième Aquitaine, *ibid.*—XCV. Première division de l'Aquitaine en deux duchés, 269.—XCVI. Raynulfe est établi duc de l'Aquitaine du nord par le Chauve, et Pippin II fait Guillelme II duc de l'Aquitaine du midi, *ibid.*—XCVII. Pippin II fait des actes de souveraineté en Périgord, 270.—XCXVIII. Karle-Chauve donne Cunault pour retraite aux moines de Hermoutiers, *ibid.*—XCIX. Destruction antérieure du monastère de Ste-Marie de Ré par les Northmans, *ibid.*

846. —C. Grande famine et autres désastres en Aquitaine, 271. — CI. Fin de la carrière politique du comte Lanthbert, *ibid.* — CII. Nouvelle descente et ravages des Northmans dans l'île d'Her, dans l'Ile-Dieu et sur le continent, 272.—CIII. Prise de Saintes par les Northmans, *ibid.*

847. — CIV. Non-exécution du traité de Fleury-sur-Loire, et diète de Mersen, 273. — CV. Dispositions arrêtées à Mersen contre les brigandages, *ibid.* — CVI. Pour ce qui concerne les personnes, 274. — CVII. Règles pour les levées en masse, en cas d'invasion du pays, *ibid.* — CVIII. Diète d'Aquitaine, tenue par Pippin II à Florigny-sur-Loire, *ibid.* — CIX. Le roi Pippin II enlève au comte de Poitou toute autorité sur l'abbaye de Montglone, *ibid.* — CX. Les Northmans désolent la Bretagne, 275. — CXI. Ils se répandent dans le comté d'Herbauge. Leurs ravages. Incendie de Deas, *ibid.* — CXII. Ils prennent et brûlent Limoges, *ibid.* — CXIII. Marche de Karle-Chauve en Aquitaine contre les Northmans, et diète tenue par lui à Limoges, *ibid.* — CXIV. Prise de Bordeaux par les Northmans, 276. — CXV. Réflexions sur la conduite des juifs à cette époque, *ibid.*

848. — CXVI. Les Northmans s'emparent de Périgueux, 278. — CXVII. Ils s'engagent de plus en plus dans les terres, et occupent Melle, *ibid.* — CXVIII. Diplôme de Pippin II en faveur du monastère de St-Maixent, 279. — CXIX. Pippin II est abandonné par les siens, et Karle-Chauve est proclamé roi en sa place, *ibid.* — CXX. Réédification et priviléges du monastère de Montglone, 280. — CXXI. Pippin II avec les Sarrasins, *ibid.* — CXXII. Guerre dans la Marche d'Espagne. Prise de Barcelonne et d'Ampurias par le duc Guillelme, *ibid.*

849. — CXXIII. Hébrouin résigne l'évêché de Poitiers, en en conservant le titre honorifique. Didon II lui succède, 281. — CXXIV. Sort du jeune Karles, frère de Pippin II, pris par les partisans du Chauve. Il est obligé de se faire moine, et est confiné dans le monastère de Corbie, *ibid.* — CXXV. Karle-Chauve en Aquitaine y continue la guerre contre Pippin II. Charte donnée au Vieux-Poitiers pour Montglone, *ibid.* — CXXVI. Diète tenue par ce prince à Chartres, 282. — CXXVII. Nominoé se fait sacrer roi de Bretagne, *ibid.* — CXXVIII. Expédition de ce personnage en Anjou. Il prend et saccage Angers, *ibid.* — CXXIX. Guerre sanglante entre Karle-Chauve et Pippin. Siége et prise de Toulouse par l'oncle sur le neveu, *ibid.* — CXXX. Le comte Frédélon, gouverneur de Toulouse pour Pippin, est continué dans son poste par Karles. Origine des comtes de Toulouse, 283. — CXXXI. Karle-Chauve va en Septimanie, et retourne ensuite en France, 284.

850. — CXXXII. Ce prince parti de l'Aquitaine, Pippin est de nouveau reconnu roi par les peuples de cette contrée, *ibid.* — CXXXIII. Prise de Toulouse par les Northmans. La place est ensuite occupée par les partisans de Pippin II, 285. — CXXXIV. Les comtes d'Anjou, héritiers de St-Vétérin. Localité de Bournan, *ibid.* — CXXXV. Fin malheureuse du duc Guillelme

de Septimanie dans la Marche d'Espagne, *ibid.* — CXXXVI. Résultats politiques, pour Pippin II, de son alliance avec les Sarrasins. Diversion faite par eux, 286.

851. — CXXXVII. Expédition de Nominoé en France, et sa mort, 287. — CXXXVIII. Détails publiés relativement à la mort de ce personnage, *ibid.* — CXXXIX. Érispoé, roi des Bretons. Il traverse le pays d'Herbauge, et ravage la contrée jusqu'à Poitiers, 288. — CXL. Karle-Chauve, qui va à sa rencontre, est repoussé, *ibid.* — CXLI. Traité de paix entre Karle-Chauve et Érispoé, 289.

852. — CXLII. Pippin II est livré à son oncle par Sancion, comte de Vasconie, 290. — CXLIII. Karle-Chauve le fait renfermer dans le monastère de Soissons, et l'oblige de prendre l'habit de moine, 291. — CXLIV. Occupation momentanée de Barcelonne par les Sarrasins. Mort d'Abd el Rahman II, roi de Cordoue, *ibid.* — CXLV. Nouvelle guerre entre Karle-Chauve et Érispoé, par suite des prétentions de Salomon, cousin de celui-ci, 292.

853. — CXLVI. Tentative infructueuse de Pippin II, pour s'échapper du monastère de Soissons, et son résultat, *ibid.* — CXLVII. Dispositions arrêtées au concile de Soissons, relativement aux rançons payées aux Northmans, 293. — CXLVIII. Mort de Didon, abbé de St-Savin. Sa longue carrière et sa haute capacité, *ibid.* — CXLXIX. Dons divers faits aux moines de Her par l'empereur. Indication des trois comtés de Poitou, d'Herbauge et de Thouars, 294. — CL. Nouvelle irruption des Northmans. Ils occupent encore Nantes, et détruisent St-Florent-de-Montglone et Luçon, 295. — CLI. Établissement des Northmans dans l'île de Bièce, vis-à-vis Montglone, *ibid.* — CLII. Bataille de Brillac, entre les Northmans d'un côté, et les Poitevins et les Herbaugiens de l'autre. Fuite de Raynulfe Ier, comte de Poitou, et de Raynon, comte d'Herbauge, 296. — CLIII. Ludwig, fils aîné du roi de Germanie, est sollicité d'accepter la couronne d'Aquitaine. Ambassade à ce sujet, *ibid.*

854. — CLIV. Acceptation de l'offre des Aquitains, et venue du jeune Ludwig de Germanie dans le pays, 297. — CLV. Karle-Chauve se rend en Aquitaine, et démarche de Lothaire pour se réconcilier avec le roi de Germanie, et l'engager à rappeler son fils, *ibid.* — CLVI. Arrivée d'une nouvelle flotte de Northmans dans la Loire. Leur lutte avec leurs compatriotes établis avant eux sur le fleuve, 298. — CLVII. Pippin II s'échappe de Soissons, et se rend en Aquitaine où il cherche à stimuler ses partisans, *ibid.* — CLVIII. Nouveaux ravages des Northmans en remontant la Loire. Un autre essaim de ces barbares prend et brûle Bordeaux, 299.

855. — CLIX. Un parti d'Aquitains demande à Karle-Chauve son fils

pour roi. Le jeune Karles est sacré, en conséquence, à Limoges, *ibid.* — CLX. Retour du Chauve en Aquitaine. Il en chasse Ludwig de Germanie. Mort de l'empereur Lothaire, *ibid.* — CLXI. Les Northmans se dirigent sur Poitiers, qu'ils veulent surprendre, et ils sont battus près de cette ville, 300. — CLXII. Le parti de Pippin II l'emporte encore en Aquitaine, *ibid.*

856. — CLXIII. Diète convoquée à Kiersy par Karle-Chauve, 301. — CLXIV. Capitulaire de Kiersy, favorable à l'état des personnes, 302 — CLXV. Autres diètes sans résultat. Hésitation des Aquitains. Enfin ils rejettent Pippin, et se déclarent, à la diète de Chartres, pour le jeune Karles, séduits par les promesses du Chauve, *ibid.*

857. — CLXVI. Salomon assassine son cousin Érispoé, roi de Bretagne, et lui succède, 303. — CLXVII. Nouveaux ravages des Northmans qui remontent la Loire et se livrent aux plus grands excès, 304. — CLXVIII. Les Northmans excités au carnage et à la dévastation, non-seulement par l'amour du sang et par la cupidité, mais même par un principe religieux. Par suite, beaucoup d'habitants des campagnes renient le christianisme, 305. — CLXIX. Excès qu'ils commettent en 856 et 857, et imprécation d'un moine de l'île d'Her sur la lâcheté des populations des Gaules, *ibid.* — CLXX. Pippin II se ligue avec les Northmans. Ravages de ceux-ci en Poitou, et division parmi leurs adversaires, *ibid.* — CLXXI. Complication de l'état politique de l'empire frank. Rapprochement entre Karle-Chauve et Pippin, 306.

858. — CLXXII. Coalition formée contre Karle-Chauve et en faveur de Ludwig-Germanique, et députation envoyée près de ce dernier prince, 307. — CLXXIII. Arrivée inattendue, au camp de Karle-Chauve, près l'île d'Oisel, de son fils, le jeune Karles, et de Pippin II. Paix faite entre ce prince et le Chauve, 308. — CLXXIV. Ludwig-Germanique entre en France avec une armée, et arrive sur la Loire. Les Bretons chassent du Maine le jeune Ludwig, fils du Chauve, *ibid.* — CLXXV. Levée du blocus de l'île d'Oisel par Karle-Chauve, qui va à la rencontre de son frère le Germanique. Au moment d'en venir aux mains, le Chauve est abandonné de ses partisans, et est forcé de fuir, *ibid.*

859. — CLXXVI. Par suite des violences des siens, Ludwig-Germanique est obligé, à son tour, de se retirer au delà du Rhin, 309. — CLXXVII. Pippin, chassé de l'Aquitaine par son oncle Karles, se réfugie chez les Bretons, 310.

860. — CLXXVIII. Il revient avec des troupes sur l'Aquitaine, et y bat les forces qui lui sont opposées. Apparition de Robert-Fort, *ibid.* — CLXXIX. Translation des reliques de St-Philbert de Deas à Cunault, *ibid.*

— CLXXX. La ville de St-Savin devient un lieu de refuge, 311.

861. — CLXXXI. Robert-Fort est établi comte du pays entre Seine et Loire, *ibid*. — CLXXXII. Il bat les Northmans établis vers Angers, 312.

862. — CLXXXIII. Nouvelle translation des restes de St-Philbert de Cunault à Messay, et translation des reliques de St-Maur en divers lieux, *ibid*. — CLXXXIV. Révolte des deux fils de Karle-Chauve contre leur père, et son résultat, *ibid*. — CLXXXV. Entreprise d'Egfrid, marquis de Gothie, sur Toulouse dont il s'empare, 313. — CLXXXVI. Salomon, roi des Bretons, s'allie avec les Northmans, 314.

863. — CLXXXVII. Paix entre ce prince et Karle-Chauve, 315. — CLXXXVIII. Traité de Pippin II avec les Northmans. Il marche avec eux sur Poitiers. Incendie de l'église de St-Hilaire, et rachat de la ville, *ibid*. — CLXXXIX. Assassinat de l'évêque Hébrouin, *ibid*. — CXC. Détails sur ce prélat. Didon II et Ingénald lui succèdent de son vivant, 316. — CXCI. Raynulfe, comte de Poitou, devient abbé de St-Hilaire de Poitiers, 317. — CXCII. Ermentaire, abbé des moines de l'île d'Her. Son livre *des miracles de St-Philbert*, *ibid*. — CXCIII. Suite des démêlés de Karle-Chauve et de son fils Karles. Celui-ci se détermine à se rendre à la cour de son père, 318.

864. — CXCIV. Continuation des succès de Pippin II et des Northmans, *ibid*. — CXCV. Robert-Fort attaque de nouveau les Northmans de la Loire. Il a un premier succès, et est ensuite battu et blessé, 319. — CXCVI. Succès de Pippin II à l'encontre des comtes d'Angoulême et d'Arvernie, *ibid*. — CXCVII. Pippin et les Northmans assiègent inutilement Toulouse. Retraite d'Egfrid, et retour de Raymond, 320. — CXCVIII. Les Northmans viennent assiéger Poitiers. Composition, *ibid*.

865. — CXCIX. Blessure du jeune roi Karles, près de Compiègne, 321. — CC. Fourberie de Raynulfe, comte de Poitou, envers Pippin II. Il s'empare de sa personne, et le livre à Karle-Chauve, *ibid*. — CCI. Pippin est conduit à Karle-Chauve, à la diète de Pistes. Condamnation du roi d'Aquitaine, et sa détention, 322. — CCII. Le comte Bernhard, fils du comte de Poitou, de ce nom, fait une tentative contre les jours du duc-comte Raynulfe et de Robert-Fort. Bernhard est, pour ce fait, privé de ses honneurs, 323. — CCIII. Le Chauve pardonne aux grands d'Aquitaine qui avaient porté son fils Karles à la désobéissance, *ibid*. — CCIV. Dispositions législatives arrêtées à la diète de Pistes, 324. — CCV. Dispositions pour interdire aux particuliers de construire des forteresses, 325. — CCVI. Dispositions relatives aux foires et marchés, *ibid*. — CCVII. Ce qu'étaient alors les foires, *ibid*. — CCVIII. Police des poids et mesures, 326. — CCIX. Édit de Karle-Chauve sur l'autorité du droit romain, *ibid*. — CCX.

Le monastère de Saclerges, *ibid.* —CCXI. Bernhard II rentre dans les bonnes grâces du Chauve, 327. —CCXII. Mort de Pippin II, *ibid.* — CCXIII. Coup d'œil jeté sur l'ensemble de la vie de ce prince, 328.

865.—CCXIV. Résultats de la mort de Pippin II, relativement à la nationalité de l'Aquitaine, 330.

LIVRE V.

(DE 865 A 877.)

Karles, fils du Chauve (de 865 à 866), —
Ludwig-Bègue (de 866 à 877), rois d'Aquitaine.
Raynulfe Ier (de 865 à 867), —
......, ducs d'Aquitaine amovibles.
Raynulfe Ier (de 865 à 867),
Bernhard II (de 867 à 877), comtes de Poitou amovibles.

865.—I. Karles, fils du Chauve, devient roi d'Aquitaine sans contradicteur. Sur la demande des grands du pays, son père l'y renvoie, 331.

866.— II. Guerre entre Emenon, comte d'Angoulême, et Landrik, comte de Saintes. Ce dernier est tué dans un combat et l'autre est blessé à mort. Wigrin est fait comte d'Angoulême, 332.—III. Ce dernier est, en outre, comte de la Marche et de Périgord, *ibid.*—IV. Les Northmans reviennent à Poitiers, ils brûlent la ville et se retirent sans être inquiétés, 333. — V. Ces barbares, fixés sur la Charente, sont battus et chassés de cette position par les Aquitains, *ibid.* —VI. Pillage des biens ecclésiastiques, et plainte du pape Nicolas Ier à cette occasion, 333.—VII. Mort du jeune Karles, roi d'Aquitaine, 334.

867. — VIII. Karle-Chauve institue pour roi d'Aquitaine son autre fils Ludwig-Bègue. Les seigneurs de ce royaume viennent lui rendre hommage, *ibid.* — IX. Faits et gestes de Bernhard II en Gothie, *ibid.*— X. Expédition de Raynulfe, duc d'Aquitaine, et du comte Robert-Fort contre les Northmans. Combat de Brissarthe et mort de ces deux personnages, *ibid.*—XI. Détails sur l'église de Brissarthe et souvenirs qu'elle rappelle, 337. — XII. Robert-Fort est inhumé à Séronne, 338.—XIII. Les fils de Raynulfe et de Robert-Fort n'héritent pas des comtés de leurs pères, *ibid.* — XIV. Bernhard II, marquis de Gothie et fils de Bernhard Ier, devient comte de

Poitou, 339. — XV. Incertitude sur le personnage à qui passe le titre de duc d'Aquitaine à la mort de Raynulfe I*, *ibid.* — XVI. Réserve faite par le Chauve du gouvernement de l'Aquitaine. Don du comté de Bourges, 341. — XVII. Les moines de Montglone se réfugient en Berri, *ibid.* — XVIII. Nintré-sur-Clin possédé par l'église cathédrale de Paris, *ibid.* — XIX. Traité entre Karle-Chauve et Salomon, roi de Bretagne. Ils s'allient contre les Northmans, *ibid.*

868. — XX. Famine affreuse, particulièrement en Aquitaine, 342. — XXI. Guerre à l'occasion de la possession du comté de Bourges. Gérhard s'y maintient après s'être défait d'Egfrid, *ibid.* — XXII. A la mort de Raynulfe I*, Acfred et ensuite Frottier deviennent abbés de St-Hilaire, 343. — XXIII. Diète de Pistes, *ibid.* — XXIV. Expédition heureuse des Poitevins contre les Northmans. Hommage d'une partie du butin fait à St-Hilaire, *ibid.* — XXV. Translation du corps de St Viventius des environs de Poitiers en Arvernie, et ses circonstances, 344.—XXVI. Naissance d'Ebles-Manzer, *ibid.*

869. — XXVII. Salomon conclut un traité avec les Northmans de la Loire, 345. — XXVIII. Il fait une fondation, à l'occasion de reliques apportées du Poitou, *ibid.*

870. — XXIX. Bernon et Geilon, abbé des moines de St-Philbert. Don qui leur est fait du lieu de St-Pourçain, 346.

871. — XXX. Preuve de l'intention du gouvernement frank de traiter avec les Northmans, *ibid.*

872. — XXXI. Ludwig-Bègue prend le gouvernement de son royaume d'Aquitaine, 347. — XXXII. Synodes du diocèse de Poitiers, *ibid.*

873.—XXXIII. Les Northmans s'étant établis en Anjou, Karle Chauve, aidé des Bretons, les assiége. Les barbares traitent et se retirent, *ibid.*

874. — XXXIV. Conspiration contre Salomon, roi de Bretagne, et son résultat, 348.

875. —XXXV. Le monastère de Tournus donné aux moines d'Hermoutier, qui s'y fixent définitivement, *ibid.* — XXXVI. Résultat de cette position de chose, 349. — XXXVII. Le roi d'Aquitaine est chargé de gouverner momentanément toute la monarchie française, 350. — XXXVIII. Résultat des ravages des Northmans dans l'intérieur du Poitou, *ibid.*

876. — XXXIX. Continuation de la résistance de St-Savin à l'encontre des Northmans, 350.— XL. Diète de Ponthion. Lien qui unissait l'Aquitaine à l'empire frank, 351. — XLI. Le Chauve se revêt des ornements impériaux à cette assemblée, *ibid.* — XLII. Frottier, archevêque de Bordeaux, administre l'évêché de Poitiers, *ibid.* — XLIII. Troubles dans

le monastère de Ste-Croix de Poitiers, à l'occasion de l'élection d'une abbesse, *ibid.* — XLIV. L'archevêque Frottier et sa conduite au concile de Ponthion. Il est transféré à Bourges, 353.

877. — XLV. Karle-Chauve, se disposant à retourner en Italie, remet à la diète de Kiersi le gouvernement de ses États au roi d'Aquitaine, *ibid.* — XLVI. Dispositions très-importantes arrêtés à cette diète pour l'hérédité des dignités et honneurs, 354. — XLVII. Textes de ces importants capitulaires, *ibid.* — XLVIII. Opinion de M. Fauriel sur l'hérédité des dignités, 355. — XLIX. Cette hérédité est établie même pour les positions inférieures. Un mot sur la féodalité en général, 356. — L. Taxe imposée par Karle-Chauve pour arriver à la paix avec les Northmans, 357. — LI. Triste situation des bords de la Garonne, 359. — LII. La Vasconie ibérienne devient tout à fait indépendante de l'empire frank, *ibid.* — LIII. Karle-Chauve se rend en Italie. Ligue formée contre lui, dans laquelle entre Bernhard, comte de Poitou, *ibid.* — LIV. Mort de Karle-Chauve, 360. — LV. Portrait de ce prince, *ibid.* — LVI. Ludwig-Bègue lui succède au trône de France. Fin du royaume d'Aquitaine, 361. — LVII. Recherches sur les liens qui unissaient le royaume d'Aquitaine à l'empire frank, *ibid.* — LVIII. Difficulté relative aux monnaies frappées en Aquitaine au nom du roi de cette contrée et au nom de l'empereur, 363.

DEUXIÈME PARTIE.

DUCS D'AQUITAINE PRIS INDIFFÉREMMENT PARMI LES COMTES, DE 877 A 902.

LIVRE PREMIER.

(DE 877 A 902.)

Ludwig-Bègue (de 877 à 879), —
Ludwig et Karloman (de 879 à 882), — Ludwig seul (de 882 à 884), —
Ludwig-Gros (de 885 à 887), — Odon (de 688 à 898),—
Karle-Simple (de 898 à 902), rois franks.
...... Raynulfe II (de 889 à 890), —
Guillelme-Pieux (de 890 à 902), ducs d'Aquitaine.
Bernhard II (de 877 à 878), —Raynulfe II (de 878 à 890), —
Adhémar (de 890 à 902), comtes de Poitou.

877.— I. Réflexions sur la position des Gaules en général, et de l'Aquitaine en particulier, à la fin du IXe siècle, 364.—II. Moyens employés par Ludwig-Bègue afin de s'assurer des Etats de son père, et leur mauvais résultat, 365.—III. Plusieurs conjurés font leur paix. Couronnement du Bègue, 306.

878. — IV. Guerre entreprise par Bernhard II pour s'emparer du comté de Bourges, 367. — V. L'Anjou d'outre-Loire est distrait de l'Aquitaine, 368.—VI. Le concile de Troyes condamne Bernhard II comme sacrilège et rebelle, *ibid.* — VII. Réflexions sur cet acte de l'autorité papale, 369. — VIII. Bernhard II est définitivement dépouillé de ses dignités et proscrit, *ibid.* — IX. Il se réfugie à Autun, s'y défend et en est chassé, 370. —X. Raynulfe II, comte de Poitou, *ibid.*— XI. Acfred, évêque de Poitiers. Abus de pouvoir du pape Jean VIII, relativement à l'église cathédrale de cette ville, 371. — XII. Bref du même pape en faveur de Charroux, *ibid.*

879.—XIII. Mort de Ludwig-Bègue. Ses fils Ludwig et Karloman lui succèdent, et Boson se fait couronner roi de Provence, 372. — XIV. Victoire remportée sur les Northmans, 373.

880. — XV. Partage de la monarchie française. Le Poitou et toute l'Aquitaine sont attribués à Karloman, *ibid.* — XVI. Ludwig et Karloman vont faire la guerre à Boson. Bernhard II est fait prisonnier à Mâcon, sa mort, *ibid.* — XVII. Descendance de Bernhard II, 874.

881. — XVIII. Position du monastère de Noaillé. La *villa* des Goths, *ibid.* — XIX. Charte donnée par Karloman à Pierrefitte, 375. — XX. Désolation du pays de Mauge, *ibid.* — XXI. Suite de l'expédition de Ludwig et Karloman contre Boson, et siége de Vienne. Ludwig va faire la guerre aux Northmans, *ibid.*

882. — XXII. Mort du roi Ludwig. Retour de Karloman dans ses États, 376. — XXIII. Prise de Vienne, où Ermengarde, femme de Boson, est faite prisonnière. Fin de cette guerre, *ibid.* — XXIV. Karloman se fait sacrer de nouveau à Kiersi et marche contre les Northmans. Trève qu'on achète d'eux, 377.

884. — XXV. Usage de donner en bénéfice des abbayes de femmes aux reines. Les *ingénus* appelés de droit à l'armée, 378. — XXVI. Mort de Karloman, *ibid.*

885. — XXVII. Les grands du royaume élisent pour roi l'empereur Karle-Gros, qui accepte cette couronne. Vaste étendue de ses États, 379.

886. — XXVIII. Mort de Wigrin, comte de la Marche, d'Angoulême et de Périgord. Son fils Alduin et Guilhelme partagent son héritage, *ibid.* — XXIX. Mort de Bernhard, marquis de Gothie et comte d'Arvernie. Son fils Guilhelme-Pieux lui succède, 380. — XXX. Long siége de Paris par les Northmans. Cette ville est enfin délivrée, *ibid.* — XXXI. Arrivée de l'empereur Ludwig devant Paris. Sa lâche conduite envers les Northmans, 382.

887. — XXXII. Boson reprend le territoire qui lui avait été enlevé, et meurt. Son fils Ludwig est reconnu comme duc de Provence, *ibid.* — XXXIII. Karle-Gros est déposé à la diète de Tribur, 383.

888. — XXXIV. Dissolution définitive de l'empire frank. Rois proclamés dans les différentes contrées. Odon est élu roi des Franks, *ibid.* — XXXV. Il accepte la couronne et s'allie avec Arnulfe, roi de Germanie, 385. — XXXVI. Ce furent les grands du nord de l'empire qui cherchèrent, les premiers, à déposséder les Karolingiens, *ibid.* — XXXVII. Tentative pour récréer le royaume d'Aquitaine, *ibid.* — XXXVIII. En conséquence, Raynulfe II prend le titre de roi d'Aquitaine, 386. — XXXIX. Résistance de Wigrin, comte d'Angoulême et de la Marche, contre Odon, qui n'est pas reconnu à l'extrémité de l'Aquitaine, *ibid.* — XL. Odon enlève à

Guilleline-Pieux le comté de Bourges, pour le donner à Hugues qui est battu et mis à mort par son compétiteur, 387.

389. — XLI. Guerre entre Raynulfe II et Odon. A la fin, le premier se soumet à l'autre, *ibid.* — XLII. Démarche de Raynulfe II envers Odon, qui le reconnaît comme duc d'Aquitaine, 388. — XLIII. Odon se fait sacrer à Limoges en cette qualité, *ibid.* — XLIV. Apparition des vicomtes, *ibid.* — XLV. Fonctions des vicomtes lors de leur apparition, *ibid.* — XLVI. Les vicomtes établis, dès le principe, pour un territoire spécial, 389. — XLVII. Origine des vicomtes, *ibid.* — XLVIII. Ils étaient inconnus sous la race mérovingienne, et même sous Karle-Magne, *ibid.* — XLIX. Premier établissement de quelques vicomtes sous Ludwig-Pieux, 390. — L. Les vicomtes deviennent communs après le règne de Karle-Magne, 390. — LI. Premier établissement des vicomtes dans les provinces frontières d'Espagne, *ibid.* — LII. De l'institution des vicomtes dans l'Aquitaine du Nord en particulier, 391. — LIII. Établissement des vicomtes de Limoges, *ibid.* — LIV. Turpion d'Aubusson est élevé à la dignité de vicomte, *ibid.* — LV. Autres vicomtes du Limousin et de la Marche, *ibid.* — LVI. Motif de la création des vicomtes en Limousin, *ibid.* — LVII. Établissement du vicomte de Bourges, 392. — LVIII. Le Poitou, quoique dans une position contraire au Limousin et au Berri, adopte aussi l'institution des vicomtes, *ibid.* — LIX. Disparition successive des viguiers à l'apparition des vicomtes, et avant même que ceux-ci prennent de la puissance, *ibid.* — LX. Le vicomte de Melle et sa spécialité, 392. — LXI. C'est un vicomte monétaire, 393. — LXII. Maingot, premier vicomte de Melle, *ibid.* — LXIII. Les vicomtes territoriaux du Poitou. Le vicomte d'Aunay, *ibid.* — LXIV. Maingot, premier vicomte d'Aunay. Est-ce le même que le vicomte de Melle de ce nom? Les Kadelon lui succèdent, 394. — LXV. Le vicomte d'Aunay devient chambellan héréditaire du comte de Poitou, *ibid.* — LXVI. Le bouteiller du comte de Poitou, 395. — LXVII. Droit singulier stipulé au profit du vicomte d'Aunay, *ibid.* — LXVIII. Le vicomte de Châtellerault, 396. — LXIX. Gamalfridus, premier vicomte du territoire poitevin des rives de la Vienne. Premier chef-lieu supposé être au Vieux-Poitiers, *ibid.* — LXX. Ce chef-lieu est transféré au château du second vicomte, du nom d'Airault, *ibid.* — LXXI. Le vicomte de Châtellerault était maréchal héréditaire du comte de Poitou, 397. — LXXII. Le vicomte de Thouars, *ibid.* — LXXIII. Étendue de son territoire, *ibid.* — LXXIV. Savary, premier vicomte de Thouars, *ibid.* — LXXV. Difficulté pour établir la série de ces vicomtes; les frères succèdent les uns aux autres, avant

de venir aux fils de l'aîné des frères, *ibid.* — LXXVI. Opinion sur ce mode de succession, 398.—LXXVII. Ce mode conservé, en partie, dans le territoire de la vicomté de Thouars, *ibid.*—LXXVIIII. Le sire de Parthenay, quoique très-puissant, n'obtient point le titre de vicomte, 399. — LXXIX. Victoire remportée sur les Northmans à Montfaucon par Odon, aidé des Aquitains, *ibid.* — LXXX. Autre victoire gagnée sur les Northmans en Limousin, *ibid.* — LXXXI. Ebles, abbé de St-Hilaire de Poitiers, 400. — LXXXII. Odon attire Raynulfe II à sa cour, *ibid.*

890. — LXXXIII. En partant, il laisse le gouvernement du Poitou à son fils Ébles, 401.— LXXXIV. Le roi Odon fait empoisonner le duc Raynulfe II, *ibid.* — LXXXV. Celui-ci, se sentant mourir, pourvoit à la sûreté de son fils, en l'envoyant à son parent Guillelme-Pieux. Mort de Raynulfe II, *ibid.* — LXXXVI. La médecine alors exercée par les juifs, 402. — LXXXVII. Guillelme-Pieux reçoit le jeune Ebles-Manzer à sa cour, *ibid.* — LXXXVIII. Adda, femme de Raynulfe II. Son tombeau à St-Hilaire de Poitiers, 403. — LXXXIX. Le roi Odon fait Guillelme-Pieux duc d'Aquitaine, *ibid.*

891.— XC. Débats pour le comté de Poitou, nonobstant l'élection, faite par Odon, de Robert son frère. Parti pour Ebles-Manzer, et autre pour Adhémar, fils du comte Emenon, *ibid.*

892. — XCI. Guerre entre les prétendants. Adhémar l'emporte et est même reconnu comme comte du Poitou par le roi Odon, 404.

893. — XCII. Le roi Odon se rend à Poitiers. Continuation de la guerre par le parti d'Ebles-Manzer. Mort de ses deux oncles, l'abbé Ebles et Gauzbert, 405. — XCIII. Acfred, évêque de Poitiers, devient abbé de St-Hilaire, *ibid.* — XCIV. Le roi Odon donne Lencloître à l'abbaye de Corméry, 406.

894. — XCV. Karle-Simple est proclamé roi de France. A cette nouvelle, le roi Odon quitte Poitiers, *ibid.* — XCVI. Adhémar prend d'abord parti pour le Simple et revient ensuite à Odon, *ibid.*—XCVII. Guerre entreprise par Adhémar contre Giraud, comte d'Aurillac, *ibid.* — XCVIII. Guerre entre Karle-Simple et Odon. Intervention du roi de Germanie pour Karles, et son peu de résultat, 407.

895.— XCIX. Suite de cette guerre, *ibid.* — C. Ravages des Northmans et plaintes contre Odon, 408.

896.—CI. Paix entre Odon et Karles, et partage du royaume, *ibid.*

898. — CII. Mort du roi Odon. Karle-Simple règne sur toute la France, 406. — CIII. Hésitation de Guillelme-Pieux à la mort d'Odon. Il finit par reconnaitre Karles pour roi, 410.

899. — CIV. Don fait à Noaillé. Formalités usitées en Poitou, à cette

époque, pour la transmission des immeubles, *ibid.* — CV. Le nom des comtes de la Provence n'est pas encore indiqué dans les actes, 411.

900. — CVI. Mort d'Acfred, évêque de Poitiers. Frottier II lui succède, *ibid.*

902. — CVII. Adhémar de Thouars, abbé séculier de St-Maixent, *ibid.* — CVIII. Adhémar abandonne le comté de Poitiers. Sa mort et celle de sa femme, Sancie de Périgord, 413. — CIX. Fait qui se rattache à la comtesse Sancie, *ibid.*

LIVRE II.

(DE 902 A 935.)

Karle-Simple, roi légitime (de 902 à 929), —
Interrègne (de 929 à 933); —Robert, roi élu (de 922 à 923), —
Radulfe, roi élu (de 923 à 935).
Guillelme-Pieux (de 902 à 918), — Guillelme-Jeune (de 918 à 927), —
Acfred (de 927 à 933), — Raymond-Pons (de 932 à 935), —
Ebles-Manzer, compétiteur (de 928 à 935), ducs d'Aquitaine.
Ebles-Manzer (de 902 à 935), comte de Poitou.

902.—I. Ebles-Manzer ou le Bâtard, fils de Raynulfe II, s'empare de Poitiers à l'improviste, et devient comte de Poitou, 413. — II. Il obtient du roi Karle-Simple l'investiture de ce titre, 414. — III. Réflexions sur l'entreprise heureuse d'Ebles, *ibid.*

903.— IV. Il rend lui-même la justice, 415.

904.— V. Autre plaid relatif à la forêt de Bouresse, *ibid.* — VI. Indication des officiers qui assistaient le comte dans ces plaids, *ibid.*

907. — VII. Alain-Rebré, successivement comte de Vannes et duc de Bretagne. Ses triomphes et sa mort, *ibid.* — VIII. Nouvelle invasion des Northmans par la Loire. Ils s'emparent de Nantes, d'Angers et de Tours, 416. — IX. Les moines de Montglone et de St-Philbert de Mauge se réfugient à Tournus, en Burgundie, *ibid.*

908.— X. Une horde de Northmans, sous les ordres d'Inkon, se fixe sur les bords de la Loire, 417. — XI. Nouveau plaid, sous le comte Ebles *ibid.*

909. — XII. Atton, vicomte de Melle, *ibid.*

910. — XIII. Fondation du monastère de Cluny par Guillelme-Pieux. Considérations générales sur les établissements de cette espèce, *ibid.*

911. — XIV. Ebles-Manzer organise les forces militaires de son comté, 419. — XV. Indication des hommes de guerre dont, à cette époque, un comte pouvait disposer, *ibid.* — XVI. Expédition du comte Ebles au secours de la ville de Chartres assiégée par les Northmans, et son résultat. Combats prolongés et sanglants, 420. — XVII. Traité de St-Clair-sur-Epte. Les Northmans de la Seine et Roll, leur chef, se fixent dans une partie de la Neustrie, qui leur est cédée par Karle-Simple, 422. — XVIII. L'Armorique fut-elle comprise dans la cession faite à Roll? 423. — XIX. Cette question est indépendante de ce qui a trait aux Northmans de la Loire, *ibid.* — XX. Retour des moines de Montglone dans le pays de Mauge. Les religieux de Tournus gardent le corps de St Florent, 424.

912. — XXI. L'église de Notre-Dame de Poitiers indiquée pour les serments judiciaires, *ibid.* — XXII. Acquisition faite par Ebles-Manzer, 425. — XXIII. Emilianne, première femme de ce comte, *ibid.*

913. — XXIV. Époque présumée de la mort de la comtesse Emilianne, 425.

914. — XXV. Second mariage d'Ebles-Manzer avec Adèle, fille d'Edward-l'Ancien, roi des Anglo-Saxons, 426. — XXVI. Motifs qui déterminent Ebles-Manzer à épouser cette petite-fille d'Alfred-Grand, *ibid.* — XXVII. Voyage probable du Manzer en Angleterre, 427. — XXVIII. Mariage de Karle-Simple avec Edgiwe d'Angleterre, 428.

917. — XXIX. Synodes de l'évêque de Poitiers. Il y rend des jugements entre ecclésiastiques, *ibid.*

918. — XXX. Mort de Guillelme-Pieux, duc d'Aquitaine. Son neveu Guillelme-Jeune lui succède comme duc d'Aquitaine et comte d'Arvernie, *ibid.* — XXXI. L'Armorique désolée de nouveau par les Northmans. Les reliques de Judicael sont transférées à Ansion, 429.

919. — XXXII. Les Northmans finissent par occuper toute l'Armorique, qui se trouve presque entièrement dépeuplée de ses anciens habitants, *ibid.* — XXXIII. Kadelon, vicomte d'Aunay et Sanégonde, sa femme, 430.

921. — XXXIV. Cession du comté nantais faite aux Northmans de la Loire, *ibid.* — XXXV. Karle-Simple prend sous sa protection les deux monastères de St-Maur, 431.

922. — XXXVI. Conspiration ourdie contre ce prince. Il est déposé, et

Robert est élu roi en sa place, *ibid.* — XXXVII. Les Aquitains, en général, demeurent attachés à la cause de Karles. Celui-ci tue son compétiteur à la bataille de Soissons, 432.

923. — XXXVIII. Radulfe, duc de Burgundie, est élu roi, 433. — XXXIX. Expédition des Northmans en Arvernie. Ils sont battus par le duc d'Aquitaine et Raymond II, comte de Toulouse. Mort de celui-ci. Son fils Raymond-Pons lui succède, 434. — XL. Trahison d'Héribert de Vermandois envers Karles-Simple. Arrestation de celui-ci, *ibid.* — XLI. Aymeri, vicomte de Thouars et avoué de St-Maixent, et son frère Adhémar, abbé-laïc du même monastère. Date singulière, 435. — XLII. En Aquitaine, on refuse de reconnaître Radulfe pour roi, 436. — XLIII. La reine Edgiwe, femme du Simple, se retire en Angleterre avec son fils, 437. — XLIV. Mariage de Hugues-Blanc avec une sœur du roi anglo-saxon Atheltane, 438. — LXV. Les reliques de St-Maur reportées au monastère des Fossés. Conséquence qu'on en tire, 439. — XLVI. Ebles-Manzer s'intitule *humble comte*, *ibid.*

924. — XLVII. L'abbaye de St-Paul de Poitiers. Cette ville n'allait pas alors jusqu'au Clain, 438. — XLVIII. Quête en France pour les Northmans, *ibid.* — XLIX. Création de la dignité de trésorier de St-Hilaire-le-Grand, *ibid.* — L. Don fait à Ebles-Manzer du comté de Bourges, *ibid.* — LI. Les reliques de St-Maixent réintégrées dans l'abbaye de ce nom, 439. — LII. Relique donnée par Ebles-Manzer à l'abbaye de Croyland, en Angleterre, 441. — LIII. Résistance de Guillelme II, duc d'Aquitaine, à l'encontre du roi Radulfe. Marche de celui-ci sur l'Aquitaine, et traité conclu, 442. — LIV. Le roi Radulfe et le duc Guillelme II à Autun et à Châlons-sur-Marne, 443. — LV. Retour du roi Radulfe à Paris, *ibid.* — LVI. Invasion des Hongrois en Aquitaine, *ibid.*

925. — LVII. Expédition des Northmans dans la même contrée, 443.

926. — LVIII. Guillelme II, duc d'Aquitaine, retourne au parti de Karle-Simple. Nouvelle venue de Radulfe en Aquitaine, 444. — LIX. Réclamation du chapitre de St-Martin de Tours. La cour des vicomtes du Poitou, *ibid.* — LX. Mort du comte Adhémar, et son inhumation à St-Hilaire de Poitiers, 445.

927. — LXI. Mort de Guillelme II dit le Jeune, duc d'Aquitaine. Son frère Acfred lui succède, *ibid.* — LXII. Différend entre le roi Radulfe et le comte Héribert, par le résultat duquel Karle-Simple obtient momentanément la liberté, *ibid.*

— 928. — LXIII. Mort d'Acfred, duc d'Aquitaine. Karle-Simple concède ce titre à Ebles-Manzer, avec l'Arvernie et le Limousin, 446. — LXIV. Reconstruction de l'église de St-Hilaire-le-Grand, par Adèle d'Angleterre, 447.

929. — LXV. Traité extorqué par Radulfe à Karle-Simple. Mort de celui-ci, *ibid.* LXVI. Un mot sur le caractère de Karle-Simple, 448. — LXVII. Une grande partie de l'Aquitaine continue à refuser de reconnaître Radulfe pour roi, *ibid.*

930. — LXVIII. Expédition de ce prince en Aquitaine. Il bat les Northmans dans le Limousin, et est reconnu pour souverain par presque toute la contrée, 449.

931. — LXIX. Les Armoricains font une levée en masse contre les Northmans, et les chassent de leur province. Résultat de cet événement, *ibid.* — LXX. Inkon, avec une bande de Scandinaves, revient sur la Loire, et reprend le comté nantais, 450.

932. — LXXI. L'Aquitaine hésite dans sa soumission envers Radulfe, *ibid.* — LXXII. Expédition de ce prince en Aquitaine, *ibid.* — LXXIII. Radulfe fait Raymond-Pons duc d'Aquitaine, et lui donne les comtés d'Arvernie et du Vélay, 481. — LXXIV. Ermengand, comte de Rouergue, obtient le comté de Gevaudan. Reconnaissance générale de Radulfe en Aquitaine, sauf la Marche d'Espagne. Augmentation de puissance des comtes, *ibid.* — LXXV. Autre libéralité faite du Berri à Raymond-Pons. Ebles, comte du Poitou, conserve seulement le Limousin, 452. — LXXVI. Formation de nombreux marais salants en Aunis, 453.

933. — LXXVII. Plaid curieux tenu à Narbonne, sous la présidence de l'archevêque et du duc d'Aquitaine. Mélange de nations, et existence simultanée de législations différentes, *ibid.* — LXXVIII. Ebles-Manzer marie son fils avec une fille du duc de Normandie. Calomnie des anciens auteurs northmans envers les Poitevins, *ibid.* — LXXXIX. Prétendu tribut supprimé, a-t-on dit, par suite de ce mariage, 454. — LXXX. Mort d'Aymeri Ier, vicomte de Thouars. Savary II lui succède, 455.

934. — LXXXI. Démêlé entre Ebles-Manzer et l'évêque Frottier II, *ibid.* — LXXXII. État dans lequel était alors l'ancien monastère d'Hermoutiers. Anecdote relative à Gradilon, *ibid.*

935. — LXXXIII. Mort d'Ebles-Manzer. Enfants qu'il laisse de son second mariage, 557. — LXXXIV. Coup d'œil sur les hautes destinées de la descendance du Manzer, *ibid.* — LXXXV. Causes de la puissance à laquelle ce prince arriva, 453.

LIVRE III.

(DE 935 A 963.)

Radulfe (de 935 à 936). — Ludwig d'Outre-Mer (de 936 à 954). —
Lothaire (de 954 à 963), rois.
Raymond-Pons (de 935 à 950), —
Guillelme Tête-d'Etoupes (de 950 à 963), ducs d'Aquitaine.
Guillelme Tête-d'Etoupes (de 935 à 963), comte de Poitou.

935. — I. Guillelme-Hugues succéda à Ebles-Manzer, son père. Son rang comme comte de Poitou et comme duc d'Aquitaine, 459. — II. Recherches sur les causes qui lui firent donner le surnom de Tête-d'Etoupes, *ibid.* — III. Les surnoms alors très en usage, et singularité que put alors offrir, en Aquitaine, une chevelure blonde, 460. — IV. Causes qui purent aussi déterminer à donner au fils du Manzer le nom de Guillelme, *ibid.* — V. Au surplus, ce comte s'appelait Hugues, et Guillelme était peut-être aussi un surnom, 461. — VI. Guillelme Tête-d'Étoupes prend le titre d'abbé de St-Hilaire-le-Grand, que conservent ses successeurs, *ibid.* — VII. Cérémonial de la prise de possession, par ce comte, du titre d'abbé de St-Hilaire, *ibid.* — VIII. Les quatre barons du Poitou, chanoines de St-Hilaire, 462. — IX. Fondation du monastère de la Trinité de Poitiers par Adèle d'Angleterre, qui y prend le voile, *ibid.* — X. Elle fonde également la collégiale de St-Pierre-le-Puellier; *ibid.* — XI. Anciennement il existait un couvent de filles dans cette localité. Légende de Ste-Lonbette, 463. — XII. Frottier II est rétabli dans ses fonctions d'évêque de Poitiers, 464. — XIII. Ignorance du clergé à cette époque, *ibid.*

936. — XIV. Mort du roi Radulfe, *ibid.* — XV. Ludwig d'Outre-Mer est appelé au trône de France, 465. — XVI. Position précaire de ce roi et peu d'étendue de ses Etats, 466. — XVII. Les synodes constituaient de véritables tribunaux ecclésiastiques, *ibid.* — XVIII. Reconstruction du monastère de St-Cyprien. Consécration et dotation de son église, 467. — XIX. Autres dons faits à St-Cyprien. Les églises commencent à devenir la propriété des laïques, 468.

937. — XX. Mort de Frottier II, évêque de Poitiers, *ibid.* — XXI. Radulfe ou Ménard, vicomte de Melle, *ibid.* — XXII. Ebles est pourvu de l'abbaye de St-Maixent et fait bâtir la ville de ce nom, 469. — XXIII. Ray-

mond-Pons, paisible possesseur du duché d'Aquitaine et du comté d'Arvernie, reconnaît Ludwig d'Outre-Mer, *ibid*. — XXIV. Fondation de Châtellerault, 470. — XXV. Alboin, évêque de Poitiers. Le prieuré de la Résurrection, *ibid*. — XXVI. Difficulté qu'a présentée la date de la dédicace de ce prieuré, *ibid*. — XXVII. Lanthbert, auditeur de Guillelme Tête-d'Étoupes. Celui-ci prend le titre de comte palatin, 471. — XXVIII. Le bois de la vraie croix de Charroux porté à Angoulême, et sa restitution, après une famine, en Angoumois, *ibid*. — XXIX. Ebles, trésorier de St-Hilaire-le-Grand. Importance que prend cette dignité, 472. — XXX. Désunion entre Ludwig d'Outre-Mer et Hugues-Blanc. Guerre dans le Nord, *ibid*. — XXXI. Première intervention de l'Angleterre dans les affaires de France, 473.

938. — XXXII. Guillelme Tête-d'Étoupes donne Colombier-sur-Vienne à l'abbaye de St-Cyprien, *ibid*. — XXXIII. Moyen employé par ce comte pour faire cultiver le territoire de son comté, *ibid*. — XXXIV. Apparition du bail à comptant. Conditions particulières dans quelques-uns de ces actes, 474. — XXXV. Alain Barbe-Torte et sa notice. Il revient d'Angleterre et combat les Northmans. La fontaine miraculeuse, 475. — XXXVI. Entrée triomphale de ce prince dans la ville de Nantes, 476.

939. — XXXVII. L'Armorique délivrée des Northmans. Moyen employé par Alain Barbe-Torte pour repeupler cette contrée et surtout le comté nantais, 477. — XXXVIII. Restauration de l'abbaye de St-Michel-en-l'Herm, *ibid*.

940. — XXXIX. Colonie de moines de St-Cyprien de Poitiers envoyée à Jumiége, 478. — XL. Ebles, trésorier de St-Hilaire-le-Grand, y met des chanoines et y bâtit un bourg, *ibid*. — XLI. Libéralité du comte de Poitou envers l'abbaye de St-Maixent, *ibid*. — XLII. Mauvaise tournure des affaires de Ludwig d'Outre-Mer. Prise de Reims, *ibid*. — XLIII. Siége de Laon et sa levée. Ludwig est défait par les princes confédérés, 479. — XLIV. Secours donnés par Guillelme Tête-d'Étoupes à Ludwig d'Outre-Mer qu'il va joindre de sa personne, *ibid*.

941. — XLV. Le roi Ludwig en Burgundie. Priviléges des moines de St-Philbert, *ibid*. — XLVI. Ludwig d'Outre-Mer se réfugie d'abord en Burgundie et va ensuite en Dauphiné. Les ambassadeurs d'Aquitaine arrivent là pour lui offrir des secours, *ibid*. — XLVII. Le comte Guillelme Tête-d'Étoupes, avec Ludwig d'Outre-Mer, à la cour du duc de Normandie, à Rouen, 480.

942. — XLVIII. Retour du comte de Poitou dans ses États, *ibid*. — XLIX. Ludwig d'Outre-Mer à Poitiers. Son diplôme en faveur de St-Hilaire, *ibid*. — L. Réédification du monastère de St-Jean-d'Angély, 481.

— LI. Intervention du pape en faveur de Ludwig d'Outre-Mer, et rétablissement de la paix, 482.

943. — LII. Démêlés entre Guillelme Tête-d'Étoupes et Alain Barbe-Torte. Le premier cède à l'autre viagèrement l'ancien comté d'Herbauge, *ibid.* — LIII. Assassinat de Guillelme Longue-Épée, duc de Normandie. Nouvelle guerre à l'occasion de son duché, 483. — LIV. Mort d'Héribert de Vermandois et ses remords, 484. — LV. Richard, trésorier de l'église cathédrale de Poitiers, sa richesse et ses libéralités, *ibid.*

944. — LVI. Voyage de Ludwig d'Outre-Mer dans l'Aquitaine du sud, *ibid.* — LVII. Suite de la guerre pour la Normandie, 485.

945. — LVIII. Harold, roi des Danois, vient au secours des Normands. L'armée française est battue et le roi Ludwig fait prisonnier, *ibid.* — LIX. Le corps de St Révérend de Nouastre, en Touraine, transféré à Poitiers, puis à St-Jean-d'Angély, 486. — LX. Fondation d'une église dans le château de Nouastre, *ibid.*

946. — LXI. Suite de la captivité du roi Ludwig d'Outre-Mer. Conditions qui lui sont faites pour sa mise en liberté, 487. — LXII. Le comte de Poitou use et abuse de son titre d'abbé de St-Hilaire. L'île de l'Ausance, *ibid.*

947. — LXIII. Alboin, évêque de Poitiers, rend des jugements, en synode, entre ecclésiastiques, 488. — LXIV. Reprise de la guerre civile en France, *ibid.*

948. — LXV. Concile à Ingelheim, convoqué par le pape Agapit, pour pacifier la France, 490. — LXVI. Légende du moine Absalon. Il rapporte de Tournus, sur les bords de la Loire, les reliques de St Florent, 491. — LXVII. Voyage d'Absalon à Doué. Construction de l'église et du monastère de St-Florent de Saumur, où on dépose les reliques apportées de Tournus, 492.

949. — LXVIII. Les possesseurs de bénéfices ne pouvaient aliéner les biens qui en faisaient partie, et au comte seul il appartenait d'en disposer, 493. — LXIX. Hugues-Blanc est excommunié. Paix entre lui et le roi Ludwig, 494.

950. — LXX. Grand établissement de salines en Aunis, *ibid.* — LXXI. Mort de Raymond-Pons, comte de Toulouse et duc d'Aquitaine. Guillelme Taille-Fer, son fils, lui succède, sauf au duché d'Aquitaine, 495. — LXXII. Voyage de Ludwig d'Outre-Mer en Burgundie, dans le dessein d'aller en Aquitaine. Il tombe malade à Mâcon, *ibid.*

951. — LXXIII. Guillelme Tête-d'Étoupes se rend près du roi Ludwig à Mâcon, et est fait duc d'Aquitaine et comte d'Arvernie et du Velay, 496. — LXXIV. Sacre du nouveau duc d'Aquitaine à Limoges, 497. —

LXXV. Guillelme Tête-d'Étoupes reste définitivement duc d'Aquitaine. Conséquence de l'affectation de ce titre au possesseur du comté de Poitou, 497. — LXXVI. Etendue et limites des Etats de Guillelme Tête-d'Étoupes, *ibid.* — LXXVII. Révolte en Arvernie contre ce prince, et son expédition dans cette province. Ludwig d'Outre-Mer vient à son secours, *ibid.* — LXXVIII. Translation des reliques de St Maixent et de St Léger, en présence de Ludwig d'Outre-Mer, 498. — LXXIX. Les églises de Melle. Fondation de celle placée sous le vocable de St-Pierre, *ibid.*

952. — LXXX. Mort d'Alain Barbe-Torte, et fin malheureuse de son fils Drogon, 499. — LXXXI. Nouvelle expédition des Northmans, qui assiégent Nantes, *ibid.* — LXXXII. État de désolation de l'abbaye de Montglone. Le cor d'ivoire donné au moine Gualon, par le Northman Hastings, 500.

953. — LXXXIII. Hoel, fils naturel d'Alain Barbe-Torte, devient comte de Nantes, 501.

954. — LXXXIV. Mort du roi Ludwig d'Outre-Mer, *ibid.* — LXXXV. Lothaire, fils aîné de ce prince, est proclamé roi et sacré à Reims, *ibid.* — LXXXVI. Hugues-Blanc se fait donner, par Lothaire, l'investiture des duchés de Burgundie et d'Aquitaine, 502.

955. — LXXXVII. Expédition de Hugues-Blanc, accompagné de Lothaire, en Poitou. Siége de Poitiers et sa levée, *ibid.* — LXXXVIII. Guillelme Tête-d'Étoupes marche contre Hugues-Blanc faisant retraite, et est défait, 503. — LXXXIX. Il n'en maintient pas moins son autorité en Aquitaine, 504. — XC. Intervention de Thibault-Tricheur dans la politique de l'époque, *ibid.* — XCI. Mort de Hugues-Blanc, *ibid.*

956. — XCII. Positions respectives de la race de Karle-Magne et de la descendance de Robert-Fort à ce point donné, *ibid.* — XCIII. Le roi Lothaire concède le comté de Poitou et les autres possessions de Guillelme Tête-d'Étoupes à Hugues-Capet. Non-exécution de cette disposition, 506.

957. — XCIV. Guillelme Tête-d'Étoupes aliène, comme abbé, des biens de St-Hilaire-le-Grand, *ibid.* — XCV. Il marie son fils Guillelme Fier-à-Bras avec Emme, fille du comte Thibault-Tricheur, 507. — XCVI. Voyage de Guillelme Fier-à-Bras dans l'île inhabitée de Maillezais. Détails sur cette localité, 507. — XCVII. Descente des Northmans dans cette île, 508.

958. — XCVIII. Guillelme, dernier vicomte de Melle. L'église de St-Hilaire de cette ville et son portail, *ibid.*

959. — XCIX. Kaledon II, vicomte d'Aunay, 509. — C. Arbert, vicomte

de Thouars, *ibid.* — CI. Begon, favori du duc d'Aquitaine, et son demêlé avec le monastère de St-Maixent, pour une forêt. Transaction négociée par le duc, *ibid.*

960. — CII. Aitleidis, vicomtesse présumée de Melle. Son don au monastère de St-Maixent, 510.

961. — CIII. Commencements de l'abbaye de St-Liguaire, *ibid.* — CIV. Réédification de l'abbaye de St-Michel en l'Herm, par l'abbé Ebles. Bienfaits de son frère, 511. — CV. Le droit d'ancrage et de délestage des navires dans les ports de l'Aunis et de la Saintonge, 512. — CVI. Première apparition de la Rochelle, *ibid.*

962. — CVII. Intérêt que les comtes du Poitou portent à la Rochelle dès le principe. La porte du comte, 513. — CVIII. Thibault-Tricheur devient le confident du roi Lothaire, et l'engage à s'emparer de la personne de Richard-sans-Peur, duc de Normandie, *ibid.* — CIX. Le roi Lothaire, assisté de Thibault-Tricheur, fait la guerre au duc de Normandie. Ils sont battus à Emendreville, 514. — CX. Irruption de Richard-sans-Peur dans les provinces du Tricheur, et ravage qu'il y commet, *ibid.* — CXI. Le roi Lothaire est obligé d'aller solliciter la paix de Richard-sans-Peur. Moyen employé pour se débarrasser des Danois auxiliaires, 515. — CXII. Pierre Ier, évêque de Poitiers, *ibid.* — CXIII. Réconciliation de Guillelme Tête-d'Étoupes avec le roi Lothaire, *ibid.* — CXIV. Ce prince confirme la fondation du monastère de la Trinité, faite par la comtesse Adèle d'Angleterre, *ibid.* — CXV. Mort de cette princesse, 516. — CXVI. Recherches sur son tombeau supposé, *ibid.* — CXVII. Privilèges accordés aux habitants de l'île d'Oleron, *ibid.*

963. — CXVIII. Abdication de Guillelme Tête-d'Étoupes. Il se fait moine à St-Cyprien, et va mourir à St-Maixent, 517. — CXIX. Portrait de Guillelme Tête-d'Étoupes, *ibid.* — CXX. Il laisse deux enfants, 518. — CXXI. Gerloc de Normandie, veuve de Guillelme Tête-d'Étoupes, *ibid.* — CXXII. Indication de quelques généralités pour cette époque, *ibid.* — CXXIII. La mer abandonne subitement les abords de Maillezais et les marais du bas Poitou, *ibid.* — CXXIV. Mélange des races et fusion en Aquitaine de diverses nations en une seule, *ibid.* — CXXV. Triste position des villes, et état précaire du commerce, 516. — CXXVI. État de l'enseignement, *ibid.* — CXXVII. Conclusion de cette seconde partie, avec un mot d'indication sur la troisième, *ibid.*

Carte des vigueries du Poitou.

FIN DE LA TABLE DU PREMIER VOLUME.

Poitiers. —

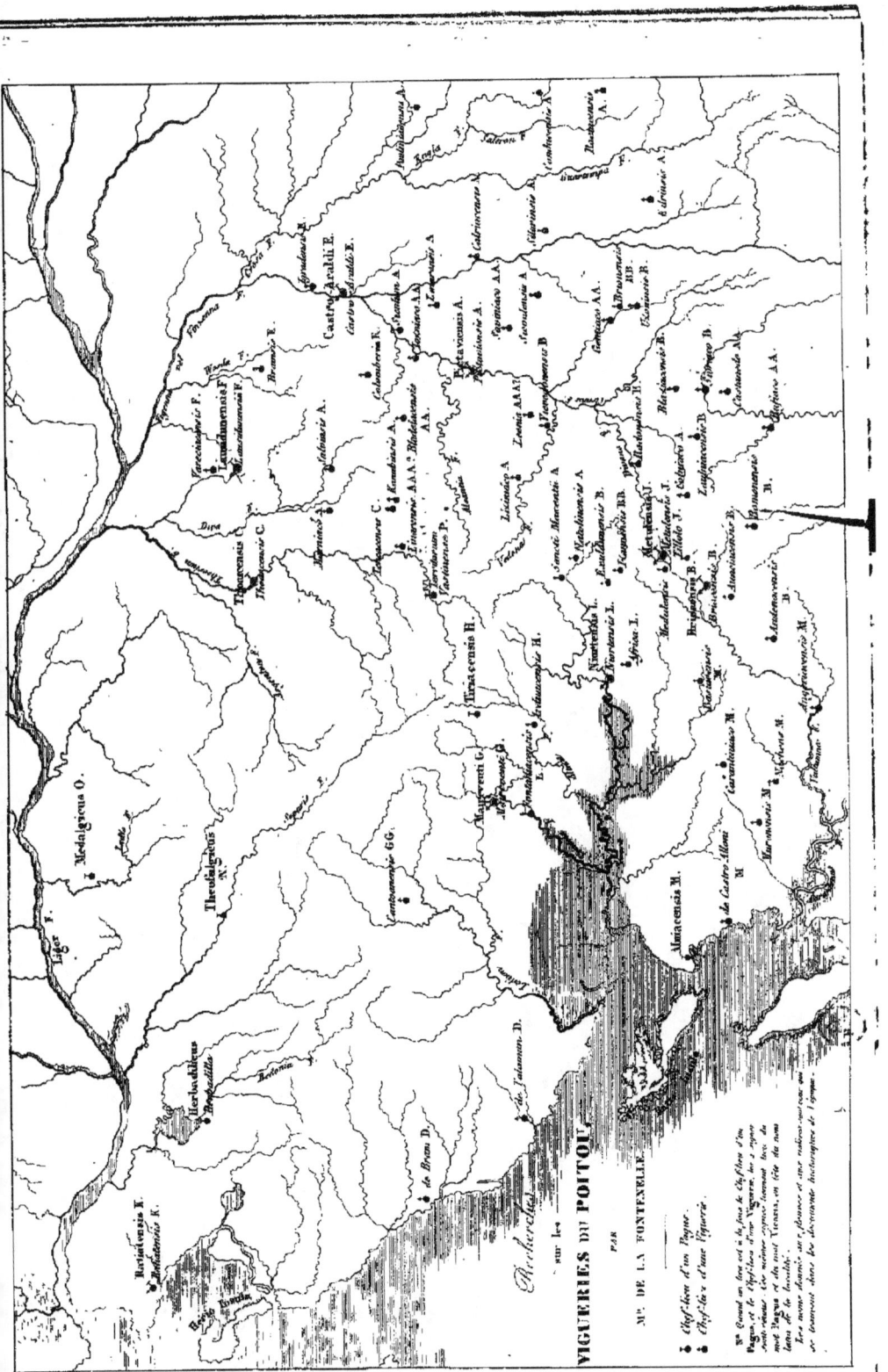

www.ingramcontent.com/pod-product-compliance
Lightning Source LLC
Chambersburg PA
CBHW050324240426
43673CB00042B/1524